中国民政统计年鉴

CHINA CIVIL AFFAIRS' STATISTICAL YEARBOOK

2008

中华人民共和国民政部　编
Compiled By
Ministry of Civil Affairs of the People's Republic of China

中国统计出版社
China Statistics Press

(京)新登字 041 号

图书在版编目（CIP）数据

中国民政统计年鉴. 2008/ 中华人民共和国民政部编.
– 北京：中国统计出版社，2008.8
ISBN 978-7-5037-5508-8

I. 中…
II. 中…
III. 民政工作 – 中国 –2008– 年鉴
IV. D632-54

中国版本图书馆 CIP 数据核字（2008）第 101322 号

中国民政统计年鉴 –2008

作　　者／ 中华人民共和国民政部
责任编辑／ 徐　涛　　尹　伊
E-mail／ yearbook@stats.gov.cn
封面设计／ 杰　夫
出版发行／ 中国统计出版社
通信地址／ 北京市西城区月坛南街 57 号　　邮政编码 ／100826
电　　话／ (010)63376907（邮购）　　(010)68783172（书店）
印　　刷／ 河北天普润印刷厂
经　　销／ 新华书店
开　　本／ 880 × 1230mm　　1/16
字　　数／ 1180 千字
印　　张／ 37. 25
版　　别／ 2008 年 8 月第 1 版
版　　次／ 2008 年 8 月北京第 1 次印刷
书　　号／ ISBN　978-7-5037-5508-8/D · 196
定　　价／ 200.00 元

《中国民政统计年鉴－2008》

编委会和编辑出版人员

编者说明

《中国民政统计年鉴－2008》是一部全面反映中国民政事业发展的资料性年刊，为了满足广大读者的要求，我们对部分内容进行了修订。《中国民政统计年鉴－2008》附带多媒体电子光盘，光盘中含有地级单位统计数据，广大读者和基层统计人员使用起来更加直观、方便。

本书内容由八个部分组成：第一部分是主要指标数据图；第二部分是专文，主要包括民政事业统计报告和有关的政策法规文件；第三部分是历年统计资料；第四部分是综合统计资料；第五部分是分地区民政业务统计资料；第六部分是分地区基本建设统计资料；第七部分是分地区财务统计资料；第八部分是2007年全国行政区划变更情况。本书对民政系统的干部职工特别是民政计财工作者，各级政府的有关部门，从事社会工作研究和教学的人员，以及社会各界了解和研究民政事业的发展状况，提高政府管理和决策水平，具有重要的参考价值。

2007年度民政统计资料是根据各省、自治区、直辖市以及计划单列市民政厅（局）报送的民政统计年报编制而成。本书中涉及到的全国性统计数据均不包括香港特别行政区、澳门特别行政区和台湾省；表格中“--”符号表示数据不足本表最小计量单位；“空格”符号表示该项统计数据为零；“#”表示其中主要项。

本书凝聚了全国民政系统广大计财工作者的辛勤汗水和工作成果，在本书的编辑出版过程中，还得到了各省、自治区、直辖市以及计划单列市的民政厅（局）领导的热情支持和帮助。在此，向所有关心和支持该书出版发行的领导和同志表示衷心的谢意。

目　录

第一部分：主要指标数据图

第二部分：专文

第三部分：历年统计资料

第四部分：综合统计资料

第五部分：分地区民政业务统计资料

行政事务

民政对象

民政管理单位

一、行政机关

二、社会组织

4.婚姻服务

5.收　养

6.救　助

7.殡　葬

第六部分：分地区基本建设统计资料

第七部分：分地区财务统计资料

第八部分：附录

CONTENTS

Part One Key Index Tables

Part Two Feature Article

Part Three Historical Statistics

Part Four Comprehensive Statistics

Part Five Local Civil Affairs Statistics

Administrative Affairs

Beneficiaries of Civil Affairs

Civil Affairs Units

I. Administrative Departments

II. Social Organizations

III. Grass-roots Organizations

VI. Welfare Enterprises

V. Institutions of Civil Affairs System

1 Preferential Treatment and Resettlement of Demobilized Soldiers

Classification according to the types of registration

Classification according to the types of services

Part Seven Provincial Financial statistics

Part Eight Appendix

01

主要指标数据图

图－1　民政管理单位增加值占服务业增加值比重

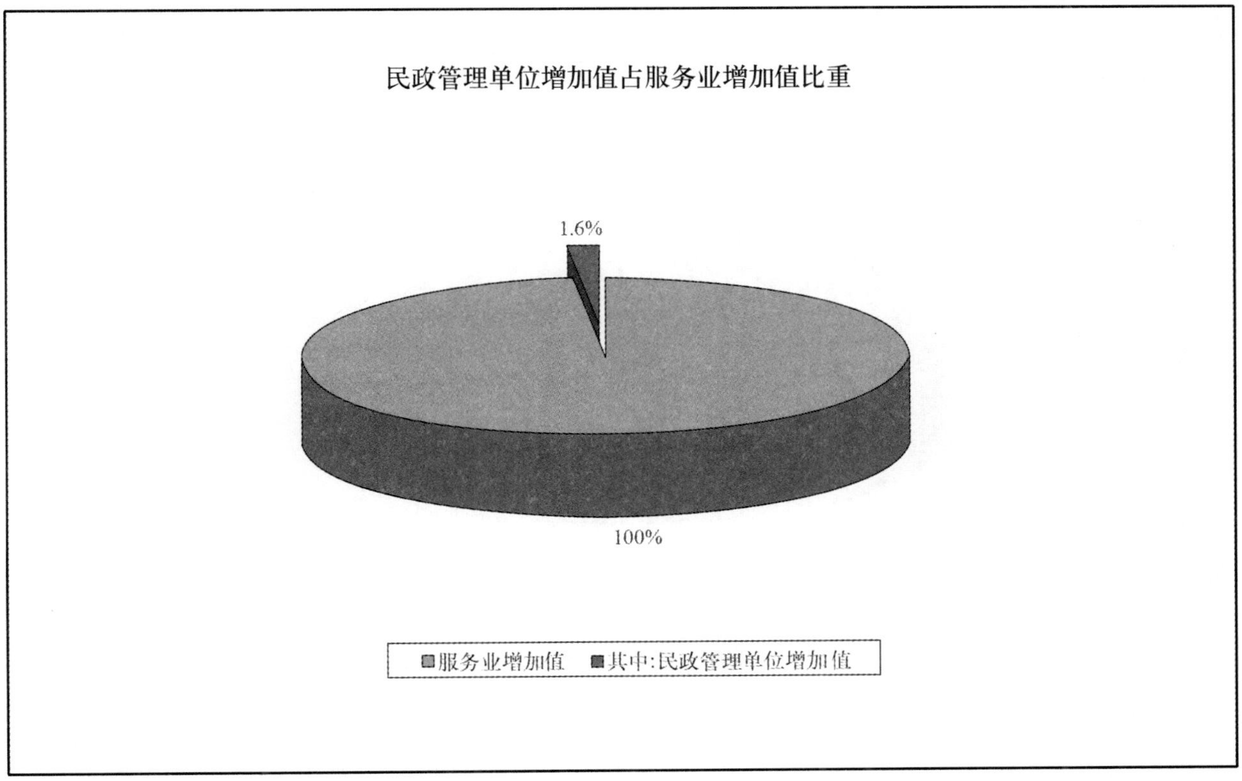

单位：亿元、%

指　标	2007年	比　重
服务业增加值	96328.0	100.0
民政管理单位增加值	1504.6	1.6

注：民政管理单位包括民政事业单位、社会组织、基层群众性自治组织、民政行政机关、社会福利企业。

图－2　60 岁及以上老年人口占全国总人口比重

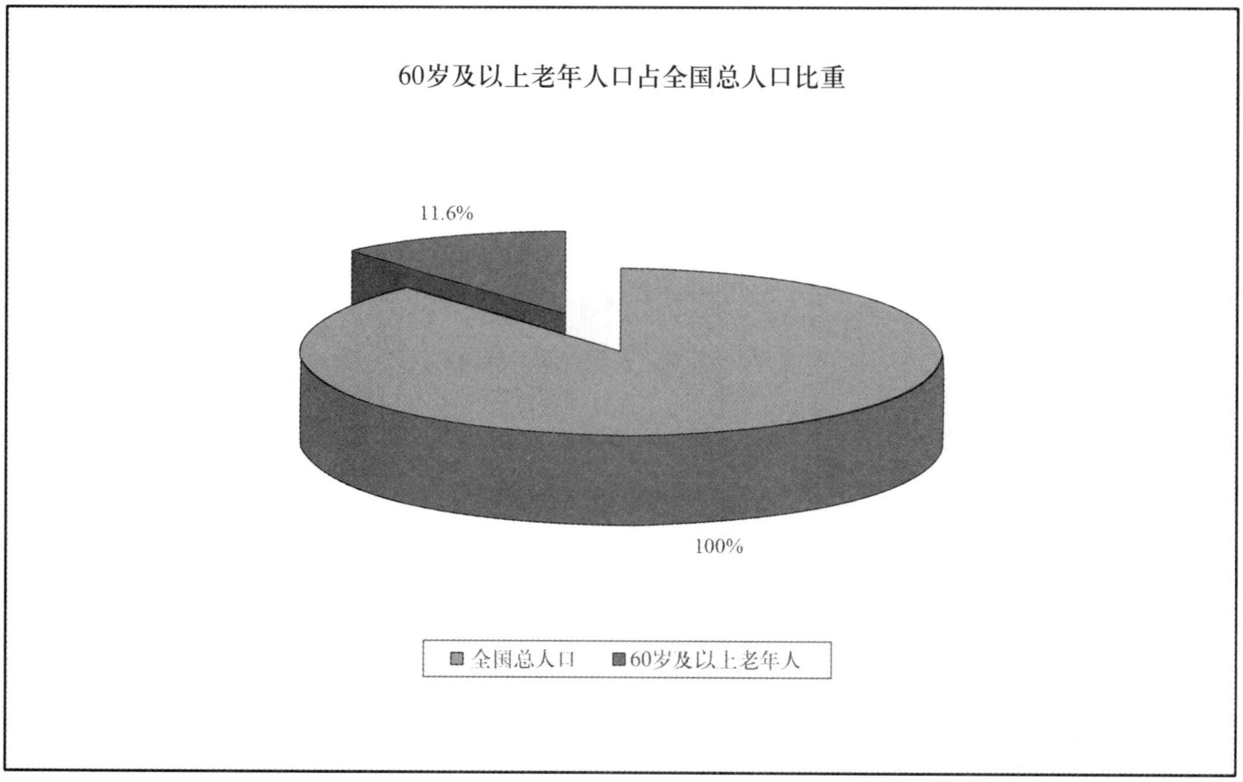

单位：万人、%

指　标	2007 年	比　重
全国总人口	132129	100.0
60 岁及以上老年人	15340	11.6
65 岁及以上老年人	10636	8.1

注：本表数据来源于国家统计局。

图 -3　主要民政对象占全国总人口比重

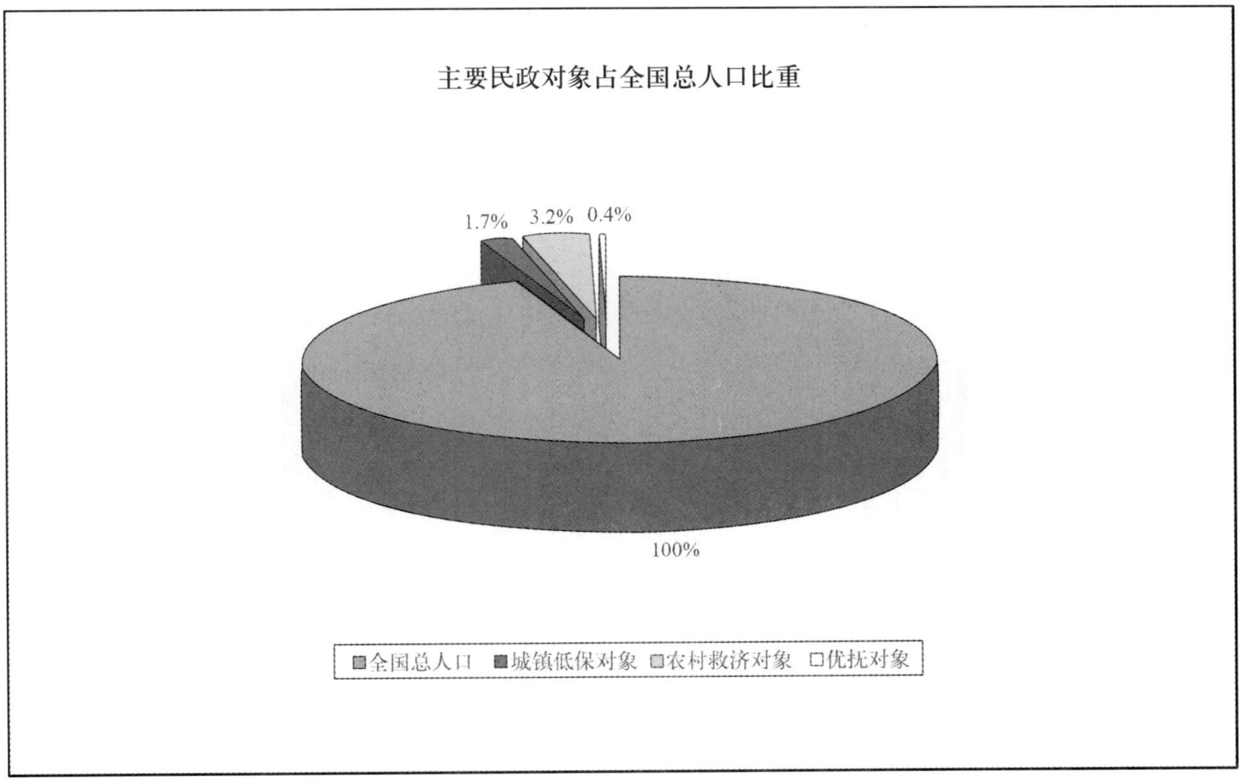

单位：万人、%

指　标	2007 年	比　重
全国总人口	132129	100.0
各类民政对象	7067.1	5.3
城市最低生活保障对象	2272.1	1.7
农村低保、五保等定期救助对象	4172.6	3.2
优抚对象	622.4	0.4

图 –4　社会组织

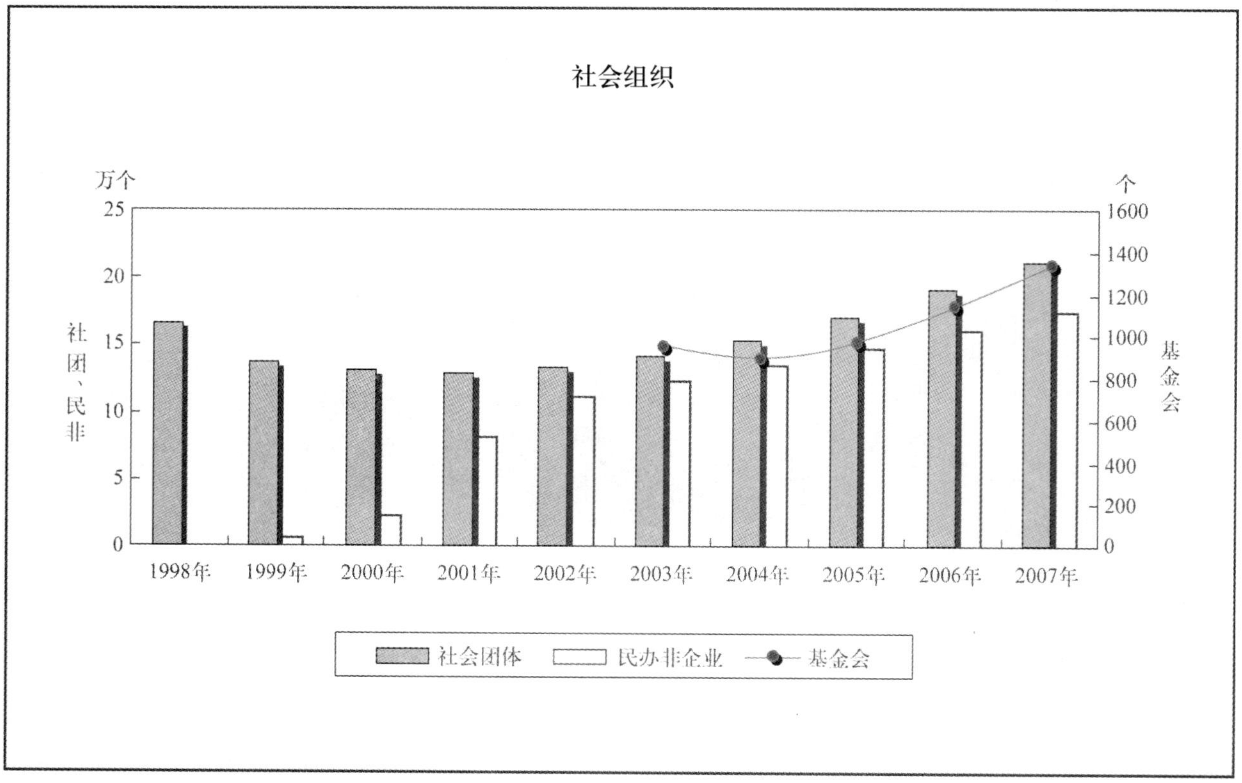

指　标	1998 年	1999 年	2000 年	2001 年	2002 年	2003 年	2004 年	2005 年	2006 年	2007 年
社会团体(万个)	16.6	13.7	13.1	12.9	13.3	14.2	15.3	17.1	19.2	21.2
民办非企业(万个)		0.6	2.3	8.2	11.1	12.4	13.5	14.8	16.1	17.4
基金会(个)						954	892	975	1144	1340

图 -5　国家抚恤、补助优抚对象

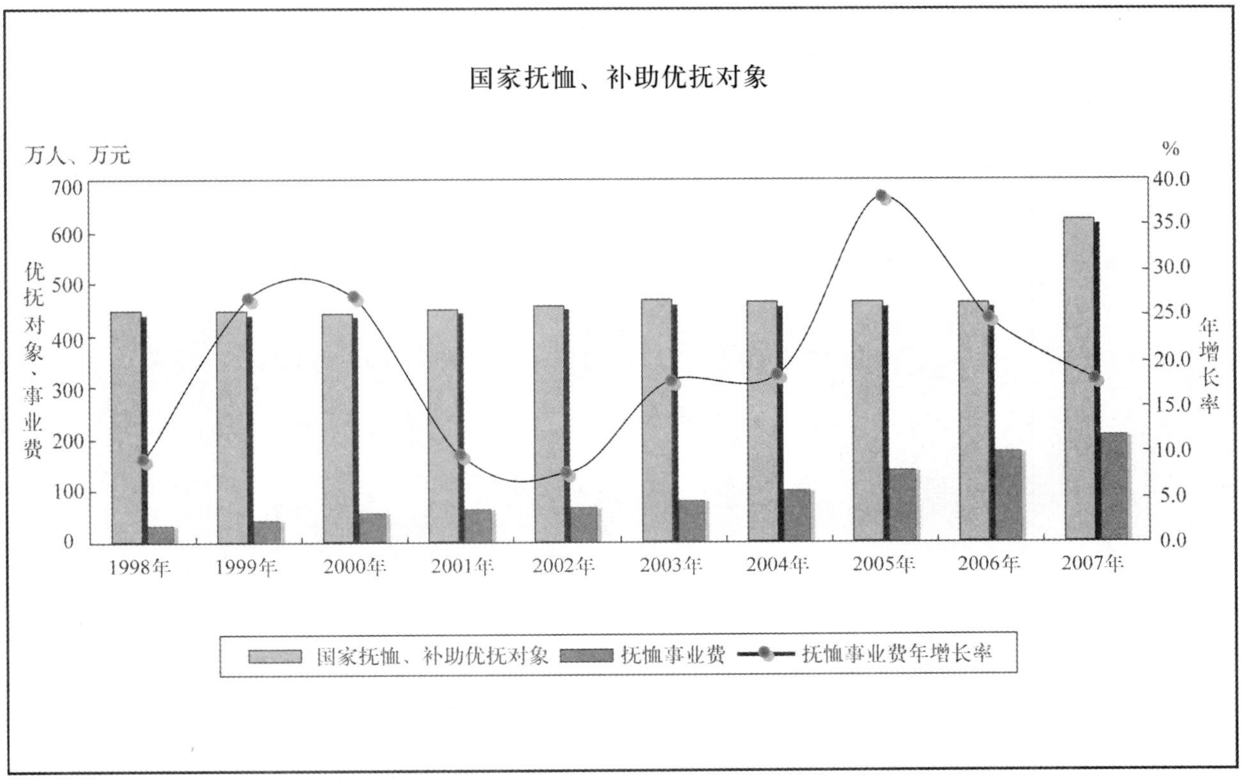

单位：万人、万元、%

指　标	1998 年	1999 年	2000 年	2001 年	2002 年	2003 年	2004 年	2005 年	2006 年	2007 年
国家抚恤、补助优抚对象	447.0	445.1	442.4	450.7	459.0	464.9	462.0	460.3	462.6	622.4
抚恤事业费	39.4	50.0	63.5	69.5	74.7	87.9	104.1	143.6	178.8	210.8
抚恤事业费年增长率	9.1	26.9	27.0	9.5	7.5	17.7	18.4	37.9	24.5	17.9

图 -6　优抚对象分类

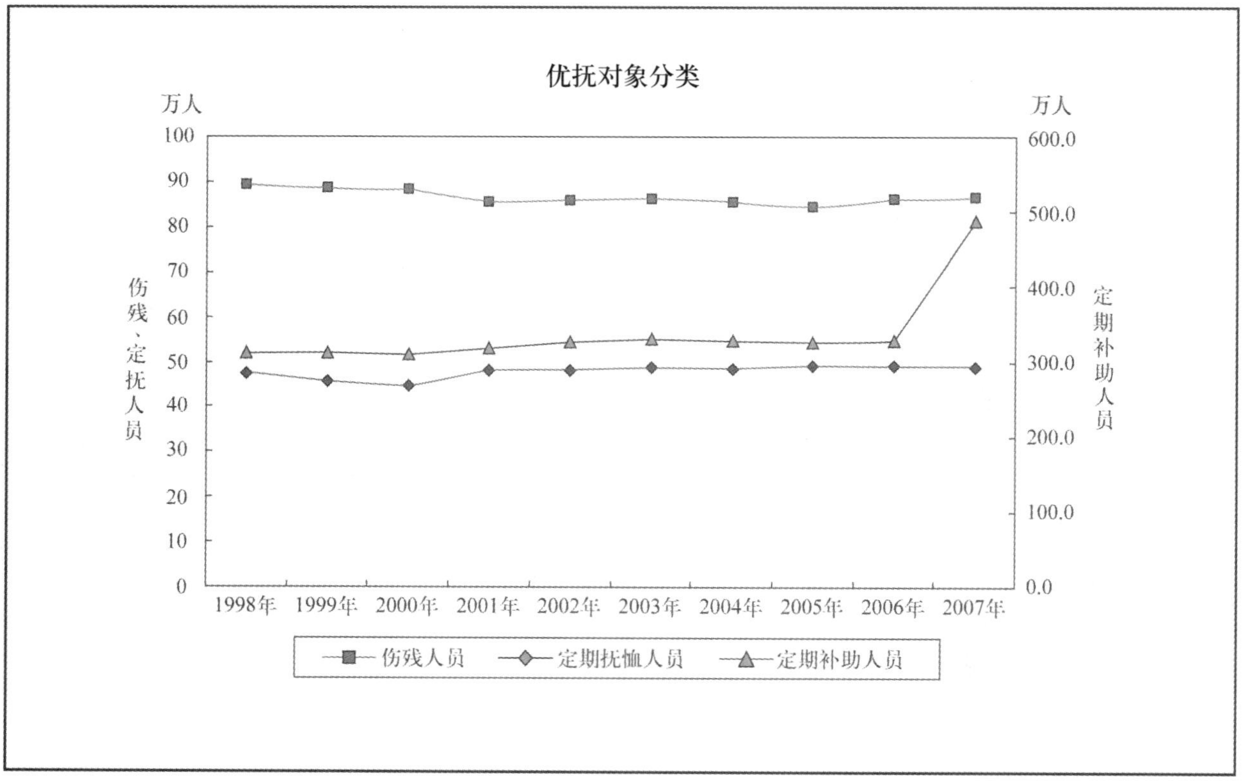

单位：万人

指　标	1998 年	1999 年	2000 年	2001 年	2002 年	2003 年	2004 年	2005 年	2006 年	2007 年
伤残人员	89.2	88.7	88.1	85.5	85.8	86.0	85.6	84.5	86.0	86.5
定期抚恤人员	47.4	45.8	44.8	48.1	48.0	48.9	48.6	49.3	49.1	48.9
定期补助人员	310.4	310.6	309.5	317.1	325.2	330.0	327.8	326.6	327.4	487.1

图 -7　接收安置军休干部、军休职工

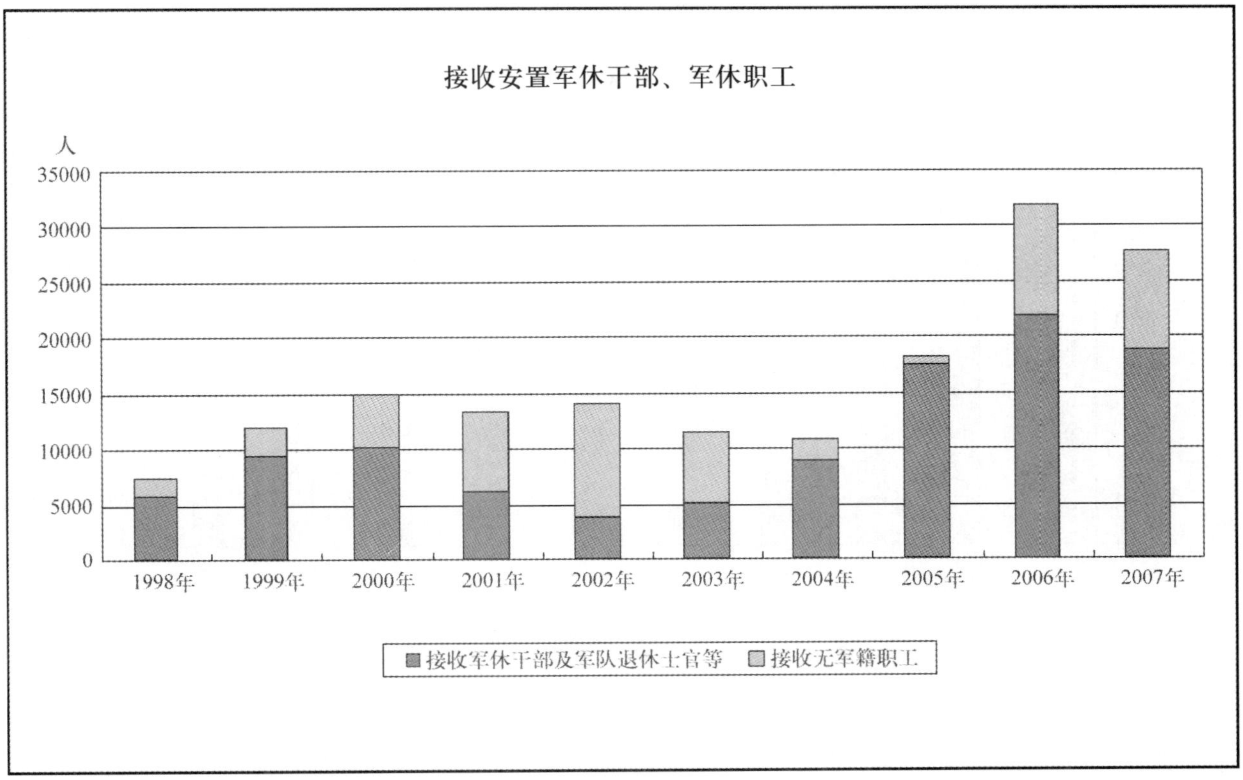

单位：人

指　标	1998 年	1999 年	2000 年	2001 年	2002 年	2003 年	2004 年	2005 年	2006 年	2007 年
接收军休干部及军队退休士官等	5868	9464	10197	6236	3792	5195	8974	17416	21832	18694
接收无军籍职工	1597	2611	4822	7129	10175	6312	1820	904	10136	9061

图－8　烈士褒扬和零散烈士纪念设施

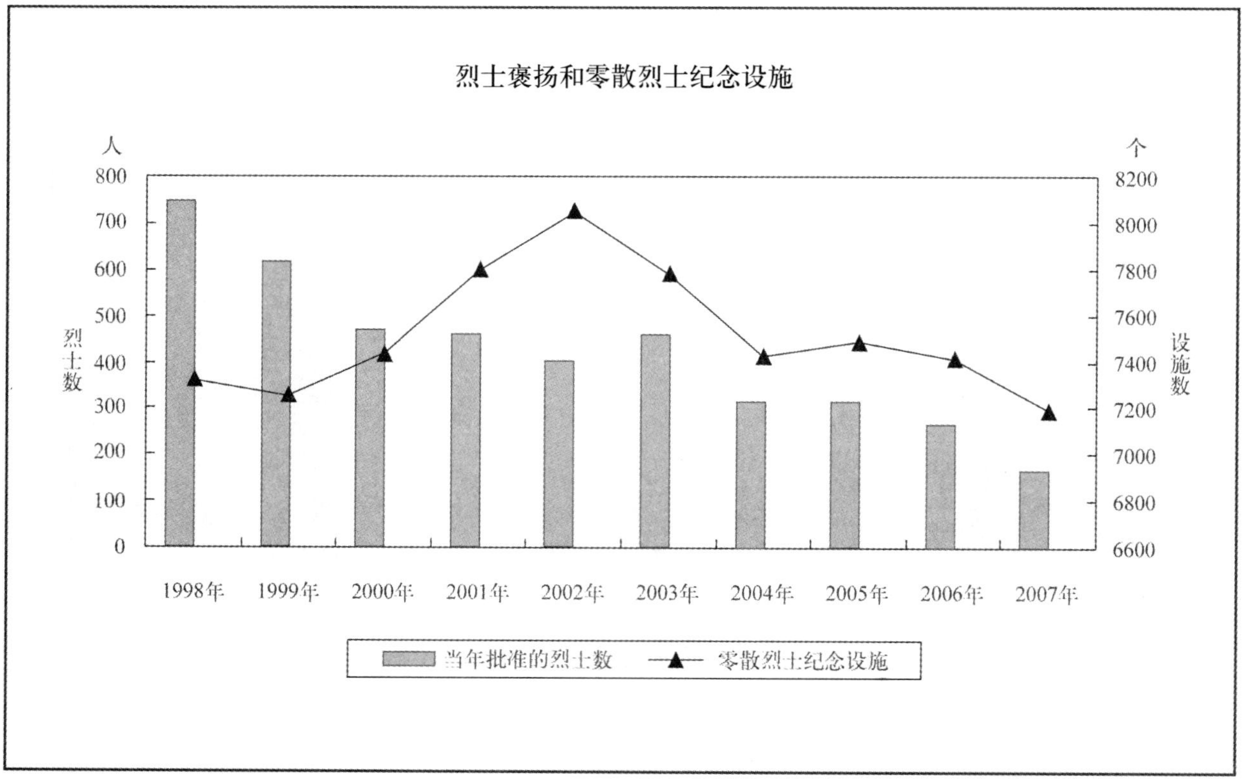

单位：人、个

指　标	1998 年	1999 年	2000 年	2001 年	2002 年	2003 年	2004 年	2005 年	2006 年	2007 年
当年批准的烈士数	749	616	468	460	403	461	316	314	265	168
零散烈士纪念设施	7322	7252	7427	7802	8051	7781	7425	7483	7414	7186

图 –9　受灾人口

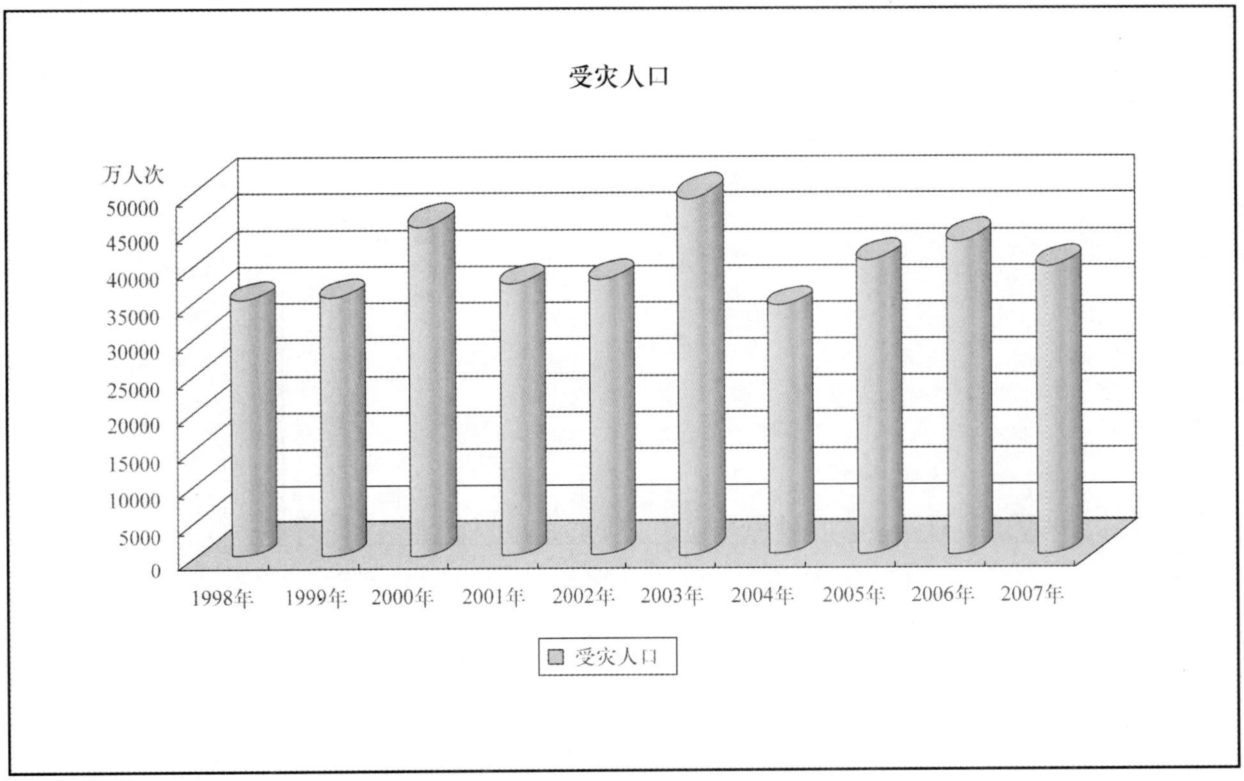

单位：万人次

指　标	1998 年	1999 年	2000 年	2001 年	2002 年	2003 年	2004 年	2005 年	2006 年	2007 年
受灾人口	35216.0	35319.0	45652.0	37256.0	37842.0	49745.9	33920.6	40653.7	43453.3	39777.9

图 -10　社会捐赠

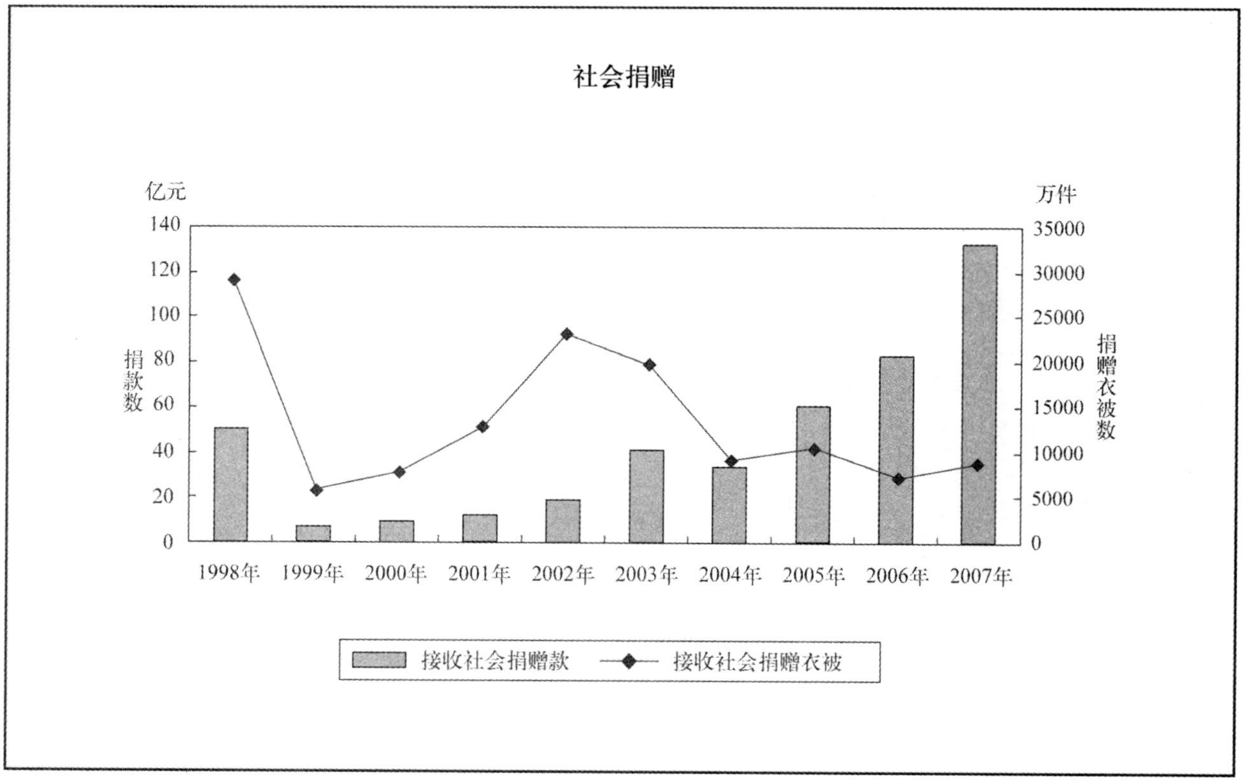

单位：亿元、万件

指　标	1998 年	1999 年	2000 年	2001 年	2002 年	2003 年	2004 年	2005 年	2006 年	2007 年
接收社会捐赠款	50.2	6.9	9.3	11.7	19.0	41.0	34.0	60.3	83.1	132.8
接收社会捐赠衣被	29000.0	5636.2	7708.5	12635.4	22961.1	19648.8	8957.2	10355.0	7123.6	8756.8

图 -11　城市最低生活保障

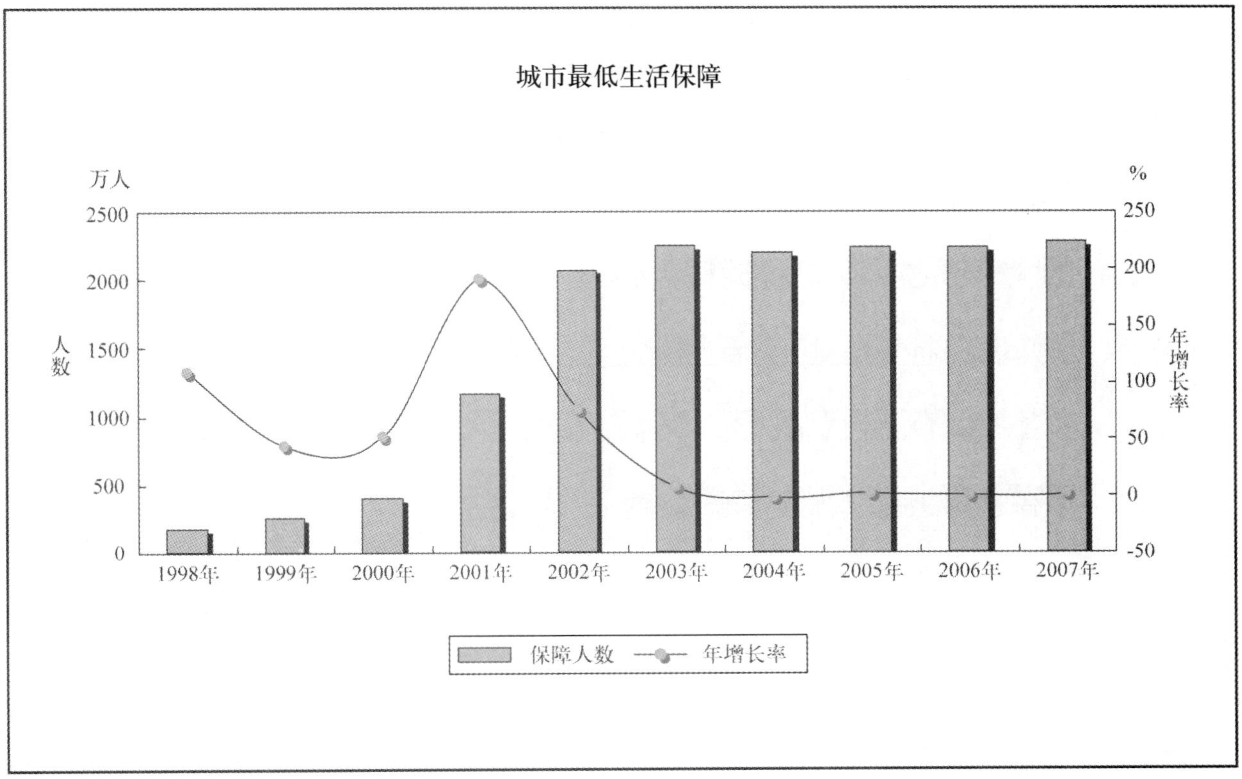

单位：万人、%

指　标	1998 年	1999 年	2000 年	2001 年	2002 年	2003 年	2004 年	2005 年	2006 年	2007 年
保障人数	184.1	265.9	402.6	1170.7	2064.7	2246.8	2205.0	2234.2	2240.1	2272.1
年增长率	109.4	44.4	51.4	190.8	76.4	8.8	-1.9	1.3	0.3	1.4

图 -12　城市最低生活保障平均标准与平均支出水平

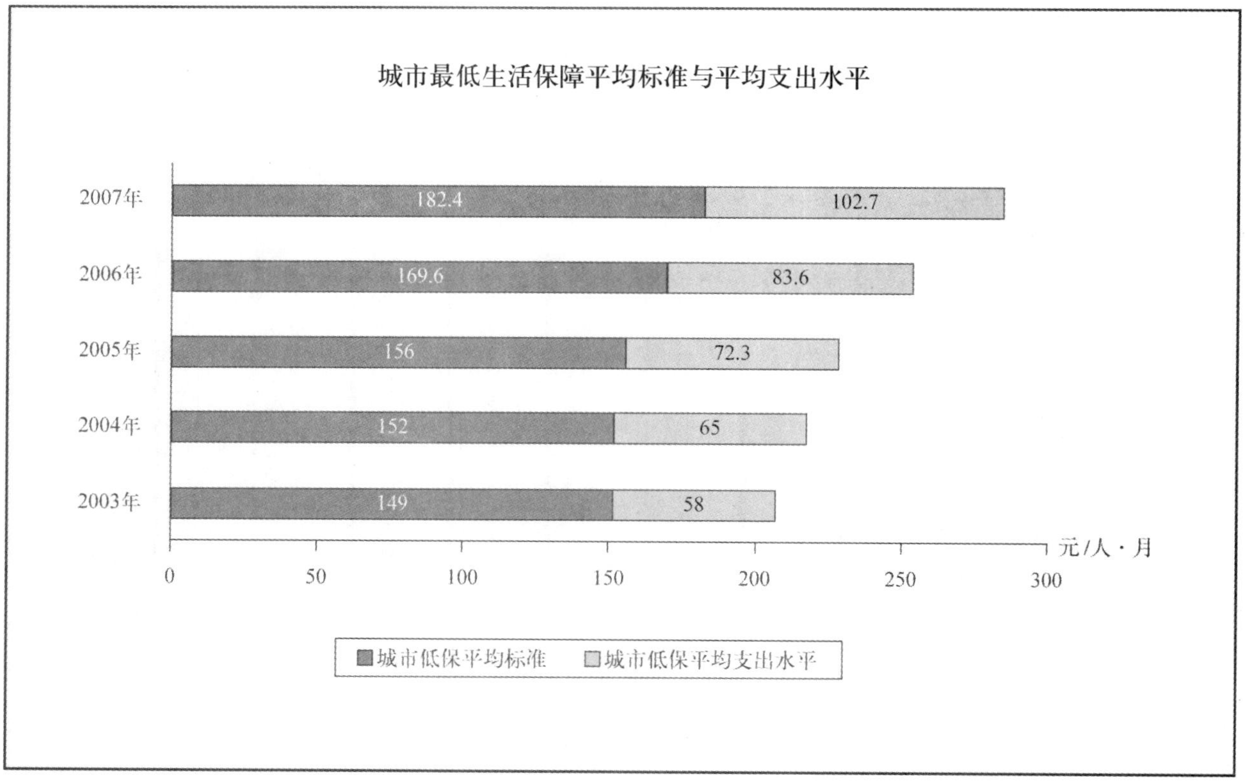

单位：元 / 人 · 月

指　标	2003 年	2004 年	2005 年	2006 年	2007 年
城市低保平均标准	149.0	152.0	156.0	169.6	182.4
城市低保平均支出水平	58.0	65.0	72.3	83.6	102.7

图 –13　各地城市最低生活保障平均标准与支出水平

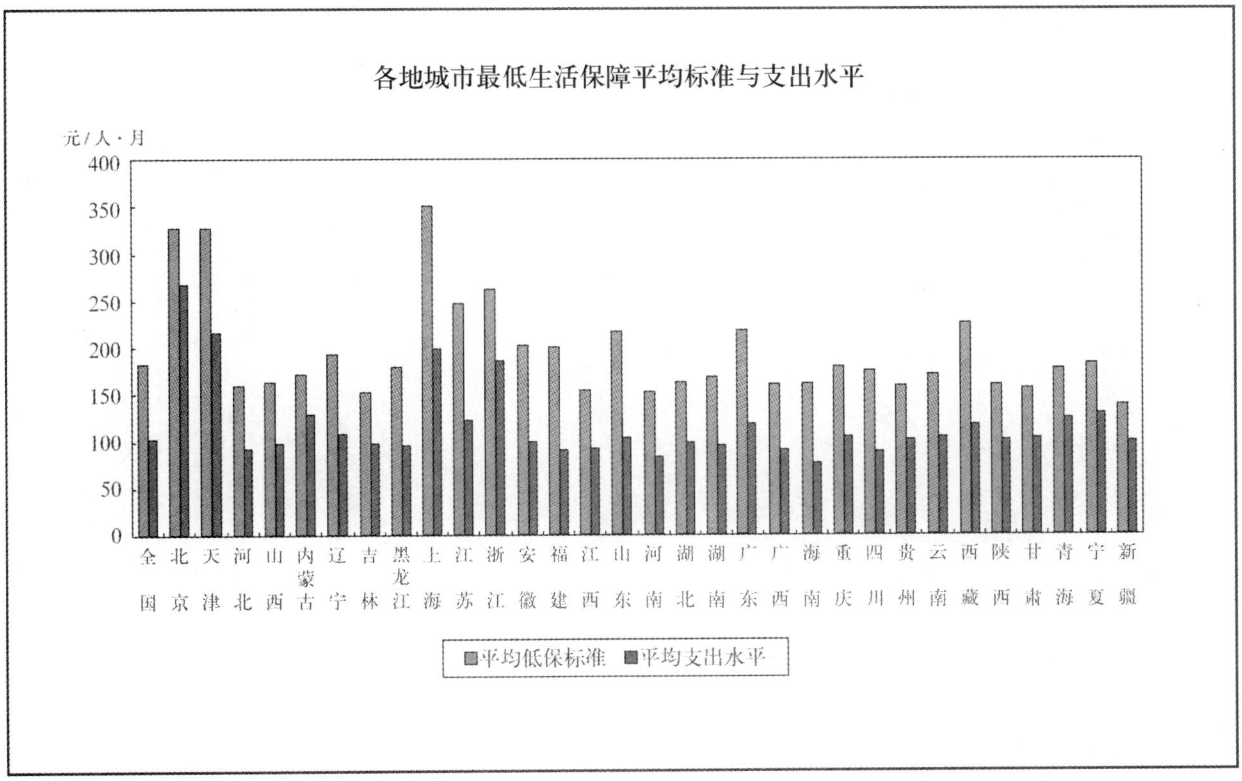

单位：元／人·月

地　区	平均低保标准	平均支出水平	地　区	平均低保标准	平均支出水平	地　区	平均低保标准	平均支出水平	地　区	平均低保标准	平均支出水平
全　国	**182.4**	**102.7**	黑龙江	178.4	95.6	河　南	151.5	83.3	贵　州	156.1	101.7
北　京	330.0	267.6	上　海	350.0	199.1	湖　北	162.8	99.3	云　南	170.4	103.6
天　津	330.0	215.8	江　苏	245.3	122.8	湖　南	168.2	95.3	西　藏	225.8	116.4
河　北	159.1	91.2	浙　江	262.0	186.3	广　东	218.1	118.4	陕　西	157.6	100.9
山　西	163.6	96.8	安　徽	201.4	99.4	广　西	160.6	91.1	甘　肃	156.2	101.9
内蒙古	172.5	129.3	福　建	199.2	90.1	海　南	161.4	76.0	青　海	176.5	123.6
辽　宁	192.6	107.2	江　西	153.3	91.2	重　庆	178.3	104.7	宁　夏	182.3	129.2
吉　林	153.0	98.0	山　东	217.2	104.9	四　川	175.4	88.6	新　疆	138.0	100.0

图 -14　农村最低生活保障

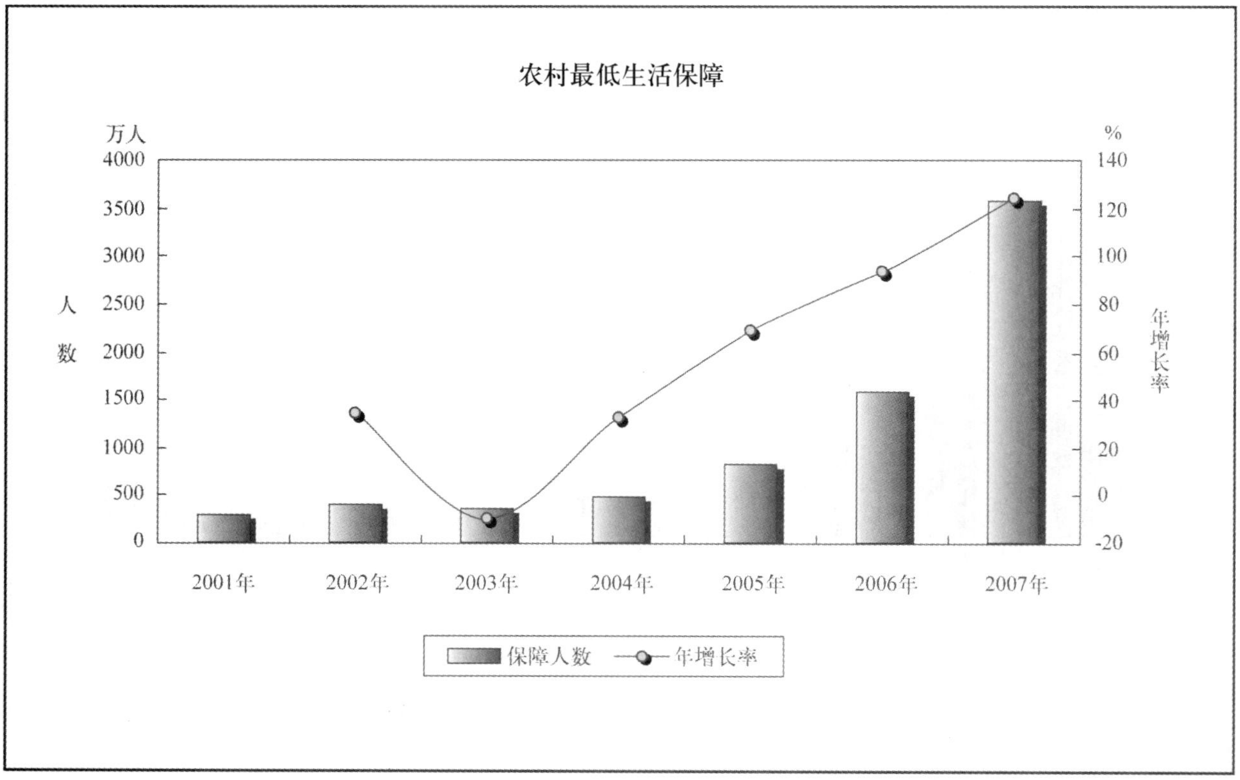

单位：万人、%

指　标	2001 年	2002 年	2003 年	2004 年	2005 年	2006 年	2007 年
保障人数	304.6	407.8	367.1	488.0	825.0	1593.1	3566.3
年增长率		33.9	-10.0	32.9	69.1	93.1	123.9

图－15　社区服务建设

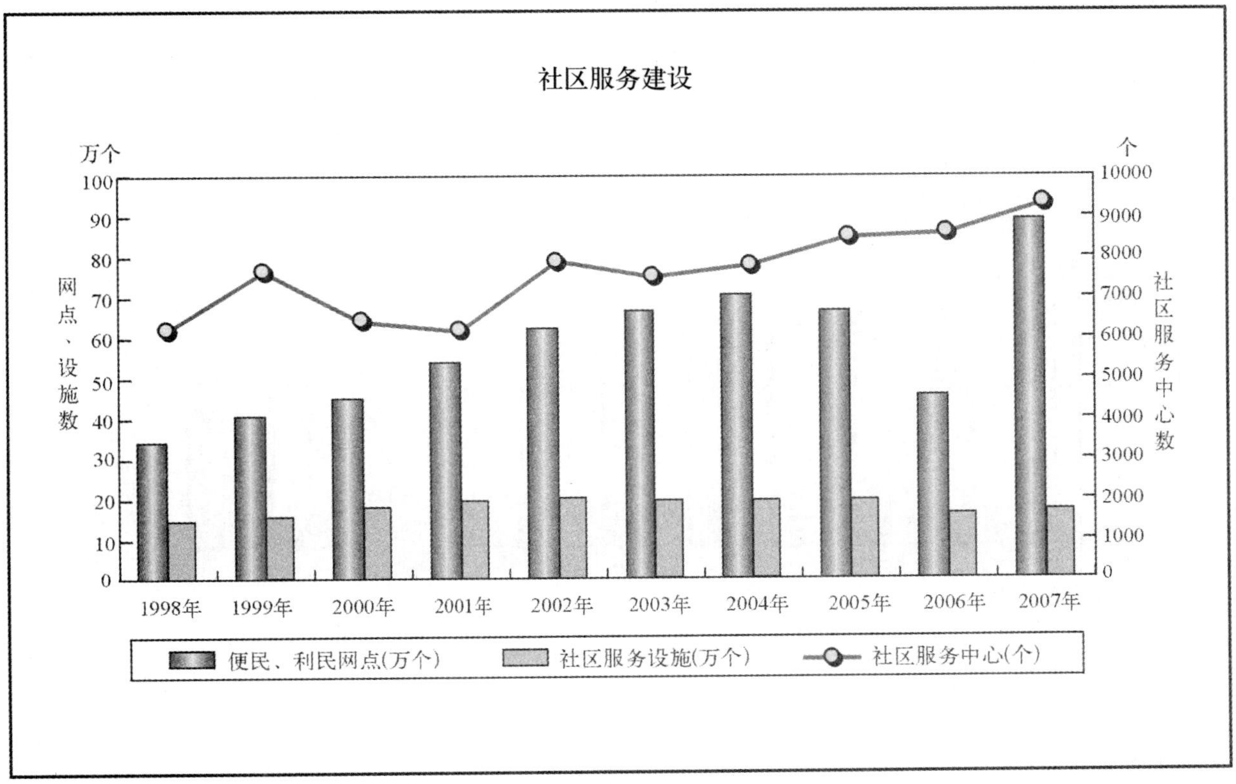

单位：万个

指　标	1998年	1999年	2000年	2001年	2002年	2003年	2004年	2005年	2006年	2007年
便民、利民网点	34.5	40.6	45.2	54.0	62.3	66.8	70.4	66.5	45.8	89.3
社区服务设施	14.8	15.7	18.1	19.6	19.9	19.6	19.8	19.5	16.0	17.2
社区服务中心（个）	6154	7623	6444	6179	7898	7520	7804	8479	8565	9319

图 -16　基层群众性自治组织

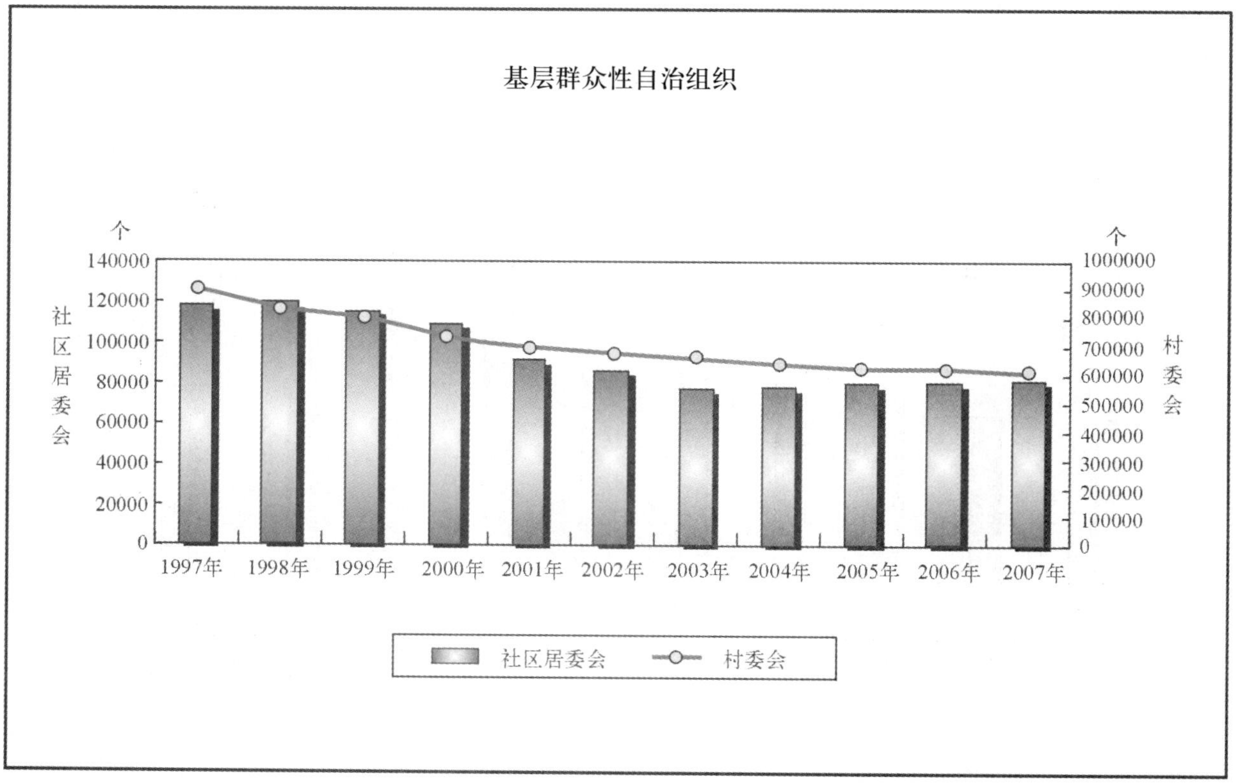

单位：个

指　标	1997 年	1998 年	1999 年	2000 年	2001 年	2002 年	2003 年	2004 年	2005 年	2006 年	2007 年
社区居委会	117915	119042	114815	108424	91893	86087	77431	77884	79947	80717	82006
村委会	905804	832987	801483	731659	699974	681227	663486	644000	629079	623669	612709

图－17　乡镇

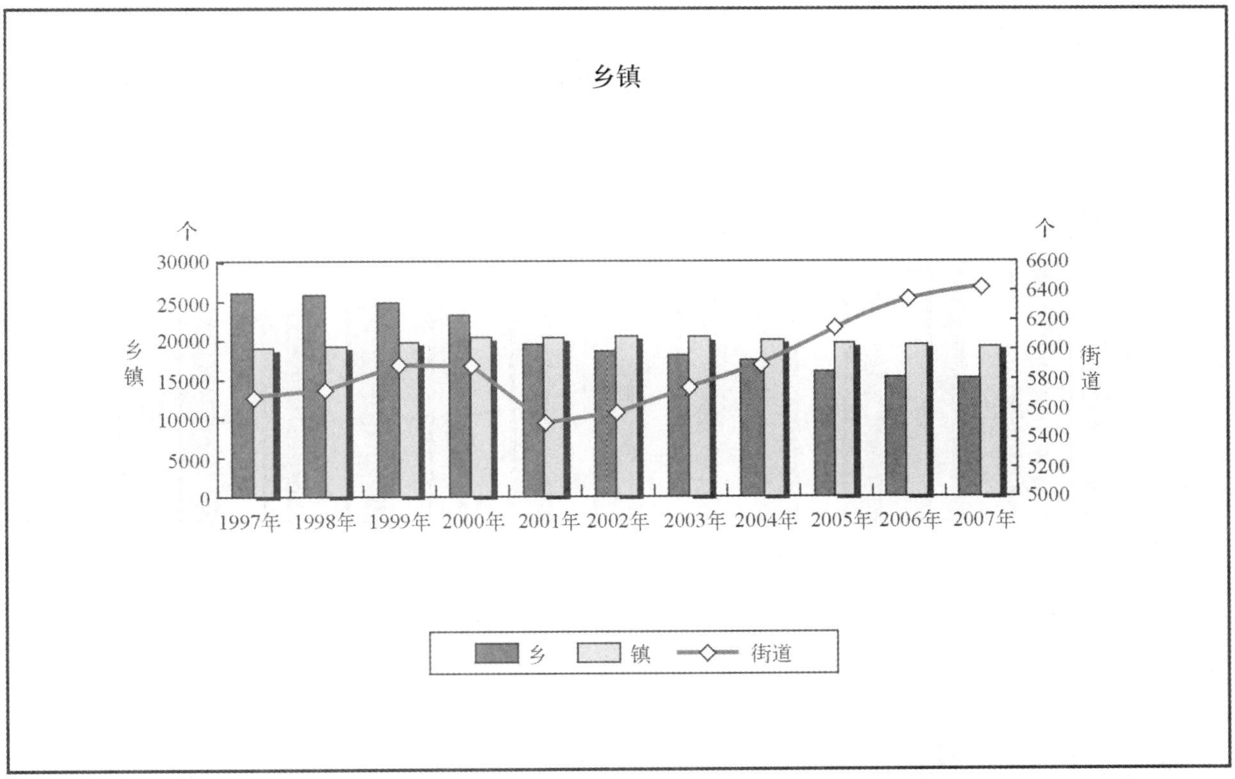

单位：个

指　标	1997年	1998年	1999年	2000年	2001年	2002年	2003年	2004年	2005年	2006年	2007年
乡	25966	25712	24745	23199	19341	18639	18064	17451	15951	15306	15021
镇	18925	19216	19756	20312	20374	20601	20226	19883	19522	19369	19249
街道	5678	5732	5904	5902	5510	5576	5751	5904	6152	6355	6434

图 -18　县和县级市

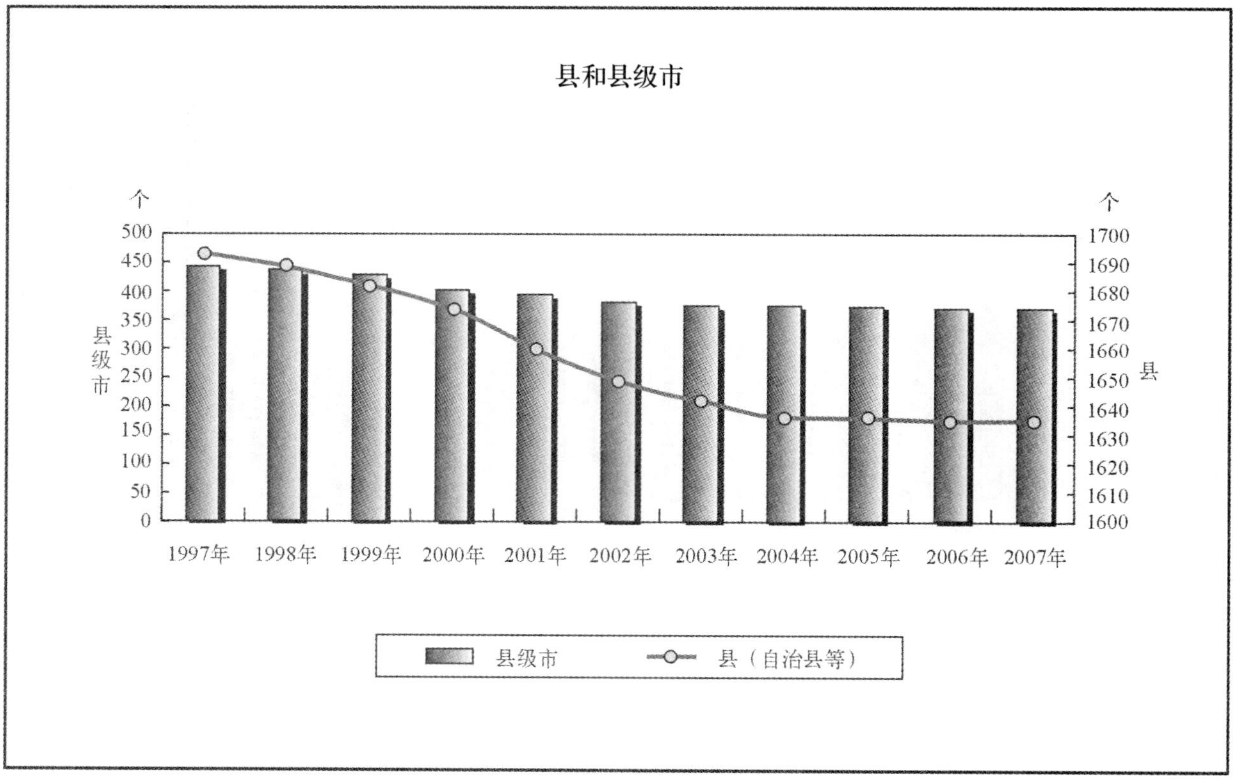

单位：个

指　标	1997 年	1998 年	1999 年	2000 年	2001 年	2002 年	2003 年	2004 年	2005 年	2006 年	2007 年
县级市	442	437	427	400	393	381	374	374	374	369	368
县(自治县等)	1693	1689	1682	1674	1660	1649	1642	1636	1636	1635	1635

图 -19　地和地级市

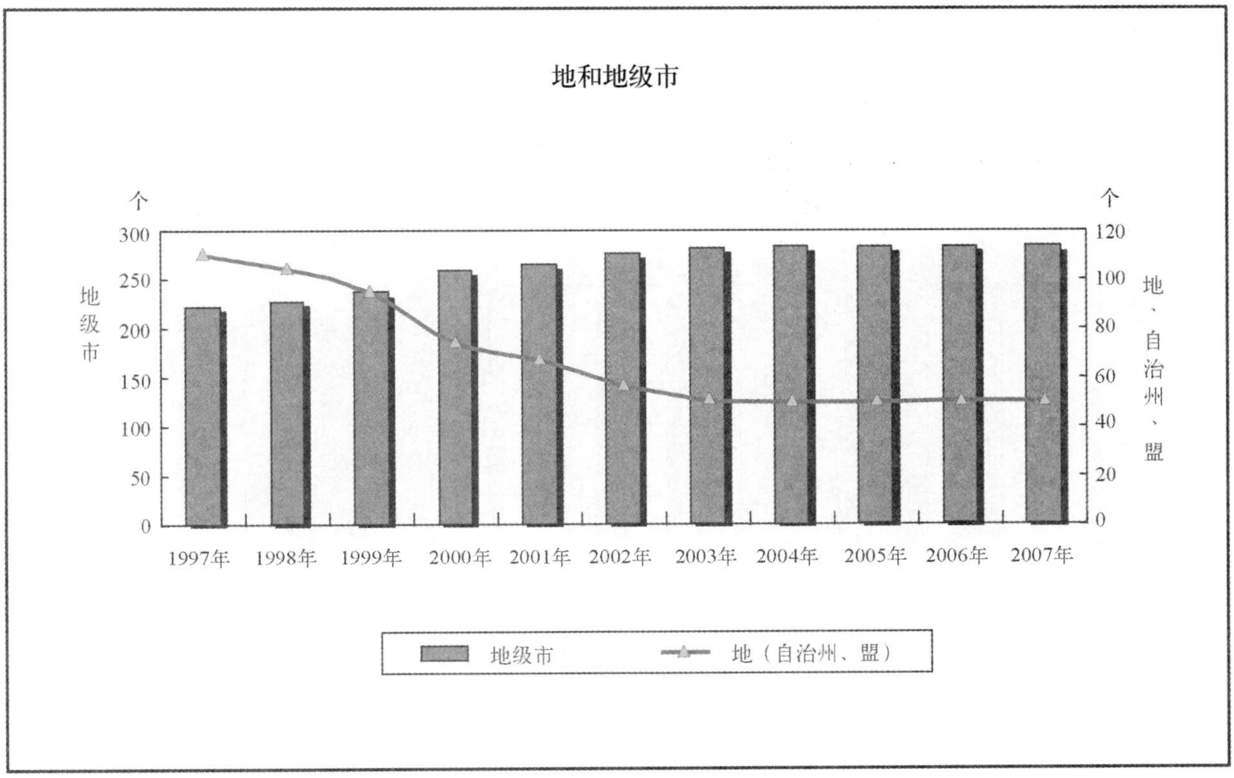

单位：个

指　标	1997 年	1998 年	1999 年	2000 年	2001 年	2002 年	2003 年	2004 年	2005 年	2006 年	2007 年
地级市	222	227	236	259	265	275	282	283	283	283	283
地(自治州、盟)	110	104	95	74	67	57	51	50	50	50	50

图－20　城市发展

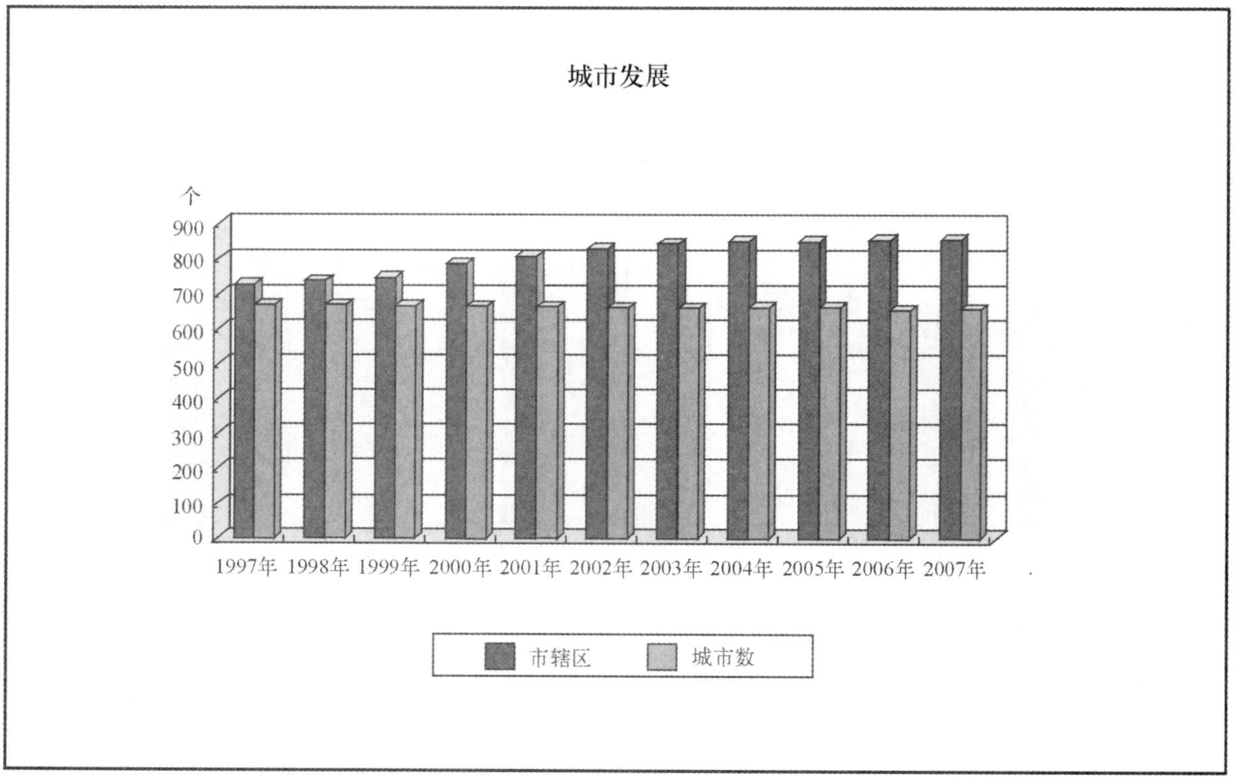

单位：个

指　标	1997年	1998年	1999年	2000年	2001年	2002年	2003年	2004年	2005年	2006年	2007年
市辖区	727	737	749	787	808	830	845	852	852	856	856
城市数	668	668	667	663	662	660	660	661	661	656	655

图 -21 结婚登记情况

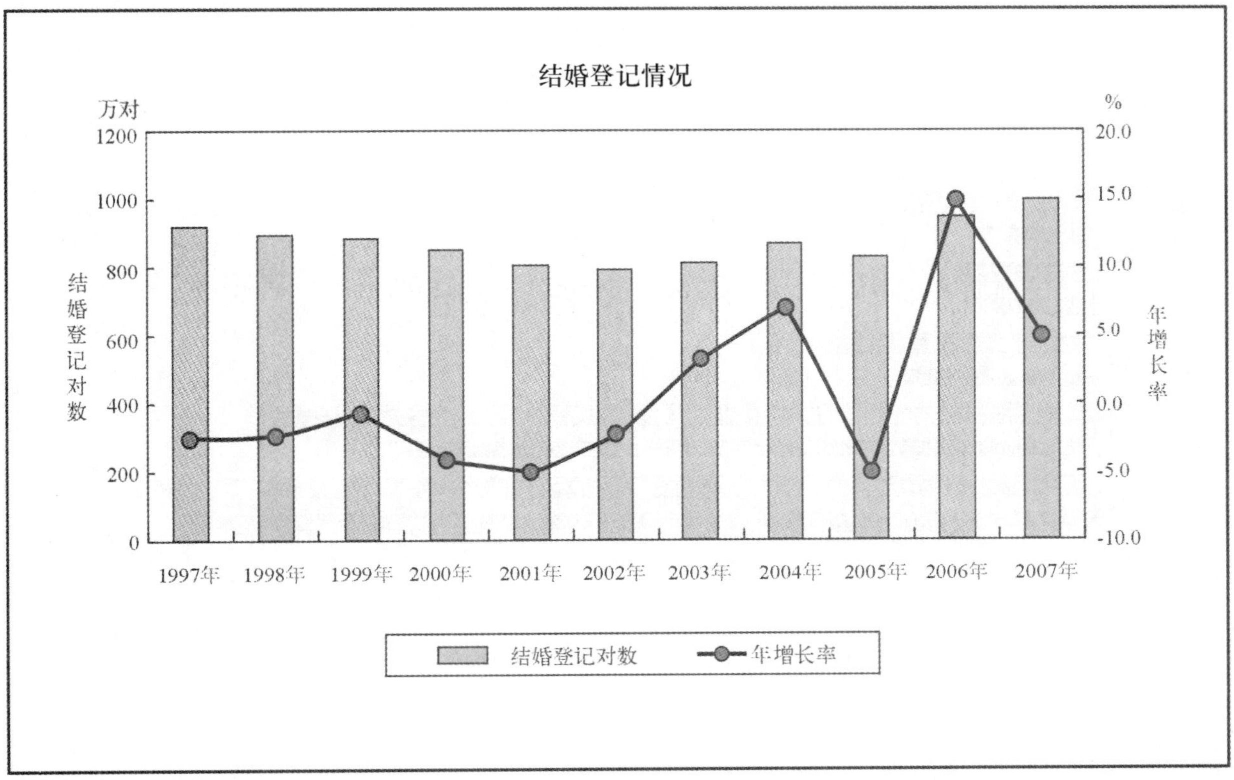

单位：万对、%

指　标	1997 年	1998 年	1999 年	2000 年	2001 年	2002 年	2003 年	2004 年	2005 年	2006 年	2007 年
结婚登记对数	914.1	891.7	885.3	848.5	805.0	786.0	811.4	867.2	823.1	945.0	991.4
年增长率	-2.6	-2.5	-0.7	-4.2	-5.1	-2.4	3.2	6.9	-5.1	14.8	4.9

图 -22　分年龄组结婚登记情况

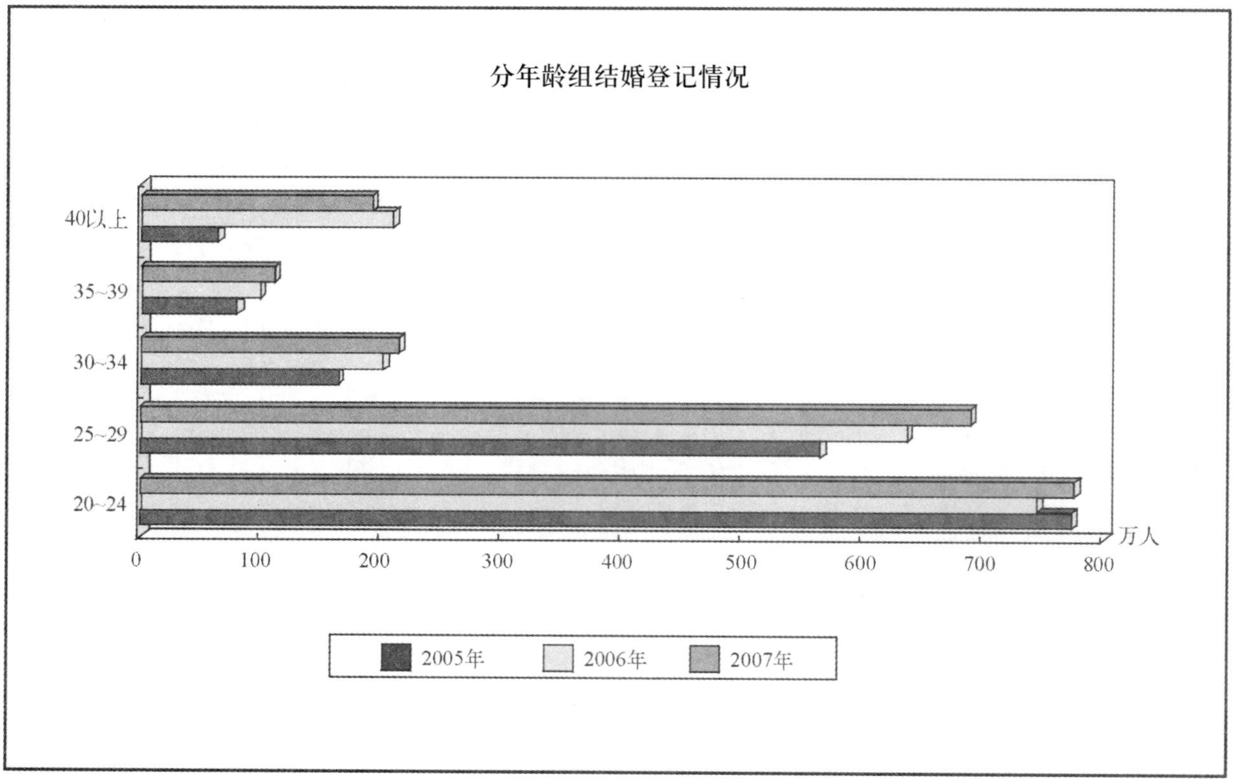

单位：万人

年　龄	20～24	25～29	30～34	35～39	40以上
2005年	773.2	565.0	163.4	80.6	63.8
2006年	744.8	636.3	200.8	99.0	209.0
2007年	776.7	689.5	214.0	110.9	191.6

图 –23　粗结婚率和粗离婚率

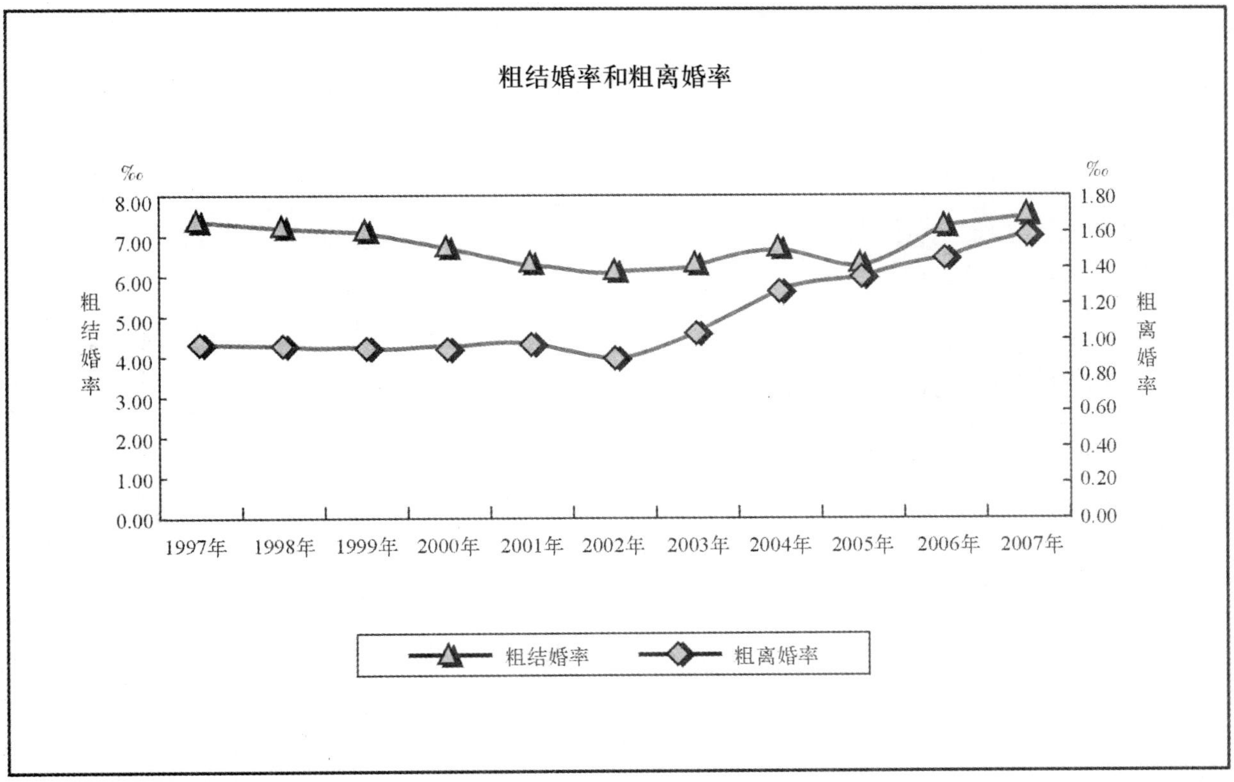

单位：‰

指　标	1997 年	1998 年	1999 年	2000 年	2001 年	2002 年	2003 年	2004 年	2005 年	2006 年	2007 年
粗结婚率	7.35	7.20	7.05	6.70	6.30	6.10	6.30	6.65	6.30	7.19	7.50
粗离婚率	0.97	0.96	0.96	0.96	0.98	0.90	1.05	1.28	1.37	1.46	1.59

注:粗结(离)婚率计算方法：结婚对数除以当期人口平均数。

图－24 民政部门和法院办理离婚情况

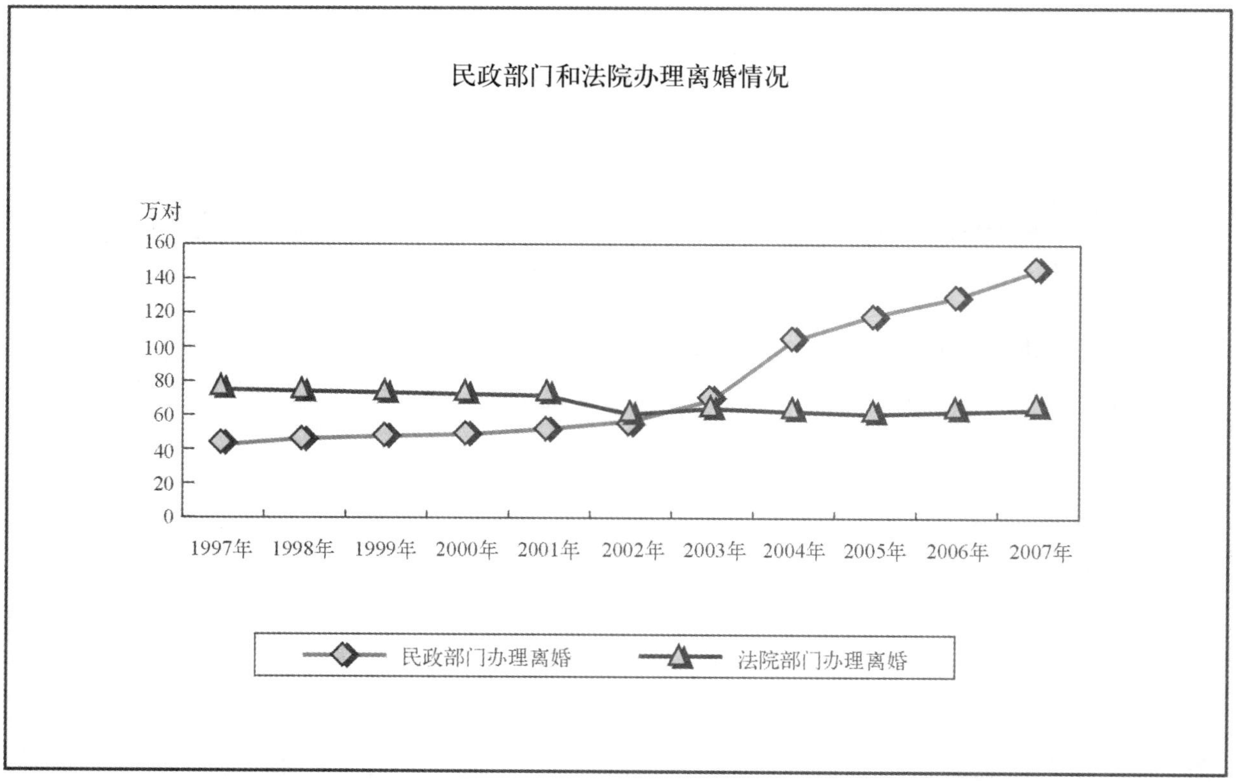

单位：万对

指 标	1997 年	1998 年	1999 年	2000 年	2001 年	2002 年	2003 年	2004 年	2005 年	2006 年	2007 年
民政部门办理离婚	44.0	46.6	47.8	48.8	52.5	57.3	69.1	104.6	118.4	129.1	145.7
法院部门办理离婚	75.9	72.6	72.4	72.4	72.2	60.4	64.0	61.9	60.1	62.2	64.1

图 –25　殡葬事业发展

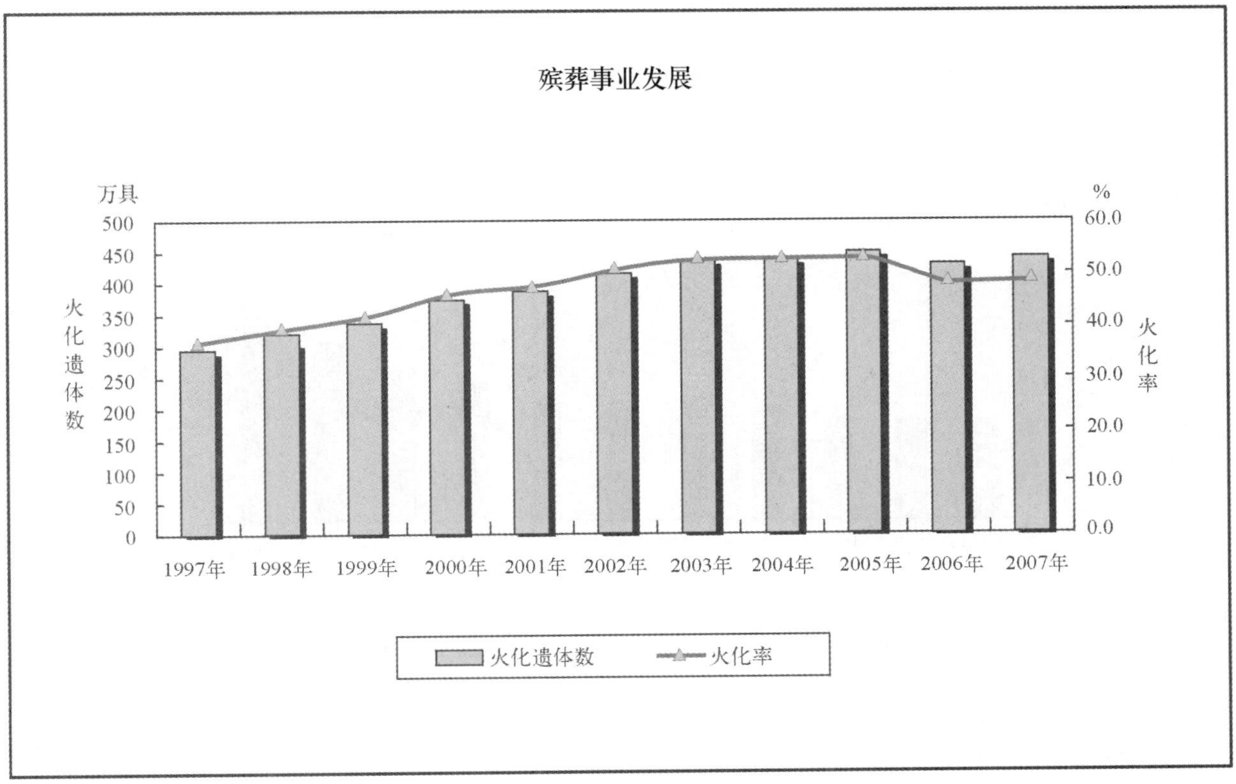

单位：万具、%

指　标	1997 年	1998 年	1999 年	2000 年	2001 年	2002 年	2003 年	2004 年	2005 年	2006 年	2007 年
火化遗体数	295.0	319.7	336.4	373.7	386.7	415.2	435.0	436.9	450.2	430.2	442.1
火化率	36.8	39.6	41.5	46.0	47.3	50.6	52.7	52.5	53.0	48.2	48.4

图 –26　收养性单位情况

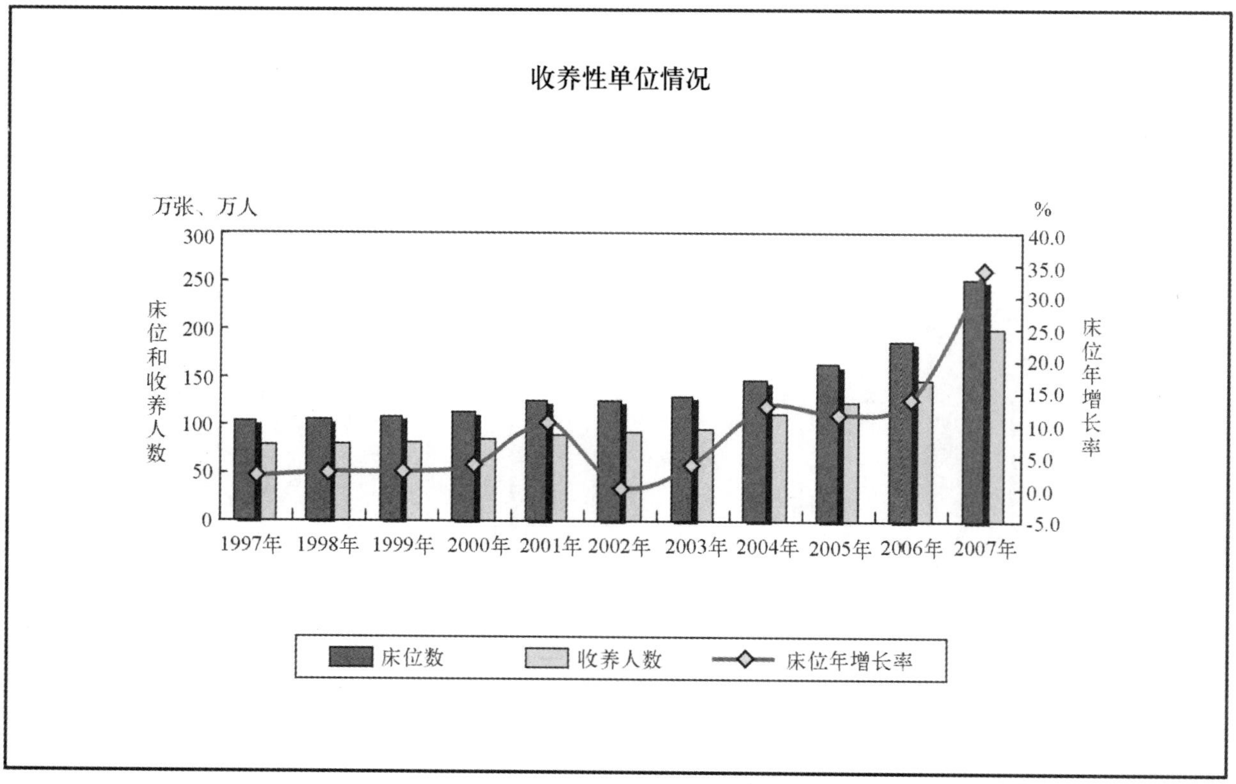

单位：万张、万人、%

指　标	1997 年	1998 年	1999 年	2000 年	2001 年	2002 年	2003 年	2004 年	2005 年	2006 年	2007 年
床位数	103.1	105.8	108.9	113.0	124.7	125.1	129.8	146.8	163.9	187.1	251.3
收养人数	78.5	80.0	82.7	85.4	89.3	92.6	96.5	110.9	123.6	147.0	200.0
床位年增长率	2.3	2.6	2.9	3.8	10.4	0.3	3.8	13.1	11.6	14.1	34.3

图 –27　农村五保供养服务机构

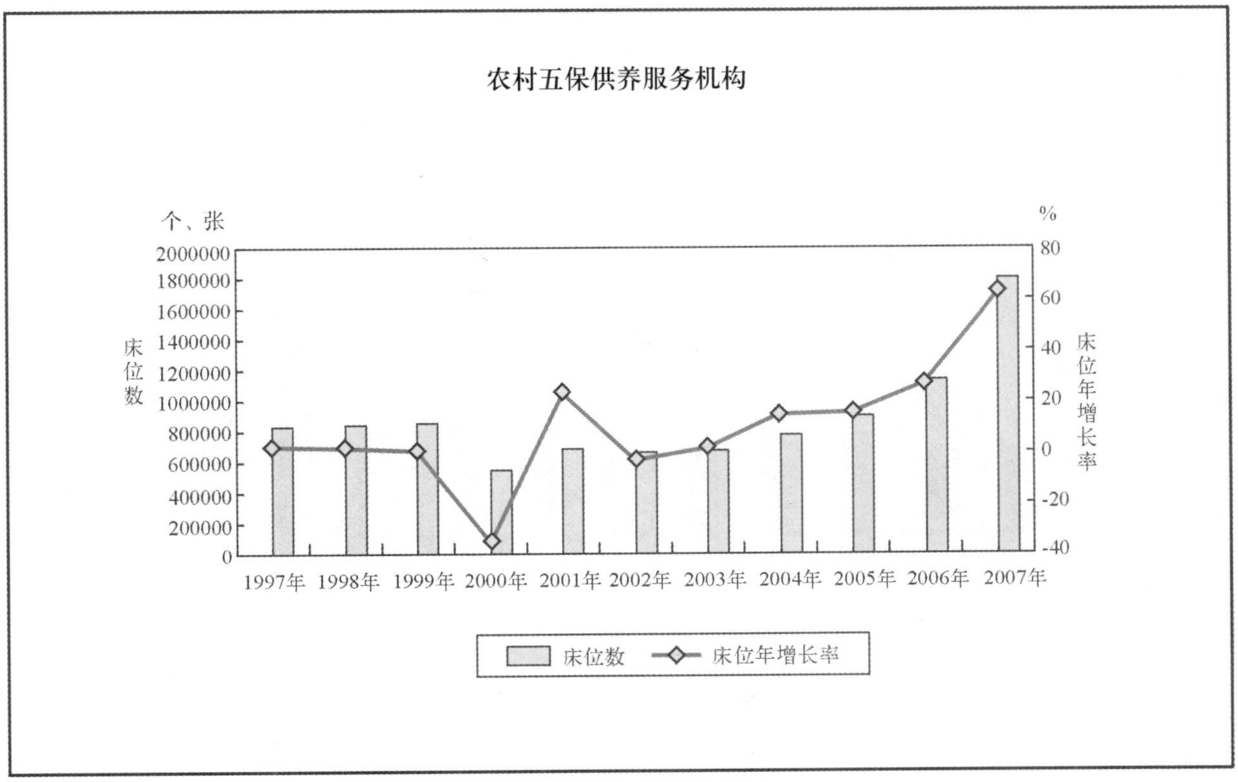

单位：个、张、%

指　标	1997 年	1998 年	1999 年	2000 年	2001 年	2002 年	2003 年	2004 年	2005 年	2006 年	2007 年
单位数	31968	32236	37344	25576	26650	25697	24343	26442	29681	31737	34684
床位数	831750	848274	852637	555782	684202	662038	675906	775466	895340	1135937	1798178
床位年增长率	1.9	2.0	0.5	-34.8	23.1	-3.2	2.1	14.7	15.5	26.9	58.3

图 -28　社会福利企业利润额

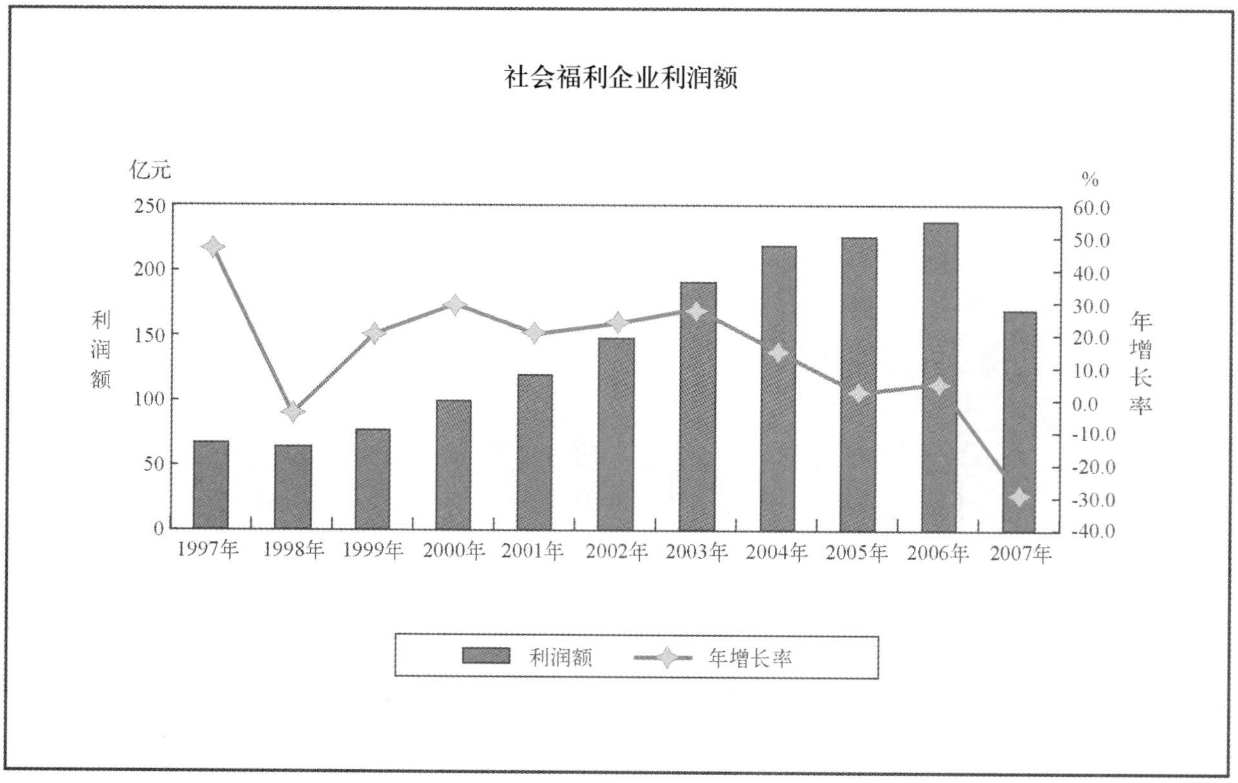

单位：亿元、%

指　标	1997 年	1998 年	1999 年	2000 年	2001 年	2002 年	2003 年	2004 年	2005 年	2006 年	2007 年
利润额	66.3	63.9	76.7	99.0	119.5	148.3	190.0	219.0	225.2	237.8	169.3
年增长率	47.0	-3.6	20.0	29.1	20.7	24.1	28.1	15.3	2.8	5.6	-28.8

图 -29 福利彩票销售额

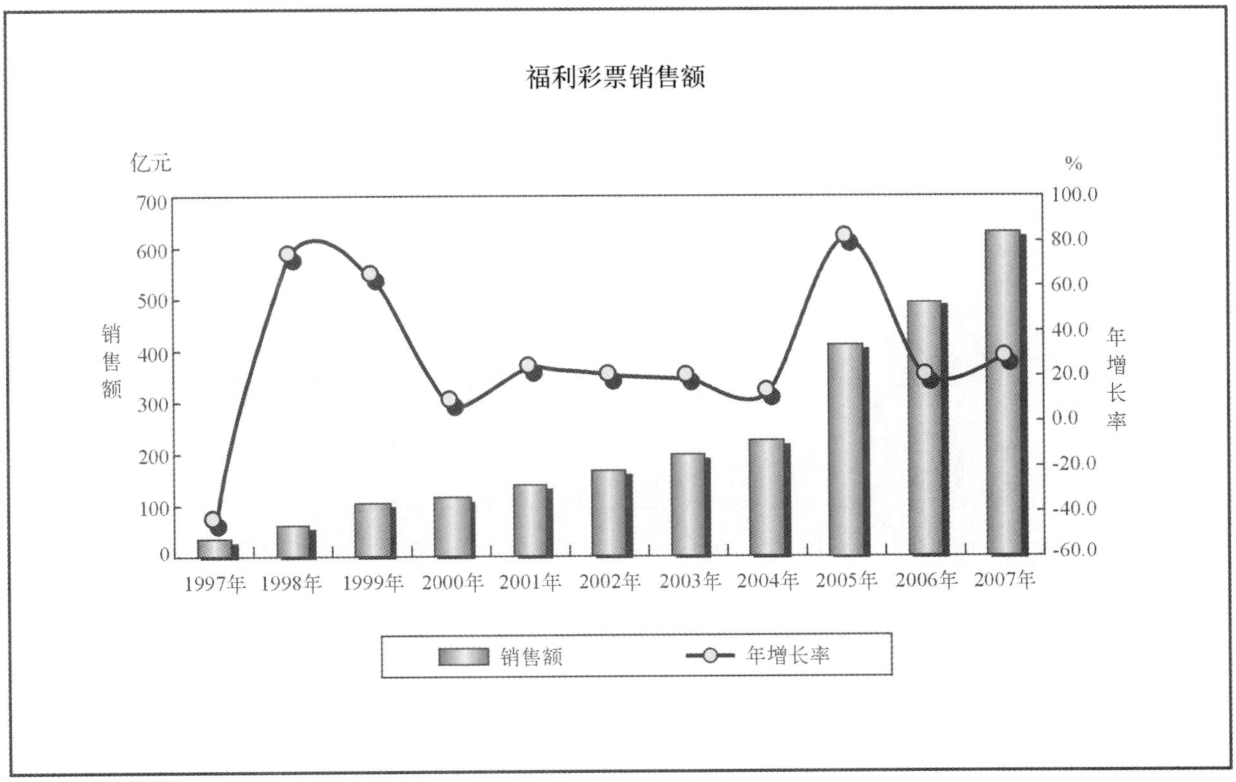

单位：亿元、%

指　标	1997 年	1998 年	1999 年	2000 年	2001 年	2002 年	2003 年	2004 年	2005 年	2006 年	2007 年
销售额	36.4	63.2	104.4	113.4	140.0	168.0	200.0	226.4	411.2	495.7	631.6
年增长率	-43.7	73.6	65.2	8.6	23.5	20.0	19.0	13.2	81.6	20.5	27.4

图 –30　民政事业基本建设投资

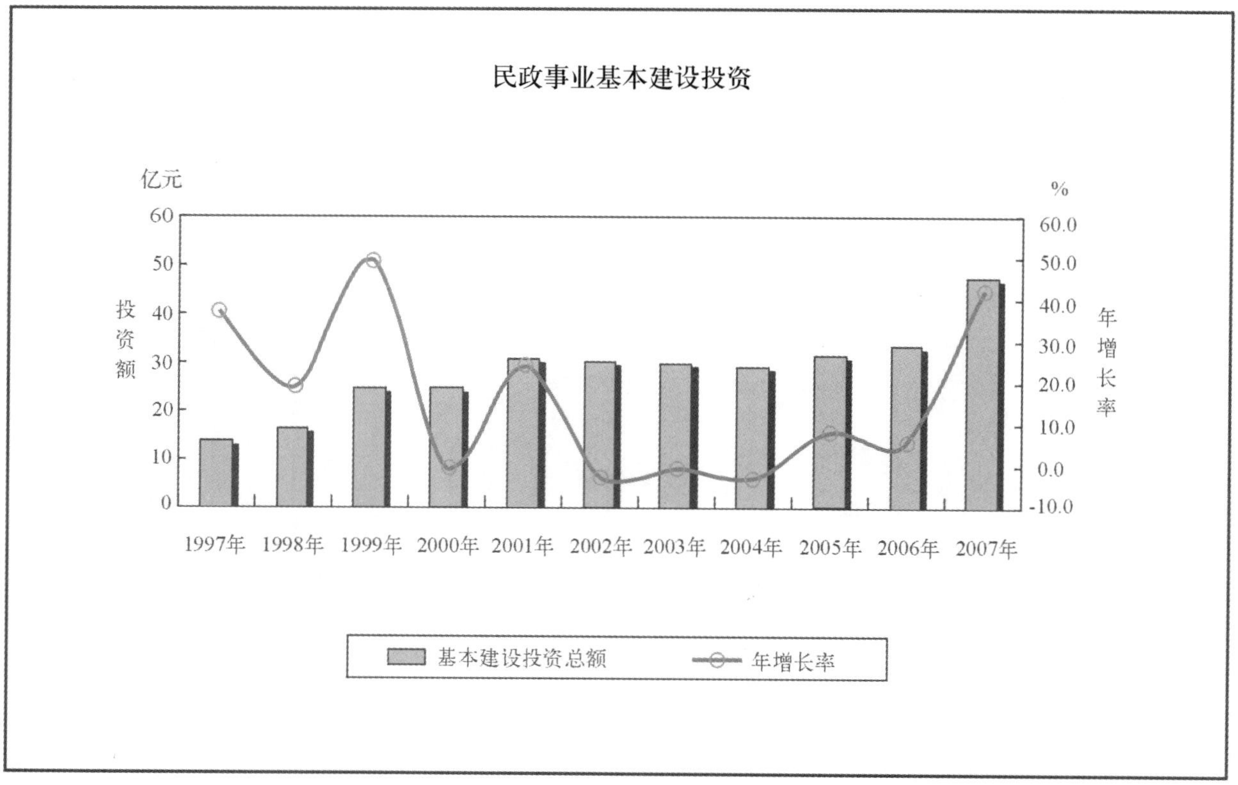

单位：亿元、%

指　标	1997 年	1998 年	1999 年	2000 年	2001 年	2002 年	2003 年	2004 年	2005 年	2006 年	2007 年
基本建设投资总额	13.8	16.5	24.7	24.7	30.8	30.1	30.0	29.2	31.6	33.5	47.7
年增长率	38.0	19.6	49.7		24.7	-2.3	-0.3	-2.7	8.2	6.0	42.4

图 -31　民政事业费支出

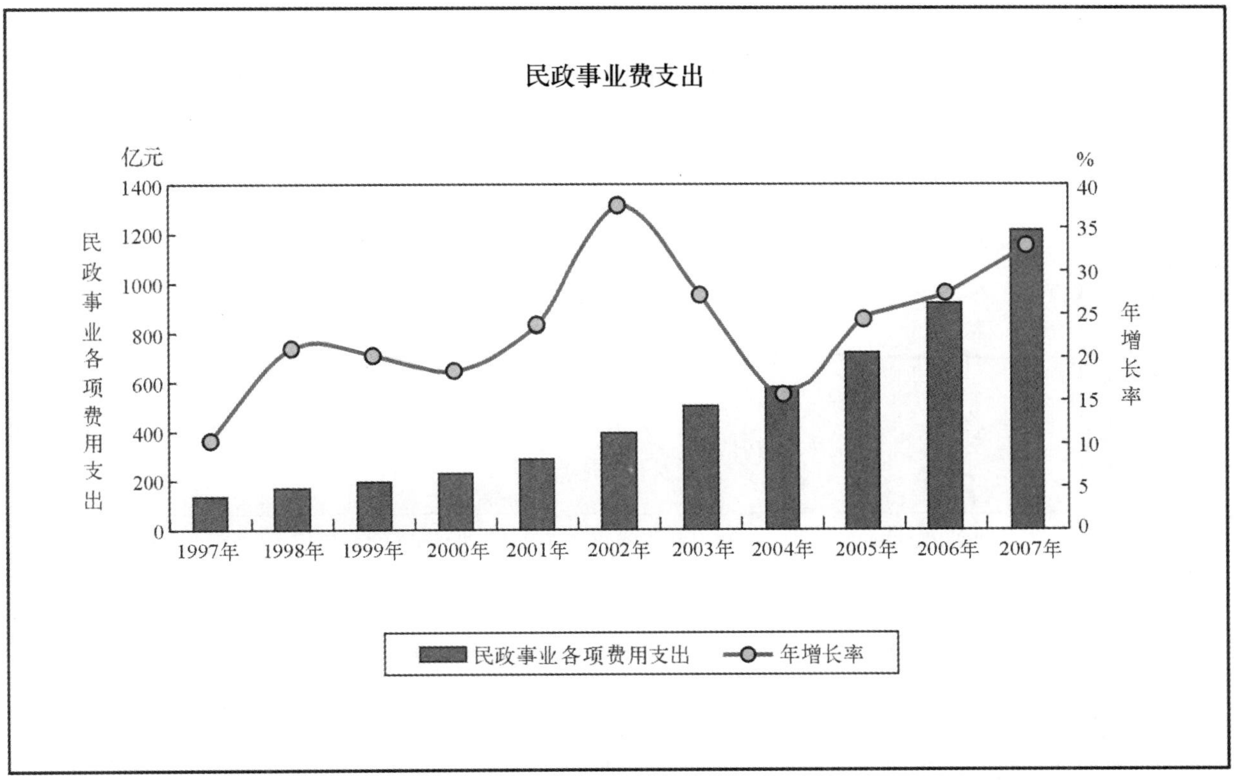

单位：亿元、%

指　标	1997 年	1998 年	1999 年	2000 年	2001 年	2002 年	2003 年	2004 年	2005 年	2006 年	2007 年
民政事业各项费用支出	133.5	161.8	194.6	230.5	284.8	392.2	498.9	577.4	718.4	915.4	1215.5
年增长率	10.3	21.2	20.3	18.5	23.7	37.6	27.2	15.7	24.4	27.4	32.8

图 -32　民政事业费支出占国家财政支出的比重

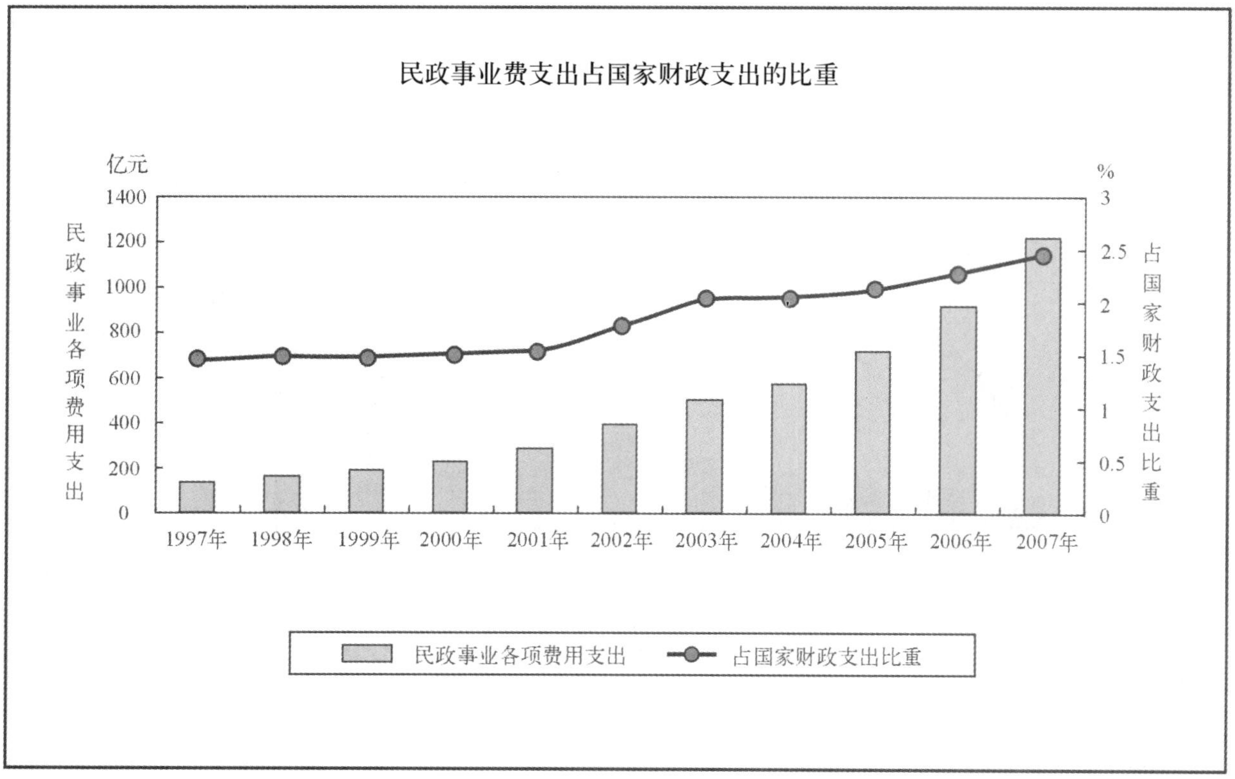

单位：亿元、%

指　标	1997 年	1998 年	1999 年	2000 年	2001 年	2002 年	2003 年	2004 年	2005 年	2006 年	2007 年
民政事业各项费用支出	133.5	161.8	194.6	230.5	284.8	392.2	498.9	577.4	718.4	915.4	1215.5
占国家财政支出比重	1.44	1.50	1.49	1.50	1.53	1.78	2.03	2.04	2.13	2.28	2.45

图－33　民政事业费按用项支出比重

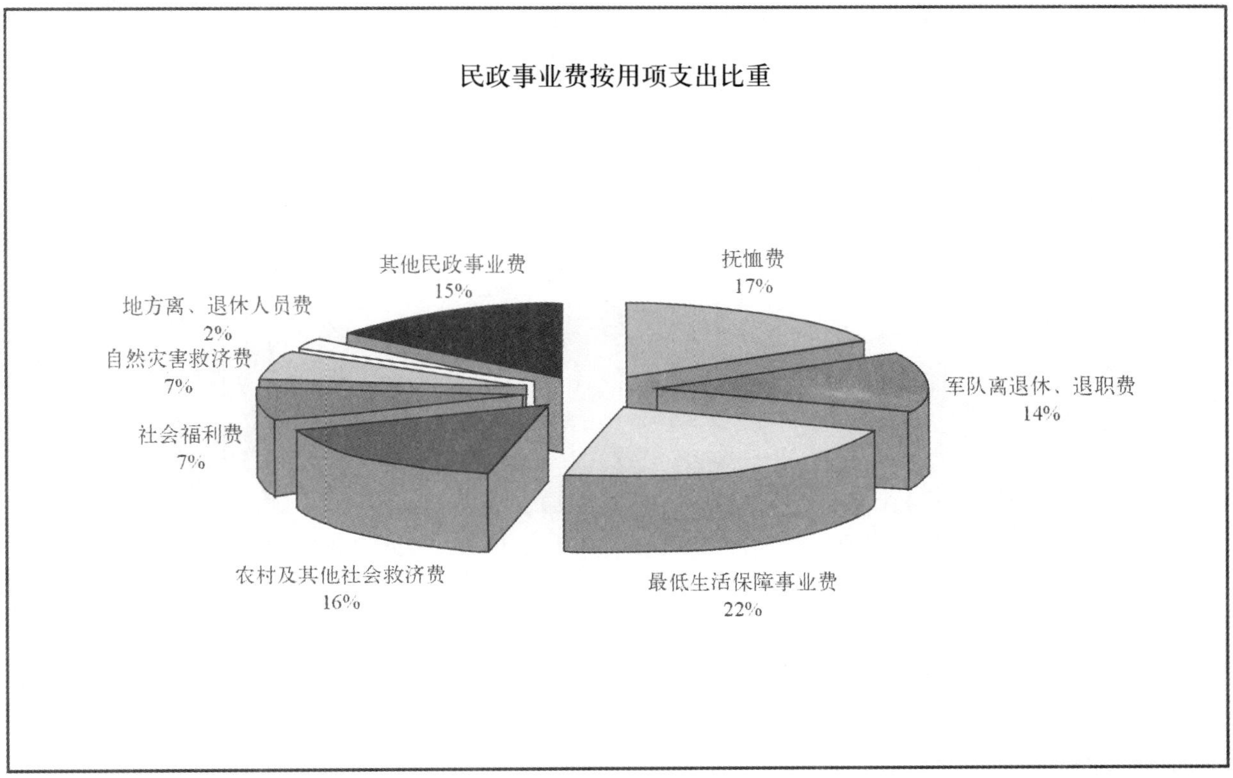

单位：亿元、%

指　标	民政事业费总支出	抚恤费	军队离退休、退职费	最低生活保障事业费	农村及其他社会救济费	社会福利费	自然灾害救济费	地方离、退休人员费	其他民政事业费
金　额	1215.5	210.8	165.0	277.4	189.8	87.6	79.8	24.8	180.3
比　重	100.0	17.3	13.6	22.8	15.6	7.2	6.6	2.1	14.8

图 −34 中央转移支付民政事业费

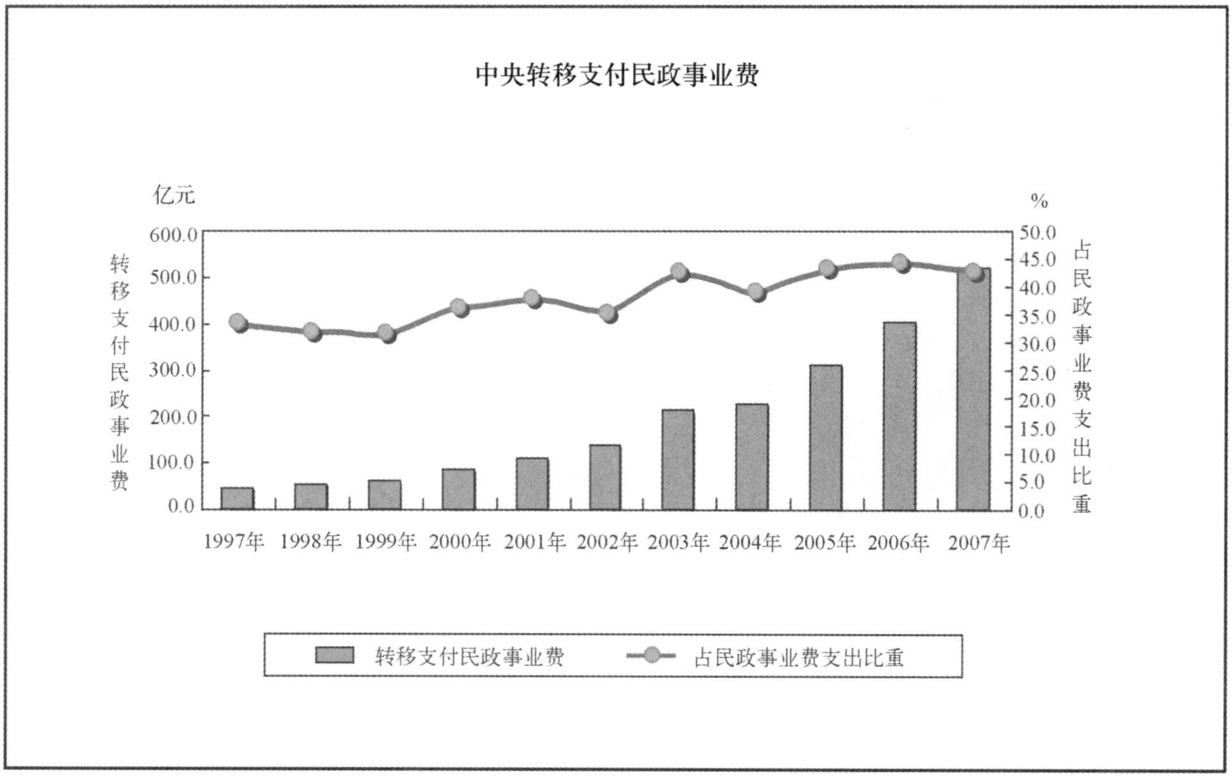

单位：亿元、%

指　标	1997 年	1998 年	1999 年	2000 年	2001 年	2002 年	2003 年	2004 年	2005 年	2006 年	2007 年
转移支付民政事业费	44.9	51.7	61.6	83.7	108.2	138.4	211.8	223.8	310.3	404.0	517.5
占民政事业费支出比重	33.7	32.0	31.7	36.3	38.0	35.3	42.5	38.8	43.2	44.1	42.6

02

专　文

民政部关于印发《2007年民政事业发展统计报告》的通知

民函〔2008〕143号

各省、自治区、直辖市民政厅(局)，计划单列市民政局，新疆生产建设兵团民政局：

现将《2007年民政事业发展统计报告》印发你们。

二OO八年五月二十三日

2007年民政事业发展统计报告

2007年，在党中央、国务院及各级党委、政府的正确领导下，在有关部门和社会各界的支持配合下，各级民政部门以科学发展观为统领，贯彻党的十七大精神，落实第十二次全国民政会议部署，民政工作取得了新进展，民政事业呈现出蓬勃发展的局面。

一、社会组织建设与管理取得新进展

2007年，联合有关部门报请国务院办公厅下发了《关于加快推进行业协会商会改革和发展的若干意见》，会同有关部门出台了社会组织税收优惠的相关法律和政策，联合有关部门完善了涉外社会组织登记管理制度、正式启动涉外基金会登记管理工作。开展了社会组织“自律与诚信建设”、“服务社会主义新农村”等活动，开展社会组织评估，推动政府购买服务，规范年检工作程序，强化对社会组织的日常管理，及时查处社会组织违法行为和非法社会组织。特别是召开社会组织建设与管理工作经验交流会，进一步明确了今后工作的指导思想、主要任务和政策措施。

截至2007年底，全国共有社会组织38.7万个，比上年增长9.3%；吸纳社会各类人员就业456.9万人，比上年增长7.4%；形成固定资产总值682亿元，比上年增长61.2%；收入合计1343.6亿元，比上年增长111.3%；各类费用支出900.2亿元，比上年增长99.9%；2007年社会组织增加值为307.6亿元，比上年增长173.9%，占服务业的比重为0.32%。

这些社会组织业务范围涉及科技、教育、文化、卫生、劳动、民政、体育、环境保护、法律服务、社会中介服务、工商服务、农村专业经济等社会生活的各个领域，成为党和政府联系人民群众的桥梁和纽带。在我国政治、经济、文化、社会建设中发挥着不可或缺的积极作用，成为构建社会主义和谐社会的重要力量。

截至2007年底，全国共有社会团体21.2万个，比上年增长10.4%。按照社团活动地域范围划分，全国性及跨省(自治区、直辖市)的1758个，省级及省内跨地(市)域的22146个，地级社团59145个，县级社团128612个。按照社团的性质划分，工商服务业类17747个，科技研究类17615个，教育类14794个，卫生类11129个，社会服务类24588个，文化类16690个，体育类10685个，生态环境类5330个，法律类3361个，宗教类3413个，农业及农村发展类36142个，职业及从业组织类15080个，国际及其他涉外组织类467个，其他34620个。

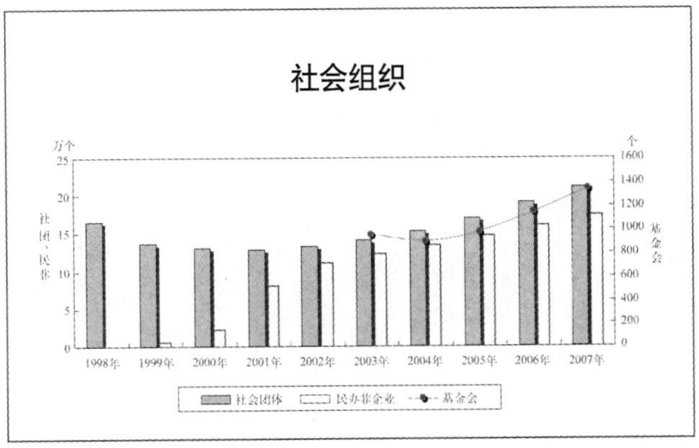

单位:万个

指　标	2000	2001	2002	2003	2004	2005	2006	2007
社会团体	13.1	12.9	13.3	14.2	15.3	17.1	19.2	21.2
民办非企业	2.3	8.2	11.1	12.4	13.5	14.8	16.1	17.4
基金会(个)				954	892	975	1144	1340

截至2007年底，全国共有民办非企业单位17.4万个，比上年增长8.1%。其中：工商服务业类2059个，科技研究类8867个，教育类84077个，卫生类29188个，社会服务类24077个，文化类5578个，体育类5343个，生态环境类345个，法律类855个，宗教类247个，农业及农村发展类931个，职业及从业组织类1251个，国际及其他涉外组织类3个，其他11094个。从地域分布来看，民办非企业单位登记数量超过3万个的省份为山东省，超过1万个的省份有江苏省、浙江省、湖北省、广东省、四川省。

截至2007年底，全国共有基金会1340个，比上年增长17.1%，其中：公募基金会904个，非公募基金会436个。中央级基金会107个。全国各类基金会组织共接收捐赠40.5亿元，接收捐赠实物折价10.2亿元。

二、拥军优抚安置制度继续完善

在纪念建军80周年之际，出台了五个政策性文件，提高优抚对象抚恤补助标准，扩大了抚恤补助范围，解决了优抚对象医疗保障和部分退役人员再就业、住房、社会保险接续等方面实际困难。

由于新增加了对部分曾参加作战和核试验的军队退役人员发放生活补助，截至2007年底，国家抚恤、补助各类重点优抚对象622.4万人，比上年增加159.8万人；增长34.5%。其中伤残人员86.5万人，比上年增长0.6%；带病回乡退伍军人113.4万人，比上年增长5.7%；在乡复员军人198.9万人，比上年下降3.7%；在乡退伍红军老战士2049人，比上年下降15.2%，在乡西路军红军老战士966人，比上年下降20.8%，红军失散人员6.3万人，比上年下降7.4%；烈士遗属34.2万人，比上年下降1.2%，因公牺牲、病故军人遗属14.7万人，比上年增长1.4%。

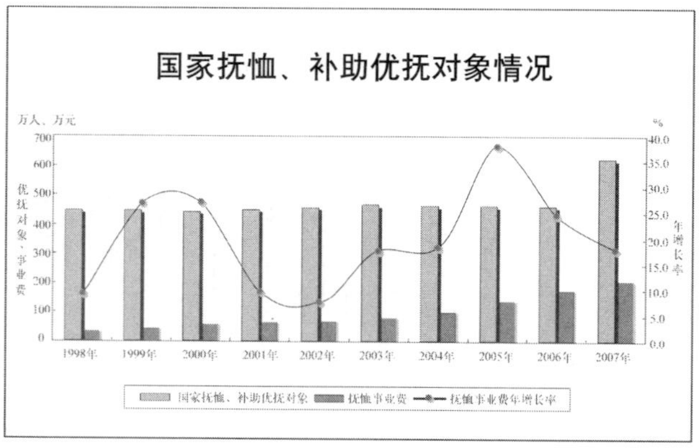

指　标	2000	2001	2002	2003	2004	2005	2006	2007
国家抚恤、补助优抚对象	442.4	450.7	459.0	464.9	462.0	460.3	462.6	622.4
抚恤事业费	63.5	69.5	74.7	87.9	104.1	143.6	178.8	210.8
抚恤事业费年增长率	27.0	9.5	7.5	17.7	18.4	37.9	24.5	17.9

2007年各级政府共批准烈士168人，均为省级人民政府批准；烈士纪念建筑物14588处，其中，零散烈士纪念建筑物7186处。

军休干部、退役士兵和无军籍职工的交接和安置工作稳步实施，起草《退役士兵安置条例》上报国务院和中央军委，多年来制约优抚安置工作的“瓶颈”问题有望得到解决。全年共接收安置退役士兵、复员干部37.3万人，比上年降低12.2%。其中退伍义务兵32.8万人(城镇义务兵16.8万人)；转业、复员士官4.4万人，复员干部1327人。

军休安置管理工作持续稳定发展，全年共接收军队离退休干部、无军籍退休退职职工2.8万人，比上年降低12.5%，军休干部政治待遇、生活待遇得到较好落实。

截至2007年底，全国有各类优抚安置单位4725个，比上年增加54个，比上年增长1.2%。其中军休所(含管理中心)1797个，军供站322个，烈士纪念建筑物管理单位1056个，优抚收养性单位1550个。优抚类收养性床位9.9万张，比上年增长22.2%，年末收养各类人员6.7万人，比上年增长13.6%。

三、应急救援、减灾救灾能力进一步提高

2007年，我国自然灾害严重，多灾并发，点多面广，大多发生在粮食主产区、革命老区和少数民族地区，给群众生产生活带来了很大困难，给灾区人民群众的生命财产安全造成严重威胁。2007年，全国农作物受灾面积达到48992.5千公顷，比上年增加19.5%。绝收面积5746.8千公顷，比上年增加6.6%；2007年全国各类自然灾害共造成约39777.9万人(次)不同程度受灾，因灾死亡2325人，比上年减少27%；倒塌房屋146.7万间，比上年减少46.6万间；直接经济损失2363亿元，比上年减少6.5%。2007年底前各地收到中央下拨救灾款79.8亿元，比上年增长61.5%。各级政府及时组织

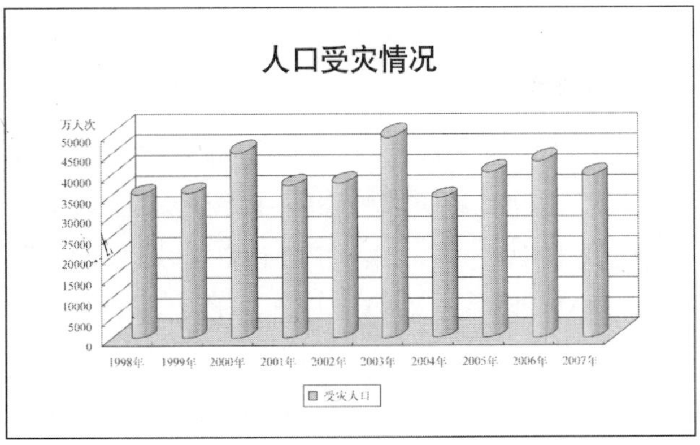

单位:万人次

指　标	2000	2001	2002	2003	2004	2005	2006	2007
受灾人口	45652.0	37256.0	37842.0	49745.9	33920.6	40653.7	43453.3	39777.9

开展救灾工作，民政部共启动灾害救助应急响应49次，向灾区派出工作组54个，指导地方政府紧急转移安置人口1499.1万人(次)，完成灾区恢复重建民房142.6万间，经国务院批准，增加旱灾救助项目，提高因灾倒房、地震损房和冬春受灾群众生活困难补助标准，切实保障了灾时、灾后受灾群众的基本生活，出现了重灾面前灾民心里不慌和社会稳定的局面。

四、社会救助工作成效显著

继续规范城市居民最低生活保障制度，根据物价变化，适度提高救助水平，相对稳定地保障了2270多万城镇贫困人口的基本生活，城市居民最低生活保障制度进入了平稳运行时期。2007年底，全国共有1064.3万户、2272.1万城市居民得到了最低生活保障。全年各级财政共支出低保资金277.4亿元，比上年增长23.7%。得到最低生活保障人员中：在职人员93.9万人，占总人数的4.1%；灵活就业人员343.8万人，占总人数的15.1%；老年人298.4万人，占总人数的13.1%；登记失业人员627.2万人，占总人数的27.6%，未登记失业人员364.3万人，占总人数的16%，在校生321.6万人，占总人数的14.2%，其他未成年人223万人，占总人数的9.8%。

2007年全国城市最低生活保障月人均保障水平102.7元，比上年提高22.8%；全国城市居民最低生活保障平均标准182.4元，比上年提高7.5%。

积极开展农村最低生活保障制度，农村最低生活保障制度在全国范围内普遍建立。截至2007年底，已有3566.3万人(1608.5万户)得到了农村最低生活保障，比上年同期增加1973.2万人，增长了123.9%，平均低保标准70元／人、月，全年共发放农村最低生活保障资金109.1亿元，比上年增长150.8%，人均补差38.8元／月，比上年同期提高4.3元，增长12.5%。

深入贯彻《农村五保供养工作条例》，截至2007年底，全国农村五保老人得到五保救济的人数为531.3万人，499.2万户，分别比上年同期增长5.5%和6.7%。其中集中供养138万人，分散供养393.3万人。农村五保供养平均支出水平为1179.6元／人、年；农村五保集中供养平均标准为1953元／人、年，农村五保分

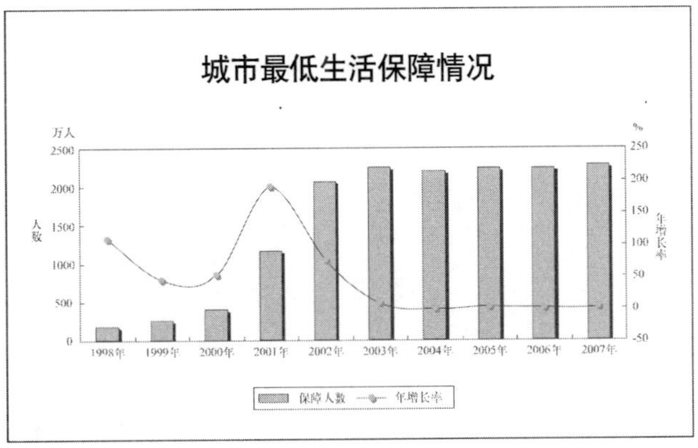

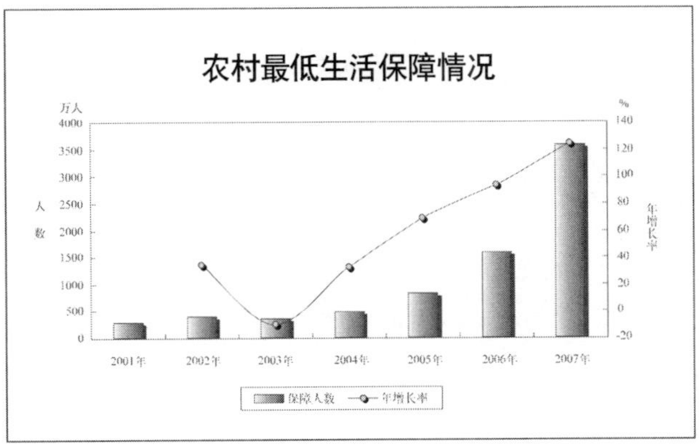

单位：万人、%

指　标	2000	2001	2002	2003	2004	2005	2006	2007
保障人数	402.6	1170.7	2064.7	2246.8	2205.0	2234.2	2240.1	2272.1
年增长率	51.4	190.8	76.4	8.8	-1.9	1.3	0.3	1.4

散供养平均标准为1432元／人、年。此外，还有646万人次得到了农村临时救济。

医疗救助工作积极开展。全年财政预算内资金用于医疗救助的财政资金42.5亿元，比上年增长100.1%。中央财政共补助各地城乡医疗救助资金34亿元，有力地保障了各地医疗救助工作的开展。

农村医疗救助支出28.1亿元，其中：资助参加新型农村合作医疗资金4.8亿元，大病救助资金20.5亿元。累计救助贫困农民2896万人次，其中：民政部门资助参加合作医疗2517.3万人次，人均资助参合水平19.1元；民政部门资助大病救助377.1万人次，人均救助水平543元。

全年支出城市医疗救助资金14.4亿元，城市医疗救助442万人次，人均医疗救助水平326.6元。

救助管理工作规范化水平不断提高，启动实施了《“十一五”流浪未成年人救助保护体系建设规划》。截至2007年底，全国共有救助单位1351个(其中救助管理站1261个，流浪儿童救助保护中心90个)，床位4.7万张，全年救助城市生活无着的流浪乞讨人员154.4万人次，其中未成年人15.4万人次。

与此同时，积极协调和配合有关部门，推进廉租住房制度的完善，加强与教育、司法等救助制度的衔接配套，社会救助资源综合利用效能进一步提高。

五、慈善事业获得新发展

大力开展社会捐助活动，组织开展了“慈善关爱行动”和全国“送温暖、献爱心”社会捐助活动，截至2007年底，全国共建立经常性社会捐助工作站、点和慈善超市3.6万个(其中：慈善超市5312个)，基本形成覆盖全国城市的社会捐助网。全年共接收社会捐款共计132.8亿元，其中民政部门50.9亿元，慈善会41.4亿元，各类在民政部门登记的基金会40.5亿元，比上年增长59.8%。捐赠物资折款15.6亿元，接收捐赠衣被8756.8万件，其中：棉衣被2707.4万件。间接接收其他部门转入的社会捐款1.6亿元，衣被2830.4万件，其中：棉衣被445.8万件，捐赠物资折款9875.1万元。使3069.7万人(次)困难群众受益。

六、和谐社区建设扎实推进

2007年，与国家发改委联合制定并实施了《“十一五”社区服务体系发展规划》，推动建立社区志愿者注册制度，社区服务正在向广度、深度方向发展。和谐社区不断向农村拓展，截止2007年底，确定全国农村社区建设实验县(市、区)296个。

截至2007年底，全国城镇社区服务设施17.2万处，比上年增长7.5%，其中：街道社区服务中心10222个，居委会社区服务站50116个。社区从业人员242.2万人，其中：安置下岗失业人员52万人；社区服务志愿者组织47.6万个，比上增长75.6%。综合性的社区服务中心9319个，比上年增长7.5%；城市便民、利民服务网点89.3万个，比上年增长95.0%。

村委会和居委会的结构得到了进一步调整。截至2007年底，全国设有居委会(社区居委会)82006个，比上年增加1289个，增长了1.2%；居民小组122.3万个，比上年减少1.2万个；居委会成员41.6万人，比上年

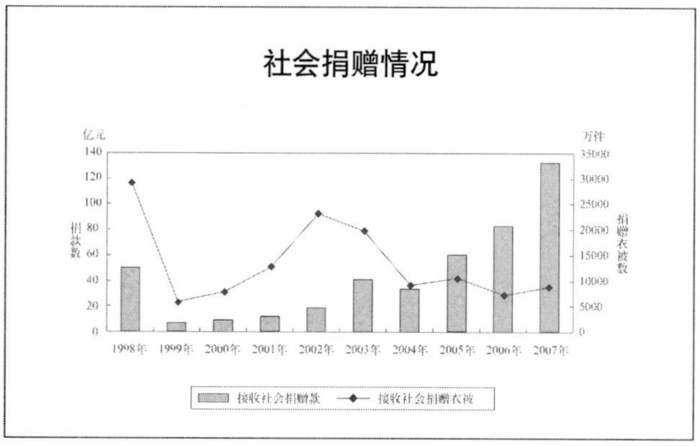

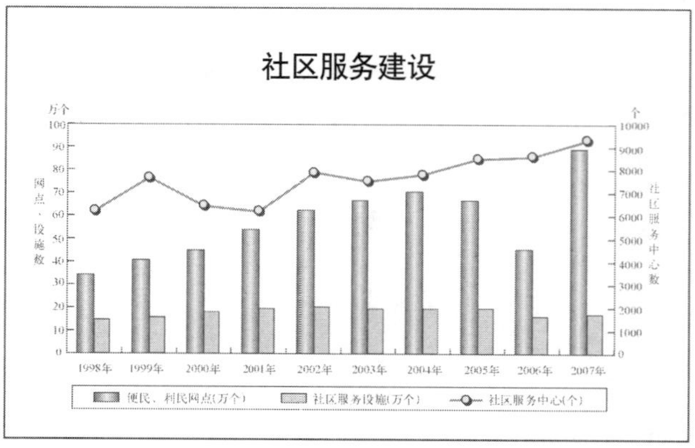

单位：亿元、万件

指　标	2000	2001	2002	2003	2004	2005	2006	2007
接收社会捐赠款	9.3	11.7	19.0	41.0	34.0	60.3	83.1	132.8
接收社会捐赠衣被	7708.5	12635.4	22961.1	19648.8	8957.2	10355.0	7123.6	8756.8

指　标	2000	2001	2002	2003	2004	2005	2006	2007
便民、利民网点(万个)	45.2	54.0	62.3	66.8	70.4	66.5	45.8	89.3
社区服务设施(万个)	18.1	19.6	19.9	19.6	19.8	19.5	16.0	17.2
社区服务中心(个)	6444	6179	7898	7520	7804	8479	8565	9319

降低6.1%。村委会61.3万个，比上年减少1.1万个，降低1.8%；村民小组466.9万个，比上年增长13.6万个；村委会成员241.1万人，比上年降低0.7%。

七、婚姻登记服务水平进一步提升

2007年，印发了《民政部关于“十一五”期间深入推进婚姻登记规范化建设的意见》，指导婚姻登记机关切实提高婚姻登记管理与服务水平。

2007年全国办理结婚登记991.4万对，比上年增加46.4万对，增长4.9%。其中：内地居民登记结婚986.3万对，比上年增加48.1万对；涉外及华侨、港澳台居民登记结婚5.1万对，比上年减少1.7万对；粗结婚率为7.5‰，比上年上升0.31个千分点。从结婚年龄来看，2007年20–24岁办理结婚登记的公民占结婚总人口比重最多，占39.2%，25–29岁占34.8%，30–34岁占10.8%，35–39岁占5.6%，40岁以上占9.7%，与上年年龄结构情况基本相同；从结婚人口区域分布来看，结婚登记超过50万对的省份有河北、江苏、安徽、山东、河南、广东和四川，比上年增加了两个省。

2007年办理离婚手续的有209.8万对，比上年增加18.5万对，增长9.7%，粗离婚率为1.59‰，比上年增加0.13个千分点。其中：民政部门登记离婚145.7万对，比上年增长12.9%，法院办理离婚64.1万对，比上年上升3.1%。办理离婚件数超过10万件的省份有辽宁、黑龙江、江苏、山东、河南、湖南和四川。

八、区划边界地名管理工作稳步开展

2007年，加强了行政区划调整的调研，审慎报批了县以上行政区划调整、驻地迁移及更名等事项。联合有关部门提出了乡镇村撤并工作及乡镇管理与服务的指导意见。“地名公共服务工程”按计划稳步实施，县乡镇地名设标工作和地名规划工作顺利推进。

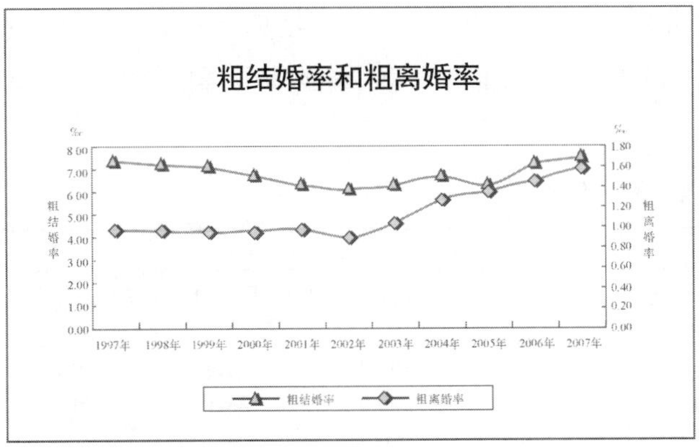

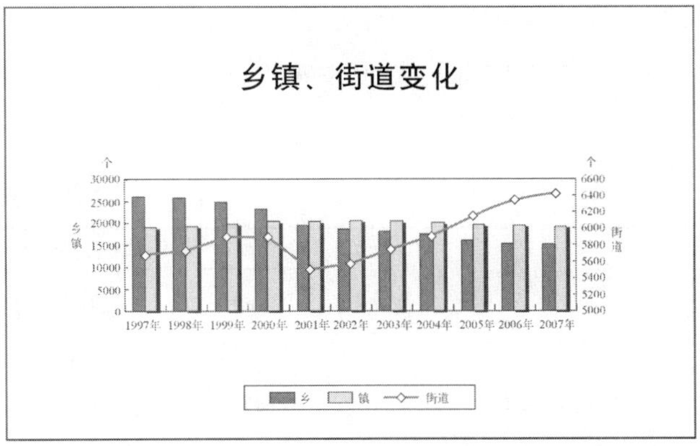

单位:‰

指　标	2000	2001	2002	2003	2004	2005	2006	2007
粗结婚率	6.70	6.30	6.10	6.30	6.65	6.30	7.19	7.50
粗离婚率	0.96	0.98	0.90	1.05	1.28	1.37	1.46	1.59

单位:个

指　标	2000	2001	2002	2003	2004	2005	2006	2007
乡	23199	19341	18639	18064	17451	15951	15306	15021
镇	20312	20374	20601	20226	19883	19522	19369	19249
街道	5902	5510	5576	5751	5904	6152	6355	6434

如期完成了全国省、县两级陆地界线第一轮联检工作，及时妥善处理界线纠纷，深入开展平安边界创建活动。

2007年底全国乡镇级区划总数为34379个，比上年减少306个，其中：镇19249个，比上年减少120个；乡15120个(含民族乡1093个)，比上年减少186个。

2007年底共有街道办事处6434个，比上年增加79个。

九、社会福利事业加快发展

社会福利业是现代服务业的重要组成部分，在国民经济行业分类中，社会福利业主要是由我部管理的福利机构组成。2007年社会福利业增加值为175.8亿元，比上年增长47.2%，占服务业的比重0.18%，比上年增加0.04个百分点。

扶老、助残、救孤、济困为重点的社会福利迈出新步伐，以居家为基础，社区为依托，机构为补充的社会福利服务体系基本形成，社会福利社会化有了可喜进展。特别是在福利机构建设上，启动实施了《"十一五"流浪未成年人救助保护体系建设规划》、《"十一五"儿童福利机构建设规划》暨"儿童福利机构建设蓝天计划"。"儿童福利机构建设蓝天计划"、"农村五保供养服务设施建设霞光计划"，引起了社会重视，出现了比预期要好要快的势头。

截至2007年底，收养性社会福利单位4.4万个，比上年增长4.8%；床位251.3万张，比上年增长34.3%；收养200万人，比上年增长36%。可提供食宿的社区服务中心402个，床位1.6万张，收养各类人员7905人。

养老服务社会化示范活动推动了为老服务。2007年底，全国各类老年福利机构39754个，比上年增长4.3%，床位212.8万张，比上年增长38.6%，收养各类人员171.9万人，比上年增长42.9%。其中：城市老年福利机构5070个，床位33万张，收养老年人22.6万人；农村五保供养服务机构34684个，床位179.8万张，收养老年人149.3万人。有效缓解了老年福利服务的供需矛盾。

儿童福利事业取得重大进展。截至2007年底，儿童福利院269个，比上年增长8%；床位3.3万张，比上年增长6.5%，收养儿童2.9万人。各类收养性单位共收养儿童8万余人。民政部等15部门《关于加强孤儿救助工作的意见》的出台，使孤儿社会福利由养育向教育、医疗、康复、成年后的住房和就业拓展；"残疾孤儿手术康复明天计划"使3.5万多名残疾孤儿得到手术矫治，并建立了长效机制。

殡葬管理进一步加强，殡葬改革稳步推进，殡仪服务水平有新的提高。截至2007年底，全国共有殡葬事业单位3669个，比上年增加120个，其中殡仪馆1708个比上年增加73个；殡葬管理单位799个，比

收养、救助类单位情况

指　标	床位数(万张、%)			收养救助人数(万人、%)			年末床位利用率(%)
	2006	2007	比上年增减(%)	2006	2007	比上年增减(%)	
全国合计	**193.3**	**257.3**	**33.1**	**151.2**	**203.4**	**34.5**	**79.1**
一、收养类单位	**187.2**	**251.0**	**34.1**	**147.0**	**200.0**	**36.1**	**79.7**
(一)优抚类收养单位	8.1	9.8	21.0	5.9	6.7	13.6	68.4
1.荣誉军人康复医院	0.5	0.7	40.0	0.3	0.5	66.7	71.4
2.复员军人慢性病疗养院	0.6	0.5	-16.7	0.5	0.4	-20.0	80.0
3.复退军人精神病院	1.4	1.6	14.3	1.2	1.3	8.3	81.3
4.光荣院	5.6	7.0	25.0	3.9	4.5	15.4	64.3
(二)福利类收养单位	179.1	241.2	34.7	141.1	193.3	37.0	80.1
1.社会福利院	16.7	18.5	10.8	13.4	14.2	6.0	76.8
2.儿童福利院	3.1	3.3	6.5	3.2	2.9	-9.4	87.9
3.社会福利医院	3.0	3.1	3.3	2.6	2.7	3.8	87.1
4.城镇老年福利机构	39.9	33.0	-17.3	28.4	22.6	-20.4	68.5
5.农村五保供养福利机构	113.6	179.8	58.3	92.0	149.3	62.3	83.0
6 其它收养性单位	2.8	3.5	25.0	1.5	1.6	6.7	45.7
二、社区类收养单位	**1.5**	**1.6**	**6.7**	**1.1**	**0.8**	**-27.3**	**50.0**
三、救助类单位	**4.6**	**4.7**	**2.2**	**3.1**	**2.6**	**-16.1**	**55.3**

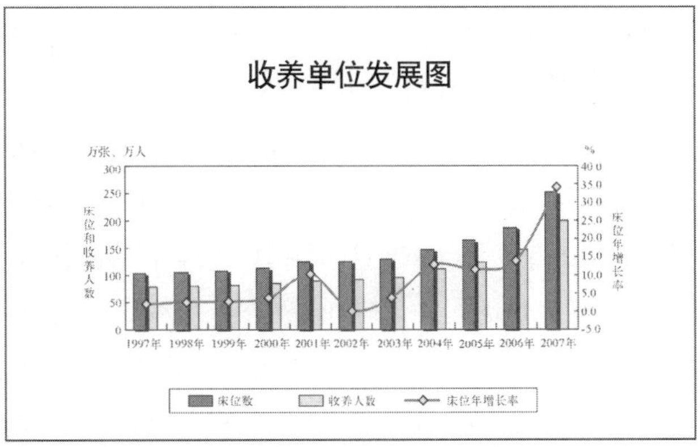

单位：万张、万人、%

指　标	2000	2001	2002	2003	2004	2005	2006	2007
床位数	113.0	124.7	125.1	129.8	146.8	163.9	187.1	251.3
收养人数	85.4	89.3	92.6	96.5	110.9	123.6	147.0	200.0
床位年增长率	3.8	10.4	0.3	3.8	13.1	11.6	14.1	34.3

上年减少6个；民政部门管理的公墓1162个，比上年增加53个。殡葬职工共有7.3万人，其中殡仪馆职工4.5万人；火化炉4838台；火化遗体442.1万具，

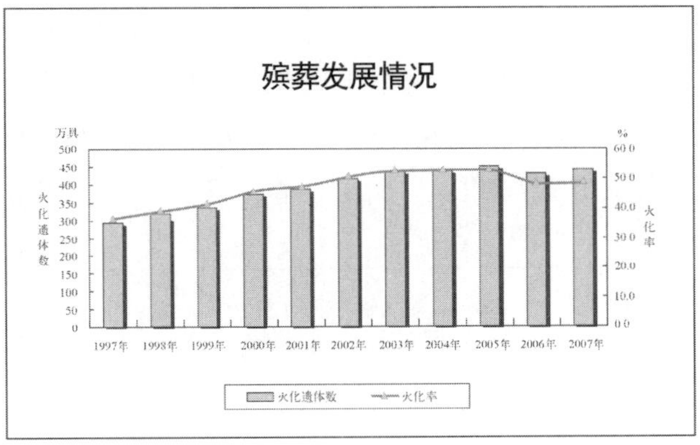

单位：万具、%

指　标	1999	2000	2001	2002	2003	2004	2005	2006	2007
火化遗体数	336.4	373.7	386.7	415.2	435.0	436.9	450.2	430.2	442.1
火化率	41.5	46.0	47.3	50.6	52.7	52.5	53.0	48.2	48.4

比上年增加11.9万具，火化率48.4%，比上年上升0.2个百分点。

在福利企业方面，参与调整和完善福利企业优惠政策，出台《福利企业资格认定办法》，拓宽了残疾人的就业渠道。截至2007年底，全国共有福利企业24974个，比上年减少5225个；残疾职工56.3万人，比上年增加0.4万人；实现利润169.3亿元，比上年减少28.8%；年末固定资产1520.1亿元，比上年减少0.5%。

十、福利彩票发行量再创新高

2007年福利彩票销售额631.6亿元，同比增长27.4%，筹集公益金217亿元，同比增长25.1%。2007年民政系统彩票公益金共支出77.6亿元，资助项目用于福利类收养性单位35.5亿元，用于优抚类收养性单位3亿元，用于优抚安置单位1亿元，用于救助类单位4.3亿元，用于社区服务单位4.9亿元，用于殡葬类单位1.8亿元，用于专项资助11.2亿元，用于其他项目16亿元。福利彩票发行量的大幅增加，有力地推动了我国福利彩票事业的发展，为我国的社会福利事业做出了积极的贡献。

十一、老龄事业健康发展

截至2007年底，全国65岁及以上人口10636万人，占全国总人口的8.1%，比上年上升了0.2个百分点。60岁及以上人口15340万人，占全国总人口的11.6%，比上年上升了0.3个百分点。2007年底全国共有老年法律援助中心1.6万个，老年维权协调组织9.6万个，老年学校50811个，在校学习人员442.2万人。建立各类老年活动室37.7万间。全年接待来信来访44.9万次。有力地保障了老年人的合法权益。

十二、民政事业蓬勃发展

截至2007年底，全国各类民政登记管理单位增加值1501.2亿元，比上年增长21.9%，占服务业的比重1.56%，比上年增加0.07个百分点。其中：各级民政行政机关增加值83.8亿元，民政事业单位增加值258.1亿元，社会组织增加值307.6亿元，基层群众自治组织增加值281亿元，社会福利企业增加值570.7亿元。

截至2007年底，全国共有各类民政登记管理单位118万个，其中：各级民政行政机关3482个，民政事业单位7万个，社会组织38.7万个，基层群众自治组织69.5万个，社会福利企业2.5万个。

2007年各类民政登记管理单位职工总数有938.3万人，其中民政行政机关84099人，民政事业单位49.6万人，社会组织456.9万人，基层群众自治组织282.7万人，社会福利企业140.7万人。民政行政机关人数中，中央级301人，省级2624人，地级12208人，县级62233人；从年龄结构情况看，职工以中青年为主要力量，35岁及以下20294人，占24%，比上年减少1个百分点；36岁至45岁33030人，占40%，比上年增加2个百分点；46岁至55岁24714人，占29%，比上年减少1个百分点；56岁及以上6061人，占7%，与上年持平。从学历结构情况看，具有大学本科及以上学历的职工有27781人，占33%，比上年增加3个百分点；具有专科学历的职工有36322人，占43%，比上年减少1个百分点；专科以下学历的有19996人，占24%，比上年减少2个百分点。

2007年各类民政登记管理单位固定资产总值为3973亿元，比上年降低2.3%，主要原因是残疾人就业渠道的拓展，使集中安置残疾人的福利企业规模大幅降低。其中：民政行政机关132.8亿元，比上年增长41%；民政事业单位656.7亿元，比上年增长14.3%；社会组织682亿元，比上年增长61%；基层群众自治组织1223.9亿元，比上年降低15.4%；社会福利企业1277.6亿元，比上年降低16.4%。

民政事业基本建设2007年完成投资总额47.7亿元，比上年增长42.4%。其中：国家投资14.5亿元，比上年增长46.5%，施工项目2446个。其中：用于优抚安置事业单位投资5.1亿元，比上年增长27.5%；社区服务单位投资3.4亿元，比上年降低8.1%；收养性单位投资22.7亿元，比上年增长41.9%；殡仪服务单位投资9.4亿元，比上年增长118.6%；救助类单位投资1.3亿元，比上年增长44.4%；其他事业单位投资5.9亿元，比上年增长31.1%。

十三、民政事业费稳步增长

2007年民政事业费支出1215.5亿元，比上年增长32.8%，提高了5.4个百分点。其中：抚恤事业费210.8亿元，比上年增长17.9%；军队离退休、退职费165亿元，比上年增长42.6%；城市居民最低生活保障支出277.4亿元，比上年增长23.7%；农村及其

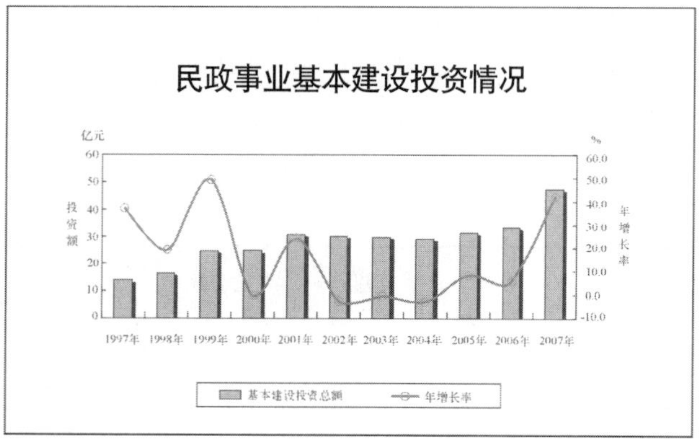

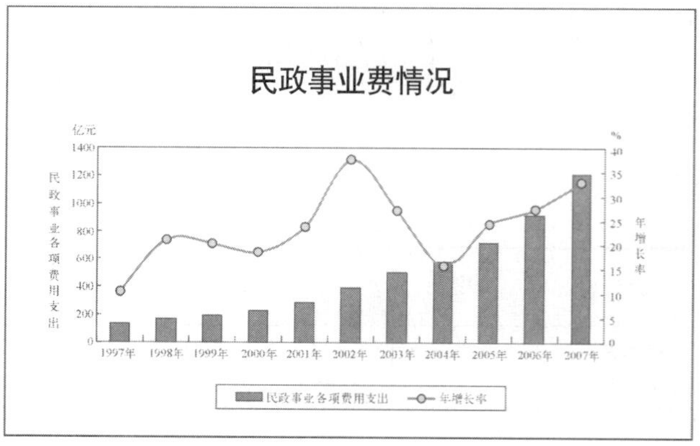

单位：亿元、%

指　标	2000	2001	2002	2003	2004	2005	2006	2007
基本建设投资	24.7	30.8	30.1	30.0	29.2	31.6	33.5	47.7
年增长率		24.7	-2.3	-0.3	-2.7	8.2	6.0	42.4

单位：亿元、%

指　标	2000	2001	2002	2003	2004	2005	2006	2007
民政事业各项费用支出	230.5	284.8	392.2	498.9	577.4	718.4	915.4	1215.5
年增长率	18.5	23.7	37.6	27.2	15.7	24.4	27.4	32.8

他社会救济支出189.8亿元，比上年增长28.4%，其中：农村最低生活保障费109.1亿元，比上年增长150.8%，农村五保供养支出59.8亿元，比上年增长42%；社会福利费87.6亿元，比上年增长34.2%；自然灾害救济费79.8亿元，比上年增长1%；地方离、退休人员费用24.8亿元，比上年增长77.1%；其他用于城乡医疗救助、民政事务管理等民政事业费180.3亿元，比上年增长99%。

中央财政继续加大对民政事业的投入。2007年中央财政共向各地转移支付民政事业费517.5亿元，比上年增长28.1%，占民政事业费比重42.6%。

2007年民政事业费占国家财政支出比重由2006年的2.28%增加到2.45%，比上年提高了0.17个百分点。

2007年全年共接收社会捐款132.8亿元，其中民政部门50.9亿元，各级慈善会41.4亿元，各类在民政部门登记的基金会40.5亿元。由于扩大了捐赠统计口径，增加了在民政部门登记基金会的捐赠数据，使捐赠统计数据更加全面、更加准确。2007年社会各界捐赠款比上年增长59.8%。

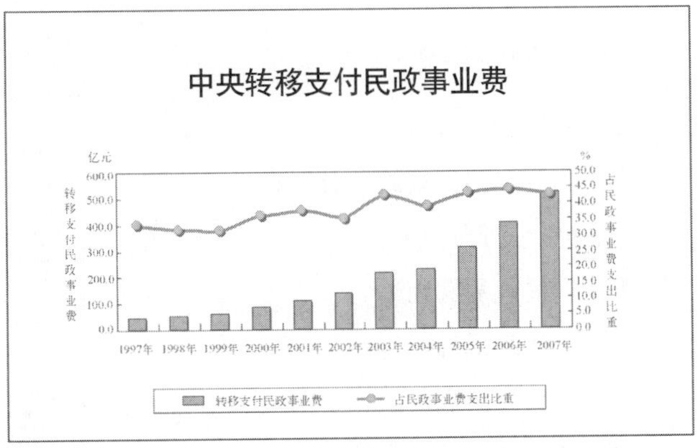

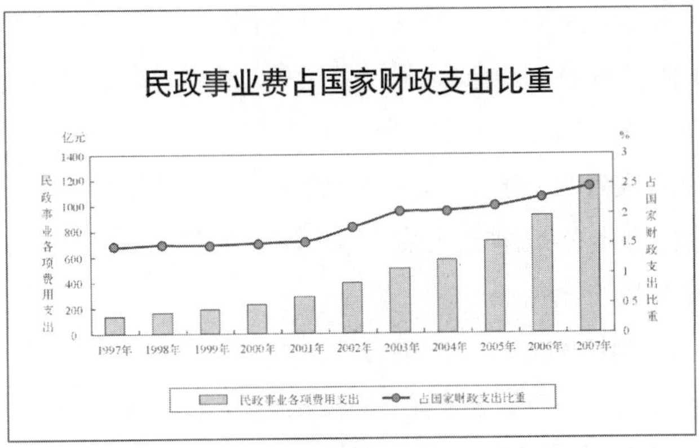

单位：亿元、%

指　标	2000	2001	2002	2003	2004	2005	2006	2007
转移支付民政事业费	83.7	108.2	138.4	211.8	223.8	310.3	404.0	517.5
占民政事业费支出比重	36.3	38.0	35.3	42.5	38.8	43.2	44.1	42.6

单位：亿元、%

指　标	2000	2001	2002	2003	2004	2005	2006	2007
民政事业各项费用支出	230.5	284.8	392.2	498.9	577.4	718.4	915.4	1215.5
占国家财政支出比重	1.50	1.53	1.78	2.03	2.04	2.13	2.28	2.45

民政部办公厅关于表彰2007年度全国民政计财工作先进单位的通报

民办函〔2008〕27号

各省、自治区、直辖市民政厅(局)，新疆生产建设兵团民政局：

2007年，全国民政计财部门，紧紧围绕民政中心工作，牢固树立“以民为本、为民解困、为民服务”的民政工作核心理念，以科学发展观为统领，深入贯彻党的十七大精神，克服人员少、任务重的困难，做了大量卓有成效的工作。特别是民政统计，在服务领导决策、推进政务公开、推动民政工作又好又快发展等方面作出了积极的贡献。

为激励先进，鼓励各地更好地做好民政计财工作，根据民政事业统计、财务报表和统计台账报送评比情况，民政部评选出了2007年度民政计财工作先进单位，予以通报表彰。

2008年是民政系统贯彻落实党的十七大精神，实施“十一五”民政事业发展规划的关键性一年，希望各级民政部门进一步重视和加强民政计财工作，发挥基础保障作用，把民政计财工作提升到一个新的水平。

民政部办公厅

二OO八年二月十四日

2007年全国民政计财工作先进单位名单

一等奖：

四川省民政厅计财处

北京市民政局计财处

湖南省民政厅计财处

河南省民政厅计财处

山东省民政厅计财处

湖北省民政厅计财处

吉林省民政厅计财处

上海市民政局计财处

河北省民政厅计财处

浙江省民政厅计财处

二等奖：

海南省民政厅办公室

宁夏回族自治区民政厅计财处

江苏省民政厅计财处

重庆市民政局计财处

天津市民政局计财处

广西壮族自治区民政厅计财处

黑龙江省民政厅计财处

安徽省民政厅计划财务和机关事务处

福建省民政厅计财处

贵州省民政厅计财处

辽宁省民政厅计财处

三等奖：

江西省民政厅计财处

广东省民政厅计财处

青海省民政厅计财处

甘肃省民政厅计财处

新疆维吾尔自治区民政厅计财处

西藏自治区民政厅计财处

陕西省民政厅资金管理处

山西省民政厅计财处

内蒙古自治区民政厅计财处

新疆生产建设兵团民政局办公室

云南省民政厅计财处

国务院机关事务管理局关于印发《中央国家机关会议费管理补充规定》的通知

国管财〔2007〕217号

国务院各部委、各直属机构：

为进一步规范和加强会议费管理，结合《国务院机关事务管理局、财政部关于印发〈中央国家机关会议费管理办法〉的通知》(国管财〔2006〕426号)执行过程中的具体情况，经商有关部门，我局制定了《中央国家机关会议费管理补充规定》。现印发你们，请结合实际情况执行。

各部门、各单位要认真贯彻执行中央国家机关会议费管理的各项规定，精简会议，压缩规模，完善方式，改进会风，努力降低行政成本。执行中有何问题和建议，请及时反馈我局。

二OO七年七月十二日

中央国家机关会议费管理补充规定

为贯彻落实《国务院机关事务管理局、财政部关于印发〈中央国家机关会议费管理办法〉的通知》(国管财〔2006〕426号)精神，进一步规范和加强会议费管理，降低行政成本，现结合中央国家机关实际情况，就有关问题作如下补充规定：

一、经党中央、国务院批准召开的科协、文联、作协等团体换届会以及劳模表彰会、纪念会、保密会等会议，需列支一类会议经费的，主办单位应于会议申请批准后30个工作日内，将会议经费预算报国务院机关事务管理局(以下简称国管局)审核。

二、各部门召开二类会议，有下列情形之一的，须将报批文件和情况说明送国管局审核后按规定程序报批：

(一)因党和国家领导人出席，需延长报到和疏散时间、调高会议费开支标准、使用规定以外场所的；

(二)因有表彰、选举等议程，需增加会议人数、延长会期、调高会议费开支标准、使用规定以外场所的；

(三)因其他特殊情况，需增加会议人数、延长会期、延长报到和疏散时间、调高会议费开支标准、使用规定以外场所、在京外召开等。

三、各部门、各单位召开三类会议，应编制年度计划，内容包括会议数量、会议名称、主要内容、时间地点、代表人数及职级、工作人员数、所需经费等，于每年预算批复后15个工作日内送国管局备案。

四、会议天数不含报到和疏散时间，报到和疏散时间一般都不得超过一天。

五、各部门、各单位应严格控制和精简会议，厉行节约、防止铺张浪费，努力减少会议支出。

(一)从严控制会议次数和规模，改进会议方式。条件具备的，应当采用电视电话或网络视频方式召开会议。

(二)严格限制会议地点。除现场观摩会等确需在京外召开的会议外，其他会议应当在京内召开。不得到党中央、国务院明令禁止的风景名胜区召开会议。

(三)实行会议用车定点管理。国管局通过政府集中采购方式，统一确定会议用车定点服务单位。各部门内部车辆不能满足会议用车需要时，应当使用会议用车定点服务单位车辆。

(四)召开一般性工作会议与专业会议，会场和主席台不摆放花卉，不安排照相合影。

(五)严格区分会议和培训。各部门、各单位不得以培训名义召开会议，凡没有培训事项的会议不作为培训管理。

六、国管局会同有关部门对各部门、各单位会议费管理使用情况进行监督检查，发现问题进行通报处理。

七、本规定由国管局负责解释。

八、本规定自印发之日起施行。

国务院机关事务管理局关于印发《中央国家机关和事业单位差旅费管理补充规定》的通知

国管财〔2007〕218号

国务院各部委、各直属机构：

为进一步规范和加强差旅费管理工作，根据《财政部关于印发〈中央国家机关和事业单位差旅费管理办法〉的通知》(财行〔2006〕313号)的有关规定，经商有关部门，我局制定了《中央国家机关和事业单位差旅费管理补充规定》。现印发你们，请结合实际情况执行。

各部门、各单位要认真贯彻执行中央国家机关和事业单位差旅费管理方面的各项规定，建立健全出差审批管理制度，做好差旅费管理工作。执行中有何问题和建议，请及时反馈我局。

二OO七年七月十二日

中央国家机关和事业单位差旅费管理补充规定

为贯彻落实《财政部关于印发〈中央国家机关和事业单位差旅费管理办法〉的通知》(财行〔2006〕313号)精神，进一步加强中央国家机关和事业单位差旅费管理，现结合实际情况，就有关问题作如下补充规定：

一、城市间交通费管理

(一)出差人员可以乘坐的交通工具包括火车、飞机、轮船、汽车等。当有多种交通工具可供选择时，出差人员一般应乘坐规定等级内费用相对较低的交通工具。

(二)任务紧急或出差路途较远时，经单位财务部门审核并报司局以上领导批准后，出差人员可以乘坐飞机。单位级别在司局级以下的，须经本单位领导批准。

(三)出差人员乘坐火车动车组参照乘坐软席火车规定执行。其中，司局级以上人员可以乘坐动车组一等座；处级以下人员可以乘坐动车组二等座。

(四)乘坐汽车出差，应严格控制使用单位公务车辆，尽量选用公共交通工具，以减少能耗和经费开支。

二、住宿费管理

(一)中央国家机关出差人员必须到定点饭店住宿，有以下特殊情况之一，未到定点饭店住宿的，在出差地住宿费开支标准上限以内凭据报销：

1.出差地无定点饭店的；

2.出差地定点饭店无空房的；

3.由接待单位安排在本单位内部宾馆、招待所住宿，并在出差地住宿费开支标准上限以内，按照收费标准交纳住宿费的；

4.其他特殊情况。

(二)饭店住宿收费标准低于每间房每天150元时，处级以下出差人员可一人住一房间。

三、市内因公外出费用管理

(一)在北京市区工作的人员因公到远郊区县、远郊区县的工作人员因公到市区或其他远郊区县，比照出差报销两地间交通费、住宿费，发放或报销伙食补助费、发放公杂费。工作人员所在单位已实行公务移动通讯费用补贴制度，并由有关单位免费提供交通工具的，不再发放公杂费；未实行公务移动通讯费用补贴制度的，或未使用免费交通工具的，公杂费减半发放。

北京远郊区县包括门头沟区、房山区、通州区、顺义区、大兴区、昌平区、平谷区、怀柔区、密云县、延庆县。

(二)京外中央国家机关和事业单位工作人员的市内因公外出费用管理由各单位(一级预算单位)比照本规定制定具体规定。

四、其他有关规定

(一)出差人员由接待单位统一安排食宿的，应按规定的差旅费标准主动交纳住宿费、伙食费；接待单位应主动向出差人员收取住宿费、伙食费。出差人员所在单位财务部门办理差旅费报销时，没有住宿费及伙食费收据的，不予报销交通费，不发放伙食补助费及公杂费。

(二)工作人员出差期间因病住院，按《中央国家机关和事业单位差旅费管理办法》的规定发放伙食补助费，减半发放公杂费。住院超过30天的，不再发放伙食补助费和公杂费。

五、本规定由国管局负责解释。

六、本规定自印发之日起施行。国管局《关于中央国家机关工作人员差旅费开支的补充规定》(国管财字〔1992〕第138号)、《关于中央国家机关、事业单位工作人员差旅费开支有关问题的通知》(国管财字〔1996〕第48号)、《关于严格执行差旅费开支规定的通知》(国管财字〔1998〕第129号)同时废止。

财政部　监察部关于落实出差和会议定点管理工作的通知

财行〔2007〕285号

中央和国家机关各部委、各直属机构：

根据《中央国家机关出差和会议定点管理办法》(财行〔2006〕312号)的规定，财政部委托国务院机关事务管理局和各省(区、市)、地(州、市)财政部门通过政府采购确定党政机关和事业单位出差、会议定点饭店的工作，已经基本完成。这是为贯彻落实中共中央办公厅、国务院办公厅印发的《党政机关国内公务接待管理规定》(中办发〔2006〕33号)、财政部印发的《中央国家机关和事业单位差旅费管理办法》(财行〔2006〕313号)、国务院机关事务管理局和财政部印发的《中央国家机关会议费管理办法》(国管财〔2006〕426号)，规范党政机关国内公务接待活动，避免转嫁差旅费、会议费负担，加强党风、政风建设提供了必要的条件。为确保中央国家机关出差和会议地点管理办法顺利实施，现将有关事项通知如下：

一、中央和国家机关工作人员出差必须到定点饭店住宿，住宿费按照定点饭店的协议价格凭据报销。中央事业单位工作人员出差暂不强制定点住宿，可以在定点饭店住宿，也可以在非定点饭店住宿，但须在出差地住宿费开支标准上限以内凭据报销。

二、中央和国家机关工作人员出差住宿定点饭店应携带证明身份的工作证和身份证，并按照定点饭店的协议价格入住相应类型的房间。

三、中央和国家机关工作人员出差住宿应主动交纳住宿费，并索取正式发票，交本单位报销。不得向地方和下级接待单位转嫁住宿费负担。

四、为了减少对国家机关工作人员正常出差任务的影响，保证与出差住宿定点管理工作的顺利衔接，财行〔2006〕313号通知中有关住宿费标准暂时按照副部长级人员每人每天600元，司局级人员每人每天300元，处级以下人员每人每天150元的规定，于2007年9月30日停止执行。

五、中央和国家机关及直属事业单位应当到会议定点饭店办会，并主动交纳会议费。到本单位或系统只对内部营业的内部宾馆、招待所或会议中心办会，在会议费综合定额标准内凭据报销。

六、中央和国家机关工作人员出差、办会不得向定点饭店提出超过协议规定服务范围的要求。

七、各部门、各单位财务部门要加强差旅费和会议费管理，严肃财经纪律；监察部各派驻机构要加强对驻在部门出差、办会情况的监督检查，及时发现和严肃查处有关违纪案件。

八、为了保证差旅费和会议费管理制度的严肃性、政策的一致性，中央级差旅费管理的有关规定应以财政部统一解释为准；中央级会议费管理的有关规定应以国务院机关事务管理局与财政部联合发文为准。

九、本通知自印发之日起实施。

二〇〇七年八月九日

中央国家机关政府采购中心关于2007—2008年度中央国家机关会议定点有关事宜的通知

国机采字〔2007〕1号

中央国家机关各单位：

为规范会议服务采购行为，根据《国务院办公厅关于印发中央预算单位2006年政府集中采购目录及标准的通知》(国办发[2006]14号)和《中共中央办公厅、国务院办公厅关于印发(党政机关国内公务接待管理规定)的通知》(中办发[2006]33号)的规定，中央国家机关政府采购中心(以下简称采购中心)通过公开招标的方式确定了2007—2008年度中央国家机关会议定点场所(名单见附件一)。现将有关事宜通知如下：

一、实施范围

中央国家机关各部门及所属在京各级行政事业单位(以下简称各单位)在京召开各类会议，在财政部和国务院机关事务管理局发布有关具体规定之前，必须按照本通知要求执行。

二、会议定点场所资格有效期

会议定点场所资格有效期从发文之日起至2008年12月31日，在此期间，会议定点场所将按照与中央国家机关政府采购中心签订的《中央国家机关会议定点接待服务协议》，为各单位提供会议接待服务。因违反协议或其他情形被暂停和取消会议定点场所资格的宾馆名单，采购中心将在中央政府采购网(网址：www.zycg.cn)“会议定点采购”栏目中发布，不再单独发文通知。

三、会议定点要求及操作程序

(一)各单位会议可以优先在单位内部宾馆招待所召开，但单位内部宾馆招待所须事先填报《中央国家机关单位内部会议场所申报表》(附件二)，由上一级主管单位审核后报采购中心备案，2006年已经备案的，不必再次填报。

(二)各单位在非内部宾馆招待所召开会议，应当按照国务院机关事务管理局、财政部《关于印发＜中央国家机关会议费管理办法＞的通知》(国管财[2006]426号)规定的标准及财政部核定的预算，在会议定点场所范围内自行选择。

会议定点场所的价格、地理位置、联系方式等信息，各单位可登录中央政府采购网查询。中央政府采购网公布的价格为最高限价，各单位可考虑会议规模大小及淡旺季因素，在订会时与会议定点场所协商，以争取获得更优惠的价格。

(三)各单位在会议召开前，应事先与会议定点场所商定各项价格并签订协议。为方便各单位与会议定点场所联系，采购中心在中央政府采购网开通了网上订会功能，各单位可登录中央政府采购网进入“会议定点采购”栏目，点击“会议预订”后按照统一格式填写会议需求，采购中心将以短信或电子邮件方式即时通知满足要求的会议定点场所与各单位联系。

(四)会议费用由各单位按照事先签订的协议与会议定点场所自行结算，但报销时应将会议定点场所开具的发票和中央国家机关会议定点电子结算单(附件三)作为原始凭证一同入账，未附电子结算单的，各单位财务部门不得报销。

电子结算单由各会议定点场所上网填报，经采购中心网上审核通过后，由会议定点场所下载打印交给各单位。电子结算单一式两联，第一联作为政府集中采购凭证由各采购单位留存，第二联由会议定点场所留存。电子结算单须经会议定点场所盖章和采购单位经办人签字后作为政府采购凭证。

四、监督管理

各单位可对会议定点场所的服务、价格和履约情况等进行监督，若发现会议定点场所有违反协议的行为，请填写《会议定点投诉单》(附件四)，加盖公章后传真至采购中心进行投诉。采购中心将对各单位的投诉进行认真核查，一经查实，将按照协议约定追究其违约责任直至取消其会议定点场所资格。

采购中心将定期考核并公布会议定点场所履行协议情况，每三个月在中央政府采购网上公布一次中央国家机关会议接待情况排行榜。会议定点场所有违法经营行为和违约行为的，或一年内没有接待过中央国家机关会议的，采购中心将按照协议规定暂停或取消其会议定点场所资格。

各单位应注意维护会议定点场所的合法权益，不得向会议定点场所提出超出其服务范围的或其他不合理的要求。

各单位要及时将本通知转发到所属各级单位，并督促所属单位按照本通知的要求认真做好会议定点工作。在会议定点执行过程中，如有问题和建议，请及时向采购中心反映。

采购中心监督服务

电话：010-83084973

010-83084971

传真：010-83084974

采购中心网络技术支持

电话：010-83083584/74/49

二〇〇七年元月四日

民政部银行账户管理规定

第一条　为了规范我部中央级单位银行账户管理，从源头上预防和治理腐败，根据《财政部、中国人民银行、监察部、审计署关于印发<中央预算单位银行账户管理暂行办法>的通知》(财库〔2002〕48号)和《财政部、中国人民银行关于执行<中央预算单位银行账户管理暂行办法>的补充通知》(财库〔2004〕1号)的有关要求，制定本细则。

第二条　本规定适用于民政部本级和直属事业单位、代管单位及部属社团(以下简称“单位”)银行账户(包括人民币和外汇存款账户)的管理，直属事业单位、代管单位及部属社团有下属单位的，也按照本规定执行。

第三条　单位开立、变更、撤销、保留银行账户，实行财政审批、备案、年检制度。

第四条　单位须由财务机构统一办理本单位银行账户的开立、变更、撤销、年检手续，并负责本单位银行账户的使用和管理。

第五条　单位负责人对本单位银行账户申请开立及使用的合法性、合规性、安全性负责。

第六条　单位应在国有、国家控股银行或经批准允许为其开户的商业银行(以下简称银行)开立银行账户。其中有财政拨款的预算单位新开设银行账户，必须在开立零余额账户的银行开立其他账户。

第七条　单位只能开设一个基本存款账户。该账户用于办理本单位预算内、预算外、自筹以及往来等资金的日常转账结算和现金收付等业务。

第八条　单位使用的各种基建资金纳入基本存款账户，进行分账核算。确因管理需要，设立基本建设资金专用存款账户，需经部财务和机关事务司(以下简称财务司)批准，按照规定程序报当地财政监察专员办事处(以下简称财政专员办)审批。

第九条　单位根据住房管理制度改革的有关规定，可分别开设一个售房收入、住房维修基金及其利息、个人公积金、购房补贴专用存款账户，用于核算职工按住房制度改革政策规定交纳的购房款、住房维修等资金。

第十条　需要开设外汇账户、外汇人民币限额账户的单位，可以根据国家外汇管理局和财政部的有关规定，按照程序办理开户手续。

第十一条　单位按照有关规定可以开设党费、工会经费专用存款账户。

第十二条　与我部存在代管或挂靠关系的社团组织下设的非法人行业分会(专业委员会)，实行独立核算的，确需开设账户的，可以按照有关规定再开设一个相关账户。

第十三条　单位将财政拨款以外的资金，转为定期存款的，只能在原资金账户开设的银行开立定期存款账户，转存前需送财务司备案。

第十四条　单位如有特殊原因，需要重复开立银行账户的，经财务司批准后，按照规定程序报当地财政专员办审批。

第十五条　部本级按照规定开立的银行账户报财政部审批、年检。

第十六条　部直属事业单位、代管单位及部属社团开立银行账户，需单位财务部门先将有关材料报财务司审核同意后，再报当地财政专员办审批。

第十七条　单位在开立银行账户时，需报送“开立银行账户申请报告”，填写财政部统一规定的《中央基层预算单位开立银行账户申请表》(附件1)，并提供有关证明材料。

“开立银行账户申请报告”应当详细说明单位的基本情况和申请开户的理由，包括新开账户的名称、用途、使用范围、开户依据和开户理由，以及有关证明材料清单、其他需要说明的情况等。

提供的证明材料包括：

(一)开立基本存款账户的，应当提供机构编制、主管部门批准本单位成立的文件。

(二)开立其他账户的，应提供下列证明材料之一：

1.基本建设项目的立项批准文件；

2.实行住房制度改革的批复文件；

3.拥有、使用外汇的有关证明材料；

4.其他有关证明材料。

第十八条　单位应在财政专员办签发《中央预算单位开立银行账户批复书》的15个工作日内，按照中国人民银行账户管理的有关规定，到有关银行办理开户手续。在开立银行账户后3个工作日内，填写财政部统一规定的《中央预算单位银行账户备案表》(附件2)，附软盘报财务司和批准开户的财政专员办备案。

第十九条　在每年1月15日之前，各单位对截至上年12月31日保留的所有银行账户(含所属非法人机构开设的所有银行账户)填写《中央预算单位银行账户年检申请表》(附件3)，附软盘报送财务司审核同意后，送批准开立账户的财政专员办审批。单位存在下列情形的，应在报送账户年检资料时一并提供书面说明：超出账户使用范围管理账户的；未按照规定报经主管部门或财政部门批准开设的账户；擅自改变账户用途的；逾期使用账户的；出借、出租账户的；未按规定报备账户的；以及其他违规问题。

第二十条　单位应当在接到财政专员办签发年检结论和年检处理决定后10个工作日内，填写《中央预算单位银行账户备案表》，并附软盘报财务司备案。

第二十一条　单位发生的下列变更事项，应当按照规定向部财务司和批准开户的财政专员办备案：

(一)单位变更名称，但不改变开户银行及账号的；

(二)单位的主要负责人或法定代表、地址及其他开户资料变更的；

(三)因开户银行原因变更银行账号，但不改变开户银行的；

(四)其他按照规定不需要报财政部门审批的变更事项。

第二十二条　单位开立的银行账户应保持相对稳定。确因特殊需要变更开户银行的，应当将原账户撤销，按本规定的规定重新办理开户手续、销户与开户的备案手续，并将原账户的资金余额(包括存款利息)如数转入新开账户。

第二十三条　开设的有明确执行期限的账户，在使用期满时必须撤户。撤户时其他账户资金余额转入本单位基本存款账户；销户后的未了事项纳入基本存款账户核算，同时应当向财务司和当地财政专员办办理备案手续。单位确需延长账户使用期的，应当提前申请，并按本规定规定的程序重新进行审批。审批期间，按原账户使用期执行。

第二十四条　单位按规定开设的银行账户，在开立后1年内没有发生资金往来业务的，该账户应当作撤销处理，并按本细则的规定向部财务司和财政专员办办理备案手续。

第二十五条　单位被合并的，其账户按规定撤销，资金余额转入合并单位的同类账户。合并单位应监督被合并单位撤销其账户，并负责按照本规定的规定办理备案手续。

不同单位合并组建一个新的单位的，原有账户按照规定全部撤销，按照本规定重新开立银行账户，并办理备案手续。

第二十六条　各单位建立本单位银行账户信息管理系统和账户管理档案。财务司建立中央级单位银行账户信息管理系统和账户管理档案，并于每年10月对各单位银行账户进行检查，发现违反本规定行为的，将对有关单位及责任人进行通报，情节严重的，提交财政部等职能部门进行处罚。

第二十七条　单位应当按照规定的用途使用银行账户，不得将财政拨款转为定期存款；不得以个人名义存放单位资金；不得出租、转让银行账户；不得为个人或其他单位提供信用担保。

第二十八条　单位对不同性质或需要单独核算的资金，应建立相应明细账并分账核算。

第二十九条　单位在接受银行账户检查时，应当积极配合，如实提供有关银行账户的情况，不得以任何理由借口拖延、拒绝和阻挠。

民政部办公厅关于印发《民政部重大招标投标项目廉政监督若干规定》和《民政部工程建设项目招标投标管理办法》的通知

民办发〔2007〕7号

各司(局)、直属事业单位，部管社团，中国老龄协会：

为规范我部招标投标行为，确保工程质量和投资效益，促进廉政建设，我部制定了《民政部重大招标投标项目廉政监督若干规定》和《民政部工程建设项目招标投标管理办法》，现印发给你们，请遵照执行。

二OO七年十二月十三日

民政部重大招标投标项目廉政监督若干规定

第一条　为加强对民政部重大项目招标投标活动的监督，保证招标投标活动依法进行，促进廉政建设，根据《中华人民共和国招标投标法》、《中华人民共和国政府采购法》以及相关法规，结合民政部工作实际，制定本规定。

第二条　民政部重大招标投标项目，是指项目总投资概算在1000万元以上的工程项目和单项或者批量采购金额一次达到300万元以上的货物和服务项目。

第三条　财务和机关事务司会同驻民政部监察局组成民政部重大项目招标投标廉政监督机构(以下简称廉政监督机构)，负责对民政部重大项目的招标投标活动进行监督检查。

第四条　实施重大招标投标项目的部门，应当积极配合廉政监督机构履行廉政监督职责，提前20日将重大项目招标事项(包括工程、货物、服务的招标计划)书面报告廉政监督机构，并在确定中标人后，发出中标通知书15日内，将招标情况总结(包括招投标的基本情况、有关文件材料)书面报告廉政监督机构。

第五条　民政部重大招标投标项目的具体组织实施，应当严格按照国家有关法律、法规及《民政部工程建设项目招标投标管理办法》、《民政部政府采购管理实施办法》执行。

第六条　任何单位和个人对民政部重大招标投标项目招标投标过程中发生的违法行为，可向廉政监督机构投诉或举报。

第七条　廉政监督机构职责：

(一)监督检查招标投标当事人有关招标投标的行为是否符合国家法律、法规和《民政部工程建设项目招标投标管理办法》、《民政部政府采购管理实施办法》的规定；是否履行了招标投标审批手续并已获得批准。

(二)监督检查招标代理机构或中介机构是否具有相应资质，投标人的产生是否符合公开、公平、公正的原则。

(三)监督检查招标投标的有关文件、资料的合法性、真实性、有效性。

(四)监督检查全部使用国家投资或国家投资占控股或主导地位的工程项目和达到规定数额的单项或批量采购是否采用公开招标方式。

(五)监督检查拟限定投标人数量的招标，是否在招标公告中载明。需要进行资格预审的，是否按照资格预审文件规定的条件选择投标人。

(六)监督检查招标公告是否在国家或招标管理部门指定的媒体发布。

(七)监督检查评标委员会成员是否由招标人代表及有关技术、经济方面的专家组成，人数是否为5人以上单数；技术、经济方面的专家是否不少于成员总数的2/3；评标专家是否从专家库中有关专业的专家名单中随机抽取。监督检查全部使用政府投资或政府投资占控股或主导地位的工程、服务及材料设备采购的招标，其评标委员会成员是否全部从专家库抽取，与投标人有利害关系的人是否进入评标委员会，已经进入的是否已更换。

(八)监督检查开标地点是否为招标文件中预先确定的地点，是否当众对招标文件进行拆封、宣读。监督检查评标委员会是否按照招标文件确定的评标标准和方法对投标文件进行评审和比较，是否出具了书面评标报告并推荐了合格的中标候选人。监督检查投标人的投标价格是否是经评审的最低投标价格(低于成本的除外)。

(九)监督检查自中标通知书发出后30日内，招标人和中标人是否按照招标文件和中标人的投标文件订立书面合同，中标人有无向他人转让中标项目或将中标项目肢解后分别向他人转让的行为。

(十)负责受理投诉和举报并负责调查处理有关违法违纪案件。

第八条　廉政监督机构对招标投标活动进行廉政监督可以采取下列方式：

(一)检查招标公告、投标邀请书、招标文件、投标人考察记录、资格预(后)审报告、投标文件，核查投标单位的资质等级和资信等情况；

(二)监督开标、评标，并可以旁听与招标投标事项有关的重要会议；

(三)向招标人、投标人、招标代理机构、有关部门、招标管理机构调查了解情况，听取意见；

(四)审阅招标投标情况报告、合同及其有关文件；

(五)现场查验，调查、核实招标结果执行情况。

第九条　廉政监督机构人员，在监督检查过程中不得泄漏知悉的保密事项，不得作为评标委员会成员直接参与评标。

第十条　本规定适用于民政部机关、直属事业单位以及民政部代管单位。部主管民间组织、部直属事业单位及代管单位所属机构参照本规定执行。

民政部工程建设项目招标投标管理办法

第一条　为规范民政部工程建设项目招标投标活动，确保工程质量和投资效益，促进廉政建设，根据《中华人民共和国招标投标法》、《中华人民共和国政府采购法》及有关法规，制定本办法。

第二条　部财务和机关事务司为工程建设项目招标投标管理部门，负责贯彻执行国家有关招标投标政策，拟订招标投标制度、办法，会同驻民政部监察局(以下简称监察局)监督各项招标投标工作。

第三条　本办法所称工程建设项目包括项目勘察、设计、施工、监理以及与工程建设有关的咨询服务、重要设备、材料的采购。

第四条　部机关、直属事业单位及代管单位组织实施的使用全部或者部分使用国有资金投资或者国家融资的工程建设项目，凡达到下列规模的，必须进行招标：

(一)施工单项合同估算价在200万元人民币以上的；

(二)重要设备、材料等货物的采购，单项合同估算价在100万元人民币以上的；

(三)勘察、设计、监理等服务的采购，单项合同估算价在50万元人民币以上的；

(四)单项合同估算价低于第(一)、(二)、(三)项标准，但项目总投资在1000万元人民币以上的。

第五条　招标应采用以下方式：

(一)必须进行招标的项目中全部使用国有资金或者国有资金占控股或者主导地位的；货物或者服务项目单项或批量采购金额一次性达到120万元以上的，必须采用公开招标方式；但国务院发展改革部门确定的国家重点项目不适宜公开招标的，经国务院发展改革部门批准，可以进行邀请招标；

(二)未达到第(一)项金额标准但列入政府集中采购目录的项目，必须委托集中采购机构代理采购；

(三)法律规定允许采用邀请招标方式的，应当向3个以上具备承担招标项目能力的、资信良好的特定法人或者其他组织发出投标邀请。

第六条　金额达到50万元以上的与工程建设有关的咨询服务项目，可以采用邀请招标方式。

第七条　招标投标活动应当符合下列要求：

(一)严格依照《中华人民共和国招标投标法》和有关主管部门规定的程序、办法、要求组织实施，并遵循公开、公平、公正和诚实信用的原则；

(二)建设单位组织的招标投标活动，必须接受部招标投标管理部门和监察局的监督指导，依法向当地主管部门或者政府采购主管部门申报、办理有关审批手续。

（三）招标投标活动，不受地区或者部门的限制，任何单位和个人不得违法限制或者排斥任何法人或者其他组织参加投标，不得以任何方式非法干涉招标投标活动。

第八条　招标投标活动应当符合下列程序：

（一）成立项目招标工作组。建设单位法人代表、负责人或者其授权委托代表任招标工作组组长，成员由基建专职人员及有关人员组成；

（二）招标工作组委托具有相应资质的招标代理机构组织招标投标工作和招标文件的编制工作；

（三）招标工作组依据有关法规，提出投标准入条件和资格初审办法，审核资格预审文件及招标文件；

（四）需要进行资格预审的，应当组建资格预审评审委员会，资格预审评审委员会由招标人代表和有关技术、经济等方面的专家组成；

（五）资格预审文件应包括投标人资质情况、财务信用状况、近年工作业绩、参与本项目的项目经理的资历及业绩、项目团队及专业配备等情况。

（六）资格预审评审委员会按照资格预审文件，对投标人进行资格预审，并将预审合格的投标人名单报部招标投标管理部门备案；

（七）成立评标委员会。评标委员会由招标人或招标管理机构按有关规定组建，成员由有关技术、经济等方面的专家组成。评标专家应当通过招投标管理机构指定的专家库随机抽取。

全部使用政府投资或者政府投资占控股地位的工程、设备及服务的招标，资格预审评审委员会及评标委员会的所有成员应当从专家库中随机抽取确定。

抽取专家的工作，应当在监察局监督下进行。与投标人有利益关联人员不得进入资格预审评审委员会和评标委员会。

邀请招标可直接由邀标人组织，程序比照公开招标但可适当简化。投标人的资格准入条件及投标候选人需由邀标单位负责人召开会议，集体研究确定。

（八）开标会由委托的招标投标代理机构主持，监察局负责监督开标、评标工作。各投标人的投标书和招标的工程标底，应当经监察局核实密封完整后，才能启封、宣读。

（九）评标委员会依据制定的评分标准，对投标人进行打分排序，推荐前1－3名为中标候选人，并提出书面评标报告。

第九条　项目招标工作组按国家有关规定确定中标人，使用国有资金或国家融资的项目，应当确定排名第一的中标候选人为中标人。

如对评标结果有争议或异议，由有关负责人召集会议，集体研究并报有关部门和上级领导确定。

第十条　中标人产生后，由招标人依据投标报价、招标文件及中标人的承诺，与中标人签订合同，并将合同报部招标投标管理部门备案。招标人和中标人不得再行订立背离合同实质性内容、损害发包方利益的其他协议。

第十一条　对违纪违法行为依照以下原则进行处理：

（一）部机关的项目，凡违反本办法情节较轻的，可责令限期改正；情节严重造成不良影响的，部招投标管理部门和监察局可依据有关规定采取相应措施并对有关责任人进行处分；构成犯罪的，依法追究刑事责任。

（二）部直属事业单位及代管单位组织的项目，凡违反本办法情节较轻的，部招标投标管理部门和监察局可责令其限期改正；情节严重造成不良影响的，部招标投标管理部门可按照国家有关规定采取相应措施，并依据有关规定对有关责任人进行处分；构成犯罪的，依法追究刑事责任。

第十二条　未达到本办法第四条及第六条规定的投资金额标准的工程建设项目，发包的程序可以简化，但须遵循公开、公平、公正的原则，符合市场运行机制，进行工程发包和采购活动。

第十三条　部机关、直属事业单位及代管单位组织实施的使用全部或者部分使用国有资金投资或者国家融资的工程建设项目，适用本办法。部直管民间组织及民政部代管单位所属机构实施的工程建设项目参照执行。

民政部关于印发《福利企业资格认定办法》的通知

民发〔2007〕103号

各省、自治区、直辖市民政厅（局），新疆生产建设兵团民政局：

根据《中华人民共和国残疾人保障法》、《残疾人就业条例》、《财政部、国家税务总局关于促进残疾人就业税收优惠政策的通知》（财税〔2007〕92号）和《国家税务总局民政部中国残疾人联合会关于促进残疾人就业税收优惠政策征管办法的通知》（国税发〔2007〕67号）的有关规定，为规范福利企业的资格认定和集中安排残疾人就业的用工行为，保障残疾人职工的合法权益，经商财政部、国家税务总局和中国残疾人联合会同意，我部制定了《福利企业资格认定办法》，现印发给你们，请认真贯彻执行。

二OO七年六月二十九日

福利企业资格认定办法

第一条　为了规范福利企业的资格认定和集中安排残疾人就业的用工行为，保障残疾人职工的合法权益，根据《中华人民共和国残疾人保障法》、《残疾人就业条例》、《财政部国家税务总局关于促进残疾人就业税收优惠政策的通知》（财税〔2007〕92号）和《国家税务总局民政部中国残疾人联合会关于促进残疾人就业税收优惠政策征管办法的通知》（国税发〔2007〕67号）的有关规定，制定本办法。

第二条　本办法所称福利企业，是指依法在工商行政管理机关登记注册，安置残疾人职工占职工总人数25%以上，残疾人职工人数不少于10人的企业。

第三条　福利企业安置的残疾人职工应当是持有《中华人民共和国残疾人证》上注明属于视力、听力、言语、肢体、智力和精神残疾的人员，或者是持有《中华人民共和国残疾军人证（1至8级）》的残疾人。

第四条　申请福利企业资格认定的企业，应当具备下列条件：

（一）企业依法与安置就业的每位残疾人职工签订1年（含）以上的劳动合同或者服务协议，并且安置的每位残疾人职工在单位实际上岗从事全日制工作，且不存在重复就业情况；

（二）企业提出资格认定申请前一个月的月平均实际安置就业的残疾人职工占本单位在职职工总数的比例达到25%（含）以上，且残疾人职工不少于10人；

（三）企业在提出资格认定申请的前一个月，通过银行等金融机构向安置的每位残疾人职工实际支付了不低于所在区县（含县级市、旗）最低工资标准的工资；

（四）企业在提出资格认定申请前一个月，为安置的每位残疾人职工按月足额缴纳所在区县（含县级市、旗）人民政府根据国家政策规定缴纳的基本养老保险、基本医疗保险、失业保险和工伤保险等社会保险；

（五）企业具有适合每位残疾人职工的工种、岗位；

（六）企业内部的道路和建筑物符合国家无障碍设计规范。

第五条　企业申请福利企业资格认定，应当向当地县级以上人民政府民政部门（以下简称认定机关）提出认定申请，具体认定机关由省、自治区、直辖市民政厅（局）和新疆生产建设兵团民政局确定，报民政部备案。

第六条　企业申请福利企业资格认定时，应当向认定机关提交下列材料：

（一）福利企业资格认定申请书；

（二）企业营业执照、税务登记证副本；

（三）适合安置残疾人就业的可行性报告；

（四）企业与每位残疾人职工签订的劳动合同副本；

（五）企业在职职工总数的证明材料；

（六）残疾人职工的《中华人民共和国残疾人证》或《中华人民共和国残疾军人证（1至8级）》；

（七）企业通过银行等金融机构向每位残疾人职工支付工资的凭证；

（八）社保部门出具的企业为每位残疾人职工缴纳的社会保险费缴费记录；

（九）残疾人职工岗位说明书；

（十）企业内部道路和建筑物符合无障碍设计规范的证明。

第七条　认定机关收到认定申请书及有关材料后，应当自次日起20个工作日内进行审查并提出书面意见。

第八条　认定机关在审查过程中，可以提请发证机关对残疾人证件的真实性进行审核；需要进一步核实残疾人职工工作岗位和无障碍设施等情况的，应当指派2名以上工作人员实地核查。

第九条　认定机关经审查，对符合福利企业资格条件的，予以认定，颁发福利企业证书，并向申请人出具书面审核认定意见。认定机关要在残疾人证件上加盖“已就业”印章。

对不符合福利企业条件的，不予认定，并对申请人书面说明理由。

第十条　企业实际安置就业的残疾人职工或在职职工人数发生变化，应当自发生变化之日起15日内，向认定机关申请认定。

认定机关应当自收到认定申请次日起7个工作日内进行审核。对仍符合福利企业资格条件的，向申请人出具书面审核认定意见；对不符合福利企业资格条件的，注销其福利企业资格，收回福利企业证书，并书面通知主管税务机关。

第十一条　申请人对认定机关决定不服的，可以依照《中华人民共和国行政复议法》提出行政复议，或依照《中华人民共和国行政诉讼法》提起行政诉讼。

第十二条　福利企业证书式样由民政部统一制订，审核认定意见书的式样由省级人民政府民政部门制订。

第十三条　认定机关应当会同主管税务机关对福利企业进行年检。

第十四条　主管税务机关、残疾人联合会提请认定机关核实单位安置的残疾人所持有的《中华人民共和国残疾军人证（1至8级）》时，持证残疾人属于本省（自治区、直辖市）户籍的，认定机关应在5个工作日内确认并答复，属于外省（自治区、直辖市）户籍的，应在10个工作日内确认并答复。

第十五条　认定机关进行福利企业资格认定、核查、年检，不得向企业收取任何费用。

第十六条　本办法由民政部负责解释。

第十七条　本办法自2007年7月1日起施行。《社会福利企业管理暂行办法》（民福发〔1990〕21号）、《社会福利企业招用残疾职工的暂行规定》（民福字〔1989〕37号）、《关于对调整完善现行福利企业税收优惠政策试点地区福利企业进行资格审核认定的通知》（民函〔2007〕80号）同时废止。

03

历年统计资料

A-1 全国总人口

单位：万人、%

年份	总人口	城镇	乡村	农村贫困人口	65岁及以上老年人口	65岁及以上人口比重	60岁及以上老年人口	60岁及以上人口比重	出生人口	死亡人口	当年净增人口
1978	96526	17245	79014	25000							
1979	97542	18495	79047								1283
1980	98705	19140	79565								1163
1981	100072	20171	79901								1367
1982	101654	21480	80174			4.9					1469
1983	103008	22274	80734								954
1984	104357	24017	80340	12800							
1985	105851	25094	80757	12500							1164
1986	107507	26366	81141	13100							1476
1987	109300	27674	81626	12200		5.0					1500
1988	111026	28661	82365	9600							1541
1989	112704	29540	83164	10200							1577
1990	114333	30191	84142	8500		5.6			2391	762	1629
1991	115823	30543	85280						2258	768	1490
1992	117171	32372	84799	8000					2119	771	1348
1993	118517	33351	85166						2126	780	1346
1994	119850	34301	85549	7000					2104	771	1333
1995	121121	35174	85947	6540		6.4			2063	792	1271
1996	122389	35950	86439						2067	799	1268
1997	123626	36989	86637	4962		6.7			2038	801	1237
1998	124810	37942	86868	4210	8375	6.9			1942	807	1135
1999	125909	38892	87017	3412	8687				1834	809	1025
2000	126583	45844	80739	3209	8811	7.0			1771	814	957
2001	127627	48064	79563	2927	9062	7.1			1702	818	884
2002	128453	50212	78241	2820	9377	7.3			1647	821	826
2003	129227	52376	76851	2900	9692	7.5			1599	825	774
2004	129988	54283	75705	2610	9857	7.6			1593	832	761
2005	130756	56212	74544	2365	10055	7.7			1617	849	768
2006	131448	57706	73742	2148	10419	7.9	14901	11.3	1584	892	692
2007	132129	59379	72750	1479	10636	8.1	15340	11.6	1594	913	681

注：本表资料来源于国家统计局。

A-2　城乡居民生活水平、职工工资和住房

单位：元、平方米／人

年份	平均消费水平			职工平均工资	城市人均住宅建筑面积
	全国	农村	城镇		
1978	184	138	405	615	6.7
1979	207	158	434	668	6.9
1980	236	178	496	762	7.2
1981	236	199	562	772	7.7
1982	262	221	576	798	8.2
1983	284	246	603	826	8.7
1984	311	283	664	974	9.1
1985	437	347	802	1148	10.0
1986	485	376	920	1329	12.4
1987	550	417	1089	1459	12.7
1988	693	508	1431	1747	13.0
1989	762	553	1568	1935	13.5
1990	803	571	1686	2140	13.7
1991	896	621	1925	2340	14.2
1992	1070	718	2356	2711	14.8
1993	1331	855	3027	3371	15.2
1994	1746	1118	3891	4538	15.7
1995	2236	1434	4874	5500	16.3
1996	2641	1768	5430	6210	17.0
1997	2834	1876	5796	6470	17.8
1998	2972	1895	6217	7479	18.7
1999	3138	1927	6796	8346	19.4
2000	3397	2037	7402	9371	20.3
2001	3609	2156	7761	10870	20.8
2002	3791	2259	7972	12422	22.8
2003	4089	2361	8473	14040	23.7
2004	4925	2301	8679	16024	25.0
2005	5463	2560	9410	18364	26.1
2006	6114	2850	10363	21001	27.1
2007	7016	3210	11777	24932	

注：本表资料来源于国家统计局。

A-3 城乡居民家庭人均收入和消费支出

单位：元、%

年 份	城镇居民人均可支配收入	城镇居民家庭		农民人均纯收入	农村居民家庭	
		人均生活消费支出	恩格尔系数		人均生活消费支出	恩格尔系数
1978	343	311	57.5	134	116	67.7
1979				161	135	64.0
1980	478	412	56.9	191	162	61.8
1981	<u>*458*</u>	457	56.7	223	191	59.8
1982	<u>*495*</u>	471	58.6	270	220	60.6
1983	<u>*526*</u>	506	59.2	310	248	59.4
1984	<u>*608*</u>	559	58.0	355	274	59.3
1985	739	673	52.2	398	317	57.8
1986	900	799	52.4	424	357	56.5
1987	1002	884	53.5	463	398	55.8
1988	1181	1104	51.4	545	477	54.0
1989	1376	1211	54.5	602	535	54.8
1990	1510	1279	54.2	686	585	58.8
1991	1701	1454	53.8	709	620	57.6
1992	2027	1672	53.0	784	659	57.6
1993	2577	2111	50.3	922	770	58.1
1994	3496	2851	50.0	1221	1017	58.9
1995	4283	3538	51.0	1578	1310	58.6
1996	4839	3919	48.8	1926	1572	56.3
1997	5160	4186	46.6	2090	1617	55.1
1998	5425	4332	44.7	2162	1590	53.4
1999	5854	4616	42.1	2210	1577	52.6
2000	6280	4998	39.4	2253	1670	49.1
2001	6860	5309	38.2	2366	1741	47.7
2002	7703	6030	37.7	2476	1834	46.2
2003	8472	6511	37.1	2622	1943	45.6
2004	9422	7182	37.7	2936	2185	47.2
2005	10493	7943	36.7	3255	2555	45.5
2006	11759	8697	35.8	3587	2829	43.0
2007	13786	9997	36.3	4140	3224	43.1

注：1.本表资料来源于国家统计局。

2.斜体下划线为生活费支出，与其他年份不可比。

A-4 社会组织

单位：个

年 份	民间组织合计	社会团体	民办非企业	基金会
1978				
1979				
1980				
1981				
1982				
1983				
1984				
1985				
1986				
1987				
1988	4446	4446		
1989	4544	4544		
1990	10855	10855		
1991	82814	82814		
1992	154502	154502		
1993	167506	167506		
1994	174060	174060		
1995	180583	180583		
1996	184821	184821		
1997	181318	181318		
1998	165600	165600		
1999	142665	136764	5901	
2000	153322	130668	22654	
2001	210939	128805	82134	
2002	244509	133297	111212	
2003	266612	141167	124491	954
2004	289432	153359	135181	892
2005	319762	171150	147637	975
2006	354393	191946	161303	1144
2007	386916	211661	173915	1340

注：2001 年以前的基金会含在社会团体内。

A-5 接收军队离退休、退职人员

单位：人

年 份	合 计	军队离退休干部	地方(含军队职工)人员
1978			
1979			
1980			
1981			
1982	21993	801	21192
1983	20038	1507	18531

年 份	合 计	军队离退休干部	#离 休	地方人员	军队职工
1984	9916	1873	117	6228	1815
1985	12429	6137	3327	4472	1820
1986	29260	21564	15598	4236	3460
1987	14146	10035	6224	1719	2392
1988	6050	4242	2329	1287	521
1989	4858	3441	1530	994	423
1990	6214	4988	2573	1008	218
1991	6558	5568	2703	806	184
1992	4420	3551	1516	693	176
1993	5578	916	283	543	4318
1994	5773	1016	447	566	4190
1995	3531	1056	323	476	1999
1996	9346	3210	371	282	5854
1997	6311	3246	401	230	2835
1998	8156	5868	785	691	1597

年 份	合 计	军队离退休干部	地方离退休干部	军队无军籍职工
1999	12380	9464	305	2611
2000	15238	10197	219	4822
2001	13738	6236	373	7129

年 份	合 计	军队离退休干部(含地方)	#离 休	军队退休士官	军队无军籍职工
2002	14428	3640		161	10627
2003	11057	5055	143	140	6312
2004	10794	8884	200	90	1820

年 份	合 计	军队离退休干部	#离 休	地方离退休干部	#离 休	军队退休士官	军队无军籍职工
2005	18512	17280	223	136	14	192	904
2006	31968	20794	259	673	85	365	10136
2007	28058	18534	258	303	23	160	9061

A-6 定期抚恤优抚对象

年份	抚恤补助总人数（万人）	定期抚恤人数（人）	烈属（人）	牺牲、病故军人家属（人）	伤残人员（万人）
1978	205.9				73.4
1979	173.6				75.6
1980	222.4				78.6
1981	233.6				79.6
1982	240.8	590104	541516	48588	81.6
1983	251.2	577791	526826	50965	83.0
1984	267.3	585403	536523	48880	84.4
1985	283.3	518566	440000	78566	85.3
1986	339.8	533245	446209	87036	86.5
1987	366.3	548063	453480	94583	88.0
1988	378.5	537472	429271	108201	88.7
1989	411.7	525134	422656	102478	89.1
1990	425.7	516638	407276	109362	87.4
1991	434.8	614945	504462	110483	87.5
1992	433.7	602163	492457	109706	87.6
1993	441.2	495994	383924	112070	88.3
1994	442.0	487256	372850	114406	88.5
1995	448.8	486250	370685	115565	88.8
1996	447.0	484270	366216	118054	89.3
1997	448.3	480464	362086	118378	89.5
1998	447.0	473901	357492	116409	89.2
1999	445.1	458079	336587	121492	88.7
2000	442.4	448276	325116	123160	88.1

年份	抚恤补助总人数（万人）	定期抚恤人数（人）	烈属（人）	牺牲军人家属（人）	病故军人家属（人）	伤残人员（万人）
2001	450.7	480852	348521	60081	72250	85.5
2002	459.0	480466	341109	63953	75404	85.8
2003	464.9	488820	345141	65303	78376	86.0
2004	462.0	485733	339817	65695	80221	85.6
2005	460.3	492517	349253	63603	79661	84.5
2006	462.6	491320	346089	64248	80983	86.0
2007	622.4	488675	342101	64478	82096	86.5

注：2000 年的定期抚恤人数含未享受的。

A-7 定期补助优抚对象

单位：人

年 份	定期补助总人数	红军老战士合计	在乡红军老战士	西路军	红军失散人员	在乡复员军人	在乡退伍军人	其 他
1978	9251	9251	9251					
1979	7872	7872	7872					
1980	6922	6922	6922					
1981	6567	6567	6567					
1982	1002181	6383	6383			859055	136743	
1983	1104586	6142	6142			952993	145451	
1984	1243633	6159	6159			1081350	156124	
1985	1461180	6329	6329			1185502	183129	86220
1986	1999872	6315	6315			1673990	210445	109122
1987	2230873	7466	7466			1833402	241290	148715
1988	2360462	7415	7415			1950641	247009	155397
1989	2715258	6628	6628			2272639	283075	152916
1990	2866579	7514	7514			2373873	305045	180147
1991	2939074	7015	7015			2419453	346021	166585
1992	2975175	6599	6599			2402869	373989	191718
1993	2947209	113728	5531	2997	105200	2424984	408497	
1994	2963965	112054	5058	2430	104566	2424435	427476	
1995	2987751	108484	4659	2318	101507	2423191	456076	
1996	3018047	115317	4480	2303	108534	2421517	481213	
1997	3037367	122115	4195	2214	115706	2396017	519235	
1998	3033826	118245	3996	2157	112092	2367266	548315	
1999	3056727	111096	3687	2106	105303	2363466	582165	
2000	3057257	105632	3326	1997	100309	2320739	630886	
2001	3170877	98345	3325	1889	93131	2246954	782802	42776
2002	3251971	94848	3136	1691	90021	2274657	882090	376
2003	3300232	90767	2893	1610	86264	2262264	919349	27852
2004	3277914	87521	2701	1454	83366	2214467	950428	25498
2005	3265797	79639	2681	1370	75588	2145421	977424	63313
2006	3274059	71707	2417	1220	68070	2064713	1072684	64955
2007	4870800	66220	2049	966	63205	1988977	1134414	453339

A-8 烈士褒扬和优待

单位：人、个、户、万元

年 份	本年批准烈士人数	零散烈士纪念建筑物	优待优抚对象户数	#优待军属户数	优待总金额	#固定优待军属总额
1978		5347				
1979		3779			20393	
1980		2825			31459	
1981		2915			47255	
1982	8601	3592	4730756		58750	
1983	11024	3826	4387292		59588	
1984	8478	3953	4102419		62263	
1985	5887	3716	3567165	2884906	71655	577018
1986	11758	3871	3355694	2710272	75243	62205
1987	10644	4121	3223550	2562036	80915	66321
1988	9035	4236	3225253	2477699	87160	71735
1989	3960	4466	3086285	2423418	92169	77764
1990	3067	6065	2941486	2522476	99535	86739
1991	1556	6474	2967881	2540714	106354	93069
1992	1338	6957	2967002	2535037	116573	102008
1993	1467	6956	3009163	2470099	131555	113330
1994	1215	7279	3027420	2462671	155627	133070
1995	1277	7067	3051322	2476261	194379	166414
1996	1187	7020	3040439	2449077	251798	217527
1997	888	7048	3334000	2427586	321741	261865
1998	749	7322	3250395	2415838	356413	292305
1999	616	7252	3818210	2380675	402998	305386
2000	468	7427	3855797	2282584	469054	363675
2001	460	7802	3973085	2086464	385859	275456
2002	403	8051	4130817	1929011	374819	251854
2003	461	7781	3962425	1672205	391581	239410
2004	316	7425	3632630	1430630	418499	267458
2005	314	7483	3393218	1224036	379631	213968
2006	265	7414	3220933	1183674	421010	224354
2007	168	7186	3277318	1145223	454090	233479

A-9 人口受灾和救灾

年 份	受灾人口（万人次）	因灾死亡人口（人）	紧急转移人口（万人）	紧急抢救灾民累计人数（万人）	因灾发救济费累计人数（万人）
1978		4965			
1979		6962			
1980		6821			
1981	26710.0	7422			
1982	22900.7	7935			
1983	22439.0	10952			
1984	20894.0	6927			
1985	26446.0	4394	290.5	139.0	6061.0
1986	29928.0	5410	345.8	199.0	6738.0
1987	23512.0	5495	348.0	113.0	6710.0
1988	36169.0	7306	582.9	112.0	6029.0
1989	34569.0	5952	365.3	132.0	6499.0
1990	29348.0	7338	579.2	129.0	5804.0
1991	41941.0	7315	1308.5	549.0	6725.0
1992	37174.0	5741	303.6	205.0	5259.0
1993	37541.0	6125	307.7	159.0	5258.0
1994	43799.0	8549	1054.0	244.0	5990.0
1995	24215.0	5561	1064.0	297.0	6710.0
1996	32305.0	7273	1216.0	478.0	6447.0
1997	47886.0	3212	511.3	305.0	5487.0
1998	35216.0	5511	2082.4	903.0	5781.0
1999	35319.0	2966	664.8	367.0	5058.0
2000	45652.3	3014	467.1	324.0	5127.0
2001	37255.9	2583	211.1	476.0	5727.0
2002	37841.8	2840	471.8	460.0	6013.0
2003	49745.9	2259	707.3	1001.5	6242.0
2004	33920.6	2250	563.2	492.0	4854.9
2005	40653.7	2475	1570.3	623.6	5097.1
2006	43453.3	3186	1384.5	659.2	4981.7
2007	39777.9	2325	1499.1	582.9	4382.7

A-10　因灾造成物资损失

年　份	直接经济损失（亿元）	倒塌房屋（万间）	受灾面积（万公倾）	死亡大牲畜（万头）
1978		73.09	4844	226.3
1979		152.06	3937	
1980		137.30	5003	72.6
1981		261.50	3979	170.9
1982		320.30	3313	198.6
1983	260.9	345.40	3471	114.8
1984		274.70	3189	36.9
1985	410.4	224.90	4437	322.7
1986		209.71	4714	79.0
1987	326.3	180.00	4207	100.0
1988		258.00	5087	249.2
1989	525.0	194.10	4699	450.0
1990	616.0	247.35	3847	166.0
1991	1215.1	581.51	5547	97.9
1992	853.9	196.56	5133	171.4
1993	933.2	271.64	4867	150.8
1994	1876.0	512.06	5504	238.2
1995	1863.0	439.29	4587	245.2
1996	2882.0	809.00	5975	619.3
1997	1975.0	288.00	5343	33.5
1998	3007.4	821.40	2229	689.3
1999	1962.4	174.53	4998	82.2
2000	2045.3	147.30	5469	162.0
2001	1942.0	92.20	5215	62.8
2002	1717.4	175.70	4711.9	74.8
2003	1884.2	343.00	5438.6	81.1
2004	1602.3	155.00	3710.6	169.5
2005	2042.1	226.40	3881.8	112.9
2006	2528.1	193.30	4109.1	126.3
2007	2363.0	146.70	4899.3	

A-11　社会捐赠

单位：万元、万件

年　份	社会捐赠款物合计	社会捐赠款				社会捐赠其他物资折款	接收社会捐赠衣被数量
			民政部门	慈善会	各类基金会		
1997	140159.5	41514.6				98644.9	9358.0
1998	1132082.4	501921.3	501921.3			630161.1	29000.0
1999	177807.4	69434.8	49914.4	19520.4		108372.6	5636.2
2000	163053.6	93464.0	54211.7	39252.3		69589.6	7708.5
2001	199885.6	117241.8	75769.6	41472.2		82643.8	12635.4
2002	207979.7	189675.8	110905.8	78770.0		18303.9	22961.1
2003	434054.9	410234.7	291690.4	118544.3		23820.2	19648.8
2004	351205.7	339641.3	170671.3	168970.0		11564.4	8957.2
2005	618935.2	603354.9	313392.9	289962.0		15580.3	10356.0
2006	894811.3	830759.4	429944.7	400814.7		64051.9	7123.6
2007	1483874.3	1328225.7	508759.2	414245.0	405221.5	155648.6	8756.8

A-12　医疗救助

单位：万人次、万人

年　份	农村民政部门医疗救助总数			城市医疗救助
		农村民政部门救助	民政部门资助参加合作医疗	
2004	729.2	121.1	552.6	
2005	854.5	199.6	654.9	114.9
2006	1558.4	201.3	1317.1	187.2
2007	2895.9	377.1	2517.3	442.0

A-13 城市传统救济和居民最低生活保障

单位：万人

年份	城市居民传统救济总人数	城市居民传统定救人数	城市精简退职老职工人数		
				享受40%人数	定量救济人数
1978					
1979	33.6	23.7	9.9		
1980	32.9	22.9	10.0		
1981	31.5	21.5	10.0		
1982	34.7	21.4	13.3		
1983	47.1	22.6	24.5		
1984	*207.4*	*160.6*	*46.8*	*25.3*	
1985	30.0	18.2	11.8	6.4	5.4
1986	49.0	35.6	13.4	7.1	6.3
1987	29.8	16.2	13.6	7.2	6.4
1988	32.9	17.6	15.3	7.7	7.6
1989	30.5	16.2	14.3	7.1	7.2
1990	41.8	16.4	25.4	16.4	9.0
1991	33.7	16.1	17.6	8.5	9.0
1992	39.5	19.2	20.3	9.7	10.6
1993	24.6	13.8	10.8	5.0	5.8
1994	23.0	12.4	10.6	4.9	5.7
1995	109.0	55.2	53.8	23.9	29.9
1996	120.1	66.5	53.6	23.6	30.0

年份	城市最低生活保障人数						
		在职人员	下岗人员	退休人员	失业人员	“三无”人员	其他人员
1996	84.9						
1997	87.9						
1998	184.1						
1999	256.9						
2000	402.6						
2001	1170.7						
2002	2064.7	186.8	554.5	90.8	358.3	91.9	783.1
2003	2246.8	179.3	518.4	90.7	409.0	99.9	949.3
2004	2205.0	141.0	468.9	73.1	423.1	95.4	1003.5
2005	2234.2	114.1	430.7	61.3	410.1	95.8	1122.1
2006	2240.1	97.6	350.0	53.2	420.8	93.1	1225.3

年份	城市最低生活保障人数									
		残疾人	三无人员	老年人	在职人员	灵活就业	登记失业	未登记失业	在校生	其他
2007	2272.1	161.0	125.8	298.4	93.9	343.8	627.2	364.3	321.6	223.0

注：1984年的精简退职老职工人数含农村的数据。

A-14 农村社会救济

单位：万人、万户

年份	农村社会救济总人数	农村定期定量救济人数	农村精简退职老职工人数	享受40%人数	定量救济人数
1978					
1979	6847.6	*6837.7*	*9.9*		
1980	4651.8	*4641.8*	*10.0*		
1981	4265.1	*4255.1*	*10.0*		
1982	4270.7	*4257.4*	*13.3*		
1983	3526.7	*3502.2*	*24.5*		
1984	3842.7	*3795.9*	*46.8*	*25.3*	
1985	116.7	75.1	41.6	18.1	23.5
1986	103.0	63.1	39.9	18.1	21.7
1987	92.2	53.2	39.0	17.7	21.3
1988	93.0	54.1	38.9	17.6	21.4
1989	75.7	35.0	40.7	18.3	22.3
1990	100.2	46.7	53.5	23.6	29.9
1991	97.0	43.8	53.2	23.5	29.8
1992	97.5	45.6	51.9	23.3	28.6
1993	80.1	36.3	43.8	19.5	24.3
1994	82.1	38.5	43.6	19.2	24.3
1995	98.3	55.2	43.1	19.0	24.1
1996	109.2	66.5	42.7	18.6	24.1
1997	104.5	51.4	53.1	23.2	29.8
1998	120.5	65.6	54.9	24.9	30.0
1999	107.1	55.6	51.5	22.5	28.7
2000	112.2	62.5	49.7	22.1	27.6
2001	130.5	80.7	49.8	21.3	27.8
2002	138.7	*90.0*	48.7	20.9	27.8

年份	农村困难群众救助总人数	农村居民最低生活保障人数	农村特困户救助人数	农村困难群众救助总户数	农村居民最低生活保障户数	困难户	其他	农村特困户救助户数	困难户	其他	五保户供养户数	农村传统救济
2001	385.3	304.6	80.7									
2002	497.8	407.8	90.0	156.7	156.7							
2003	1160.5	367.1	793.4	632.8	146.5	114.5	32.0	282.1	192.7	89.3	204.2	
2004	1402.1	488.0	914.1	780.8	197.9	165.2	33.6	317.1	260.4	56.6	265.8	
2005	1891.8	825.0	1066.8	1061.0	356.5	298.8	57.7	354.8	290.4	64.4	349.7	
2006	5581.5	1593.1	775.8	1606.3	777.2			325.8			503.3	115.6

年份	农村救助总人数	农村居民最低生活保障人数	农村集中供养五保人数	农村分散供养五保人数	农村传统救济人数	农村临时救济人数
2007	4818.6	3566.3	138.0	393.3	75.0	646.0

注：1984年以前含应保未保的农村救济人数。

A-15 各种救助平均标准

年 份	城市最低生活保障平均标准（元／人·月）	农村最低生活保障平均标准（元／人·月）	农村特困救济平均标准（元／人·年）	集中供养农村五保户救济平均标准（元／人·年）	分散供养农村五保户救济平均标准（元／人·年）
1999	149.0				
2000	157.0				
2001	147.0				
2002	148.0				
2003	149.0				
2004	152.0				
2005	156.0				
2006	169.6	70.9	572.4	1608.2	1224.5
2007	182.4	70.0	482.2	1953.0	1432.0

A-16 各种救助平均支出水平

年 份	城市最低生活保障平均支出水平（元／ 人·月）	农村最低生活保障平均支出水平（元／ 人·月）	农村特困救济平均支出水平（元／ 人·年）	集中供养农村五保户救济平均支出水平（元／ 人·年）
1999	44.8			
2000	45.3			
2001	29.6			
2002	43.9			
2003	58.0			
2004	65.0			
2005	72.3			
2006	83.6	34.5	199.2	939.6
2007	102.7	38.8	180.0	1179.6

A-17 社区服务与村民自治

单位：个

年　份	社区服务中心	城镇社区服务设施数	城镇便民、利民网点	当年农村登记选民数(万人)	参选人数(万人)
1978					
1979					
1980					
1981					
1982					
1983					
1984					
1985					
1986					
1987					
1988		69699			
1989		71357			
1990		84757			
1991		89918			
1992		112171			
1993	3711	89235	169503		
1994	4034	94645	204229		
1995	4380	110795	234024		
1996	5055	127254	259201		
1997	5113	133253	307226		
1998	6154	148042	345075		
1999	7623	157339	405740		
2000	6444	181444	451567		
2001	6179	195579	539544		
2002	7898	198845	622986	42403.7	38405.6
2003	7520	196425	668418	12247.4	10746.6
2004	7804	198122	703760	21407.1	19066.4
2005	8479	194796	664764	35101.8	32328.4
2006	8565	160007	457896	8815.7	7819.6
2007	9319	172002	892656	18443.1	16583.4

A-18 基层群众性自治组织

年　份	基层群众性自治组织合计(万个)	居民委员会(个)	居民小组(万个)	居民委员会成员(万人)	村民委员会(万个)	村民小组(万个)	村民委员会成员(万人)
1978							
1979		46810					
1980							
1981		57169					
1982							
1983	37.7	65519			31.2		
1984	100.3	75609			92.7		
1985	103.0	80943		34.9	94.9		379.6
1986	95.3	86824		36.2	86.6		365.9
1987	93.2	86799		37.0	84.5		359.9
1988	97.8	95684		36.1	88.3		366.6
1989	102.8	93691		36.6	93.4		379.4
1990	110.0	98814		43.1	100.1		409.4
1991	111.9	100347		44.1	101.9		424.4
1992	110.8	104136		46.5	100.4		430.9
1993	112.0	107173		47.9	101.3		456.0
1994	111.7	110112		48.0	100.7		458.5
1995	104.4	111860		48.0	93.2		400.5
1996	104.2	113690		49.3	92.8		397.5
1997	102.4	117915	108.3	49.8	90.6	535.8	378.8
1998	95.2	119042	117.2	50.8	83.3	537.1	358.6
1999	91.6	114815	124.7	50.1	80.1	555.7	351.3
2000	84.0	108424	127.2	48.4	73.2	553.4	315.0
2001	79.2	91893	125.9	46.4	70.0	541.9	316.4
2002	76.7	86087	124.4	39.6	68.1	528.6	294.2
2003	74.0	77431	122.2	39.7	66.3	519.2	319.1
2004	72.2	77884	129.6	42.5	64.4	507.9	292.1
2005	70.9	79947	123.3	45.4	62.9	490.5	265.7
2006	70.5	80717	123.5	44.3	62.4	453.3	243.0
2007	69.5	82006	122.3	41.6	61.3	466.9	241.1

A-19　乡镇级行政区划

单位：个

年　份	乡镇级合计	镇	乡	#民族乡	区公所	街道办事处
1978	6198	2176			4022	
1979	10424	2361			3619	4444
1980						
1981	11434	2678			3791	4965
1982						
1983	49695	2968	35514		5909	5304
1984	106439	7186	85290		8119	5844
1985	104900	9140	82450	3144	7908	5402
1986	84018	10718	61417	2936	6165	5718
1987	81025	11103	58739	3020	5503	5680
1988	65345	11481	45195	1571	3570	5099
1989	65419	11873	44624	1755	3502	5420
1990	65188	12084	44397	1980	3438	5269
1991	63391	12455	42654	1403	3096	5186
1992	54830	14539	33827	1348	1231	5233
1993	54863	15805	32445	1351	1143	5470
1994	54605	16702	31463	1322	1068	5372
1995	53360	17532	29502	1330	730	5596
1996	51336	18171	27056	1383	544	5565
1997	50967	18925	25966	1545	398	5678
1998	50999	19216	25712	1517	339	5732
1999	50750	19756	24745	1222	345	5904
2000	49668	20312	23199	1356	255	5902
2001	45303	20374	19341	1188	78	5510
2002	44850	20601	18639	1167	34	5576
2003	44067	20226	18064	1149	26	5751
2004	43258	19883	17451	1124	20	5904
2005	41636	19522	15951	1093	11	6152
2006	41040	19369	15306	1089	10	6355
2007	40813	19249	15120	1093	10	6434

A-20 县及以上行政区划

单位：个

年份	省级	地级（不含地级市）	县级（不含县级市、市辖区）	市			市辖区
					地级	县级	
1978	30	241	2138	193	99	91	
1979	30	209	2137	216	104	109	520
1980	30	209	2137	223	107	113	511
1981	30	208	2136	226	110	113	581
1982	30	210	2133	245	109	133	527
1983	30	183	2095	281	137	141	599
1984	30	175	2069	300	148	149	595
1985	30	165	2046	324	162	159	620
1986	30	159	2017	353	166	184	629
1987	30	156	1986	381	170	208	623
1988	31	151	1930	434	183	248	647
1989	31	151	1919	450	185	262	648
1990	31	151	1903	467	185	279	651
1991	31	151	1894	479	187	289	650
1992	31	148	1848	517	191	323	662
1993	31	139	1795	570	196	371	669
1994	31	127	1735	622	206	413	697
1995	31	124	1716	640	210	427	706
1996	31	117	1696	666	218	445	717
1997	33	110	1693	668	222	442	727
1998	33	104	1689	668	227	437	737
1999	34	95	1682	667	236	427	749
2000	34	74	1674	663	259	400	787
2001	34	67	1660	662	265	393	808
2002	34	57	1649	660	275	381	830
2003	34	51	1642	660	282	374	845
2004	34	50	1636	661	283	374	852
2005	34	50	1636	661	283	374	852
2006	34	50	1635	656	283	369	856
2007	34	50	1635	655	283	368	856

A-21 结婚登记

年 份	结婚登记总数（万对）	内地居民登记结婚数（万对）	涉外华侨港奥台登记结婚数（万对）	每千居民之结婚宗数(粗结婚率)（‰）
1978	597.8	597.8		6.2
1979	637.1	636.3	0.8	6.7
1980	720.9	719.8	1.1	7.3
1981	1041.7	1040.3	1.4	10.4
1982	836.9	835.5	1.4	8.3
1983	765.4	764.2	1.3	7.5
1984	784.8	783.4	1.4	7.5
1985	831.3	829.1	2.2	7.9
1986	884.0	882.3	1.7	8.2
1987	926.7	924.7	2.0	8.6
1988	899.2	897.2	2.0	8.3
1989	937.2	935.2	2.0	8.4
1990	951.1	948.7	2.4	8.2
1991	953.6	951.0	2.6	8.3
1992	957.5	954.5	3.0	8.3
1993	915.4	912.2	3.3	7.8
1994	932.4	929.0	3.4	7.8
1995	934.1	929.7	4.4	7.7
1996	938.7	934.0	4.7	7.7
1997	914.1	909.1	5.1	7.4
1998	891.7	886.7	5.0	7.2
1999	885.3	879.9	5.4	7.1
2000	848.5	842.0	6.5	6.7
2001	805.0	797.1	7.9	6.3
2002	786.0	778.8	7.3	6.1
2003	811.4	803.5	7.8	6.3
2004	867.2	860.8	6.4	6.7
2005	823.1	816.6	6.4	6.3
2006	945.0	938.2	6.8	7.2
2007	991.4	986.3	5.1	7.5

每千居民之结婚宗数（粗结婚率）计算方法

$$每千居民之结婚宗数=\frac{结婚宗数}{（当年期初人口数+当年期末人口数）/2}\times 1000‰$$

A−22 离婚办理

年 份	离婚总数（万对）	民政部门登记离婚数	内地居民登记离婚数	涉外华侨港奥台登记离婚数（对）	法院部门办理离婚数	每千居民之离婚宗数（粗离婚率）（‰）
1978	28.5	17.0	17.0		11.5	0.18
1979	31.9	19.3	19.3	82	12.6	0.33
1980	34.1	18.0	18.0	330	16.1	0.35
1981	38.9	18.7	18.7	46	20.2	0.39
1982	42.8	21.1	21.1	116	21.7	0.42
1983	41.8	19.7	19.7	126	22.1	0.42
1984	45.4	19.9	19.9	110	25.5	0.40
1985	45.8	19.6	19.6	108	26.2	0.44
1986	50.6	21.4	21.4	205	29.2	0.47
1987	58.1	23.6	23.6	220	34.5	0.55
1988	65.5	26.4	26.4	310	39.1	0.60
1989	75.3	28.8	28.7	518	46.5	0.68
1990	80.0	30.1	30.0	602	49.9	0.69
1991	83.1	30.1	30.0	588	53.0	0.72
1992	85.0	31.6	31.5	833	53.4	0.74
1993	91.0	33.6	33.5	968	57.4	0.77
1994	98.2	35.5	35.4	737	62.7	0.82
1995	105.6	36.8	36.7	813	68.8	0.88
1996	113.4	39.4	39.3	1175	74.0	0.93
1997	119.9	44.0	43.9	1385	75.9	0.97
1998	119.2	46.6	46.5	948	72.6	0.96
1999	120.2	47.8	47.7	975	72.4	0.96
2000	121.3	48.9	48.8	1075	72.4	0.96
2001	125.0	52.8	52.5	2856	72.2	0.98
2002	117.7	57.3	56.8	5221	60.4	0.90
2003	133.0	69.0	68.7	3333	64.0	1.05
2004	166.5	104.6	104.0	5830	61.9	1.28
2005	178.5	118.4	117.5	8267	60.1	1.37
2006	191.3	129.1	128.3	8414	62.2	1.46
2007	209.8	145.7	144.8	8852	64.1	1.59

每千居民之离婚宗数（粗离婚率）计算方法

$$\text{每千居民之离婚宗数}=\frac{\text{离婚宗数}}{（\text{当年期初人口数}+\text{当年期末人口数}）/2}\times 1000‰$$

A-23 家庭收养儿童登记

单位：件、人

年 份	收养登记总数	中国公民收养登记	外国公民收养登记	被收养人合计	福利机构抚养的孤儿	被中国公民收养	被外国公民收养
1978							
1979							
1980							
1981							
1982							
1983							
1984							
1985							
1986							
1987							
1988							
1989							
1990							
1991							
1992							
1993							
1994							
1995							
1996	18896	14804	4092	20389	2201		
1997	21548	17193	4355	21548	975		
1998	26498	20611	5887	26498	677		
1999	38074	31584	6158	38019	1670	31882	6137
2000	55802	49037	6765	56191	1847	49500	6691
2001	44706	36089	8617	45844	1908	37200	8644
2002	45336	35372	9964	47860	2404	37642	10218
2003	54159	44884	9275	54159	3427	44884	9275
2004	52603	40084	12519	55572	3189	44708	10864
2005	49506	35470	14036	50921	3564	38057	12864
2006	48178	38393	9785	49148	2867	39424	9724
2007	45192	36893	8299	46047	1146	37790	8257

A-24 救助与殡葬

年　份	救助人次数（人次）	救助类单位床位数（张）	火化炉数（台）	火化遗体数（万具）	火化率（%）
1978			1712	117.5	
1979			2300	102.1	
1980			2510	98.7	
1981			2586	85.4	
1982			2622	96.2	
1983			2622	108.0	
1984			2686	128.2	
1985			2729	155.2	
1986			2745	155.5	26.2
1987			2752	162.0	27.0
1988			2729	180.9	29.5
1989			2768	182.3	30.1
1990			2795	201.3	31.5
1991			2714	215.6	34.0
1992			2852	242.6	31.2
1993			2891	247.6	31.6
1994			2882	257.1	33.4
1995			2927	262.7	33.2
1996			3005	282.7	35.2
1997			2959	295.0	36.8
1998			3157	319.7	39.6
1999			*3340*	336.4	41.5
2000			*3565*	373.7	46.0
2001			4299	386.7	47.3
2002			3945	415.2	50.6
2003			4159	434.9	52.7
2004	820254	47086	4792	436.9	52.5
2005	1196305	45603	5037	450.2	53.0
2006	1295506	45661	5649	430.2	48.2
2007	1544492	46800	4838	442.1	48.4

注：斜体下划线数据经过修正。

A-25　收养性社会福利单位

年　份	单位数（个）	床位数（万张）	收养人数（万人）
1978	8571		16.3
1979	8988	22.6	18.6
1980	9669	24.2	19.1
1981	10031	25.3	19.7
1982	12275	28.2	22.5
1983	15807	32.4	25.9
1984	22796	42.5	34.1
1985	29100	49.1	40.8
1986	35008	58.7	47.4
1987	37372	64.9	51.8
1988	39030	69.5	54.8
1989	39743	73.8	56.9
1990	40583	78.0	59.9
1991	42264	82.8	64.6
1992	43319	89.8	69.6
1993	43681	92.7	72.4
1994	43240	95.5	73.6
1995	43074	97.6	74.7
1996	42829	100.8	76.9
1997	42385	103.1	78.5
1998	42131	105.8	80.0
1999	40430	108.9	82.7
2000	40491	113.0	85.4
2001	39338	124.7	89.3
2002	38875	125.1	92.6
2003	37294	129.8	96.5
2004	38593	146.7	110.9
2005	41368	163.9	123.6
2006	41948	187.1	147.0
2007	43607	251.3	200.0

A-26 各种福利类收养性单位情况

年份	单位数（个）	福利机构	敬老院	床位数（万张）	福利机构	敬老院	收养人数（万人）	福利机构	敬老院
1978	728	728					5.7	5.7	
1979	8235	765	7470	6.4	6.4		16.4	5.9	10.6
1980	9101	839	8262	7.1	7.1		17.2	6.1	11.2
1981	9410	866	8544	7.4	7.4		17.7	6.2	11.5
1982	11450	864	10586	7.6	7.6		20.0	6.2	13.8
1983	14933	886	14047	7.7	7.7		23.3	6.3	16.9
1984	22117	1246	20871	8.5	8.5		31.2	7.1	24.1
1985	28027	4405	23622	44.7	13.8	30.9	37.5	11.4	26.2
1986	33765	7087	26678	53.9	18.8	35.1	43.8	15.3	28.5
1987	36039	8025	28014	59.8	20.8	39.1	48.0	16.6	31.3
1988	37709	9177	28532	64.4	23.3	41.1	50.9	18.4	32.5
1989	38476	8851	29625	68.6	23.5	45.1	53.0	18.4	34.6
1990	39248	11362	27886	72.3	28.8	43.5	55.6	22.5	33.1
1991	40941	11874	29067	76.8	30.7	46.1	60.2	24.1	36.1
1992	41928	15456	26472	83.6	38.4	45.2	65.0	30.0	35.1
1993	42309	16028	26281	86.7	41.1	45.7	67.9	32.7	35.2
1994	41841	16636	25205	89.4	43.9	45.5	69.1	34.6	34.5

年份	单位数（个）	国有社会福利院	社会办敬老院	床位数（万张）	国有社会福利院	社会办敬老院	收养人数（万人）	国有社会福利院	社会办敬老院
1995	41661	1274	31890	91.4	12.4	79.0	70.2	9.9	60.3
1996	41411	1281	31613	94.6	13.0	81.6	72.4	10.3	62.1
1997	41005	1303	31968	96.8	13.6	83.2	74.0	10.9	63.1
1998	40431	1054	32236	94.4	9.5	84.8	71.4	7.5	63.9
1999	39015	1671	37344	102.3	17.1	85.3	78.1	13.2	64.8

年份	单位数（个）	城市	农村	床位数（万张）	城市	农村	收养人数（万人）	城市	农村
2000	39032	13456	25576	106.5	50.9	55.6	81.4	38.6	42.8
2001	37311	10661	26650	115.8	47.4	68.4	83.8	34.9	48.9
2002	36752	11055	25697	115.8	49.6	66.2	86.6	37.2	49.4
2003	35859	11516	24343	122.3	54.7	67.6	91.4	41.0	50.4
2004	37147	10705	26442	138.6	61.1	77.5	105.3	45.9	59.4
2005	39921	10240	29681	155.8	66.3	89.5	117.9	50.0	67.9
2006	40456	9083	31373	179.0	65.4	113.6	141.1	49.1	92.0
2007	42057	7373	34684	241.2	61.4	179.8	193.2	43.9	149.3

A-27 社会福利企业

年 份	单位数（个）	残疾职工人数（万人）	利润额（亿元）
1978	920	3.5	0.8
1979	1106	4.8	0.8
1980	1309	5.5	0.9
1981	1574	6.1	0.7
1982	1704	6.4	0.8
1983	5930	9.6	0.9
1984	6710	11.6	1.3
1985	14872	23.2	5.1
1986	19865	31.4	4.2
1987	27793	43.3	8.8
1988	40496	55.9	16.5
1989	41565	60.5	16.1
1990	41827	63.8	17.8
1991	43805	70.1	21.3
1992	49836	77.8	32.6
1993	56881	84.5	44.7
1994	60233	90.9	44.1
1995	60237	93.9	49.1
1996	59397	93.6	45.1
1997	55509	91.0	66.3
1998	50514	85.6	63.9
1999	44628	79.0	76.7
2000	40670	72.5	99.0
2001	37980	69.9	119.5
2002	35758	68.3	148.3
2003	33976	67.9	189.9
2004	32410	66.2	219.0
2005	31211	63.7	225.2
2006	30199	55.9	237.8
2007	24974	56.3	169.3

A-28 福利彩票销售

年 份	福利彩票发行单位（个）	福利彩票销售额（亿元）	提取公益金（亿元）	公益金支出（亿元）
1978				
1979				
1980				
“六五”时期				
1981				
1982				
1983				
1984				
1985				
“七五”时期		**14.2**	**4.6**	
1986				
1987		0.2	0.1	
1988		3.8	1.2	
1989		3.8	1.3	
1990		6.5	2.0	
“八五”时期		**115.2**	**34.3**	
1991		7.7	2.5	
1992		13.8	4.1	
1993		18.4	5.5	
1994		18.0	5.3	
1995		57.3	16.9	
“九五”时期		**358.7**	**103.5**	**72.7**
1996		64.8	19.1	
1997		36.4	10.1	
1998		63.2	19.6	14.1
1999	1169	104.4	30.5	19.9
2000	1253	89.9	24.2	38.7
“十五”时期		**1145.2**	**393.6**	**161.9**
2001	1185	139.6	41.9	19.7
2002	1121	168.0	58.8	25.5
2003	1145	200.1	70.0	30.6
2004	1128	226.4	79.2	33.8
2005	1113	411.2	143.7	52.3
“十一五”时期		**1127.3**	**388.6**	**130.2**
2006	989	495.7	171.6	52.6
2007	985	631.6	217.0	77.6

A-29 民政管理单位

单位：万个

年 份	合 计	行政机关	事业单位	提供住宿单位	不提供住宿单位	社会组织	基层群众性自治组织	社会福利企业
1978	1.1		1.1	0.9	0.2			0.1
1979	1.3		1.2	0.9	0.3			0.1
1980	1.4		1.3	1.0	0.3			0.1
1981	1.5		1.3	1.0	0.3			0.2
1982	1.7		1.6	1.2	0.3			0.2
1983	40.2		1.9	1.6	0.3		37.7	0.6
1984	103.6		2.6	2.3	0.4		100.3	0.7
1985	107.7		3.3	2.9	0.4		103.0	1.5
1986	101.2		3.9	3.5	0.4		95.3	2.0
1987	100.1		4.2	3.7	0.4		93.2	2.8
1988	106.7		4.3	3.9	0.4	0.4	97.8	4.0
1989	111.8		4.4	4.0	0.4	0.5	102.8	4.2
1990	119.8		4.5	4.1	0.4	1.1	110.0	4.2
1991	129.2		4.7	4.2	0.4	8.3	111.9	4.4
1992	136.1		4.8	4.3	0.4	15.5	110.8	5.0
1993	139.7		5.3	4.4	0.9	16.8	112.0	5.7
1994	140.3		5.2	4.3	0.9	17.4	111.7	6.0
1995	133.7		5.2	4.3	0.9	18.1	104.4	6.0
1996	133.9		5.3	4.3	1.0	18.5	104.2	5.9
1997	131.4		5.3	4.2	1.1	18.1	102.4	5.6
1998	122.2		5.4	4.2	1.2	16.6	95.2	5.1
1999	115.7		5.4	4.0	1.3	14.3	91.6	4.5
2000	109.5		6.1	4.2	1.8	15.3	84.0	4.1
2001	110.4	0.6	5.7	4.0	1.7	21.1	79.2	3.8
2002	111.0	0.5	5.8	4.0	1.8	24.5	76.7	3.6
2003	110.3	0.4	5.8	3.9	1.9	26.7	74.0	3.4
2004	111.5	0.4	6.7	4.0	2.7	28.9	72.2	3.2
2005	113.0	0.4	6.6	4.3	2.3	32.0	70.9	3.1
2006	116.0	0.4	6.7	4.4	2.4	35.4	70.5	3.0
2007	118.0	0.3	7.0	4.5	2.4	38.7	69.5	2.5

A-30 民政管理单位职工

单位：万人

年 份	合 计	行政机关	乡、镇民政助理员	事业单位			社会组织	群众性自治组织	社会福利企业
					提供住宿单位	不提供住宿单位			
1978	19.7			5.2	2.8	2.4			14.5
1979	21.9			7.4	4.3	3.1			14.5
1980	25.3			8.4	5.2	3.2			16.9
1981	27.8			9.1	5.8	3.3			18.7
1982	29.1			9.8	6.4	3.4			19.3
1983	41.5			10.8	7.3	3.4			30.7
1984	48.0			13.0	9.2	3.7			35.1
1985	497.9			15.4	11.0	4.3		414.5	68.0
1986	506.2			17.5	12.8	4.7		402.1	86.6
1987	529.1			18.3	13.5	4.8		396.9	113.9
1988	569.6			19.3	14.4	4.9		402.7	147.6
1989	587.5			20.0	14.8	5.2		416.0	151.5
1990	631.8			21.0	15.6	5.5		452.5	158.3
1991	661.2			22.0	16.3	5.7		468.5	170.7
1992	691.3			23.0	17.1	5.9		477.4	190.9
1993	733.9			23.8	17.5	6.3		503.9	206.3
1994	749.6			24.0	17.6	6.4		506.5	219.0
1995	694.2			24.3	17.6	6.6		448.5	221.4
1996	676.0			25.1	18.1	7.0		446.8	204.2
1997	681.1	14.3		28.3	18.4	9.9		428.6	209.8
1998	649.2	14.8		29.7	18.5	11.2		409.4	195.3
1999	635.8	14.8	5.9	33.4	19.9	13.6		401.4	180.2
2000	586.0	13.5	5.7	37.5	21.5	16.1		363.4	165.8
2001	581.9	12.1	4.6	42.7	22.2	20.5		362.8	159.8
2002	541.5	11.2	4.1	40.1	21.0	19.1		333.8	152.3
2003	566.3	10.8	3.7	42.5	23.1	19.4		358.8	150.5
2004	547.6	11.3	3.9	45.3	23.3	22.0		334.6	152.5
2005	514.5	8.4	5.5	45.2	24.2	21.0		311.1	144.3
2006	908.4	8.3	4.6	46.2	25.9	20.3	425.2	287.3	136.8
2007	943.1	8.4	4.7	49.7	28.1	21.6	456.9	282.7	140.7

A-31 民政管理单位固定资产原值

单位：亿元

年 份	合 计	行政机关	事业单位	提供住宿单位	不提供住宿单位	社会组织	群众性自治组织	社会福利企业
1978								
1979								
1980								
1981								
1982								
1983	13.0		6.6	3.3	3.3			6.4
1984	14.9		7.8	4.0	3.8			7.1
1985	20.1		11.3	7.3	3.9			8.8
1986	24.2		13.9	9.9	4.0			10.3
1987	28.7		16.2	11.8	4.4			12.4
1988	40.8		24.1	19.1	4.9			16.7
1989	44.1		24.5	18.9	5.6			19.6
1990	51.7		28.4	22.0	6.3			23.3
1991	63.6		34.1	26.7	7.5			29.5
1992	75.6		39.4	31.0	8.4			36.3
1993	100.3		49.5	38.1	11.4			50.8
1994	119.0		56.9	42.7	14.2			62.1
1995	142.6		65.7	27.2	38.5			77.0
1996	168.1		80.1	32.0	48.1			88.0
1997	211.5		105.2	36.6	68.6			106.3
1998	962.4		127.8	43.6	84.3			834.5
1999	1017.3		127.8	66.5	61.3			889.5
2000	1199.3		277.6	175.3	102.2			921.7
2001	1317.0		323.0	198.1	124.9			994.0
2002	1394.9		353.9	204.2	149.7			1041.0
2003	1644.3		401.2	228.2	173.0			1243.1
2004	1818.4	62.8	512.5	253.5	259.0			1243.1
2005	3097.8	64.9	528.6	261.6	267.0		1174.9	1329.4
2006	4066.7	94.3	575.1	263.5	311.6	423.0	1446.4	1527.9
2007	3973.0	132.8	656.7	309.7	347.1	682.0	1223.9	1277.6

A-32 基本建设投资

单位：亿元、个

年份	计划总投资	本年完成投资	国家投资	国内贷款	自筹	#福利彩票公益金	其他	本年施工项目个数
1978								
1979								
1980								
“六五”时期								
1981								
1982								
1983								
1984								
1985								
“七五”时期								
1986								
1987								
1988								
1989	5.8	2.0	0.8	0.1	0.8		0.2	
1990	6.9	2.4	1.0	0.1	1.0		0.3	
“八五”时期	**63.4**	**27.6**	**10.1**	**1.2**	**13.4**		**2.8**	
1991	7.0	3.0	1.1	0.1	1.5		0.3	
1992	7.3	3.2	0.8	0.1	1.9		0.4	
1993	12.8	5.6	1.3	0.2	3.4		0.7	
1994	15.5	6.2	2.3	0.5	2.9		0.6	
1995	20.9	9.6	4.6	0.3	3.8		0.9	
“九五”时期	**237.9**	**89.8**	**21.3**	**5.9**	**54.3**	**6.8**	**8.3**	**2793**
1996	29.8	10.1	2.1	0.4	6.4		1.1	
1997	35.7	13.8	2.7	0.8	8.6		1.6	
1998	41.0	16.6	2.8	0.8	11.1		1.9	
1999	63.2	24.7	6.0	2.3	14.6	3.5	1.8	1456
2000	68.2	24.7	7.7	1.6	13.6	3.3	1.9	1337
“十五”时期	**376.9**	**151.7**	**47.9**	**8.8**	**78.4**	**21.0**	**16.6**	**22117**
2001	77.5	30.8	10.4	2.2	15.1	3.6	3.1	1360
2002	88.7	30.1	9.5	1.4	15.9	3.3	3.3	3659
2003	87.3	30.0	9.9	1.7	15.1	3.5	3.3	3867
2004	89.7	29.1	8.9	2.4	14.4	4.7	3.5	8982
2005	33.8	31.6	9.1	1.0	17.9	5.8	3.5	4249
“十一五”时期	**183.9**	**81.2**	**24.4**	**3.9**	**46.8**	**21.4**	**5.3**	**6072**
2006	34.8	33.5	9.9	0.9	19.9	8.4	2.5	3626
2007	151.0	47.7	14.5	3.0	26.9	13.0	2.9	2446

A-33 民政事业费及财政支出

单位：亿元

年 份	国家财政支出	民政事业费总支出	抚恤费	离休费	社会福利及其他社会救济费	# 最低生活保障事业费	自然灾害救济费	退休费	其他民政事业费
1978	1122.09	13.7	2.8		4.4		4.2	2.3	
1979	1281.79	18.4	3.5		5.2		6.8	2.9	
1980	1228.83	17.5	4.4		5.2		4.5	3.4	
“六五”时期	**7483.18**	**114.2**	**27.3**	**0.9**	**32.1**		**35.2**	**16.8**	**1.7**
1981	1138.41	19.2	4.4		5.1		6.3	3.4	
1982	1229.98	19.6	4.8		5.1		6.0	3.5	
1983	1409.52	21.6	5.3		6.5		6.4	3.4	
1984	1701.02	24.2	6.1	0.2	8.0		6.9	3.0	
1985	2004.25	29.6	6.7	0.7	7.4		9.6	3.5	1.7
“七五”时期	**12865.67**	**208.4**	**59.2**	**11.4**	**46.7**		**56.4**	**22.0**	**12.8**
1986	2204.91	34.4	8.4	1.2	8.3		10.7	3.8	1.9
1987	2262.18	35.9	9.6	1.8	8.6		9.9	4.1	2.0
1988	2491.21	39.6	11.0	2.3	9.0		10.4	4.3	2.5
1989	2823.78	46.6	14.0	2.9	10.0		12.3	4.6	2.9
1990	3083.59	51.9	16.2	3.2	10.8		13.1	5.2	3.5
“八五”时期	**24387.46**	**386.6**	**107.8**	**23.2**	**75.6**		**94.1**	**45.5**	**40.5**
1991	3386.62	62.5	16.8	3.6	11.7		20.9	5.4	4.2
1992	3742.20	63.7	18.0	4.2	12.4		17.1	6.6	5.4
1993	4642.30	69.9	20.1	3.6	14.5		14.9	8.3	8.4
1994	5792.62	87.0	24.4	5.5	17.3		17.7	12.1	10.1
1995	6823.72	103.5	28.5	6.3	19.7		23.5	13.1	12.4
“九五”时期	**57043.46**	**840.9**	**220.6**	**76.9**	**201.8**	**48.7**	**171.5**	**58.0**	**112.2**
1996	7937.55	121.2	31.9	6.2	22.8	3.0	30.8	13.9	15.5

年 份	国家财政支出	民政事业费总支出	抚恤费	军队离退休、退职费	社会福利及其他社会救济费	# 最低生活保障事业费	农村及其他社会救济费	自然灾害救济费	地方离、退休人员费	其他民政事业费
1997	9233.56	133.5	36.1	12.4	27.1	2.9		28.7	10.3	19.0
1998	10798.18	161.8	39.4	15.2	34.0	7.1		41.2	10.9	21.3
1999	13187.67	194.7	49.7	18.4	52.5	13.8		35.6	11.2	27.2
2000	15886.50	229.7	63.5	24.7	65.4	21.9		35.2	11.7	29.2
“十五”时期	**127800.69**	**2471.8**	**479.8**	**302.7**	**444.7**	**668.0**	**127.6**	**247.6**	**66.9**	**284.7**
2001	18902.58	284.8	69.5	31.2	90.6	41.6		41.0	13.0	39.5
2002	22053.15	392.3	74.7	49.5	167.5	108.7		40.0	13.2	47.3

年 份	国家财政支出	民政事业费总支出	抚恤费	军队离退休、退职费	社会福利费	城市居民最低生活保障事业费	农村及其他社会救济费	自然灾害救济费	地方离、退休人员费	其他民政事业费
2003	24649.95	498.9	87.9	59.0	78.9	153.1		52.9	13.1	54.0
2004	28486.89	577.4	104.1	74.1	52.1	172.7	47.7	51.1	13.9	61.7
2005	33708.12	718.4	143.6	88.9	55.6	191.9	79.9	62.6	13.7	82.2
“十一五”时期	**89778.56**	**2130.9**	**389.6**	**280.7**	**152.9**	**501.6**	**337.6**	**158.8**	**38.8**	**270.9**
2006	40213.16	915.4	178.8	115.7	65.3	224.2	147.8	79.0	14.0	90.6
2007	49565.40	1215.5	210.8	165.0	87.6	277.4	189.8	79.8	24.8	180.3

A-34　中央级民政事业费及中央专项转移支付民政经费

单位：万元

年　份	合　计	中央级民政事业费	中央专项转移支付				
				抚恤、退休、救济	救　灾	社会福利救济事业费	其　他
1978	11	11					
1979	44	44					
1980	103	103					
“六五”时期	**335594**	**1108**	**334486**	**63306**	**270745**	**220**	**215**
1981	138	138					
1982	74120	78	74042	14247	59795		
1983	74368	163	74205	14205	60000		
1984	78872	286	78586	18586	60000		

年　份	合　计	中央级民政事业费	中央专项转移支付					
				抚　恤	安　置	救　灾	社会福利救济事业费	其　他
1985	108096	443	107653	9698	6570	90950	220	215
“七五”时期	**778310**	**9267**	**769043**	**148718**	**105230**	**512500**		
1986	132802	2526	130276	16396	9285	102000		
1987	133877	2742	131135	21726	19409	90000		
1988	158355	1297	157058	24110	21948	111000		
1989	174374	1185	173189	43206	26483	103500		
1990	178902	1517	177385	43280	28105	106000		
“八五”时期	**1488090**	**15897**	**1472193**	**328272**	**315101**	**828820**		
1991	309432	1792	307640	49010	34210	224420		
1992	209360	3217	206143	52156	40587	113400		
1993	238083	3108	234975	60494	53481	121000		
1994	353831	4077	349754	79084	90670	180000		
1995	377384	3703	373681	87528	96153	190000		
“九五”时期	**2943934**	**104302**	**2839632**	**749824**	**773058**	**1122750**	**190000**	**4000**
1996	426354	6371	419983	102394	102589	215000		
1997	455309	5954	449355	110430	114925	220000		4000
1998	568049	50783	517266	120000	149516	247750		

年　份	合　计（亿元）	中央级民政事业费（亿元）	中央专项转移支付（亿元）						
				抚恤（亿元）	安置（亿元）	救灾（亿元）	低保（亿元）	医疗救助（亿元）	其他（亿元）
1999	62.8	1.2	61.6	18.0	17.6	22.0	4.0		
2000	86.6	2.9	83.7	23.7	23.0	22.0	15.0		
“十五”时期	**1004.3**	**11.9**	**992.4**	**212.1**	**217.3**	**170.1**	**373.1**	**12.0**	**7.9**
2001	109.6	1.4	108.2	26.3	28.7	30.2	23.0		
2002	140.2	1.8	138.4	31.6	37.0	24.3	45.5		
2003	213.6	1.8	211.8	37.1	39.2	40.5	92.0	3.0	0.1
2004	227.7	3.9	223.8	40.7	47.4	32.0	100.6	3.0	0.1
2005	313.2	2.9	310.3	76.4	65.0	43.1	112.0	6.0	7.7
“十一五”时期	**929.9**	**8.4**	**921.5**	**237.9**	**191.3**	**99.3**	**325.9**	**40.5**	**26.7**
2006	406.8	2.8	404.0	111.7	73.9	49.4	136.0	14.3	18.7
2007	523.1	5.6	517.5	126.2	117.4	49.9	189.9	26.2	8.0

04

综合统计资料

B－1 “七五”—“十一五”时期民政事业发展速度

单位：%

指　标	“七五”时期平均增长速度	“八五”时期平均增长速度	“九五”时期平均增长速度	“十五”时期平均增长速度	“十一五”时期前两年平均增长速度
一、民间组织		**75.5**	**-3.2**	**15.8**	**10.0**
社会团体				5.6	11.2
民办非企业单位				45.5	8.5
基金会					17.2
二、抚恤补助优抚对象	**8.5**	**1.1**	**-0.3**	**0.8**	**16.3**
伤残人员抚恤金			27.1	18.2	20.8
烈属和牺牲病故军人家属抚恤金			6.7	13.5	15.7
三、城市居民最低生活保障				**40.9**	**0.8**
四、城市社区服务中心			**8.0**	**5.6**	**4.8**
五、群众性自治组织					
村民委员会	1.1	-6.9	-4.7	-3.0	-1.3
社区居委会	4.1	2.5	-0.6	-5.9	1.3
六、乡镇区划调整					
乡	-11.6	-7.8	-4.7	-7.2	-2.6
镇	5.7	7.7	3.0	-0.8	-0.7
七、收养性单位床位	**9.7**	**4.6**	**3.0**	**7.7**	**23.8**
儿童福利院				11.7	2.4
城市老年福利机构				5.0	-11.2
农村老年福利机构				10.0	41.7
八、婚姻					
办理结婚登记	2.7	-0.4	-0.2	-0.6	9.7
办理离婚登记	11.7	5.7	2.8	8.0	8.4
九、家庭收养儿童				**-2.0**	**-4.9**
十、全年火化遗体	**5.3**	**5.5**	**7.3**	**3.8**	**-1.0**
十一、社会福利企业	**23.0**	**7.6**	**-7.6**	**-5.2**	**-10.5**
十二、中国福利彩票销售额		**54.5**	**14.6**	**29.4**	**23.9**
十三、65岁以上老年人口				**2.7**	**2.8**
十四、民政事业费支出情况	**11.9**	**14.8**	**17.3**	**25.6**	**30.1**
十五、民政系统固定资产	**20.8**	**22.5**	**53.1**	**9.9**	**13.2**

B–2 民政事业发展主要指标预期值

指　标	单　位	2010年预期值	2015年预期值	2020年预期值	2030年预期值
一、民间组织	万个	**51.5**	**82.9**	**133.6**	**346.5**
社会团体	万个	29.1	49.5	84.1	243.2
民办非企业单位	万个	22.2	33.4	50.2	113.6
基金会	个	2157	4770	10547	51575
二、抚恤补助优抚对象	万人	**637.5**	**663.4**	**690.3**	**747.6**
伤残人员抚恤金	元／人·年	9415.1	24219.1	62300.7	412251.3
烈属和牺牲病故军人家属抚恤金	元／人·年	5891.2	12214.4	25324.4	108861.3
三、城市居民最低生活保障	万人	**2327.1**	**2421.7**	**2520.1**	**2729.1**
四、城市社区服务中心	万个	**1.1**	**1.4**	**1.7**	**2.7**
五、群众性自治组织					
村民委员会	万个	58.9	55.2	51.7	45.4
社区居委会	万个	8.5	9.1	9.7	11.0
六、乡镇区划调整					
乡	万个	1.4	1.2	1.1	0.8
镇	万个	1.88	1.80	1.76	1.64
七、收养性单位床位	万张	**313.9**	**454.9**	**659.2**	**1384.1**
八、婚姻					
办理结婚登记	万对	1308.8	2079.2	3303.2	8336.8
办理离婚登记	万对	267.2	399.9	598.7	1341.2
九、家庭收养儿童	万件	**39604.4**	**30806.7**	**23963.4**	**14499.5**
十、全年火化遗体	万具	**480.3**	**551.4**	**633.0**	**834.4**
十一、社会福利企业	万个	**1.8**	**1.0**	**0.6**	**0.2**
十二、中国福利彩票销售额	亿元	**1201.3**	**3507.6**	**10241.6**	**87313.7**
十三、65岁以上老年人口	万人	**11554.7**	**13265.5**	**15229.6**	**20073.4**
十四、民政事业费支出情况	亿元	**2675.7**	**9976.4**	**37184.3**	**516574.3**
十五、民政系统固定资产	亿元	**5763.1**	**10712.5**	**19912.3**	**68799.7**
十六、人口数	万人	**136100**	**140300**	**143400**	**145100**

注：人口预期数来源：国家人口和计划生育委员会2003年预测结果。

B-3 2003-2007年民政事业发展主要数据

指　标	单　位	2003年	2004年	2005年	2006年	2007年
一、民间组织						
民间组织总数	万个	26.6	28.9	32.0	35.4	38.7
社会团体	万个	14.2	15.3	17.1	19.2	21.2
民办非企业单位	万个	12.4	13.5	14.8	16.1	17.4
基金会	个	954	936	975	1144	1340
二、优抚安置						
国家抚恤、补助各类优抚对象	万人	464.9	461.9	460.3	462.6	622.4
安置义务兵、士官人数	万人	48.7	52.6	45.2	42.5	37.3
接收军队离退休人员人数	万人	1.2	1.1	1.9	3.2	2.8
三、社会救助						
城　市						
城市居民最低生活保障人数	万人	2246.8	2205	2234.2	2240.1	2272.1
城市居民最低生活保障户数	万户	930.5	955.5	994.7	1029.7	1064.3
城市最低生活保障平均标准	元／人·月	160.0	152.0	156.0	169.6	182.4
城市最低生活保障平均补差水平	元／人·月	58.0	65.0	72.3	83.6	102.0
农　村						
农村居民最低生活保障人数	万人	367.1	488.0	825.0	1593.1	3566.0
农村居民最低生活保障户数	万户	176.8	235.9	406.1	777.2	1608.0
农村最低生活保障平均标准	元／人·月			76.0	70.9	70.0
农村最低生活保障平均补差水平	元／人·月			38.0	34.5	37.0
农村五保户救济人数	万人				503.3	531.1
农村五保户救济户数	万户			349.7	468.0	499.2
农村五保户平均标准	元／人·年				1224.5	1692.5
农村五保户平均补差水平	元／人·年				939.6	1176.0
医疗救助						
城市医疗救助	万人次			114.9	187.2	442.0
农村医疗救助	万人次		729.2	854.5	1559.0	2896.0
四、社会捐赠						
社会捐赠款数	亿元	29.2	34.0	31.3	43.0	50.9
捐赠衣被总数	亿件	1.9	0.9	1.0	0.7	0.9
捐赠其他物资价值	亿元	5.4	1.2	1.6	6.4	15.6
受益人次数	万人次	4242.8	2444.5	3610.7	3259.1	3069.7
社会捐赠接收站、点数	万个	2.8	3.2	3.1	3.3	3.6

B–3 续表

指　标	单　位	2003 年	2004 年	2005 年	2006 年	2007 年
五、社区建设						
村委会	万个	66.3	64.4	62.9	62.4	61.3
居委会(社区居委会)	万个	7.7	7.8	8.0	8.1	8.2
社区服务中心	个	7520	7804	8479	8565	9319
城镇社区服务设施数	万个	19.6	19.8	19.5	16.0	17.2
城市便民、利民网点	万个	66.8	70.4	66.5	45.8	89.3
六、行政区划						
镇	个	20226	19883	19522	19369	19249
乡	个	18064	17451	15951	15306	15120
# 民族乡	个		1124	1093	1089	1093
街道办事处	个	5751	5904	6152	6355	6434
区公所	个	26	20	11	10	10
七、社会福利						
收养性单位数	万个	3.7	3.9	4.1	4.2	4.4
床位数	万张	129.8	146.8	163.9	187.4	251.3
收养人数	万人	96.5	110.9	123.6	147.2	200.0
社会福利企业数	万个	3.4	3.2	3.1	3.0	2.5
其中残疾职工数	万人	67.9	66.2	63.7	55.9	56.3
八、婚姻、收养与殡葬						
结婚登记(万对)	万对	811.4	867.2	823.1	945.0	991.4
# 涉外及港台	万对	7.8	6.4	6.4	6.8	5.1
每千居民之结婚宗数	‰	6.3	6.65	6.3	7.19	7.5
离婚办理	万对	133.1	166.5	178.5	191.3	209.8
每千居民之离婚宗数	‰	1.05	1.28	1.37	1.46	1.59
家庭收养孤残儿童	万人	5.4	5.6	5.1	4.9	4.6
火化遗体数	万具	435.0	436.9	450.2	430.2	442.1
火化率	%	52.7	52.5	53.0	48.2	48.4
九、福利彩票						
销售福利彩票	亿元	200.0	226.4	411.2	495.7	631.6
筹集社会福利基金	亿元	67.2	79.2	144.0	173.5	217.0
十、老龄人口						
65 岁以上老年人口	万人	9692	9857	10055	10419	132129
占全国总人口	%	7.5	7.6	7.7	7.9	8.1
十一、民政事业费						
民政事业费总支出	亿元	498.9	577.4	718.5	915.4	1215.5
# 抚恤事业	亿元	87.9	104.1	143.6	178.8	210.8
安置事业	亿元	59.0	74.1	88.9	115.7	165.0
社会福利事业	亿元	78.9	99.4	55.6	65.3	87.6
城市最低生活保障	亿元	153.1	172.7	191.9	224.2	277.4
农村及其他社会救济	亿元			79.9	147.8	189.8
自然灾害救济	亿元	52.9	51.5	62.6	79.0	79.8
地方离退休人员	亿元	13.1	13.9	13.7	14.0	24.8
其　他	亿元	54.0	61.7	82.3	90.6	180.3
基本建设支出	亿元	30.0	29.2	31.6	33.5	47.7

注：2003 年之前社会团体和基金会是合并在一起统计的。

B-4 民政事业发展主要数据与上年比较

指　标	单　位	2006年	2007年	比上年增减(%)
一、民间组织				
民间组织总数	万个	35.4	38.7	9.3
社会团体	万个	19.2	21.2	10.4
民办非企业单位	万个	16.1	17.4	8.1
基金会	个	1144.0	1340.0	17.1
二、优抚安置				
国家抚恤、补助各类优抚对象	万人	462.6	622.4	34.5
安置义务兵、士官人数	万人	42.5	37.3	-12.2
接收军队离退休人员人数	万人	3.2	2.8	-12.5
三、社会救助				
城　市				
城市居民最低生活保障人数	万人	2240.1	2272.1	1.4
城市居民最低生活保障户数	万户	1029.7	1064.3	3.4
城市最低生活保障平均标准	元／人·月	169.6	182.4	7.5
城市最低生活保障平均补差水平	元／人·月	83.6	102.7	22.8
农　村				
农村居民最低生活保障人数	万人	1593.1	3566.3	123.9
农村居民最低生活保障户数	万户	777.2	1608.5	107.0
农村最低生活保障平均标准	元／人·月	70.9	70.0	-1.3
农村最低生活保障平均补差水平	元／人·月	34.5	38.8	12.5
农村五保户救济人数	万人	503.3	531.1	5.5
农村五保户救济户数	万户	468.0	499.2	6.7
农村五保户平均标准（集中）	元／人、年	1224.5	1953.0	59.5
农村五保户平均标准（分散）	元／人、年	1224.5	1432.0	16.9
农村五保户平均补差水平	元／人、年	939.6	1176.0	25.2
医疗救助				
城市医疗救助	万人	187.2	442.0	136.1
农村大病医疗救助	万人次	241.3	377.1	56.3
农村资助参加合作医疗	万人	1317.1	2517.3	91.1
四、社会捐赠				
社会捐赠款数	亿元	43.0	50.9	18.4
捐赠衣被总数	亿件	0.7	0.9	28.6
捐赠其他物资价值	亿元	6.4	15.6	143.8
受益人次数	万人次	3259.1	3069.7	-5.8
社会捐赠接收站、点数	万个	3.3	3.6	9.1

B-4续表

指　标	单　位	2006年	2007年	比上年增减(%)
五、社区建设				
村委会	万个	62.4	61.3	-1.8
居委会(社区居委会)	万个	8.1	8.2	1.2
社区服务中心	个	8565	9319	8.8
城镇社区服务设施数	万个	16.0	17.2	7.5
城市便民、利民网点	万个	45.8	89.3	95.0
六、行政区划				
镇	个	19369	19249	-0.6
乡	个	15306	15120	-1.2
# 民族乡	个	1089	1093	0.4
街道办事处	个	6355	6434	1.2
区公所	个	10	10	0.0
七、社会福利				
收养性单位数	万个	4.2	4.4	4.8
床位数	万张	187.4	251.3	34.1
收养人数	万人	147.2	200.0	35.9
社会福利企业数	万个	3.0	2.5	-16.7
其中残疾职工数	万人	55.9	56.3	0.7
八、婚姻、收养与殡葬				
结婚登记(万对)	万对	945.0	991.4	4.9
# 涉外及港台	万对	6.8	5.1	-25.0
每千居民之结婚宗数	‰	7.19	7.50	0.31(千分点)
离婚办理	万对	191.3	209.8	9.7
每千居民之离婚宗数	‰	1.46	1.59	0.13(千分点)
家庭收养儿童	万人	4.9	4.6	-6.1
火化遗体数	万具	430.2	442.1	2.8
火化率	%	48.2	48.4	0.2(百分点)
九、福利彩票				
销售福利彩票	亿元	495.7	631.6	27.4
筹集社会福利基金	亿元	173.5	217.0	25.1
十、老龄人口				
65岁以上老年人口	万人	10419	10636	2.1
占全国总人口	%	7.9	8.1	0.2 (百分点)
十一、民政事业费				
民政事业费总支出	亿元	915.4	1215.5	32.8
# 抚恤事业	亿元	178.8	210.8	17.9
安置事业	亿元	115.7	165.0	42.6
社会福利事业	亿元	65.3	87.6	34.2
城市最低生活保障	亿元	224.2	277.4	23.7
农村及其他社会救济	亿元	147.8	189.8	28.4
自然灾害救济	亿元	79.0	79.8	1.0
地方离退休人员	亿元	14.0	24.8	77.1
其　他	亿元	90.6	180.3	99.0
基本建设支出	亿元	33.5	47.7	42.4

B-5 社会组织发展情况与上年比较

单位：个

指　标	2006年	2007年	比上年增减(%)
社会组织合计	**354393**	**386916**	**9.2**
一、社团管理	**191946**	**211661**	**10.3**
按活动区域分			
中央级	1730	1758	1.6
省级	21506	22146	3.0
地级	56544	59145	4.6
县级	112166	128612	14.7
二、民办非企业单位	**161303**	**173915**	**7.8**
按性质分类			
法人	95688	109700	14.6
合伙	6644	6656	0.2
个体	58971	57559	-2.4
三、基金会	**1144**	**1340**	**17.1**
按性质分类			
公募性	795	904	13.7
非公募性	349	436	24.9

B-6 国家优抚、安置对象与上年比较

单位：人、%

指 标	2006年	2007年	比上年增减(%)
一、重点优抚对象人数	**4625644**	**6224132**	**34.6**
1.抚恤	1351585	1353332	0.1
(1)烈士家属抚恤	346089	342101	-1.2
(2)因公牺牲抚恤	64248	64478	0.4
(3)病故军人家属抚恤	80983	82096	1.4
(4)伤残人员抚恤	860265	864657	0.5
2.补助	3274059	4870800	48.8
(1)在乡复员军人	2064713	1988977	-3.7
(2)带病回乡退伍军人	1072684	1134414	5.8
(3)在乡红军老战士	2417	2049	-15.2
(4)在乡西路军红军老战士	1220	966	-20.8
(5)红军失散人员	68070	63205	-7.1
(6)其他定补人数	64955	1681189	2488.2
二、接收离退休人员数	**31968**	**28058**	**-12.2**
1.军队干部（含地方）	21467	18837	-12.3
2.军队退休士官	365	160	-56.2
3.军队无军籍职工	10136	9061	-10.6
三、安 置			
1.退伍士兵	373084	328156	-12.0
2.转业、复员士官	50489	43748	-13.4
3.复员干部	1055	1327	25.8
四、当年批准的烈士	**265**	**168**	**-36.6**
五、优 待			
优待优抚对象(万人)	322.1	327.7	1.7
其中:军属(万人)	118.4	114.5	-3.3
优待金(亿元)	42.1	45.4	7.8
其中:军属优待金(亿元)	22.4	23.3	4.0

B-7 城市最低生活保障和农村社会救济与上年比较

指　标	2006年	2007年	比上年增减(%)
最低生活保障与农村救济总人数(万人)	5070.9	7062.8	39.3
（一）城市居民最低生活保障人数(万人)	2240.0	2272.1	1.4
#三无对象(万人)	93.1	125.8	35.1
#老年人(万人)		298.4	
在职人员(万人)		93.9	
灵活就业(万人)		343.8	
登记失业(万人)		627.2	
未登记失业(万人)		364.3	
在校生(万人)		321.6	
其他(万人)		223.0	
城市居民最低生活保障家庭数（万户）	1029.7	1064.3	3.4
城市居民最低生活保障费（亿元）	224.1	277.4	23.8
城市居民最低生活保障平均标准(元／人、月)	169.6	182.4	7.5
城市居民最低生活保障平均支出水平(元／人、月)	83.6	102.7	22.8
（二）农村社会救济人数（万人）	2212.0	4178.5	88.9
1．农村居民最低生活保障人数（万人）	1593.1	3566.3	123.9
农村居民最低生活保障家庭数（万户）	777.2	1608.5	107.0
农村居民最低生活保障费（亿元）	43.5	109.1	150.8
农村居民最低生活保障平均标准(元／人、月)	70.9	70.0	-1.3
农村居民最低生活保障平均支出水平(元／人、月)	34.5	38.8	12.5
2.五保供养人数(万人)	503.3	531.1	5.5
五保供养家庭数(万户)	468.0	499.2	6.7
五保供养费(亿元)	42.1	59.8	42.0
五保供养平均标准（集中供养)(元／人、年)	1608.2	1953.0	21.4
五保供养平均标准（分散供养)(元／人、年)	1224.5	1432.0	16.9
五保供养平均支出水平(元／人、年)	939.6	1179.6	25.5
（三）传统救济人数(万人)	115.6	81.1	-29.8
（四）医疗救助			
1.城市医疗救助人次数(万人)	187.2	419.3	124.0
平均支出水平(元／年、人)	433.9	344.3	-20.6
2.农村医疗救助			
其中:民政部门资助参加合作医疗人次数(万人次)	1317.1	2524.7	91.7
合作医疗平均支出水平(元／人、次)	19.7	19.0	-3.6
民政部门医疗救助人次数(万人次)	241.3	360.2	49.3
医疗救助平均支出水平(元／人、次)	366.0	568.5	55.3

B-8 各地区城市最低生活保障平均标准及月最低工资标准

单位：元／人·月、%

地 区	月最低工资标准	城市最低生活保障平均标准		
		2006年	2007年	比上年增减(%)
全 国	**574**	**169.6**	**182.4**	**7.5**
北 京	640	310.0	330.0	6.5
天 津	670	300.0	330.0	10.0
河 北	580	154.5	159.1	3.0
山 西	550	149.4	163.6	9.5
内蒙古	560	147.1	172.5	17.2
辽 宁	590	185.9	192.6	3.6
吉 林	510	144.6	153.0	5.8
黑龙江	620	162.3	178.4	9.9
上 海	750	320.0	350.0	9.4
江 苏	750	221.4	245.3	10.8
浙 江	750	234.3	262.0	11.8
安 徽	520	185.1	201.4	8.8
福 建	650	179.9	199.2	10.7
江 西	360	138.9	153.3	10.4
山 东	610	190.2	217.2	14.2
河 南	480	146.9	151.5	3.2
湖 北	460	158.1	162.8	2.9
湖 南	600	155.1	168.2	8.4
广 东	780	206.7	218.1	5.5
广 西	500	147.5	160.6	8.9
海 南	580	141.6	161.4	14.0
重 庆	580	177.7	178.3	0.4
四 川	580	154.1	175.4	13.8
贵 州	550	150.6	156.1	3.6
云 南	540	168.2	170.4	1.3
西 藏	495	225.5	225.8	0.1
陕 西	540	153.4	157.6	2.7
甘 肃	430	142.5	156.2	9.6
青 海	460	171.9	176.5	2.7
宁 夏	450	172.3	182.3	5.8
新 疆	670	131.1	138.0	5.3

注：月最低工资标准数据来源劳动和社会保障部。

B-9 各地区城市最低生活保障平均支出水平与上年比较

单位：元／人·月、%

地 区	2006年	2007年	比上年增减(%)
全 国	**83.6**	**102.7**	**22.8**
北 京	249.9	267.6	7.1
天 津	187.7	215.8	15.0
河 北	71.4	91.2	27.7
山 西	78.2	96.8	23.8
内蒙古	100.7	129.3	28.4
辽 宁	88.3	107.2	21.4
吉 林	79.6	98.0	23.1
黑龙江	82.9	95.6	15.3
上 海	172.8	199.1	15.2
江 苏	102.7	122.8	19.6
浙 江	150.0	186.3	24.2
安 徽	75.2	99.4	32.2
福 建	66.8	90.1	34.9
江 西	73.7	91.2	23.7
山 东	82.5	104.9	27.2
河 南	66.0	83.3	26.2
湖 北	81.8	99.3	21.4
湖 南	79.0	95.3	20.6
广 东	90.5	118.4	30.8
广 西	74.5	91.1	22.3
海 南	57.9	76.0	31.3
重 庆	92.4	104.7	13.3
四 川	67.3	88.6	31.6
贵 州	85.4	101.7	19.1
云 南	81.4	103.6	27.3
西 藏	106.1	116.4	9.7
陕 西	83.9	100.9	20.3
甘 肃	76.3	101.9	33.6
青 海	103.4	123.6	19.5
宁 夏	71.9	129.2	79.7
新 疆	85.2	100.0	17.4

B-10 自然灾害与上年比较

单位：万元、%

地 区	2006年	2007年	比上年增减(%)
一、自然灾害总计			
受灾	40993.0	48992.5	19.5
绝收	5389.6	5746.8	6.6
（一）旱灾			
受灾	20737.9	29385.6	41.7
绝收	2295.4	3190.4	39.0
（二）洪涝灾			
受灾	8003.1	10463.3	30.7
绝收	1407.0	1641.5	16.7
（三）风雹灾			
受灾	4387.4	2985.9	-31.9
绝收	704.6	430.0	-39.0
（四）台风灾			
受灾	2952.0	2085.7	-29.3
绝收	478.8	213.5	-55.4
（五）雪灾、低温冷冻			
受灾	4912.6	4072.0	-17.1
绝收	503.8	271.4	-46.1
二、人口受灾情况			
受灾	43453.3	39777.9	-8.5
死亡人口	3186.0	2325.0	-27.0
紧急转移人口	1384.5	1499.1	8.3
三、损失情况			
倒塌房屋	193.3	146.7	-24.1
损坏房屋	505.6	412.7	-18.4
直接经济损失	2528.1	2363.0	-6.5

B-11　社会捐赠与上年比较

单位：万元、万件、个、%

指　标	2006年	2007年	比上年增减(%)
社会捐赠合计	**894811.3**	**1483874.3**	**65.8**
一、民政部门直接接收的捐赠	**493996.6**	**664407.8**	**34.5**
(一)直接接收捐赠情况			
1.捐赠款数额	429944.7	508759.2	18.3
2.捐赠衣被合计	7123.6	8756.8	22.9
# 棉衣被	1922.1	2707.4	40.9
3.捐赠其他物资价值	64051.9	155648.6	143.0
(二)间接接收捐赠情况			
1.捐赠款数额	30487.5	15971.0	-47.6
2.捐赠衣被合计	2518.6	2830.4	12.4
# 棉衣被	388.0	445.8	14.9
3.捐赠其他物资价值	6778.0	9875.1	45.7
(三)受益人次数	3259.1	3069.7	-5.8
(四)社会捐赠接收工作站、点数	33064.0	36061.0	9.1
# 社会捐赠接收工作站数	17149.0	18810.0	9.7
慈善超市数	4632.0	5312.0	14.7
二、慈善会直接接收捐赠	**400814.7**	**414245.0**	**3.4**
三、各类基金会接收捐赠		**405221.5**	

B-12 基层组织、社区建设与上年比较

单位：个、人、%

指　标	2006年	2007年	比上年增减(%)
一、城市			
(一)社区居委会	80717	82006	1.6
居民小组	1234815	1223432	-0.9
居民委员会成员人数	443060	416164	-6.1
# 女性	213384	205657	-3.6
# 中共党员	214500	215135	0.3
(二)居委会选举情况			
1.当年进行选举的居委会数	21238	20120	-5.3
2.当年参选人口数	45143699	39980261	-11.4
# 登记选民数	37588855	33514463	-10.8
参选人数	26318987	26630393	1.2
(三)城市社区服务			
1.城镇社区服务设施	160007	172002	7.5
2.社区从业人员	3375622	2421573	-28.3
# 安置下岗人员	1182842	576268	-51.3
3.社区服务志愿者组织数	271380	431951	59.2
社区服务志愿者人数	5672693	3908173	-31.1
4.城镇便民、利民服务网点数	457896	892656	94.9
二、农村			
(一)村民委员会	623669	612709	-1.8
村民小组	4533311	4669028	3.0
村民委员会成员人数	2429577	2411074	-0.8
# 女性	562777	509566	-9.5
# 中共党员	1339829	1364315	1.8
(二)村委会选举情况			
1.当年进行选举的村委会数	197925	196515	-0.7
2.当年参选村人口数	99902720	202259961	102.5
# 登记选民数	88156561	184431104	109.2
参选人数	78196077	165834454	112.1

B-13　行政区划与上年比较

单位：个、%

指　标	2006年	2007年	比上年增减(%)
一、地级行政区划合计	**333**	**333**	
地级市	283	283	
地区	17	17	
自治州	30	30	
盟	3	3	
二、县级行政区划合计	**2860**	**2859**	
市辖区	856	856	
县级市	369	368	-0.3
县	1463	1463	
自治县	117	117	
旗	49	49	
自治旗	3	3	
特区	2	2	
林区	1	1	
三、乡镇、街道级行政区划合计	**41040**	**40813**	**-0.6**
镇	19369	19249	-0.6
乡	15306	15120	-1.2
民族乡	1089	1093	0.4
街道办事处	6355	6434	1.2
区公所	10	10	

B-14　社会行政事务与上年比较

单位：个、具、对、件、人、%

指　标	2006年	2007年	比上年增减(%)
一、结婚登记	**9449900**	**9913773**	**4.9**
（一）内地居民登记结婚（对数）	9381717	9862643	5.1
初婚人数	17055538	17796534	4.3
再婚人数	1844262	2031012	10.1
# 女性	866740	973376	12.3
# 恢复结婚	107113	138967	29.7
（二）涉外及华侨、港澳台居民登记结婚(对数)	68183	51130	-25.0
每千居民之结婚宗数（‰）	7.19	7.50	0.31 (千分点)
二、离婚登记	**1912824**	**2098342**	**9.7**
（一）民政部门办理离婚(对数)	1291113	1456941	12.8
1.内地居民办理离婚	1282699	1448089	12.9
2.华侨、港澳台居民登记离婚	8414	8852	5.2
（二）各级法院办理离婚	621711	641401	3.2
每千居民之离婚宗数（‰）	1.46	1.59	0.13(千分点)
三、收养登记合计	**48178**	**45192**	**-6.2**
（一）中国公民收养登记	38393	36893	-3.9
#1.香港居民	442	425	-3.8
2.澳门居民	32	28	-12.5
3.台湾居民	78	59	-24.4
4.华侨	47	38	-19.1
（二）外国人收养登记	9785	8299	-15.2
四、被收养人合计	**49148**	**46047**	**-6.3**
（一）社会福利机构抚养的孤儿	2867	1146	-60.0
# 被外国人收养	710	236	-66.8
（二）社会福利机构抚养的弃婴	15892	14632	-7.9
# 被外国人收养	9014	8016	-11.1
（三）社会弃婴	26657	27066	1.5
（四）父母无力抚养的儿童	959	975	1.7
# 被外国人收养		5	
（五）其他	2773	2228	-19.7
五、救助人次数	**1295506**	**1544492**	**19.2**
六、殡仪馆、公墓			
（一）火化炉数	5649	4838	-14.4
（二）全年处理遗体数	4301680	4421112	2.8
（三）火化率(%)	48.2	48.4	0.2(百分点)
（四）穴位数	8522021	9275990	8.8
（五）安葬数	5374715	6232308	16.0

B-15 收养、救助类单位情况与上年比较

指　标	床位数(万张、%)			收养救助人数(万人、%)			年末床位利用率(%)
	2006年	2007年	比上年增减(%)	2006年	2007年	比上年增减(%)	
全国合计	**193.3**	**257.3**	**33.1**	**151.2**	**203.4**	**34.5**	**79.1**
一、收养类单位	**187.2**	**251.0**	**34.1**	**147.0**	**200.0**	**36.1**	**79.7**
(一)优抚类收养单位	8.1	9.8	21.0	5.9	6.7	13.6	68.4
1.荣誉军人康复医院	0.5	0.7	40.0	0.3	0.5	66.7	71.4
2.复员军人慢性病疗养院	0.6	0.5	-16.7	0.5	0.4	-20.0	80.0
3.复退军人精神病院	1.4	1.6	14.3	1.2	1.3	8.3	81.3
4.光荣院	5.6	7.0	25.0	3.9	4.5	15.4	64.3
(二)福利类收养单位	179.1	241.2	34.7	141.1	193.3	37.0	80.1
1.社会福利院	16.7	18.5	10.8	13.4	14.2	6.0	76.8
2.儿童福利院	3.1	3.3	6.5	3.2	2.9	-9.4	87.9
3.社会福利医院	3.0	3.1	3.3	2.6	2.7	3.8	87.1
4.城镇老年福利机构	39.9	33.0	-17.3	28.4	22.6	-20.4	68.5
5.农村五保供养福利机构	113.6	179.8	58.3	92.0	149.3	62.3	83.0
6.其它收养性单位	2.8	3.5	25.0	1.5	1.6	6.7	45.7
二、社区类收养单位	**1.5**	**1.6**	**6.7**	**1.1**	**0.8**	**-27.3**	**50.0**
三、救助类单位	**4.6**	**4.7**	**2.2**	**3.1**	**2.6**	**-16.1**	**55.3**

B-16 民政管理单位与上年比较

单位：个、%

指 标	2006年	2007年	比上年增减(%)
民政行业单位	**1159789**	**1179910**	**1.7**
（一）民政行政机关	3524	3482	-1.2
（二）民政事业单位	67287	69823	3.8
1.优抚安置单位	3179	3175	-0.1
2.救灾储备单位	238	227	-4.6
3.社区服务中心	8565	9319	8.8
4.婚姻登记服务类单位	1562	1356	-13.2
5.收养类单位	41948	43607	4.0
6.救助类单位	1239	1351	9.0
7.殡仪类单位	3549	3669	3.4
8.福利彩票发行单位	989	985	-0.4
9.慈善团体	695	874	25.8
10.老龄行政机构	2304	2303	
11.其他事业单位	3019	2957	-2.1
（三）民间组织	354393	386916	9.2
1.社会团体	191946	211661	10.3
2.基金会	1144	1340	17.1
3.民办非企业单位	161303	173915	7.8
（四）基层群众自治组织	704386	694715	-1.4
1.社区居委会	80717	82006	1.6
2.村委会	623669	612709	-1.8
（五）福利企业	30199	24974	-17.3

B-17 民政管理单位职工与上年比较

单位：人、%

指　标	2006年	2007年	比上年增减(%)
合　计	**9082745**	**9430063**	**3.8**
一、民政行业单位	**9037111**	**9383411**	**3.8**
（一）民政行政机关	82670	84099	1.7
（二）民政事业单位	462397	496337	7.3
1.优抚安置单位	32765	33799	3.2
2.救灾储备单位	764	908	18.8
3.社区服务中心	54903	60775	10.7
4.婚姻登记服务类单位	5489	5962	8.6
5.收养类单位	239010	260804	9.1
6.救助类单位	14946	15721	5.2
7.殡仪类单位	70500	73227	3.9
8.福利彩票发行单位	6508	7159	10.0
9.慈善团体	2410	3437	42.6
10.老龄行政机构	8460	8354	-1.3
11.其他事业单位	26642	26191	-1.7
（三）民间组织	4251850	4568515	7.4
1.社会团体	2695983	2885287	7.0
2.基金会	15391	18269	18.7
3.民办非企业单位	1540476	1664959	8.1
（四）基层群众自治组织	2872637	2827238	-1.6
1.社区居委会	443060	416164	-6.1
2.村委会	2429577	2411074	-0.8
（五）福利企业	1367557	1407222	2.9
# 残疾职工	559340	562985	0.7
二、乡镇民政助理员	**45634**	**46652**	**2.2**

B-18 民政管理单位和民政对象性别统计数据

单位:人

类别名称	人员总数	女性	占总人数的比重(%)	比上年增减
一、民政对象				
1.城市最低生活保障	22720789	9225350	40.6	5.4
2.农村最低生活保障	35663346	11691922	32.8	4.2
3.农村集中供养五保户	1379989	383378	27.8	
4.农村分散供养五保户	3932537	991859	25.2	
二、行政事务				
家庭收养的儿童	46047	31857	69.2	4.3
收养机构收养的民政对象	1999511	533989	26.7	-2.0
结婚登记	19827546	9913773	7.50‰(粗结婚率)	0.31(千分点)
离婚登记	4196684	2098342	1.59‰(粗离婚率)	0.13(千分点)
三、民政行业单位	**9383326**	**2590074**	**27.6**	**0.9**
(一)民政行政机关	84099	25379	30.2	0.7
(二)民政事业单位	496337	224352	45.2	1.9
1.优抚安置单位	33799	14288	42.3	1.1
2.救灾储备单位	908	296	32.6	-2.1
3.社区服务中心	60775	30768	50.6	2.5
4.婚姻登记服务类单位	5962	3947	66.2	0.2
5.收养类单位	260804	130428	50.0	2.4
6.救助类单位	15721	5033	32.0	-0.2
7.殡仪类单位	73227	20770	28.4	0.1
8.福利彩票发行单位	7159	2887	40.3	2.3
9.慈善团体	3437	1348	39.2	-4.0
10.老龄行政机构	8354	3418	40.9	0.4
11.其他事业单位	26191	11169	42.6	1.0
(三)民间组织	4568430	1146140	25.1	0.1
1.社会团体	2885202	579404	20.1	-1.3
2.基金会	18269	5706	31.2	
3.民办非企业单位	1664959	561030	33.7	2.5
(四)基层群众自治组织	2827238	776161	27.5	0.4
1.社区居委会	416164	205657	49.4	1.3
2.村委会	2411074	509566	21.1	-2.0
(五)福利企业	1407222	418042	29.7	3.9
福利企业中的残疾人	562985	169147	30.0	-2.7

B-19 民政管理单位固定资产与上年比较

单位：万元、%

指　标	2006年	2007年	比上年增减(%)
民政行业单位	**40662920.0**	**39732679.5**	**-2.3**
(一) 民政行政机关	943447.4	1328052.6	40.8
(二) 民政事业单位	5746312.8	6569548.8	14.3
1.优抚安置单位	658210.7	689878.9	4.8
2.救灾储备单位	21019.8	28907.3	37.5
3.社区服务中心	330678.7	384367.0	16.2
4.婚姻登记服务类单位	6437.0	10897.0	69.3
5.收养类单位	2440144.1	2887658.2	18.3
6.救助类单位	128586.8	149234.7	16.1
7.殡仪类单位	1483758.6	1663956.8	12.1
8.福利彩票发行单位	310423.1	324452.1	4.5
9.慈善团体	13089.5	25822.1	97.3
10.老龄行政机构	30681.9	63237.9	106.1
11.其他事业单位	323282.6	341136.8	5.5
(三) 民间组织	4230365.4	6819973.7	61.2
1.社会团体	994917.3	1474030.3	48.2
2.基金会	16881.2	253547.0	1401.9
3.民办非企业单位	3218566.9	5092523.4	58.2
(四) 基层群众自治组织	14464084.7	12238992.3	-15.4
1.社区居委会	1749043.0	1633431.6	-6.6
2.村委会	12715041.7	10605286.8	-16.6
(五) 福利企业	15278710.1	12776112.1	-16.4

B−20　民政管理单位财务状况

单位：万元、%

指　标	2006年	2007年	比上年增减(%)
一、执行企业会计制度单位填报			
(一) 固定资产原值	16534308.5	14361266.9	-13.1
(二) 本年折旧	2205978.4	3683292.1	67.0
(三) 营业收入	48810358.4	45393960.5	-7.0
(四) 营业税金及附加	1730834.3	832274.8	-51.9
(五) 营业费用	5909564.3	4591191.9	-22.3
(六) 管理费用	2307417.3	2436111.7	5.6
#税金	424595.7	338885.2	-20.2
差旅费	98899.8	100832.1	2.0
工会经费	39798.2	38345.8	-3.6
(七) 财务费用	529017.3	569205.3	7.6
#利息净支出	281955.8	299713.9	6.3
(八) 住房公积金和住房补贴	22122.9	36705.6	65.9
(九) 劳动、失业保险费	32626.9	93607.0	186.9
(十) 养老保险和医疗保险费	275550.5	353257.3	28.2
(十一) 营业利润	2501439.7	2308610.3	-7.7
(十二) 本年应付工资总额	1411101.9	1306695.0	-7.4
(十三) 本年应付福利总额	239396.8	181112.8	-24.3

B-20续表

单位：万元、%

指　标	2006年	2007年	比上年增减(%)
二、执行行政（事业）单位会计制度填报			
（一）固定资产原值	17779694.1	17083427.6	-3.9
（二）上年结余		1921693.9	
（三）收入合计	13251404.2	15068477.2	13.7
#事业收入	3774837.7	5003469.4	32.5
经营收入	1659425.3	1919670.4	15.7
（四）支出合计	11613597.4	13690344.6	17.9
#人员支出	1820040.5	3166415.6	74.0
公共支出	2799760.2	3063719.4	9.4
#福利费	155512.8	183267.1	17.8
劳务费	128258.4	182570.5	42.3
取暖费	50984.8	56612.3	11.0
差旅费	74193.0	69395.0	-6.5
各种设备、交通工具及图书资料购置费	978325.2	280302.7	-71.3
对个人和家庭补助支出	1428101.9	1791842.1	25.5
#助学金	12863.3	16578.8	28.9
抚恤和生活补助	646628.8	527596.3	-18.4
（五）收支结余	807575.1	672607.0	-16.7
（六）经营税金	43242.9	21943.0	-49.3
三、执行民间非营利组织单位会计制度填报			
（一）固定资产原值	6348927.8	8285517.9	30.5
（二）上年结余		3548875.6	
（三）收入合计	7159018.9	14606853.9	104.0
#提供服务收入	4253479.0	4116099.4	-3.2
政府补助收入	355255.8	1579364.6	344.6
（四）费用合计	5160058.8	9580819.8	85.7
#业务活动成本	2307884.5	3657392.0	58.5
#人员费用	449552.2	671520.6	49.4
日常费用	351361.2	475043.5	35.2
固定资产折旧	39390.1	55442.7	40.8
税费	87708.6	46852.0	-46.6
管理费用	914281.9	1361534.6	48.9
#人员费用	185846.7	311140.2	67.4
日常费用	167404.3	223888.3	33.7
固定资产折旧	24522.5	41574.7	69.5
税费	5974.2	25420.8	325.5
（五）净资产变动额	554597.0	2144316.0	286.6

B−21 国民经济行业分类中社会福利业单位财务状况

单位：万元、%

指　标	2006年	2007年	比上年增减(%)
一、执行企业会计制度单位填报			
（一）固定资产原值	82787.8	78995.7	-4.6
（二）本年折旧	3482.4	3189.4	-8.4
（三）营业收入	16271.2	15356.9	-5.6
（四）营业税金及附加	461.6	455.8	-1.3
（五）营业费用	5562.7	6616.0	18.9
（六）管理费用	3270.1	3652.9	11.7
#税金	110.6	377.0	240.9
差旅费	100.2	64.9	-35.2
工会经费	30.7	29.7	-3.3
（七）财务费用	646.7	416.8	-35.5
#利息净支出	195.3	95.3	-51.2
（八）住房公积金和住房补贴	178.8	84.3	-52.9
（九）劳动、失业保险费	75.1	49.6	-34.0
（十）养老保险和医疗保险费	1305.2	705.1	-46.0
（十一）营业利润	569.5	50.6	-91.1
（十二）本年应付工资总额	5838.4	4417.5	-24.3
（十三）本年应付福利总额	424.2	343.2	-19.1

B-21 续表

单位：万元、%

指　标	2006年	2007年	比上年增减(%)
二、执行行政（事业）单位会计制度填报			
（一）固定资产原值	2763413.7	3153977.3	14.1
（二）上年结余		174711.7	
（三）收入合计	1797392.4	2869073.5	59.6
#事业收入	489481.3	1056093.5	115.8
经营收入	53377.7	159908.6	199.6
（四）支出合计	1725670.8	2760037.0	59.9
#人员支出	426546.4	632431.1	48.3
公共支出	394740.8	490568.4	24.3
#福利费	17430.2	14892.2	-14.6
劳务费	9242.6	10008.9	8.3
取暖费	21906.6	23822.2	8.7
差旅费	9764.5	10414.6	6.7
各种设备、交通工具及图书资料购置费	48591.8	51282.0	5.5
对个人和家庭补助支出	500526.1	811180.3	62.1
#助学金	1563.4	3712.2	137.4
抚恤和生活补助	70551.7	79915.0	13.3
（五）收支结余	135527.1	155374.7	14.6
（六）经营税金	3299.6	2607.1	-21.0
三、执行民间非营利组织单位会计制度填报			
（一）固定资产原值	524363.4	681951.9	30.1
（二）上年结余		198221.9	
（三）收入合计	352541.2	892911.7	153.3
#提供服务收入	85781.1	157006.7	83.0
政府补助收入	57644.8	232503.7	303.3
（四）费用合计	330658.8	355269.2	7.4
#业务活动成本	171879.2	175033.2	1.8
#人员费用	39616.2	67290.0	69.9
日常费用	25631.2	29298.2	14.3
固定资产折旧	2389.1	2801.0	17.2
税费	78.9	436.6	453.4
管理费用	46100.4	52008.5	12.8
#人员费用	18471.7	23827.6	29.0
日常费用	17904.1	16026.9	-10.5
固定资产折旧	2102.6	2126.2	1.1
税费	84.2	674.7	701.3
（五）净资产变动额	63065.2	65553.5	3.9

B-22 民政管理单位增加值(按国民经济行业分类)

单位：亿元

国民经济行业分类代码				国民经济行业分类名称	民政管理单位名称	2006年	2007年	比上年增减(%)
门类	大类	中类	小类					
					民政管理单位增加值合计	**1231.6**	**1501.2**	**21.9**
O				**居民服务和其他服务业**				
	82	827	8270	殡葬服务		38.0	51.3	35.0
					1.殡仪馆	23.2	34.4	48.3
					2.公墓	10.9	13.5	23.9
					3.殡葬管理单位	3.9	3.4	-12.8
Q				**卫生、社会保障和社会福利业**				
	87			社会福利业		119.4	175.8	47.2
		871	8711	干部修养所	4.军休所	45.9	74.1	61.4
			8712	收养救助服务	5.荣誉军人康复医院	1.9	3.0	57.9
					6.复员军人疗养院	1.4	1.7	21.4
					7.复退军人精神病院	2.9	4.1	41.4
					8.光荣院	2.4	3.1	29.2
					9.社会福利院	13.3	24.0	80.5
					10.儿童福利院	3.2	4.4	37.5
					11.社会福利医院	5.7	7.3	28.1
					12.城镇老年福利机构	7.5	6.6	-12.0
					13.农村老年福利机构	13.7	18.3	33.6
					14.其他福利机构	0.9	0.7	-22.2
					15.救助管理站	5.4	8.1	50.0
					16.流浪儿童救助保护中心	0.2	0.2	
					17.提供住宿的社区服务中心	0.8	0.6	-25.0
					18.军供站	2.5	2.5	
		872	8720	**不提供住宿的社会福利**	19.不提供住宿的社区服务中心	**4.5**	**6.7**	**48.9**
					20.救灾储备仓库	2.5	0.3	-88.0
					21.婚姻登记服务类单位	0.6	0.9	50.0
					22.慈善团体	4.1	9.2	124.4
R				**文化、体育和娱乐业**		**12.3**	**16.5**	**34.1**
	90	906	9060	烈士陵园、纪念馆	23.烈士纪念建筑物管理单位	3.7	4.3	16.2
	92	929	9290	其他娱乐活动	24.福利彩票发行单位	8.6	12.2	41.9
S				**公共关系与社会组织**		**311.3**	**474.7**	**52.5**
	94	942	9420	国家行政机构	25.民政行政机关	55.3	83.8	51.5
					26.老龄行政机构	11.6	2.3	-80.2
	96	962	9620	社会团体	27.社会团体	32.2	95.3	196.0
					28.基金会	7.0	12.3	75.7
	97	971	9710	社区自治组织	29.社区居委会	33.7	52.8	56.7
		972	9720	村民自治组织	30.村委会	171.5	228.2	33.1
				其他		**750.6**	**782.9**	**4.3**
					31.民办非企业单位	73.1	200.0	173.6
					32.其他事业单位	9.6	12.2	27.1
					33.福利企业	667.9	570.7	-14.6

B-23 民政管理单位增加值（按民政业务分类）

单位：亿元

民政管理单位类别名称	国民经济行业分类代码	国民经济行业分类名称	2006年	2007年	比上年增减(%)
民政管理单位增加值合计			**1231.6**	**1501.2**	**21.9**
一、民政行政机关	S9424	社会事务管理机构	**55.3**	**83.8**	**51.5**
1.民政行政机关			55.3	83.8	51.5
二、民政事业单位			**190.9**	**258.1**	**35.2**
（一）优抚安置单位			52.1	80.9	55.3
2.军休所	Q8711	干部修养所	45.9	74.1	61.4
3.军供站	Q8720	不提供住宿的社会福利	2.5	2.5	
4.烈士纪念建筑物管理单位	R9060	烈士陵园、纪念馆	3.7	4.3	16.2
（二）救灾储备单位			2.5	0.3	-88.0
5.救灾储备仓库	Q8720	不提供住宿的社会福利	2.5	0.3	-88.0
（三）社区服务中心			5.3	7.3	37.7
6.提供住宿的社区服务中心	O8290	其他居民服务	0.8	0.6	-25.0
7.不提供住宿的社区服务中心			4.5	6.7	48.9
（四）婚姻登记服务类单位			0.6	0.9	50.0
8.婚姻登记服务类单位	Q8720	不提供住宿的社会福利	0.6	0.9	50.0
（五）收养类单位			52.9	73.2	38.4
9.荣誉军人康复医院	Q8712	收养服务	1.9	3.0	57.9
10.复员军人疗养院			1.4	1.7	21.4
11.复退军人精神病院			2.9	4.1	41.4
12.光荣院			2.4	3.1	29.2
13.社会福利院			13.3	24.0	80.5
14.儿童福利院			3.2	4.4	37.5
15.社会福利医院			5.7	7.3	28.1
16.城镇老年福利机构			7.5	6.6	-12.0
17.农村老年福利机构			13.7	18.3	33.6
18.其他福利机构			0.9	0.7	-22.2
（六）救助类单位			5.6	8.3	48.2
19.救助管理站	Q8712	收养收容服务	5.4	8.1	50.0
20.流浪儿童救助保护中心			0.2	0.2	
（七）殡仪类单位			38.0	51.3	35.0
21.殡仪馆	O8270	殡葬服务	23.2	34.4	48.3
22.公墓			10.9	13.5	23.9
23.殡葬管理单位			3.9	3.4	-12.8
（八）彩票、募捐类单位			12.7	21.4	68.5
24.福利彩票发行单位	R9290	其他娱乐活动	8.6	12.2	41.9
25.慈善团体	Q8720	不提供住宿的社会福利	4.1	9.2	124.4
（九）26.老龄行政机构	S9420	国家行政机构	11.6	2.3	-80.2
（十）27.其他事业单位			9.6	12.2	27.1
三、社会组织			**112.3**	**307.6**	**173.9**
28.社会团体	S9620		32.2	95.3	196.0
29.基金会			7.0	12.3	75.7
30.民办非企业单位			73.1	200.0	173.6
四、基层群众自治组织			**205.2**	**281.0**	**36.9**
31.社区居委会	S9710	社区自治组织	33.7	52.8	56.7
32.村委会	S9720	村民自治组织	171.5	228.2	33.1
五、福利企业			**667.9**	**570.7**	**-14.6**
33.福利企业			667.9	570.7	-14.6

B-24 基本建设投资与上年比较

单位：亿元、个、万平方米、%

项 目	2006年	2007年	比上年增减(%)
一、计划总投资	**112.2**	**151.0**	**34.6**
二、本年计划投资	**33.4**	**47.6**	**42.5**
用于优抚安置单位	4.0	5.0	25.0
社区服务单位	3.7	3.3	-10.8
收养性单位	16.0	23.2	45.0
殡葬类单位	4.3	7.5	74.4
救助类单位	0.9	1.5	66.7
其他单位	4.5	7.0	55.6
三、自开始建设至本年底累计完成投资	**70.6**	**94.0**	**33.1**
四、本年完成投资	**33.5**	**47.7**	**42.4**
# 用于优抚安置单位	4.0	5.1	27.5
社区服务单位	3.7	3.4	-8.1
收养性单位	16.0	22.7	41.9
殡葬类单位	4.3	9.4	118.6
救助类单位	0.9	1.3	44.4
其他单位	4.5	5.9	31.1
（一）国家投资	9.9	14.5	46.5
（二）国内投资	0.9	3.0	233.3
（三）自筹	19.9	26.9	35.2
# 福利彩票公益金	8.4	13.0	54.8
（四）其他投资	2.5	2.9	16.0
五、本年施工项目个数	**3626.0**	**2446.0**	**-32.5**
六、本年施工房屋建设面积	**355.3**	**369.6**	**4.0**
七、本年新增固定资产	**21.3**	**20.3**	**-4.7**

B-25 各项民政事业费与上年比较

单位：亿元、%

指　标	2006年	2007年	比上年增减(%)
各项民政事业费总支出	**1035.5**	**1370.8**	**32.4**
一、国家财政性支出	**977.9**	**1307.6**	**33.7**
1.民政事业费支出	915.4	1215.5	32.8
同比增长(%)	27.4	32.8	5.4(百分点)
占国家财政支出比重	2.28	2.45	0.17(百分点)
# 抚恤费	178.8	210.8	17.9
军队离退休、退职费	115.7	165.0	42.6
城市最低生活保障	224.2	277.4	23.7
农村及其他社会救济	147.8	189.8	28.4
社会福利费	65.3	87.6	34.2
自然灾害救济费	79.0	79.8	1.0
地方离、退休人员费	14.0	24.8	77.1
其他民政事业费	90.6	180.3	99.0
2.国家基本建设	9.9	14.5	46.5
3.公益金支出	52.6	77.6	47.5
二、其他基本建设投资	**23.6**	**33.2**	**40.7**
三、社会捐赠款支出	**34.0**	**30.0**	**-11.8**

B-26 中央级民政事业费和转移支付的民政事业费与上年比较

单位：万元、%

指　标	2006年	2007年	比上年增减(%)
合　计	**4067766.5**	**5207926.6**	**28.0**
一、中央级民政事业费	**27906.5**	**32840.6**	**17.7**
1.民政管理事务	9181.3	18831.7	105.1
干部训练	1319.3		
老龄机构	1091.0	1079.3	-1.1
拥军拥属慰问	199.9	224.1	12.1
民间组织管理	854.3	729.2	-14.6
行政区划河地名管理	154.5	632.8	309.6
其他	5562.3	16166.3	190.6
2.自然灾害生活救助	8864.7	5378.7	-39.3
3.其他款项用于民政支出	9860.5	8630.2	-12.5
二、中央财政转移支付的民政经费	**4039860.0**	**5175086.0**	**28.1**
抚　恤	1116500.8	1262183.0	13.0
安　置	739438.0	1173864.0	58.8
救　灾	494094.0	498562.0	0.9
低　保	1360000.0	1898636.0	39.6
医疗救助	143000.0	262000.0	83.2
其　他	186827.2	79841.0	-57.3

05

分地区民政业务统计资料

C-1 省级行政区划

单位：个、万平方千米

地区	面积	省级合计	直辖市	省	自治区	特别行政区
全国	**960.00**	**34**	**4**	**23**	**5**	**2**
北京	1.68	1	1			
天津	1.10	1	1			
河北	19.00	1		1		
山西	15.00	1		1		
内蒙古	110.00	1			1	
辽宁	15.00	1		1		
吉林	18.00	1		1		
黑龙江	46.00	1		1		
上海	0.58	1	1			
江苏	10.00	1		1		
浙江	10.00	1		1		
安徽	13.00	1		1		
福建	12.00	1		1		
江西	16.00	1		1		
山东	15.00	1		1		
河南	16.00	1		1		
湖北	18.00	1		1		
湖南	21.00	1		1		
广东	18.00	1		1		
广西	23.00	1			1	
海南	3.40	1		1		
重庆	8.23	1	1			
四川	48.00	1		1		
贵州	17.00	1		1		
云南	38.00	1		1		
西藏	120.00	1			1	
陕西	19.00	1		1		
甘肃	39.00	1		1		
青海	72.00	1		1		
宁夏	6.60	1			1	
新疆	160.00	1			1	
香港		1				1
澳门		1				1
台湾		1		1		

C-2 地、县级行政区划

单位:个

地区	地级合计	地级市	地区	自治州	盟	县级合计	市辖区	县级市	县	自治县	旗	自治旗	特区	林区
全国	**333**	**283**	**17**	**30**	**3**	**2859**	**856**	**368**	**1463**	**117**	**49**	**3**	**2**	**1**
北京						18	16		2					
天津						18	15		3					
河北	11	11				172	36	22	108	6				
山西	11	11				119	23	11	85					
内蒙古	12	9			3	101	21	11	17		49	3		
辽宁	14	14				100	56	17	19	8				
吉林	9	8		1		60	20	20	17	3				
黑龙江	13	12	1			128	64	18	45	1				
上海						19	18		1					
江苏	13	13				106	54	27	25					
浙江	11	11				90	32	22	35	1				
安徽	17	17				105	44	5	56					
福建	9	9				85	26	14	45					
江西	11	11				99	19	10	70					
山东	17	17				140	49	31	60					
河南	17	17				159	50	21	88					
湖北	13	12		1		102	38	24	37	2				1
湖南	14	13		1		122	34	16	65	7				
广东	21	21				121	54	23	41	3				
广西	14	14				109	34	7	56	12				
海南	2	2				20	4	6	4	6				
重庆						40	19		17	4				
四川	21	18		3		181	43	14	120	4				
贵州	9	4	2	3		88	10	9	56	11			2	
云南	16	8		8		129	12	9	79	29				
西藏	7	1	6			73	1	1	71					
陕西	10	10				107	24	3	80					
甘肃	14	12		2		86	17	4	58	7				
青海	8	1	1	6		43	4	2	30	7				
宁夏	5	5				21	8	2	11					
新疆	14	2	7	5		98	11	19	62	6				

C-3　县以下行政区划和区域

单位:个

地　区	乡镇级合计	镇	乡	#民族乡	街道办事处	区公所	村、居委会合计	村民委员会	居民委员会
全　国	**40813**	**19249**	**15120**	**1093**	**6434**	**10**	**694715**	**612709**	**82006**
北　京	317	142	41	5	134		2554	3954	2554
天　津	244	117	20	2	107		5268	3840	1428
河　北	2220	962	999	53	258	1	52355	49162	3193
山　西	1396	563	633		200		29985	28167	1818
内蒙古	854	458	183	17	213		13787	11433	2354
辽　宁	1498	573	369	76	556		15678	11760	3918
吉　林	890	423	198	28	269		10733	8838	1895
黑龙江	1270	466	433	58	371		11844	9054	2790
上　海	211	107	3		101		5355	1830	3525
江　苏	1355	946	109	1	300		22397	17080	5317
浙　江	1516	750	453	14	313		34777	30978	3799
安　徽	1519	912	361	9	246		21109	18106	3003
福　建	1101	591	338	18	172		16931	14803	2128
江　西	1528	768	628	8	132		19429	16866	2563
山　东	1869	1118	270	1	481		86688	80866	5822
河　南	2356	848	1044	12	464		50961	47533	3428
湖　北	1223	734	210	10	279		29375	25722	3653
湖　南	2403	1095	1071	97	237		48736	44203	4533
广　东	1580	1137	11	7	432		25561	19493	6068
广　西	1230	702	424	58	104		16015	14364	1651
海　南	222	183	21		18		2991	2543	448
重　庆	1026	589	308	8	129		11131	9065	2066
四　川	4657	1821	2588	98	248		54320	48919	5401
贵　州	1543	691	758	252	94		19731	18091	1640
云　南	1370	580	725	150	65		12092	11036	1056
西　藏	691	140	542	8	9		5904	5746	158
陕　西	1745	907	674		164		29170	27526	1644
甘　肃	1343	462	760	32	121		17432	16233	1199
青　海	396	137	229	28	30		4543	4164	379
宁　夏	231	98	93		40		2800	2370	430
新　疆	1009	229	624	43	147	9	11109	8964	2145

C-4 社会

地　区	直接接收捐赠情况				间接接收
	捐赠款数额	捐赠衣被合计	# 棉衣被	捐赠其他物资价值	捐赠款数额
全　国	**508759.2**	**8756.8**	**2707.4**	**155648.6**	**15971.0**
中央级	21386.4			131000.0	
北　京	4287.8	304.6	114.5	2783.0	43.6
天　津	2062.9	192.9	146.0		13.8
河　北	7643.0	182.1	76.0	25.3	16.8
山　西	3760.7	908.1	126.0	351.5	583.1
内蒙古	1360.9	212.6	61.3	1261.8	101.9
辽　宁	31687.6	108.9	47.4	3942.3	1144.9
吉　林	7732.0	53.3	33.4	4.0	129.0
黑龙江	2959.5	665.9	26.3	24.9	9.2
上　海	11135.6	380.9	116.9		
江　苏	69665.1	172.2	97.8	194.5	352.8
浙　江	73884.3	703.5	120.7	824.6	2736.2
安　徽	16414.8	52.1	27.5	2218.4	305.3
福　建	3714.9	23.7	3.0	3.1	201.3
江　西	3241.8	437.6	174.8	125.3	804.3
山　东	65841.8	353.3	227.5	115.2	
河　南	14080.3	117.2	24.0	755.1	790.9
湖　北	7272.9	94.0	16.2	383.3	271.7
湖　南	12265.8	972.7	350.5	886.7	1119.5
广　东	75971.5	1419.7	689.4	2172.7	45.0
广　西	1116.5	62.2	15.1	45.6	54.6
海　南	1328.7	16.6	7.7	5.1	43.0
重　庆	25397.9	70.0	8.8	1520.3	1920.7
四　川	10288.5	504.7	17.3	3552.0	964.3
贵　州	3688.3	190.8	9.3	2166.5	139.3
云　南	12833.8	148.1	23.5	953.2	3040.0
西　藏	589.0	1.3			630.0
陕　西	2977.9	62.0	19.6	116.2	310.7
甘　肃	2234.3	203.8	72.9	18.5	54.1
青　海	1636.7	35.9	29.9		
宁　夏	1225.5	30.1	1.1		
新　疆	9072.5	76.0	23.0	199.5	145.0

捐赠

单位：万元、个、人次、万件

捐赠情况			受益人次数	社会捐赠接收工作站、点数		
捐赠衣被合计	#棉衣被	捐赠其他物资价值			#社会捐赠接收工作站数	#慈善超市数
2830.4	**445.8**	**9875.1**	**30697333**	**36061**	**18810**	**5312**
2.1	0.7	77.9	301941	1494	19	165
0.1		0.4	27777	1469	103	75
6.8	4.0	5.5	907577	1840	997	229
49.6	37.7	2116.2	994353	1457	454	168
87.9	25.8	123.6	144433	597	12	187
11.5	5.4	51.2	1787557	3108	1977	536
1.7	1.2	29.0	267069	1023	624	193
2.0	2.0	5.0	148624	1562	1162	332
			85233	277	184	98
9.7	5.9	162.5	1179809	2087	885	863
17.3	0.4	83.9	921288	925	384	229
4.7	3.0	71.3	1129656	366	285	79
0.7			32750	911	321	267
243.5	22.8	43.7	356080	841	609	33
			1693484	4006	3077	333
5.2	1.5	1124.0	936467	635	343	35
10.9	3.2	100.0	1165108	692	518	147
20.9	2.3	104.6	677860	1079	620	281
276.5	60.7	419.7	1262833	2631	591	65
397.7	11.5	56.0	900698	1169	727	188
2.5			80052	58	23	2
22.5	0.1	70.3	842550	1562	1090	109
648.6	19.4	4177.0	6219164	2323	1552	355
240.9	79.3	280.0	1682907	872	340	76
523.7	111.0	88.0	3588693	332	273	18
			323	81	81	
8.3	0.9	34.0	500117	829	171	36
60.2	9.7	8.9	778168	556	474	23
37.2	33.3	6.0	68692	178	167	7
133.1	1.6	30.4	1187840	338	144	52
4.6	2.4	606.0	828230	763	603	131

C-5 自然灾害损失情况总表

单位：千公顷、万人次、万间、万头、亿元

地　区	人口受灾情况			农作物受灾情况		损失情况		
	受　灾	死亡人口（人）	紧急转移人口	受　灾	绝　收	倒塌房屋	损坏房屋	直接经济损失
合　计	**39777.9**	**2325**	**1499.1**	**48992.5**	**5746.8**	**146.7**	**412.7**	**2363.0**
北　京	62.7			75.6	9.1		0.2	6.9
天　津	27.7	1		106.0	4.0		0.9	5.4
河　北	1893.0	21	0.1	2337.6	305.8	0.1	0.8	80.0
山　西	1659.6	61	10.3	2403.5	182.2	5.7	25.9	114.7
内蒙古	975.9	39	0.8	3399.5	844.4	1.2	4.6	143.7
辽　宁	861.5	18	14.8	2392.8	127.7	0.8	3.0	173.7
吉　林	700.9	7	4.2	3016.0	353.4	1.2	3.8	96.4
黑龙江	1273.8	7	0.2	6652.6	578.8	1.1	5.6	171.1
上　海	3.7		29.9	20.8				1.6
江　苏	1365.3	50	29.3	1642.0	66.7	3.1	9.0	68.3
浙　江	2016.4	51	329.4	901.0	98.1	1.7	12.9	167.7
安　徽	2141.0	73	84.1	1989.7	540.7	13.1	24.9	130.3
福　建	482.6	34	208.6	328.8	39.8	2.0	17.1	53.2
江　西	2154.3	169	42.3	1319.9	157.4	5.9	24.7	68.1
山　东	1853.9	80	81.6	1865.4	100.0	3.2	13.4	127.3
河　南	2158.3	97	50.3	2116.0	220.1	7.7	9.9	82.1
湖　北	2150.2	160	59.2	2789.6	225.2	11.0	27.7	87.3
湖　南	2518.2	37	127.3	2178.6	390.9	6.6	22.2	124.3
广　东	737.1	43	45.0	746.2	45.5	9.9	7.9	55.3
广　西	1583.1	83	76.4	1125.7	95.6	4.9	9.6	49.1
海　南	517.5		25.4	287.8	10.7	0.1	0.5	11.7
重　庆	1823.8	178	75.3	863.2	95.5	12.6	23.3	74.6
四　川	4221.7	240	82.7	2490.4	199.9	16.9	42.6	121.8
贵　州	1345.4	183	48.7	524.2	71.9	3.4	13.9	38.2
云　南	1378.9	374	24.1	1448.1	139.4	14.3	63.4	72.7
西　藏	22.9	36	0.2	28.3	1.6	1.6	3.3	3.3
陕　西	1843.8	162	29.4	1945.8	269.7	10.3	27.2	114.7
甘　肃	1170.5	40	0.9	2283.7	321.3	1.2	3.0	41.9
青　海	151.8	17	4.2	152.4	14.3	1.4	2.5	14.7
宁　夏	296.1	6	2.1	611.3	111.8	0.9	1.3	19.6
新　疆	334.0	56	10.8	555.8	92.4	4.2	7.5	29.3
#新疆兵团	52.4	2	1.6	394.3	33.0	0.5	0.3	14.3

C-6 旱灾损失情况

单位：千公顷、万人次、万间、万头、亿元

地区	人口受灾情况		农作物受灾情况		损失情况	
	受　灾	饮水困难人口	受　灾	绝　收	直接经济损失	农业经济损失
合　计	**15575.4**	**2990**	**29385.6**	**3190.4**	**785.2**	**717.2**
北　京	33.0	1	47.4	6.8	2.7	2.7
天　津	6.1		66.7		1.5	1.4
河　北	1011.0	125	1297.5	252.0	42.0	35.4
山　西	865.2	56	1433.8	83.0	43.1	38.5
内蒙古	866.9	112	3183.6	798.0	127.2	99.2
辽　宁	638.8	93	2251.0	95.0	51.3	43.9
吉　林	621.0	32	2888.7	325.8	87.9	87.9
黑龙江	1214.0	40	6500.0	555.0	164.5	156.6
上　海						
江　苏	35.8	6	70.0	4.0	0.3	0.2
浙　江	135.0	57	83.0	3.0	3.3	2.4
安　徽	9.7	2	11.0	0.2	0.5	0.5
福　建	35.2	2	101.0	9.0	2.0	1.6
江　西	1222.5	140	1019.0	113.0	33.2	29.3
山　东	450.0	25	530.8	11.0	21.6	19.2
河　南	1025.4	45	754.6	42.0	14.0	12.8
湖　北	261.6	36	830.6	34.0	7.0	7.0
湖　南	988.6	151	1260.0	194.0	23.7	70.0
广　东	286.0	50	377.0	25.3	5.2	3.8
广　西	773.3	180	699.0	64.0	18.6	17.0
海　南	234.0	44	160.4	3.6	6.3	6.0
重　庆	153.9	13	233.0	8.1	8.1	6.7
四　川	1700.0	1192	1386.7	81.3	30.5	
贵　州	287.4	58	179.0	7.0	2.5	2.4
云　南	421.0	176	703.0	45.0	9.5	8.0
西　藏	2.9		7.6		0.2	0.2
陕　西	985.7	93	908.0	84.0	27.4	22.1
甘　肃	869.0	180	1535.0	240.0	22.3	17.8
青　海	101.2	4	68.3	1.3	3.6	3.6
宁　夏	143.6	37	341.0	76.0	12.4	9.2
新　疆	189.0	38	273.0	17.0	10.0	9.1
#新疆兵团	8.7	2	186.0	12.0	2.9	2.8

C–7 洪涝灾害损失情况

单位：千公顷、万人次、万间、万头、亿元

地区	人口受灾情况			农作物受灾情况		损失情况		
	受灾	死亡人口（人）	紧急转移人口	受灾	绝收	倒塌房屋	损坏房屋	直接经济损失
合计	**13472.4**	**1168**	**655.3**	**10463.3**	**1641.5**	**95.1**	**236.4**	**825.5**
北京	3.0			5.1				0.5
天津	3.3	1		5.0	0.2		0.3	0.5
河北	301.0	6	0.1	491.2	12.8		0.4	15.8
山西	450.0	35	9.9	520.0	31.0	5.4	25.2	43.6
内蒙古	22.1	16	0.6	59.1	15.2	0.6	3.3	4.3
辽宁	30.8	4	10.7	42.5	4.2	0.2	0.9	4.3
吉林	10.9		3.4	23.5	5.5	0.2	2.0	2.7
黑龙江	14.4	2		69.0	5.9		1.1	2.1
上海				0.4				0.1
江苏	650.0		11.1	719.4	54.0	1.7	5.0	47.0
浙江	33.0	1	1.2	31.0	2.0	0.1	0.5	4.3
安徽	1690.0	27	80.5	1470.0	526.0	11.8	19.2	113.0
福建	90.9	7	13.9	49.8	5.8	0.6	3.2	12.0
江西	223.0	18	17.8	125.6	25.4	2.4	7.7	15.2
山东	520.0	46	53.7	632.0	52.7	2.0	7.4	51.5
河南	1004.6	86	50.0	906.0	165.0	6.0	9.4	63.0
湖北	1464.0	92	50.3	1348.0	169.3	8.0	22.2	65.0
湖南	824.8	19	51.4	504.0	105.6	4.3	11.6	51.2
广东	318.0	28	27.0	216.0	16.2	4.4	6.0	23.8
广西	529.0	25	52.0	363.7	29.0	2.3	7.4	25.0
海南				3.7				
重庆	1296.7	119	60.0	520.0	74.4	8.7	18.0	55.0
四川	2066.0	157	70.0	890.0	105.3	15.1	22.8	75.9
贵州	634.0	119	43.1	177.0	44.0	2.9	8.8	29.7
云南	559.7	176	7.8	450.0	60.1	2.8	15.0	33.7
西藏	14.7	4		5.3	0.6	0.6	3.2	1.8
陕西	539.0	98	27.4	462.0	62.5	8.7	25.5	52.6
甘肃	99.5	24	0.9	195.0	35.3	0.7	1.7	15.0
青海	20.4	9	4.0	10.5	1.1	1.2	2.5	3.0
宁夏	12.0	6	0.5	37.4	9.5	0.3	0.6	1.6
新疆	39.6	41	7.4	68.0	13.7	3.4	5.2	8.8
#新疆兵团	8.0	2	0.6	63.1	9.3	0.5	0.3	3.6

C-8 风雹灾害损失情况

单位：千公顷、万人次、万间、万头、亿元

地区	人口受灾情况			农作物受灾情况		损失情况		
	受灾	死亡人口（人）	紧急转移人口	受灾	绝收	倒塌房屋	损坏房屋	直接经济损失
合计	**4647.1**	**748**	**69.9**	**2985.9**	**430.0**	**26.3**	**93.8**	**227.6**
北京	26.1			18.2	2.0		0.2	3.1
天津	17.8			30.6	3.4		0.6	3.1
河北	488.7	15		312.9	33.2	0.1	0.4	15.8
山西	125.5	10	0.4	122.3	31.5	0.1	0.3	8.1
内蒙古	68.5	23	0.2	141.1	29.0	0.6	1.3	9.8
辽宁	58.1		0.1	82.0	22.8	0.2	0.8	8.7
吉林	55.5	4	0.7	99.7	22.1	0.9	1.4	5.0
黑龙江	34.0	5	0.1	78.5	17.9	0.7	3.8	3.0
上海								
江苏	225.3	49	0.6	76.0	5.7	1.1	3.5	10.7
浙江	50.7	23	1.9	5.6	0.8	0.1	2.1	2.3
安徽	275.4	40	2.4	82.0	11.0	1.0	5.1	12.0
福建	18.3	4	2.0	4.2			6.4	1.8
江西	495.7	148	11.6	80.8	10.8	2.9	15.2	13.6
山东	464.9	34	15.6	302.0	19.0	1.0	5.1	40.9
河南	90.3	10	0.3	155.0	5.8	1.7	0.5	3.0
湖北	226.1	57	6.0	100.8	5.8	1.7	3.6	8.5
湖南	101.9			73.0	19.3	0.2	7.7	3.3
广东	4.2	4	0.4	0.7	0.1	3.6	1.3	0.2
广西	50.0	45	1.2	21.0	1.1	1.8	1.4	1.3
海南								
重庆	337.2	11	6.1	108.0	13.0	2.0	3.2	7.3
四川	446.1	30	12.3	154.4	12.0	1.7	19.8	15.3
贵州	371.3	53	4.6	128.0	18.5	0.3	4.4	5.5
云南	134.7	95	0.1	165.1	16.9	1.3	2.9	4.8
西藏	3.4	12		12.9		1.0	0.0	0.1
陕西	104.6	46	0.5	155.8	26.0	1.3	0.7	15.6
甘肃	160.4	12		207.0	44.1	0.5	0.9	3.8
青海	20.0	8		23.1	5.2			3.4
宁夏	81.9		1.6	45.2	6.3	0.6	0.7	2.8
新疆	81.2	10	0.3	115.0	38.7	0.2	0.5	8.2
#新疆兵团	29.4		1.0	85.0	8.0			6.6

C-9 台风灾害损失情况

单位：千公顷、万人次、万间、万头、亿元

地区	人口受灾情况			农作物受灾情况		损失情况		
	受灾	死亡人口（人）	紧急转移人口	受灾	绝收	倒塌房屋	损坏房屋	直接经济损失
合计	**4226.1**	**76**	**727.3**	**2085.7**	**213.5**	**8.4**	**24.7**	**297.7**
北京								
天津								
河北								
山西								
内蒙古								
辽宁								
吉林								
黑龙江								
上海	3.7		29.9	20.4				1.5
江苏	454.2	1	17.6	403.3	3.0	0.3	0.5	10.3
浙江	1792.1	25	326.3	740.5	91.9	1.5	10.3	157.2
安徽	128.9		0.7	91.1	3.5	0.1	0.4	3.3
福建	314.3	23	187.2	166.4	24.7	1.3	6.8	36.7
江西	205.6	3	12.6	78.4	7.5	0.5	1.7	5.7
山东	89.4		12.3	29.9	0.6	0.3	0.8	5.1
河南								
湖北	6.7	1	0.1	5.0			0.3	0.5
湖南	602.9	12	75.7	253.9	70.6	2.0	2.9	44.7
广东	123.4	6	17.1	134.5	3.2	1.6	0.1	24.1
广西	221.4	5	22.3	38.8	1.5	0.6	0.5	3.3
海南	283.5		25.4	123.7	7.1	0.1	0.5	5.4
重庆								
四川								
贵州								
云南								
西藏								
陕西								
甘肃								
青海								
宁夏								
新疆								
#新疆兵团								

C-10 地震灾害损失情况

单位：千公顷、万人次、万间、万头、亿元

地 区	人口受灾情况			损失情况		
	受 灾	死亡人口(人)	紧急转移人口	倒塌房屋	损坏房屋	直接经济损失
合 计	**91.6**	**3**	**20.2**	**9.8**	**45.0**	**20.8**
北 京						
天 津						
河 北						
山 西						
内蒙古						
辽 宁						
吉 林						
黑龙江						
上 海						
江 苏						
浙 江						
安 徽						
福 建	4.5		3.7		0.5	0.1
江 西						
山 东						
河 南						
湖 北						
湖 南						
广 东						
广 西						0.2
海 南						
重 庆						
四 川						
贵 州	0.1		0.1		0.1	
云 南	78.6	3	13.5	9.2	42.5	19.5
西 藏						
陕 西						
甘 肃	0.1				0.3	
青 海						
宁 夏						
新 疆	8.3		2.9	0.6	1.6	1.0
#新疆兵团						

C-11 低温冷冻和雪灾损失情况

单位：千公顷、万人次、万间、万头、亿元

地 区	人口受灾情况			农作物受灾情况		损失情况		
	受 灾	死亡人口（人）	紧急转移人口	受 灾	绝 收	倒塌房屋	损坏房屋	直接经济损失
合 计	**1655.1**	**31**	**5.4**	**4072.0**	**271.4**	**1.4**	**4.0**	**186.5**
北 京	0.6			4.9	0.3			0.6
天 津	0.5			3.7	0.4			0.3
河 北	92.4			236.0	7.9			6.4
山 西	218.9			327.4	36.7			19.4
内蒙古	18.4			15.7	2.2			2.4
辽 宁	133.8	14	4.0	17.3	5.7	0.4	1.3	109.4
吉 林	13.4	3	0.1	4.1		0.1	0.4	0.8
黑龙江	11.4		0.1	5.1		0.4	0.7	1.5
上 海								
江 苏				373.3				
浙 江	5.5			40.9	0.4			0.6
安 徽	37.0		0.5	335.6		0.1	0.2	1.5
福 建	7.4			7.4	0.3			
江 西	3.2			16.2	0.7			0.1
山 东	329.6			370.7	16.7			8.1
河 南	38.0			300.4	7.3			2.1
湖 北	168.4		0.5	505.2	16.1	0.3	0.5	2.4
湖 南				87.7	1.5			
广 东				18.0	0.7			
广 西				3.2				
海 南								
重 庆	8.6			2.2				0.2
四 川	5.6			59.3	1.3			
贵 州	50.8			40.2	2.4			0.3
云 南	174.9	1		130.0	17.4	0.1	0.7	3.2
西 藏	1.3	8		2.6	1.0			1.2
陕 西	207.7			420.0	97.2			15.6
甘 肃	36.9			346.7	1.9			0.6
青 海	10.0			50.5	6.7			4.4
宁 夏	58.6			187.7	20.0			2.9
新 疆	15.9	5	0.2	99.8	23.0		0.2	1.3
#新疆兵团	6.3			60.2	3.7			1.2

C-12 滑坡和泥石流灾害损失情况

单位：千公顷、万人次、万间、万头、亿元

地　区	人口受灾情况			农作物受灾情况		损失情况		
	受　灾	死亡人口（人）	紧急转移人口	受　灾	绝　收	倒塌房屋	损坏房屋	直接经济损失
合　计	**110.2**	**299**	**20.9**			**5.7**	**8.8**	**19.8**
北　京								
天　津								
河　北								
山　西		16				0.2	0.4	0.5
内蒙古								
辽　宁								
吉　林	0.1							
黑龙江								
上　海								
江　苏								
浙　江	0.1	2						
安　徽		6						
福　建	12.0		1.8			0.1	0.2	0.6
江　西	4.4		0.2			0.2	0.2	0.3
山　东								
河　南		1						
湖　北	23.4	10	2.3			1.0	1.1	3.9
湖　南		6	0.2					1.5
广　东	5.5	5	0.5			0.3	0.5	2.0
广　西	9.3	8	0.8			0.3	0.3	0.7
海　南								
重　庆	27.4	48	9.2			2.0	2.1	4.0
四　川	4.0	53	0.4			0.1		0.1
贵　州	1.8	11	0.9			0.2	0.6	0.2
云　南	10.0	99	2.7			0.9	2.3	2.0
西　藏	0.6	12	0.2			0.1	0.1	
陕　西	6.8	18	1.5			0.3	0.9	3.4
甘　肃	4.6	4					0.1	0.2
青　海	0.2		0.2			0.2		0.3
宁　夏								
新　疆								
#新疆兵团								

C-13 结婚

地区	登记结婚对数	登记结婚人数	按居住		
			内地居民登记结婚对数	内地居民登记结婚人数	涉外及华侨、港澳台居民登记结婚对数
全国	**9913773**	**19827546**	**9862643**	**19725286**	**51130**
北京	117926	235852	116935	233870	991
天津	75714	151428	75308	150616	406
河北	603901	1207802	603581	1207162	320
山西	238530	477060	238429	476858	101
内蒙古	185682	371364	185496	370992	186
辽宁	291754	583508	288947	577894	2807
吉林	211108	422216	210078	420156	1030
黑龙江	252041	504082	250048	500096	1993
上海	120138	240276	117643	235286	2495
江苏	571425	1142850	569772	1139544	1653
浙江	381227	762454	378292	756584	2935
安徽	531999	1063998	531245	1062490	754
福建	350877	701754	342916	685832	7961
江西	356154	712308	355050	710100	1104
山东	744456	1488912	743358	1486716	1098
河南	600956	1201912	599819	1199638	1137
湖北	485278	970556	483251	966502	2027
湖南	491253	982506	488166	976332	3087
广东	749535	1499070	739536	1479072	9999
广西	480130	960260	477309	954618	2821
海南	63532	127064	62085	124170	1447
重庆	238881	477762	237939	475878	942
四川	532321	1064642	530404	1060808	1917
贵州	234938	469876	234352	468704	586
云南	297377	594754	296958	593916	419
西藏	7801	15602	7797	15594	4
陕西	276373	552746	275878	551756	495
甘肃	115761	231522	115651	231302	110
青海	31177	62354	31162	62324	15
宁夏	49240	98480	49206	98412	34
新疆	226288	452576	226032	452064	256

登记

单位：对、人

地分类

内地居民	#女性	香港居民	澳门居民	台湾居民	华侨	外国人
49730	**42617**	**8122**	**1543**	**15801**	**5717**	**21347**
932	702	64	6	81	159	740
401	328	9	2	34	46	320
320	284	11	3	54	56	196
101	81	3	3	16	15	64
173	109	16	2	36	12	133
2802	2551	73	5	260	163	2311
1027	919	29	12	135	52	805
1982	1738	38	6	167	203	1590
2483	2374	30	1	81	53	2342
1646	1504	85	15	652	242	666
2856	2385	101	7	646	1537	723
754	718	84	5	346	18	301
7899	6297	1175	112	3180	1125	2431
		202	16	1972	5	13
1097	974	31	7	217	54	790
1131	1042	158	23	574	36	352
2027	1892	494	48	892	66	527
3087	2995	732	86	1814	48	407
9988	7468	2725	988	1122	1521	3654
2821	2580	463	58	1152	102	1046
1447	1256	785	29	481	26	126
942	914	149	26	395		372
1917	1861	342	35	889	59	592
586	559	166	20	259	12	129
419	285	51	4	114	21	229
4	1					4
488	442	56	9	148	34	255
110	96	17	4	44	4	41
		2		5		23
34	34	12	8		3	11
256	228	19	3	35	45	154

C-13 续表

地　区	按婚姻状况分类			
	初婚人数	再婚人数	#女　性	#恢复结婚
全　国	**17796534**	**2031012**	**973376**	**138967**
北　京	193387	42465	19915	
天　津	124919	26509	12008	3218
河　北	1093850	113952	55867	4203
山　西	443520	33540	17465	2365
内蒙古	328616	42748	20273	3290
辽　宁	481636	101872	47800	10017
吉　林	371494	50722	25150	6462
黑龙江	438465	65617	33066	4428
上　海	180971	59305	29529	3538
江　苏	999265	143585	65894	13237
浙　江	687337	75117	37345	3550
安　徽	982795	81203	39610	5945
福　建	640627	61127	30547	2428
江　西	665248	47060	19517	5124
山　东	1333614	155298	80750	7812
河　南	1135838	66074	31644	5084
湖　北	896768	73788	32753	8100
湖　南	901952	80554	39206	3505
广　东	1404242	94828	38948	5634
广　西	910317	49943	22583	2051
海　南	117622	9442	4239	1857
重　庆	384078	93684	45007	7323
四　川	894651	169991	86476	9655
贵　州	432161	37715	18794	3125
云　南	546742	48012	22598	3428
西　藏	14447	1155	598	206
陕　西	496017	56729	25307	5921
甘　肃	218565	12957	6590	330
青　海	55398	6956	3013	108
宁　夏	90987	7493	3262	525
新　疆	331005	121571	57622	6498

单位：对、人

按年龄分类				
20～24 岁	25～29 岁	30～34 岁	35～39 岁	40 岁及以上
7766774	**6894719**	**2140405**	**1109254**	**1916394**
42600	120065	32809	17442	22936
66441	50611	13858	9175	11343
735235	276789	69511	43019	83248
217162	161250	50202	27437	21009
183373	107751	40988	22735	16517
177513	220639	81324	44017	60015
163803	123706	40633	28595	65479
158011	130660	48512	32100	134799
44725	99223	31328	16499	48501
464165	383152	110625	65806	119102
218598	329640	94944	47408	71864
505842	344804	86292	53645	73415
243473	237528	79921	44390	96442
284039	216469	56926	25737	129137
674101	556626	107211	56019	94955
481672	453702	103347	48151	115040
348663	400615	114268	64343	42667
363786	340895	104430	49645	123750
505375	628610	204393	86578	74114
354675	379530	130135	48763	47157
42603	48426	22078	9729	4228
164228	130020	71066	38720	73728
333042	316405	149054	87901	178240
158531	154629	70368	30962	55386
244653	213685	67020	30374	39022
5069	8660	1463	307	103
258842	179575	52437	26330	35562
85881	74666	19328	8230	43417
27571	18437	6360	3541	6445
48852	32134	9179	3912	4403
164250	155817	70395	37744	24370

C-14 离婚

地　区	总　计	民政部门合计	内地居民登记离婚	涉外及华侨、港澳台居民登记离婚	# 外国人
全　国	**2098342**	**1456941**	**1448089**	**8852**	**2315**
北　京	36622	26432	26361	71	38
天　津	22106	16847	16791	56	21
河　北	98819	60506	60483	23	11
山　西	32416	20402	19954	448	5
内蒙古	47345	25467	25461	6	3
辽　宁	115516	86151	86000	151	106
吉　林	82977	62217	62175	42	26
黑龙江	107119	66779	66725	54	26
上　海	46891	37471	37081	390	231
江　苏	126709	90947	90819	128	32
浙　江	90091	66901	66562	339	339
安　徽	74320	46761	46713	48	6
福　建	49786	32646	30112	2534	331
江　西	51240	35720	35720		
山　东	122394	76467	76379	88	57
河　南	112118	78524	78466	58	14
湖　北	92731	65876	65427	449	360
湖　南	106010	76835	76811	24	4
广　东	94653	71669	70728	941	378
广　西	53095	39214	39061	153	58
海　南	6638	4591	4517	74	5
重　庆	91966	74586	74466	120	121
四　川	166966	122543	122314	229	81
贵　州	45837	28386	28351	35	5
云　南	51126	34498	33822	676	18
西　藏	1459	990	990		
陕　西	49950	30686	29564	1122	35
甘　肃	21993	10296	10293	3	3
青　海	8254	4459	3893	566	
宁　夏	9668	6671	6669	2	1
新　疆	81510	55403	55381	22	

办理

单位：件(对)

法院部门合计			离婚案件收案	判决不离	调解不离
	判决离婚	调解离婚			
641401	**224869**	**416532**	**1037919**	**120339**	**64637**
10190	3055	7135	20202	2641	530
5259	2021	3238	10272	1911	601
38313	10019	28294	61215	5115	3567
12014	5754	6260	20002	2475	1657
21878	6409	15469	34162	1317	2184
29365	9163	20202	47843	4557	2637
20760	6825	13935	34547	2027	1732
40340	8114	32226	57881	967	2012
9420	2572	6848	19218	4262	895
35762	9979	25783	69001	16104	4768
23190	8084	15106	44122	10177	2145
27559	10695	16864	44133	4881	2044
17140	8392	8748	28430	3753	1771
15520	6699	8821	23761	2720	1258
45927	14007	31920	79662	10253	8588
33594	13608	19986	55835	6273	5384
26855	9081	17774	38951	3348	2280
29175	12191	16984	42336	4855	3052
22984	10552	12432	35586	5441	1378
13881	7533	6348	20316	3111	650
2047	812	1235	3101	403	183
17380	7915	9465	28340	3933	871
44423	16305	28118	67383	7542	2345
17451	6539	10912	25131	1721	1431
16628	6470	10158	25535	2239	1504
469	96	373	653	10	77
19264	7378	11886	33167	3562	3257
11697	4163	7534	19118	2008	1967
3795	1171	2624	6201	340	456
2997	1202	1795	5662	718	447
26107	8063	18044	36123	1673	2965

C-15 收养登记

单位:件

地区	收养登记合计	中国公民收养登记	香港居民	澳门居民	台湾居民	华侨	外国人收养登记	协议解除收养关系登记	# 中国公民
全国	**45192**	**36893**	**425**	**28**	**59**	**38**	**8299**	**108**	**70**
北京	271	236	2				35		
天津	229	183	1			1	46		
河北	1260	1232					28	4	3
山西	396	242	1	2		1	154		
内蒙古	338	330					8		
辽宁	355	273	2		4	4	82	7	7
吉林	103	74					29		
黑龙江	114	87	2				27		
上海	852	820	3		2	3	32	10	10
江苏	4682	4378	9				304	9	9
浙江	5437	5336	6		3	8	101	7	7
安徽	2080	1779					301	3	3
福建	1386	1267	44	3	18	3	119	1	1
江西	2458	606			1	1	1852	3	
山东	4216	4175					41		
河南	1106	985	4		1		121		
湖北	1643	1307	8	1	2	2	336	3	3
湖南	2485	1514	5		4		971	3	3
广东	4237	2834	291	21	8	11	1403	42	9
广西	2040	1331	12		4		709	3	3
海南	69	53	8		1	1	16		
重庆	1489	823	1		1	1	666	3	2
四川	3496	3392	10	1	10		104	3	3
贵州	937	752					185	2	2
云南	1798	1519					279		
西藏	56	56						1	1
陕西	450	289					161		
甘肃	303	157				2	146		
青海	59	59	16						
宁夏	73	60					13		
新疆	774	744					30	4	4

C-16 被收养人情况

单位:人

地区	被收养人合计	#女性	#残疾儿童	社会福利机构抚养的孤儿	#被外国人收养	社会福利机构抚养的弃婴	#被外国人收养	社会弃婴	父母无力抚养的儿童	#被外国人收养	其他
全国	**46047**	**31857**	**3395**	**1146**	**236**	**14632**	**8016**	**27066**	**975**	**5**	**2228**
北京	272	178	4	5		174	35	74	8		11
天津	231	169	41			45	45	164	4	1	18
河北	1260	729	136	3		93	28	1071	45		48
山西	396	207	216	7		172	154	178	16		23
内蒙古	367	196	104	12		118		210	13		14
辽宁	375	238	76	18		183	83	113	13		48
吉林	103	52	15	4	1	31	28	28	20		20
黑龙江	114	57	13	6	2	25	25	18	16		49
上海	852	763	3			53	32	773	1		25
江苏	4682	2665	338	116		670	303	3551	108		237
浙江	5445	4660	96	194		1287	100	3830	28		106
安徽	2097	1781	322	12		430	301	1458	74		123
福建	1386	926	100	28		444	119	834	8		72
江西	2569	2290	285	34	2	2085	1850	388	31		31
山东	4216	2812	133	56	1	331	40	3761	13		55
河南	1106	641	238	22	5	249	116	761	27		47
湖北	1643	756	57	24		604	336	868	22		125
湖南	2485	1233	44	63		1221	971	1113	23		65
广东	4408	2752	152	67		2798	1358	1218	42	4	283
广西	2105	1836	171	36		1148	709	869	19		33
海南	76	48	14			30	16	32	1		13
重庆	1488	1208	84	3		709	666	718	24		34
四川	3496	2326	226	119	31	462	61	2253	142		520
贵州	937	800	48	7	2	280	183	603	20		27
云南	2182	1394	202	79	10	750	281	1236	48		69
西藏	56	37						27	23		6
陕西	484	326	165	17	5	172	149	250	19		26
甘肃	303	241	25	148	146	14		112	5		24
青海	73	51	16	1	1	14	12	30	15		13
宁夏	66	37	19	7		16	13	38	5		
新疆	774	448	52	58	30	24	2	487	142		63

C-17 优抚对象享受定期

地 区	抚恤、补助优抚对象总人数	# 在院集中供养人数	定期抚恤人数合计	烈 属	城 市
全 国	**6224132**	**57005**	**488675**	**342101**	**61014**
北 京	23021	317	2302	922	364
天 津	29390	269	1211	769	212
河 北	355307	4604	40555	30501	3595
山 西	147580	1500	16697	12716	969
内蒙古	73952	1085	4297	2904	1086
辽 宁	137241	806	8532	4635	1191
吉 林	110629	4840	11997	9226	3419
黑龙江	122153	2491	9757	7333	3210
上 海	20885	283	7437	4299	3470
江 苏	252488	3123	26875	19431	1683
浙 江	122900	3419	5669	3125	424
安 徽	343289	1719	16165	10352	2504
福 建	104448	278	14917	11866	1160
江 西	224087	3366	33277	30437	2838
山 东	602092	7899	63205	46922	6028
河 南	448928	1808	30642	18223	2498
湖 北	388591	5649	43740	31078	4155
湖 南	512853	5171	37736	27593	7186
广 东	265860	923	15147	10743	3872
广 西	274718	925	8217	5786	912
海 南	30269	162	5344	4976	831
重 庆	201799	232	6461	3439	525
四 川	573468	3398	33673	18558	2286
贵 州	187395	336	5183	3023	591
云 南	304883	453	9840	6533	2208
西 藏	4509	22	3148	1668	310
陕 西	224351	868	18306	11227	2026
甘 肃	75535	99	4480	1738	420
青 海	12537	72	1224	622	187
宁 夏	10700	590	884	518	280
新 疆	38274	298	1757	938	574

抚恤、补助情况

单位:人

农　村	因公牺牲军人家属	城　市	农　村	病故军人家属	城　市	农　村
281087	**64478**	**14711**	**49767**	**82096**	**22749**	**59347**
558	149	47	102	1231	594	637
557	133	44	89	309	165	144
26906	4369	708	3661	5685	1135	4550
11747	1563	383	1180	2418	662	1756
1818	618	278	340	775	296	479
3444	1785	569	1216	2112	686	1426
5807	1030	343	687	1741	721	1020
4123	1002	513	489	1422	771	651
829	464	399	65	2674	2390	284
17748	2484	548	1936	4960	1267	3693
2701	873	144	729	1671	320	1351
7848	2601	634	1967	3212	746	2466
10706	1566	160	1406	1485	332	1153
27599	1324	390	934	1516	479	1037
40894	8475	1796	6679	7808	1743	6065
15725	5803	1064	4739	6616	1296	5320
26923	7214	1244	5970	5448	1530	3918
20407	4361	1378	2983	5782	1761	4021
6871	1618	657	961	2786	1115	1671
4874	875	178	697	1556	326	1230
4145	164	56	108	204	72	132
2914	1233	282	951	1789	424	1365
16272	7343	1427	5916	7772	1727	6045
2432	846	191	655	1314	244	1070
4325	1112	177	935	2195	460	1735
1358	496	86	410	984	60	924
9201	3042	475	2567	4037	638	3399
1318	1142	185	957	1600	344	1256
435	226	57	169	376	92	284
238	137	58	79	229	136	93
364	430	240	190	389	217	172

C-17续表

地 区	定期补助人数合计	在乡红军老战士	西路军	红军失散人员
全 国	**4870800**	**2049**	**966**	**63205**
北 京	10013	2		
天 津	21151	1		
河 北	240430	11		
山 西	94765	54		7
内蒙古	53268	21		12
辽 宁	94624			4
吉 林	70856	3	1	23
黑龙江	86007	18	7	32
上 海	6337			
江 苏	171235	2		2
浙 江	95090			331
安 徽	288980	5		5016
福 建	78449	3		3015
江 西	166169	71		19448
山 东	409821	23		95
河 南	352204	48	1	4397
湖 北	308397	13	24	7536
湖 南	431083	17		6055
广 东	227121			2827
广 西	254746	1		1375
海 南	22433			344
重 庆	174646		11	22
四 川	480980	220	684	8688
贵 州	167230	3		228
云 南	277266			18
西 藏	645	2		
陕 西	182772	1425		3526
甘 肃	60063	102	179	192
青 海	7875		24	
宁 夏	7456	3	22	10
新 疆	28688	1	13	2

单位：人

在乡复员军人		带病回乡退伍军人	参战退役人员	参试补助人员	其他
	#抗日				
1988977	**116499**	**1134414**	**1364271**	**144735**	**172183**
7748	844	527	1031	453	252
6494	463	5780	3347	1744	3785
137426	25492	35379	48653	18281	680
57427	8498	26015	5395	3399	2468
38306	1618	13091	1717	71	50
50445	851	14295	11126	2025	16729
52589	2094	9661	5407	2896	276
70649	1776	10193	4451	300	357
4008	43	532	1683	33	81
90632	12271	54722	24185	1581	111
39321	409	29507	24991	448	492
73678	3720	154201	42867	8773	4440
31713	75	11496	32091	131	
50906	620	31468	61367	2049	860
228061	29455	88477	78482	14683	
149576	9961	68520	103734	25894	34
102908	6708	110771	74495	5891	6759
157408	1232	144978	114119	4729	3777
49372	561	29655	114925	253	30089
72066	315	4486	88127	808	87883
13056	1949	1046	6650	101	1236
50442	149	57934	63159	3078	
200942	1066	147244	107901	12531	2770
67070	137	21020	78417	492	
56816	195	28118	189530	68	2716
298		229	116		
75578	3206	23747	53835	19547	5114
29600	922	5625	17113	6276	976
4447		1091	1351	962	
4844	137	684	1394	477	22
15151	1732	3922	2612	6761	226

C-18 伤残人员享

地 区	伤残人员合计	按伤残				
		一 级				二 级
			因 战	因 公	因 病	
全 国	**864657**	**3535**	**853**	**2435**	**247**	**997**
北 京	10706	35	1	32	2	26
天 津	7028	29	1	27	1	9
河 北	74322	222	38	172	12	26
山 西	36118	79	28	50	1	14
内蒙古	16387	46	10	34	2	7
辽 宁	34085	126	24	97	5	45
吉 林	27776	115	38	75	2	1
黑龙江	26389	78	14	61	3	6
上 海	7111	63	5	55	3	33
江 苏	54378	200	68	126	6	38
浙 江	22141	54	11	42	1	55
安 徽	38144	149	44	104	1	22
福 建	11082	35	2	31	2	14
江 西	24641	239	13	71	155	317
山 东	129066	323	117	203	3	53
河 南	66082	239	50	181	8	42
湖 北	36454	125	22	93	10	28
湖 南	44034	196	53	141	2	58
广 东	23592	112	24	76	12	16
广 西	11755	47	21	26		11
海 南	2492	9	1	8		2
重 庆	20692	99	21	76	2	11
四 川	58815	468	132	328	8	62
贵 州	14982	111	48	63		8
云 南	17777	96	31	60	5	50
西 藏	716	9		9		
陕 西	23273	121	19	102		17
甘 肃	10992	56	6	50		8
青 海	3438	21	8	13		6
宁 夏	2360	4		4		4
新 疆	7829	29	3	25	1	8

受抚恤情况

单位:人

等级分类						
因 战	因 公	因 病	三 级	因 战	因 公	因 病
125	**396**	**476**	**22195**	**8905**	**10881**	**2409**
2	15	9	210	62	117	31
1	8		157	57	79	21
3	13	10	1297	620	542	135
5	9		718	424	242	52
	4	3	276	96	153	27
9	33	3	725	294	389	42
	1		1065	565	427	73
1	4	1	428	170	214	44
9	21	3	215	73	130	12
8	20	10	1974	1063	817	94
1	13	41	478	74	271	133
8	8	6	943	376	501	66
1	11	2	200	30	148	22
3	8	306	831	174	234	423
1	29	23	3799	1831	1709	259
9	20	13	1348	532	575	241
6	18	4	808	252	459	97
14	36	8	1274	388	748	138
3	9	4	464	147	258	59
3	7	1	257	106	133	18
	2		63	26	33	4
1	5	5	410	140	233	37
9	41	12	2538	813	1470	255
3	5		289	120	153	16
15	24	11	405	197	177	31
			38	3	35	
6	11		499	152	307	40
1	6	1	201	51	122	28
2	4		82	27	51	4
	4		48	12	34	2
1	7		155	30	120	5

C-18续表1

地 区	按伤残					
	四 级	因 战	因 公	因 病	五 级	因 战
全 国	**4361**	**506**	**1620**	**2235**	**69309**	**32615**
北 京	88	27	47	14	561	215
天 津	24	5	13	6	541	154
河 北	198	30	58	110	5716	3409
山 西	149	58	55	36	2735	1719
内蒙古	34	15	13	6	1072	457
辽 宁	68	23	28	17	2520	1169
吉 林	66	1	25	40	3829	2053
黑龙江	27	3	12	12	2036	1186
上 海	22	5	15	2	408	168
江 苏	175	40	100	35	4300	2394
浙 江	229	12	33	184	1382	355
安 徽	114	49	41	24	2952	1283
福 建	46	1	18	27	1139	177
江 西	903	20	68	815	2121	637
山 东	434	18	346	70	12172	7532
河 南	938	59	225	654	5397	2265
湖 北	281	15	220	46	2856	873
湖 南	117	23	61	33	3798	1395
广 东	60	3	37	20	1346	524
广 西	38	11	25	2	830	411
海 南	9	2	5	2	169	83
重 庆	73	11	41	21	1391	528
四 川	78	9	54	15	4167	1567
贵 州	12		10	2	983	466
云 南	72	22	22	28	1123	523
西 藏					65	
陕 西	51	37	9	5	1951	633
甘 肃	21	1	16	4	715	185
青 海	3		3		273	54
宁 夏	4	2	2		131	46
新 疆	27	4	18	5	630	154

单位:人

等级分类					
		六级			
因公	因病		因战	因公	因病
27489	**9205**	**198018**	**79800**	**87137**	**31081**
289	57	1939	655	1069	215
178	209	1510	490	711	309
1474	833	17672	9067	5643	2962
832	184	7579	4553	2289	737
553	62	4392	1203	2769	420
1165	186	7727	3438	3666	623
1667	109	8362	4388	3600	374
684	166	5254	2994	1695	565
202	38	1237	412	612	213
1560	346	13949	6272	5898	1779
630	397	4318	867	2046	1405
1312	357	9048	3125	4264	1659
452	510	3175	489	1421	1265
630	854	5136	1977	1984	1175
3945	695	32190	16717	11994	3479
1759	1373	16262	5974	7009	3279
1577	406	7788	2158	4088	1542
1865	538	10082	3050	5162	1870
618	204	4664	1410	2467	787
356	63	2297	988	973	336
75	11	473	227	186	60
711	152	4014	1175	2155	684
1999	601	12566	3503	6505	2558
455	62	2677	998	1344	335
503	97	3097	1094	1493	510
65		151		151	
755	563	5415	1413	2703	1299
453	77	2161	457	1279	425
212	7	589	157	392	40
73	12	549	141	360	48
440	36	1745	408	1209	128

C-18续表2

地区	按伤残						
	七级	因战	因公	八级	因战	因公	九级
全国	**280705**	**113226**	**167479**	**275679**	**118060**	**157619**	**5616**
北京	3801	1361	2440	3902	1438	2464	107
天津	2234	756	1478	2438	770	1668	60
河北	25376	14368	11008	23515	12953	10562	162
山西	12441	7268	5173	10808	6131	4677	343
内蒙古	5369	1830	3539	4910	2071	2839	228
辽宁	10689	4716	5973	12011	6011	6000	120
吉林	7696	4332	3364	6631	3836	2795	7
黑龙江	9145	5825	3320	9366	6383	2983	37
上海	2242	681	1561	2811	911	1900	61
江苏	15697	6807	8890	17774	8131	9643	185
浙江	6296	1289	5007	9146	1657	7489	148
安徽	12014	3722	8292	11694	4070	7624	813
福建	2981	721	2260	3382	914	2468	85
江西	6636	2240	4396	8267	3392	4875	143
山东	44237	22607	21630	35309	19430	15879	471
河南	21575	7677	13898	18786	6898	11888	452
湖北	12130	3133	8997	12115	3506	8609	229
湖南	13254	4030	9224	14788	5155	9633	297
广东	7323	2346	4977	9229	3438	5791	313
广西	3838	1626	2212	4261	2053	2208	144
海南	809	431	378	903	405	498	51
重庆	7559	1961	5598	6906	2261	4645	136
四川	19685	5377	14308	18886	6184	12702	240
贵州	5240	1755	3485	5577	2381	3196	53
云南	5893	2118	3775	6722	2855	3867	138
西藏	277		277	176		176	
陕西	7570	2141	5429	7345	2296	5049	246
甘肃	3810	737	3073	3908	938	2970	101
青海	1464	334	1130	954	330	624	30
宁夏	789	240	549	803	271	532	24
新疆	2635	797	1838	2356	991	1365	192

单位:人

等级分类					按人员工作单位分类			
		十级			革命伤残军人	伤残国家机关人员	伤残人民警察	伤残民兵民工
因战	因公		因战	因公				
556	**5060**	**4242**	**283**	**3959**	**818779**	**28953**	**11575**	**5350**
5	102	37	4	33	9955	388	307	56
4	56	26	2	24	6612	119	261	36
8	154	138	2	136	71910	1455	428	529
127	216	1252	13	1239	34310	1340	187	281
3	225	53	10	43	13240	2164	722	261
16	104	54	1	53	30958	1611	1245	271
	7	4		4	25549	1548	535	144
3	34	12	3	9	25705	330	261	93
2	59	19	3	16	6826	121	144	20
5	180	86	6	80	52596	1145	434	203
1	147	35	2	33	21232	522	222	165
86	727	395	55	340	34784	2573	622	165
	85	25	2	23	10497	363	138	84
6	137	48	24	24	23293	899	315	134
24	447	78		78	126408	1539	571	548
33	419	1043	65	978	62783	1934	1037	328
4	225	94	10	84	35162	863	329	100
15	282	170	19	151	42463	1006	496	69
30	283	65	12	53	23069	287	174	62
9	135	32	7	25	10609	377	168	601
4	47	4		4	2341	101	27	23
8	128	93	4	89	19872	521	240	59
5	235	125	9	116	55922	1761	825	307
2	51	32	2	30	14227	453	233	69
53	85	181	15	166	15439	1434	558	346
					124	462	103	27
12	234	58		58	21871	1193	127	82
56	45	11		11	10404	371	125	92
	30	16		16	2493	673	192	80
2	22	4		4	2072	165	86	37
33	159	52	13	39	6053	1235	463	78

C-19 优待、烈士褒扬和

地　区	优　待				烈士
	优待优抚对象户数	#优待军属户数	优待总金额	#固定优待军属总额	本年批准烈士人数
全　国	**3277318**	**1145223**	**454089.7**	**233478.6**	**168**
中央级					
北　京	17926	6706	9173.1	6244.2	1
天　津	7216	4299	2165.5	1956.1	
河　北	182368	64969	17892.8	10010.6	3
山　西	70901	35662	6208.3	5015.9	3
内蒙古	23959	15319	3283.8	1779.6	4
辽　宁	117139	43243	21613.9	9955.6	8
吉　林	51702	8644	6986.5	1587.9	2
黑龙江	50292	7241	7985.5	1140.8	
上　海	25222	8262	19508.3	11430.7	2
江　苏	222752	91902	45794.0	26695.4	11
浙　江	94523	45889	45010.8	28015.4	11
安　徽	161865	57321	23128.5	11233.9	6
福　建	93110	28256	13875.8	8170.6	10
江　西	85433	44319	9842.3	6126.1	4
山　东	613975	102791	77792.2	24959.3	8
河　南	278631	69461	28671.3	10735.7	20
湖　北	229546	109247	15253.0	8356.6	3
湖　南	193431	59534	13495.6	6003.9	4
广　东	81558	52414	27192.7	18254.2	9
广　西	145411	52882	9441.2	6634.1	6
海　南	16498	6047	3209.8	1116.0	6
重　庆	101215	29864	5589.2	3390.2	10
四　川	187546	76208	13153.5	6806.7	17
贵　州	41958	27323	8115.7	6475.0	3
云　南	71617	27436	5018.7	2742.7	1
西　藏	3114	1801	1076.9		
陕　西	41529	32387	4598.8	3268.7	14
甘　肃	24732	18989	3936.6	3148.7	
青　海	1878	1474	642.6	285.0	
宁　夏	6951	3407	1065.6	366.9	1
新　疆	33320	11926	3367.2	1572.1	1

义务兵、士官安置

单位：户、万元、人、处

褒扬	安置退役士兵、复员干部				
零散烈士纪念建筑物数	总人数	退伍义务兵	#城　镇	转业、复员士官	复员干部
7186	**373231**	**328156**	**167977**	**43748**	**1327**
152	3684	3027	2298	590	67
9	2858	2421	1467	437	
802	18906	16201	7908	2652	53
436	12735	11313	8106	1341	81
144	5361	4880	3240	464	17
343	16619	14587	10281	1820	212
183	9133	7766	6423	1357	10
166	11822	11418	7906	401	3
5	4000	3524	2826	476	
822	29063	26233	10409	2752	78
274	17567	16328	5048	1233	6
469	20379	17586	8516	2777	16
243	8439	7783	2688	639	17
269	11357	10044	4216	1288	25
312	20518	16759	16757	3747	12
100	32374	27617	10700	4731	26
178	26866	24532	10341	2292	42
146	17038	14765	8211	2257	16
329	22333	21003	6265	1321	9
665	9862	9036	2810	818	8
116	2687	2333	758	346	8
77	6187	5601	4502	579	7
243	30817	25008	10255	5783	26
297	3316	3034	2710	282	
221	8967	7621	1858	1270	76
45	498	498	498		
47	10633	9502	5328	1034	97
33	3600	2905	1302	316	379
30	1405	1148	1085	248	9
4	1632	1562	1226	68	2
26	2575	2121	2039	429	25

C-20 离退休、

地 区	本年接收人员合计	军队离退休干部	#离 休	地方离退休干部	#离 休	军队退休士官
全 国	**28058**	**18534**	**258**	**303**	**23**	**160**
北 京	3660	3506	7			3
天 津	614	556	1			9
河 北	1150	758	3	20		15
山 西	544	460	28	8		17
内蒙古	310	231				
辽 宁	3788	1871	5			10
吉 林	571	459	36			
黑龙江	152	115	2			
上 海	560	551	2			
江 苏	2235	1213	5	28	9	6
浙 江	751	337	2	11		1
安 徽	303	224	13	24	4	10
福 建	503	202		2		1
江 西	256	91	1	83		1
山 东	2092	1848	15			30
河 南	1148	686	2			9
湖 北	1720	759	1	3		5
湖 南	738	301	24	5	1	6
广 东	775	476	7	2		14
广 西	165	129	4			
海 南	29	28				1
重 庆	423	330				1
四 川	1737	986	21	4		7
贵 州	94	24		8		
云 南	743	521	14	28		5
西 藏						
陕 西	1504	1190	31	40	8	8
甘 肃	924	262	1			1
青 海	127	70				
宁 夏	100	45	30			
新 疆	342	305	3	37	1	

退职人员

单位:人

军队无军籍职工	本年实有人数合计	军队离退休干部	#离休	地方离退休干部	#离休	军队退休士官	军队无军籍职工
9061	**288648**	**154038**	**30957**	**53521**	**2330**	**2733**	**78356**
151	51091	24361	2582	10780	9	441	15509
49	6759	3321	654	1742	42	46	1650
357	14653	8405	2298	2895	129	361	2992
59	10671	5328	1710	947	97	317	4079
79	3644	1919	488	774	41	19	932
1907	24132	15354	2955	3528	361	125	5125
112	6156	3482	652	704	46	12	1958
37	3790	2423	536	43	8	35	1289
9	6158	4568	731	131			1459
988	16011	7604	1730	4598	302	90	3719
402	7923	3091	948	2860	47	11	1961
45	4778	2434	672	1051	236	149	1144
298	9534	3245	769	5444	105	19	826
81	5332	1640	426	2705	111	23	964
214	19546	14172	4669	1851	64	262	3261
453	9817	5550	1378	1787	228	90	2390
953	11856	5723	1205	3474	173	49	2610
426	9352	4311	710	2279	60	78	2684
283	11940	7406	935	1439	19	46	3049
36	2890	1851	292	109	4	24	906
	1478	661	69			7	810
92	4970	3207	250	469	16	34	1260
740	12742	7416	979	1578	19	179	3569
62	2201	1171	247	419	9	4	607
189	9713	5227	1046	706	19	70	3710
	1053	45					1008
266	9311	5762	1175	706	99	165	2678
661	4539	1776	429	394	28	44	2325
57	1371	419	90			3	949
55	584	346	88	17	2		221
	4653	1820	244	91	56	30	2712

C-21 城市居民

地区	城市居民最低生活保障人数				老年人	成	
		#女性	#残疾人	#三无人员		在职人员	灵活就业
全国	**22720789**	**9225350**	**1609608**	**1257564**	**2983563**	**939394**	**3437765**
北京	147576	61906	15051	3586	11472	18221	10600
天津	148669	78696	17295	4605	11150	6492	14898
河北	886409	358888	42051	57852	111912	37632	158047
山西	899512	343686	73894	68117	114585	57186	168362
内蒙古	800665	369318	56130	37175	212217	13741	164339
辽宁	1412335	610133	191679	34016	176624	26142	299927
吉林	1287112	433606	86586	79574	136624	74287	153063
黑龙江	1459054	627072	127722	48129	115783	24394	306921
上海	339420	132980	26077	1505	3717	122176	2267
江苏	446027	181300	29781	20966	65854	24804	74853
浙江	90217	31417	11547	7126	21749	3788	9604
安徽	1003890	426406	52355	52360	175932	25509	143617
福建	199408	65293	21338	17340	45596	7953	28520
江西	1001104	355469	88739	81092	126810	30265	133485
山东	610959	241821	32573	17742	62414	49718	48307
河南	1410429	492842	71927	71438	108867	58458	159040
湖北	1430670	551675	95957	108942	173964	58275	153785
湖南	1386213	574114	66687	53578	167874	23443	161761
广东	378879	161017	25605	44939	69041	20851	69311
广西	565910	219975	44303	56330	126821	26845	122445
海南	169867	81394	13464	15027	23470	7498	42025
重庆	833177	364941	60538	134189	190816	18067	97197
四川	1732899	779845	97885	49244	211336	26841	316017
贵州	532833	231035	49158	20945	92936	11344	93759
云南	793212	280051	34711	41154	72405	42333	101477
西藏	39550	16835	1484	9539	3098	5028	20776
陕西	813809	338526	40049	36553	93118	33065	133095
甘肃	729303	263312	44894	16173	57704	34130	89456
青海	219890	108896	10793	4898	23157	7532	27084
宁夏	210512	90752	20728	16871	23684	7889	36406
新疆	741279	352149	58607	46559	152833	35487	97321

最低生活保障

单位:人

年人		未成年人		城市居民最低生活保障家庭数	城市低保资金全年计划支出	其他城市定期救济人数	城市临时救济人次数
登记失业	未登记失业	在校生	其 他				
6271955	**3642646**	**3215856**	**2229610**	**10643340**	**2830981.1**	**60892**	**2432590**
43013	19452	25276	19542	72679	50519.5		316859
32339	42115	30002	11673	69502	25399.4	509	14538
259603	101891	135549	81775	408654	93341.3	27	13295
189682	134599	151098	84000	409477	94082.1	3600	5423
141158	113362	112124	43724	391844	114384.9	15498	9936
290930	190084	284477	144151	665103	165858.1	6821	1152487
375606	265784	126902	154846	606540	154626.9	173	21885
411788	239094	196820	164254	686314	205091.5	83	9642
144423	16429	40765	9643	188085	84742.1		80284
115343	66409	53821	44943	201651	65449.5	1913	322701
20782	14027	9810	10457	51209	17877.0	577	24428
269197	150179	139838	99618	511490	119365.7	2587	5727
42720	37080	20170	17369	83644	20123.8	2086	23500
401623	109839	88705	110377	398247	107438.9	3022	6751
283321	55444	70701	41054	254792	82537.0		38172
560787	197126	151703	174448	639561	158757.1	27	8485
575637	207161	147539	114309	628176	161887.7	4905	14064
463048	235089	147008	187990	703288	163636.5	2248	61787
68333	47091	77735	26517	147389	48631.8	2158	50525
82433	90993	74201	42172	283842	65863.4	98	6748
27569	30450	24063	14792	71553	13962.3	17	4536
215548	141723	112242	57584	406829	104236.3	1467	37733
277380	420988	295439	184898	911724	213352.9	6915	37734
84845	125969	81257	42723	263001	67538.7	96	14436
196734	171644	134383	74236	416397	94439.9	580	3473
5632	3155	1861		16228	5932.8		
258402	140227	87682	68220	351748	95770.0	179	21835
257856	61241	147484	81432	304487	88864.2		1298
42959	55228	46218	17712	93518	36229.9		
37062	27673	48654	29144	89697	24932.9	4323	70421
96202	131100	152329	76007	316671	86107.0	983	53887

C-22 农村社

地　区	农村居民最低生活保障人数	#女　性	老年人	未成年人	#残疾人	农村居民最低生活保障家庭数
全　国	**35663346**	**11691922**	**10178143**	**4030345**	**3557379**	**16085126**
北　京	77818	28540	21624	7919	16888	41375
天　津	43762	20223	13053	10515	11186	19108
河　北	1557572	387174	522836	98114	115338	763294
山　西	845055	270421	340439	94589	133099	506504
内蒙古	905906	310989	385958	45333	85743	549958
辽　宁	894536	272536	312888	72003	130391	476927
吉　林	776237	207446	250064	41123	71196	412031
黑龙江	884517	271439	258517	70667	102994	384001
上　海	118309	55657	48738	7208	16895	64615
江　苏	1140402	359056	256117	77669	94480	584487
浙　江	527959	163734	147687	46778	60496	297459
安　徽	1419546	480679	421469	111859	108089	630914
福　建	673461	174170	173944	39607	47476	273228
江　西	1499992	628064	494110	297468	310650	661565
山　东	1722001	542705	706457	104501	145319	997882
河　南	2570774	718201	657220	149119	183132	1340254
湖　北	1404930	379800	423988	159231	172144	554226
湖　南	1428683	368900	370849	153068	132094	580135
广　东	1383003	534059	427530	217367	92094	559149
广　西	1815330	642559	619830	265289	172158	712329
海　南	176484	70132	67603	23475	21797	85868
重　庆	718537	259477	230142	84843	65088	323140
四　川	2227180	607200	524831	188574	189501	1090706
贵　州	2564448	978557	687619	459910	330898	1022436
云　南	2501478	744593	523433	343941	227222	1162279
西　藏	230000	107008	39976	28071	5693	61565
陕　西	1950953	703293	465049	196393	143726	824563
甘　肃	1723657	605719	275801	281945	194028	455290
青　海	345000	153181	66259	52267	22374	108823
宁　夏	237029	79679	63510	12776	27701	112601
新　疆	1298787	566731	380602	288723	127489	428414

会救济

单位：人、户、万元

农村低保资金全年计划支出	农村集中五保供养人数	#女　性	老年人	未成年人	#残疾人	农村集中五保供养户数	农村集中五保供养资金全年计划支出
1464885.5	**1379989**	**383378**	**1026368**	**57016**	**182911**	**1316015**	**234180.1**
9463.7	2691	288	1652	56	912	2601	717.3
3643.3	2125	415	1673	88	582	2088	991.8
39695.6	32345	5116	21427	1272	4181	31406	6383.5
40868.9	8510	1468	6819	387	1203	8040	1343.4
36532.7	20746	5520	13890	907	3047	17482	2184.3
39358.2	31695	6538	21996	886	6834	28732	6348.5
35104.4	35108	10240	28063	839	13251	31633	5285.7
38030.2	31848	7933	21156	1673	7828	30765	7165.7
11982.9	2464	702	2001	50	423	2460	1641.1
84046.6	104338	27363	74749	2039	10109	102918	21254.0
63820.1	45006	11456	32648	673	4417	43028	12387.4
53082.4	59693	17531	49749	1661	5953	58071	8462.5
47222.0	5473	1625	3800	349	690	4444	674.1
49674.5	180627	63359	114422	15489	20020	168428	29809.0
79214.2	180861	54159	156827	2266	18569	175251	37307.2
123807.6	113215	29199	84974	3834	13479	110413	15410.4
33144.1	143821	42025	116865	5265	22593	138297	18968.2
87363.2	57491	13581	38732	2581	6872	55855	6599.5
74701.6	44382	15430	31818	1770	3082	43262	12409.6
37856.7	58333	14589	47301	2418	5984	56214	6860.0
7710.3	1663	947	1619	44	114	1655	354.5
18878.4	42886	8092	34665	1622	5653	42350	6060.7
100882.0	107666	24032	78824	5371	16210	101014	15495.2
95681.8	7320	2673	5660	790	1329	6895	891.7
92981.7	13340	2983	6980	1503	1924	11900	1087.0
6073.2	1183	657	1018	93	113	1183	175.7
59514.7	17865	4899	7955	966	3037	16331	2496.1
56239.2	6194	1768	3989	452	1220	5964	1062.4
10002.5	2042	944	1553	214	164	1214	466.3
9751.2	6276	2841	4888	215	757	6043	1539.7
18557.6	12782	5005	8655	1243	2361	10078	2347.6

C-22 续表

地区	农村分散五保供养人数	#女性	老年人	未成年人	#残疾人	农村分散五保供养户数
全国	**3932537**	**991859**	**2691869**	**221433**	**581811**	**3675912**
北京	1850	209	1284	16	534	1745
天津	8411	1185	5271	441	2161	8406
河北	208259	37012	131297	10442	26580	191466
山西	130415	24261	85736	7228	24935	120691
内蒙古	67442	16578	45875	2268	12984	63778
辽宁	84394	18449	55190	2698	18128	79515
吉林	99108	27035	72341	3814	31981	83397
黑龙江	99921	25049	58725	4549	26593	91321
上海	2473	566	1454	24	797	2469
江苏	117743	28934	87871	3831	12190	115486
浙江	3762	1075	2033	162	539	3342
安徽	408214	90555	305136	11475	51654	399642
福建	93118	23753	47587	5738	10595	88096
江西	45004	16675	27319	3934	6404	42798
山东	69530	21017	58037	1565	7125	65882
河南	362981	87802	258356	12166	40612	348501
湖北	83012	24232	67937	3553	10112	80937
湖南	425275	85028	263176	22785	44836	402486
广东	211839	77642	169527	10027	14671	205903
广西	273531	81755	194537	29373	47855	264012
海南	32430	13189	29959	1783	2527	29847
重庆	105510	14729	81097	4552	16676	104111
四川	356939	80142	262692	18146	56279	350840
贵州	126882	43401	85509	19794	25868	109030
云南	176335	46637	80631	15847	34035	159807
西藏	13092	7056	10368	1067	1372	13092
陕西	88480	22301	59249	6003	15829	79343
甘肃	106665	29129	64672	7577	20047	92468
青海	19187	6288	8826	2865	1753	12824
宁夏	9809	3980	7523	366	1209	8589
新疆	100926	36195	62654	7344	14930	56088

单位：人、户、万元、人次

农村分散五保供养全年计划计划支出	农村传统救济人数	农村临时救济人次数	农村民政部门医疗救助总人次数	农村民政部门救助人次数	民政部门资助参加合作医疗人数	城市医疗救助人次数
413401.7	**750084**	**6459720**	**28959433**	**3770970**	**25173413**	**4420227**
333.0		140700	75308	211	75097	12827
2018.6	58	11430	40627	2937	37690	22772
20653.7	6913	126952	968948	104221	864727	55721
14471.7	37125	143888	537717	54819	482898	55511
5095.9	27623	100635	462968	42921	420047	45280
11202.5	13100	146032	418687	26860	391827	287721
6761.0	1065	121259	273908	19594	254314	50637
16941.7		11678	903979	242095	661884	468248
1214.5		27879	9120	9120		94077
18498.4	45883	375744	704810	29135	675675	77827
510.5		139032	432780	39793	378037	28829
46756.7	53159	67027	1460382	103604	1356778	42966
12052.7	10701	61663	582471	16235	566236	13431
5864.5	35222	110369	1491306	403777	1087529	567708
8712.3		21984	745432	70783	674649	49487
34822.6	19238	80759	2557920	137720	2420200	74492
7623.5	34851	200193	1419232	54581	1364651	34668
30837.3	60783	387661	1685644	202013	1483631	127063
29098.3	5249	352901	1391305	159626	1231679	400350
23877.6	10988	978096	1359528	118112	1241416	16294
4585.3	54933	786526	219111	28088	191023	14056
14649.2	37223	509267	1384536	375075	1009461	124245
39591.7	142052	472347	2878572	597114	2281458	627561
8472.1	18907	294943	1827315	29688	1797627	7761
11932.8	48907	354827	1323273	65202	1258071	63559
1967.3			6148	3803	2345	882
13202.0	1633	13746	943227	96187	847040	46683
10480.8	20735	227358	668931	73958	594873	219301
3077.9	3160	976	461429	62370	399059	68157
1585.1	2945	115550	309265	47924	261341	80419
6510.5	57631	78298	1415554	553404	862150	641694

C-23 民政行

地　区	单位数	年末职工人数	#女　性	中央级
全　国	**3482**	**84099**	**25379**	**301**
中央级	1	301	69	301
北　京	20	1003	415	
天　津	20	691	195	
河　北	191	5302	1739	
山　西	130	2365	724	
内蒙古	115	2519	742	
辽　宁	118	2843	863	
吉　林	76	1387	376	
黑龙江	145	2297	852	
上　海	21	828	270	
江　苏	129	3188	714	
浙　江	103	2418	555	
安　徽	124	2716	620	
福　建	95	1725	353	
江　西	118	2964	846	
山　东	173	5751	1602	
河　南	183	7806	2694	
湖　北	116	3910	1129	
湖　南	144	5588	1853	
广　东	148	3752	1105	
广　西	124	2230	736	
海　南	23	560	153	
重　庆	43	1089	307	
四　川	192	4306	1376	
贵　州	98	2379	718	
云　南	161	3844	1160	
西　藏	83	861	311	
陕　西	119	2933	698	
甘　肃	101	2403	645	
青　海	49	765	254	
宁　夏	26	530	180	
新　疆	293	2845	1125	

政机关

单位：个、人

职工按行政级别分			职工按年龄划分	
省级	地级	县级	35岁及以下	36-45岁
2624	**12208**	**62233**	**20294**	**33030**
			105	79
115		856	241	319
156		433	106	235
92	647	4518	1487	1962
80	256	1778	563	916
74	449	1867	519	1114
77	573	1810	443	1020
89	298	995	269	463
	702	1589	507	970
		662	128	240
146	536	2235	479	1117
92	415	1844	347	846
	431	1572	455	1089
86	269	1220	232	691
144	345	1985	602	1120
126	868	4757	1745	2102
150	836	6742	2635	2957
89	426	2835	651	1562
	676	4768	1716	2121
120	807	2221	891	1387
82	417	1533	320	1084
69	62	429	90	253
	128	961	167	443
117	672	3481	939	1860
134	319	1926	478	1044
120	491	2475	920	1867
82	287	492	501	284
	412	2084	814	1140
94	334	1910	737	915
	111	556	187	337
108	73	142	123	239
182	368	1557	897	1254

C-23 续表

地　区	职工按年龄划分		职工按文化程度分		乡、镇、街道民政助理员
	46–55 岁	56 岁及以上	大学本科及以上	大学专科	
全　国	**24714**	**6061**	**27781**	**36322**	**46652**
中央级	97	20	254	47	
北　京	327	116	576	339	789
天　津	263	87	314	230	457
河　北	1572	281	1492	2174	2644
山　西	748	138	582	1151	1362
内蒙古	795	91	739	1403	1413
辽　宁	1045	335	1267	1163	3615
吉　林	563	92	645	616	790
黑龙江	704	116	1199	923	269
上　海	367	93	482	278	295
江　苏	1235	357	1353	1323	1142
浙　江	964	261	881	1069	2126
安　徽	891	281	834	1168	1141
福　建	621	181	460	725	1210
江　西	903	339	609	1338	1232
山　东	1541	363	2313	2211	2239
河　南	1762	452	2089	3508	1576
湖　北	1292	405	1164	1783	1041
湖　南	1314	437	1549	2476	2620
广　东	1138	336	1243	1592	1807
广　西	763	63	737	1079	2323
海　南	176	41	141	242	285
重　庆	392	87	500	469	2671
四　川	1253	254	1618	1736	3480
贵　州	724	133	660	1247	2629
云　南	941	116	1013	1600	2016
西　藏	75	1	100	222	692
陕　西	793	186	906	1288	1912
甘　肃	594	157	735	1055	1529
青　海	202	39	231	368	209
宁　夏	141	27	216	154	216
新　疆	518	176	879	1345	922

单位：万元、人

执行行政事业会计制度单位财务指标					
固定资产原价	上年结余	收入合计	支出合计	收支结余	行政事业单位增加值
1328052.6	**235169.7**	**2991899.6**	**2893255.0**	**220675.4**	**838295.6**
34429.0	12740.0	96038.0	82464.0	26214.0	6222.7
29816.2	14935.7	195730.2	180662.0	18927.0	32076.6
4672.2	434.6	27818.8	26178.2	1696.4	16760.9
36912.4	4319.0	109950.6	110292.3	374.4	43795.1
17477.8	4732.2	95675.2	68928.1	5417.3	14517.4
16143.6	4020.9	36817.3	35294.8	4621.1	11178.7
41069.2	1084.5	94524.9	96211.6	928.0	28847.2
23665.2	11109.0	54589.7	51217.2	837.0	26727.3
12240.8	1001.6	236365.9	237887.1	1510.0	34059.5
18550.9	2131.3	97406.9	89755.2	3334.3	15874.3
44553.0	8790.4	118518.7	122008.4	7358.8	49724.0
42289.4	23623.1	210841.1	201427.7	24186.9	55122.3
30048.7	6510.4	95194.9	97202.0	443.4	28861.4
20232.4	5395.0	92374.3	91813.2	4272.7	17950.4
21730.5	1132.2	34887.4	33247.3	6722.1	15669.3
71042.8	2267.6	162760.3	155949.3	8938.6	46489.6
33680.0	6662.6	86418.1	84395.0	8156.5	18329.8
56797.1	4760.3	95856.4	96994.2	4197.6	25330.4
55765.7	13354.2	150139.9	143957.8	11026.6	41740.7
84522.0	32691.4	252518.9	237968.4	20609.8	68815.8
33673.4	15205.8	112569.4	107131.7	14062.8	28338.0
8394.7	8838.9	34975.8	29179.9	5178.8	10053.7
22653.3	426.7	27840.4	28058.6	156.7	10980.0
38478.3	8643.7	113506.4	127875.5	8454.7	27511.1
28837.9	7721.4	47055.6	44647.8	7213.3	18332.9
69767.7	16444.0	130521.0	131219.9	14504.9	50209.4
5654.7		4124.3	4124.3		460.8
14016.7	677.9	35033.0	35165.8	681.3	10096.7
349621.0	2398.8	13828.0	15031.8	321.4	19189.5
10730.1	135.2	18741.3	18986.6	0.5	8626.3
9621.5	3311.2	30652.7	31263.2	644.7	6226.0
40964.4	9670.1	78624.2	76716.1	9683.8	35752.5

C-24 社会组

地　区	单位数	年末职工人数	#女　性	增加值合计
全　国	**386916**	**4568515**	**1166211**	**3075790.6**
中央级	1898	55013	18024	229914.4
北　京	6154	83558	23465	131070.2
天　津	3873	26001	12287	25612.0
河　北	15266	118454	32096	28338.3
山　西	8359	129034	33329	37290.8
内蒙古	6335	39636	10252	10277.2
辽　宁	17069	379716	95037	26986.7
吉　林	7566	60416	14105	18935.7
黑龙江	10442	135747	36165	300306.5
上　海	8396	108101	35398	68865.9
江　苏	28370	308688	89388	126933.9
浙　江	24345	271428	102147	936991.0
安　徽	11966	194093	48129	325670.7
福　建	11905	76633	18371	79498.6
江　西	9648	140766	46760	73261.2
山　东	50037	327779	78629	240396.2
河　南	16965	137209	39180	16382.2
湖　北	18917	126720	35165	37301.3
湖　南	13105	128325	34371	36881.3
广　东	22997	266802	106543	45791.9
广　西	12187	202080	27454	15530.6
海　南	2048	7822	2412	1669.8
重　庆	6710	105924	32262	21360.7
四　川	26537	400089	92799	152920.7
贵　州	5681	76467	16672	26547.3
云　南	9210	170046	16408	9819.5
西　藏	298	1371	102	
陕　西	10258	84200	20290	2523.8
甘　肃	8943	336776	29254	34111.1
青　海	2055	17256	4158	2319.8
宁　夏	2770	15242	3946	4116.3
新　疆	6606	37123	11613	8255.7

织总表

单位：万元

执行企业会计制度单位财务指标				
固定资产原价	营业收入	费用合计	营业利润	企业单位增加值
31921.7	**11336.2**	**8078.2**	**-1276.9**	**5001.6**
337.0				31.0
890.9	1715.1	106.0	64.1	4242.3
902.0	523.0	412.0	32.0	122.6
438.5	703.0	542.0		23.1
4950.0	5307.0	2975.0	10.0	189.8
65.0	113.0	90.0		76.1
		0.5		21.3
60.0	30.0	19.0		5.2
81.0				
		791.0		7.1
20068.8	1315.0	2917.2	-1385.0	-249.4
43.5	26.1			21.0
1000.0	200.0	20.0		25.2
44.0	45.0	38.5	2.0	34.3
2976.0	1350.0	158.0		201.4
65.0	9.0	9.0		250.6

C-24 续表

地 区	执行行政事业会计制度单位财务指标					
	固定资产原价	收入合计	上年结余	支出合计	收支结余	行政事业单位增加值
全 国	**212299.8**	**179145.5**	**10451.1**	**134199.3**	**3794.5**	**60457.4**
中央级						
北 京						
天 津						
河 北	20419.5	6053.7	474.9	6058.4		3730.4
山 西	5074.9	3799.5	163.7	3946.2	29.7	1731.7
内蒙古	3950.5	2327.5	13.0	1841.5	501.0	1667.9
辽 宁	9338.0	5802.7	14.5	5387.0	991.0	789.7
吉 林	829.0	931.0		910.0	20.0	402.2
黑龙江	4217.7	799.2	287.6	669.9		406.9
上 海	1049.4	11351.9	20.8	48.6		42.0
江 苏	94121.7	52623.3	613.8	45255.5	907.1	22328.4
浙 江						
安 徽	11217.8	5749.2	3941.2	5652.5	72.2	2129.9
福 建	4550.5	9663.6	339.5	9404.6	527.0	652.9
江 西						
山 东	1226.9	8747.3		8747.3	476.2	7728.6
河 南	6720.2	3022.2		2271.5		1048.0
湖 北	15458.4	10449.2		10630.6		5489.3
湖 南	481.2	464.0		558.0		198.9
广 东	11590.8	5364.2	1113.6	5444.3	224.8	2034.6
广 西				16.8		10.4
海 南						
重 庆	2622.0	2115.4	-0.2	2115.6	-0.2	1908.1
四 川	681.8	26882.7		2402.2		33.3
贵 州	326.8	237.4	1.7	73.4		66.4
云 南	6030.2	7025.8	3307.8	6689.7	7.1	3898.6
西 藏						
陕 西	5201.4	1077.0	45.0	1431.0		237.1
甘 肃	1929.5	950.0	18.2	832.2	6.6	470.9
青 海	1903.7	2069.0		2072.7		76.1
宁 夏	1307.5	10837.0	95.0	10932.0		3059.5
新 疆	2050.4	802.7	1.0	807.8	32.0	406.3

单位：万元

执行民间非营利组织会计制度单位财务指标				
固定资产原价	上年结余	收入合计	费用合计	民间组织单位增加值
6575879.2	**3327751.9**	**13245600.2**	**8860029.7**	**3010331.6**
336748.1	-12.2	928985.2	722512.7	229914.4
587386.6	903487.7	1016594.8	881496.1	131070.2
58463.7	3264.3	113426.3	85925.1	25612.0
138527.5	3958.2	82589.8	70658.5	24576.9
87437.6	18484.2	54031.9	68607.4	31316.8
22522.1	246.4	22717.1	21988.0	8609.3
54020.2	25374.7	52223.8	56912.6	26074.4
18813.0	13511.4	317162.6	678664.5	18533.5
55809.9	2400.3	13478.5	17224.8	299876.5
48253.2	128780.7	484790.7	2559890.7	68823.9
642343.7	21510.4	533393.8	424142.9	104415.7
804650.6	98162.2	708440.5	611152.9	936991.0
367996.2	4611.6	158409.7	110534.6	323540.8
202906.2	168569.0	101832.1	99702.5	78769.6
407357.1	9.0	192797.4	118090.9	73261.2
502082.9	2738.5	542173.2	474301.7	232667.6
131758.9	16036.9	81710.0	65580.2	15312.9
200366.0	6403.0	198010.1	178103.0	31806.8
164218.7	53885.3	165429.3	138828.0	36682.4
257119.0	12842.0	217989.6	179240.1	43757.3
153725.7	2670.8	126072.3	112209.8	15520.2
6453.7	304.3	6900.5	5478.2	1669.8
69774.5	10857.9	41815.7	37099.5	19452.6
383564.0	1826262.5	1466785.0	1017218.3	152880.3
89084.4	2722.6	5487021.4	32667.1	26480.9
667470.9	209.2	61635.6	35548.5	6170.3
		10.0	11.0	
21180.2	88.4	10954.9	10366.7	2265.7
36285.0	-17.3	17566.3	15792.5	33615.0
17679.0	288.6	19988.0	11416.2	2209.4
3144.2	76.0	3982.5	4130.6	855.4
38736.4	25.3	16681.6	14534.1	7598.8

C-25 社会

地区	单位数	年末职工人数	女性	民间组织负责人	女性
全国	**211661**	**2885287**	**579475**	**391772**	**79044**
中央级	1758	41929	13976	5274	2110
北京	2992	23844	6969	11544	3198
天津	1983	7903	2472	3984	1189
河北	8621	71816	14802	9481	1766
山西	5054	85189	18471	10400	1442
内蒙古	4319	26633	6067	8454	1814
辽宁	9156	338480	77825	11281	2186
吉林	4661	40623	7525	5712	705
黑龙江	4809	104328	26848	9810	559
上海	3220	26348	7862	13322	2406
江苏	16722	168253	46336	37033	9712
浙江	12915	133061	41081	16175	6941
安徽	7891	157173	34212	14117	1669
福建	8609	61370	11990	14606	3988
江西	5597	37429	10427	15192	4556
山东	15660	117969	24226	49592	7225
河南	9253	54237	11331	17967	4324
湖北	8884	54390	11914	12371	2967
湖南	9006	75554	15574	22474	3434
广东	10818	59683	17924	14138	1438
广西	8521	166562	12829	13270	2583
海南	1187	3625	1015	1187	356
重庆	3885	78975	23805	7628	1239
四川	14784	318247	65817	21748	2913
贵州	4238	59325	11770	9766	1778
云南	6889	159358	12498	6972	1119
西藏	280	1230	55	280	86
陕西	5902	42021	8457	10153	1853
甘肃	5766	316807	23765	980	186
青海	1499	13603	2137	3325	457
宁夏	2314	12784	2965	2314	233
新疆	4468	26538	6530	11222	2612

团体

单位：个、人

按活动区域分				应建立党组织的社会团体	
中央级社团	省级社团	地级社团	县级社团		已建立党组织的社会团体
1758	**22146**	**59145**	**128612**	**66832**	**27911**
1758				1694	1395
	1102		1890	763	648
	825		1158	421	269
	739	2534	5348	3561	1566
	810	1611	2633	1181	422
	536	1421	2362	988	904
	583	3658	4915	2357	1166
	540	1622	2499	860	553
	743	1976	2090	2014	863
	1059		2161	2603	915
	867	4508	11347	2818	1001
	848	3557	8510	4641	3410
	765	2762	4364	2104	303
	800	2396	5413	1820	264
	580	1684	3333	1858	307
	926	4246	10488	6015	4631
	857	3888	4508	3830	2048
	765	2665	5454	4210	1410
	707	2934	5365	2698	1168
	887	4724	5207	1185	383
	625	1807	6089	1765	767
	517	188	482	76	41
	794		3091	1306	125
	1025	3596	10163	4448	1091
	540	828	2870	1472	677
	688	1499	4702	2604	795
	153	108	19	17	6
	728	1444	3730	1960	72
	533	1279	3954	2652	90
	451	344	704	352	23
	519	475	1320	1036	429
	634	1391	2443	1523	169

C-25 续表 1

地　区	民间组织					
	科技研究	生态环境	教育	卫生	社会服务	文化
全　国	**17615**	**5330**	**14794**	**11129**	**24588**	**16690**
中央级	483	14	62	64	56	216
北　京	304	49	150	144	211	336
天　津	234	15	125	94	173	160
河　北	564	229	572	476	782	565
山　西	230	36	318	168	373	360
内蒙古	373	88	283	247	757	314
辽　宁	643	98	821	493	1077	479
吉　林	221	222	272	215	741	447
黑龙江	302	86	324	246	482	312
上　海	279	38	239	218	749	224
江　苏	1657	602	1584	894	1997	1315
浙　江	999	204	942	646	1304	1095
安　徽	795	136	723	498	748	713
福　建	1049	193	641	392	1176	761
江　西	520	140	539	468	1054	441
山　东	1460	620	790	629	1734	1136
河　南	594	496	619	512	1181	940
湖　北	662	140	636	616	1137	694
湖　南	1005	418	804	501	1178	639
广　东	1349	146	654	403	1035	976
广　西	303	80	323	175	351	286
海　南	217	10	11	41	25	158
重　庆	451	67	312	198	310	261
四　川	836	579	1221	986	2091	1348
贵　州	280	119	184	172	550	241
云　南	666	76	433	330	1002	482
西　藏	95		3	12	6	26
陕　西	206	96	427	409	565	661
甘　肃	237	219	282	460	803	579
青　海	30	36	93	133	260	154
宁　夏	249	23	107	95	208	143
新　疆	322	55	300	194	472	228

单位：个

按行业分类

体育	法律	工商业服务	宗教	农业及农村发展	职业及从业者组织	国际及涉外组织	其他
10685	**3361**	**17747**	**3413**	**36142**	**15080**	**467**	**34620**
89	16	502	9	41	55	36	115
176	33	318	39	599	381	9	243
90	53	270	29	160	84	12	484
369	185	785	142	1624	397	14	1917
339	80	424	81	410	154		2081
189	70	325	33	610	122	7	901
340	78	561	119	1528	514	21	2384
197	200	246	68	855	311		666
475	83	630	65	919	591	17	277
343	56	226	90	54	198	10	496
842	214	1495	239	2646	884	52	2301
737	183	1344	223	862	1965	6	2405
340	153	595	97	1327	451	8	1307
436	117	726	235	674	553	16	1640
413	142	369	101	458	127	3	822
716	213	1432	213	4485	1157	37	1038
355	172	854	204	1479	746	19	1082
359	122	736	110	1240	565	9	1858
257	148	633	112	1218	1069	35	989
716	77	1521	197	606	959	47	2132
158	54	419	67	4560	223	3	1519
96	8	227	11	246	75	25	37
243	46	442	81	601	185	1	687
1140	336	911	294	2176	1491	29	1346
186	38	256	74	1119	467	1	551
288	127	298	123	1176	293	10	1585
13	11	18	5	17	15		59
179	106	302	97	1509	214	15	1116
194	96	232	142	1028	502	9	983
111	28	128	45	280	40		161
77	44	71	21	651	20	12	593
222	72	451	47	984	272	4	845

C-25 续表 2

地　区	增加值合计	执行行政事业会计制度单位财务指标				
		固定资产原价	收入合计	上年结余	支出合计	收支结余
全　国	**952623.6**	**65368.2**	**107151.0**	**7205.2**	**74520.8**	**2445.2**
中央级	135351.2					
北　京	47717.8					
天　津	6982.5					
河　北	8488.8	3303.0	2474.3	474.9	2479.2	
山　西	17696.4	1303.8	1889.5	50.0	1921.5	44.4
内蒙古	6062.2	3767.5	1946.5		1449.5	500.0
辽　宁	14830.4	4968.0	4218.7	8.5	4175.0	
吉　林	6424.4	14.0	565.0		564.0	
黑龙江	3303.3	3740.2	575.7	287.6	312.1	
上　海	8828.4		64.0	20.8	48.6	
江　苏	38372.2	17936.0	24975.7	483.8	18695.8	647.0
浙　江	89128.3					
安　徽	306402.4	3919.6	2254.9	1250.2	2128.9	60.2
福　建	16779.0	4143.8	5363.0	503.9	5325.0	485.0
江　西	2193.3					
山　东	104239.5	1226.9	8747.3		8747.3	476.2
河　南	5582.1	2716.6	1951.7		1223.5	
湖　北	8120.7	744.8	3298.0		3486.4	
湖　南	6984.0	406.2	328.0		422.0	
广　东	-919.1	3445.3	2178.8	656.8	1864.5	208.9
广　西	7217.1					
海　南	472.8					
重　庆	3162.5	1418.0	859.4		859.6	-0.2
四　川	82003.3	416.8	26869.7		2389.2	
贵　州	8612.1	326.8	237.4	1.7	73.4	
云　南	7371.3	2568.5	5273.3	3307.8	4935.2	7.1
西　藏						
陕　西	889.3	2635.4	400.0	45.0	754.0	
甘　肃	2361.7	1828.5	867.9	18.2	750.1	6.6
青　海	1125.7	1840.7	2046.0		2049.7	
宁　夏	3842.6	1114.4	9210.0	95.0	9305.0	
新　疆	3503.8	1583.4	556.2	1.0	561.3	10.0

单位：万元

行政事业单位增加值	执行民间非营利组织会计制度单位财务指标				
	固定资产原价	上年结余	收入合计	费用合计	民间组织单位增加值
32581.5	**1408662.1**	**493201.3**	**8264393.6**	**2069106.7**	**920042.1**
	322251.1		567041.2	454365.8	135351.2
	90640.6	373523.5	257315.1	200955.1	47717.8
	11284.0	448.5	28062.6	14572.7	6982.5
1513.1	32184.2	375.3	22377.7	23388.9	6975.7
439.0	6163.6	497.9	5453.6	25944.8	17257.4
1461.8	7875.0	53.5	13002.0	12477.0	4600.4
221.4	17549.2	5581.1	18561.3	24776.0	14609.0
238.7	8007.0	1221.9	218984.2	15079.3	6185.7
242.7	13661.4		3250.0	5673.4	3060.6
	3846.8	14817.3	58865.6	56714.9	8828.4
9848.6	62528.3	1663.2	157021.8	125034.8	28523.6
	111055.4	16385.9	133591.4	115524.3	89128.3
644.5	22863.4	3587.5	28274.4	24127.3	305757.9
560.7	34720.9	21843.1	31048.4	34143.1	16218.3
	28649.7		16360.3	15082.2	2193.3
7728.6	103936.1	583.9	190612.7	122349.9	96510.9
407.5	29957.6	587.1	23519.1	16968.4	5174.6
518.7	51429.1	5213.0	34789.8	35047.6	7602.0
89.9	33203.7	28.0	37116.3	31052.1	6894.1
723.9	38326.6	8631.8	55959.6	44618.0	-1643.0
	30866.9	883.6	51586.9	43427.6	7217.1
	2725.9	62.1	2276.0	1726.4	472.8
665.0	17284.6	6118.4	3018.2	9116.2	2497.5
22.7	195776.3	28171.6	779301.9	560660.3	81980.6
66.4	49424.4	2612.7	5461260.8	15227.5	8545.7
3750.0	25314.8	148.7	23354.6	8826.8	3621.3
			7.0	8.0	
134.5	9877.9	71.4	3942.3	3794.4	754.8
399.8	14380.4	-2.1	8771.0	7345.3	1961.9
73.6	12388.1	45.6	18114.0	10628.0	1052.1
3051.8	1426.5	40.0	2908.0	3092.1	790.8
285.0	19062.6	6.8	8645.8	7358.5	3218.8

C-26 民办

地　区	单位数	年末职工人数	女性	民间组织负责人	女性
全　国	**173915**	**1664959**	**581030**	**258790**	**73762**
中央级	33	297	146	51	16
北　京	3080	59099	16274	7102	2744
天　津	1857	17998	9748	3002	987
河　北	6629	46608	17292	6842	960
山　西	3286	43757	14829	4056	394
内蒙古	1981	12758	4140	3938	849
辽　宁	7893	40964	17159	8301	2431
吉　林	2883	19757	6579	3766	1087
黑龙江	5617	31355	9301	7622	2109
上　海	5092	81340	27461	9706	3637
江　苏	11504	139784	42647	16910	4245
浙　江	11290	138193	61028	14635	6332
安　徽	4056	36882	13905	5746	795
福　建	3227	15040	6299	4165	941
江　西	4039	103179	36308	10618	3517
山　东	34337	209530	54323	71257	21358
河　南	7690	82736	27842	12325	3679
湖　北	10014	72235	23228	10623	3087
湖　南	4028	52203	18575	8167	2424
广　东	12027	206851	88562	12217	2248
广　西	3652	35478	14610	4395	969
海　南	849	4185	1392	849	244
重　庆	2811	26920	8437	7013	1880
四　川	11703	81770	26956	12439	3628
贵　州	1435	17127	4894	2179	886
云　南	2294	10620	3896	2250	514
西　藏	9	66	5	9	2
陕　西	4335	42067	11816	4822	714
甘　肃	3158	19798	5411	304	46
青　海	549	3617	2019	676	87
宁　夏	440	2410	968	440	30
新　疆	2117	10335	4980	2365	922

非企业

单位：个、人

按活动区域分			应建立党组织的社会团体	已建立党组织的社会团体
法人	合伙	个体		
109700	**6656**	**57559**	**33558**	**16204**
33			31	21
2911	23	146	503	228
1773	3	81	201	124
1921	380	4328	1410	440
2292	198	796	708	297
876	145	960	692	612
5109	170	2614	865	261
1041	82	1760	325	49
2297	88	3232	1089	310
4877	130	85	3571	2354
7880	472	3152	1319	559
6899	557	3834	1184	900
2161	212	1683	868	213
2388	129	710	555	153
1471	570	1998	607	57
21896	877	11564	6371	5288
4175	328	3187	1106	523
7300	491	2223	4494	1779
2295	269	1464	947	375
9938	162	1927	739	190
2376	128	1148	1102	524
600	42	207	7	6
2041	102	668	381	20
6034	512	5157	1752	379
602	121	712	298	67
1374	115	805	230	39
9				
2678	112	1545	1162	139
1851	157	1150	438	132
365	44	140	15	4
389	15	36	195	134
1848	22	247	393	27

C-26 续表 1

地　区	民间组织					
	科技研究	生态环境	教育	卫生	社会服务	文化
全　国	**8867**	**345**	**84077**	**29188**	**24077**	**5578**
中央级	3		1	6	4	3
北　京	127		2107	148	386	82
天　津	31	26	934	58	167	83
河　北	477	17	1921	2637	525	166
山　西	460	16	1575	139	243	128
内蒙古	170	2	743	314	258	56
辽　宁	239	2	4652	463	1189	170
吉　林	146		1545	109	677	142
黑龙江	458	16	3076	145	1466	152
上　海	67	10	2348	234	1380	62
江　苏	434	50	4766	1347	2510	408
浙　江	718	12	7866	572	963	402
安　徽	303	1	1599	863	432	188
福　建	169	19	2116	132	313	121
江　西	55	10	2127	769	487	130
山　东	2268	8	10799	14014	3830	819
河　南	562		3036	1507	1288	348
湖　北	490	33	2605	619	1396	599
湖　南	200	10	2650	241	510	118
广　东	330	5	8734	143	1566	304
广　西	116		2742	43	250	47
海　南	35		638	77	19	30
重　庆	50		1485	44	839	63
四　川	230	89	7231	1906	1469	198
贵　州	65		838	110	266	44
云　南	85	2	1703	55	112	58
西　藏						
陕　西	241		1888	1033	587	256
甘　肃	245	7	734	1254	415	168
青　海	14	8	252	28	113	52
宁　夏	18		178	36	73	14
新　疆	61	2	1188	142	344	167

单位：个

按行业分类							
体育	法律	工商业服务	宗教	农业及农村发展	职业及从业者组织	国际及涉外组织	其他
5343	**855**	**2059**	**247**	**931**	**1251**	**3**	**11094**
	1	1					14
140	27	2		2	4		55
165	22	5			17		349
184	20	58	13	20	83		508
108	13	29	4	25	40	1	505
67	5	51	7	24	31		253
305	60	44	64	98	162		445
100	24	37		2	47		54
218	9	18		1	5		53
208	30	97	32	4	44		576
448	48	255	70	84	129		955
253	36	106	3	7	46		306
108	36	79	6	84	106		251
136	1	28	15		3		174
119	1	52		68	87		134
841	315	394		117			932
474	9	121	4	2	1		338
195	70	273	5	280	159		3290
88	7	54	5	6	4		135
212	8	35	6	19	100		565
127	7	40			44		236
34	1	8	1	1			5
95	3	18		6	23		185
169	51	95	12	40	38	2	173
63	6	19		1	7		16
94	4	28		10	1		142
							9
92	21	37		16	18		146
134	19	57		5	42		78
34		12					36
19		5		1			96
113	1	1		8	10		80

C-26 续表 2

地 区	增加值合计	执行企业会计制度单位财务指标					执行行政事业会计	
		固定资产原价	营业收入	费用合计	营业利润	企业单位增加值	固定资产原价	上年结余
全 国	**1999731.1**	**31921.7**	**11336.2**	**8078.2**	**-1276.9**	**5001.6**	**146931.6**	**3245.9**
中央级	78.4							
北 京	66577.4							
天 津	18490.5							
河 北	19849.5	337.0				31.0	17116.5	
山 西	17004.4	890.9	1715.1	106.0	64.1	4242.3	3771.1	113.7
内蒙古	4054.0						183.0	13.0
辽 宁	12156.3	902.0	523.0	412.0	32.0	122.6	4370.0	6.0
吉 林	12511.3						815.0	
黑龙江	297003.2	438.5	703.0	542.0		23.1	477.5	
上 海	59717.9						1049.4	
江 苏	87953.5	4950.0	5307.0	2975.0	10.0	189.8	76185.7	130.0
浙 江	844790.7							
安 徽	19268.3						7298.2	2691.0
福 建	62544.2	65.0	113.0	90.0		76.1	406.7	-164.4
江 西	71067.9							
山 东	135809.3							
河 南	10090.1			0.5		21.3	4003.6	
湖 北	29180.6	60.0	30.0	19.0		5.2	14713.6	
湖 南	29897.3						75.0	
广 东	46711.0						8145.5	456.8
广 西	8313.5	81.0						
海 南	1197.0							
重 庆	15539.4						1204.0	-0.2
四 川	70917.4			791.0		7.1	265.0	
贵 州	17927.2							
云 南	1088.2	20068.8	1315.0	2917.2	-1385.0	-249.4	3461.7	
西 藏								
陕 西	1634.5	43.5	26.1			21.0	2566.0	
甘 肃	31749.4	1000.0	200.0	20.0		25.2	101.0	
青 海	1182.4	44.0	45.0	38.5	2.0	34.3	63.0	
宁 夏	273.7	2976.0	1350.0	158.0		201.4	193.1	
新 疆	4736.9	65.0	9.0	9.0		250.6	467.0	

单位：万元

制度单位财务指标				执行民间非营利组织会计制度单位财务指标				
收入合计	支出合计	收支结余	行政事业单位增加值	固定资产原价	上年结余	收入合计	费用合计	民间组织单位增加值
71994.5	**59678.5**	**1349.3**	**27875.9**	**4913670.1**	**2590931.4**	**4380150.7**	**6353873.1**	**1966853.6**
				737.6	-12.2	1702.2	1758.8	78.4
				495657.0	483196.2	727675.7	662646.0	66577.4
				45626.7	2815.8	82052.4	68610.7	18490.5
3579.4	3579.2		2217.3	106343.3	3582.9	60211.1	47268.6	17601.2
1910.0	2024.7	-14.7	1292.7	80804.0	486.3	43778.3	42082.6	11469.4
381.0	392.0	1.0	206.1	14477.1	192.9	9075.1	8879.0	3847.9
1584.0	1212.0	991.0	568.3	35822.0	833.6	26892.5	24409.6	11465.4
366.0	346.0	20.0	163.5	10477.3	12289.5	98178.3	662777.2	12347.8
223.5	357.8		164.2	42068.5	2400.3	10196.5	11519.4	296815.9
11287.9			42.0	42491.8	43964.1	425925.1	2489547.2	59675.9
27647.6	26559.7	260.1	12479.8	445518.4	8768.5	362877.0	292565.0	75283.9
				690778.2	68348.3	444664.1	395864.6	844790.7
3494.3	3523.6	12.0	1485.4	342312.7	1024.1	130135.3	84221.1	17782.9
4300.6	4079.6	42.0	92.2	102585.3	81225.9	49583.7	65559.4	62375.9
				378409.5	9.0	174060.5	101736.0	71067.9
				397851.6	2152.6	349345.7	349788.4	135809.3
1070.5	1048.0		640.5	94201.3	15449.8	58190.9	48611.8	9428.3
7151.2	7144.2		4970.6	139936.9	1190.0	160220.3	141055.4	24204.8
136.0	136.0		109.0	131015.0	53857.3	127713.0	107175.9	29788.3
3185.4	3579.8	15.9	1310.7	216441.4	4210.2	157468.0	130001.1	45400.3
	16.8		10.4	122712.6	1787.2	71222.6	66267.6	8303.1
				3691.8	242.2	4574.5	3701.8	1197.0
1256.0	1256.0		1243.1	52466.5	4739.5	36723.3	27232.0	14296.3
13.0	13.0		10.6	180876.3	1797709.7	682472.8	456558.0	70899.7
				39580.0	109.9	25242.6	16940.6	17927.2
1752.5	1754.5		148.6	641733.0	60.5	33408.0	23185.7	1189.0
						2.0	2.0	
677.0	677.0		102.6	11239.3	17.0	7012.6	6572.3	1510.9
82.1	82.1		71.1	21524.6	-15.2	8795.3	8447.2	31653.1
23.0	23.0		2.5	5280.9	243.0	1789.0	775.0	1145.6
1627.0	1627.0		7.7	1405.7	34.0	978.5	949.5	64.6
246.5	246.5	22.0	121.3	19603.8	18.5	7983.8	7163.6	4365.0

C-27 基金

地　区	单位数	年末职工人数	女性	民间组织负责人	女性
全　国	**1340**	**18269**	**5706**	**3113**	**925**
中央级	107	12787	3902	330	132
北　京	82	615	222	431	170
天　津	33	100	67	66	21
河　北	16	30	2	16	1
山　西	19	88	29	62	2
内蒙古	35	245	45	79	15
辽　宁	20	272	53	20	2
吉　林	22	36	1	22	
黑龙江	16	64	16	32	16
上　海	84	413	75	84	15
江　苏	144	651	405	435	245
浙　江	140	174	38	140	12
安　徽	19	38	12	27	12
福　建	69	223	82	223	56
江　西	12	158	25	36	12
山　东	40	280	80	40	2
河　南	22	236	7	81	8
湖　北	19	95	23	57	18
湖　南	71	568	222	281	49
广　东	152	268	57	152	43
广　西	14	40	15	14	1
海　南	12	12	5	12	1
重　庆	14	29	20	16	8
四　川	50	72	26	50	13
贵　州	8	15	8	12	8
云　南	27	68	14	30	8
西　藏	9	75	42	9	2
陕　西	21	112	17	111	17
甘　肃	19	171	78	1	
青　海	7	36	2	21	5
宁　夏	16	48	13	16	3
新　疆	21	250	103	207	28

会

单位：个、人

	按活动区域分			应建立党组织的社会团体	已建立党组织的社会团体
	公募基金会	非公募基金会	境外基金代表机构		
	904	**436**		**350**	**272**
	85	22		103	74
	19	63		8	8
	13	20		11	9
	6	10			
	13	6			
	28	7		12	10
	16	4			
	17	5		7	7
	14	2		5	5
	84			84	84
	62	82			
	99	41		1	1
	12	7			
	30	39			
	7	5			
	25	15		34	34
	19	3		22	22
	10	9		12	3
	56	15			
	115	37		22	3
	8	6			
	5	7			
	11	3			
	44	6		2	2
	7	1			
	24	3		20	10
	8	1			
	15	6			
	16	3			
	5	2		7	
	14	2			
	17	4			

C-27 续表 1

地　区	民间组织					
	科技研究	生态环境	教育	卫生	社会服务	文化
全　国	**69**	**34**	**411**	**61**	**217**	**115**
中央级	1	4	23	7	7	16
北　京	7	2	25	7	8	24
天　津	3		14	1	6	6
河　北	6	5		1	4	
山　西			8		8	3
内蒙古		1	11	19		3
辽　宁			5	1	4	2
吉　林		2	8	1	7	
黑龙江		4	1	1	2	1
上　海						
江　苏	1	1	47	1	45	2
浙　江	6		75	3	36	7
安　徽			7		9	3
福　建	3	1	27			
江　西						
山　东	1	2	8	3		4
河　南			7		2	5
湖　北		1	4			1
湖　南	3		50		3	
广　东	23		48		33	26
广　西			8		3	
海　南		2	5			2
重　庆			3	2	6	
四　川	6	3	5	2	7	
贵　州	1		1		6	
云　南	5	4	3	3	12	
西　藏						
陕　西			6	8		3
甘　肃	1		7		5	2
青　海	1	2				4
宁　夏	1		2	1	3	1
新　疆			3		1	

单位：个

按行业分类

体育	法律	工商业服务	宗教	农业及农村发展	职业及从业者组织	国际及涉外组织	其他
26	**18**	**7**	**8**	**29**	**4**	**7**	**334**
	2			1		6	40
3	1	2		2		1	
1	1		1				
							1
1							7
	3	1					
2	1	1	1	1	1		
							84
1	1	1	1	1			42
1				2			10
1				2			35
							12
	6						16
				1			7
1	1			1			10
1			2				12
							22
							3
		2	1				
	1		2				
12				15			
							9
				2			2
				1			3
2	1				3		2
							17

C-27 续表 2

地　区	增加值合计	执行民间非营利		
		固定资产原价	上年结余	收入合计
全　国	**123435.9**	**253547.0**	**243619.2**	**601055.9**
中央级	94484.8	13759.4		360241.8
北　京	16775.0	1089.0	46768.0	31604.0
天　津	139.0	1553.0		3311.3
河　北				1.0
山　西	2590.0	470.0	17500.0	4800.0
内蒙古	161.0	170.0		640.0
辽　宁		649.0	18960.0	6770.0
吉　林		328.7		0.1
黑龙江		80.0		32.0
上　海	319.6	1914.6	69999.3	
江　苏	608.2	134297.0	11078.7	13495.0
浙　江	3072.0	2817.0	13428.0	130185.0
安　徽		2820.1		
福　建	175.4	65600.0	65500.0	21200.0
江　西		297.9		2376.6
山　东	347.4	295.2	2.0	2214.8
河　南	710.0	7600.0		
湖　北		9000.0		3000.0
湖　南				600.0
广　东		2351.0		4562.0
广　西		146.2		3262.8
海　南		36.0		50.0
重　庆	2658.8	23.4		2074.2
四　川		6911.4	381.2	5010.3
贵　州	8.0	80.0		518.0
云　南	1360.0	423.1		4873.0
西　藏				1.0
陕　西		63.0		
甘　肃		380.0		
青　海	11.7	10.0		85.0
宁　夏		312.0	2.0	96.0
新　疆	15.0	70.0		52.0

单位：万元

组织单位会计制度		本年捐赠现金收入	本年捐赠实物折价
费用合计	民间组织单位增加值		
437049.9	**123435.9**	**405221.5**	**102268.3**
266388.1	94484.8	204755.4	97813.0
17895.0	16775.0	19974.0	526.0
2741.7	139.0	10.0	2.0
1.0		0.1	0.1
580.0	2590.0		
632.0	161.0	58.0	32.0
7727.0		6000.0	570.0
808.0		2461.1	50.0
32.0		16.0	80.0
13628.6	319.6	16233.2	400.0
6543.1	608.2	13400.0	2000.0
99764.0	3072.0	116278.0	
2186.2		190.0	19.0
	175.4	17900.0	0.1
1272.7		0.1	0.1
2163.4	347.4	3480.0	210.0
	710.0	3595.0	250.0
2000.0			
600.0		200.0	80.0
4621.0			
2514.6		1.0	0.5
50.0		12.0	1.0
751.3	2658.8		
		168.9	55.7
499.0	8.0	35.0	10.0
3536.0	1360.0		
1.0			
13.2	11.7	430.0	160.0
89.0		8.0	2.0
12.0	15.0	15.7	6.8

C-28 社会团体

地区	单位数	年末职工人数	女性	增加值合计	执行行政事业会计制度单位财务指标				
					固定资产原价	上年结余	收入合计	支出合计	收支结余
全　国	**874**	**3437**	**1348**	**91895.7**	**7647.0**	**57031.0**	**96011.7**	**66570.4**	**53153.0**
中央级	1	36	21	-576.9					
北　京	14	155	56	3686.1	23.0	75.2	1043.6	53.6	-4.0
天　津	9	30	10	119.7	1.0	1353.8	2185.0	1279.2	1502.4
河　北	8	35	18	462.4	26.0		786.7	662.3	124.4
山　西	20	111	37	2024.6	712.2		571.0	526.5	
内蒙古	5	20	7	73.3	65.0		141.4	110.1	6.2
辽　宁	27	146	63	6064.6	1038.2	581.0	1891.7	1724.7	-50.0
吉　林	43	128	51	1114.2	605.6	138.4	5770.8	5752.7	394.1
黑龙江	7	12	4	2.7	30.1		484.3	385.8	218.3
上　海	14	77	48	3550.9	52.6	3.5	181.5	224.9	-34.7
江　苏	72	233	86	13042.7	739.0	8411.5	24009.2	10852.8	12509.1
浙　江	109	349	132	13977.4	231.6	13290.6	12011.5	8930.7	7485.3
安　徽	40	89	31	2704.6	56.0	212.7	1073.0	1159.0	131.3
福　建	13	62	24	393.6	140.2	6448.9	183.4	167.0	303.5
江　西	32	112	64	261.1	327.0	600.4	1933.8	1421.9	525.7
山　东	102	446	162	6635.2	1110.8	1561.5	11438.9	10345.8	2600.6
河　南	29	140	44	1632.1	199.8		112.6	106.6	
湖　北	46	150	60	1966.9	11.8	110.3	556.2	514.6	153.3
湖　南	59	189	92	2717.0	494.8	20.3	5442.8	3617.4	1867.4
广　东	57	273	116	16282.2	1319.3	20620.9	15036.6	8712.1	24916.6
广　西	21	121	42	270.0	2.0	45.0	10.3	9.0	
海　南	2	2	1	43.5					
重　庆	37	134	44	400.2	2.4	284.0	620.4	533.3	362.1
四　川	29	72	42	142.2	35.8	711.9	769.4	106.0	94.4
贵　州	12	31	13	189.3	237.9		407.0	229.0	
云　南	4	19	8	19.3	6.5	5.0	28.0	31.0	
西　藏									
陕　西	19	77	19	1791.8	49.1	11.5	124.1	124.6	11.1
甘　肃	24	124	22	10.8	31.3		138.0	138.0	
青　海	1	4	3	18.0	29.0	35.0	630.0	568.0	
宁　夏	1	8	3	21.2	3.5		19.2		
新　疆	17	52	25	8270.4	65.5	2509.6	8411.3	8283.8	35.9

中的慈善会

单位：个、人、万元

行政事业单位增加值	执行民间非营利组织会计制度单位财务指标					上年募捐结余	本年募捐收入	本年募捐支出	年末募捐资金结余
	固定资产原价	上年结余	收入合计	费用合计	民间组织单位增加值				
38333.6	**18175.1**	**176966.5**	**202630.4**	**132488.8**	**53562.1**	**423644.9**	**414245.0**	**312458.6**	**525473.3**
	107.5	14597.0	18048.0	18874.0	-576.9				
0.7	1091.6	10137.0	9229.7	4945.4	3685.4	5125.2	5931.3	2042.3	9014.2
22.7	2.0	2224.6	2193.6	2023.7	97.0	705.8	1792.0	1722.0	70.0
33.8	42.7	1063.0	3651.6	1497.0	428.6	2277.0	3417.3	1580.6	4113.6
64.6	160.2	9.3	3815.0	1524.8	1960.0	94.6	10345.0	6205.0	4234.6
18.6	2.8		272.2	217.8	54.7	27.6	57.5	850.9	0.0
193.0	477.5	1693.2	24976.7	16784.8	5871.6	3370.1	31268.0	20459.2	14178.9
1114.2	25.8		205.0	2.0		750.0	5250.0	4800.0	1200.0
2.7	12.0		54.0	54.0		7245.2		362.3	6882.9
68.1	2006.9	74030.9	8027.4	16636.1	3482.8	96048.2	39342.3	29588.1	105802.4
6882.7	242.2	3935.7	10096.1	5581.9	6160.0	48440.8	68969.1	32868.1	84541.8
3324.3	1993.8	32281.9	47511.5	28197.9	10653.1	161507.3	85563.6	55566.0	191504.0
268.4	27.4	1574.4	5363.8	2612.6	2436.2	207.7	5699.1	4398.2	1508.6
160.7	36.3	2674.7	1478.4	1744.7	232.9	7081.0	11246.9	10651.7	7676.3
261.1		81.2	25.5	13.0		3980.6	3973.3	3574.6	4379.3
5833.9	287.5		3892.5	3613.1	801.3	33773.0	63097.0	56810.0	40060.0
40.9	181.7	989.5	1041.7	788.2	1591.2	2172.0	3234.7	1845.0	3561.7
322.8	354.7	5500.4	4256.0	2692.3	1644.1	3424.3	4934.2	4554.2	3804.3
1865.6	81.8	3434.2	3764.1	2662.5	851.4	9069.8	15668.4	16705.7	8032.5
4576.5	10454.0	19230.2	42760.5	12158.4	11705.7	35046.9	40924.6	46923.5	29048.0
0.1	124.0	469.6	338.8	555.0	269.9	689.9	1392.7	1227.9	854.7
		42.7	85.7	87.1	43.5	42.7	83.7	85.1	41.3
230.1	192.4	662.7	2331.2	1980.0	170.1	188.5	5044.6	4324.0	909.1
131.8	33.9	1390.0	5358.1	5116.9	10.4	1302.3	6127.4	5116.9	2312.8
189.3	4.4		1498.2	285.5		909.9	1434.2	221.7	2122.4
4.3	45.0		125.0	175.0	15.0	1.2	175.9	174.6	2.5
						85.4	94.8	100.2	80.0
42.4	29.8	825.3	849.0	536.5	1749.4	204.0	1286.0	1218.6	271.4
10.8	146.9	75.0	345.0	259.0		241.0	574.0	527.0	288.0
18.0						94.0	1155.7	876.7	279.0
0.1	2.8	29.5	51.7	59.4	21.1	21.0	25.3	41.0	5.3
8066.8	7.5	14.5	984.4	810.2	203.6	820.3	2263.9	2154.5	1006.4

C−29 基层群众性

地　区	单位数	居民1000户以下	居民1000户－3000户	居民3000户以上	社区居委会（村委会）成员
全　国	**694715**	**496895**	**162413**	**35407**	**2827238**
北　京	6508	4376	1804	328	29970
天　津	5268	3699	1453	116	20486
河　北	52355	41749	8996	1610	184878
山　西	29985	25052	3921	1012	95582
内蒙古	13787	9679	3419	689	46385
辽　宁	15678	6477	7617	1584	69960
吉　林	10733	6685	3508	540	42532
黑龙江	11844	5751	4859	1234	55712
上　海	5355	2282	2868	205	27629
江　苏	22397	10503	9211	2683	115348
浙　江	34777	26937	7000	840	142747
安　徽	21109	10335	8354	2420	89225
福　建	16931	11276	4842	813	65518
江　西	19429	12122	6263	1044	75637
山　东	86688	74972	9685	2031	350283
河　南	50961	33543	14518	2900	216462
湖　北	29375	19895	7586	1894	106711
湖　南	48736	35195	11505	2036	179778
广　东	25561	15303	8028	2230	120438
广　西	16015	10562	4555	898	81584
海　南	2991	2607	324	60	13878
重　庆	11131	6002	3877	1252	49660
四　川	54320	40612	10405	3303	217842
贵　州	19731	15626	3434	671	88317
云　南	12092	8277	3147	668	56603
西　藏	5904	5904			21857
陕　西	29170	24655	3836	679	104778
甘　肃	17432	13837	3009	586	71551
青　海	4543	3636	644	263	18154
宁　夏	2800	1490	1114	196	9521
新　疆	11109	7856	2631	622	58212

自治组织总表

单位：个、人

中共党员	女性	社区居委会（村委会）主任	主任、书记“一肩挑”	中共党员	女性
1579450	**715223**	**693004**	**273225**	**487548**	**128250**
17631	15141	6488	3028	5199	1767
9971	8273	5257	1712	4206	1279
105668	27352	52339	15076	34221	4801
59961	13541	29714	14572	20277	2705
27144	14534	13814	3566	8830	3721
38675	28418	15509	6642	12135	3738
16873	12690	10722	2643	4538	3294
24981	17722	11891	2489	6285	3724
15400	15332	5304	1080	3023	2302
72134	29475	22469	6516	17208	4228
65332	26739	34483	2717	17990	3999
56655	22210	21142	4529	12933	2430
25322	14249	16844	825	7114	1894
40450	23045	19352	3620	8610	4064
226861	103252	86688	67262	86506	4592
99821	43648	50569	9271	23377	9412
73753	31429	29376	17810	22527	4959
107849	49394	48732	17918	40121	10797
82660	29825	25324	15631	16653	4222
57128	16679	15954	7374	12131	1441
10427	2794	2989	2480	2691	140
31428	15111	11131	1071	9398	1281
109379	61583	54319	47251	53952	28968
37835	18451	19715	705	10489	4566
39130	10105	12044	6308	8876	1042
12516	2853	5904	1747	3592	1727
47298	20424	29080	1416	14654	2693
21231	13212	17450	1700	8872	4292
10249	5018	4542	1169	2566	868
6840	3200	2801	1553	2221	570
28848	19524	11058	3544	6353	2734

C-29 续表

地　区	增加值合计	执行企业会计制度单位财务指标					执行行	
		固定资产原价	营业收入	费用合计	营业利润	企业单位增加值	固定资产原价	上年结余
全　国	**2809341.9**	**1019378.7**	**361988.9**	**227649.4**	**6511.5**	**61494.7**	**10208009.6**	**1406237.7**
北　京	123760.6	774710.6	319732.5	184870.9	4143.6	38714.2	319639.9	15706.8
天　津	738484.9						960822.8	180000.0
河　北	44358.2						339440.9	2221.8
山　西	25369.2						253531.3	255.7
内蒙古	16523.0						25731.6	
辽　宁	35153.4	5090.1	162.7	150.5	2.0	13.4	221375.0	20690.0
吉　林	9862.4	19.3	5.0				32520.8	1144.2
黑龙江	52537.0	1242.1	35300.0	35088.8		316.0	111790.1	988865.6
上　海	40943.2	17847.8	3651.8	5550.7	2365.9	16399.2	438722.1	5443.2
江　苏	249678.1	133427.0	461.6	188.0		4612.1	799529.3	29483.3
浙　江	363201.9	1604.0				42.0	3366493.5	55866.5
安　徽	40127.3	36852.6	170.9	22.2		540.2	185151.2	8875.0
福　建	7271.5	21576.1	1099.0	442.0		664.8	59160.3	830.6
江　西	10481.5						27743.6	
山　东	417783.8						1234097.4	25895.9
河　南	36299.8	9371.0		10.0		15.7	252418.2	6148.8
湖　北	71898.2	3405.0	594.0	521.0		164.7	175902.9	969.5
湖　南	87267.9	41.1					190237.5	397.0
广　东	183925.2						559648.4	45535.0
广　西	20140.1	3.7					158290.4	2236.9
海　南	4225.2						21662.6	489.8
重　庆	21803.0	3036.0					77343.8	192.0
四　川	122239.3	1035.0	806.0	800.0		10.2	116472.1	6099.3
贵　州	26130.1	75.0					13030.9	444.0
云　南	22470.7	7929.4	2.0	3.0		2.0	83850.1	8124.5
西　藏		42.0						
陕　西	18533.9	1197.0	3.0	2.1			57233.1	95.0
甘　肃	6626.9						45497.4	14.1
青　海	1567.1	142.9	0.4	0.2			18117.5	
宁　夏	1583.1						5847.2	13.0
新　疆	12380.8	731.0					56707.7	200.2

单位：万元

政事业会计制度单位财务指标				执行民间非营利组织会计制度单位财务指标				
收入合计	支出合计	收支结余	行政事业单位增加值	固定资产原价	上年结余	收入合计	费用合计	民间组织单位增加值
6955612.5	**6006894.4**	**143547.7**	**2625255.5**	**1011330.1**	**22352.9**	**461797.9**	**358849.6**	**122591.7**
201515.2	156392.6	15502.4	85046.4					
1025441.0	1025625.6		738484.9					
89584.0	90762.5	453.0	44358.2					
102990.1	78913.6	1037.3	24275.5	9221.9	47.0	5871.7	5462.7	1093.7
19168.8	19483.2	11.0	14055.1	8610.4		3296.1	3295.2	2467.9
64242.3	65839.5	1808.6	30999.1	27910.2	129.8	50419.2	36864.7	4140.9
31110.9	29175.9	480.3	9359.6	13735.5	2.2	6659.7	5275.5	502.8
59063.0	61115.0	12676.4	51702.7	830.4		2011.8	1200.0	518.3
378999.7	319214.1	-149306.2	22184.1	19517.7	748.1	10501.0	11217.5	2359.9
371528.1	374195.5	10494.0	214992.2	316746.2	1446.3	93454.8	74451.6	30073.8
1219403.6	951225.4	119363.7	348372.1	161167.3	8546.1	67358.7	48263.8	14787.8
74109.3	71185.7	2557.5	35000.0	25746.4	163.9	12902.3	9104.6	4587.1
28361.3	29591.6	-147.3	5737.2	28883.9	414.4	11626.3	9687.9	869.5
24807.1	27344.7	4.0	10481.5					
1381343.8	1420817.3	19469.7	417783.8					
113855.3	113272.7	3491.1	34108.5	69420.2	108.1	45040.1	38201.0	2175.6
125979.4	118539.6	2164.2	51370.8	72383.6	493.0	43491.4	41076.5	20362.7
176442.7	167202.4	870.3	86113.2	17208.0		13310.3	11664.2	1154.7
636910.3	515819.9	91452.1	182601.8	8209.0	2.3	4698.0	2152.3	1323.4
26960.1	26488.1	288.8	20140.1	84.0	34.0	192.6	3.6	
14716.9	14411.5	12.4	4225.2					
31552.6	29954.1	1826.8	20174.0	27399.1	9745.8	3569.0	3715.0	1629.0
163881.0	149713.6	2919.9	120533.2	44859.2	-199.9	11342.1	3508.7	1695.9
7459.7	7361.9	482.9	4538.2	49431.8	438.1	46523.2	31903.4	21591.9
60097.4	58627.5	2401.3	12136.3	68923.6	148.7	23592.4	17610.6	10332.4
885.5	885.5							
463527.3	28295.8	475.5	18178.1	18642.9		1925.2	1860.7	355.8
18999.0	16736.8	1993.0	6455.8	19862.8	85.0	3251.5	1566.2	171.1
2686.6	2557.6		1567.1	850.0				
3486.4	3446.8		1186.4	1617.0		703.5	700.5	396.7
36504.1	32698.4	765.0	12380.0	69.0		57.0	63.4	0.8

C-30 村民委员会

地　区	单位数	村民1000户以下	村民1000户－3000户	村民3000户以上	村委会成员
全　国	**612709**	**464832**	**123534**	**24343**	**2411074**
北　京	3954	3732	218	4	12957
天　津	3840	3401	390	49	11845
河　北	49162	40460	7324	1378	170299
山　西	28167	24576	2789	802	87336
内蒙古	11433	8864	2095	474	36882
辽　宁	11760	5784	5476	500	43877
吉　林	8838	6120	2457	261	34265
黑龙江	9054	5224	3238	592	42234
上　海	1830	1202	576	52	7835
江　苏	17080	8754	6555	1771	87431
浙　江	30978	25321	5173	484	122777
安　徽	18106	9374	6730	2002	72766
福　建	14803	10300	3887	616	55581
江　西	16866	10911	5093	862	65026
山　东	80866	71412	7851	1603	318976
河　南	47533	31946	13151	2436	193823
湖　北	25722	18509	5882	1331	91387
湖　南	44203	32864	9800	1539	159570
广　东	19493	13076	5247	1170	88966
广　西	14364	10011	3708	645	71905
海　南	2543	2352	159	32	11687
重　庆	9065	5414	2877	774	38856
四　川	48919	37977	8489	2453	202584
贵　州	18091	14747	2830	514	79653
云　南	11036	7839	2777	420	49849
西　藏	5746	5746			21061
陕　西	27526	24038	3181	307	96781
甘　肃	16233	13270	2510	453	65735
青　海	4164	3421	517	226	16328
宁　夏	2370	1372	830	168	7563
新　疆	8964	6815	1724	425	45239

及选举情况

单位：个、人

		村委会主任			
中共党员	女性		主任、书记“一肩挑”	中共党员	女性
1364315	**509566**	**611234**	**238946**	**429063**	**90994**
9545	2702	3953	1821	3093	160
5930	1363	3840	579	3055	278
98516	19650	49144	13891	32056	3624
55894	9057	27901	13729	18978	1771
21906	9037	11434	2480	7040	2448
26387	10365	11619	4254	8681	984
14108	8566	8827	1988	3656	2281
20512	8987	9088	1455	4661	1604
5742	2560	1825	453	1366	354
56920	17528	17140	4507	13282	2229
55069	16410	30710	1662	15629	2575
47793	14863	18147	3729	11211	1375
20973	9383	14701	561	6060	1055
35008	17627	16804	2882	7303	2909
209873	93956	80866	63013	80712	2552
91840	36262	47159	8506	21526	8136
64219	24075	25722	15853	19839	3471
96191	41497	44200	16283	36389	9107
62493	17421	19314	11674	12397	2378
50951	12222	14305	6620	10896	944
8810	2036	2541	2079	2278	57
25032	9622	9065	615	7633	566
98835	52741	48919	44471	48900	25462
34153	14852	18084	598	9635	3784
34755	8048	10989	5894	8163	752
11866	2680	5746	1731	3434	1674
43910	16852	27439	1104	13710	2139
19135	10640	16255	1410	8187	3628
9373	3966	4163	939	2262	630
5749	1775	2370	1268	1892	313
22827	12823	8964	2897	5139	1754

C-30 续表 1

地　区	当年完成选举的村委会数	当年完成选举的村选民登记数	本届登记选民数	参加投票人数	委托投票人数
全　国	**196515**	**202259961**	**184431104**	**165834454**	**11329972**
北　京	3859	2804516	2792152	2337685	265901
天　津	39	21755	21755	21103	80
河　北	2721	3748666	2730127	2009196	88862
山　西	1262	764049	524825	510179	28383
内蒙古					
辽　宁	11461	16268872	13392356	12385098	1002137
吉　林	4961	3416326	2950261	2742216	123068
黑龙江	4158	2485086	2166695	1733872	
上　海					
江　苏	11284	25154341	23616505	22133025	2527745
浙　江	2198	686159	577722	424644	17533
安　徽					
福　建	1041	1685305	1351735	1290639	
江　西					
山　东	79868	56726060	53895477	48333344	2453646
河　南					
湖　北					
湖　南	2229	2361163	2326647	2116121	235012
广　东					
广　西	518	136807	136807	115958	
海　南	2541	3646240	3457337	2992852	282703
重　庆	6420	11970041	11228614	8008648	235348
四　川	29320	41609140	38060745	35498886	2837365
贵　州	5153	8727220	7853827	7096083	207708
云　南	9416	12206132	10926457	10602129	848472
西　藏					
陕　西	533	53662	53655	24	
甘　肃	15347	5452983	4403807	3897407	28918
青　海	284	330506	217888	168055	16449
宁　夏	1535	1863244	1621733	1367299	123970
新　疆	367	141688	123977	49991	6672

单位：个、人、次

经推举产生的村民代表数	女性	当年召开村民会议次数	当年召开村民代表会议的次数	自然村	村委会小组数
5106050	**1358356**	**632878**	**954554**	**1994124**	**4669028**
84801	24996	7782	10448	5570	27615
19289	680	765	2258	3825	50873
236697	46141	23120	43956	63204	219391
56333	8524	13920	24601	47366	93706
329004	39933	18972	29207	34370	61321
326744	81081	10216	22685	39135	78147
77436	17261	2014	2717	10162	58713
28535	4049	817	2131	20146	104112
				1830	39139
513041	131276	20794	48754	69667	250004
358628	41316	30860	51708	105208	302730
76556	11942	4850	7190	153788	248820
35979	4984	1191	3776	59640	149327
104725	38761	2401	4795	95736	113628
1132310	418527	224316	392963	89690	428716
49300	11099	3290	6294	161131	376851
		46763	90028	58034	206512
40361	15701	58111	33085	101125	437790
90123	11857	2098	11893	143562	198698
52596	9985	8431	13147	127993	246191
59674	10529	11553	13735	17519	25379
143421	27987	6729	14176	6155	102839
478056	156670	30288	33066	238253	361733
539562	197602	26612	31153	80850	171724
150519	20219	54651	21662	107955	105257
				14780	14780
3947	1229	4266	9638	56947	137706
65014	10080	5822	9896	43030	3521
18628	9623	5463	6086	3520	16203
30468	5797	6144	12440	20054	5967
4303	507	639	1066	13879	31635

C−30 续表 2

地　区	增加值合计	执行企业会计制度单位财务指标					执行行	
		固定资产原价	营业收入	费用合计	营业利润	企业单位增加值	固定资产原价	上年结余
全　国	**2281611.9**	**956803.2**	**336577.6**	**201946.8**	**6511.5**	**59748.1**	**8781427.0**	**1351096.0**
北　京	99149.0	774710.6	319732.5	184870.9	4143.6	38714.2	289452.7	12950.6
天　津	731711.1						948771.4	180000.0
河　北	40181.8						302322.6	2220.9
山　西	23354.7						239046.0	202.0
内蒙古	13486.5						21901.1	
辽　宁	27815.2	4047.3	160.0	150.0	2.0	13.4	196795.4	20553.3
吉　林	8017.4	19.2	5.0				29191.4	999.9
黑龙江	40952.2	475.2	10288.0	10078.8		90.7	106949.8	988853.4
上　海	17807.3	17847.8	3651.8	5046.7	2365.9	16394.7	356860.1	5263.1
江　苏	179366.0	78506.0	258.0	111.0		3207.2	615626.5	12054.5
浙　江	292150.3	1604.0				42.0	2954724.7	35138.1
安　徽	30652.3	36852.6	170.9	22.2		540.2	133990.7	8238.4
福　建	5015.8	19816.1	909.0	346.0		568.8	47724.6	429.2
江　西	7029.7						21326.7	
山　东	346996.4						1049672.1	14416.9
河　南	32178.7	8399.0					230371.5	5392.8
湖　北	61146.6	3405.0	594.0	521.0		164.7	137384.1	659.5
湖　南	66648.6	38.7					139060.7	318.5
广　东	135289.2						430284.5	49007.2
广　西	16785.3	3.7					129893.5	1864.4
海　南	3242.1						17812.6	384.8
重　庆	14261.5	2566.0					58188.5	43.0
四　川	20937.9	350.0	806.0	800.0		10.2	97240.0	3642.5
贵　州	23090.7	75.0					11612.4	443.5
云　南	19507.3	6938.9	2.0			2.0	72633.3	7884.4
西　藏		42.0						
陕　西	17345.8	1025.0					53162.5	95.0
甘　肃	4714.6						29132.5	14.1
青　海	1068.1	81.1	0.4	0.2			11058.2	
宁　夏	1053.3						4949.2	4.0
新　疆	6894.5						44287.7	22.0

单位：万元

政事业会计制度单位财务指标				执行民间非营利组织会计制度单位财务指标				
收入合计	支出合计	收支结余	行政事业单位增加值	固定资产原价	上年结余	收入合计	费用合计	民间组织单位增加值
5693977.5	**4835786.0**	**85917.3**	**2115891.4**	**867056.6**	**20980.4**	**396074.3**	**305392.7**	**105972.4**
168301.2	119901.3	14450.4	60434.8					
1016972.6	1016972.6		731711.1					
81535.4	82649.2	453.0	40181.8					
99907.4	75800.7	1037.3	22514.7	8965.0	47.0	5509.5	5125.5	840.0
15840.2	16013.5	11.0	11394.0	7200.2		2758.6	2757.7	2092.5
54855.4	56453.0	1770.7	24262.7	25312.9	129.8	48360.8	35068.4	3539.1
26660.5	24960.0	468.3	7826.4	13732.5	2.2	5871.4	4581.3	191.0
40290.1	40189.3	12672.8	40460.2	705.5		1794.8	1035.0	401.3
217461.0	176188.6	-152206.5	-576.6	19477.8	748.1	8210.7	9003.9	1989.2
267750.4	261989.7	8647.8	151123.8	263589.6	1535.1	79955.8	59776.3	25035.0
1045869.5	807643.9	85497.5	280043.5	133063.7	7436.1	53139.5	38281.9	12064.8
56753.4	53681.3	2328.9	26630.2	21359.1	66.4	10871.1	7443.3	3481.9
20806.9	21085.2	-289.0	3595.9	28204.0	413.3	11429.7	9491.3	851.1
19046.6	20718.8	4.0	7029.7					
1203447.3	1238146.2	12766.2	346996.4					
103388.1	103139.7	3331.6	30185.6	64208.3	91.0	42487.7	36474.9	1993.1
102668.4	97924.4	1948.9	41211.3	61044.0	273.0	35332.7	33287.9	19770.6
136212.2	127757.3	679.6	65592.6	14550.9		11344.3	9964.0	1056.0
343691.3	272363.1	84198.1	134730.7	7179.0		3749.0	1245.5	558.5
21070.0	20760.1	258.0	16785.3	84.0	34.0	189.0		
11851.8	11619.1	6.4	3242.1					
20736.3	19383.3	1455.7	12753.5	19539.2	9640.4	3086.0	3055.0	1508.0
53097.8	44728.9	583.8	19472.6	41128.5	165.0	6688.2	3140.6	1455.1
6447.7	6415.1	483.4	3943.6	42847.7	336.8	40525.6	27432.6	19147.1
55533.4	54316.6	2357.9	10209.8	57004.8	-22.8	19549.3	14489.6	9295.5
860.9	860.9							
457978.5	26454.2	475.5	17031.8	16972.0		1819.1	1801.6	314.0
16700.2	14564.7	1913.0	4550.7	18698.3	85.0	2909.2	1441.1	163.9
2134.5	2008.5		1068.1	797.6				
2592.9	2605.9		828.6	1331.0		453.3	450.3	224.7
23515.6	18490.9	613.0	6894.5	61.0		39.0	45.0	

C-31 社区居民委

地　区	单位数	居民1000户以下	居民1000户－3000户	居民3000户以上	社区居委会成员
全　国	**82006**	**32063**	**38879**	**11064**	**416164**
北　京	2554	644	1586	324	17013
天　津	1428	298	1063	67	8641
河　北	3193	1289	1672	232	14579
山　西	1818	476	1132	210	8246
内蒙古	2354	815	1324	215	9503
辽　宁	3918	693	2141	1084	26083
吉　林	1895	565	1051	279	8267
黑龙江	2790	527	1621	642	13478
上　海	3525	1080	2292	153	19794
江　苏	5317	1749	2656	912	27917
浙　江	3799	1616	1827	356	19970
安　徽	3003	961	1624	418	16459
福　建	2128	976	955	197	9937
江　西	2563	1211	1170	182	10611
山　东	5822	3560	1834	428	31307
河　南	3428	1597	1367	464	22639
湖　北	3653	1386	1704	563	15324
湖　南	4533	2331	1705	497	20208
广　东	6068	2227	2781	1060	31472
广　西	1651	551	847	253	9679
海　南	448	255	165	28	2191
重　庆	2066	588	1000	478	10804
四　川	5401	2635	1916	850	15258
贵　州	1640	879	604	157	8664
云　南	1056	438	370	248	6754
西　藏	158	158			796
陕　西	1644	617	655	372	7997
甘　肃	1199	567	499	133	5816
青　海	379	215	127	37	1826
宁　夏	430	118	284	28	1958
新　疆	2145	1041	907	197	12973

员会及社区服务

单位：个、人

中共党员	女性	社区居委会主任	主任、书记“一肩挑”	中共党员	女性	当年完成选举的居委会数
215135	**205657**	**81770**	**34279**	**58485**	**37256**	**20120**
8086	12439	2535	1207	2106	1607	
4041	6910	1417	1133	1151	1001	
7152	7702	3195	1185	2165	1177	91
4067	4484	1813	843	1299	934	462
5238	5497	2380	1086	1790	1273	154
12288	18053	3890	2388	3454	2754	253
2765	4124	1895	655	882	1013	266
4469	8735	2803	1034	1624	2120	1737
9658	12772	3479	627	1657	1948	
15214	11947	5329	2009	3926	1999	1916
10263	10329	3773	1055	2361	1424	1051
8862	7347	2995	800	1722	1055	327
4349	4866	2143	264	1054	839	59
5442	5418	2548	738	1307	1155	
16988	9296	5822	4249	5794	2040	4857
7981	7386	3410	765	1851	1276	
9534	7354	3654	1957	2688	1488	1015
11658	7897	4532	1635	3732	1690	358
20167	12404	6010	3957	4256	1844	18
6177	4457	1649	754	1235	497	80
1617	758	448	401	413	83	427
6396	5489	2066	456	1765	715	1209
10544	8842	5400	2780	5052	3506	3070
3682	3599	1631	107	854	782	417
4375	2057	1055	414	713	290	843
650	173	158	16	158	53	
3388	3572	1641	312	944	554	613
2096	2572	1195	290	685	664	454
876	1052	379	230	304	238	50
1091	1425	431	285	329	257	165
6021	6701	2094	647	1214	980	228

C−31 续表 1

地　区	当年完成选举的居选民登记数	本届登记选民数	参加投票人数	委托投票人数	城镇社区服务设施	街道社区服务中心
全　国	**39980261**	**33514463**	**26630393**	**1438478**	**172002**	**10222**
北　京					2525	137
天　津					1775	108
河　北	53224	45543	24472	900	6790	163
山　西	902501	219227	420726	385535	1835	413
内蒙古	439269	438211	382677	1451	3617	927
辽　宁	106740	100701	84098	8231	6390	529
吉　林	445274	364602	101056	254	3352	213
黑龙江	5419565	4238118	3386694	27010	2067	234
上　海					20361	129
江　苏	4172510	3809749	3085670	184697	21087	1527
浙　江	2496097	2190092	1645821	34989	32773	295
安　徽	501109	444672	384303	16	3649	284
福　建	181129	171482	96813	12	4986	283
江　西					2990	298
山　东	6292762	6052579	5555764	179398	9958	1057
河　南					3851	510
湖　北	407068	337185	172267	5523	7272	600
湖　南	611816	548938	495306	15776	12609	712
广　东	22091	22017	18068		5911	438
广　西	190990	169735	97680	1654	1064	81
海　南	1299772	1217995	748928	15529	113	1
重　庆	3608507	3357936	2475243	203383	1623	106
四　川	6464301	5255574	4103011	231672	4872	617
贵　州	1449539	967960	748409	18019	4936	124
云　南	1491809	1368585	1222682	79038	309	49
西　藏					70	
陕　西	1942903	855708	536740	13826	2704	97
甘　肃	923889	884983	392656	3601	449	34
青　海	22000	20042	18132	13	42	7
宁　夏	248854	227939	216153	5248	480	50
新　疆	286542	204890	217024	22703	1542	199

单位：个、人

居委会社区服务站	社区从业人员	安置下岗人员	社区服务志愿者组织数	社区服务志愿者人数	城镇便民、利民服务网点数	居委会小组数
50116	**2421573**	**576268**	**431951**	**3908173**	**892656**	**1223432**
1587	23666	8303	8377	247939	7341	54010
1194	102388	17223	4461	360863	11112	69776
1121	113801		23655	21297	59683	26006
818	63128	12258	10972	76956	87804	11600
572	68250	14812	4313	107537	23803	20082
2679	454523	245687	24392	257119	69402	130114
827	7453	459	4210	2525	7480	31009
555	28243	19336	3351	41725	27957	85152
637	76875	6471	13284	395640	44686	180745
12731	236510	60633	19801	533969	72854	102695
3141	124234	30563	54997	471330	104131	81569
936	170693	24875	13938	36309	17452	28715
798	58910	5131	34905	313182	75122	16696
1756	29760	19445	6864	12223	8002	10231
4686	124690	19816	12759	204887	56186	71903
505	39673	13085	7298	18703	35709	31079
1844	36360	1345	36090	167107	5358	43511
4605	144821	25460	31350	46062	54222	40106
1478	117445	1958	26341	75760	22162	40067
325	41181	4966	6368	38579	7037	32143
52	283		296	6227	593	2743
450	137562	33192	8222	301562	6050	17598
2650	118935	2560	50767	26427	9964	44767
2040	21165	3740	5634	28971	17698	19409
163	13602	1382	5339	4565	2528	9342
						591
784	7153	41	2028	862	6797	8113
135	6621		2074	5683	6804	753
35	705	5	417	548	1989	1724
430	15656	15	4655	11417	36271	2134
582	37287	3507	4793	92199	6459	9049

C-31 续表 2

地 区	增加值合计	执行企业会计制度单位财务指标					执行行	
		固定资产原价	营业收入	费用合计	营业利润	企业单位增加值	固定资产原价	上年结余
全 国	**527730.0**	**62575.5**	**25411.3**	**25702.6**		**1746.6**	**1426582.6**	**55141.7**
北 京	24611.6						30187.2	2756.2
天 津	6773.8						12051.4	
河 北	4176.4						37118.3	0.9
山 西	2014.5						14485.3	53.7
内蒙古	3036.5						3830.5	
辽 宁	7338.2	1042.8	2.7	0.5			24579.6	136.7
吉 林	1845.0	0.1					3329.4	144.3
黑龙江	11584.8	766.9	25012.0	25010.0		225.3	4840.3	12.2
上 海	23135.9			504.0		4.5	81862.0	180.1
江 苏	70312.1	54921.0	203.6	77.0		1404.9	183902.8	17428.8
浙 江	71051.6						411768.8	20728.4
安 徽	9475.0						51160.5	636.6
福 建	2255.7	1760.0	190.0	96.0		96.0	11435.7	401.4
江 西	3451.8						6416.9	
山 东	70787.4						184425.3	11479.0
河 南	4121.1	972.0		10.0		15.7	22046.7	756.0
湖 北	10751.6						38518.8	310.0
湖 南	20619.3	2.4					51176.8	78.5
广 东	48636.0						129363.9	-3472.2
广 西	3354.8						28396.9	372.5
海 南	983.1						3850.0	105.0
重 庆	7541.5	470.0					19155.3	149.0
四 川	101301.4	685.0					19232.1	2456.8
贵 州	3039.4						1418.5	0.5
云 南	2963.4	990.5		3.0			11216.8	240.1
西 藏								
陕 西	1188.1	172.0	3.0	2.1			4070.6	
甘 肃	1912.3						16364.9	
青 海	499.0	61.8					7059.3	
宁 夏	529.8						898.0	9.0
新 疆	5486.3	731.0					12420.0	178.2

单位：万元

政事业会计制度单位财务指标				执行民间非营利组织会计制度单位财务指标				
收入合计	支出合计	收支结余	行政事业单位增加值	固定资产原价	上年结余	收入合计	费用合计	民间组织单位增加值
1261635.0	**1171108.4**	**57630.4**	**509364.1**	**144273.5**	**1372.5**	**65723.6**	**53456.9**	**16619.3**
33214.0	36491.3	1052.0	24611.6					
8468.4	8653.0		6773.8					
8048.6	8113.3		4176.4					
3082.7	3112.9		1760.8	256.9		362.2	337.2	253.7
3328.6	3469.7		2661.1	1410.2		537.5	537.5	375.4
9386.9	9386.5	37.9	6736.4	2597.3		2058.4	1796.3	601.8
4450.4	4215.9	12.0	1533.2	3.0		788.3	694.2	311.8
18772.9	20925.7	3.6	11242.5	124.9		217.0	165.0	117.0
161538.7	143025.5	2900.3	22760.7	39.9		2290.3	2213.6	370.7
103777.7	112205.8	1846.2	63868.4	53156.6	-88.8	13499.0	14675.3	5038.8
173534.1	143581.5	33866.2	68328.6	28103.6	1110.0	14219.2	9981.9	2723.0
17355.9	17504.4	228.6	8369.8	4387.3	97.5	2031.2	1661.3	1105.2
7554.4	8506.4	141.7	2141.3	679.9	1.1	196.6	196.6	18.4
5760.5	6625.9		3451.8					
177896.5	182671.1	6703.5	70787.4					
10467.2	10133.0	159.5	3922.9	5211.9	17.1	2552.4	1726.1	182.5
23311.0	20615.2	215.3	10159.5	11339.6	220.0	8158.7	7788.6	592.1
40230.5	39445.1	190.7	20520.6	2657.1		1966.0	1700.2	98.7
293219.0	243456.8	7254.0	47871.1	1030.0	2.3	949.0	906.8	764.9
5890.1	5728.0	30.8	3354.8			3.6	3.6	
2865.1	2792.4	6.0	983.1					
10816.3	10570.8	371.1	7420.5	7859.9	105.4	483.0	660.0	121.0
110783.2	104984.7	2336.1	101060.6	3730.7	-364.9	4653.9	368.1	240.8
1012.0	946.8	-0.5	594.6	6584.1	101.3	5997.6	4470.8	2444.8
4564.0	4310.9	43.4	1926.5	11918.8	171.5	4043.1	3121.0	1036.9
24.6	24.6							
5548.8	1841.6		1146.3	1670.9		106.1	59.1	41.8
2298.8	2172.1	80.0	1905.1	1164.5		342.3	125.1	7.2
552.1	549.1		499.0	52.4				
893.5	840.9		357.8	286.0		250.2	250.2	172.0
12988.5	14207.5	152.0	5485.5	8.0		18.0	18.4	0.8

C—32 社会福利

地 区	单位数	年末职工人数	#女 性	#残疾职工	#女 性	残疾职工工资总额
全 国	**24974**	**1407222**	**418042**	**562985**	**169147**	**1435049.4**
北 京	721	30971	8955	12212	3895	10743.9
天 津	511	23638	6368	10341	3247	9220.1
河 北	1304	47467	13690	18019	4889	13342.5
山 西	701	36872	9025	16513	4450	23539.0
内蒙古	411	13596	3287	4993	1815	4115.2
辽 宁	2318	94180	30805	39162	11836	947270.0
吉 林	894	22482	4850	9550	2003	2420.5
黑龙江	790	26298	5486	11024	3165	165.9
上 海	1849	108871	31867	43652	15341	29841.3
江 苏	3527	268228	93906	100646	31880	145954.5
浙 江	2926	258976	77052	100373	31366	137143.6
安 徽	408	16296	5372	5955	1976	4279.3
福 建	393	17575	5390	6810	1896	2483.8
江 西	343	14464	4970	7818	2566	2632.8
山 东	1545	91590	22147	39653	10070	34848.0
河 南	1315	68370	19394	27585	6897	4914.0
湖 北	761	35353	10740	14892	4372	6774.7
湖 南	788	35260	10385	16831	5122	4188.7
广 东	152	12695	4265	4568	1363	3789.8
广 西	264	13401	3982	4958	935	3749.5
海 南	13	764	248	286	120	108.6
重 庆	737	49752	11490	21246	7314	23628.3
四 川	870	44482	14293	17687	4762	2010.1
贵 州	143	8478	1283	3897	984	794.3
云 南	408	32707	7300	12599	2693	10634.2
西 藏	16	281	149	60	32	69.8
陕 西	387	16152	4607	5457	1549	2673.0
甘 肃	200	5907	1359	2099	663	315.1
青 海	33	1393	772	627	234	297.4
宁 夏	81	2702	781	365	63	320.2
新 疆	165	8021	3824	3107	1649	2781.3

企业总表

单位：个、人、万元

残疾职工养老保险总额	残疾职工补贴	纳税总额	# 增值税总额	# 营业税总额	# 所得税总额	应减免税金总额
125922.6	**10475.6**	**2174075.1**	**1427863.8**	**59494.3**	**331443.5**	**1500404.3**
1432.7	157.1	49488.9	40001.3	831.3	6937.2	28671.0
1822.6	186.0	53008.5	46125.5	495.3	5835.8	49400.1
4280.0	202.1	77162.3	50562.5	3084.5	7033.6	65169.5
1852.5	798.6	54524.8	40872.5	1625.8	5615.4	47082.7
816.0	68.0	8202.1	2017.6	1499.5	247.7	7219.7
22557.0	234.2	130961.6	64110.5	13913.2	20302.7	93511.7
336.8	61.5	9087.3	7680.8	866.0	490.5	7355.1
34.6	5.4	571.0	399.0	171.5	0.3	441.0
10535.5	321.8	86212.5	56705.7	2164.0	6371.6	81678.5
20865.9	1500.8	504283.9	321122.8	4078.4	99193.8	348136.2
36578.1	1009.0	636587.5	420856.5	15861.6	119472.9	379654.4
916.0	196.9	33035.7	30253.6	1255.8	1006.6	30996.8
487.0	90.4	14170.0	4589.7	110.2	1047.4	7116.5
296.7	36.8	7741.5	5992.6	264.5	159.1	6125.0
7437.7	1727.0	205283.2	142733.2	7508.7	30789.8	139984.4
908.3	184.5	34033.1	22434.1	987.2	6425.2	28674.9
1510.8	310.6	19371.5	7750.6	114.7	4125.4	12564.0
1138.4	1341.5	18372.0	16698.9	480.2	46.0	5645.4
947.9	479.5	9830.9	6372.3	71.5	751.2	5814.6
1100.6	296.0	17651.6	11206.1	367.8	2931.1	13544.8
89.7	1.1	3823.4	230.0	3.2	5.2	1637.5
5920.5	395.0	63521.8	51612.0	1110.2	5034.1	39208.0
640.8	116.1	6362.7	2358.1	1084.1	536.5	4203.3
119.6	12.1	8273.6	8162.0	59.4	17.2	7773.1
1146.6	422.2	97632.7	50440.6	236.9	3386.9	73939.2
34.0		6.0		5.0		
963.0	185.9	10767.3	7321.8	327.9	943.4	4019.7
15.8	1.0	186.3	134.8	14.5	7.0	273.9
17.4	12.1	1191.2	1027.6	161.8	1.8	855.4
61.9	5.6	163.9	136.8		1.0	35.1
1058.2	116.8	12566.3	7954.3	739.6	2727.1	9672.8

C-32续表

地　区	实际减免税金总额	盈利总额	亏损总额	增加值合计	执行企业会计制		
					固定资产原价	营业收入	费用合计
全　国	**1211010.2**	**1693076.2**	**351991.8**	**5706802.2**	**12738934.5**	**44689994.2**	**7185133.7**
北　京	32718.3	31853.1	5450.7	74710.1	447291.3	611495.0	98286.7
天　津	30941.8	26368.8	1472.4	109477.1	283498.9	1009024.2	456993.4
河　北	49015.6	60670.2	2897.1	111968.7	370449.7	1281059.8	126091.1
山　西	33604.0	45134.2	3999.8	116339.2	202196.7	479432.2	67655.9
内蒙古	6437.3	2363.2	358.2	43346.1	86309.9	104835.0	88645.4
辽　宁	82035.0	99820.9	7229.1	426077.8	701491.8	1967945.0	407966.4
吉　林	4830.7	8441.5	2480.0	28583.6	106722.0	208075.4	28811.8
黑龙江	887.9	1086.0	3.0	179035.1	103618.3	1002128.8	109264.1
上　海	71471.2	182109.9	5585.0	326178.2	907409.2	3033441.9	341876.1
江　苏	266663.1	446108.4	29069.5	979312.0	2462661.3	10758343.8	1571242.0
浙　江	300626.3	465409.8	264105.1	1970845.0	3719326.4	14575913.8	1571215.3
安　徽	25540.7	15763.8	4938.5	23018.9	96665.9	1264169.8	48931.4
福　建	4329.6	3485.6	592.5	32472.1	175824.3	293455.8	42462.1
江　西	5750.5	1257.7	2682.2	5223.0	64042.7	109686.0	14739.6
山　东	120421.6	137497.7	6374.6	510725.6	968955.5	2714362.5	897421.4
河　南	25209.2	25131.3	1661.2	92325.4	248342.7	768676.3	171320.9
湖　北	7511.4	12242.9	627.7	80516.1	157538.2	397582.9	62397.6
湖　南	4976.5	1697.8	-5360.0	63693.1	117784.7	486511.3	107512.5
广　东	3473.2	7786.8	1117.7	66175.1	102725.9	219470.1	71753.4
广　西	8002.9	13145.1	1480.7	14759.2	73692.4	304290.7	64333.0
海　南	1838.0	5509.5	-31.9	12413.5	10060.3	5173.4	38640.2
重　庆	29864.9	48995.2	10719.4	218130.1	405044.4	858614.1	291903.5
四　川	5380.8	1869.0	445.2	84069.3	200640.5	789805.8	71018.5
贵　州	7708.5	800.2	245.3	14641.1	54669.7	88883.6	72769.7
云　南	68690.0	28953.5	2267.1	50044.5	403974.0	948819.3	234114.0
西　藏		53.0		301.3	1499.3	673.6	514.5
陕　西	2513.7	8570.5	1215.2	37053.6	113538.8	153999.1	28182.5
甘　肃	1573.9	280.9		3614.3	15275.8	19691.9	5793.4
青　海	855.4	3503.5	-32.6	438.3	4348.3	2140.6	643.5
宁　夏	185.4	117.4	279.3	1195.6	26193.3	84575.0	2399.4
新　疆	7952.8	7048.8	119.8	29836.5	107142.3	147717.5	90234.4

单位：万元

度单位财务指标		执行行政事业会计制度单位财务指标					
营业利润	企业单位增加值	固定资产原价	上年结余	收入合计	支出合计	收支结余	行政事业单位增加值
2240735.6	**5698422.6**	**37177.6**	**8339.8**	**51511.8**	**34219.8**	**886.3**	**8379.6**
17090.4	74710.1						
33751.4	109429.0	53.0		355.0	46.0		48.1
39194.7	111734.0	989.8	191.0	171.8	347.8	125.0	234.7
7718.7	116290.9	34.1		78.0	78.0		48.3
7129.6	43346.1						
63377.0	425961.5	619.7		125.0	125.0		116.3
7462.2	28071.3	2132.0	300.0	23406.5	1035.0		512.3
12578.2	179032.4	4.1		3.0	3.0		2.7
166535.6	326178.2						
359657.7	978120.6	6223.0		2103.3	2103.0	0.3	1191.4
1251786.0	1970841.2	95.0					3.8
-9874.0	22906.2	268.0		126.0	126.0		112.7
10465.6	32207.4	884.6	815.8	512.0	498.6	12.4	264.7
-1930.4	5223.0						
151075.9	510725.6						
17004.1	91569.9	1621.9		1145.5	1394.1	51.0	755.5
15052.9	79868.5	1917.2	360.8	3079.0	2877.0	337.8	647.6
14212.6	63693.1						
4598.4	65633.2	11101.1	5236.9	13944.7	19045.7	103.5	541.9
992.5	13363.2	3192.6	229.2	2599.4	2555.9	8.6	1396.0
59.1	12413.5						
22051.4	218108.2	48.0	52.0	70.2	70.2		21.9
25667.9	84067.9	36.0		2.0	2.0		1.4
-7901.6	14238.4	357.4		425.1	414.2	10.9	402.7
17606.4	48973.5	3402.5	1138.1	1364.9	1503.6	215.2	1071.0
68.0	301.3						
8480.7	36740.4	534.0		488.0	490.9	0.5	313.2
356.9	3361.1	422.0	16.0	476.5	470.1	21.1	253.2
1.3	438.2	2.6					0.1
144.4	1096.5	1789.0		1033.7	1033.7		99.1
6322.0	29778.5	1450.0		2.2			58.0

C-33 福利

地 区	单位数	年末职工人数	#女 性	#残疾职工	#女 性	残疾职工工资总额
全 国	**20038**	**1167902**	**356098**	**464839**	**141236**	**592471.4**
北 京	685	29759	8485	11784	3751	10342.1
天 津	509	23548	6347	10339	3246	9216.1
河 北	941	32166	8469	12382	3096	9081.1
山 西	404	23716	6206	9784	2834	7332.6
内蒙古	229	9610	2189	3554	1304	3513.4
辽 宁	1980	84091	27652	34911	10630	172389.9
吉 林	655	18150	4065	7961	1646	2328.7
黑龙江	653	22755	4629	9188	2823	57.9
上 海	1841	107482	31327	42746	15243	28642.9
江 苏	3459	264925	92611	99444	31769	145817.1
浙 江	2524	229678	70338	89274	27705	125066.3
安 徽	330	14582	4762	5262	1723	3956.9
福 建	223	11159	3050	4158	1018	1502.8
江 西	342	14393	4947	7818	2566	2632.8
山 东	1377	82362	20314	35846	9173	31513.7
河 南	1093	56416	16078	22455	5117	3910.6
湖 北	323	15836	5218	6468	1725	2231.0
湖 南	512	21547	6322	9731	2822	960.0
广 东	122	10697	3577	4006	1221	3491.4
广 西	147	7847	2145	2992	569	2159.1
海 南	8	397	138	131	58	75.2
重 庆	438	26805	6755	11968	3770	14599.1
四 川	431	21629	8997	8150	2596	188.2
贵 州	25	983	212	541	123	37.5
云 南	134	10749	2724	4153	1196	6093.1
西 藏						
陕 西	336	14168	4062	5043	1402	2338.7
甘 肃	156	4825	1078	1850	588	308.6
青 海	11	379	220	214	57	
宁 夏	42	1553	404	111	29	274.9
新 疆	108	5695	2777	2575	1436	2409.7

工厂

单位：个、人、万元

残疾职工养老保险总额	残疾职工补贴	纳税总额				应减免税金总额
			# 增值税总额	# 营业税总额	# 所得税总额	
109823.0	**7595.7**	**1892339.3**	**1258502.1**	**50743.9**	**297226.1**	**1298989.9**
1326.1	136.1	47941.3	39604.5	220.8	6420.8	27213.9
1822.6	186.0	53008.5	46125.5	495.3	5835.8	49400.1
2385.5	115.9	53661.2	35003.4	2073.1	2994.8	47206.2
1394.2	595.3	33341.4	26759.2	1211.3	1993.5	29238.0
764.8	39.5	6013.8	1116.0	650.5	190.7	5781.6
21802.5	187.0	122013.2	59580.5	13905.0	19767.8	87801.1
329.8	61.5	8087.3	6680.8	866.0	490.5	6355.1
2.6	5.4	60.0	30.0	29.5	0.3	72.0
9346.2	234.5	85163.0	55685.8	2134.8	6371.6	80930.0
20819.0	1500.8	503939.9	320823.6	4078.4	99149.0	347824.9
32657.8	1009.0	596154.8	395169.1	13640.7	108287.2	358690.4
830.3	164.6	29534.5	26861.1	1244.3	944.3	27867.5
319.7	49.8	11443.2	3281.1	103.0	947.8	5074.7
296.7	36.8	7736.8	5989.1	263.3	159.1	6115.0
6755.3	1674.4	194990.4	135255.0	6183.5	29392.1	130638.0
809.1	168.1	29731.4	19936.4	950.4	6136.4	25730.0
638.6	98.3	4243.4	3136.6	58.6	68.4	3503.5
401.0	48.0	14093.9	12500.8	480.2	46.0	5006.8
869.2	476.0	8383.1	5706.8	48.2	751.2	4667.5
714.0	283.1	12256.5	8562.6	304.8	2122.3	10373.8
6.3	1.1	278.7	230.0	3.2	5.2	266.3
2969.0	78.1	34237.0	30258.8	512.6	1369.0	21858.0
95.7	34.0	539.4	301.1	120.3	30.0	909.0
4.0	3.0	60.0	11.0	38.0		47.5
560.5	126.8	17891.9	8788.8	86.0	1596.2	4892.9
862.1	173.3	6973.3	4204.4	320.7	280.4	3962.1
15.1	0.4	161.1	117.8	13.3		249.1
56.4		9.0	8.0		1.0	9.0
968.9	108.9	10391.3	6774.3	708.1	1874.7	7305.9

C-33 续表

地区	实际减免税金总额	盈利总额	亏损总额	增加值合计	执行企业会计制		
					固定资产原价	营业收入	费用合计
全国	**1043958.8**	**1526705.2**	**328948.2**	**4798978.7**	**10742191.3**	**38489422.3**	**6096687.8**
北京	31865.6	29994.9	5438.9	68529.3	410460.0	585524.7	90541.1
天津	30941.8	26368.8	1472.4	109345.8	283368.9	1008939.2	456970.4
河北	35930.8	48500.5	2390.3	72465.1	269567.2	991486.3	76762.7
山西	20956.3	20114.7	2576.3	34416.9	117896.1	303708.5	35648.1
内蒙古	5627.5	2152.4	137.3	26796.1	76102.9	89550.0	76354.7
辽宁	76180.9	96482.1	7074.1	379371.8	577030.4	1695344.9	396347.8
吉林	3693.7	8441.5	2480.0	24451.1	88609.5	191700.4	24637.7
黑龙江	757.9	25.0	3.0	99689.7	88695.2	206130.4	63263.7
上海	70782.2	181135.7	4855.1	324053.8	904020.7	3029004.8	339704.3
江苏	266063.6	445965.0	28973.5	969747.0	2452747.7	10739237.4	1558480.8
浙江	283762.2	448994.7	263426.2	1779021.2	3333864.7	12963496.8	1372003.4
安徽	22502.0	15762.9	2517.1	31605.0	79892.4	1005918.6	45566.8
福建	3241.9	1454.5	603.4	25712.9	67111.6	203324.2	37243.6
江西	5740.5	1257.7	2650.2	5317.3	63621.7	109425.0	14549.6
山东	111852.6	131243.9	3908.4	475747.1	861464.3	2535839.2	792983.5
河南	22638.4	24441.7	1543.8	76908.7	210092.9	652792.1	158381.6
湖北	2518.3	1212.4	218.5	22065.2	39116.1	194933.7	26864.2
湖南	4308.9	968.6	-5360.0	26286.7	79288.7	383194.4	34152.1
广东	2743.0	6783.4	908.0	61475.0	83984.1	178767.8	67102.3
广西	6754.3	9795.8	596.4	7915.4	40710.0	206305.5	22864.1
海南	266.3	58.0	-33.0	78.3	1560.3	2173.4	240.2
重庆	14725.6	11471.6	-142.2	57463.4	175093.5	424264.5	194221.4
四川	1408.0	187.0	-28.5	52743.3	82968.9	365527.6	38693.3
贵州	53.5	10.0		2097.4	5699.3	6349.4	2716.8
云南	8771.9	5172.9	1381.5	12504.5	167430.3	128912.6	74111.3
西藏							
陕西	2455.1	3838.9	1206.7	31717.0	79118.7	120707.5	23694.7
甘肃	1099.8	2.0		1232.6	6821.6	8627.1	1503.5
青海				74.3	920.4	1501.6	309.2
宁夏	1.0	4.0		195.3	13124.0	52557.0	146.5
新疆	6315.2	4864.6	150.8	20016.9	81809.2	104177.7	70628.4

单位：万元

度单位财务指标		执行行政事业会计制度单位财务指标					
营业利润	企业单位增加值	固定资产原价	上年结余	收入合计	支出合计	收支结余	行政事业单位增加值
2068072.0	**4797022.4**	**20684.2**	**5236.9**	**17318.0**	**22255.9**	**150.7**	**1956.3**
14277.8	68529.3						
33762.4	109345.8						
21302.1	72414.7	785.0		104.0	104.0		50.4
2452.3	34368.6	33.1		78.0	78.0		48.3
5397.6	26796.1						
59874.5	379259.9	510.7		125.0	125.0		111.9
6499.4	24451.1						
7624.1	99689.7	0.1					
166847.6	324053.8						
358008.9	969625.3	3041.6					121.7
1188595.3	1779017.4	95.0					3.8
982.1	31492.3	268.0		126.0	126.0		112.7
9788.9	25612.2	68.0		123.0	122.0		100.7
-1764.4	5317.3						
144299.4	475747.1						
13898.1	76442.6	852.0		972.0	851.0	51.0	466.1
5607.5	22065.2			246.0	210.0		
-3307.4	26286.7						
3625.6	61030.0	10930.8	5236.9	13751.7	18891.2	55.0	445.0
176.3	7914.4	24.4					1.0
-40.9	78.3						
6301.5	57463.4						
11300.6	52743.3						
362.8	2097.4						
3347.0	12260.6	369.5		577.9	533.6	44.2	243.9
5751.8	31529.2	499.0		229.0	231.9	0.5	187.8
-16.9	1232.6						
	74.3						
10.0	125.0	1757.0		983.2	983.2		70.3
3108.0	19958.9	1450.0		2.2			58.0

C-34 假

地　区	单位数	年末职工人数	#女　性	#残疾职工	#女　性	残疾职工工资总额
全　国	**33**	**2397**	**852**	**144**	**20**	**132.7**
北　京	1	127	34	10	2	42.3
天　津	1	82	19	2	1	4.0
河　北	1	23	8	5	1	12.0
山　西						
内蒙古						
辽　宁	1	59	14			
吉　林	2	101	44	1		
黑龙江	1	25	3	12		
上　海	1	144	35	7		23.6
江　苏	1	137	57			
浙　江	1	78	53			
安　徽	1	47	15	2	1	3.0
福　建	1	79	25			
江　西	1	71	23			
山　东	1	151	49	4		9.0
河　南	2	136	40	2		
湖　北	3	327	134			
湖　南	2	66	24	66	4	
广　东	2	183	77	7	4	9.0
广　西	1	55	19	3	2	7.8
海　南						
重　庆	1	12	5	2		
四　川	3	126	55	2	1	
贵　州	1	79	11	6		
云　南	1	64	27	7	2	20.0
西　藏						
陕　西	1	119	38	5	2	
甘　肃	1	72	29	1		2.0
青　海						
宁　夏						
新　疆	1	34	14			

肢厂

单位：个、人、万元

残疾职工养老保险总额	残疾职工补贴	纳税总额	# 增值税总额	# 营业税总额	# 所得税总额	应减免税金总额
22.0	**17.4**	**397.2**	**135.1**	**110.0**	**7.0**	**511.6**
7.2	15.6	13.9	0.8	13.1		89.2
3.2						
6.4		26.0		26.0		
		165.0		47.0		
	0.3	7.0	0.5	2.0		50.0
		7.2		7.2		
		4.7	3.5	1.2		10.0
1.0		84.5	84.5			84.5
2.9	0.5	63.6	27.9	13.1		105.0
1.3	1.0					29.0
		2.0	2.0			121.0
		23.3	15.9	0.4	7.0	22.9

C-34 续表

地　区	实际减免税金总额	盈利总额	亏损总额	增加值合计	执行企业会计制		
					固定资产原价	营业收入	费用合计
全　国	**511.6**	**769.9**	**50.7**	**8264.8**	**17713.4**	**12849.9**	**5332.6**
北　京	89.2	289.1		449.1	1275.0	1482.9	517.5
天　津				83.2	130.0	85.0	23.0
河　北				147.5			
山　西							
内蒙古							
辽　宁				307.4	1361.1	45.0	73.9
吉　林				410.0			
黑龙江					100.0		
上　海		157.0		1053.4	2443.0	1754.0	865.0
江　苏				347.6			
浙　江		82.8		478.7	561.7	1166.0	526.0
安　徽	50.0			36.2	462.0	297.0	131.0
福　建		12.4		164.0			
江　西	10.0		32.0	-94.3	421.0	261.0	190.0
山　东	84.5		1.7	832.4	1778.0	1408.0	674.8
河　南				766.9	1498.6	1432.1	749.1
湖　北				551.7			
湖　南				7.6	80.0		
广　东	105.0	18.6	17.0	908.5	3619.0	2487.6	1349.3
广　西	29.0	19.0		456.1			
海　南							
重　庆				21.9			
四　川				3.0	1459.0	1351.3	1.0
贵　州				41.3	248.0	273.0	31.0
云　南	121.0	171.0		710.1			
西　藏							
陕　西				387.5	1669.0	807.0	201.0
甘　肃	22.9	20.0		232.5			
青　海							
宁　夏							
新　疆					608.0		

单位：万元

度单位财务指标		执行行政事业会计制度单位财务指标					
营业利润	企业单位增加值	固定资产原价	上年结余	收入合计	支出合计	收支结余	行政事业单位增加值
161.0	**5260.8**	**5960.8**	**2473.6**	**6821.8**	**7036.1**	**245.5**	**3004.0**
62.8	449.1						
-11.0	83.2						
		54.0	191.0		176.0	15.0	147.5
-29.0	307.4						
		1149.0		799.0	826.0		410.0
271.0	1053.4						
		1169.2		1307.9	1307.6	0.3	347.6
	478.7						
-50.0	36.2						
		816.6	815.8	389.0	376.6	12.4	164.0
-166.0	-94.3						
-1.7	832.4						
100.0	766.9						
		1283.2	60.8	2183.0	2047.0	7.8	551.7
	7.6						
3.9	908.5						
		1037.8	200.0	846.7	827.7	19.0	456.1
		48.0	52.0	70.2	70.2		21.9
	3.0			2.0	2.0		
	41.3						
		109.0	1138.0	784.0	967.0	171.0	710.1
-19.0	387.5						
		294.0	16.0	440.0	436.0	20.0	232.5

C-35 安置

地 区	单位数	年末职工人数	#女 性	#残疾职工	#女 性	残疾职工工资总额
全 国	**24**	**1191**	**306**	**92**	**8**	**45.9**
北 京						
天 津	1	8	2			
河 北	1	29	7			
山 西						
内蒙古						
辽 宁						
吉 林	1	43	13			
黑龙江						
上 海						
江 苏	1	156	71			
浙 江	2	84	7	7	2	12.0
安 徽	2	65	14	14	2	13.0
福 建						
江 西						
山 东						
河 南	2	66	16	8		
湖 北						
湖 南	4	131	27	19		2.1
广 东	3	60	9	14	4	14.3
广 西	2	239	80			
海 南						
重 庆						
四 川	1	127	20			
贵 州	2	133	30	2		
云 南						
西 藏						
陕 西	1	36	9	23		
甘 肃	1	14	1	5		4.5
青 海						
宁 夏						
新 疆						

农场

单位：个、人、万元

残疾职工养老保险总额	残疾职工补贴	纳税总额	# 增值税总额	# 营业税总额	# 所得税总额	应减免税金总额
10.2	**6.1**	**140.4**	**56.4**	**31.1**	**40.0**	**70.3**
6.0		18.7		8.4	5.6	6.0
	5.2					
0.5	0.3					
3.0		6.4		6.4		6.4
		113.4	55.3	15.5	34.4	56.0
0.7	0.6	1.9	1.1	0.8		1.9

C-35 续表

地　区	实际减免税金总额	盈利总额	亏损总额	增加值合计	执行企业会计制		
					固定资产原价	营业收入	费用合计
全　国	**63.9**	**-3.7**	**-20.4**	**2569.8**	**4146.3**	**822.5**	**2304.4**
北　京							
天　津				48.1			
河　北				34.0			
山　西							
内蒙古							
辽　宁							
吉　林				66.3			
黑龙江							
上　海							
江　苏				722.1			
浙　江	6.0	7.0	13.9	139.5	446.5	290.1	315.9
安　徽		-26.1	-45.0	23.4	345.9	80.1	152.0
福　建							
江　西							
山　东							
河　南				289.4			
湖　北							
湖　南				21.6	1176.0	227.8	208.1
广　东		14.5		390.4	890.9		292.7
广　西	56.0		10.7	921.3			
海　南							
重　庆							
四　川				64.6	41.0	128.0	69.0
贵　州				-220.1	1105.0		1256.0
云　南							
西　藏							
陕　西				54.8	141.0	96.5	10.7
甘　肃	1.9	0.9		20.7			
青　海							
宁　夏							
新　疆							

单位：万元

度单位财务指标		执行行政事业会计制度单位财务指标					
营业利润	企业单位增加值	固定资产原价	上年结余	收入合计	支出合计	收支结余	行政事业单位增加值
-1155.6	**-25.5**	**5481.0**	**-69.8**	**3942.9**	**3940.2**	**50.1**	**2595.3**
		53.0		355.0	46.0		48.1
		79.8		30.8	30.8		34.0
		83.0		181.0	209.0		66.3
		2012.2		795.4	795.4		722.1
-127.9	139.5						
-26.1	23.4						
		769.9		173.5	543.1		289.4
19.7	21.6						
70.2	293.5	170.3		193.0	154.5	48.5	96.9
		1827.4	-69.8	1752.6	1713.1	-10.4	921.3
64.0	64.6						
-1150.0	-622.8	357.4		425.1	414.2	10.9	402.7
-5.5	54.8						
		128.0		36.5	34.1	1.1	20.7

C-36 其他社会

地区	单位数	年末职工人数	#女性	#残疾职工	#女性	残疾职工工资总额
全国	**4879**	**235732**	**60786**	**97910**	**27883**	**842399.4**
北京	35	1085	436	418	142	359.5
天津						
河北	361	15249	5206	5632	1792	4249.4
山西	297	13156	2819	6729	1616	16206.4
内蒙古	182	3986	1098	1439	511	601.8
辽宁	337	10030	3139	4251	1206	774880.1
吉林	236	4188	728	1588	357	91.8
黑龙江	136	3518	854	1824	342	108.0
上海	7	1245	505	899	98	1174.8
江苏	66	3010	1167	1202	111	137.4
浙江	399	29136	6654	11092	3659	12065.3
安徽	75	1602	581	677	250	306.4
福建	169	6337	2315	2652	878	981.0
江西						
山东	167	9077	1784	3803	897	3325.3
河南	218	11752	3260	5120	1780	1003.4
湖北	435	19190	5388	8424	2647	4543.7
湖南	270	13516	4012	7015	2296	3226.6
广东	25	1755	602	541	134	275.1
广西	114	5260	1738	1963	364	1582.6
海南	5	367	110	155	62	33.4
重庆	298	22935	4730	9276	3544	9029.2
四川	435	22600	5221	9535	2165	1821.9
贵州	115	7283	1030	3348	861	756.8
云南	273	21894	4549	8439	1495	4521.1
西藏	16	281	149	60	32	69.8
陕西	49	1829	498	386	145	334.3
甘肃	42	996	251	243	75	
青海	22	1014	552	413	177	297.4
宁夏	39	1149	377	254	34	45.3
新疆	56	2292	1033	532	213	371.6

福利企业

单位：个、人、万元

残疾职工养老保险总额	残疾职工补贴	纳税总额	# 增值税总额	# 营业税总额	# 所得税总额	应减免税金总额
16067.4	**2856.4**	**281198.2**	**169170.2**	**8609.3**	**34170.4**	**200832.5**
99.4	5.4	1533.7	396.0	597.4	516.4	1367.9
1891.3	86.2	23501.1	15559.1	1011.4	4038.8	17963.3
458.3	203.3	21183.4	14113.3	414.5	3621.9	17844.7
51.2	28.5	2188.3	901.6	849.0	57.0	1438.1
754.5	47.2	8948.4	4530.0	8.2	534.9	5710.6
7.0		1000.0	1000.0			1000.0
32.0		511.0	369.0	142.0		369.0
1182.9	87.3	1023.5	1019.9	3.2		748.5
46.9		344.0	299.2		44.8	311.3
3914.3		40249.0	25687.4	2165.5	11180.1	20958.0
85.7	26.8	3494.2	3392.0	9.5	62.3	3079.3
167.3	40.6	2719.6	1308.6		99.6	2041.8
681.4	52.6	10208.3	7393.7	1325.2	1397.7	9261.9
99.2	16.4	4301.7	2497.7	36.8	288.8	2944.9
872.2	212.3	15128.1	4614.0	56.1	4057.0	9060.5
736.9	1293.2	4278.1	4198.1			638.6
72.8	3.0	1377.8	637.6	3.8		1035.7
385.3	11.9	5281.7	2588.2	47.5	774.4	3086.0
83.4		3544.7				1371.2
2951.5	316.9	29284.8	21353.2	597.6	3665.1	17350.0
545.1	82.1	5823.3	2057.0	963.8	506.5	3294.3
115.6	9.1	8213.6	8151.0	21.4	17.2	7725.6
586.1	295.4	79738.8	41649.8	150.9	1790.7	68925.3
34.0		6.0		5.0		
100.9	12.6	3794.0	3117.4	7.2	663.0	57.6
17.4	12.1	1191.2	1027.6	161.8	1.8	855.4
5.5	5.6	154.9	128.8			26.1
89.3	7.9	2175.0	1180.0	31.5	852.4	2366.9

C-36 续表

地 区	实际减免税金总额	盈利总额	亏损总额	增加值合计	执行企业会计制		
					固定资产原价	营业收入	费用合计
全 国	**166475.9**	**165604.8**	**23013.3**	**896988.9**	**1974883.5**	**6186899.5**	**1080808.9**
北 京	763.5	1569.1	11.8	5731.7	35556.3	24487.4	7228.1
天 津							
河 北	13084.8	12169.7	506.8	39322.1	100882.5	289573.5	49328.4
山 西	12647.7	25019.5	1423.5	81922.3	84300.6	175723.7	32007.8
内蒙古	809.8	210.8	220.9	16550.0	10207.0	15285.0	12290.7
辽 宁	5854.1	3338.8	155.0	46398.6	123100.3	272555.1	11544.7
吉 林	1137.0			3656.2	18112.5	16375.0	4174.1
黑龙江	130.0	1061.0		79345.4	14823.1	795998.4	46000.4
上 海	689.0	817.2	729.9	1071.0	945.5	2683.1	1306.8
江 苏	599.5	143.4	96.0	8495.3	9913.6	19106.4	12761.2
浙 江	16858.1	16325.3	665.0	191205.6	384453.5	1610960.9	198370.0
安 徽	2988.7	27.0	2466.4	-8645.7	15965.6	257874.1	3081.6
福 建	1087.7	2018.7	-10.9	6595.2	108712.7	90131.6	5218.5
江 西							
山 东	8484.5	6253.8	2464.5	34146.1	105713.2	177115.3	103763.1
河 南	2570.8	689.6	117.4	14360.4	36751.2	114452.1	12190.2
湖 北	4993.1	11030.5	409.2	57899.2	118422.1	202649.2	35533.4
湖 南	667.6	729.2		37377.2	37240.0	103089.1	73152.3
广 东	625.2	970.3	192.7	3401.2	14231.9	38214.7	3009.1
广 西	1163.6	3330.3	873.6	5466.4	32982.4	97985.2	41468.9
海 南	1571.7	5451.5	1.1	12335.2	8500.0	3000.0	38400.0
重 庆	15139.3	37523.6	10861.6	160644.8	229950.9	434349.6	97682.1
四 川	3972.8	1682.0	473.7	31258.4	116171.6	422798.9	32255.2
贵 州	7655.0	790.2	245.3	12722.5	47617.4	82261.2	68765.9
云 南	59797.1	23609.6	885.6	36829.9	236543.7	819906.7	160002.7
西 藏		53.0		301.3	1499.3	673.6	514.5
陕 西	58.6	4731.6	8.5	4894.3	32610.1	32388.1	4276.1
甘 肃	449.3	258.0		2128.5	8454.2	11064.8	4289.9
青 海	855.4	3503.5	-32.6	364.0	3427.9	639.0	334.3
宁 夏	184.4	113.4	279.3	1000.3	13069.3	32018.0	2252.9
新 疆	1637.6	2184.2	-31.0	9819.6	24725.1	43539.8	19606.0

单位：万元

度单位财务指标		执行行政事业会计制度单位财务指标					
营业利润	企业单位增加值	固定资产原价	上年结余	收入合计	支出合计	收支结余	行政事业单位增加值
173658.2	**896164.9**	**5051.6**	**699.1**	**23429.1**	**987.6**	**440.0**	**824.0**
2749.8	5731.7						
17892.6	39319.3	71.0		37.0	37.0	110.0	2.8
5266.4	81922.3	1.0					
1732.0	16550.0						
3531.5	46394.2	109.0					4.4
962.8	3620.2	900.0	300.0	22426.5			36.0
4954.1	79342.7	4.0		3.0	3.0		2.7
-583.0	1071.0						
1648.8	8495.3						
63318.6	191205.6						
-10780.0	-8645.7						
676.7	6595.2						
6778.2	34146.1						
3006.0	14360.4						
9445.4	57803.3	634.0	300.0	650.0	620.0	330.0	95.9
17500.3	37377.2						
898.7	3401.2						
816.2	5448.8	303.0	99.0	0.1	15.1		17.6
100.0	12335.2						
15749.9	160644.8						
14303.3	31257.0	36.0					1.4
-7114.4	12722.5						
14259.4	36712.9	2924.0	0.1	3.0	3.0		117.0
68.0	301.3						
2753.4	4768.9	35.0		259.0	259.0		125.4
373.8	2128.5						
1.3	363.9	2.6					0.1
134.4	971.5	32.0		50.5	50.5		28.8
3214.0	9819.6						

C-37 优抚安置

地　区	单位数	年末职工人数	女性	增加值合计	执行企业		
					固定资产原价	营业收入	费用合计
全　国	**3175**	**33799**	**14288**	**808322.8**	**10657.5**	**2713.9**	**2793.5**
北　京	123	2232	1116	154950.0			
天　津	32	463	171	20949.4			
河　北	245	2220	905	45203.0			
山　西	121	1028	461	11764.1			
内蒙古	32	458	150	12829.6			
辽　宁	104	1972	742	75975.4			
吉　林	73	1015	442	22484.1			
黑龙江	77	732	257	13877.7		48.2	53.4
上　海	41	726	289	25169.5			
江　苏	215	2092	850	54942.6	1067.0	618.6	714.1
浙　江	95	621	277	15065.8	132.0	7.0	26.0
安　徽	143	1578	751	16097.9	5310.0	574.1	868.2
福　建	102	792	329	13978.9			
江　西	62	747	342	7107.2			
山　东	251	2834	1067	74594.7			
河　南	228	3288	1496	21677.2	656.8	423.3	477.6
湖　北	154	1798	735	23152.5			
湖　南	148	1505	656	21101.1			
广　东	137	1319	581	42762.3			
广　西	66	814	363	10019.1			
海　南	16	184	69	5161.4			
重　庆	63	425	168	11308.9			
四　川	226	1384	553	25633.6			
贵　州	52	375	162	4263.5			
云　南	115	938	436	13155.7	3491.7	1042.7	654.2
西　藏	3	11	7	30.0			
陕　西	112	1045	430	34153.2			
甘　肃	75	575	239	14287.5			
青　海	13	105	35	850.2			
宁　夏	11	89	32	2738.9			
新　疆	40	434	177	14700.8			

单位总表

单位：个、人、万元

会计制度单位财务指标		执行行政事业会计制度单位财务指标					
营业利润	企业单位增加值	固定资产原价	上年结余	收入合计	支出合计	收支结余	行政事业单位增加值
-573.7	**1119.0**	**679221.4**	**61329.3**	**1148010.8**	**1131609.7**	**46331.5**	**808322.8**
		44420.9	4934.3	202605.1	193439.4	10440.9	154950.0
		61196.4	16243.2	35023.2	27897.5	1652.0	20949.4
		27650.0	1584.4	57215.4	57627.7	224.6	45203.0
		11947.8	3636.9	22711.7	23720.8	1197.5	11764.1
		6290.3	1040.9	15042.0	13873.0	1939.2	12829.6
		34898.2	1662.5	88255.0	89527.1	539.9	75975.4
		12652.2	112.0	27362.7	26374.0	1141.5	22484.1
-4.9	25.4	18237.4	669.6	17655.2	17190.9	1870.7	13877.7
		78758.2	738.9	41039.0	40116.1	1156.7	25169.5
-115.9	215.1	34833.8	912.8	73696.5	73391.8	944.4	54942.6
-20.0	11.2	19468.5	2246.3	25026.4	24767.7	1491.3	15065.8
-228.4	345.0	18098.9	2818.8	18948.0	19299.2	787.1	16097.9
		17184.3	1189.5	22153.7	20716.6	1559.1	13978.9
		15842.9	535.7	10479.6	10781.7	308.6	7107.2
		62044.8	3095.8	105796.3	140007.8	161.2	74594.7
-101.4	24.7	27581.1	997.9	39799.8	36985.2	2659.3	21677.2
		35863.8	1067.7	66942.5	44192.0	2090.2	23152.5
		18871.3	746.4	27874.3	27691.3	515.8	21101.1
		25055.0	2225.3	59296.9	55795.0	5162.8	42762.3
		15085.1	2197.1	13402.1	12587.3	919.1	10019.1
		4606.6	973.9	7709.3	6509.3	220.8	5161.4
		5875.5	269.2	18849.7	19224.8	258.5	11308.9
		19169.7	4470.6	36380.0	35686.1	1588.9	25633.6
		5678.8	230.4	8603.3	7978.5	-31.9	4263.5
-103.1	497.5	17314.5	1196.5	26707.5	26823.4	530.2	13155.7
		750.0		11.0	11.0		30.0
		17155.9	1145.5	37981.6	39208.9	-927.9	34153.2
		8438.0	526.8	15658.3	18106.7	278.6	14287.5
		1224.2	47.8	2177.6	2194.1	11.4	850.2
		1698.7	171.4	3093.1	3183.8	-0.9	2738.9
		11328.6	3641.2	20514.0	16701.0	7641.9	14700.8

C-38 在编制部门登

地　区	单位数	年末职工人数	女性	增加值合计	执行企业		
					固定资产原价	营业收入	费用合计
全　国	**3019**	**33328**	**14092**	**797793.3**	**10657.5**	**2713.9**	**2793.5**
北　京	121	2215	1106	147609.5			
天　津	32	463	171	20949.4			
河　北	239	2207	900	45166.6			
山　西	119	1024	460	11763.7			
内蒙古	32	458	150	12829.6			
辽　宁	103	1971	742	75975.4			
吉　林	72	1013	441	22375.9			
黑龙江	70	713	252	13836.7		48.2	53.4
上　海	41	726	289	25169.5			
江　苏	214	2091	850	54937.2	1067.0	618.6	714.1
浙　江	91	611	275	15030.3	132.0	7.0	26.0
安　徽	136	1564	742	16093.9	5310.0	574.1	868.2
福　建	92	781	326	13948.2			
江　西	61	741	339	7065.2			
山　东	251	2834	1067	74594.7			
河　南	224	3270	1492	21637.1	656.8	423.3	477.6
湖　北	154	1798	735	23152.5			
湖　南	144	1492	652	21078.1			
广　东	127	1297	576	42744.4			
广　西	62	801	359	10003.5			
海　南	16	184	69	5161.4			
重　庆	61	423	166	11307.7			
四　川	197	1268	507	25602.9			
贵　州	42	355	155	4229.5			
云　南	106	927	433	13150.5	3491.7	1042.7	654.2
西　藏	2	8	6	30.0			
陕　西	107	1033	426	34114.6			
甘　肃	41	469	199	11621.8			
青　海	13	105	35	850.2			
宁　夏	10	88	31	2737.6			
新　疆	39	398	141	14692.8			

记优抚安置单位

单位：个、人、万元

会计制度单位财务指标		执行行政事业会计制度单位财务指标					
营业利润	企业单位增加值	固定资产原价	上年结余	收入合计	支出合计	收支结余	行政事业单位增加值
-573.7	**1119.0**	**673590.8**	**61315.8**	**1138872.9**	**1120253.2**	**46108.0**	**797793.3**
		44111.8	4934.3	194804.1	185861.9	10217.4	147609.5
		61196.4	16243.2	35023.2	27897.5	1652.0	20949.4
		27569.6	1584.4	57049.8	57462.1	224.6	45166.6
		11947.8	3636.9	22704.0	23713.1	1197.5	11763.7
		6290.3	1040.9	15042.0	13873.0	1939.2	12829.6
		34898.2	1662.5	88245.0	89517.1	539.9	75975.4
		12652.2	112.0	27244.5	26255.8	1141.5	22375.9
-4.9	25.4	18114.4	669.6	17549.6	17085.3	1870.7	13836.7
		78758.2	738.9	41039.0	40116.1	1156.7	25169.5
-115.9	215.1	34723.8	912.8	73695.5	73390.8	944.4	54937.2
-20.0	11.2	19100.0	2246.3	24983.3	24725.7	1491.3	15030.3
-228.4	345.0	18028.6	2818.3	18877.5	19227.9	787.1	16093.9
		16509.3	1189.5	22139.9	20702.4	1559.1	13948.2
		15042.9	535.7	10279.6	10581.7	308.6	7065.2
		62044.8	3095.8	105796.3	140007.8	161.2	74594.7
-101.4	24.7	27527.1	997.9	39651.3	36836.7	2659.3	21637.1
		35863.8	1067.7	66942.5	44192.0	2090.2	23152.5
		18558.3	746.4	27854.3	27671.3	515.8	21078.1
		24607.0	2225.3	59295.9	55794.0	5162.8	42744.4
		14771.8	2197.1	13380.4	12565.6	919.1	10003.5
		4606.6	973.9	7709.3	6509.3	220.8	5161.4
		5870.5	269.2	18847.5	19222.6	258.5	11307.7
		18594.8	4457.6	36238.2	35664.3	1588.9	25602.9
		4991.8	230.4	8583.2	7958.4	-31.9	4229.5
-103.1	497.5	17267.5	1196.5	26691.0	26806.9	530.2	13150.5
		750.0		1.0	1.0		30.0
		17134.1	1145.5	37870.8	39098.1	-927.9	34114.6
		8039.7	526.8	15549.5	15435.9	278.6	11621.8
		1224.2	47.8	2177.6	2194.1	11.4	850.2
		1666.7	171.4	3093.1	3183.8	-0.9	2737.6
		11128.6	3641.2	20514.0	16701.0	7641.9	14692.8

C-39 未登记的

地　区	单位数	年末职工人数	女性	增加值合计	执行企业		
					固定资产原价	营业收入	费用合计
全　国	**156**	**471**	**196**	**10529.5**			
北　京	2	17	10	7340.5			
天　津							
河　北	6	13	5	36.4			
山　西	2	4	1	0.4			
内蒙古							
辽　宁	1	1					
吉　林	1	2	1	108.2			
黑龙江	7	19	5	41.0			
上　海							
江　苏	1	1		5.4			
浙　江	4	10	2	35.5			
安　徽	7	14	9	4.0			
福　建	10	11	3	30.7			
江　西	1	6	3	42.0			
山　东							
河　南	4	18	4	40.1			
湖　北							
湖　南	4	13	4	23.0			
广　东	10	22	5	17.9			
广　西	4	13	4	15.6			
海　南							
重　庆	2	2	2	1.2			
四　川	29	116	46	30.7			
贵　州	10	20	7	34.0			
云　南	9	11	3	5.2			
西　藏	1	3	1				
陕　西	5	12	4	38.6			
甘　肃	34	106	40	2665.7			
青　海							
宁　夏	1	1	1	1.3			
新　疆	1	36	36	8.0			

优抚单位

单位：个、人、万元

会计制度单位财务指标		执行行政事业会计制度单位财务指标					
营业利润	企业单位增加值	固定资产原价	上年结余	收入合计	支出合计	收支结余	行政事业单位增加值
		5630.6	**13.5**	**9137.9**	**11356.5**	**223.5**	**10529.5**
		309.1		7801.0	7577.5	223.5	7340.5
		80.4		165.6	165.6		36.4
				7.7	7.7		0.4
				10.0	10.0		
				118.2	118.2		108.2
		123.0		105.6	105.6		41.0
		110.0		1.0	1.0		5.4
		368.5		43.1	42.0		35.5
		70.3	0.5	70.5	71.3		4.0
		675.0		13.8	14.2		30.7
		800.0		200.0	200.0		42.0
		54.0		148.5	148.5		40.1
		313.0		20.0	20.0		23.0
		448.0		1.0	1.0		17.9
		313.3		21.7	21.7		15.6
		5.0		2.2	2.2		1.2
		574.9	13.0	141.8	21.8		30.7
		687.0		20.1	20.1		34.0
		47.0		16.5	16.5		5.2
				10.0	10.0		
		21.8		110.8	110.8		38.6
		398.3		108.8	2670.8		2665.7
		32.0					1.3
		200.0					8.0

C–40 军休所

地　区	单位数	年末职工人数	女　性	增加值合计	固定资产原价	上年结余
全　国	**1797**	**17417**	**7203**	**740995.5**	**319908.3**	**54054.1**
北　京	117	2112	1072	154061.4	39397.3	4847.4
天　津	20	240	96	19432.6	48260.3	15989.0
河　北	146	1228	505	42203.1	14881.2	835.2
山　西	66	498	212	9984.3	6337.0	2593.7
内蒙古	20	239	70	11779.8	3923.6	924.9
辽　宁	69	1335	512	73787.4	22357.5	1662.0
吉　林	36	468	200	20764.4	5310.3	
黑龙江	49	430	131	12513.1	9078.3	660.6
上　海	28	341	137	19130.3	7427.9	637.5
江　苏	129	1054	430	49347.7	13485.7	801.3
浙　江	57	300	112	12461.1	5731.0	1920.4
安　徽	51	350	123	13784.7	4939.6	2221.7
福　建	51	438	176	12111.9	5445.5	1060.8
江　西	14	122	45	5359.1	2107.9	225.1
山　东	162	1789	661	69123.0	29704.7	2641.1
河　南	114	1104	478	16680.1	10768.1	871.1
湖　北	101	851	359	20824.4	16108.8	385.4
湖　南	102	802	324	18624.8	10903.3	746.4
广　东	81	714	322	37467.0	9385.7	1328.3
广　西	36	241	83	8192.6	3790.9	2078.8
海　南	10	123	48	4989.5	2237.6	969.9
重　庆	43	308	119	10896.1	2820.7	233.6
四　川	114	617	264	23403.8	9502.2	4199.6
贵　州	14	108	49	3250.4	2248.9	176.1
云　南	57	471	203	11786.2	9013.8	918.5
西　藏						
陕　西	69	622	244	33068.8	13670.9	1135.5
甘　肃	14	200	110	10734.1	4101.3	467.8
青　海	3	51	19	668.4	490.6	14.0
宁　夏	6	47	19	2525.6	672.9	162.1
新　疆	18	214	80	13086.5	5804.8	3346.3

（含管理中心）

单位：人、个、万元

执行行政事业会计制度单位财务指标				军队离退休干部休养所		
收入合计	支出合计	收支结余	行政事业单位增加值	休养所可提供修养的户数	年末修养(含分散修养)人数	本年代发离退休金
1031728.5	**1014824.6**	**39596.2**	**740995.5**	**104233**	**147177**	**710584.3**
201587.4	192459.7	10393.0	154061.4	22288	24246	42668.9
33527.0	26311.2	1524.8	19432.6	590	3408	84.3
51818.2	51477.0	93.5	42203.1	3670	16851	39991.7
19005.7	19745.3	708.0	9984.3	1670	2814	10076.2
13833.7	12491.8	1932.9	11779.8	1628	1829	9584.1
84430.8	85730.1	513.1	73787.4	13664	14278	46696.0
24675.7	23534.6	1068.0	20764.4	476	1006	4832.8
15539.0	15187.8	1818.7	12513.1	1019	1591	5969.1
32605.8	32252.1	569.9	19130.3	2504	3718	21915.4
63628.3	63585.8	758.6	49347.7	5773	7994	29222.7
15918.7	15942.6	1232.4	12461.1	2138	2780	12930.6
16008.7	16411.6	774.6	13784.7	1830	2537	11176.4
19664.8	18183.7	1129.3	12111.9	1597	2585	12303.1
7447.7	7340.8	60.0	5359.1	995	1176	5090.0
96724.6	130088.5	167.0	69123.0	14117	14705	80085.4
29201.1	26562.3	2350.9	16680.1	2393	4517	14505.5
63330.0	40814.4	1491.3	20824.4	4229	6204	14395.9
23845.3	23828.5	382.1	18624.8	2913	4091	18657.1
47972.3	45888.3	3061.4	37467.0	4308	6602	38199.3
10071.5	9506.9	744.6	8192.6	1017	1641	6832.4
7366.5	6205.1	220.8	4989.5	395	1043	3681.7
18242.8	18556.9	258.5	10896.1	2279	2318	7232.2
31163.9	31250.2	1525.8	23403.8	3936	5040	228283.6
7152.0	6502.9	48.9	3250.4	861	851	5026.1
24280.2	24298.9	664.4	11786.2	2759	4251	15720.8
36024.5	37509.7	-1076.2	33068.8	3377	5985	5987.3
14067.5	13893.9	278.6	10734.1	883	1482	10713.2
1850.0	1852.6	11.4	668.4	144	289	2087.3
2817.8	2898.3		2525.6	279	285	1956.3
17927.0	14513.1	6889.9	13086.5	501	1060	4678.9

C-41 军

地　区	单位数	年末职工人数	女　性	增加值合计
全　国	**322**	**7078**	**3139**	**24812.5**
北　京	1	49	14	698.7
天　津	1	26	3	130.4
河　北	9	105	29	440.0
山　西	6	149	65	421.8
内蒙古	5	116	39	488.6
辽　宁	11	283	111	1050.9
吉　林	11	289	145	682.4
黑龙江	11	153	65	979.9
上　海	1	70	19	530.1
江　苏	16	275	131	1269.0
浙　江	10	164	86	1246.4
安　徽	41	804	434	831.4
福　建	12	210	97	1076.8
江　西	12	308	133	659.6
山　东	20	338	130	1396.9
河　南	24	833	383	2665.7
湖　北	9	317	117	643.8
湖　南	13	326	158	1525.3
广　东	15	350	149	1845.7
广　西	12	426	228	1246.4
海　南	1	43	19	83.8
重　庆	5	61	19	235.1
四　川	15	421	154	1073.1
贵　州	9	163	75	639.7
云　南	21	361	204	1150.6
西　藏				
陕　西	8	138	52	334.3
甘　肃	8	133	33	397.2
青　海	4	39	9	131.7
宁　夏	1	17	4	150.8
新　疆	10	111	34	613.1

供站

单位：个、人、万元

执行企业会计制度单位财务指标				
固定资产原价	营业收入	费用合计	营业利润	企业单位增加值
10657.5	**2713.9**	**2793.5**	**-573.7**	**1119.0**
	48.2	53.4	-4.9	25.4
1067.0	618.6	714.1	-115.9	215.1
132.0	7.0	26.0	-20.0	11.2
5310.0	574.1	868.2	-228.4	345.0
656.8	423.3	477.6	-101.4	24.7
3491.7	1042.7	654.2	-103.1	497.5

C-41 续表

地 区	执行行政事业会计制度单位			
	固定资产原价	上年结余	收入合计	支出合计
全 国	**97464.8**	**1876.6**	**41446.4**	**40480.3**
北 京	2268.0	61.0	849.0	837.0
天 津	309.0	20.0	273.0	235.0
河 北	2070.1	84.0	960.9	877.8
山 西	496.0	184.0	639.0	626.0
内蒙古	1381.7	7.0	673.9	612.2
辽 宁	4461.8	0.5	2091.8	2090.8
吉 林	1626.0		825.8	927.1
黑龙江	7336.4	9.0	1184.2	1164.1
上 海	2536.6		1401.0	1099.1
江 苏	3208.3	9.4	1876.8	1830.7
浙 江	4881.1	0.6	2342.2	2301.4
安 徽	5224.4	513.9	1010.4	1063.0
福 建	6679.2	-366.4	1413.5	1356.0
江 西	5201.0	227.1	988.7	981.9
山 东	3482.9	-22.2	1705.0	1720.5
河 南	8189.6	26.4	3513.5	3681.0
湖 北	2461.4	315.0	1241.3	1266.2
湖 南	2572.1		2222.0	2216.9
广 东	9088.6	214.7	4807.1	4775.3
广 西	5127.6	70.1	2591.1	2423.0
海 南	389.0	4.0	332.2	295.0
重 庆	955.5		449.8	467.6
四 川	3943.7	150.8	2528.5	1967.7
贵 州	896.7	54.3	847.8	882.7
云 南	5674.1	278.0	2266.1	2362.3
西 藏				
陕 西	696.1		435.8	433.8
甘 肃	1491.9	10.0	452.0	462.0
青 海	306.7	23.8	244.8	248.5
宁 夏	635.7	0.7	175.4	171.0
新 疆	3873.6	0.9	1103.8	1104.7

单位：张、人次、万元

财务指标		床位数	接待人次数	
收支结余	行政事业单位增加值			接待军队人次数
1014.2	**24812.5**	**30332**	**5065224**	**3027688**
22.0	698.7	88	116900	116900
59.0	130.4	162	94130	35000
9.7	440.0	203	198360	145124
13.0	421.8	307	54350	54350
	488.6	276	41127	40449
	1050.9	531	132365	89098
-34.0	682.4	910	87527	51826
39.0	979.9	951	108855	40241
301.9	530.1	179	57174	22035
46.6	1269.0	925	274607	153352
25.8	1246.4	1310	231908	140453
-41.3	831.4	2447	316489	119707
35.3	1076.8	558	68133	45559
52.1	659.6	837	121477	80477
-6.5	1396.9	3038	348050	271506
-52.5	2665.7	3384	486593	167042
344.1	643.8	1527	65580	63049
-28.4	1525.3	780	177689	133278
230.5	1845.7	2574	252568	214438
93.5	1246.4	1689	259626	104177
	83.8	452	50821	30000
	235.1	65	141265	139974
54.3	1073.1	3664	398092	339744
-80.8	639.7	520	98170	97380
-134.2	1150.6	1944	633490	213483
2.0	334.3	396	101508	45122
	397.2	202	47234	40874
	131.7		15486	15486
5.1	150.8		96	96
58.0	613.1	413	85554	17468

C-42 烈士纪念建

地 区	单位数	年末职工人数	#女 性	管理单位占地面积	#烈士纪念建筑物面积	烈士纪念建筑物数	#纪念馆(陈列馆)个数
全 国	**1056**	**9304**	**3946**	**40151659.2**	**4381910.7**	**7402**	**912**
北 京	5	71	30	62991.0	23467.0	8	4
天 津	11	197	72	376168.0	26056.0	41	19
河 北	90	887	371	2541369.5	172380.6	614	86
山 西	49	381	184	1138093.0	184493.3	111	41
内蒙古	7	103	41	478523.8	114389.2	18	8
辽 宁	24	354	119	3455417.0	198274.0	75	21
吉 林	26	258	97	2053517.0	111389.0	755	30
黑龙江	17	149	61	497771.8	42759.4	115	14
上 海	12	315	133	370667.0	29192.0	60	16
江 苏	70	763	289	3163293.2	386487.8	297	75
浙 江	28	157	79	834018.3	97297.8	114	32
安 徽	51	424	194	4274591.0	121825.6	409	40
福 建	39	144	56	564284.5	103051.0	87	15
江 西	36	317	164	1342561.3	717741.0	207	27
山 东	69	707	276	4379361.0	261055.0	333	112
河 南	90	1351	635	2282338.0	144557.0	241	84
湖 北	44	630	259	2534551.0	305236.0	419	51
湖 南	33	377	174	806186.0	41875.0	66	15
广 东	41	255	110	1339673.2	147947.7	181	15
广 西	18	147	52	2012442.9	54852.9	132	13
海 南	5	18	2	578178.0	172153.0	447	18
重 庆	15	56	30	130886.0	52362.0	47	10
四 川	97	346	135	795063.7	156144.3	796	65
贵 州	29	104	38	676656.6	33093.0	47	8
云 南	37	106	29	761808.7	241694.9	1188	25
西 藏	3	11	7	259501.0	212774.0	26	2
陕 西	35	285	134	1028049.0	105055.2	108	31
甘 肃	53	242	96	494577.6	24750.0	109	14
青 海	6	15	7	42520.1	13606.0	26	5
宁 夏	4	25	9	186461.0	41088.0	302	7
新 疆	12	109	63	690139.0	44863.0	23	9

筑物管理单位

单位：个、人、平方米、人次、万元

藏品数	参观人次数	增加值合计	执行行政事业会计制度单位财务指标					
			固定资产原价	上年结余	收入合计	支出合计	收支结余	行政事业单位增加值
606266	**52310255**	**42514.8**	**261848.3**	**5398.6**	**74835.9**	**76304.8**	**5721.1**	**42514.8**
985	342452	189.9	2755.6	25.9	168.7	142.7	25.9	189.9
1946	333412	1386.4	12627.1	234.2	1223.2	1351.3	68.2	1386.4
36853	3127073	2559.9	10698.7	665.2	4436.3	5272.9	121.4	2559.9
17928	1147672	1358.0	5114.8	859.2	3067.0	3349.5	476.5	1358.0
169	174778	561.2	985.0	109.0	534.4	769.0	6.3	561.2
54089	2012686	1137.1	8078.9		1732.4	1706.2	26.8	1137.1
5761	999544	1037.3	5715.9	112.0	1861.2	1912.3	107.5	1037.3
3150	902005	384.7	1822.7		932.0	839.0	13.0	384.7
3003	1883790	5509.1	68793.7	101.4	7032.2	6764.9	284.9	5509.1
375483	8577849	4325.9	18139.8	102.1	8191.4	7975.3	139.2	4325.9
4355	5551611	1358.3	8856.4	325.3	6765.5	6523.7	233.1	1358.3
8190	2297381	1481.8	7934.9	83.2	1928.9	1824.6	53.8	1481.8
4911	1717711	790.2	5059.6	495.1	1075.4	1176.9	394.5	790.2
8620	950302	1088.5	8534.0	83.5	2043.2	2459.0	196.5	1088.5
17641	5989041	4074.8	28857.2	476.9	7366.7	8198.8	0.7	4074.8
9179	2470912	2331.4	8623.4	100.4	7085.2	6741.9	360.9	2331.4
14467	2171074	1684.3	17293.6	367.3	2371.2	2111.4	254.8	1684.3
3510	664478	951.0	5395.9		1807.0	1645.9	162.1	951.0
2898	2673288	3449.6	6580.7	682.3	6517.5	5131.4	1870.9	3449.6
1808	802775	580.1	6166.6	48.2	739.5	657.4	81.0	580.1
841	313840	88.1	1980.0		10.6	9.2		88.1
2070	1142673	177.7	2099.3	35.6	157.1	200.3		177.7
10092	2360745	1156.7	5723.8	120.2	2687.6	2468.2	8.8	1156.7
131	842971	373.4	2533.2		603.5	592.9		373.4
1077	648505	218.9	2626.6		161.2	162.2		218.9
5702	20000	30.0	750.0		11.0	11.0		30.0
3712	906811	750.1	2788.9	10.0	1521.3	1265.4	146.3	750.1
468	563199	3156.2	2844.8	49.0	1138.8	3750.8		3156.2
6400	266270	50.1	426.9	10.0	82.8	93.0		50.1
323	104647	62.5	390.1	8.6	99.9	114.5	-6.0	62.5
504	350760	1001.2	1650.2	294.0	1483.2	1083.2	694.0	1001.2

C-43 救灾储备

地　区	单位数	年末职工人数	#女　性	库房建筑面积	仓储面积	#空余仓储面积	仓储物	
							单帐篷	#中央储备
全　国	**227**	**908**	**296**	**311635.4**	**198010.0**	**25756.0**	**162419**	**106204**
北　京	1	14	4	4050.0	2000.0		481	
天　津	2	29	7	10466.0	8800.0		11975	11475
河　北	6	53	9	5666.0	9360.0	1430.0	1083	
山　西	16	87	30	11108.7	8840.0	1141.0	2744	40
内蒙古	5	18	4	3008.0	2613.0	298.0	773	603
辽　宁	12	83	30	26634.0	24338.0	1500.0	9076	6038
吉　林	3	20	8	60288.0	741.2	70.0		
黑龙江	3	12	2	2600.0	1990.0		300	
上　海								
江　苏								
浙　江	2	2		2285.0	3750.0	1440.0	330	300
安　徽	8	26	9	14300.0	8900.0		26500	23000
福　建	2	8	8	8085.8	6110.9	341.0	5440	3328
江　西	9	28	12	13937.0	11452.0	2840.0	410	250
山　东	1	11	1	2400.0	2400.0		4480	4480
河　南	10	66	14	14950.0	12044.0	3826.0	21170	11700
湖　北	28	96	36	35060.0	21100.0	5750.0	26678	16286
湖　南	3	6	3	2742.0	2236.0		1800	1200
广　东	26	76	40	7283.0	5478.2	1957.0	704	30
广　西	5	24	6	9323.7	8144.0		19265	19100
海　南								
重　庆	2	6	3	6262.0	4843.9	980.0	825	825
四　川	9	30	10	4651.0	4659.0	1150.0	5704	3479
贵　州	5	13	3	4316.5	3550.4	210.0	414	
云　南	8	26	4	12298.9	8456.4	240.0	2492	1210
西　藏	3	8	3	7798.0			780	780
陕　西	10	26	6	4055.0	10225.0	330.0	12952	
甘　肃	15	23	6	1285.0	1460.0	30.0	170	
青　海	12	22	13	24909.0	11144.0		62	
宁　夏	4	30	14	6302.8	5054.0	1053.0	2986	1700
新　疆	17	65	11	5570.0	8320.0	1170.0	2825	380

单位总表

单位：个、人、平方米、万元

资种类		增加值合计	执行行政事业会计制度单位财务指标					
棉帐篷	# 中央储备		固定资产原价	上年结余	收入合计	支出合计	收支结余	行政事业单位增加值
97314	**76069**	**3301.6**	**28907.3**	**1657.3**	**5874.4**	**5958.7**	**1057.8**	**3301.6**
231								
17000	17000	237.4	2234.9		297.3	253.7	29.5	237.4
237	234	46.6	233.4	14.1	133.8	142.8	-9.0	46.6
4274		173.4	218.3	66.6	593.7	592.0	57.0	173.4
890	290	64.1	303.9		71.9	68.4	3.5	64.1
12819	12410	403.0	3056.7	36.6	649.6	662.6	24.3	403.0
200		77.3	854.1		116.4	131.1		77.3
		125.1	1015.9	41.1	176.2	183.2	-7.0	125.1
		1.6			2.1	2.1		1.6
460		74.7	126.6	148.4	118.2	110.7	7.5	74.7
		7.7	126.2		11.0	11.0		7.7
190	190	6.9	73.0		19.2	19.2		6.9
2198	2198	110.4	682.0	14.3	166.5	180.8		110.4
16195	16000	237.1	1913.6	10.0	448.5	455.6	7.0	237.1
9491	8100	295.8	3724.9	77.9	398.1	402.9	23.3	295.8
708	600	10.8	20.0		18.6	12.6		10.8
		313.5	851.6	58.1	1511.3	1434.8	127.6	313.5
		349.8	3131.5	234.8	352.6	348.1	239.3	349.8
		3.0			13.1	13.1		3.0
1540	1340	59.6	297.3	81.4	85.1	113.1	53.4	59.6
		19.6	385.6		42.3	18.0		19.6
1610	200	102.3	2028.5		21.0	21.2		102.3
2202	2202	142.0	3478.3		25.4	25.4		142.0
6900		36.6	288.0		273.4	153.0	123.4	36.6
		7.2	181.1		10.0	10.0		7.2
5627	5553	50.3	346.9		58.2	58.2		50.3
6226	4900	79.9	1667.0	220.0	52.0	52.0		79.9
8316	4852	165.9	1668.0	654.0	208.9	483.1	378.0	165.9

C-44 在编制部门登记

地区	单位数	年末职工人数	#女性	库房建筑面积	仓储面积	#空余仓储面积	仓储物	
							单帐篷	#中央储备
全国	**111**	**658**	**205**	**238845.3**	**142957.7**	**13911.0**	**146438**	**99736**
北京	1	14	4	4050.0	2000.0		481	
天津	2	29	7	10466.0	8800.0		11975	11475
河北	3	42	7	1200.0	6100.0	390.0	1078	
山西	9	69	25	7825.7	6376.0	293.0	2574	40
内蒙古	2	13	3	1093.0	998.0	98.0	633	603
辽宁	11	81	30	26484.0	24218.0	1500.0	9071	6038
吉林	2	16	7	60120.0	601.2			
黑龙江	2	10	2	2500.0	1900.0			
上海								
江苏								
浙江								
安徽	3	24	9	13700.0	8900.0		26500	23000
福建								
江西								
山东	1	11	1	2400.0	2400.0		4480	4480
河南	7	64	14	13450.0	10984.0	3126.0	20920	11700
湖北	28	96	36	35060.0	21100.0	5750.0	26678	16286
湖南	1	3		2500.0	2000.0		1800	1200
广东	17	67	33	3963.0	3748.2	1557.0	614	
广西	3	22	4	9323.7	7609.0		19255	19100
海南								
重庆	1	4	1	3762.0	2643.9		825	825
四川	1	10	3	2221.0	2171.0	600.0	3479	3479
贵州								
云南	6	22	3	8680.9	5863.4	40.0	1644	1210
西藏								
陕西	5	19	4	2100.0	8985.0	100.0	12227	
甘肃								
青海	2	7	4	22970.0	9570.0			
宁夏	1	9	5	2046.0	1180.0	457.0	339	200
新疆	3	26	3	2930.0	4810.0		1865	100

的救灾储备单位

单位：个、人、平方米、万元

资种类		增加值合计	执行行政事业会计制度单位财务指标					
棉帐篷	# 中央储备		固定资产原价	上年结余	收入合计	支出合计	收支结余	行政事业单位增加值
84900	**66038**	**2943.0**	**21934.1**	**1657.3**	**5611.1**	**5717.8**	**1057.8**	**2943.0**
231								
17000	17000	237.4	2234.9		297.3	253.7	29.5	237.4
		41.7	164.4	14.1	118.7	127.7	-9.0	41.7
4094		166.1	198.3	66.6	580.0	578.3	57.0	166.1
290	290	52.9	130.0		67.7	64.2	3.5	52.9
12819	12410	401.4	3034.7	36.6	649.6	661.9	24.3	401.4
200		74.3	854.1		113.4	128.1		74.3
		124.0	1015.9	41.1	174.2	181.2	-7.0	124.0
460		72.4	68.6	148.4	116.2	108.7	7.5	72.4
2198	2198	110.4	682.0	14.3	166.5	180.8		110.4
16190	16000	231.8	1855.6	10.0	445.0	452.1	7.0	231.8
9491	8100	295.8	3724.9	77.9	398.1	402.9	23.3	295.8
600	600				6.0			
		295.2	431.6	58.1	1502.5	1426.0	127.6	295.2
		349.1	3131.3	234.8	351.9	347.4	239.3	349.1
		1.1			11.1	11.1		1.1
1340	1340	46.9	75.3	81.4	79.3	107.3	53.4	46.9
1610	200	94.3	1827.5		21.0	21.2		94.3
6650		31.6	200.0		258.4	135.0	123.4	31.6
		2.1	53.0					2.1
5553	5553	39.8	84.0		58.2	58.2		39.8
663	300	42.1	723.0	220.0	18.0	18.0		42.1
5511	2047	132.8	1445.0	654.0	178.0	454.0	378.0	132.8

C-45 未登记的救

地 区	单位数	年末职工人数	#女 性	库房建筑面积	仓储面积	#空余仓储面积	仓储物	
							单帐篷	#中央储备
全 国	**116**	**250**	**91**	**72790.1**	**55052.3**	**11845.0**	**15981**	**6468**
北 京								
天 津								
河 北	3	11	2	4466.0	3260.0	1040.0	5	
山 西	7	18	5	3283.0	2464.0	848.0	170	
内蒙古	3	5	1	1915.0	1615.0	200.0	140	
辽 宁	1	2		150.0	120.0		5	
吉 林	1	4	1	168.0	140.0	70.0		
黑龙江	1	2		100.0	90.0		300	
上 海								
江 苏								
浙 江	2	2		2285.0	3750.0	1440.0	330	300
安 徽	5	2		600.0				
福 建	2	8	8	8085.8	6110.9	341.0	5440	3328
江 西	9	28	12	13937.0	11452.0	2840.0	410	250
山 东								
河 南	3	2		1500.0	1060.0	700.0	250	
湖 北								
湖 南	2	3	3	242.0	236.0			
广 东	9	9	7	3320.0	1730.0	400.0	90	30
广 西	2	2	2		535.0		10	
海 南								
重 庆	1	2	2	2500.0	2200.0	980.0		
四 川	8	20	7	2430.0	2488.0	550.0	2225	
贵 州	5	13	3	4316.5	3550.4	210.0	414	
云 南	2	4	1	3618.0	2593.0	200.0	848	
西 藏	3	8	3	7798.0			780	780
陕 西	5	7	2	1955.0	1240.0	230.0	725	
甘 肃	15	23	6	1285.0	1460.0	30.0	170	
青 海	10	15	9	1939.0	1574.0		62	
宁 夏	3	21	9	4256.8	3874.0	596.0	2647	1500
新 疆	14	39	8	2640.0	3510.0	1170.0	960	280

灾储备单位

单位：个、人、平方米、万元

资种类		增加值合计	执行行政事业会计制度单位财务指标					
棉帐篷	# 中央储备		固定资产原价	上年结余	收入合计	支出合计	收支结余	行政事业单位增加值
12414	**10031**	**358.6**	**6973.2**		**263.3**	**240.9**		**358.6**
237	234	4.9	69.0		15.1	15.1		4.9
180		7.3	20.0		13.7	13.7		7.3
600		11.2	173.9		4.2	4.2		11.2
		1.6	22.0			0.7		1.6
		3.0			3.0	3.0		3.0
		1.1			2.0	2.0		1.1
		1.6			2.1	2.1		1.6
		2.3	58.0		2.0	2.0		2.3
		7.7	126.2		11.0	11.0		7.7
190	190	6.9	73.0		19.2	19.2		6.9
5		5.3	58.0		3.5	3.5		5.3
108		10.8	20.0		12.6	12.6		10.8
		18.3	420.0		8.8	8.8		18.3
		0.7	0.2		0.7	0.7		0.7
		1.9			2.0	2.0		1.9
200		12.7	222.0		5.8	5.8		12.7
		19.6	385.6		42.3	18.0		19.6
		8.0	201.0					8.0
2202	2202	142.0	3478.3		25.4	25.4		142.0
250		5.0	88.0		15.0	18.0		5.0
		5.1	128.1		10.0	10.0		5.1
74		10.5	262.9					10.5
5563	4600	37.8	944.0		34.0	34.0		37.8
2805	2805	33.1	223.0		30.9	29.1		33.1

C−46 社区服务

地　区	单位数	年末职工人数	女性	活动项目数	老年人活动项目
全　国	**9319**	**60775**	**30768**	**121695**	**43492**
北　京	163	2098	1220	4768	1132
天　津	110	917	644	1034	367
河　北	192	1518	680	1185	466
山　西	242	1633	915	11595	838
内蒙古	361	1716	1044	1061	469
辽　宁	296	2104	1468	1997	692
吉　林	240	1261	645	1524	685
黑龙江	591	2929	1561	9122	4303
上　海	132	2033	1201	16491	14251
江　苏	628	4181	1892	6186	2271
浙　江	365	2502	1611	6929	2123
安　徽	363	2068	959	1938	655
福　建	400	1401	673	1160	461
江　西	300	1820	866	2905	1491
山　东	486	5751	2303	5766	1838
河　南	348	1982	949	3066	1457
湖　北	369	2247	1013	10708	905
湖　南	1225	7404	3463	4875	1532
广　东	750	5879	3073	5354	2063
广　西	101	901	599	297	206
海　南	3	15	9	48	42
重　庆	124	649	319	10954	1200
四　川	468	1206	543	7888	1470
贵　州	155	826	379	961	418
云　南	37	276	122	42	21
西　藏	27	61	30	215	215
陕　西	242	1248	569	1137	551
甘　肃	168	953	307	923	516
青　海	123	784	470	358	194
宁　夏	50	211	150	108	25
新　疆	260	2201	1091	1100	635

中心总表

单位：人、个、人次、张

残疾人活动项目	家务劳动服务项目	其他社区服务项目	活动人次数	老人	床位数	年末收养人数
10087	**25012**	**43104**	**29464788**	**16841512**	**5441**	**3035**
367	2242	1027	2678450	969966	1152	689
160	257	250	558403	453686		
114	250	355	575191	399483	168	40
246	6266	4245	640728	326179	20	
108	157	327	345610	237217	84	
328	578	399	1489013	1133462		
337	259	243	545537	320701		
1090	2431	1298	871252	478758	30	15
522	394	1324	2106474	1287251		
814	1531	1570	2324460	1512927	20	
859	1715	2232	1607857	949033	492	565
299	421	563	575391	222704	60	
141	245	313	1166881	738689	108	57
313	456	645	526291	214684		
718	1021	2189	1807352	791252	265	241
467	564	578	503586	184875	426	246
233	306	9264	806624	326709	679	413
687	1507	1149	1162313	380839	91	30
961	1071	1259	3108804	2215741	400	
14	27	50	808749	633507		
4		2	8320	4308		
323	1587	7844	514680	252920	35	
379	1052	4987	1530604	755246	952	552
103	194	246	756603	461659	269	137
10	4	7	8952	8360		
			75774	53452		
195	159	232	1169161	738322	150	50
119	165	123	263258	176538	40	
49	52	63	114316	97372		
7	32	44	207913	132316		
120	69	276	606241	383356		

C-46 续表

地　区	增加值合计	执行企业会计制度单位财务指标					执行行	
		固定资产原价	营业收入	费用合计	营业利润	企业单位增加值	固定资产原价	上年结余
全　国	**72575.4**	**12007.6**	**3779.8**	**2549.5**	**108.3**	**2051.3**	**314679.5**	**11664.2**
北　京	10357.0		14.8	14.8	0.1	2.0	76969.5	4905.7
天　津	1112.8						1211.0	10.0
河　北	407.6	541.0	276.8	133.5	-1.0	121.5	1726.0	6.2
山　西	264.6						1175.5	6.0
内蒙古	1004.0	90.0	19.5	19.5	2.0	25.2	2822.9	1.0
辽　宁	5475.2	20.6	12.2	13.3	14.0	15.0	27315.0	20.0
吉　林	677.5		16.8	6.0		0.1	416.4	0.5
黑龙江	1637.4	493.5	30.0	4.4	21.5	72.6	1928.3	2.0
上　海	2564.1						6439.2	300.1
江　苏	9021.8	1152.9	53.3	24.3	1.9	675.5	30211.4	-422.1
浙　江	4348.7	482.9	364.3	380.1	1.8	315.3	8923.2	1193.6
安　徽	2488.0	1741.9	533.4	353.3	3.0	151.3	2883.2	32.9
福　建	232.8	969.6	201.4	215.8	-17.3	12.0	818.1	25.6
江　西	576.0						6109.8	83.0
山　东	7953.8	230.1	178.3	122.2	5.0	49.1	28009.0	225.8
河　南	1236.8	252.5	94.3	72.5	9.5	47.0	8239.0	3945.0
湖　北	1898.4	1563.9	767.8	498.6	23.3	142.8	15972.5	
湖　南	3744.8	716.0	721.0	455.0		266.1	15036.4	1.0
广　东	9414.7						27401.3	1057.1
广　西	184.6	90.9					1672.1	14.8
海　南	48.4						1.9	2.3
重　庆	803.6		8.0	8.0		0.1	7846.1	-1.0
四　川	1586.0	736.2	339.9	166.8	2.5	31.3	4623.1	243.4
贵　州	780.4	740.1	56.2	20.2	42.0	107.8	3278.3	
云　南	47.9	5.0	21.0	21.0		0.2	1193.0	
西　藏	484.1						12102.1	
陕　西	972.9	50.0	38.0				10548.2	10.3
甘　肃	477.3	1529.5	2.0			2.0	2107.2	
青　海	179.0						3620.5	
宁　夏	43.1						53.5	
新　疆	1582.8	601.0	30.8	20.2		14.4	4025.8	1.0

单位：万元

政事业会计制度单位财务指标				执行民间非营利组织会计制度单位财务指标				
收入合计	支出合计	收支结余	行政事业单位增加值	固定资产原价	上年结余	收入合计	费用合计	民间组织单位增加值
420402.7	**413142.6**	**4243.8**	**61959.1**	**57679.9**	**1741.6**	**22068.8**	**18027.4**	**8565.0**
16358.6	15245.8	1489.0	10355.0					
389.4	359.4	10.8	189.8	1188.8	20.0	369.8	1903.5	923.0
589.8	595.8		282.1	1650.9		16.0	16.0	4.0
293.6	277.6		93.6	294.6	18.0	371.4	354.4	171.0
1582.9	1561.9		950.8	849.6	2.0	63.2	63.2	28.0
2061.6	5334.1	-8.0	5378.2	241.3		143.0	153.0	82.0
20937.7	20969.5		582.4	577.2		686.7	266.1	95.0
1925.7	1899.4	0.9	1387.8	722.7	13.0	154.7	73.8	177.0
7630.2	6850.9	289.2	2046.1	830.0	117.6	4034.2	868.2	518.0
12565.5	11631.3	198.1	7083.3	17321.3	104.2	3765.1	3099.3	1263.0
7636.7	7504.0	341.5	3867.4	2645.8	65.7	1379.5	866.2	166.0
2082.9	2145.3	-6.4	1068.7	843.0	84.0	4185.5	4243.7	1268.0
300520.5	290520.5	16.7	202.8	109.0	2.0	76.6	80.0	18.0
1681.9	1719.4		576.0					
8370.2	8275.6	25.4	6059.7	8825.3		1088.1	1047.5	1845.0
2160.5	2016.0	145.0	1165.8	2546.5		416.2	215.7	24.0
2766.1	2550.5	103.3	1687.6	1513.4	15.5	767.7	768.5	68.0
8126.9	8897.0	54.3	3284.7	2310.8	2.0	1345.7	1279.9	194.0
16347.2	17920.0	1489.4	9195.7	1441.0	-6.0	657.2	691.9	219.0
115.3	102.4		165.6	351.2	208.0	14.6	9.6	19.0
49.6	46.9	5.0	48.4					
954.8	928.0	50.3	790.5	1603.3	8.0	26.7	34.7	13.0
1141.5	1332.5	28.1	863.7	3868.5	1087.6	1430.1	990.3	691.0
364.9	387.0		255.6	3353.8		490.2	434.0	417.0
1.0	1.0		47.7	4.5		1.0	10.0	
			484.1					
1193.5	1152.7	16.2	871.9	1504.2		38.1	58.1	101.0
507.4	510.3		232.3	1096.2		328.8	328.8	243.0
165.5	173.0		179.0	270.0		21.7		
147.8	147.8		30.1	62.0		58.0	32.0	13.0
1733.5	2087.0	-5.0	1558.4	1655.0		139.0	139.0	10.0

C-47 在工商部门登记

地区	单位数	年末职工人数	女性	活动项目数	老年人活动项目
全国	**217**	**1434**	**722**	**3636**	**1229**
北京					
天津					
河北	12	152	58	39	22
山西	27	118	65	322	97
内蒙古	2	5		10	4
辽宁	3	161	147	48	22
吉林	2	12	7	4	
黑龙江	4	16	12	35	25
上海					
江苏	7	84	49	102	47
浙江	8	80	65	2706	823
安徽	3	27	17	8	1
福建	4	42	30	4	1
江西					
山东	5	63	38	19	5
河南					
湖北	39	180	95	144	86
湖南	81	399	81	80	39
广东	2	8	6	33	13
广西					
海南					
重庆					
四川	6	31	22	25	17
贵州	8	39	23	54	24
云南					
西藏					
陕西					
甘肃	4	17	7		
青海					
宁夏					
新疆				3	3

的社区服务中心

单位：个、人、人次、张

残疾人活动项目	家务劳动服务项目	其他社区服务项目	活动人次数	老人	床位数	年末收养人数
528	**1096**	**783**	**666140**	**468308**	**493**	**189**
	14	3	3258	3106		
42	107	76	34942	27850		
2	1	3	42502	36106		
8	10	8	6212	3949		
		4	12000	2000		
	5	5	1126	406	30	15
17	21	17	50685	32783		
436	853	594	324678	267198		
		7	180	160	60	
		3	100	30	108	57
1	8	5	34131	3763		
10	20	28	70120	40209	66	66
	25	16	5983	2833		
8	10	2	46518	35923		
1		7	12900	10480	120	
3	22	5	20645	1352	109	51
			160	160		

C-47 续表

地　区	增加值合计	执行企业会计制度单位财务指标					执行行	
		固定资产原价	营业收入	费用合计	营业利润	企业单位增加值	固定资产原价	上年结余
全　国	**983.9**	**3374.1**	**1887.7**	**1302.1**	**37.3**	**814.2**	**903.5**	
北　京								
天　津								
河　北	86.4	143.0	85.8	61.1	-1.0	2.2	105.0	
山　西	0.5						0.5	
内蒙古		10.0	1.5	1.5				
辽　宁	1.5							
吉　林	0.1		12.0	6.0		0.1		
黑龙江	11.1	0.5	6.0	1.2	3.0	5.5		
上　海								
江　苏	51.3	19.8	38.7	22.0	0.3	31.1	54.0	
浙　江	266.3	66.6	21.4	44.9	1.0	266.3		
安　徽	49.9	451.0	220.0	62.0		47.9		
福　建	20.7	831.9	35.3	52.9	-17.5	7.3	336.0	
江　西								
山　东	55.3	230.1	178.3	122.2	5.0	49.1	54.0	
河　南								
湖　北	50.9	228.0	519.8	473.9	2.0	37.7	330.0	
湖　南	249.7	650.0	654.0	408.0		249.7		
广　东	10.2						4.0	
广　西								
海　南								
重　庆								
四　川	24.1	323.2	84.9	40.8	2.5	24.1		
贵　州	102.1	400.0	30.0	5.6	42.0	93.1		
云　南								
西　藏								
陕　西								
甘　肃	3.8	20.0					20.0	
青　海								
宁　夏								
新　疆								

单位：万元

政事业会计制度单位财务指标				执行民间非营利组织会计制度单位财务指标				
收入合计	支出合计	收支结余	行政事业单位增加值	固定资产原价	上年结余	收入合计	费用合计	民间组织单位增加值
253.4	**232.9**		**158.7**	**571.8**		**174.3**	**169.9**	**11.0**
120.0	120.0		84.2					
0.5	0.5		0.5			31.0	31.0	
1.8	1.8		1.5					
5.6	5.6		5.6					
50.5	30.0		20.2	13.8		19.6	19.6	
				50.0		18.0	16.0	2.0
8.0	8.0		13.4					
11.0	11.0		6.2					
38.0	38.0		13.2	478.0		91.0	91.0	
10.0	10.0		10.2	20.0				
				10.0		14.7	12.3	9.0
8.0	8.0		3.8					

C-48 在编制部门登记

地区	单位数	年末职工人数	女性	活动项目数	老年人活动项目
全国	**882**	**7630**	**3946**	**22377**	**4260**
北京	163	2098	1220	4768	1132
天津	2	15	8	2	1
河北	9	74	42	310	96
山西	5	26	11	9871	51
内蒙古	1	21	19	9	5
辽宁	22	48	30		
吉林	13	161	100	153	33
黑龙江	62	624	278	209	62
上海	13	241	131	174	76
江苏	16	93	50	348	136
浙江	16	56	31	607	223
安徽	27	150	105	96	21
福建	8	47	25	47	7
江西	1	5	4	4	1
山东	146	1059	508	2467	868
河南	19	255	136	131	57
湖北	56	371	177	292	167
湖南	48	374	167	83	35
广东	80	536	237	1157	423
广西	4	13	7	41	27
海南	2	13	8	8	7
重庆	24	114	60	1029	505
四川	41	260	120	285	157
贵州	2	18	8	11	3
云南					
西藏					
陕西	8	47	15	16	11
甘肃	8	53	31	17	14
青海	1	2	1		
宁夏	7	21	19	15	7
新疆	78	835	398	227	135

的社区服务中心

单位：个、人、人次、张

残疾人活动项目	家务劳动服务项目	其他社区服务项目	活动人次数	老人	床位数	年末收养人数
1414	**9730**	**6973**	**5836402**	**2884885**	**4948**	**2846**
367	2242	1027	2678450	969966	1152	689
	1		1780	911		
15	60	139	7224	4353	168	40
21	5870	3929	7321	6110	20	
2	1	1	16	16	84	
35	22	63	26037	17266		
36	67	44	128691	111278		
13	14	71	326568	256344		
5	155	52	223188	160607	20	
40	144	200	277145	191917	492	565
12	27	36	12880	2214		
3	16	21	5062	2423		
	1	2	321	301		
415	597	587	651398	383638	265	241
24	32	18	20466	5804	426	246
24	16	85	93631	39425	613	347
13	17	18	111163	8945	91	30
238	245	251	783365	478646	400	
	8	6	20960	19710		
1			2920	2920		
98	140	286	164664	27238	35	
20	30	78	231581	170986	832	552
1	1	6	4353	1323	160	86
1	2	2	3882	628	150	50
	2	1	19680		40	
	8					
30	12	50	33656	21916		

C-48 续表

地　区	增加值合计	执行企业会计制度单位财务指标					执行行	
		固定资产原价	营业收入	费用合计	营业利润	企业单位增加值	固定资产原价	上年结余
全　国	**23664.8**	**2995.5**	**338.2**	**185.1**	**0.1**	**141.4**	**133137.5**	**9528.7**
北　京	10357.0		14.8	14.8	0.1	2.0	76969.5	4905.7
天　津	69.2						117.0	
河　北	76.2						278.5	6.2
山　西	19.0						234.0	6.0
内蒙古	51.4						206.8	
辽　宁	153.4						28.0	1.0
吉　林	527.1						2.8	
黑龙江	463.5	492.0				9.0	499.5	
上　海	770.9						5345.9	192.0
江　苏	405.5						1566.6	46.7
浙　江	473.4	344.5	100.0	100.0		0.9	3252.6	232.1
安　徽	296.2	29.7	66.4	62.3		54.4	976.0	1.8
福　建	13.3	9.0					7.6	
江　西	2.0						50.3	
山　东	3229.6						6094.7	225.8
河　南	730.9						4955.4	3945.0
湖　北	1330.1	915.0	135.0			73.0	13610.8	
湖　南	454.5						3411.0	
广　东	2456.4						6695.8	-62.0
广　西	40.7						410.7	14.8
海　南	47.4						1.9	2.3
重　庆	186.0						1120.1	
四　川	287.8	50.0					2711.9	
贵　州	194.5						2243.0	
云　南								
西　藏								
陕　西	101.3						374.7	10.3
甘　肃	100.8	665.0	2.0			2.0	227.9	
青　海	10.0						250.0	
宁　夏	1.0						24.5	
新　疆	683.3	490.3	20.0	8.0		0.1	1470.0	1.0

单位：万元

政事业会计制度单位财务指标				执行民间非营利组织会计制度单位财务指标				
收入合计	支出合计	收支结余	行政事业单位增加值	固定资产原价	上年结余	收入合计	费用合计	民间组织单位增加值
39283.2	**38536.1**	**2191.2**	**23500.4**	**64.7**	**9.5**	**112.3**	**77.0**	**23.0**
16358.6	15245.8	1489.0	10355.0					
96.7	85.9	10.8	69.2					
109.4	112.3		76.2					
32.0	16.0		19.0					
60.0	60.0		51.4					
163.9	214.4		153.4					
676.6	712.9		527.1					
706.1	706.1		440.5			62.8	18.0	14.0
4031.0	3483.7	83.6	770.9					
533.7	557.2	54.2	405.5					
508.4	620.5	22.8	472.5					
308.6	354.9	-6.4	241.8					
158.1	161.0	-4.5	13.3					
58.2	58.2		2.0					
4654.7	4546.2	13.6	3229.6					
1214.7	1169.2	65.0	730.9					
1837.1	1621.5	103.3	1248.1	7.7	9.5	11.5	21.0	9.0
712.0	713.4		454.5					
4442.5	5509.4	332.8	2456.4					
23.8	26.6		40.7					
48.6	45.9	5.0	47.4					
256.6	260.3	-3.2	186.0					
519.6	508.6	15.0	287.8	57.0		38.0	38.0	
245.9	247.6		194.5					
184.0	193.1	15.2	101.3					
202.7	205.7		98.8					
			10.0					
			1.0					
1139.7	1099.7	-5.0	683.2					

C-49 在民政部门登记

地　区	单位数	年末职工人数	女性	活动项目数	老年人活动项目
全　国	**4889**	**31040**	**14999**	**65225**	**30011**
北　京					
天　津	62	644	482	374	130
河　北	66	463	198	435	156
山　西	91	817	482	628	328
内蒙古	180	824	468	768	347
辽　宁	195	1376	943	1485	525
吉　林	86	327	166	352	138
黑龙江	172	764	346	5993	3489
上　海	63	766	473	14871	13590
江　苏	462	2955	1249	3706	1284
浙　江	188	1217	804	855	267
安　徽	136	897	337	1264	444
福　建	65	165	70	277	136
江　西	299	1815	862	2901	1490
山　东	240	3277	1163	2615	723
河　南	276	1441	657	2590	1275
湖　北	198	1443	591	9995	574
湖　南	827	5099	2295	4018	1244
广　东	292	1353	704	2342	872
广　西	25	642	509	58	45
海　南	1	2	1	10	5
重　庆	34	211	123	561	90
四　川	239	339	150	5759	959
贵　州	127	661	257	711	355
云　南	17	82	34	2	1
西　藏	27	61	30	215	215
陕　西	122	570	224	405	222
甘　肃	112	765	242	897	495
青　海	111	731	421	358	194
宁　夏	43	190	131	93	18
新　疆	133	1143	587	687	400

的社区服务中心

单位：个、人、人次、张

残疾人活动项目	家务劳动服务项目	其他社区服务项目	活动人次数	老人	床位数	年末收养人数
5109	**7804**	**22301**	**13655432**	**8395336**	**7453**	**3208**
63	102	79	250369	199151		
43	91	145	279461	206843	713	76
83	104	113	94651	15500		
88	133	200	206247	148402	192	126
229	477	254	1138809	889258	20	19
61	108	45	372649	244142	34	
785	1074	645	213212	134820	62	27
285	225	771	1081663	565436	9	9
485	859	1078	1429698	954439	130	100
103	170	315	359605	233868		
209	303	308	244631	185841	791	456
36	54	51	787353	522353	24	
313	455	643	525970	214383	509	221
181	229	1482	722200	322511	2451	1063
384	416	515	383293	124401	348	275
149	213	9059	589049	219074	214	160
590	1308	876	872569	280582	302	95
398	553	519	1245086	978864	190	56
2	10	1	126603	13022		
3		2	3600	368		
27	30	414	63972	54610	36	13
173	433	4194	648264	435773	376	245
81	143	132	723154	455603	792	267
1			7452	7260		
			75774	53452		
104	32	47	271934	219436	240	
119	161	122	234981	169587	20	
49	52	63	114316	97372		
7	24	44	207913	132316		
58	45	184	380954	316669		

C-49 续表

地 区	增加值合计	执行企业会计制度单位财务指标					执行行	
		固定资产原价	营业收入	费用合计	营业利润	企业单位增加值	固定资产原价	上年结余
全 国	**29418.8**	**3840.3**	**971.6**	**553.3**	**49.4**	**281.7**	**122132.2**	**-178.1**
北 京								
天 津	120.6						1094.0	10.0
河 北	155.6	398.0	191.0	72.4		119.3	550.4	
山 西	101.3						858.0	
内蒙古	902.1						2616.1	1.0
辽 宁	5213.1	7.6	12.2	13.3	14.0	15.0	26409.3	
吉 林	119.7		4.8				286.8	
黑龙江	289.7	1.0				32.5	785.3	
上 海	1173.8						437.5	
江 苏	6777.5	33.1	14.6	2.3	1.6	4.7	20188.0	-489.3
浙 江	317.3	20.0	22.0	22.0		0.2	498.8	80.0
安 徽	1643.9	1236.2	212.0	205.0	3.0	8.1	950.1	5.6
福 建	114.2	5.0	3.5	0.5		3.0	110.0	25.4
江 西	574.0						6059.5	83.0
山 东	2566.2						17459.9	
河 南	440.3	252.5	94.3	72.5	9.5	47.0	2530.7	
湖 北	478.3	355.9	113.0	24.7	21.3	32.1	1903.7	
湖 南	2569.1	66.0	45.0	45.0		0.4	9901.9	
广 东	1418.5						1748.4	104.8
广 西	18.1						68.1	
海 南	1.0							
重 庆	124.3						2160.0	
四 川	1094.6	202.0	174.0	57.0		3.5	900.3	1.4
贵 州	479.0	338.8	26.2	14.6		14.7	978.8	
云 南	4.7	5.0	21.0	21.0		0.2	113.0	
西 藏	484.1						12102.1	
陕 西	336.5	50.0	38.0				6526.0	
甘 肃	290.9	844.0					580.0	
青 海	137.1						3354.5	
宁 夏	42.1						29.0	
新 疆	589.6	25.2		3.0		1.0	932.0	

单位：万元

政事业会计制度单位财务指标				执行民间非营利组织会计制度单位财务指标				
收入合计	支出合计	收支结余	行政事业单位增加值	固定资产原价	上年结余	收入合计	费用合计	民间组织单位增加值
356809.2	**350421.8**	**1186.3**	**23781.1**	**45864.8**	**1451.8**	**17696.0**	**13221.6**	**5356.0**
292.7	273.5		120.6	170.3		91.5	89.4	
176.3	161.3		36.3	1287.9		1.5	1.5	
206.0	206.0		48.3	53.6	18.0	51.0	51.0	53.0
1440.9	1433.9		879.1	562.6	2.0	48.0	48.0	23.0
1716.3	4919.3	-8.0	5140.1	241.3		119.0	129.0	58.0
20051.8	20037.3		38.7	577.0		670.8	208.0	81.0
155.5	155.4		112.2	318.2	13.0	53.8	36.8	145.0
1654.9	1534.8	85.6	735.8	391.4	30.5	3535.2	579.5	438.0
10301.0	9496.9	105.4	5743.8	15870.4		3039.8	2566.7	1029.0
635.2	489.3	0.4	202.1	658.6	54.7	745.5	692.6	115.0
1035.4	1049.0		375.8	448.0	26.0	4045.5	4063.7	1260.0
300110.2	290108.4	21.2	99.2	77.0	2.0	47.6	51.0	12.0
1623.7	1661.2		574.0					
2746.0	2776.0	7.9	2187.2	7340.3		651.8	655.9	379.0
728.8	659.8	50.0	369.3	2365.5		396.2	206.7	24.0
849.0	849.0		407.2	933.8	6.0	424.6	416.4	39.0
6528.1	7334.8	54.3	2437.7	2042.8	2.0	923.7	857.9	131.0
4634.6	4962.4	868.5	1199.5	1388.0	-6.0	657.2	691.9	219.0
5.7	5.7		8.1	293.4	208.0		9.6	10.0
1.0	1.0		1.0					
93.0	53.0		118.3	335.0	8.0	2.0	10.0	6.0
439.2	652.3	1.0	434.1	3494.2	1087.6	1160.5	907.7	657.0
63.3	83.9		56.3	3343.8		475.5	421.7	408.0
1.0	1.0		4.5	4.5		1.0		
			484.1					
239.8	231.8		329.5	584.2		6.8	26.8	7.0
249.5	249.5		47.9	1096.0		328.8	328.8	243.0
133.5	141.0		137.1	270.0		21.7		
147.8	147.8		29.1	62.0		58.0	32.0	13.0
549.0	746.5		578.6	1655.0		139.0	139.0	10.0

C-50 未登记的社

地　区	单位数	年末职工人数	女性	活动项目数	老年人活动项目
全　国	**3331**	**20671**	**11101**	**30457**	**7992**
北　京					
天　津	46	258	154	658	236
河　北	105	829	382	401	192
山　西	119	672	357	774	362
内蒙古	178	866	557	274	113
辽　宁	76	519	348	464	145
吉　林	139	761	372	1015	514
黑龙江	353	1525	925	2885	727
上　海	56	1026	597	1446	585
江　苏	143	1049	544	2030	804
浙　江	153	1149	711	2761	810
安　徽	197	994	500	570	189
福　建	323	1147	548	832	317
江　西					
山　东	95	1352	594	665	242
河　南	53	286	156	345	125
湖　北	76	253	150	277	78
湖　南	269	1532	920	694	214
广　东	376	3982	2126	1822	755
广　西	72	246	83	198	134
海　南				30	30
重　庆	66	324	136	9364	605
四　川	182	576	251	1819	337
贵　州	18	108	91	185	36
云　南	20	194	88	40	20
西　藏					
陕　西	112	631	330	716	318
甘　肃	44	118	27	9	7
青　海	11	51	48		
宁　夏					
新　疆	49	223	106	183	97

区服务中心

单位：个、人、人次、张

残疾人活动项目	家务劳动服务项目	其他社区服务项目	活动人次数	老人	床位数	年末收养人数
3036	**6382**	**13047**	**9306814**	**5092983**	**2754**	**1662**
97	154	171	306254	253624		
56	85	68	285248	185181		
100	185	127	503814	276719	120	95
16	22	123	96845	52693		
91	91	137	343992	240255		
241	129	131	134851	57293		
269	1285	604	528223	232254	60	45
224	155	482	698243	465471		
307	496	423	620889	365098		
280	548	1123	646429	256050	420	252
78	91	212	317700	34489	80	50
102	175	238	374366	213883		
121	187	115	399623	81340	280	217
59	116	45	99827	54670	110	83
50	57	92	53824	28001		
84	157	239	172598	88479	380	332
317	263	487	1033835	722308	39	15
12	9	43	661186	600775	80	21
			1800	1020		
198	1417	7144	286044	171072	80	43
185	589	708	637859	138007	212	210
18	28	103	8451	3381	39	
9	4	7	1500	1100		
90	125	183	893345	518258	836	299
	2		8597	6951	18	
32	12	42	191471	44611		

C−50 续表

地　区	增加值合计	执行企业会计制度单位财务指标					执行行	
		固定资产原价	营业收入	费用合计	营业利润	企业单位增加值	固定资产原价	上年结余
全　国	**18507.9**	**1797.7**	**582.3**	**509.0**	**21.5**	**814.0**	**58506.3**	
北　京								
天　津	923.0							
河　北	89.4						792.1	
山　西	143.8						83.0	
内蒙古	50.5	80.0	18.0	18.0	2.0	25.2		
辽　宁	107.2	13.0					877.7	
吉　林	30.6						126.8	
黑龙江	873.1		24.0	3.2	18.5	25.6	643.5	
上　海	619.4						655.8	
江　苏	1787.5	1100.0				639.7	8402.8	
浙　江	3291.7	51.8	220.9	213.2	0.8	47.9	5171.8	
安　徽	498.0	25.0	35.0	24.0		40.9	957.1	
福　建	84.6	123.7	162.6	162.4	0.2	1.7	364.5	
江　西								
山　东	2102.7						4400.4	
河　南	65.6						752.9	
湖　北	39.1	65.0					128.0	
湖　南	471.5		22.0	2.0		16.0	1723.5	
广　东	5529.6						18953.1	
广　西	125.8	90.9					1193.3	
海　南								
重　庆	493.3		8.0	8.0		0.1	4566.0	
四　川	179.5	161.0	81.0	69.0		3.7	1010.9	
贵　州	4.8	1.3					56.5	
云　南	43.2						1080.0	
西　藏								
陕　西	535.1						3647.5	
甘　肃	81.8	0.5					1279.3	
青　海	31.9						16.0	
宁　夏								
新　疆	309.9	85.5	10.8	9.2		13.3	1623.8	

单位：万元

政事业会计制度单位财务指标				执行民间非营利组织会计制度单位财务指标				
收入合计	支出合计	收支结余	行政事业单位增加值	固定资产原价	上年结余	收入合计	费用合计	民间组织单位增加值
24056.9	**23951.8**	**866.3**	**14518.9**	**11178.6**		**4086.2**	**4558.9**	**3175.0**
				1018.5		278.3	1814.1	923.0
184.1	202.2		85.4	363.0		14.5	14.5	4.0
55.1	55.1		25.8	241.0		289.4	272.4	118.0
82.0	68.0		20.3	287.0		15.2	15.2	5.0
179.6	198.6		83.2			24.0	24.0	24.0
209.3	219.3		16.6	0.2		15.9	58.1	14.0
1058.5	1032.3	0.9	829.5	404.5		38.1	19.0	18.0
1944.3	1832.4	120.0	539.4	438.6		499.0	288.7	80.0
1680.3	1547.2	38.5	913.8	1437.1		705.7	513.0	234.0
6493.1	6394.2	318.3	3192.8	1987.2		634.0	173.6	51.0
738.9	741.4		451.1	345.0		122.0	164.0	6.0
244.2	243.1		76.9	32.0		29.0	29.0	6.0
958.5	942.4	3.9	636.7	1485.0		436.3	391.6	1466.0
217.0	187.0	30.0	65.6	181.0		20.0	9.0	
42.0	42.0		19.1	93.9		240.6	240.1	20.0
886.8	848.8		392.5	268.0		422.0	422.0	63.0
7260.1	7438.2	288.1	5529.6	33.0				
85.8	70.1		116.8	57.8		14.6		9.0
605.2	614.7	53.5	486.2	1268.3		24.7	24.7	7.0
182.7	171.6	12.1	141.8	317.3		231.6	44.6	34.0
55.7	55.5		4.8					
			43.2				10.0	
769.7	727.8	1.0	441.1	920.0		31.3	31.3	94.0
47.2	47.1		81.8	0.2				
32.0	32.0		31.9					
44.8	240.8		296.6					

C-51 提供住宿的

地 区	单位数	年末职工人数	女性	活动项目数	老年人活动项目
全 国	**402**	**4146**	**2109**	**7970**	**1466**
北 京	12	406	265	244	108
天 津					
河 北	10	135	53	98	54
山 西	9	108	66	157	41
内蒙古	12	94	72	174	40
辽 宁	1	3	3	12	9
吉 林	3	12	4	13	6
黑龙江	14	69	44	65	46
上 海	1	6	5	26	13
江 苏	8	84	24	193	49
浙 江	10	63	30	672	221
安 徽	19	143	79	245	71
福 建	7	59	40	70	37
江 西	42	290	173	277	141
山 东	33	497	195	262	100
河 南	16	433	225	106	64
湖 北	33	289	149	63	21
湖 南	53	555	157	164	58
广 东	12	195	143	156	72
广 西	6	11		19	17
海 南					
重 庆	13	57	25	691	19
四 川	30	279	168	3896	62
贵 州	23	131	60	109	50
云 南					
西 藏					
陕 西	25	191	115	204	122
甘 肃	8	33	13	48	39
青 海	1	2	1		
宁 夏					
新 疆	1	1		6	6

社区服务中心

单位：个、人、人次、张

残疾人活动项目	家务劳动服务项目	其他社区服务项目	活动人次数	老人	床位数	年末收养人数
464	**786**	**5254**	**1205629**	**679553**	**15648**	**7905**
24	58	54	150158	85296	1152	689
18	15	11	16166	12711	881	116
26	34	56	34592	24840	140	95
6	30	98	38177	25179	276	126
	2	1	1280	975	20	19
5		2	7051	1585	34	
6	6	7	54466	48422	152	87
	2	11	18219	18131	9	9
11	108	25	89710	70021	150	100
44	184	223	26379	12583	912	817
44	25	105	5220	4388	931	506
6	10	17	3660	540	132	57
60	36	40	44315	26938	509	221
35	44	83	89732	39415	2996	1521
18	1	23	82740	27930	884	604
8	6	28	45501	23825	893	573
38	23	45	33546	4888	773	457
28	25	31	110303	55483	629	71
		2	300	150	80	21
10	1	661	9109	6901	151	56
20	136	3678	174945	90617	1540	1007
9	20	30	96612	34467	1100	404
48	13	21	68136	63886	1226	349
	7	2	4930		78	
			382	382		

C-51 续表

地　区	增加值合计	执行企业会计制度单位财务指标					执行行	
		固定资产原价	营业收入	费用合计	营业利润	企业单位增加值	固定资产原价	上年结余
全　国	**5887.0**	**5677.1**	**1502.8**	**1018.8**	**38.8**	**311.1**	**43644.8**	**3995.8**
北　京	1690.2						13635.1	0.8
天　津								
河　北	95.5						300.0	
山　西	96.6						190.0	
内蒙古	75.7						404.1	
辽　宁	29.0							
吉　林	8.6		6.0	6.0		0.1	55.0	
黑龙江	36.5	0.5				1.0	80.0	
上　海	3.0							
江　苏	127.3						326.9	
浙　江	74.5	339.5	100.0	100.0		0.9	314.7	
安　徽	69.4	1684.2	429.0	267.0	3.0	52.8	90.2	
福　建	23.3	831.9	31.3	48.9	-17.5	7.3	339.0	6.0
江　西	121.7						1446.4	30.0
山　东	629.5						5678.0	5.0
河　南	886.4	235.0	60.0	50.5	9.5	35.3	5613.0	3945.0
湖　北	554.2	695.0	636.6	457.4	1.8	108.3	4334.0	
湖　南	252.9						1306.0	1.0
广　东	49.8						795.0	
广　西	20.8						393.8	
海　南								
重　庆	44.3						235.0	8.0
四　川	269.2	364.0	217.0	76.0		4.7	2107.5	
贵　州	378.6	732.0	20.9	13.0	42.0	98.7	2358.4	
云　南								
西　藏								
陕　西	254.8						2196.7	
甘　肃	63.4	795.0	2.0			2.0	1196.0	
青　海	10.0						250.0	
宁　夏								
新　疆	0.5							

单位：万元

政事业会计制度单位财务指标				执行民间非营利组织会计制度单位财务指标				
收入合计	支出合计	收支结余	行政事业单位增加值	固定资产原价	上年结余	收入合计	费用合计	民间组织单位增加值
8151.1	**7918.1**	**230.6**	**5251.9**	**10335.7**	**-4.0**	**734.7**	**687.9**	**324.0**
2159.2	2241.0	37.5	1690.2					
176.5	176.5		95.5	1220.0				
12.0	12.0		13.6	141.0		147.0	130.0	83.0
76.2	68.2		66.7	236.0	2.0	13.7	13.7	9.0
				20.0		10.0	20.0	29.0
6.3	6.3		8.5			6.3	6.3	
87.0	87.0		35.5	150.0		6.0		
						8.4	11.7	3.0
160.6	155.0	14.3	97.3	1000.0		100.0	100.0	30.0
121.0	115.0		52.6	662.0		33.0	29.9	21.0
13.6	13.6		15.6	105.0		5.0	5.0	1.0
78.0	78.0		16.0	16.0		28.0	33.0	
372.5	409.5		121.7					
600.0	582.4	13.6	608.5	3762.0		60.0	60.7	21.0
1403.7	1256.2	145.0	851.1	124.7		120.0	20.0	
554.3	544.6		445.9					
515.5	496.3		223.9	638.0		45.0	60.0	29.0
364.6	264.6		41.8	350.0	-6.0	31.2	65.9	8.0
			15.8	84.2			4.8	5.0
94.0	60.5		44.3	165.0				
476.4	483.4	15.0	252.5	623.0		42.5	40.5	12.0
255.9	256.4		205.9	1038.8		78.6	86.4	74.0
480.3	468.1	5.2	254.8					
143.0	143.0		61.4					
			10.0					
0.5	0.5		0.5					

C-52 不提供住宿的

地 区	单位数	年末职工人数	女性	活动项目数	老年人活动项目
全 国	**8917**	**56629**	**28659**	**113725**	**42026**
北 京	151	1692	955	4524	1024
天 津	110	917	644	1034	367
河 北	182	1383	627	1087	412
山 西	233	1525	849	11438	797
内蒙古	349	1622	972	887	429
辽 宁	295	2101	1465	1985	683
吉 林	237	1249	641	1511	679
黑龙江	577	2860	1517	9057	4257
上 海	131	2027	1196	16465	14238
江 苏	620	4097	1868	5993	2222
浙 江	355	2439	1581	6257	1902
安 徽	344	1925	880	1693	584
福 建	393	1342	633	1090	424
江 西	258	1530	693	2628	1350
山 东	453	5254	2108	5504	1738
河 南	332	1549	724	2960	1393
湖 北	336	1958	864	10645	884
湖 南	1172	6849	3306	4711	1474
广 东	738	5684	2930	5198	1991
广 西	95	890	599	278	189
海 南	3	15	9	48	42
重 庆	111	592	294	10263	1181
四 川	438	927	375	3992	1408
贵 州	132	695	319	852	368
云 南	37	276	122	42	21
西 藏	27	61	30	215	215
陕 西	217	1057	454	933	429
甘 肃	160	920	294	875	477
青 海	122	782	469	358	194
宁 夏	50	211	150	108	25
新 疆	259	2200	1091	1094	629

社区服务中心

单位：个、人、人次

残疾人活动项目	家务劳动服务项目	其他社区服务项目	活动人次数	老人
9623	**24226**	**37850**	**28259159**	**16161959**
343	2184	973	2528292	884670
160	257	250	558403	453686
96	235	344	559025	386772
220	6232	4189	606136	301339
102	127	229	307433	212038
328	576	398	1487733	1132487
332	259	241	538486	319116
1084	2425	1291	816786	430336
522	392	1313	2088255	1269120
803	1423	1545	2234750	1442906
815	1531	2009	1581478	936450
255	396	458	570171	218316
135	235	296	1163221	738149
253	420	605	481976	187746
683	977	2106	1717620	751837
449	563	555	420846	156945
225	300	9236	761123	302884
649	1484	1104	1128767	375951
933	1046	1228	2998501	2160258
14	27	48	808449	633357
4		2	8320	4308
313	1586	7183	505571	246019
359	916	1309	1355659	664629
94	174	216	659991	427192
10	4	7	8952	8360
			75774	53452
147	146	211	1101025	674436
119	158	121	258328	176538
49	52	63	114316	97372
7	32	44	207913	132316
120	69	276	605859	382974

C−52 续表

地　区	增加值合计	执行企业会计制度单位财务指标					执行行	
		固定资产原价	营业收入	费用合计	营业利润	企业单位增加值	固定资产原价	上年结余
全　国	**66688.4**	**6330.5**	**2277.0**	**1530.7**	**69.5**	**1740.2**	**271034.7**	**7668.4**
北　京	8666.8		14.8	14.8	0.1	2.0	63334.4	4904.9
天　津	1112.8						1211.0	10.0
河　北	312.1	541.0	276.8	133.5	-1.0	121.5	1426.0	6.2
山　西	168.0						985.5	6.0
内蒙古	928.3	90.0	19.5	19.5	2.0	25.2	2418.8	1.0
辽　宁	5446.2	20.6	12.2	13.3	14.0	15.0	27315.0	20.0
吉　林	668.9		10.8				361.4	0.5
黑龙江	1600.9	493.0	30.0	4.4	21.5	71.6	1848.3	2.0
上　海	2561.1						6439.2	300.1
江　苏	8894.5	1152.9	53.3	24.3	1.9	675.5	29884.5	-422.1
浙　江	4274.2	143.4	264.3	280.1	1.8	314.4	8608.5	1193.6
安　徽	2418.6	57.7	104.4	86.3		98.5	2793.0	32.9
福　建	209.5	137.7	170.1	166.9	0.2	4.7	479.1	19.6
江　西	454.3						4663.4	53.0
山　东	7324.3	230.1	178.3	122.2	5.0	49.1	22331.0	220.8
河　南	350.4	17.5	34.3	22.0		11.7	2626.0	
湖　北	1344.2	868.9	131.2	41.2	21.5	34.5	11638.5	
湖　南	3491.9	716.0	721.0	455.0		266.1	13730.4	
广　东	9364.9						26606.3	1057.1
广　西	163.8	90.9					1278.3	14.8
海　南	48.4						1.9	2.3
重　庆	759.3		8.0	8.0		0.1	7611.1	-9.0
四　川	1316.8	372.2	122.9	90.8	2.5	26.6	2515.6	243.4
贵　州	401.8	8.1	35.3	7.2		9.1	919.9	
云　南	47.9	5.0	21.0	21.0		0.2	1193.0	
西　藏	484.1						12102.1	
陕　西	718.1	50.0	38.0				8351.5	10.3
甘　肃	413.9	734.5					911.2	
青　海	169.0						3370.5	
宁　夏	43.1						53.5	
新　疆	1582.3	601.0	30.8	20.2		14.4	4025.8	1.0

单位：万元

政事业会计制度单位财务指标				执行民间非营利组织会计制度单位财务指标				
收入合计	支出合计	收支结余	行政事业单位增加值	固定资产原价	上年结余	收入合计	费用合计	民间组织单位增加值
412251.6	**405224.5**	**4013.2**	**56707.2**	**47344.2**	**1745.6**	**21334.1**	**17339.5**	**8241.0**
14199.4	13004.8	1451.5	8664.8					
389.4	359.4	10.8	189.8	1188.8	20.0	369.8	1903.5	923.0
413.3	419.3		186.6	430.9		16.0	16.0	4.0
281.6	265.6		80.0	153.6	18.0	224.4	224.4	88.0
1506.7	1493.7		884.1	613.6		49.5	49.5	19.0
2061.6	5334.1	-8.0	5378.2	221.3		133.0	133.0	53.0
20931.4	20963.2		573.9	577.2		680.4	259.8	95.0
1838.7	1812.4	0.9	1352.3	572.7	13.0	148.7	73.8	177.0
7630.2	6850.9	289.2	2046.1	830.0	117.6	4025.8	856.5	515.0
12404.9	11476.3	183.8	6986.0	16321.3	104.2	3665.1	2999.3	1233.0
7515.7	7389.0	341.5	3814.8	1983.8	65.7	1346.5	836.3	145.0
2069.3	2131.7	-6.4	1053.1	738.0	84.0	4180.5	4238.7	1267.0
300442.5	290442.5	16.7	186.8	93.0	2.0	48.6	47.0	18.0
1309.4	1309.9		454.3					
7770.2	7693.2	11.8	5451.2	5063.3		1028.1	986.8	1824.0
756.8	759.8		314.7	2421.8		296.2	195.7	24.0
2211.8	2005.9	103.3	1241.7	1513.4	15.5	767.7	768.5	68.0
7611.4	8400.7	54.3	3060.8	1672.8	2.0	1300.7	1219.9	165.0
15982.6	17655.4	1489.4	9153.9	1091.0		626.0	626.0	211.0
115.3	102.4		149.8	267.0	208.0	14.6	4.8	14.0
49.6	46.9	5.0	48.4					
860.8	867.5	50.3	746.2	1438.3	8.0	26.7	34.7	13.0
665.1	849.1	13.1	611.2	3245.5	1087.6	1387.6	949.8	679.0
109.0	130.6		49.7	2315.0		411.6	347.6	343.0
1.0	1.0		47.7	4.5		1.0	10.0	
			484.1					
713.2	684.6	11.0	617.1	1504.2		38.1	58.1	101.0
364.4	367.3		170.9	1096.2		328.8	328.8	243.0
165.5	173.0		169.0	270.0		21.7		
147.8	147.8		30.1	62.0		58.0	32.0	13.0
1733.0	2086.5	-5.0	1557.9	1655.0		139.0	139.0	10.0

C-53 婚姻登记服

地　区	单位数	年末职工人数	女性	增加值合计
全　国	**1356**	**5962**	**3947**	**9325.8**
北　京	6	29	19	76.3
天　津	9	76	54	184.7
河　北	55	439	317	395.3
山　西	34	174	119	95.6
内蒙古	19	72	49	116.3
辽　宁	82	507	357	836.4
吉　林	53	295	191	241.2
黑龙江	47	207	136	137.3
上　海	12	85	54	599.6
江　苏	60	382	287	922.9
浙　江	45	178	130	639.8
安　徽	49	263	172	268.4
福　建	29	80	57	55.9
江　西	42	152	123	81.0
山　东	70	595	365	1793.1
河　南	21	145	101	69.5
湖　北	86	386	281	556.7
湖　南	58	261	161	457.6
广　东	64	319	232	596.6
广　西	54	182	125	133.0
海　南	2	6	4	11.4
重　庆	23	106	62	230.3
四　川	73	158	70	102.3
贵　州	74	100	40	50.2
云　南	52	126	72	78.6
西　藏				
陕　西	80	350	240	384.9
甘　肃	79	143	48	79.5
青　海	14	15	14	1.0
宁　夏	47	58	21	76.6
新　疆	17	73	46	53.1

务单位总表

单位：人、个、万元

执行企业会计制度单位财务指标				
固定资产原价	营业收入	费用合计	营业利润	企业单位增加值
412.0	**826.4**	**524.5**	**122.1**	**447.5**
44.1	308.8	238.5	62.6	156.3
37.4	130.2	53.7	2.7	44.6
41.8	89.4	68.4	1.8	33.0
146.8	177.8	126.7	45.8	123.9
	16.0			16.0
2.5				
4.0				3.1
17.9	63.5	16.1	7.1	40.8
70.4	40.7	20.1	2.1	23.6
20.0				6.0
2.0				
0.1				
25.0		1.0		

C−53续表

地　区	执行行政事业会计制度单位财务指标				
	固定资产原价	上年结余	收入合计	支出合计	收支结余
全　国	**10256.5**	**257.5**	**15752.2**	**15555.5**	**444.0**
北　京	39.9		87.4	85.4	2.0
天　津	40.0	15.0	37.6	39.0	
河　北	418.2	15.6	671.8	695.1	-8.5
山　西	94.4	1.2	166.7	167.9	
内蒙古	73.4		165.0	165.0	
辽　宁	490.2	13.6	1426.6	1387.0	36.6
吉　林	160.0	2.2	412.8	417.4	0.9
黑龙江	175.8		179.3	173.6	2.1
上　海	432.7	19.6	1237.4	1176.4	87.4
江　苏	591.9	27.8	1483.4	1474.1	42.5
浙　江	1055.0	30.2	1067.4	1118.4	24.4
安　徽	303.5	35.5	495.5	425.0	70.0
福　建	186.8	1.0	65.5	80.6	1.0
江　西	201.2	29.9	232.2	238.5	1.6
山　东	2228.0	4.4	2304.2	2307.4	0.2
河　南	126.6		145.3	142.4	0.3
湖　北	595.0	-9.5	945.1	955.9	-17.6
湖　南	399.9	9.7	975.2	966.7	11.4
广　东	593.7	-3.6	1423.7	1288.3	199.6
广　西	222.9	0.2	146.4	128.8	2.9
海　南	134.0		111.0	109.0	
重　庆	724.6	63.5	834.4	847.7	-13.3
四　川	138.2		192.0	181.9	
贵　州	97.6		39.6	38.2	
云　南	72.1	1.2	93.3	89.6	
西　藏					
陕　西	303.0		536.3	550.1	0.5
甘　肃	227.5		112.8	141.8	
青　海	25.7		7.8	7.8	
宁　夏	68.5		82.7	82.7	
新　疆	36.2		73.8	73.8	

单位：万元

行政事业单位增加值	执行民间非营利组织会计制度单位财务指标				
	固定资产原价	上年结余	收入合计	费用合计	民间组织单位增加值
8714.8	**228.5**	**31.2**	**399.9**	**358.3**	**163.5**
76.3					
28.4					
350.7					
94.6	7.0		3.0	3.0	1.0
116.3					
780.7	30.0		50.0	50.0	22.7
241.2					
133.0			6.2	8.2	4.3
599.6					
771.6	15.8		72.6	72.6	27.4
623.8					
254.4	12.6		29.4	29.3	14.0
47.9	7.6	2.0	30.1	30.2	8.0
81.0					
1793.1					
69.5					
556.7					
457.6					
587.6	13.0		12.3	18.3	5.9
92.2	0.5	0.1			
11.4					
221.9	33.4		53.8	39.7	8.4
102.3	30.0		6.0		
10.2			40.0	40.0	40.0
39.2	14.0	29.1	49.5	25.0	15.8
378.9					
79.5	2.6		1.0		
1.0					
60.6	61.0		45.0	41.0	16.0
53.1	1.0		1.0	1.0	

C-54 在编制部门登记

地区	单位数	年末职工人数	女性	增加值合计
全国	**888**	**4558**	**3080**	**8136.4**
北京	6	29	19	76.3
天津	1	3	1	15.8
河北	37	324	235	330.5
山西	26	141	92	87.7
内蒙古	16	62	43	106.3
辽宁	69	427	297	726.6
吉林	49	289	187	236.9
黑龙江	35	168	107	129.9
上海	12	85	54	599.6
江苏	42	232	169	652.9
浙江	39	155	114	612.9
安徽	31	191	122	241.7
福建	12	31	23	35.4
江西	37	135	111	77.0
山东	70	595	365	1793.1
河南	17	117	84	51.2
湖北	58	357	259	556.3
湖南	49	227	138	412.8
广东	47	243	177	538.6
广西	41	140	95	91.2
海南	2	6	4	11.4
重庆	17	70	43	180.5
四川	17	70	50	75.2
贵州	4	13	8	7.2
云南	39	72	42	41.9
西藏				
陕西	62	295	205	372.6
甘肃	45	53	14	7.9
青海				
宁夏	2	7	5	12.4
新疆	6	21	17	52.8

的婚姻登记服务单位

单位：人、个、万元

执行企业会计制度单位财务指标				
固定资产原价	营业收入	费用合计	营业利润	企业单位增加值
95.0	**69.5**	**48.1**		**30.7**
	13.5	14.6		0.1
18.0	36.0	27.0		11.8
2.0				
55.0	20.0	5.5		12.7
20.0				6.0
		1.0		

C-54 续表

地 区	执行行政事业会计制度单位财务指标				
	固定资产原价	上年结余	收入合计	支出合计	收支结余
全 国	**8917.6**	**239.5**	**14225.8**	**14059.1**	**435.9**
北 京	39.9		87.4	85.4	2.0
天 津	13.0		22.0	22.0	
河 北	327.1	11.5	622.1	642.1	-8.5
山 西	90.9	1.2	159.7	160.9	
内蒙古	71.9		152.2	152.2	
辽 宁	471.0	13.6	1262.8	1223.2	36.6
吉 林	154.0	2.2	406.7	411.3	0.9
黑龙江	166.8		170.5	164.8	2.1
上 海	432.7	19.6	1237.4	1176.4	87.4
江 苏	549.5	27.8	1173.4	1162.4	42.5
浙 江	1034.1	30.2	1049.9	1100.9	24.4
安 徽	274.5	35.5	397.0	360.7	70.0
福 建	30.2	1.0	38.5	53.6	1.0
江 西	127.2	29.9	203.7	210.0	1.6
山 东	2228.0	4.4	2304.2	2307.4	0.2
河 南	45.2		116.7	113.8	0.3
湖 北	584.0	-9.5	925.4	936.2	-17.6
湖 南	280.0	9.7	880.4	860.5	11.4
广 东	491.3	-0.1	1190.2	1067.1	195.7
广 西	198.3	0.2	135.3	128.7	2.9
海 南	134.0		111.0	109.0	
重 庆	715.8	62.3	774.5	792.0	-17.5
四 川	44.2		131.2	131.1	
贵 州	28.8		21.0	21.0	
云 南	60.1		46.8	46.8	
西 藏					
陕 西	253.0		512.9	526.7	0.5
甘 肃	35.9		14.9	14.9	
青 海					
宁 夏			15.0	15.0	
新 疆	36.2		63.0	63.0	

单位：万元

	执行民间非营利组织会计制度单位财务指标				
行政事业单位增加值	固定资产原价	上年结余	收入合计	费用合计	民间组织单位增加值
8085.7	**39.0**		**42.0**	**40.0**	**20.0**
76.3					
15.8					
330.4					
87.7					
106.3					
694.8	30.0		40.0	40.0	20.0
236.9					
129.9					
599.6					
652.9					
612.9					
241.7					
35.4					
77.0					
1793.1					
51.2					
556.3					
412.8					
538.6					
91.2					
11.4					
180.5					
75.2	9.0		2.0		
7.2					
29.2					
366.6					
7.9					
12.4					
52.8					

C-55 在民政部门登记

地区	单位数	年末职工人数	女性	增加值合计
全国	**348**	**1032**	**637**	**908.2**
北京				
天津	8	73	53	168.9
河北	6	37	21	18.1
山西	7	30	25	7.9
内蒙古	2	5	3	3.5
辽宁	10	69	50	97.6
吉林	1	3	1	
黑龙江	11	36	27	7.3
上海				
江苏	14	119	89	167.1
浙江	3	12	8	18.2
安徽	13	49	37	19.4
福建	12	38	28	19.8
江西	5	17	12	4.0
山东				
河南	4	28	17	18.3
湖北	28	29	22	0.4
湖南	8	29	19	41.4
广东	17	76	55	56.4
广西	5	10	7	0.3
海南				
重庆	4	20	15	23.7
四川	7	31	12	23.7
贵州	70	87	32	43.0
云南	12	51	28	28.2
西藏				
陕西	14	33	21	5.8
甘肃	34	90	34	71.6
青海	7	8	7	0.4
宁夏	44	48	13	64.2
新疆	2	4	1	0.3

的婚姻登记服务单位

单位：人、个、万元

执行企业会计制度单位财务指标				
固定资产原价	营业收入	费用合计	营业利润	企业单位增加值
106.7	**462.9**	**300.4**	**80.7**	**236.8**
44.1	308.8	238.5	62.6	156.3
17.4	40.9	18.4	0.3	13.1
8.8	18.4	12.6	1.0	11.7
26.8	75.8	30.7	16.8	34.2
	16.0			16.0
0.5				
4.0				3.1
3.0	3.0	0.2		2.4
2.0				
0.1				

C−55 续表

地区	执行行政事业会计制度单位财务指标				
	固定资产原价	上年结余	收入合计	支出合计	收支结余
全　国	**1138.8**	**13.9**	**1269.4**	**1256.1**	**8.1**
北　京					
天　津	27.0	15.0	15.6	17.0	
河　北	75.0		8.7	8.7	
山　西	3.5		7.0	7.0	
内蒙古	1.5		4.4	4.4	
辽　宁	19.2		163.8	163.8	
吉　林			2.0	2.0	
黑龙江	7.0		6.8	6.8	
上　海					
江　苏	37.4		276.0	277.7	
浙　江	4.0		8.0	8.0	
安　徽	16.0		57.0	22.8	
福　建	154.6		21.0	21.0	
江　西	74.0		28.5	28.5	
山　东					
河　南	81.4		28.6	28.6	
湖　北	11.0		19.7	19.7	
湖　南	34.9		88.8	100.2	
广　东	102.4	-3.5	233.5	221.2	3.9
广　西	6.6		1.1	0.1	
海　南					
重　庆	1.7	1.2	18.6	14.4	4.2
四　川	92.0		40.0	40.0	
贵　州	68.8		18.6	17.2	
云　南	12.0	1.2	46.5	42.8	
西　藏					
陕　西	38.0		11.8	11.8	
甘　肃	191.6		97.9	126.9	
青　海	10.7		0.3	0.3	
宁　夏	68.5		64.9	64.9	
新　疆			0.3	0.3	

单位：万元

	执行民间非营利组织会计制度单位财务指标				
行政事业单位增加值	固定资产原价	上年结余	收入合计	费用合计	民间组织单位增加值
532.2	**188.5**	**31.2**	**347.9**	**302.3**	**139.2**
12.6					
5.0					
6.9	6.0		3.0	3.0	1.0
3.5					
85.9					
3.0			6.2	8.2	4.3
105.5	15.8		72.6	72.6	27.4
2.2					
5.4	12.6		29.4	29.3	14.0
11.8	7.6	2.0	30.1	30.2	8.0
4.0					
18.3					
0.4					
41.4					
49.0	13.0		12.3	12.3	4.3
0.3	0.5	0.1			
15.3	33.4		53.8	39.7	8.4
23.7	21.0		4.0		
3.0			40.0	40.0	40.0
10.0	14.0	29.1	49.5	25.0	15.8
5.8					
71.6	2.6		1.0		
0.4					
48.2	61.0		45.0	41.0	16.0
0.3	1.0		1.0	1.0	

C-56 未登记的婚姻

地区	单位数	年末职工人数	女性	增加值合计
全国	**120**	**372**	**230**	**281.2**
北京				
天津				
河北	12	78	61	46.7
山西	1	3	2	
内蒙古	1	5	3	6.5
辽宁	3	11	10	12.2
吉林	3	3	3	4.3
黑龙江	1	3	2	0.1
上海				
江苏	4	31	29	102.9
浙江	3	11	8	8.7
安徽	5	23	13	7.3
福建	5	11	6	0.7
江西				
山东				
河南				
湖北				
湖南	1	5	4	3.4
广东				1.6
广西	8	32	23	41.5
海南				
重庆	2	16	4	26.1
四川	49	57	8	3.4
贵州				
云南	1	3	2	8.5
西藏				
陕西	4	22	14	6.5
甘肃				
青海	7	7	7	0.6
宁夏	1	3	3	
新疆	9	48	28	

登记服务单位

单位：人、个、万元

执行企业会计制度单位财务指标				
固定资产原价	营业收入	费用合计	营业利润	企业单位增加值
210.3	**294.0**	**176.0**	**41.4**	**180.0**
20.0	75.8	20.7	2.4	31.4
15.0	35.0	28.8	0.8	9.5
120.0	102.0	96.0	29.0	89.7
17.9	63.5	16.1	7.1	40.8
12.4	17.7	14.4	2.1	8.5
25.0				

C-56 续表

地　区	执行行政事业会计制度单位财务指标				
	固定资产原价	上年结余	收入合计	支出合计	收支结余
全　国	**200.1**	**4.1**	**257.0**	**240.3**	
北　京					
天　津					
河　北	16.1	4.1	41.0	44.3	
山　西					
内蒙古			8.4	8.4	
辽　宁					
吉　林	6.0		4.1	4.1	
黑龙江	2.0		2.0	2.0	
上　海					
江　苏	5.0		34.0	34.0	
浙　江	16.9		9.5	9.5	
安　徽	13.0		41.5	41.5	
福　建	2.0		6.0	6.0	
江　西					
山　东					
河　南					
湖　北					
湖　南	85.0		6.0	6.0	
广　东					
广　西	18.0		10.0		
海　南					
重　庆	7.1		41.3	41.3	
四　川	2.0		20.8	10.8	
贵　州					
云　南					
西　藏					
陕　西	12.0		11.6	11.6	
甘　肃					
青　海	15.0		7.5	7.5	
宁　夏			2.8	2.8	
新　疆			10.5	10.5	

单位：万元

	执行民间非营利组织会计制度单位财务指标				
行政事业单位增加值	固定资产原价	上年结余	收入合计	费用合计	民间组织单位增加值
96.9	**1.0**		**10.0**	**16.0**	**4.3**
15.3					
	1.0				
6.5					
			10.0	10.0	2.7
4.3					
0.1					
13.2					
8.7					
7.3					
0.7					
3.4					
				6.0	1.6
0.7					
26.1					
3.4					
6.5					
0.6					

C–57 收养性社会

地 区	单位数	年末职工人数	#女 性	年末床位数	#光荣间床位	年在院总人天数	年末在院人数
全 国	**43607**	**260804**	**130443**	**2512930**	**110721**	**487093167**	**1999511**
北 京	357	7103	4591	40637	673	7052416	23208
天 津	297	4931	3501	20659	739	4537936	15097
河 北	1776	11321	5288	80223	12378	16862616	56515
山 西	847	5688	2583	34269	3464	4479362	17402
内蒙古	806	4601	1777	40908	1696	8037585	31611
辽 宁	1282	13603	7918	89541	3164	19233878	65056
吉 林	796	6403	2619	75469	4001	9921724	46594
黑龙江	681	6213	2280	48242	2561	9578892	41721
上 海	570	15262	10691	73768	59	15503008	50326
江 苏	2046	19623	10771	186108	5668	42793868	145618
浙 江	1641	11279	7396	147844	4276	31605645	105339
安 徽	2052	8904	3403	80264	3546	14603709	65163
福 建	801	3737	1895	21156	2296	4393116	15611
江 西	2022	12083	4912	244269	16543	33211185	227945
山 东	2073	19942	8767	240516	10239	68048722	207914
河 南	2721	15150	6002	151162	10749	27710011	140602
湖 北	2616	17157	8596	208821	7750	50155776	188308
湖 南	1911	10939	5416	111055	5793	17882816	79120
广 东	2382	15562	8627	111871	4277	16258376	81502
广 西	7106	12721	6059	103448	4068	25081619	84837
海 南	203	501	297	3486	492	947502	2257
重 庆	1884	5160	2164	69479	653	13358156	58444
四 川	2723	15062	6529	201106	2727	23664607	147677
贵 州	900	2873	1315	19121	488	3875635	12409
云 南	667	2801	1306	22813	191	3266254	15305
西 藏	172	308	140	3294		819425	2464
陕 西	815	4796	1954	30248	824	6772026	26374
甘 肃	585	2177	852	13073	143	1577984	9647
青 海	167	381	200	3349	12	501210	3049
宁 夏	117	876	602	7839	403	1000692	7508
新 疆	591	3647	1992	28892	848	4357416	24888

福利单位总表

单位：个、人、张、人次、人天

	在院人员按性质分			在院人员按年龄分			康复和医疗门诊人次数	家庭寄养儿童数量
#女　性	优抚对象	"三无"对象	自费人员	老　人	青壮年	少年儿童		
533989	**170399**	**1505360**	**323752**	**1692518**	**102320**	**80726**	**7612805**	**12850**
9398	800	4455	17953	19937	2450	828	242661	1037
6548	698	3487	10912	13736	1031	307	60387	573
9183	9725	41594	5196	52444	1648	1261	175084	81
2986	4563	10082	2757	13454	1321	2001	93719	1674
4035	2333	26939	2339	26614	18762	1000	57068	285
16556	7400	40094	17562	53493	6897	2417	80440	361
10316	4673	37355	4566	39782	5340	1472	93356	11
7461	3408	34173	4140	37229	3482	1807	42550	
28904	292	5967	44067	45025	4036	1216	150981	1124
45827	9538	110458	25622	135071	5427	4425	1434568	140
31280	1808	53277	50254	100173	2182	2707	506857	605
15560	6420	54137	4606	51082	2036	3837	160301	884
4577	2440	9699	3472	11419	1863	1836	225372	931
50079	24814	191771	11360	169451	5853	10006	79246	449
55362	9823	184270	13821	201449	4253	2213	478911	448
33341	13090	121687	5825	132304	3690	4758	248583	140
52382	13063	160437	14808	171442	6429	5388	853254	353
18896	8944	64633	5543	71732	3029	4333	223951	272
25901	12218	53136	16148	57141	3321	7852	1051436	846
22273	2096	70304	12437	75169	2281	2834	328719	850
1210	311	1891	55	1908	20	281	7587	11
14079	4463	46404	7577	51093	4502	2567	197420	138
43582	20908	94850	31919	90811	4419	3382	494476	12
3369	435	10540	1434	9826	988	1595	68130	1
3693	840	12245	2220	10227	1021	1353	47753	549
1257		2461	3	1360		1104		
4504	2044	22464	1866	19173	2850	2244	81579	64
2073	1067	8168	412	6818	729	1066	31894	39
1176	215	2805	29	2119	137	358	2314	32
2116	747	5973	788	6034	399	406	10903	128
6065	1223	19604	4061	15002	1924	3872	83305	812

C-57 续表

地　区	增加值合计	执行企业会计制度单位财务指标					执行行	
		固定资产原价	营业收入	费用合计	营业利润	企业单位增加值	固定资产原价	上年结余
全　国	**732482.3**	**55918.6**	**8036.8**	**4818.2**	**393.9**	**3163.0**	**2225879.2**	**41394.7**
北　京	22787.4	29429.2	2449.5	2134.0	187.1	976.5	92234.7	4651.9
天　津	15095.4	473.0	130.0	85.0		100.4	24872.3	790.5
河　北	23344.6	658.0	48.0	48.0	2.0	3.6	93771.5	1958.3
山　西	12502.3	2585.0		168.0		1.5	44971.8	2196.0
内蒙古	8974.3	1032.9	108.1	81.6	4.2	40.9	27517.5	940.2
辽　宁	32631.7	635.0	76.0	1.5		18.0	98659.4	1292.6
吉　林	19661.9	4360.0	14.0	5.0	32.0	32.0	41268.8	79.6
黑龙江	72152.9	2321.7	85.0	75.0		48.2	45824.5	1052.6
上　海	36715.9	22.0	271.0	86.7	-3.0	86.0	67148.2	2186.1
江　苏	73670.5	1533.6	164.3	42.1	6.4	1007.6	245890.5	2560.1
浙　江	36361.3	1435.6	1098.4	1015.7	103.8	285.8	183843.3	2762.5
安　徽	12415.6	0.7					55314.5	828.6
福　建	11435.6	2477.0	2562.0	267.0	40.0	294.0	35204.3	2708.1
江　西	15525.5						75465.4	1006.9
山　东	53552.0	296.0	142.0	133.8	2.8	82.9	106392.3	1893.5
河　南	18860.6	81.0	22.0	22.0		0.2	106591.3	391.3
湖　北	37099.1	1686.0	233.0	98.0		0.9	141522.8	173.8
湖　南	23420.7	1505.3	350.1	351.1		3.3	86886.3	1315.2
广　东	59978.8						285070.2	3157.2
广　西	20394.5	1951.9					103191.5	2482.8
海　南	1886.3						12140.4	264.6
重　庆	11787.0	838.6	153.5	131.2	1.2	51.2	43333.4	652.1
四　川	20846.2	510.4	85.9	61.2		27.0	84064.9	1846.5
贵　州	8828.5						19609.3	33.6
云　南	27992.9	937.0				60.1	18606.8	653.6
西　藏	1492.1						4662.4	
陕　西	8543.5	679.0					28658.2	131.2
甘　肃	3472.6	189.2	24.0	4.3	14.4	30.1	11562.0	876.8
青　海	27680.2	240.5			3.0	3.0	2661.0	14.0
宁　夏	2318.7			1.0			6442.1	106.8
新　疆	9820.4	40.0	20.0	6.0		10.0	32497.6	2387.7

单位：万元

政事业会计制度单位财务指标				执行民间非营利组织会计制度单位财务指标				
收入合计	支出合计	收支结余	行政事业单位增加值	固定资产原价	上年结余	收入合计	费用合计	民间组织单位增加值
1100207.1	**1048397.0**	**49867.0**	**628899.6**	**605868.4**	**19482.6**	**667812.6**	**204394.7**	**100419.7**
34478.7	34413.4	3096.6	20508.3	22288.6	688.7	6980.3	7083.5	1302.6
15669.1	17298.2	1139.5	13505.4	9534.9	110.2	5051.7	5027.8	1489.6
40257.6	40783.0	1246.1	23262.6	3628.4	3.0	564.7	506.9	78.4
20689.0	19478.7	1112.6	11914.7	4940.3	8.2	1409.7	1198.2	586.1
14964.1	13642.6	1910.9	8527.2	3510.7		24132.3	819.1	406.2
42709.5	42130.9	1560.1	27229.2	27481.1	56.3	53616.3	28980.6	5384.5
23010.3	22886.4	374.1	13459.3	6018.0		987.5	1124.6	6170.6
112960.9	112569.7	1121.4	72012.5	6686.3	20.0	1586.7	1336.7	92.2
34907.3	34023.4	1686.6	23627.5	55211.3	2654.0	45641.1	40308.9	13002.4
107806.1	102620.5	5857.7	69700.9	37721.0	501.6	10618.1	9470.7	2962.0
70261.0	65466.8	7067.9	31561.2	66649.4	1352.0	17350.2	14525.2	4514.3
18527.5	18357.0	-113.5	11828.3	13143.1	12.5	1812.0	1759.0	587.3
19729.8	19040.1	1768.7	11060.0	249.4	21.6	46768.7	172.2	81.6
39439.0	39821.0	649.6	15525.5					
52022.5	51344.4	2807.4	33126.5	162381.2	4.0	39170.7	36057.9	20342.6
32662.2	31460.0	923.5	18050.4	45247.3	5.0	3239.9	1469.5	810.0
53456.2	52364.0	686.4	30868.9	29791.8	328.0	8900.6	8304.2	6229.3
47217.0	45686.7	1092.6	22173.8	13286.0	308.9	3967.9	3795.7	1243.6
123386.5	97720.8	4463.1	59286.7	6738.7	1969.0	25700.1	1963.2	692.1
23912.5	23506.7	1242.9	18449.5	6181.2	77.0	3465.9	3472.9	1945.0
1933.1	1798.3	224.8	1886.3					
15680.6	14850.5	999.0	10408.1	38278.5	10032.9	297261.4	2932.7	1327.7
50464.7	47109.1	4247.2	19644.4	17426.7	755.4	2480.9	1615.9	1174.8
9237.3	8414.5	197.9	6374.7	13676.8	89.5	14528.5	3899.7	2453.8
31868.6	31103.0	638.1	27782.8	4215.6		23959.9	340.5	150.0
1708.4	1721.4		1492.1					
13362.1	12509.9	1164.8	8444.0	5276.5	427.2	501.5	442.4	99.5
26850.1	26853.6	179.8	3408.7	3095.6		155.7	78.9	33.8
1084.6	1082.6	5.0	828.9	920.1	1.6	26900.6	26894.2	26848.3
3647.8	3587.9	126.9	2314.7			11.0	11.0	4.0
16303.0	14751.9	2389.3	9403.0	2289.9	56.0	1048.7	802.6	407.4

C-58 在工商部门登记

地 区	单位数	年末职工人数	#女 性	年末床位数	#光荣间床位	年在院总人天数	年末在院人数
全 国	**111**	**1234**	**534**	**13350**	**90**	**1140072**	**9644**
北 京	10	426	166	3411		513335	1451
天 津							
河 北	1	11	2	98	10	24090	66
山 西							
内蒙古	3	32	24	115	6	9360	50
辽 宁	13	65	43	570		140400	390
吉 林							
黑龙江	4	4		293		44000	185
上 海							
江 苏	2	98	54	170		6112	145
浙 江	15	159	102	1201		21468	940
安 徽	4	30	7	168		14850	131
福 建	3	4	2	23		8500	23
江 西							
山 东							
河 南							
湖 北	13	74	34	615		730	445
湖 南	29	204	46	1563	4	265002	1126
广 东							
广 西							
海 南							
重 庆							
四 川	1	30	10	4428	2	47600	4354
贵 州							
云 南	5	15	4	270		8490	27
西 藏							
陕 西				35	17		35
甘 肃	3	10	7	84			84
青 海							
宁 夏							
新 疆	5	72	33	306	51	36135	192

的收养性单位

单位：张、人、人天、人次、个

	在院人员按性质分			在院人员按年龄分			康复和医疗门诊人次数
#女　性	优抚对象	“三无”对象	自费人员	老　人	青壮年	少年儿童	
3818	**1751**	**2152**	**5741**	**5299**	**123**	**12**	**24119**
645		6	1445	1394	57		
20			66	66			
17	3	19	28	50			
75			390	390			
2	18		167	182		3	
2			145	145			347
352		35	905	893	47		
43	2		129	131			10
8	5	8	10				
76	2	146	297	441		4	
18	209	550	367	1126			
2490	1494	1251	1609	167			
5		27		27			12
8	17	18		30		5	
42		84		84			
15	1	8	183	173	19		23750

C-58 续表

地　区	增加值合计	执行企业会计制度单位财务指标					执行行	
		固定资产原价	营业收入	费用合计	营业利润	企业单位增加值	固定资产原价	上年结余
全　国	**1352.7**	**2587.2**	**1049.5**	**942.0**	**-4.5**	**609.3**	**985.2**	**35.6**
北　京	470.2	900.7	287.6	308.9	-71.7	31.0		
天　津								
河　北	3.6	80.0	48.0	48.0	2.0	3.6		
山　西								
内蒙古	32.0	881.9	96.8	71.6	2.9	32.0		
辽　宁		260.0	48.0					
吉　林								
黑龙江								
上　海								
江　苏	517.2					415.0	60.7	35.6
浙　江	185.7	155.3	523.1	478.7	55.1	118.0	24.0	
安　徽	12.0	0.3						
福　建	0.1						2.5	
江　西								
山　东								
河　南								
湖　北	0.3	89.0	34.0	33.0		0.3		
湖　南	43.1						578.0	
广　东								
广　西								
海　南								
重　庆								
四　川		165.0						
贵　州								
云　南		25.0						
西　藏								
陕　西								
甘　肃	9.5	30.0	12.0	1.8	7.2	9.5		
青　海								
宁　夏								
新　疆	79.1						320.0	

单位：万元

政事业会计制度单位财务指标				执行民间非营利组织会计制度单位财务指标				
收入合计	支出合计	收支结余	行政事业单位增加值	固定资产原价	上年结余	收入合计	费用合计	民间组织单位增加值
377.4	**344.7**	**0.1**	**209.5**	**2081.8**	**674.0**	**1552.1**	**1563.6**	**533.9**
				879.5	674.0	1266.0	1317.7	439.2
						3.3		
144.1	144.0	0.1	102.2					
6.6	6.6		1.0	1021.8		177.9	175.8	66.7
				75.0		44.0	32.1	12.0
5.0	5.0		0.1					
				80.5		16.0	15.0	
117.0	114.4		43.1					
104.7	74.7		63.1	25.0		44.9	23.0	16.0

C-59 在编制部门登

地 区	单位数	年末职工人数	#女 性	年末床位数	#光荣间床位	年在院总人天数	年末在院人数
全 国	**4615**	**91018**	**51246**	**467746**	**35914**	**97230634**	**363825**
北 京	187	4581	3050	22057	673	4295300	13598
天 津	24	1658	958	4654	570	1077568	3835
河 北	304	5479	2953	25632	5620	6508435	18750
山 西	127	3079	1580	16637	2601	2166610	6543
内蒙古	88	1815	935	7929	882	1825781	5532
辽 宁	120	4229	2277	19376	1627	5606355	15456
吉 林	68	2240	1217	9207	1228	2254547	7735
黑龙江	78	3443	1165	13842	359	2590515	12105
上 海	51	3833	2590	12641	50	3103794	10863
江 苏	281	6020	3354	36095	2037	7775882	29400
浙 江	212	3521	2337	28475	1124	4999455	18342
安 徽	158	2596	1375	11074	1152	2499899	8629
福 建	150	2049	1236	9137	1169	2421216	7155
江 西	136	2506	1155	17915	1031	2248012	14184
山 东	114	4657	2494	15359	705	4043195	12396
河 南	266	3993	2143	20394	1969	3320943	17682
湖 北	387	6787	3774	42576	4267	10423897	36088
湖 南	293	5002	2846	21487	2228	4658405	17023
广 东	243	6954	4630	30827	1697	5788526	23968
广 西	112	3182	2255	11235	1230	2707827	8202
海 南	10	219	137	708	223	155904	487
重 庆	54	1375	680	8111	305	1956845	6473
四 川	441	3675	1809	34317	1249	4662342	30002
贵 州	90	1457	732	5929	335	1291176	4070
云 南	89	1191	656	5294	26	587498	3571
西 藏	7	65	27	800		266815	729
陕 西	82	1545	752	8319	690	3724734	7056
甘 肃	36	752	363	2918	101	554452	2130
青 海	5	124	69	524		126990	502
宁 夏	15	369	256	1674	321	355013	1488
新 疆	387	2622	1441	22603	445	3232703	19831

记的收养性单位

单位：人次、人天、张、人、个

	在院人员按性质分			在院人员按年龄分			康复和医疗门诊人次数	家庭寄养儿童数量
# 女　性	优抚对象	“三无”对象	自费人员	老　人	青壮年	少年儿童		
122799	**56730**	**209787**	**97308**	**235471**	**49581**	**57605**	**4946777**	**12646**
5247	745	3228	9625	10889	2019	697	223661	1037
1687	565	1340	1930	2791	721	303	35958	573
3329	7503	9593	1654	16139	1194	1081	122400	81
1278	3541	2382	620	3265	1218	1869	61255	1614
1349	1103	3343	1086	3549	895	876	55500	285
4306	1987	8125	5344	9654	3697	1818	66127	361
1916	1531	4980	1224	4441	2699	595	46553	11
3248	1060	8919	2126	8610	2139	1504	33846	
5729	40	2116	8707	7528	2284	1049	21433	1124
10838	4538	18299	6563	21821	3766	2720	1091729	140
8052	413	7104	10825	14518	1582	2251	286366	605
3386	1386	5954	1289	4631	1043	2875	130112	884
2292	1058	3719	2378	3798	1600	1561	219593	924
4859	1842	10643	1699	7769	1073	4773	27045	449
3806	4157	6212	2027	8153	2538	1705	257083	448
4581	2740	13515	1427	13095	1603	2973	142453	140
12408	6353	23509	6226	31646	2413	2604	539490	353
5234	3778	9422	3823	11761	1977	3259	183289	251
9538	3062	13015	7891	11023	3034	6898	526397	808
3552	681	3993	3528	4269	1614	2442	270893	850
233	117	332	38	182	20	237	6713	11
2728	495	3293	2685	3836	1059	1557	140597	138
12511	4802	15441	9759	13329	3102	2106	251594	12
1661	183	2691	1196	1968	921	1181	62835	1
842	512	2493	566	1633	727	1104	43269	549
317		729				729		
1790	1084	5715	257	2386	2291	1889	14279	64
629	112	1709	309	865	380	798	15824	39
129	134	368		204	126	118	2265	32
813	79	998	411	934	211	325	10643	128
4511	1129	16607	2095	10784	1635	3708	57575	734

C-59 续表

地区	增加值合计	执行企业会计制度单位财务指标					执行行	
		固定资产原价	营业收入	费用合计	营业利润	企业单位增加值	固定资产原价	上年结余
全国	**433015.8**	**28663.0**	**2288.9**	**1784.3**	**231.3**	**1037.9**	**1160459.2**	**35220.2**
北京	20221.0	28441.5	2019.9	1728.6	231.3	883.1	79292.4	4248.7
天津	12963.3						21846.1	796.5
河北	17633.5						60774.8	1905.5
山西	10834.5	5.0					28883.1	2178.0
内蒙古	6536.1						13595.1	938.8
辽宁	17708.1						50288.3	732.0
吉林	11473.9						22231.1	34.0
黑龙江	11349.2	28.0					34917.2	852.1
上海	23116.7	7.0	207.0	18.7		88.4	64323.6	2186.1
江苏	46563.1						108941.5	1509.0
浙江	19754.7						71907.7	2247.9
安徽	7951.2						21517.5	697.7
福建	9622.8	103.0	62.0	37.0		6.3	24115.4	2544.9
江西	6324.5						24726.8	971.7
山东	26437.8						61592.7	1893.5
河南	10875.1						32573.0	384.1
湖北	21883.8						68352.6	167.8
湖南	15023.9						38949.7	1289.2
广东	43963.5						138252.2	2321.7
广西	12636.1	60.0					39418.0	1795.8
海南	1203.4						5802.0	121.0
重庆	7222.8						22292.4	334.1
四川	14295.8	3.4					44038.5	1119.1
贵州	6232.3						15374.9	21.4
云南	4111.9	15.0				60.1	11770.3	530.9
西藏	424.0						926.4	
陕西	5640.8						15997.5	58.4
甘肃	2838.3	0.1					5368.0	847.8
青海	27161.7						903.1	
宁夏	1544.7						4753.8	106.8
新疆	8486.8						26733.5	2385.7

单位：万元

政事业会计制度单位财务指标				执行民间非营利组织会计制度单位财务指标				
收入合计	支出合计	收支结余	行政事业单位增加值	固定资产原价	上年结余	收入合计	费用合计	民间组织单位增加值
680605.6	**654952.8**	**47609.0**	**404192.1**	**16931.1**	**698.7**	**54743.7**	**28739.1**	**27785.8**
31084.0	31472.4	3003.4	18954.1	7801.9	135.7	1846.0	1014.1	383.8
14763.7	16528.9	1161.4	12963.3					
29944.6	30408.4	1229.0	17633.5	95.0		7.0	7.0	
18957.2	17694.9	1112.6	10834.5	1.0				
11970.3	10522.7	1909.9	6527.1			12.7		9.0
29480.2	28506.1	1551.6	17708.1					
17418.1	17502.1	374.1	11473.9	1.0				
19708.0	19369.1	1121.1	11349.2			4.3		
31838.1	31819.9	1698.5	22749.8	540.1	559.0	1455.6	610.8	278.5
67003.5	61441.4	5765.2	46563.1	221.1	2.0	155.8		
47601.8	43637.4	6182.4	19754.7					
12291.1	12487.7	-123.4	7951.2					
16135.4	15259.3	1737.2	9616.5			23310.0		
12009.8	12290.3	636.6	6324.5					
42164.1	41604.7	2722.7	26437.8					
20198.8	18983.8	868.8	10869.6	888.7		28.7	28.7	5.5
38820.3	38335.2	659.6	21859.8	5282.0		570.0	70.0	24.0
32391.1	31351.4	1098.6	15001.9	700.0		107.0	71.0	22.0
75154.0	73350.8	4081.6	43963.5					
19032.8	18598.0	1236.5	12636.1					
1341.2	1218.7	224.0	1203.4					
11839.8	11100.4	891.2	7222.8					
30114.5	26322.3	3906.7	14295.8	120.0		3.0	3.0	
8822.8	8054.4	197.8	5977.3	672.5		83.0	63.1	255.0
7993.6	7144.8	589.6	4051.8	80.0		209.2	3.0	
881.4	881.4		424.0					
9547.7	8521.1	1164.7	5640.8			6.0		
4010.5	4012.0	95.8	2838.3	40.0		11.0		
557.9	557.9		365.7	32.0		26796.0	26796.0	26796.0
2480.6	2459.5	126.9	1544.7					
15048.7	13515.8	2384.9	8474.8	455.8	2.0	138.4	72.4	12.0

C–60 在民政部门登

地　区	单位数	年末职工人数	# 女　性	年末床位数	# 光荣间床位	年在院总人天数	年末在院人数
全　国	**23279**	**129906**	**62941**	**1526843**	**62070**	**285900227**	**1221850**
北　京	83	1376	878	9533		1371552	5286
天　津	168	2743	2264	12587	112	2779520	9046
河　北	914	3965	1748	35856	6072	6822803	26092
山　西	644	2320	904	14012	559	2114682	8834
内蒙古	162	774	285	7573	298	1460483	5691
辽　宁	893	7821	5040	56988	1320	11188057	39966
吉　林	494	3113	1062	51808	1966	5424622	29116
黑龙江	373	1772	754	22186	1141	3413490	19691
上　海	516	11427	8101	60642	9	12399214	39463
江　苏	1423	11226	6388	128207	3038	27085753	99831
浙　江	851	5019	3386	77917	2254	19257474	59172
安　徽	1229	4389	1422	45846	2100	6058229	38358
福　建	447	1352	515	9286	907	1559035	6760
江　西	1886	9577	3757	226354	15512	30963173	213761
山　东	1649	13622	5686	189817	8362	54352454	163376
河　南	1813	7669	2662	95287	7774	16560689	91353
湖　北	2155	9941	4622	161116	3483	39566502	147522
湖　南	1172	4470	1887	68081	2502	9539896	45671
广　东	1639	6661	3261	55633	2113	7662580	36604
广　西	292	2484	1506	9377	136	2232672	7109
海　南	190	269	151	2658	159	782228	1730
重　庆	617	1817	721	27966	236	4679617	23330
四　川	1018	8198	2822	96514	1333	8764498	56777
贵　州	810	1416	583	13192	153	2584459	8339
云　南	344	1035	350	9461	41	1513141	6272
西　藏	165	243	113	2494		552610	1735
陕　西	400	2276	730	13713	27	2202533	12159
甘　肃	502	1356	443	9392	42	1005507	6870
青　海	160	253	128	2760	2	371400	2501
宁　夏	76	395	264	4727	67	556204	4632
新　疆	194	927	508	5860	352	1075150	4803

记的收养性单位

单位：人次、人天、人、张、个

	在院人员按性质分			在院人员按年龄分			康复和医疗门诊人次数	家庭寄养儿童数量
#女　性	优抚对象	“三无”对象	自费人员	老　人	青壮年	少年儿童		
320454	**85662**	**948337**	**187851**	**1089173**	**27764**	**18847**	**2040463**	**193**
2559	2	179	5105	4970	283	33	10378	
4397	110	545	8391	8849	193	4	17677	
4441	1843	21223	3026	24812	418	157	32133	
1579	792	6016	2026	8171	89	113	22103	60
813	215	4381	1095	5103	40	28	51	
10489	4441	24256	11269	35518	2470	553	13232	
6121	2282	24193	2641	26653	1798	665	29933	
2382	1775	16180	1736	19375	852	113	5538	
23175	252	3851	35360	37497	1752	167	129548	
29962	4426	78880	16525	97706	982	707	296388	
17051	898	26845	31429	58391	223	362	118805	
8332	3945	31645	2768	29082	533	722	4727	
1969	1287	4389	1084	5973	263	264	5734	7
45220	22972	181128	9661	161682	4780	5233	52201	
46187	4642	148953	9781	161439	1486	452	178496	
21246	9695	77799	3859	88308	1488	1718	29996	
38017	6707	132532	8283	135179	4015	2780	264904	
9836	2879	41676	1116	43897	1003	771	28695	21
12193	2658	27870	6076	31937	197	649	476551	27
3833	40	1538	5531	6941	60	88	11964	
959	154	1559	17	1686		44	874	
5015	3153	16629	3548	20161	2553	517	21991	
13732	7976	36255	12546	35134	839	843	195172	
1708	252	7849	238	7858	67	414	5295	
1988	150	4590	1532	5488	124	148	3234	
940		1732	3	1360		375		
1233	697	10458	1004	10092	503	211	66549	
1362	787	5980	103	5729	334	262	16040	
1044	81	2391	29	1873	8	239	49	
1156	458	3873	301	4319	141	58	225	
1515	93	2942	1768	3990	270	157	1980	78

C-60续表

地 区	增加值合计	执行企业会计制度单位财务指标					执行行	
		固定资产原价	营业收入	费用合计	营业利润	企业单位增加值	固定资产原价	上年结余
全 国	**252966.2**	**18253.3**	**4143.9**	**1452.1**	**160.4**	**757.4**	**728724.2**	**3574.9**
北 京	617.6	87.0	142.0	96.5	27.5	62.4	283.5	
天 津	1763.5	473.0	130.0	85.0		100.4	269.0	
河 北	3643.5	470.0					20905.0	52.8
山 西	1393.5	1608.0					12047.2	9.0
内蒙古	960.2	151.0	11.3	10.0	1.3	8.9	4172.0	
辽 宁	13793.1	371.8	28.0	1.5		18.0	42821.0	559.3
吉 林	7297.5	4360.0	14.0	5.0	32.0	32.0	10741.1	
黑龙江	59794.7	2195.7	75.0	75.0		38.2	6155.8	200.5
上 海	13599.2	15.0	64.0	68.0	-3.0	-2.4	2824.6	
江 苏	21163.9	1521.8	147.3	42.1	6.4	31.7	108884.9	721.2
浙 江	9861.1	1170.2	470.7	438.1	46.0	145.8	56635.5	80.1
安 徽	2990.8	0.4					19408.6	114.9
福 建	1652.9	2374.0	2500.0	230.0	40.0	287.7	8704.3	151.2
江 西	9201.0						50738.6	35.2
山 东	23347.5						20742.7	
河 南	5780.2	81.0	22.0	22.0		0.2	48230.9	
湖 北	15140.2	939.0	154.0	23.0		0.2	71616.1	6.0
湖 南	6514.0	1190.3	350.1	351.1		3.3	38712.9	26.0
广 东	12311.1						127945.8	780.9
广 西	1976.2						4017.1	26.3
海 南	657.7						5834.0	143.6
重 庆	2587.4	343.0	13.5			13.5	14455.0	243.1
四 川	4243.9	42.0					15337.8	271.8
贵 州	2596.2						4234.4	12.2
云 南	23573.2	297.0					5009.5	25.8
西 藏	1068.1						3736.0	
陕 西	2508.1	255.0					9868.4	70.0
甘 肃	591.3	48.1	12.0	1.8	7.2	9.5	5939.0	29.0
青 海	518.5	240.0			3.0	3.0	1757.9	14.0
宁 夏	385.7						1301.5	
新 疆	1204.5	20.0	10.0	3.0		5.0	5394.1	2.0

单位：万元

政事业会计制度单位财务指标				执行民间非营利组织会计制度单位财务指标				
收入合计	支出合计	收支结余	行政事业单位增加值	固定资产原价	上年结余	收入合计	费用合计	民间组织单位增加值
352741.1	**328016.9**	**1498.6**	**182844.7**	**504357.4**	**7743.2**	**276841.7**	**162550.2**	**69364.1**
616.9	244.2	21.1	96.0	13546.2	-121.0	3821.5	4699.9	459.2
355.3	279.3		259.2	5378.9	110.2	4585.3	4561.4	1403.9
7416.8	7465.4	17.1	3616.1	1871.0		157.9	153.0	27.4
1561.7	1539.7		867.4	4210.3	8.2	1208.4	1000.2	526.1
1064.0	1194.0	1.0	783.3	611.0		279.0	275.0	168.0
11938.4	12386.2	6.1	8703.8	27408.1	56.3	53175.0	28555.3	5071.3
3780.1	3612.6		1094.9	3422.1		825.2	1001.0	6170.6
91458.8	91412.6	0.3	59675.1	6311.5	10.0	1508.3	1290.9	81.4
3069.2	2203.5	-11.9	877.7	54671.2	2095.0	43943.0	39698.1	12723.9
34348.8	34476.4	83.3	18327.7	36181.5	295.6	10061.7	9209.2	2804.5
10212.0	9611.9	448.8	5428.9	50871.0	1249.6	12701.2	10933.7	4286.4
3533.9	3461.2	5.9	2695.5	8335.8	12.5	967.2	935.5	295.3
3099.2	3285.4	30.7	1283.6	159.4	21.6	23453.3	166.8	81.6
27429.2	27530.7	13.0	9201.0					
3394.3	3307.6	84.7	3125.9	161666.2	4.0	36065.6	35886.8	20221.6
9120.2	9125.7	20.8	4984.5	39797.3	5.0	2434.9	1256.1	795.5
13851.6	13244.5	26.8	8934.7	24429.3	328.0	8314.6	8219.2	6205.3
12134.9	12001.3	-6.0	5586.1	9130.7	308.9	1869.5	1775.3	924.6
42987.9	19206.1	263.1	11765.5	5976.7	1933.0	25467.9	1701.0	545.6
112.9	120.9		182.0	3578.6	71.0	3115.3	3165.3	1794.2
584.4	573.6	0.8	657.7					
1838.2	1761.6	76.6	1605.4	17836.6	29.9	1537.4	1643.5	968.5
15380.2	16402.2	301.6	3178.8	6090.7	753.1	1991.3	1280.9	1065.1
414.5	360.1	0.1	397.4	13004.3	89.5	14445.5	3836.6	2198.8
23597.1	23672.8	21.3	23554.2	2463.5		23466.1	27.6	19.0
827.0	840.0		1068.1					
3410.8	3520.1		2439.3	1787.3	427.2	344.2	394.6	68.8
22821.9	22823.9	84.0	548.0	2991.1		133.4	78.9	33.8
526.7	524.7	5.0	463.2	888.0	1.6	104.6	98.2	52.3
737.6	700.3		381.7			11.0	11.0	4.0
1116.6	1128.4	4.4	832.1	1739.1	54.0	853.4	695.2	367.4

C-61 未登记的

地 区	单位数	年末职工人数	# 女 性	年末床位数	# 光荣间床位	年在院总人天数	年末在院人数
全 国	**15602**	**38646**	**15722**	**504991**	**12647**	**102822234**	**404192**
北 京	77	720	497	5636		872229	2873
天 津	105	530	279	3418	57	680848	2216
河 北	557	1866	585	18637	676	3507288	11607
山 西	76	289	99	3620	304	198070	2025
内蒙古	553	1980	533	25291	510	4741961	20338
辽 宁	256	1488	558	12607	217	2299066	9244
吉 林	234	1050	340	14454	807	2242555	9743
黑龙江	226	994	361	11921	1061	3530887	9740
上 海	3	2		485			
江 苏	340	2279	975	21636	593	7926121	16242
浙 江	563	2580	1571	40251	898	7327248	26885
安 徽	661	1889	599	23176	294	6030731	18045
福 建	201	332	142	2710	220	404365	1673
江 西							
山 东	310	1663	587	35340	1172	9653073	32142
河 南	642	3488	1197	35481	1006	7828379	31567
湖 北	61	355	166	4514		164647	4253
湖 南	417	1263	637	19924	1059	3419513	15300
广 东	500	1947	736	25411	467	2807270	20930
广 西	6702	7055	2298	82836	2702	20141120	69526
海 南	3	13	9	120	110	9370	40
重 庆	1213	1968	763	33402	112	6721694	28641
四 川	1263	3159	1888	65847	143	10190167	56544
贵 州							
云 南	229	560	296	7788	124	1157125	5435
西 藏							
陕 西	333	975	472	8181	90	844759	7124
甘 肃	44	59	39	679		18025	563
青 海	2	4	3	65	10	2820	46
宁 夏	26	112	82	1438	15	89475	1388
新 疆	5	26	10	123		13428	62

收养性单位

单位：人次、人天、人、张、个

	在院人员按性质分			在院人员按年龄分			康复和医疗门诊人次数	家庭寄养儿童数量
#女　性	优抚对象	“三无”对象	自费人员	老　人	青壮年	少年儿童		
86918	**26256**	**345084**	**32852**	**362575**	**24852**	**4262**	**601446**	**11**
947	53	1042	1778	2684	91	98	8622	
464	23	1602	591	2096	117		6752	
1393	379	10778	450	11427	36	23	20551	
129	230	1684	111	2018	14	19	10361	
1856	1012	19196	130	17912	17827	96	1517	
1686	972	7713	559	7931	730	46	1081	
2279	860	8182	701	8688	843	212	16870	
1829	555	9074	111	9062	491	187	3166	
5025	574	13279	2389	15399	679	998	46104	
5825	497	19293	7095	26371	330	94	101686	
3799	1087	16538	420	17238	460	240	25452	
308	90	1583		1648		11	45	
5369	1024	29105	2013	31857	229	56	43332	
7514	655	30373	539	30901	599	67	76134	
1881	1	4250	2	4176	1		48860	
3808	2078	12985	237	14948	49	303	11967	
4170	6498	12251	2181	14181	90	305	48488	11
14888	1375	64773	3378	63959	607	304	45862	
18	40			40				
6336	815	26482	1344	27096	890	493	34832	
14849	6636	41903	8005	42181	478	433	47710	
858	178	5135	122	3079	170	101	1238	
1473	246	6273	605	6665	56	139	751	
40	168	395		140	15	6	30	
3		46		42	3	1		
147	210	1102	76	781	47	23	35	
24		47	15	55		7		

C-61 续表

地 区	增加值合计	执行企业会计制度单位财务指标					执行行	
		固定资产原价	营业收入	费用合计	营业利润	企业单位增加值	固定资产原价	上年结余
全 国	**45147.6**	**6415.1**	**554.5**	**639.8**	**6.7**	**758.4**	**335710.6**	**2564.0**
北 京	1478.6						12658.8	403.2
天 津	368.6						2757.2	-6.0
河 北	2064.0	108.0					12091.7	
山 西	274.3	972.0		168.0		1.5	4041.5	9.0
内蒙古	1446.0						9750.4	1.4
辽 宁	1130.5	3.2					5550.1	1.3
吉 林	890.5						8296.6	45.6
黑龙江	1009.0	98.0	10.0			10.0	4751.5	
上 海								
江 苏	5426.3	11.8	17.0			560.9	28003.4	294.3
浙 江	6559.8	110.1	104.6	98.9	2.7	22.0	55276.1	434.5
安 徽	1461.6						14388.4	16.0
福 建	159.8						2382.1	12.0
江 西								
山 东	3766.7	296.0	142.0	133.8	2.8	82.9	24056.9	
河 南	2205.3						25787.4	7.2
湖 北	74.8	658.0	45.0	42.0		0.4	1554.1	
湖 南	1839.7	315.0					8645.7	
广 东	3704.2						18872.2	54.6
广 西	5782.2	1891.9					59756.4	660.7
海 南	25.2						504.4	
重 庆	1976.8	495.6	140.0	131.2	1.2	37.7	6586.0	74.9
四 川	2306.5	300.0	85.9	61.2		27.0	24688.6	455.6
贵 州								
云 南	307.8	600.0					1827.0	96.9
西 藏								
陕 西	394.6	424.0					2792.3	2.8
甘 肃	33.5	111.0		0.7		11.1	255.0	
青 海		0.5						
宁 夏	388.3			1.0			386.8	
新 疆	50.0	20.0	10.0	3.0		5.0	50.0	

单位：万元

政事业会计制度单位财务指标				执行民间非营利组织会计制度单位财务指标				
收入合计	支出合计	收支结余	行政事业单位增加值	固定资产原价	上年结余	收入合计	费用合计	民间组织单位增加值
66483.0	**65082.6**	**759.3**	**41653.3**	**82498.1**	**10366.7**	**334675.1**	**11541.8**	**2735.9**
2777.8	2696.8	72.1	1458.2	61.0		46.8	51.8	20.4
550.1	490.0	-21.9	282.9	4156.0		466.4	466.4	85.7
2896.2	2909.2		2013.0	1662.4	3.0	399.8	346.9	51.0
170.1	244.1		212.8	729.0		201.3	198.0	60.0
1929.8	1925.9		1216.8	2899.7		23840.6	544.1	229.2
1290.9	1238.6	2.4	817.3	73.0		441.3	425.3	313.2
1812.1	1771.7		890.5	2594.9		162.3	123.6	
1794.1	1788.0		988.2	374.8	10.0	70.8	45.8	10.8
						242.5		
6309.7	6558.7	9.1	4707.9	1318.4	204.0	400.6	261.5	157.5
12440.6	12210.9	436.7	6376.6	14756.6	102.4	4471.1	3415.7	161.2
2702.5	2408.1	4.0	1181.6	4732.3		800.8	791.4	280.0
490.2	490.4	0.8	159.8	90.0		5.4	5.4	
6464.1	6432.1		3562.8	715.0		3105.1	171.1	121.0
3343.2	3350.5	33.9	2196.3	4561.3		776.3	184.7	9.0
784.3	784.3		74.4					
2574.0	2219.6		1542.7	3455.3		1991.4	1949.4	297.0
5244.6	5163.9	118.4	3557.7	762.0	36.0	232.2	262.2	146.5
4766.8	4787.8	6.4	5631.4	2602.6	6.0	350.6	307.6	150.8
7.5	6.0		25.2					
2002.6	1988.5	31.2	1579.9	20441.9	10003.0	295724.0	1289.2	359.2
4970.0	4384.6	38.9	2169.8	11216.0	2.3	486.6	332.0	109.7
277.9	285.4	27.2	176.8	1672.1		284.6	309.9	131.0
403.6	468.7	0.1	363.9	3489.2		151.3	47.8	30.7
17.7	17.7		22.4	64.5		11.3		
				0.1				
429.6	428.1		388.3					
33.0	33.0		33.0	70.0		12.0	12.0	12.0

C-62 荣誉军人

地 区	单位数	年末职工人数	# 女 性	年末床位数	# 光荣间床位
全 国	**43**	**5191**	**2664**	**7290**	**1838**
北 京					
天 津					
河 北	1	206	104	200	
山 西	6	437	205	670	238
内蒙古	1	82	58	40	
辽 宁	1	189	80	200	100
吉 林	2	426	248	440	440
黑龙江	1	128	36	100	23
上 海	1	45	20	50	50
江 苏	1	100	56	140	40
浙 江	1	263	172	310	160
安 徽	1	145	56	200	
福 建	1	41	28	160	
江 西	1	470	145	750	17
山 东	2	539	282	600	
河 南	2	85	28	230	10
湖 北	1	357	222	400	60
湖 南	1	143	87	250	
广 东	1	216	130	210	40
广 西	2	174	138	250	
海 南	1	7	5	50	50
重 庆	1	76	33	180	50
四 川	6	477	254	686	380
贵 州	2	112	53	300	150
云 南	3	221	107	340	
西 藏					
陕 西	2	215	98	370	
甘 肃				64	
青 海					
宁 夏					
新 疆	1	37	19	100	30

康复医院

单位：人次、人天、人、张、个

年在院总人天数	年末在院人数	#女　性	在院人员按性质分		
			优抚对象	“三无”对象	自费人员
1165957	**4805**	**1037**	**3081**	**185**	**1539**
45990	126	1	126		
155369	396	58	298	59	39
9490	26		26		
53631	96	7	78		18
	440		440		
	71		71		
6205	17	1	17		
11680	32		32		
89780	235	173	27		208
27765	133	31	69		64
	135	70	21		114
16482	560		560		
154717	506	104	451		55
12112	61	16	56		5
72000	156	72	31		125
66430	177	83	35		142
52000	180	70	31		149
77596	189	135	20	5	164
7300	20	10	20		
45000	125	35	50		75
104324	338	118	270	23	45
18111	71	6	50	21	
79168	271	20	108	40	123
25392	370	27	148	14	208
	64		41	23	
35415	10		5		5

C－62续表

地　区	在院人员按年龄分			康复和医疗门诊人次数
	老　人	青壮年	少年儿童	
全　国	**3324**	**1332**	**74**	**816453**
北　京				
天　津				
河　北	83	43		
山　西	243	140	13	24000
内蒙古	26			3650
辽　宁	65	31		
吉　林	440			
黑龙江	51	20		
上　海	17			
江　苏	27	5		127941
浙　江	216	36	3	88266
安　徽	82	46	5	30858
福　建	131	2	2	48000
江　西	168	392		
山　东	469	37		36878
河　南	61			
湖　北	109	47		129000
湖　南	93	47	37	49640
广　东	130	48	2	54885
广　西	150	10		24955
海　南	20			
重　庆	88	37		6276
四　川	180	125	3	136123
贵　州	71			2134
云　南	213	88		12816
西　藏				
陕　西	186	173	9	33492
甘　肃				
青　海				
宁　夏				
新　疆	5	5		7539

单位：人、万元

增加值合计	执行行政事业会计制度单位财务指标					
	固定资产原价	上年结余	收入合计	支出合计	收支结余	行政事业单位增加值
30356.2	**65950.3**	**4058.0**	**63917.2**	**60030.3**	**6067.7**	**30356.2**
904.1	2367.0	650.0	2091.0	2195.0	547.0	904.1
1489.2	2333.8	362.4	2688.8	2681.4	245.8	1489.2
319.1			528.0	525.1		319.1
1438.1	4206.2	331.7	1850.1	1731.9	449.8	1438.1
2375.6	2541.0		2797.0	2797.0		2375.6
569.1	822.0		578.0	578.0		569.1
399.9	637.4	39.7	623.7	698.2	-74.5	399.9
1958.6	1870.5	120.0	4544.9	3105.6	1439.4	1958.6
1299.4	3756.0		10432.0	9634.0	707.0	1299.4
787.2	1336.0	147.0	1783.0	1503.0		787.2
225.5	944.0	869.5	812.4	767.8	44.5	225.5
1124.3	2169.0	333.0	2151.0	2346.0	469.0	1124.3
3687.2	8769.5	25.8	6521.3	6557.0	579.6	3687.2
359.6	937.4	23.0	803.5	826.4	0.1	359.6
2464.7	6547.5	125.8	7180.5	7093.3	87.2	2464.7
922.7	1612.3	142.3	2138.0	2267.5		922.7
3102.8	5289.0		4826.0	4627.0	199.0	3102.8
691.0	1878.0	368.0	1166.7	1050.8	115.9	691.0
25.0	500.0		7.5	6.0		25.0
278.8	1216.0		843.0	457.0	386.0	278.8
2084.0	5195.0	239.3	4121.6	4049.3	301.6	2084.0
701.7	3627.0		1057.6	793.9		701.7
799.9	2173.2	280.5	2093.6	1619.5	400.7	799.9
1086.8	4062.1		1517.4	1517.4		1086.8
381.0	1160.4		760.6	602.2	169.6	381.0

C-63 复员军人

地　区	单位数	年末职工人数	#女　性	年末床位数	#光荣间床位
全　国	**34**	**3051**	**1714**	**5385**	**1375**
北　京					
天　津	1	25	10	150	150
河　北	6	832	447	1445	420
山　西	1	259	170	400	
内蒙古	2	72	36	290	
辽　宁					
吉　林	1	30	5	203	
黑龙江					
上　海					
江　苏	4	244	126	250	130
浙　江	1	81	49	80	20
安　徽					
福　建					
江　西	1	26	2	120	
山　东	5	560	350	1065	
河　南	2	463	260	500	400
湖　北	1	4	1	25	25
湖　南	1	18	11	40	
广　东	2	224	127	379	100
广　西					
海　南	1	4	3	40	30
重　庆					
四　川	2	25	12	78	50
贵　州					
云　南					
西　藏					
陕　西	3	184	105	320	50
甘　肃					
青　海					
宁　夏					
新　疆					

疗养院

单位：个、人、张、人天

年在院总人天数	年末在院人数	#女 性	在院人员按性质分		
			优抚对象	“三无”对象	自费人员
1217128	**4094**	**639**	**3514**	**85**	**495**
9450	140	10	140		
411445	1233	207	1013		220
133955	366	1	366		
17745	43	3	18		25
61915	203	3	203		
66523	218	4	218		
28800	80	35	29	51	
6320	72	12	46	26	
266970	743	159	609		134
86255	257	35	182		75
1700	20	5	20		
4125	35	13	22	8	5
40560	301	129	265		36
570	5	1	5		
27370	78		78		
53425	300	22	300		

C-63续表

地 区	在院人员按年龄分			康复和医疗门诊人次数
	老 人	青壮年	少年儿童	
全 国	**3710**	**343**	**41**	**263415**
北 京				
天 津	140			1976
河 北	1201	12	20	54000
山 西	362	4		15593
内蒙古	43			
辽 宁				
吉 林	62	141		
黑龙江				
上 海				
江 苏	215	3		80769
浙 江	50	30		
安 徽				
福 建				
江 西	72			
山 东	721	22		41554
河 南	193	64		33461
湖 北	20			100
湖 南	30	5		1133
广 东	222	58	21	
广 西				
海 南	5			
重 庆				
四 川	74	4		5936
贵 州				
云 南				
西 藏				
陕 西	300			28893
甘 肃				
青 海				
宁 夏				
新 疆				

单位：人、人次、万元

增加值合计	执行行政事业会计制度单位财务指标					
	固定资产原价	上年结余	收入合计	支出合计	收支结余	行政事业单位增加值
17036.2	**42231.7**	**1905.6**	**29122.3**	**28769.3**	**2060.2**	**17036.2**
338.3	2756.0		1249.0	1127.0	122.0	338.3
3519.1	9778.3	321.7	6336.2	6436.2	169.0	3519.1
1291.5	3999.4		2103.9	1943.3		1291.5
69.8	530.0		78.7	78.7		69.8
			221.0	221.0		
979.4	3107.2		2145.4	2123.4	5.2	979.4
0.5	12.6		5.5	5.5		0.5
61.9	620.7		111.0	111.0		61.9
4628.0	10612.6	1181.6	7322.5	7176.9	1461.8	4628.0
2970.4	4187.0	31.5	4126.6	4124.4	2.2	2970.4
13.0	200.2		43.3	43.3		13.0
44.3	193.0		210.0	210.0		44.3
2347.1	4761.0	370.8	4208.9	4208.3	300.0	2347.1
0.1	2.4					0.1
19.6	147.0		61.0	61.0		19.6
704.6	1324.3		899.3	899.3		704.6

C-64 复退军人

地 区	单位数	年末职工人数	#女 性	年末床位数	#光荣间床位
全 国	**81**	**8666**	**4799**	**16068**	**1238**
北 京					
天 津	1	114	54	300	
河 北	2	514	264	993	
山 西	6	648	358	820	230
内蒙古	2	175	91	280	30
辽 宁	3	571	282	942	48
吉 林	1	45	20	81	
黑龙江	1	71	21	150	
上 海					
江 苏	1	313	177	578	
浙 江	1	60	41	54	
安 徽	1	301	130	490	
福 建	4	161	89	450	10
江 西	1	3	1	20	
山 东	12	1466	920	2476	
河 南	1	331	178	600	
湖 北	8	1364	783	2155	372
湖 南	6	506	331	950	10
广 东	9	628	287	1667	126
广 西	4	392	246	850	154
海 南					
重 庆					
四 川	4	418	217	727	108
贵 州	2	120	46	400	4
云 南	2	43	16	160	26
西 藏					
陕 西	3	242	137	490	
甘 肃	2	75	44	210	100
青 海					
宁 夏					
新 疆	4	105	66	225	20

精神病院

单位：个、人、张、人天

年在院总人天数	年末在院人数	#女　性	在院人员按性质分		
			优抚对象	“三无”对象	自费人员
4082068	**13381**	**3094**	**6906**	**1483**	**4992**
56520	177	177	157		20
307847	862	50	636		226
224859	678	42	518	17	143
4700	159	49	66	17	76
321946	921	196	282	158	481
28990	81		81		
	79		79		
210970	578	150	263	19	296
19710	54	36	54		
169424	490	490	396		94
54140	434	85	90	113	231
	20		20		
551204	2119	306	1481		638
209088	600	135	385	215	
488261	1607	555	468	379	760
240406	734	147	386	106	242
553816	1554	222	612	192	750
209512	672	119	256	23	393
230601	512	188	215	87	210
57305	318	91	29	64	225
1080	124	15	12	34	78
80810	381	15	360	16	5
26880	76	22	49	16	11
33999	151	4	11	27	113

C–64 续表

地 区	在院人员按年龄分			康复和医疗门诊人次数
	老 人	青壮年	少年儿童	
全 国	**3988**	**8812**	**490**	**543666**
北 京				
天 津	39	118		
河 北	358	399	95	16428
山 西	333	276		20420
内蒙古	20	137	2	21000
辽 宁	278	632	11	7408
吉 林	46	35		
黑龙江	59	20		
上 海				
江 苏	60	518		
浙 江	6	48		8313
安 徽	125	360	5	21443
福 建	176	172	86	
江 西	20			
山 东	671	1448		86960
河 南	132	369	97	15484
湖 北	386	1011	51	114835
湖 南	236	477	21	55822
广 东	351	1149	54	36053
广 西	153	513	6	61872
海 南				
重 庆				
四 川	252	382	57	33907
贵 州	130	183	5	8750
云 南	15	109		1200
西 藏				
陕 西	58	313		8660
甘 肃	7	69		
青 海				
宁 夏				
新 疆	77	74		25111

单位：人、人次、万元

增加值合计	执行行政事业会计制度单位财务指标					
	固定资产原价	上年结余	收入合计	支出合计	收支结余	行政事业单位增加值
41308.1	**67337.1**	**2984.7**	**70253.3**	**65289.7**	**5446.2**	**41308.1**
1543.3	464.5	784.9	1049.8	1854.6	509.3	1543.3
2630.4	5503.9	699.0	3737.0	4180.0	256.0	2630.4
2450.3	4080.4	125.0	5249.5	4476.6	163.0	2450.3
817.5	974.0	5.0	1191.0	1013.0		817.5
3181.3	2956.9	145.0	4884.5	4022.7	963.8	3181.3
103.2	80.0		100.0	100.0		103.2
332.4	874.0		497.0	497.0		332.4
2947.2	2907.6	138.0	5099.3	4167.0	1070.3	2947.2
640.4	494.1		864.0	864.0		640.4
1509.9	1704.2	127.5	2089.8	1968.3	121.7	1509.9
779.1	851.6	6.0	1520.1	1119.1	400.0	779.1
0.7	16.6		5.0	5.0		0.7
6907.7	10846.2	22.8	12004.1	11392.2	283.0	6907.7
1457.6	3587.0		2626.0	2333.9	292.2	1457.6
6065.8	12987.4	114.0	10792.5	10589.1	502.7	6065.8
2218.5	1705.0	144.0	3677.6	3180.1	453.5	2218.5
2545.5	5704.0	195.0	5696.7	5039.1	107.7	2545.5
1686.2	3832.1	450.5	2664.5	2431.0	280.0	1686.2
945.2	3344.7	5.0	3106.3	2583.3		945.2
680.5	527.0		965.0	992.8	19.0	680.5
152.5	290.0	11.0	169.8	152.8	17.0	152.5
686.9	1641.9		1189.2	1278.5		686.9
280.0	864.0	12.0	758.6	763.6	7.0	280.0
218.0	1100.0		316.0	286.0		218.0

C-65 光

地 区	单位数	年末职工人数	#女 性	年末床位数	#光荣间床位
全 国	**1392**	**12044**	**5759**	**70420**	**32043**
北 京	10	248	132	755	611
天 津	7	268	136	868	392
河 北	151	1744	892	8321	4348
山 西	86	890	397	10541	2100
内蒙古	28	330	156	1434	780
辽 宁	23	699	356	2325	1228
吉 林	11	142	80	882	417
黑龙江	19	243	99	1216	306
上 海					
江 苏	14	132	79	537	489
浙 江	41	136	75	932	577
安 徽	47	342	173	1185	791
福 建	58	445	248	1449	719
江 西	270	1610	522	15957	7421
山 东	38	484	208	2017	
河 南	91	649	300	2971	2261
湖 北	80	1042	567	4618	2842
湖 南	166	1165	551	6680	2642
广 东	80	466	275	1865	1147
广 西	68	254	141	2365	1395
海 南	9	69	31	303	250
重 庆	9	36	20	291	85
四 川	35	233	119	1323	585
贵 州	3	46	19	225	75
云 南				95	
西 藏					
陕 西	20	155	80	396	211
甘 肃	4	91	29	108	32
青 海					
宁 夏	1	2	1	12	12
新 疆	23	123	73	749	327

荣院

单位：个、人、张、人天

年在院总人天数	年末在院人数	#女　性	在院人员按性质分		
			优抚对象	“三无”对象	自费人员
13209761	**44585**	**8800**	**29984**	**11521**	**3080**
129995	356	66	315		41
240423	632	270	268	1	363
2044314	5225	586	4756	248	221
509823	1681	138	1407	221	53
504850	966	29	916	48	2
626557	1765	343	914	300	551
213233	782	285	379	190	213
175582	943	168	735	208	
137773	393	91	352	39	2
116950	350	39	202	48	100
245033	833	43	741	86	6
313710	920	162	584	238	98
2945758	13637	3665	6263	7081	293
462382	1336	171	1336		
849936	2257	207	1840	404	13
1151797	3656	869	2850	353	453
1363906	4848	1004	3682	883	283
209148	847	143	647	161	39
241485	825	71	581	152	92
47320	162	47	149	5	8
62383	212	7	148	41	23
359103	953	71	528	403	22
44062	122	85	30	92	
19440	62	19		60	2
55631	258	26	190	34	34
12790	36	3	32		4
1889	9	1	6		3
124488	519	191	133	225	161

C-65 续表

地 区	在院人员按年龄分			康复和医疗门诊人次数
	老 人	青壮年	少年儿童	
全 国	**41817**	**1060**	**733**	**293758**
北 京	353	3		37210
天 津	632			12152
河 北	5051	91	7	24086
山 西	1509	50	9	5369
内蒙古	964			10950
辽 宁	1122	377	24	28676
吉 林	741	39	2	11721
黑龙江	849	84	10	3866
上 海				
江 苏	386			1003
浙 江	318			1574
安 徽	756	32		23213
福 建	875	9	26	1215
江 西	12847	228	421	17075
山 东	1336			14463
河 南	2239	11	7	2928
湖 北	3541	21	65	50755
湖 南	4633	16	49	13145
广 东	791	9	22	2260
广 西	747	40	4	19790
海 南	144			1297
重 庆	211	1		2301
四 川	909	2	6	4744
贵 州	50	8	64	2631
云 南	62			
西 藏				
陕 西	254	5		601
甘 肃	11	22	3	31
青 海				
宁 夏	9			600
新 疆	477	12	14	102

单位：人、人次、万元

增加值合计	执行行政事业会计制度单位财务指标					
	固定资产原价	上年结余	收入合计	支出合计	收支结余	行政事业单位增加值
31244.2	**135106.7**	**2174.1**	**56934.9**	**56267.1**	**1378.0**	**31244.2**
1211.6	5786.9	36.0	2208.0	2112.2	95.8	1211.6
1499.2	4879.4		2143.2	2162.8	3.7	1499.2
4997.3	23175.0	126.6	9205.2	9315.7	59.5	4997.3
2301.6	6664.0	513.9	4118.5	3773.4	610.3	2301.6
985.4	2282.7	127.7	2336.5	2355.2	142.8	985.4
2312.8	7314.1	20.0	4165.6	4185.6		2312.8
567.8	1284.0	34.0	1498.0	1530.0		567.8
600.4	1340.8		977.5	1015.8		600.4
348.3	1144.5		444.9	444.9	1.8	348.3
614.3	2320.7	75.1	1180.9	1013.6	135.9	614.3
830.0	2559.5	16.3	1091.4	1201.5	13.2	830.0
876.0	4680.5	423.4	1616.0	1861.5	27.0	876.0
4086.2	12584.0	2.0	7127.7	7183.1	2.0	4086.2
930.7	5094.2		1554.0	1553.5		930.7
616.2	5646.3	12.0	1275.2	1231.8		616.2
2217.7	9565.8	5.0	4024.3	3922.3	2.0	2217.7
2415.8	13711.0	368.6	5072.6	4883.4	45.1	2415.8
1120.9	8040.9	75.7	2237.2	2144.3	49.7	1120.9
530.2	6875.6	36.4	692.7	533.4		530.2
198.5	1474.0	129.0	347.7	272.2	118.0	198.5
224.9	911.7	19.0	385.1	395.1		224.9
637.4	3399.8	72.9	1156.3	1150.6		637.4
149.8	485.0	0.1	303.5	296.5		149.8
237.9	1449.9	29.6	574.5	583.5		237.9
274.0	1053.9	25.0	477.0	432.0	70.0	274.0
5.1	15.5		11.0	11.0		5.1
492.6	1367.0	25.8	710.4	702.2	1.2	492.6

C-66 社会

地 区	单位数	年末职工人数	# 女 性	年末床位数	# 光荣间床位	年在院总人天数	年末在院人数
全 国	**1490**	**33798**	**20086**	**185336**	**6403**	**40717735**	**141685**
北 京	9	1034	686	2966	20	875392	2398
天 津	5	402	237	1220	28	414640	1139
河 北	42	802	475	3894	58	931598	2806
山 西	21	495	263	3085	5	969619	2657
内蒙古	38	736	375	4035	132	759611	2840
辽 宁	57	1823	1022	9015	145	2163106	6888
吉 林	22	725	357	4379	352	1133072	3486
黑龙江	22	983	410	5012	86	981321	4262
上 海	24	2005	1465	6499		1769121	5068
江 苏	69	1768	1018	11894	233	2651665	8609
浙 江	97	1957	1396	17079	415	3508045	11019
安 徽	57	953	534	4456	252	768409	3259
福 建	72	867	533	4111	518	1302499	3184
江 西	99	1579	823	14765	364	1644041	11599
山 东	24	930	408	3892	359	1105334	3248
河 南	57	1003	512	4260	200	909190	3860
湖 北	107	2678	1562	15371	837	4029001	13272
湖 南	82	1821	1012	8773	276	1901614	6651
广 东	122	4263	2995	18719	645	3815550	14246
广 西	95	1862	1371	8425	480	2029598	6228
海 南	5	167	109	504	48	111907	355
重 庆	42	783	397	6931	196	1731165	5269
四 川	69	1136	597	8643	176	1686278	6511
贵 州	42	479	235	2120	40	535550	1539
云 南	87	467	253	3644	1	516744	1856
西 藏	13	58	35	670		111325	295
陕 西	31	824	381	4480	215	1115790	3776
甘 肃	21	320	152	1874	1	349734	1433
青 海	4	108	56	405		103715	389
宁 夏	11	234	138	954	277	175029	772
新 疆	44	536	279	3261	44	618072	2771

福利院

单位：个、人、张、人天、人次

#女 性	在院人员按性质分			在院人员按年龄分			康复和医疗门诊人次数	家庭寄养儿童数量
	优抚对象	"三无"对象	自费人员	老 人	青壮年	少年儿童		
58290	**7550**	**83830**	**50305**	**92169**	**17563**	**30670**	**1768249**	**5946**
1100	27	607	1764	1565	801	32	27938	
497		618	521	754	324	61	9135	
1176	109	2028	669	1675	353	740	5998	81
863	989	1638	30	450	626	1557	1123	1674
766	52	2105	683	2028	225	387	17400	146
2154	128	3590	3170	4073	1956	716	20639	166
943	162	2853	471	1894	1104	488	26479	11
1244	147	2651	1464	3843	369	50	12353	
2971	10	693	4365	4246	820	2	19773	
4510	242	4513	3854	6408	889	1572	392966	119
5397	92	3223	7704	8719	1037	1255	194561	605
1092	228	2410	621	1920	312	1024	19609	449
989	143	2253	788	1891	310	959	81702	276
4284	430	9619	1550	6104	462	4442	4613	313
1143	106	2819	323	1497	694	1057	62063	136
1530	146	3383	331	1742	416	1702	19681	
5205	1941	6846	4485	11557	1278	1185	129642	291
2539	170	4405	2076	3734	924	2118	9075	149
7816	799	7716	5731	7985	733	5202	456810	548
2974	59	3439	2730	3778	347	2117	78739	616
183	11	310	34	93	20	212	5530	11
2492	174	2359	2736	3902	406	853	35967	120
2383	371	3840	2300	5111	552	812	70823	12
746	28	1154	357	965	160	414	8370	1
688	92	1557	207	1146	64	277	22118	41
160		292	3	198		97		
953	391	3226	159	1171	1708	878	3070	14
259	168	1135	130	610	160	272	2160	
139	134	255		212	116	17	2265	
511	65	302	405	538	195	21	10047	
583	136	1991	644	2360	202	151	17600	167

C−66 续表

地　区	增加值合计	执行企业会计制度单位财务指标					执行行	
		固定资产原价	营业收入	费用合计	营业利润	企业单位增加值	固定资产原价	上年结余
全　国	**239763.5**	**576.7**	**45.0**	**22.0**		**98.1**	**511024.8**	**12897.4**
北　京	8914.3						33938.9	2404.4
天　津	2510.5						4370.0	
河　北	1970.5						6498.0	109.9
山　西	2212.3	15.0					7250.0	163.7
内蒙古	2527.8						6430.1	283.1
辽　宁	6007.4						17453.5	141.0
吉　林	3664.8						6468.4	
黑龙江	61952.4						12193.4	5.1
上　海	11147.8						25764.0	1696.4
江　苏	15412.8						47173.6	619.9
浙　江	12376.8	75.7	35.0	19.0		33.0	60234.0	1316.7
安　徽	2208.3						9802.5	200.9
福　建	3771.5						11268.2	462.4
江　西	3691.2						17821.5	493.1
山　东	5912.8						12230.2	433.6
河　南	2033.5						5932.7	30.0
湖　北	8013.1						25791.4	102.0
湖　南	5712.3						16033.3	22.0
广　东	26477.5						89515.3	1470.1
广　西	6089.5	60.0					22364.0	707.9
海　南	1049.3						4516.8	77.0
重　庆	3737.5	25.0					17193.3	142.1
四　川	4112.0	176.0					15229.0	839.5
贵　州	1684.9						5422.8	10.0
云　南	1724.7	205.0				60.1	4910.7	98.3
西　藏	733.5						3736.0	
陕　西	2827.5						8940.7	38.8
甘　肃	1251.7						2318.8	15.0
青　海	27020.8						739.6	
宁　夏	1138.5						3017.6	70.6
新　疆	1684.0	20.0	10.0	3.0		5.0	6466.5	943.9

单位：万元

政事业会计制度单位财务指标				执行民间非营利组织会计制度单位财务指标				
收入合计	支出合计	收支结余	行政事业单位增加值	固定资产原价	上年结余	收入合计	费用合计	民间组织单位增加值
332819.0	**327306.9**	**14693.5**	**212393.0**	**3230.4**	**-84.4**	**98680.5**	**51534.7**	**27272.4**
13046.5	13410.4	1939.1	8914.3					
2374.5	3456.5	265.4	2510.5					
3657.8	3501.8	43.5	1952.5	380.0		26.0	26.0	18.0
3447.9	3422.3	71.0	2202.0	426.0		15.6	18.0	10.3
4060.1	3892.5	172.4	2518.8			12.7		9.0
10946.2	11358.1	31.0	6007.4			23310.0	23310.0	
5174.6	5162.1	-27.0	3652.8	69.0		38.3	37.8	12.0
95375.0	96095.8	7.1	61952.4	5.0	0.8			
16197.8	14696.4	1341.7	11147.8					
20788.9	19580.7	1384.3	15392.8	406.0	140.0	325.0	260.0	20.0
21658.9	19812.0	3161.4	12255.3	541.0		644.3	265.7	88.5
3268.4	3154.6	62.4	2208.3					
6452.5	6292.8	66.1	3771.5			23310.0		
7423.0	7682.2	103.1	3691.2					
9154.0	9084.5	398.3	5912.8					
3998.8	3762.5	129.9	2028.0	5.5		0.7	0.7	5.5
11688.5	11605.0	163.5	8013.1	52.0		20.0	20.0	
13702.1	13703.7	128.1	5712.3					
41610.5	39683.3	2830.1	26439.5	35.0		23335.0	19.0	38.0
8382.0	8418.2	604.6	5869.7	328.7	-240.1	450.6	620.0	219.8
1025.8	978.8	106.0	1049.3					
5062.3	4962.9	149.9	3729.0	407.8	14.9	103.2	93.5	8.5
7703.5	7461.5	775.0	4112.0					
2455.6	2208.6	60.8	1639.1	459.0		72.0	64.0	45.8
2309.2	2361.5	183.6	1664.6	80.0		209.2	3.0	
492.4	492.4		733.5					
4473.1	4296.8	215.1	2827.5			6.0		
1606.1	1572.3	34.2	1251.7					
375.4	375.4		224.8	32.0		26796.0	26796.0	26796.0
1720.8	1663.5	126.9	1137.5			1.0	1.0	1.0
3186.8	3157.8	166.0	1679.0	3.4		4.9		

C-67 儿童

地区	单位数	年末职工人数	#女性	年末床位数	#光荣间床位
全国	**269**	**7730**	**5273**	**33390**	**297**
北京	7	442	312	1140	
天津	2	145	100	350	
河北	5	50	36	289	
山西	3	60	47	350	
内蒙古	5	128	79	626	
辽宁	3	261	147	1195	
吉林	5	181	107	147	
黑龙江	8	451	149	1660	
上海	6	646	533	1252	
江苏	9	577	454	1709	
浙江	7	328	234	1358	
安徽	17	587	399	2801	89
福建	9	136	96	868	
江西	3	29	15	227	
山东	4	99	68	663	
河南	8	304	211	1145	
湖北	13	331	243	1417	42
湖南	14	253	180	1691	55
广东	25	450	355	2387	51
广西	9	414	322	872	
海南	1	8	6	30	
重庆	4	158	113	818	
四川	10	208	145	1490	
贵州	8	119	83	787	10
云南	17	222	157	1236	
西藏	11	79	33	1065	
陕西	8	170	114	1234	
甘肃	7	212	103	825	
青海	1	13	11	116	
宁夏	1	128	114	300	
新疆	39	541	307	3342	50

福利院

单位：个、人、张、人天、人次

年在院总人天数	年末在院人数	#女 性	在院人员按性质分		
			优抚对象	“三无”对象	自费人员
9248870	**29202**	**14642**	**141**	**27744**	**1317**
624985	747	61		735	12
110051	310	113		300	10
56370	189	69		182	7
64660	279	98		279	
178625	492	232		492	
431165	1181	523		1124	57
47655	132	68		132	
485688	1557	858		1428	129
68983	1208	1098		1000	208
475203	1608	850	4	1565	39
469492	1196	658		1071	125
736803	2419	1401		2261	158
184366	718	394	5	712	1
110231	227	104		227	
190722	648	242		645	3
379590	1104	560		1064	40
429670	1286	621	42	1172	72
418701	1206	970		1206	
585807	1987	791	14	1962	11
161920	517	404		278	239
9115	25	22		25	
239075	720	356		698	22
430198	1410	667		1287	123
256958	709	486		709	
83615	942	128		934	8
362080	986	445		986	
405370	1043	453	68	975	
152250	662	301	8	601	53
42340	116			116	
114000	300	251		300	
943182	3278	1418		3278	

C-67续表

地 区	在院人员按年龄分			康复和医疗门诊人次数	家庭寄养儿童数量
	老 人	青壮年	少年儿童		
全 国	**706**	**1281**	**26999**	**290212**	**6904**
北 京		149	605	210	1037
天 津		78	232	3925	573
河 北		3	186	50	
山 西			279	640	
内蒙古		5	487	80	139
辽 宁	27	206	948	1860	195
吉 林		3	129	8	
黑龙江	110		1447	341	
上 海			1208		1124
江 苏	57	270	1131	14133	21
浙 江	96	28	1072	15905	
安 徽	276	277	1866	21577	435
福 建	39		514		655
江 西		42	321	15200	136
山 东			648	516	312
河 南	5	46	1053		140
湖 北		2	1284	16291	62
湖 南		37	1169	2400	123
广 东	10	10	1952	100801	298
广 西	40	15	462	4333	234
海 南			25	4	
重 庆			720	41372	18
四 川		57	1353	35333	
贵 州			709	5188	
云 南	26	13	910	37	508
西 藏			986		
陕 西			1045	5390	50
甘 肃	20	35	607	4020	39
青 海			116		32
宁 夏			300		128
新 疆		5	3235	598	645

单位：人、人次、万元

增加值合计	执行行政事业会计制度单位财务指标					
	固定资产原价	上年结余	收入合计	支出合计	收支结余	行政事业单位增加值
43734.0	**104691.7**	**3926.4**	**70130.0**	**67082.0**	**6537.4**	**43734.0**
3748.0	7197.4	554.0	5468.2	5165.1	857.2	3748.0
2742.3	792.9	11.0	2996.0	3000.0		2742.3
115.1	235.0		140.2	142.7		115.1
79.2	521.0	3.0	296.0	286.0	16.0	79.2
631.6	1911.3	491.3	2254.4	1226.0	1498.4	631.6
1932.5	3885.0		3495.2	3482.9	12.3	1932.5
662.8	1595.0		1393.1	1400.1		662.8
2271.7	7988.1		4121.8	4238.8	60.0	2271.7
4437.8	17254.5		5982.1	6188.8	-5.8	4437.8
5901.1	6764.5	34.3	6803.6	6455.5	406.0	5901.1
2688.2	4361.4	33.1	5955.0	5754.9	434.2	2688.2
2048.6	4747.6	201.0	3197.7	3641.4	-159.2	2048.6
912.0	1785.1	344.4	1147.0	1270.1	100.8	912.0
184.7	92.3	17.5	448.6	409.5	62.5	184.7
583.4	909.6	218.1	1140.5	1358.6		583.4
595.6	3263.4		1156.2	996.2		595.6
2362.7	4505.0	3.0	2630.0	2698.0	23.2	2362.7
965.6	3855.7	502.3	1412.0	1375.9	36.1	965.6
1731.3	6916.0	383.6	3517.8	3471.0	396.5	1731.3
1107.4	1737.9	224.0	2073.4	2111.5	197.9	1107.4
15.6	150.0		28.7	28.7		15.6
1014.4	2882.1	272.1	1257.3	1290.9	93.6	1014.4
1697.2	5595.2	2.0	3120.7	2079.1	1236.0	1697.2
729.0	1103.0		917.4	878.9	2.0	729.0
340.2	3103.8	109.8	820.0	344.2	96.3	340.2
562.2	926.4		1019.6	1019.6		562.2
1057.1	2863.0		2339.4	1823.6	565.8	1057.1
604.9	698.6		606.7	697.2		604.9
93.0	312.8		200.0	200.0		93.0
371.6	1714.7	36.2	734.0	770.2		371.6
1736.0	5023.4	485.7	3457.4	3276.6	607.6	1736.0

C-68 社会福

地 区	单位数	年末职工人数	#女 性	年末床位数	#光荣间床位
全 国	**153**	**11686**	**5956**	**31105**	**1135**
北 京	2	316	233	605	
天 津	2	367	168	730	
河 北	1	10	4	30	
山 西	2	120	52	270	
内蒙古	3	192	102	600	
辽 宁	2	101	65	235	
吉 林	6	695	383	2539	87
黑龙江	5	1288	350	2050	17
上 海	3	617	345	1852	
江 苏	11	1610	828	3845	30
浙 江	2	113	64	751	20
安 徽	4	45	26	193	10
福 建	10	450	260	2024	75
江 西	2	141	40	270	30
山 东	2	276	118	520	
河 南	6	451	243	896	3
湖 北					
湖 南	9	812	513	1185	40
广 东	8	693	350	2150	116
广 西	4	388	242	1090	
海 南					
重 庆	13	479	226	1418	70
四 川	15	1007	501	3115	325
贵 州	17	488	256	1481	12
云 南	6	222	140	668	
西 藏					
陕 西	4	159	57	530	200
甘 肃	3	97	49	212	
青 海	1	15	5	56	
宁 夏					
新 疆	10	534	336	1790	100

利医院

单位：个、人、张、人天、人次

年在院总人天数	年末在院人数	#女　性	在院人员按性质分		
			优抚对象	“三无”对象	自费人员
9469687	**27254**	**8314**	**2552**	**11790**	**12912**
97525	451	153	8	8	435
20142	631	171		289	342
5475	15	5			15
57610	266	88		166	100
148875	430	107	44	336	50
69080	192	50	21	122	49
618179	2143	584	191	1354	598
372938	2050	649	16	1722	312
655738	1806	488		145	1661
1258503	3326	949	350	1718	1258
131400	751	150	25	173	553
700	166	82	10	101	55
594323	1759	437	290	625	844
47476	236	5	27	168	41
162376	454	103	60	213	181
281779	746	362	20	221	505
203437	871	305	193	211	467
536578	2140	846	71	941	1128
337168	884	348		152	732
259587	1320	417	220	420	680
723493	2633	891	442	685	1506
313897	1016	199	42	511	463
177408	547	168	218	214	115
1966019	488	165	89	380	19
51100	186	60	2	117	67
15	50	12		50	
378866	1697	520	213	748	736

C-68 续表

地 区	在院人员按年龄分			康复和医疗门诊人次数
	老 人	青壮年	少年儿童	
全 国	**9590**	**17178**	**631**	**1170412**
北 京	66	334	51	93087
天 津	420	201	10	8247
河 北	15			
山 西	109	117	55	4135
内蒙古	55	405		2420
辽 宁	122	56	24	
吉 林	780	1328	35	6642
黑龙江	678	1497	22	15631
上 海	458	1348		
江 苏	1318	1856	30	442156
浙 江	259	481	11	30508
安 徽	91	17	30	13534
福 建	448	1242	69	75676
江 西	64	172		6580
山 东	118	336		3828
河 南	241	492	13	68469
湖 北				
湖 南	344	449	88	54100
广 东	832	1052	152	67500
广 西	262	781	3	62567
海 南				
重 庆	670	624	4	66405
四 川	977	1932	4	83297
贵 州	456	548	12	24749
云 南	147	394	6	9431
西 藏				
陕 西	135	351	2	
甘 肃	60	114		9644
青 海	30	10		
宁 夏				
新 疆	435	1041	10	21806

单位：人、人次、万元

增加值合计	执行行政事业会计制度单位财务指标					
	固定资产原价	上年结余	收入合计	支出合计	收支结余	行政事业单位增加值
72674.5	**108115.2**	**5083.5**	**118290.2**	**110846.7**	**10579.7**	**72674.5**
1315.7	2296.1	730.1	3869.9	4647.7	-47.7	1315.7
3027.5	1586.8	0.6	3461.6	3475.3	120.0	3027.5
5.0	100.0		2.0	2.0		5.0
614.9	449.4		830.7	824.7	6.0	614.9
748.6	669.8	15.1	947.0	944.1	13.0	748.6
458.9	1269.8	1.0	623.5	637.5	-13.0	458.9
4012.6	7059.7		6135.0	6204.0	401.1	4012.6
4271.1	7959.0	847.0	7984.0	6812.0	1054.0	4271.1
5148.1	7467.4	269.4	7504.1	8016.9	24.9	5148.1
15047.1	16529.6	383.5	22387.3	20564.1	1383.1	15047.1
2196.2	2122.6	841.6	3616.9	3317.6	1140.9	2196.2
137.4	375.2	5.0	204.5	204.5		137.4
2873.4	5121.4	445.5	4168.7	3791.1	1119.3	2873.4
655.6	364.7	126.1	951.6	825.5		655.6
2124.1	896.4	-1.4	2841.8	2843.2		2124.1
2452.5	4257.4	363.0	4315.8	3801.6	508.0	2452.5
2134.3	4596.3	121.0	5191.9	4727.7	414.0	2134.3
7148.9	8886.4	1.5	10037.8	9891.5	259.2	7148.9
2934.6	9756.9	29.0	3984.0	3968.5	44.5	2934.6
2560.1	4601.1		4816.5	4478.8	333.3	2560.1
5966.2	12435.9	199.0	12433.6	10520.8	1824.6	5966.2
1956.9	2040.7	8.0	3045.6	2808.3	116.0	1956.9
751.5	473.8		1711.5	1715.5		751.5
742.5	1406.7		1159.1	825.6	383.8	742.5
486.8	438.3	0.5	775.1	714.9	54.6	486.8
85.6	39.1		96.9	96.9		85.6
3381.7	4914.7	698.0	5193.8	4186.4	1440.1	3381.7

C-69 城市老年

地 区	单位数	年末职工人数	# 女 性	年末床位数	# 光荣间床位	年在院总人天数	年末在院人数
全 国	**5070**	**46763**	**28951**	**330396**	**7014**	**61509095**	**226120**
北 京	119	1773	1234	10606	3	1886291	6429
天 津	142	2912	2420	12674	127	2765035	9347
河 北	394	1934	820	18801	2279	3509151	10488
山 西	62	664	334	3351	127	527309	2067
内蒙古	45	287	143	2465	38	551679	1747
辽 宁	296	3802	2935	21755	139	5515440	15021
吉 林	135	694	332	9048	194	1046785	5449
黑龙江	53	341	139	2775	41	502730	2151
上 海	284	6852	5042	29912	1	6889098	20488
江 苏	495	5747	3295	40770	395	6481291	27256
浙 江	281	3336	2474	26707	184	4210364	16966
安 徽	255	1319	543	6698	245	1166034	4959
福 建	108	420	243	2660	388	428124	1711
江 西	354	1987	774	24901	865	4248729	18989
山 东	172	2074	1130	15118	153	2914344	9447
河 南	257	1494	655	14199	737	2602218	11440
湖 北	273	1956	1112	15622	481	3816606	12631
湖 南	76	409	224	3674	107	648993	2762
广 东	333	2677	1768	16695	263	3363375	11241
广 西	293	2305	1610	12058	44	2936525	9199
海 南	4	4	4	40		9868	27
重 庆	80	758	391	6690	13	885767	4220
四 川	321	1429	435	21969	47	3586720	14566
贵 州	26	224	84	1273	30	119912	455
云 南	36	108	67	1921		31265	1429
西 藏							
陕 西	85	420	229	2942	26	435141	2424
甘 肃	17	97	41	421	10	700	327
青 海	7	22	15	148	2	3688	115
宁 夏	4	70	40	430	10	99735	401
新 疆	63	648	418	4073	65	326178	2368

福利机构

单位：个、人、张、人天、人次

	在院人员按性质分			在院人员按年龄分			康复和医疗门诊人次数
#女 性	优抚对象	“三无”对象	自费人员	老 人	青壮年	少年儿童	
88043	**9634**	**92357**	**124129**	**220495**	**5226**	**1952**	**711300**
2856	361	591	5477	6061	344	24	44228
4731	122	326	8899	9158	186	3	17337
2692	358	7257	2873	10092	175	77	12635
637	205	276	1586	2041	9	16	4366
610	30	427	1290	1706	38	3	51
5495	853	3641	10527	13642	893	160	9173
1348	147	4096	1206	5143	270	36	5278
552	150	817	1184	1910	197	44	343
12508	95	570	19823	20246	242		33030
10026	847	14691	11718	26452	698	63	121672
7057	88	4808	12070	16824	117	25	57854
1455	232	2074	2653	4946	22	14	2047
646	157	707	847	1469	48	37	1511
6567	2053	15083	1853	20047	276	836	823
4138	136	757	8554	9444		3	23763
2112	981	9422	1037	11107	237	87	20551
4410	867	5292	6472	13130	332	179	11517
810	134	1740	888	2736	20	16	1557
5444	397	5934	4910	10908	43	60	275102
5022	69	2263	6867	9041	36	15	12024
		27		27			
1421	179	282	3759	3742	55	2	8842
4618	869	9058	4639	13586	798	182	38050
148	3	120	332	446	1	8	8357
547	4	188	1237	1412	5		
814	64	975	1385	2279	128	17	223
80	71	162	94	209		3	
42		93	22	81		18	
117	77	153	171	325	27		
1140	85	527	1756	2285	29	24	966

C-69 续表

地 区	增加值合计	执行企业会计制度单位财务指标					执行行	
		固定资产原价	营业收入	费用合计	营业利润	企业单位增加值	固定资产原价	上年结余
全 国	**66332.8**	**7674.5**	**2012.6**	**1489.8**	**8.7**	**1448.8**	**330616.5**	**3391.4**
北 京	2836.0	900.7	287.6	308.9	-71.7	31.0	18083.1	-49.7
天 津	2880.5	473.0	130.0	85.0		100.4	6996.5	
河 北	1494.8	478.0					9511.3	29.0
山 西	779.5	160.0					4959.6	1007.6
内蒙古	533.0	1032.9	108.1	81.6	4.2	40.9	893.8	16.6
辽 宁	7585.7	468.8	48.0				17251.9	84.0
吉 林	5290.0	145.0	9.0				3708.0	
黑龙江	131.2	1202.0				0.8	1127.0	
上 海	6310.8						14772.5	127.6
江 苏	8537.8	988.1	129.7	20.2		982.4	37435.6	223.6
浙 江	3540.9	345.7	712.2	643.1	69.8	136.8	27371.6	-67.2
安 徽	919.5	0.7					5313.9	6.4
福 建	586.3	353.0	62.0	37.0		6.3	2577.8	146.3
江 西	986.3						10865.0	30.2
山 东	4038.6	296.0	142.0	133.8	2.8	82.9	7545.0	13.0
河 南	1189.1	80.0					13898.3	-69.5
湖 北	1751.2	148.0	172.0	41.0		0.4	11306.6	
湖 南	557.1						3906.1	12.0
广 东	8665.0						104841.4	431.1
广 西	2113.4	10.0					6835.8	41.5
海 南	34.0						450.0	
重 庆	913.6	30.6	140.0	131.2	1.2	37.7	4316.5	50.0
四 川	1632.0	313.0	68.0	7.4		26.1	5939.5	456.6
贵 州	1129.7						2755.4	3.3
云 南	75.3	1.0					1504.3	
西 藏								
陕 西	408.8						1853.3	50.0
甘 肃	168.9	10.0	4.0	0.6	2.4	3.2	1390.5	820.3
青 海	25.2	238.0					248.2	12.0
宁 夏	115.8						29.0	
新 疆	959.0						2929.0	16.7

单位：万元

政事业会计制度单位财务指标				执行民间非营利组织会计制度单位财务指标				
收入合计	支出合计	收支结余	行政事业单位增加值	固定资产原价	上年结余	收入合计	费用合计	民间组织单位增加值
85703.2	**62333.2**	**1814.9**	**37863.1**	**143257.7**	**5998.2**	**64399.8**	**57940.3**	**27020.9**
4804.8	3799.1	173.5	2296.0	3191.6	45.4	1927.9	1172.9	509.0
1668.2	1631.3	141.0	1471.4	2978.9	110.2	4491.1	4467.2	1308.7
3322.6	3326.9		1475.3	1887.3		153.4	110.0	19.5
449.0	498.6	0.5	527.8	921.5		717.0	634.1	251.7
542.4	456.3	83.9	325.9	578.0		247.0	243.0	166.2
4601.0	4594.2	-6.2	3079.4	23302.1	60.3	5206.3	3946.2	4506.3
770.8	740.6		225.0	899.0		207.3	273.2	5065.0
214.8	173.8		105.4	2098.0		706.4	699.7	25.0
2285.9	2367.3	408.3	1529.9	18778.9	763.2	25392.2	21746.6	4780.9
7077.3	7440.4	119.7	5498.2	20824.6	359.6	6892.5	6536.0	2057.2
5929.1	4737.1	407.9	2556.8	17910.4	1093.4	4913.1	4308.8	847.3
1420.7	1408.0	0.2	738.5	3270.2	12.5	624.9	603.3	181.0
1426.8	1355.3	1.8	580.0					
2800.4	2792.0		986.3					
1000.6	1013.5		886.1	19992.4		3901.5	4150.5	3069.6
2662.4	2606.1	-46.4	1180.1	2642.5		78.6	56.0	9.0
2363.0	2208.2	22.8	1373.4	913.0		637.7	637.7	377.4
1042.6	1047.8	6.8	425.2	1899.7	84.0	283.1	249.4	131.9
36021.8	13422.1	391.6	8490.0	3357.3	1933.0	1065.0	890.2	175.0
372.4	392.9		419.4	3557.3	307.1	2758.0	2597.1	1694.0
22.8	22.8		34.0					
865.4	785.4	30.0	579.9	4673.0	15.0	621.8	553.6	296.0
1906.2	3401.9	109.8	1421.1	4105.6	755.3	919.5	471.5	184.8
68.8	69.9		146.8	599.4		1728.5	2640.7	982.9
130.1	163.4	-33.2	73.7	1730.0		3.0	2.9	1.6
400.1	462.9	0.1	360.8	1559.0	427.2	162.2	322.6	48.0
198.1	198.1		165.2	580.0		14.5	3.5	0.5
24.0	31.0		20.9			4.3	4.3	4.3
261.4	225.3		115.8					
1049.7	961.0	2.8	630.9	1008.0	32.0	743.0	619.3	328.1

C-70 农村五保供

地 区	单位数	年末职工人数	#女 性	年末床位数	#光荣间床位	年在院总人天数	年末在院人数
全 国	**34684**	**126527**	**52483**	**1798178**	**59103**	**342178262**	**1492713**
北 京	164	2266	1377	16855	39	2431911	9009
天 津	137	698	376	4367	42	921675	2721
河 北	1162	4885	2028	45152	5177	9368929	35021
山 西	653	2033	713	14622	752	1807618	8932
内蒙古	679	2541	715	30886	716	5795050	24742
辽 宁	854	5704	2727	50396	1504	9326259	36793
吉 林	606	3418	1078	56507	2505	6747707	33633
黑龙江	561	2658	1065	34757	2088	6979058	30331
上 海	252	5097	3286	34203	8	6113863	21739
江 苏	1437	9009	4646	125943	4351	31357703	103188
浙 江	1166	4517	2584	94458	2880	21732418	70885
安 徽	1664	5150	1513	63729	2150	11454806	52752
福 建	509	929	304	8854	586	1428908	6361
江 西	1290	6230	2585	187209	7840	24180898	182575
山 东	1814	13514	5283	214165	9727	62240673	189413
河 南	2294	10327	3590	126105	7048	22353143	120185
湖 北	2115	9191	3961	168598	3076	40144800	155163
湖 南	1533	5383	2301	86224	2663	12717491	60349
广 东	1761	4896	1979	58676	1786	7071186	48782
广 西	6595	6646	1838	77121	1991	19025825	66038
海 南	182	242	139	2519	114	761422	1663
重 庆	1735	2870	984	53151	239	10135179	46578
四 川	2249	10062	4229	162887	1054	16467415	120515
贵 州	797	1270	535	12490	165	2526190	8157
云 南	513	1421	517	14523	164	2354134	9908
西 藏	148	171	72	1559		346020	1183
陕 西	639	2381	734	19143	112	2547394	17043
甘 肃	530	1283	433	9349		984530	6853
青 海	141	205	105	2435	10	348802	2201
宁 夏	100	442	309	6143	104	610039	6026
新 疆	404	1088	477	15152	212	1897216	13974

养服务机构

单位：个、人、张、人天、人次

#女　性	在院人员按性质分			在院人员按年龄分			康复和医疗门诊人次数
	优抚对象	“三无”对象	自费人员	老　人	青壮年	少年儿童	
344874	**106337**	**1272475**	**113901**	**1302277**	**48866**	**18944**	**1682952**
3072	89	2431	6489	8321	582	106	24806
579	11	1953	757	2593	124	1	7615
4219	2696	31634	691	33486	505	136	58728
1040	778	7399	755	8336	92	70	17893
2176	1181	23428	133	21722	17836	121	1517
7250	5124	30305	1364	32099	2707	534	12684
7027	3004	28709	1920	30437	2417	779	43228
3845	2209	27331	791	29457	1291	233	10016
11838	170	3559	18010	20058	1626	6	98178
29071	7230	87683	8275	99738	1188	1629	253581
15941	1255	43859	25771	69977	399	252	105188
10918	4744	47140	868	42740	964	893	27988
1686	1150	4850	361	6005	76	143	6593
35427	15415	159547	7613	130099	4281	3986	34955
48996	5644	179836	3933	187193	1716	505	208886
28384	9461	106978	3746	116522	2055	1769	87409
40408	6837	146247	2079	142311	3717	2622	390224
12550	3821	55281	1247	58510	1031	813	37079
10373	9381	36160	3241	35694	216	384	52002
13112	1103	63787	1148	60715	537	227	45247
947	126	1524	13	1619		44	756
9351	3692	42604	282	42480	3379	988	36257
34587	18118	79323	23074	69567	563	963	84865
1600	253	7847	57	7686	88	383	7929
2067	405	9071	432	7158	242	150	2151
652		1183		1162		21	
1995	428	16559	56	14610	164	276	1250
1348	696	6104	53	5901	329	181	16039
970	77	2117	7	1676	8	206	49
1236	599	5218	209	5162	177	85	256
2209	640	12808	526	9243	556	438	9583

C-70 续表

地 区	增加值合计	执行企业会计制度单位财务指标					执行行	
		固定资产原价	营业收入	费用合计	营业利润	企业单位增加值	固定资产原价	上年结余
全 国	**182917.9**	**32570.4**	**1886.8**	**1638.2**	**149.3**	**840.9**	**840686.1**	**4679.4**
北 京	4006.8	18173.5	1265.9	1069.6	137.3	603.8	21463.6	573.1
天 津	553.8						3026.2	-6.0
河 北	6285.8	100.0					34045.2	3.8
山 西	1231.9	2410.0		168.0		1.5	14567.2	20.4
内蒙古	2106.3						13693.0	1.4
辽 宁	9650.6	166.2	28.0	1.5		18.0	44173.3	560.9
吉 林	2940.1	4031.0	5.0	5.0			18332.7	45.6
黑龙江	2022.7	1119.7	85.0	75.0		47.4	13506.0	200.5
上 海	9271.5	22.0	271.0	86.7	-3.0	86.0	1252.4	53.0
江 苏	22303.8	436.0	2.2	2.2			128896.7	1005.2
浙 江	11545.8	218.0	101.3	104.7		34.4	74188.9	555.2
安 徽	3893.2						29344.6	124.5
福 建	939.7	24.0					7380.7	10.6
江 西	4734.6						30931.6	5.0
山 东	24739.5						49488.6	
河 南	7127.3	1.0	22.0	22.0		0.2	64686.3	1.3
湖 北	14029.5	658.0	45.0	42.0		0.4	69854.6	6.0
湖 南	7597.4	915.0					40295.2	3.0
广 东	6453.3						51116.2	229.4
广 西	5059.0	1881.9					49585.7	625.5
海 南	563.8						5047.2	58.6
重 庆	3057.7	783.0	13.5			13.5	12212.7	168.9
四 川	3642.6	21.4	17.9	53.8		0.9	32478.2	32.2
贵 州	1790.8						3634.4	12.2
云 南	23757.6	731.0					5092.6	152.7
西 藏	196.4							
陕 西	783.6	679.0					5091.3	12.8
甘 肃	406.3	179.2	20.0	3.7	12.0	26.9	4797.8	4.0
青 海	444.6	0.5			3.0	3.0	1321.3	2.0
宁 夏	687.7			1.0			1665.3	
新 疆	951.3	20.0	10.0	3.0		5.0	9516.6	217.6

单位：万元

政事业会计制度单位财务指标				执行民间非营利组织会计制度单位财务指标				
收入合计	支出合计	收支结余	行政事业单位增加值	固定资产原价	上年结余	收入合计	费用合计	民间组织单位增加值
263927.4	**261184.5**	**1407.0**	**136615.0**	**443653.7**	**13703.1**	**500621.2**	**90203.7**	**45462.0**
4108.9	4281.4	25.8	2605.7	11280.8	809.2	2676.9	2807.5	797.3
726.8	590.7	-21.9	372.9	6556.0		560.6	560.6	180.9
10018.5	10071.3	17.1	6244.9	1361.1	3.0	385.3	370.9	40.9
1447.7	1515.4		926.3	3472.8	8.2	637.9	519.1	304.1
2746.7	2872.8		1875.3	2932.7		23872.6	576.1	231.0
11903.4	11876.0	122.4	8758.9	4128.0	-4.0	25095.0	1719.7	873.7
4700.8	4511.6		1846.5	5048.0		739.9	811.6	1093.6
3211.4	3157.1	0.3	1908.1	4496.3	19.2	871.3	637.0	67.2
2313.7	2055.8	-8.0	964.0	36432.4	1890.8	20248.9	18562.3	8221.5
38370.4	38594.9	47.8	21526.0	15752.4	2.0	3192.6	2466.7	777.8
19356.3	19094.0	1070.1	8251.8	42225.2	260.2	10793.2	9031.9	3259.6
5352.6	4995.2	9.7	3486.9	9872.9		1182.1	1150.7	406.3
2266.3	2261.4	9.2	919.7	91.0		23351.4	41.4	20.0
18415.7	18461.7	13.0	4734.6					
10483.7	10365.0	84.7	7466.5	142388.8	4.0	35269.2	31907.4	17273.0
11591.7	11674.1	37.5	6331.6	42599.3	5.0	3160.6	1412.8	795.5
14414.3	13762.1	2.0	8177.2	28737.8	328.0	8212.9	7618.5	5851.9
13450.0	13003.7	9.0	6485.7	11386.3	224.9	3684.8	3546.3	1111.7
14579.8	14584.2	-70.7	6084.3	3295.3	36.0	1076.3	847.2	369.0
4351.8	4375.4		5040.8	2180.2		237.6	237.6	18.2
500.6	489.8	0.8	563.8					
2451.0	2480.4	6.2	2021.0	33197.7	10003.0	296536.4	2285.6	1023.2
16775.4	15664.1	0.2	2651.7	13321.1	0.1	1559.4	1142.4	990.0
405.8	351.4	0.1	365.7	12618.4	89.5	12728.0	1195.0	1425.1
23626.5	23725.4	30.7	23609.2	2405.6		23747.7	334.6	148.4
196.4	209.4		196.4					
807.5	819.8		738.1	3590.5		305.3	91.8	45.5
22428.5	22475.5	14.0	346.1	2515.6		141.2	75.4	33.3
388.3	379.3	5.0	404.6	514.0		83.3	83.3	37.0
920.6	917.9		684.7			10.0	10.0	3.0
1616.3	1567.7	2.0	883.0	1253.5	24.0	260.8	160.3	63.3

C-71 其他收养性

地　区	单位数	年末职工人数	#女　性	年末床位数	#光荣间床位	年在院总人天数	年末在院人数
全　国	**391**	**5348**	**2758**	**35362**	**275**	**4294604**	**15672**
北　京	46	1024	617	7710		1006317	3818
天　津							
河　北	12	344	218	1098	96	181497	550
山　西	7	82	44	160	12	28540	80
内蒙古	3	58	22	252		66960	166
辽　宁	43	453	304	3478		726694	2199
吉　林	7	47	9	1243	6	24188	245
黑龙江	11	50	11	522		81575	277
上　海							
江　苏	5	123	92	442		142557	410
浙　江	44	488	307	6115	20	1298686	3803
安　徽	6	62	29	512	9	34735	152
福　建	30	288	94	580		87046	389
江　西	1	8	5	50	6	11250	30
山　东							
河　南	3	43	25	256	90	26700	92
湖　北	18	234	145	615	15	21941	517
湖　南	23	429	206	1588		317713	1487
广　东	41	1049	361	9123	3	30356	224
广　西	36	286	151	417	4	61990	285
海　南							
重　庆							
四　川	12	67	20	188	2	49105	161
贵　州	3	15	4	45	2	3650	22
云　南	3	97	49	226		3400	166
西　藏							
陕　西	20	46	19	343	10	87054	291
甘　肃	1	2	1	10			10
青　海	13	18	8	189		2650	178
宁　夏							
新　疆	3	35	17	200			120

福利机构

单位：个、人、张、人天、人次

#女　性	在院人员按性质分			在院人员按年龄分			康复和医疗门诊人次数
	优抚对象	“三无”对象	自费人员	老　人	青壮年	少年儿童	
6256	**700**	**3890**	**11082**	**14442**	**659**	**192**	**72388**
2090		83	3735	3571	237	10	15182
178	31	245	274	483	67		3159
21	2	27	51	71	7	2	180
63		86	80	50	116		
538		854	1345	2065	39		
58	66	21	158	239	3	3	
145	1	16	260	272	4	1	
176		230	180	410			347
1794	36	44	3723	3708	6	89	4688
48		65	87	146	6		32
108		201	188	385	4		10675
15		20	10	30			
	19		73	62		30	600
237	7	148	362	388	21	2	10890
475	501	793	193	1416	23	22	
67	1	70	153	218	3	3	6023
88	8	205	72	283	2		19192
59	17	144		155	4	2	1398
8		22		22			22
41	1	147	18	48	106	10	
34	6	285		180	8	17	
		10					
13	4	174		120	3	1	
			120	120			

C-71 续表

地 区	增加值合计	执行企业会计制度单位财务指标					执行行	
		固定资产原价	营业收入	费用合计	营业利润	企业单位增加值	固定资产原价	上年结余
全 国	**7114.9**	**15097.0**	**4092.4**	**1668.2**	**235.9**	**775.2**	**20119.1**	**294.2**
北 京	755.0	10355.0	896.0	755.5	121.5	341.7	3468.7	404.0
天 津								
河 北	1422.5	80.0	48.0	48.0	2.0	3.6	2557.8	18.3
山 西	51.9						147.0	
内蒙古	235.2						132.8	
辽 宁	64.4						148.7	9.0
吉 林	45.0	184.0			32.0	32.0	200.0	
黑龙江	1.9						14.2	
上 海								
江 苏	234.4	109.5	32.4	19.7	6.4	25.2	60.7	35.6
浙 江	1458.8	796.2	249.9	248.9	34.0	81.6	8981.4	8.0
安 徽	81.5						131.0	
福 建	472.1	2100.0	2500.0	230.0	40.0	287.7	595.0	
江 西								
山 东								
河 南	58.8						195.5	
湖 北	181.4	880.0	16.0	15.0		0.1	764.3	-182.0
湖 南	852.7	590.3	350.1	351.1		3.3	978.4	
广 东	386.5							
广 西	183.2						325.5	
海 南								
重 庆								
四 川	110.0						300.6	
贵 州	5.2						14.0	
云 南	391.2						1058.4	1.3
西 藏								
陕 西	7.8						25.0	
甘 肃							0.1	
青 海	11.0	2.0						
宁 夏								
新 疆	16.8						20.0	

单位：万元

政事业会计制度单位财务指标				执行民间非营利组织会计制度单位财务指标				
收入合计	支出合计	收支结余	行政事业单位增加值	固定资产原价	上年结余	收入合计	费用合计	民间组织单位增加值
9109.6	**9287.3**	**-117.6**	**5675.3**	**15726.6**	**-134.3**	**4111.1**	**4716.0**	**664.4**
972.4	997.5	52.9	417.0	7816.2	-165.9	2375.5	3103.1	-3.7
1747.1	1611.4	154.0	1418.9					
57.0	57.0		31.9	120.0		39.2	27.0	20.0
279.3	278.9	0.4	235.2					
240.0	242.0		59.9	51.0		5.0	4.7	4.5
220.0	220.0		13.0	2.0		2.0	2.0	
1.4	1.4		1.9	87.0		9.0		
144.1	144.0	0.1	102.2	738.0		208.0	208.0	107.0
1262.4	1234.1	10.5	1058.3	5972.8	-1.6	999.6	918.8	318.9
119.4	280.5	-161.5	81.5			5.0	5.0	
320.0	321.0		122.8	158.4	21.6	107.3	130.8	61.6
5.0	5.0							
106.0	103.0		58.8					
319.8	442.7	-117.0	181.3	89.0		30.0	28.0	
1320.2	1286.9		849.4					
650.0	650.0		276.4	51.1		223.8	206.8	110.1
225.0	225.0		170.2	115.0	10.0	19.7	18.2	13.0
80.1	137.5		110.0			2.0	2.0	
18.0	14.2		5.2					
1007.9	1020.7	-57.0	391.2					
2.5	2.5		1.8	127.0		28.0	28.0	6.0
				374.1	1.6	17.0	10.6	11.0
12.0	12.0		0.8	25.0		40.0	23.0	16.0

C－72 救助类

地 区	单位数	年末职工人数	#女 性	本年救助人次数
全 国	**1351**	**15721**	**5033**	**1544492**
北 京	23	453	211	190206
天 津	11	204	66	18614
河 北	24	396	122	35663
山 西	24	359	106	24159
内蒙古	33	401	87	20254
辽 宁	53	771	229	46310
吉 林	50	639	209	37151
黑龙江	76	865	233	31055
上 海	22	469	169	50679
江 苏	49	597	190	50640
浙 江	56	467	139	46514
安 徽	38	354	97	51653
福 建	18	317	75	24745
江 西	61	402	118	65357
山 东	29	370	129	37810
河 南	37	783	273	75649
湖 北	66	799	278	182004
湖 南	90	931	303	103094
广 东	68	1776	520	118627
广 西	25	313	96	35434
海 南	6	69	29	4730
重 庆	41	384	119	32364
四 川	115	1194	413	91385
贵 州	55	333	101	29082
云 南	73	416	123	35778
西 藏	3	17	5	1718
陕 西	90	822	327	55211
甘 肃	38	365	116	16436
青 海	10	64	18	11800
宁 夏	10	80	22	6247
新 疆	57	311	110	14123

单位总表

单位：个、人、人次、张

# 从其他站转入的	# 儿　童	# 老年人	# 残疾人	# 女　性
119940	**159989**	**178038**	**119228**	**281987**
1335	4820	12652	4079	74811
15	655	681	481	1910
1845	3995	5108	3905	4350
1618	2497	4620	2904	3339
710	1050	3805	977	3430
2749	3725	6594	3838	8174
2342	4979	6551	4226	6973
3372	2774	7134	2675	5153
15000	7221	4641	3854	9936
6099	6164	4833	1980	9101
783	3881	5163	2068	7841
3882	5590	5936	3395	5680
1310	2060	2243	1438	2933
6775	4561	3849	4041	3901
1706	4233	5358	3602	9803
4975	7130	9671	8276	13258
8262	18200	20838	14549	29281
10163	9655	17718	16570	13183
1503	13741	7352	3459	15420
1934	3121	2126	1587	3394
24	1902	600	190	468
7313	6303	3939	3940	5935
13450	16279	11618	8600	17613
3057	5916	5052	2522	2285
4269	3735	4066	3767	5763
	304	445	73	442
5607	5360	6622	7182	6176
3079	2082	3699	2993	2818
49	2592	216	580	5517
3480	484	2405	262	549
3234	4980	2503	1215	2550

C-72 续表

地 区	本年救助人次数			床位数	年末在站(场)人数
	救治的危重病人、精神病人	自主返乡	跨省接送		
全 国	**57375**	**578874**	**79269**	**46800**	**25688**
北 京	548	6689	101	1867	379
天 津	483	11668	810	1100	204
河 北	1337	19596	1257	1026	383
山 西	1560	10356	1803	682	97
内蒙古	544	8467	2915	775	61
辽 宁	3335	22567	2570	2374	438
吉 林	1777	11339	4181	1648	2336
黑龙江	1783	6251	2227	1031	689
上 海	2019	16685	1092	1667	715
江 苏	1835	18241	3323	2260	411
浙 江	893	22193	1186	2582	759
安 徽	1907	26296	2508	1390	76
福 建	231	15428	631	961	221
江 西	567	20846	1679	1200	323
山 东	2647	14827	3640	1887	218
河 南	2004	41659	2840	1631	310
湖 北	10260	83596	9467	3230	3642
湖 南	5050	47905	3429	3292	920
广 东	2139	44424	1663	6219	962
广 西	1083	13145	1965	956	148
海 南	130	419	180	349	12
重 庆	1093	13470	3792	1155	176
四 川	3894	34774	8555	2056	6070
贵 州	4132	14038	2311	608	4573
云 南	1655	10771	1379	968	631
西 藏	13	75	923	280	3
陕 西	2439	33160	4103	1517	386
甘 肃	1139	5210	424	697	340
青 海	62	184	5456	330	18
宁 夏	133	1661	213	114	26
新 疆	683	2934	2646	948	161

单位：人次、人、张、万元

增加值合计	执行行政事业会计制度单位财务指标					
	固定资产原价	上年结余	收入合计	支出合计	收支结余	行政事业单位增加值
83129.2	**149234.7**	**6776.3**	**157650.5**	**155107.9**	**5998.7**	**83129.2**
3089.3	1353.5	433.4	10273.8	9345.1	1361.3	3089.3
1458.8	1706.1	42.3	1715.2	1702.4	24.2	1458.8
1136.5	1883.4	193.0	2117.3	2288.1	5.0	1136.5
1526.3	1828.5	170.5	2455.6	1999.9	591.0	1526.3
1503.4	1961.6	203.8	2382.8	1862.3	128.6	1503.4
3417.3	7764.5	390.2	5452.8	5591.8	6.8	3417.3
1629.1	1777.5		3572.2	3384.0	175.0	1629.1
1886.5	3007.8		2600.4	2687.7		1886.5
3878.5	15002.7	317.5	7822.9	8325.9	882.0	3878.5
4025.9	5759.3	19.5	7920.5	7812.6	110.0	4025.9
3303.8	8625.0	316.9	6198.0	5694.3	420.7	3303.8
1369.7	2664.8	49.4	2422.1	2328.8	164.7	1369.7
1499.0	4165.3	302.4	2174.9	2211.8	56.0	1499.0
971.4	1778.0	18.2	1580.0	1544.8	4.0	971.4
1866.8	4119.6	-14.3	2923.9	2856.5	33.2	1866.8
2002.3	4429.2	43.6	3629.0	3533.0	89.8	2002.3
3268.2	7361.4		5924.9	6105.0	72.0	3268.2
2965.6	5648.5	45.1	5028.5	4939.7	73.6	2965.6
16273.2	39896.8	949.4	22258.2	22117.4	960.0	16273.2
1664.5	3598.8	120.6	2331.1	2300.8	101.2	1664.5
526.4	1424.0	1387.0	649.0	422.0	119.0	526.4
1579.8	2711.8	52.1	2428.0	2420.5	57.3	1579.8
3778.6	5336.3	1234.6	6026.6	5926.0	67.4	3778.6
1244.5	1748.8	81.0	26578.5	26631.9	11.7	1244.5
13484.1	3286.8	144.2	14363.2	14490.5	60.1	13484.1
143.8	418.5		152.6	152.6		143.8
1203.8	2736.9	29.6	2165.9	2114.7	64.4	1203.8
928.5	2721.9	109.0	1111.1	1105.7	31.5	928.5
282.7	245.2		466.6	470.6		282.7
315.6	553.0	0.5	411.4	411.5	0.4	315.6
1292.5	3719.2	136.8	2513.5	2330.0	327.8	1292.5

C－73 在编制部门登

地　区	单位数	年末职工人数	#女　性	本年救助人次数
全　国	**1291**	**15536**	**4961**	**1537289**
北　京	23	453	211	190206
天　津	11	204	66	18614
河　北	24	396	122	35663
山　西	24	359	106	24159
内蒙古	33	401	87	20254
辽　宁	51	761	227	46104
吉　林	50	639	209	37151
黑龙江	76	865	233	31055
上　海	21	462	167	50373
江　苏	48	576	182	50150
浙　江	54	463	138	46014
安　徽	36	345	95	50522
福　建	18	317	75	24745
江　西	47	372	106	65072
山　东	29	370	129	37810
河　南	37	783	273	75649
湖　北	66	799	278	182004
湖　南	90	931	303	103094
广　东	67	1774	520	118380
广　西	24	312	95	35197
海　南	6	69	29	4730
重　庆	40	364	114	31978
四　川	114	1188	412	90879
贵　州	55	333	101	29082
云　南	67	405	118	34403
西　藏	1	9	1	1184
陕　西	86	813	324	54869
甘　肃	37	362	115	16220
青　海	5	48	12	11723
宁　夏	10	80	22	6247
新　疆	41	283	91	13758

记的救助单位

单位：个、人、人次

# 从其他站转入的	# 儿　童	# 老年人	# 残疾人	# 女　性
118827	**158527**	**176590**	**118372**	**280708**
1335	4820	12652	4079	74811
15	655	681	481	1910
1845	3995	5108	3905	4350
1618	2497	4620	2904	3339
710	1050	3805	977	3430
2749	3712	6528	3815	8099
2342	4979	6551	4226	6973
3372	2774	7134	2675	5153
15000	7191	4589	3821	9871
6099	6164	4833	1980	8997
780	3869	5083	1992	7813
3549	5328	5842	3170	5476
1310	2060	2243	1438	2933
6596	4310	3849	4041	3901
1706	4233	5358	3602	9803
4975	7130	9671	8276	13258
8262	18200	20838	14549	29281
10163	9655	17718	16570	13183
1503	13731	7194	3434	15359
1934	2916	2115	1566	3386
24	1902	600	190	468
7051	5917	3939	3940	5762
13450	16279	11618	8600	17601
3057	5916	5052	2522	2285
4062	3596	3679	3536	5551
	280	382	68	272
5564	5343	6394	7122	6116
3077	2082	3541	2963	2811
20	2572	184	574	5512
3480	484	2405	262	549
3179	4887	2384	1094	2455

C-73续表

地 区	本年救助人次数			床位数	年末在站(场)人数
	救治的危重病人、精神病人	自主返乡	跨省接送		
全 国	**57213**	**577145**	**78934**	**46355**	**25672**
北 京	548	6689	101	1867	379
天 津	483	11668	810	1100	204
河 北	1337	19596	1257	1026	383
山 西	1560	10356	1803	682	97
内蒙古	544	8467	2915	775	61
辽 宁	3309	22543	2570	2354	438
吉 林	1777	11339	4181	1648	2336
黑龙江	1783	6251	2227	1031	689
上 海	2001	16685	1092	1667	715
江 苏	1835	18241	3323	2260	411
浙 江	886	21971	1186	2517	759
安 徽	1889	26260	2475	1310	76
福 建	231	15428	631	961	221
江 西	567	20846	1679	1200	323
山 东	2647	14827	3640	1887	218
河 南	2004	41659	2840	1631	310
湖 北	10260	83596	9467	3230	3642
湖 南	5050	47905	3429	3292	920
广 东	2139	44396	1663	6219	962
广 西	1083	13142	1932	936	144
海 南	130	419	180	349	12
重 庆	1093	13470	3610	1130	171
四 川	3894	34774	8555	2056	6070
贵 州	4132	14038	2311	608	4573
云 南	1634	9439	1342	936	629
西 藏	13	75	923	100	3
陕 西	2393	33158	4101	1517	386
甘 肃	1135	5195	424	697	340
青 海	61	164	5455	314	18
宁 夏	133	1661	213	114	26
新 疆	662	2887	2599	941	156

单位：人、人次、张、万元

增加值合计	执行行政事业会计制度单位财务指标					
	固定资产原价	上年结余	收入合计	支出合计	收支结余	行政事业单位增加值
82901.8	**148640.5**	**6751.3**	**157238.9**	**154618.1**	**5998.7**	**82901.8**
3089.3	1353.5	433.4	10273.8	9345.1	1361.3	3089.3
1458.8	1706.1	42.3	1715.2	1702.4	24.2	1458.8
1136.5	1883.4	193.0	2117.3	2288.1	5.0	1136.5
1526.3	1828.5	170.5	2455.6	1999.9	591.0	1526.3
1503.4	1961.6	203.8	2382.8	1862.3	128.6	1503.4
3413.3	7764.5	390.2	5427.8	5566.8	6.8	3413.3
1629.1	1777.5		3572.2	3384.0	175.0	1629.1
1886.5	3007.8		2600.4	2687.7		1886.5
3878.5	15002.7	317.5	7672.9	8175.9	882.0	3878.5
4025.9	5759.3	19.5	7920.5	7812.6	110.0	4025.9
3291.4	8614.0	291.9	6190.5	5661.8	420.7	3291.4
1358.1	2655.9	49.4	2399.6	2306.3	164.7	1358.1
1499.0	4165.3	302.4	2174.9	2211.8	56.0	1499.0
971.4	1778.0	18.2	1570.2	1535.0	4.0	971.4
1866.8	4119.6	-14.3	2923.9	2856.5	33.2	1866.8
2002.3	4429.2	43.6	3629.0	3533.0	89.8	2002.3
3268.2	7361.4		5924.9	6105.0	72.0	3268.2
2965.6	5648.5	45.1	5028.5	4939.7	73.6	2965.6
16265.1	39694.8	949.4	22258.2	22117.4	960.0	16265.1
1660.9	3508.8	120.6	2331.1	2300.8	101.2	1660.9
526.4	1424.0	1387.0	649.0	422.0	119.0	526.4
1537.5	2674.9	52.1	2367.0	2359.5	57.3	1537.5
3778.6	5335.3	1234.6	5994.3	5893.7	67.4	3778.6
1244.5	1748.8	81.0	26578.5	26631.9	11.7	1244.5
13471.4	3233.8	144.2	14351.9	14478.4	60.1	13471.4
141.1	350.0		152.6	152.6		141.1
1199.0	2715.9	29.6	2160.9	2109.7	64.4	1199.0
928.5	2721.6	109.0	1111.0	1105.6	31.5	928.5
200.5	143.6		390.5	390.5		200.5
315.6	553.0	0.5	411.4	411.5	0.4	315.6
1249.7	3719.2	136.8	2502.5	2270.6	327.8	1249.7

C-74 未登记的

地　区	单位数	年末职工人数	#女　性	本年救助人次数
全　国	**60**	**185**	**72**	**7203**
北　京				
天　津				
河　北				
山　西				
内蒙古				
辽　宁	2	10	2	206
吉　林				
黑龙江				
上　海	1	7	2	306
江　苏	1	21	8	490
浙　江	2	4	1	500
安　徽	2	9	2	1131
福　建				
江　西	14	30	12	285
山　东				
河　南				
湖　北				
湖　南				
广　东	1	2		247
广　西	1	1	1	237
海　南				
重　庆	1	20	5	386
四　川	1	6	1	506
贵　州				
云　南	6	11	5	1375
西　藏	2	8	4	534
陕　西	4	9	3	342
甘　肃	1	3	1	216
青　海	5	16	6	77
宁　夏				
新　疆	16	28	19	365

救助单位

单位：个、人、人次

# 从其他站转入的	# 儿　童	# 老年人	# 残疾人	# 女　性
1113	**1462**	**1448**	**856**	**1279**
	13	66	23	75
	30	52	33	65
				104
3	12	80	76	28
333	262	94	225	204
179	251			
	10	158	25	61
	205	11	21	8
262	386			173
				12
207	139	387	231	212
	24	63	5	170
43	17	228	60	60
2		158	30	7
29	20	32	6	5
55	93	119	121	95

C-74 续表

地　区	本年救助人次数			床位数	年末在站(场)人数
	救治的危重病人、精神病人	自主返乡	跨省接送		
全　国	**162**	**1729**	**335**	**445**	**16**
北　京					
天　津					
河　北					
山　西					
内蒙古					
辽　宁	26	24		20	
吉　林					
黑龙江					
上　海	18				
江　苏					
浙　江	7	222		65	
安　徽	18	36	33	80	
福　建					
江　西					
山　东					
河　南					
湖　北					
湖　南					
广　东		28			
广　西		3	33	20	4
海　南					
重　庆			182	25	5
四　川					
贵　州					
云　南	21	1332	37	32	2
西　藏				180	
陕　西	46	2	2		
甘　肃	4	15			
青　海	1	20	1	16	
宁　夏					
新　疆	21	47	47	7	5

单位：人次、人、张、万元

增加值合计	执行行政事业会计制度单位财务指标					
	固定资产原价	上年结余	收入合计	支出合计	收支结余	行政事业单位增加值
227.4	**594.2**	**25.0**	**411.6**	**489.8**		**227.4**
4.0			25.0	25.0		4.0
			150.0	150.0		
12.4	11.0	25.0	7.5	32.5		12.4
11.6	8.9		22.5	22.5		11.6
			9.8	9.8		
8.1	202.0					8.1
3.6	90.0					3.6
42.3	36.9		61.0	61.0		42.3
	1.0		32.3	32.3		
12.7	53.0		11.3	12.1		12.7
2.7	68.5					2.7
4.8	21.0		5.0	5.0		4.8
	0.3		0.1	0.1		
82.2	101.6		76.1	80.1		82.2
42.8			11.0	59.4		42.8

C-75 救助管

地 区	单位数	年末职工人数	#女 性	本年救助人次数
全 国	**1261**	**14894**	**4733**	**1524164**
北 京	21	410	189	189329
天 津	11	204	66	18614
河 北	22	359	114	35551
山 西	24	359	106	24159
内蒙古	33	401	87	20254
辽 宁	51	761	227	46095
吉 林	50	639	209	37151
黑龙江	76	865	233	31055
上 海	21	401	108	50437
江 苏	47	575	182	50149
浙 江	55	432	123	45897
安 徽	34	332	93	49487
福 建	18	317	75	24745
江 西	47	372	106	65072
山 东	29	370	129	37810
河 南	37	783	273	75649
湖 北	53	667	229	180171
湖 南	85	876	290	98327
广 东	67	1720	506	118302
广 西	20	290	83	34471
海 南	6	69	29	4730
重 庆	37	331	102	29922
四 川	93	1018	369	89325
贵 州	50	287	90	26875
云 南	72	413	122	35649
西 藏	3	17	5	1718
陕 西	90	822	327	55211
甘 肃	37	364	115	16431
青 海	10	64	18	11800
宁 夏	10	80	22	6247
新 疆	52	296	106	13531

理站

单位：个、人、人次

# 从其他站转入的	# 儿　童	# 老年人	# 残疾人	# 女　性
117004	**148869**	**177429**	**118450**	**279101**
1335	3943	12652	4079	74761
15	655	681	481	1910
1845	3883	5108	3905	4350
1618	2497	4620	2904	3339
710	1050	3805	977	3430
2717	3586	6581	3833	8165
2342	4979	6551	4226	6973
3372	2774	7134	2675	5153
15000	6979	4641	3854	9845
6099	6164	4833	1980	8997
738	3264	5163	2032	7686
3691	4621	5834	3348	5470
1310	2060	2243	1438	2933
6596	4310	3849	4041	3901
1706	4233	5358	3602	9803
4975	7130	9671	8276	13258
8212	17213	20838	14549	29281
9242	7997	17443	16432	12109
1178	13416	7352	3390	15355
1873	2190	2115	1554	3238
24	1902	600	190	468
6532	4914	3939	3710	5499
13427	14855	11618	8600	17445
2921	4915	4991	2376	2036
4269	3735	4066	3767	5763
	304	445	73	442
5607	5360	6622	7182	6176
3079	2077	3699	2993	2818
49	2592	216	580	5517
3480	484	2405	262	549
3042	4787	2356	1141	2431

C-75 续表

地 区	本年救助人次数			床位数	年末在站(场)人数
	救治的危重病人、精神病人	自主返乡	跨省接送		
全 国	**56769**	**574682**	**77448**	**43179**	**23645**
北 京	548	6689	101	1417	259
天 津	483	11668	810	1100	204
河 北	1337	19596	1257	871	377
山 西	1560	10356	1803	682	97
内蒙古	544	8467	2915	775	61
辽 宁	3332	22513	2568	2322	287
吉 林	1777	11339	4181	1648	2336
黑龙江	1783	6251	2227	1031	689
上 海	2019	16685	1092	1567	653
江 苏	1835	18241	3323	2260	411
浙 江	838	22179	957	2313	709
安 徽	1843	25086	2365	1242	72
福 建	231	15428	631	961	221
江 西	567	20846	1679	1200	323
山 东	2647	14827	3640	1887	218
河 南	2004	41659	2840	1631	310
湖 北	10260	83596	9467	1870	3638
湖 南	4685	45255	2972	3121	861
广 东	2139	44424	1510	5719	782
广 西	1044	13141	1853	880	120
海 南	130	419	180	349	12
重 庆	1077	13461	3244	1036	151
四 川	3894	34774	8470	1991	6063
贵 州	4104	13839	2263	516	3238
云 南	1655	10771	1379	968	631
西 藏	13	75	923	280	3
陕 西	2439	33160	4103	1517	386
甘 肃	1139	5210	424	677	340
青 海	62	184	5456	330	18
宁 夏	133	1661	213	114	26
新 疆	647	2882	2602	904	149

单位：人、人次、张、万元

增加值合计	执行行政事业会计制度单位财务指标					
	固定资产原价	上年结余	收入合计	支出合计	收支结余	行政事业单位增加值
81134.4	**142866.4**	**6772.0**	**153028.6**	**150492.2**	**5534.6**	**81134.4**
2733.1	1096.8	428.3	8901.9	8202.6	1121.5	2733.1
1458.8	1706.1	42.3	1715.2	1702.4	24.2	1458.8
1123.8	1842.4	193.0	2104.3	2275.1	5.0	1123.8
1526.3	1828.5	170.5	2455.6	1999.9	591.0	1526.3
1503.4	1961.6	203.8	2382.8	1862.3	128.6	1503.4
3393.1	7609.7	390.2	5355.8	5494.8	6.8	3393.1
1629.1	1777.5		3572.2	3384.0	175.0	1629.1
1886.5	3007.8		2600.4	2687.7		1886.5
3461.6	14681.7	314.5	7107.9	7601.9	705.0	3461.6
4025.9	5759.3	19.5	7920.5	7812.6	110.0	4025.9
3094.4	7864.4	316.9	5925.0	5421.4	420.6	3094.4
1309.3	2472.8	48.7	2304.9	2246.8	128.8	1309.3
1499.0	4165.3	302.4	2174.9	2211.8	56.0	1499.0
971.4	1778.0	18.2	1570.2	1535.0	4.0	971.4
1866.8	4119.6	-14.3	2923.9	2856.5	33.2	1866.8
2002.3	4429.2	43.6	3629.0	3533.0	89.8	2002.3
2967.7	6690.2		5654.8	5571.8	72.0	2967.7
2798.6	5488.9	49.6	4733.1	4648.8	69.1	2798.6
16156.9	36988.8	949.4	21323.1	21189.1	953.2	16156.9
1594.1	3145.1	120.6	2271.1	2240.8	101.2	1594.1
526.4	1424.0	1387.0	649.0	422.0	119.0	526.4
1522.0	2664.9	52.1	2345.0	2337.5	57.3	1522.0
3754.5	5195.3	1234.6	5947.0	5846.4	67.4	3754.5
1099.6	1531.4	81.0	26329.0	26385.6	11.7	1099.6
13484.0	3283.8	144.2	14363.2	14490.5	60.1	13484.0
143.8	418.5		152.6	152.6		143.8
1203.8	2736.9	29.6	2165.9	2114.7	64.4	1203.8
928.5	2721.8	109.0	1111.1	1105.7	31.5	928.5
282.7	245.2		466.6	470.6		282.7
315.6	553.0	0.5	411.4	411.5	0.4	315.6
1267.5	3677.9	136.8	2461.2	2276.8	327.8	1267.5

C-76 流浪儿童救

地 区	单位数	年末职工人数	#女 性	本年救助人次数
全 国	**90**	**827**	**300**	**20328**
北 京	2	43	22	877
天 津				
河 北	2	37	8	112
山 西				
内蒙古				
辽 宁	2	10	2	215
吉 林				
黑龙江				
上 海	1	68	61	242
江 苏	2	22	8	491
浙 江	1	35	16	617
安 徽	4	22	4	2166
福 建				
江 西	14	30	12	285
山 东				
河 南				
湖 北	13	132	49	1833
湖 南	5	55	13	4767
广 东	1	56	14	325
广 西	5	23	13	963
海 南				
重 庆	4	53	17	2442
四 川	22	176	44	2060
贵 州	5	46	11	2207
云 南	1	3	1	129
西 藏				
陕 西				
甘 肃	1	1	1	5
青 海				
宁 夏				
新 疆	5	15	4	592

助保护中心

单位：个、人、人次

#从其他站转入的	#儿　童	#老年人	#残疾人	#女　性
2936	**11120**	**609**	**778**	**2886**
	877			50
	112			
32	139	13	5	9
	242			91
				104
45	617		36	155
191	969	102	47	210
179	251			
50	987			
921	1658	275	138	1074
325	325		69	65
61	931	11	33	156
781	1389		230	436
23	1424			168
136	1001	61	146	249
	5			
192	193	147	74	119

C-76续表

地 区	本年救助人次数			床位数	年末在站(场)人数
	救治的危重病人、精神病人	自主返乡	跨省接送		
全 国	**606**	**4192**	**1821**	**3621**	**2043**
北 京				450	120
天 津					
河 北				155	6
山 西					
内蒙古					
辽 宁	3	54	2	52	151
吉 林					
黑龙江					
上 海				100	62
江 苏					
浙 江	55	14	229	269	50
安 徽	64	1210	143	148	4
福 建					
江 西					
山 东					
河 南					
湖 北				1360	4
湖 南	365	2650	457	171	59
广 东			153	500	180
广 西	39	4	112	76	28
海 南					
重 庆	16	9	548	119	25
四 川			85	65	7
贵 州	28	199	48	92	1335
云 南					
西 藏					
陕 西					
甘 肃				20	
青 海					
宁 夏					
新 疆	36	52	44	44	12

单位：人、人次、张、万元

增加值合计	执行行政事业会计制度单位财务指标					
	固定资产原价	上年结余	收入合计	支出合计	收支结余	行政事业单位增加值
1994.8	**6368.3**	**4.3**	**4621.9**	**4615.7**	**464.1**	**1994.8**
356.2	256.7	5.1	1371.9	1142.5	239.8	356.2
12.7	41.0		13.0	13.0		12.7
24.2	154.8		97.0	97.0		24.2
416.9	321.0	3.0	715.0	724.0	177.0	416.9
209.4	760.6		273.0	272.9	0.1	209.4
60.4	192.0	0.7	117.2	82.0	35.9	60.4
			9.8	9.8		
300.5	671.2		270.1	533.2		300.5
167.0	159.6	-4.5	295.4	290.9	4.5	167.0
116.3	2908.0		935.1	928.3	6.8	116.3
70.4	453.7		60.0	60.0		70.4
57.8	46.9		83.0	83.0		57.8
24.1	141.0		79.6	79.6		24.1
144.9	217.4		249.5	246.3		144.9
0.1	3.0					0.1
	0.1					
25.0	41.3		52.3	53.2		25.0

C-77 殡葬类

地 区	单位数	年末职工人数	#女 性	火化炉数	全年处理遗体数	国际运尸数
全 国	**3669**	**73227**	**20770**	**4838**	**4421112**	**404**
北 京	41	2213	636	77	77891	154
天 津	26	966	305	60	57389	6
河 北	189	3439	776	336	305106	
山 西	40	571	164	50	19348	2
内蒙古	118	1915	524	120	54984	
辽 宁	174	4310	1295	263	245702	2
吉 林	81	1576	422	111	105172	
黑龙江	144	3171	1063	219	169081	
上 海	77	3350	1293	85	106679	7
江 苏	274	5150	1385	481	450257	3
浙 江	208	3178	716	292	288914	19
安 徽	174	2965	949	190	259826	
福 建	144	2855	625	199	151510	15
江 西	102	1864	435	170	99249	
山 东	165	3450	787	422	540641	
河 南	237	5865	1663	302	357991	
湖 北	125	3311	1082	251	216396	
湖 南	114	1901	537	96	50171	
广 东	233	6658	1534	338	401576	152
广 西	67	1469	405	66	51777	10
海 南	15	348	69	6	3453	4
重 庆	108	1787	626	100	65846	3
四 川	227	3233	1004	209	181319	
贵 州	102	2652	914	72	41150	
云 南	101	862	233	84	27819	15
西 藏	3	22	6	5	713	
陕 西	99	2007	601	73	44750	
甘 肃	86	615	174	42	12814	
青 海	20	123	39	38	4939	
宁 夏	28	165	43	3	3084	
新 疆	147	1236	465	78	25565	12

单位总表

单位：具、个、台、人

外国人	港澳台	侨　民	穴位数	# 本年销售穴位数	安葬数	# 本年安葬数
253	**81**	**22**	**9275990**	**438413**	**6232308**	**532796**
133	3	18	495340	23732	362313	24426
6			185416	10796	176734	11953
			277982	7413	67799	12175
2			26191	1560	14820	2223
			188396	9688	139427	21802
2			317894	27304	249135	24154
			36970	6007	24724	7371
			139842	13902	123326	22170
7			1489384	25362	981533	75416
3			1266284	60913	879239	55767
19			798488	35485	669652	36261
			164968	16662	140289	15745
9	3	3	199959	7925	68141	10661
			78661	22488	64413	23955
			159373	8873	106899	9092
			166985	11182	100585	11819
			706083	18795	506759	20328
			168935	8327	55807	8458
33	71		507309	25216	284360	25253
7	3		164416	12953	113207	11185
3		1	73086	1206	31546	1136
3			247313	14688	154938	12963
			635919	14188	312635	31772
			173959	7127	62739	13240
15			228001	10703	68315	7135
					12	2
			187883	11020	172688	13260
			22706	2400	12700	2230
			3303	298	1581	193
			47980	2188	43226	1641
11	1		116964	20012	242766	19010

C-77 续表

地区	增加值合计	执行企业会计制度单位财务指标					执行行	
		固定资产原价	营业收入	费用合计	营业利润	企业单位增加值	固定资产原价	上年结余
全　国	**512833.7**	**451369.8**	**298134.7**	**154625.9**	**63545.1**	**109939.2**	**1193902.1**	**30931.5**
北　京	22094.0	7415.7	15404.8	5805.7	1563.7	3129.8	71030.4	1806.2
天　津	11690.8	4805.0	6238.0	2096.0	2813.0	3074.9	20688.5	253.7
河　北	9258.8	1475.0	523.8	411.6	-16.0	76.0	50657.2	1065.6
山　西	2739.7	602.4	47.6	83.6	-37.0	11.5	11046.9	217.9
内蒙古	6361.7	2147.2	1993.8	2008.8	181.9	395.0	16042.4	361.7
辽　宁	26101.4	35402.7	18960.2	7726.4	1810.6	4527.2	60888.6	701.7
吉　林	6129.6	1183.0	720.0	372.0		230.4	20201.4	12.0
黑龙江	20344.2	11475.0	4753.5	3038.3	900.1	2003.0	90437.2	59.5
上　海	53525.0	117032.3	113004.0	49640.2	40566.5	52008.3	962.4	282.1
江　苏	33778.2	24363.9	17490.8	9607.2	3241.9	5445.3	87838.9	3920.0
浙　江	27450.9	40909.9	18902.7	11559.3	2025.4	4252.3	80513.5	668.8
安　徽	12728.9	7118.5	3127.6	1672.6	205.6	1292.3	32411.5	1606.2
福　建	10075.7	31165.5	15052.7	9668.0	1012.9	4814.5	26713.0	685.9
江　西	5720.5						27794.7	1591.2
山　东	17837.8	3806.9	1835.1	1452.4	96.9	561.6	63800.3	2382.5
河　南	9805.6	9100.6	4125.5	2791.4	266.8	936.8	44787.3	1587.1
湖　北	15027.6	2578.2	517.3	457.5	169.5	445.1	56188.6	132.1
湖　南	6207.1	12985.3	2198.6	2165.1	257.6	1044.9	27720.4	164.4
广　东	56961.9	41699.8	19239.8	7878.6	2129.4	4231.8	210140.9	5018.1
广　西	10871.8	9092.1	7163.6	4036.1	1217.8	2799.8	20972.9	578.5
海　南	2211.4	6332.7	2336.5	1497.9	591.0	983.9	3953.8	132.0
重　庆	7798.4	16096.5	5261.0	4622.6	-77.5	701.9	32388.7	1181.0
四　川	108266.9	19749.4	5764.3	4770.1	181.9	3472.2	49075.9	3051.1
贵　州	8227.5	20110.9	14368.7	8052.9	2253.8	5479.7	17467.6	154.3
云　南	4015.5	6568.1	1129.1	519.2	-171.0	162.9	14687.3	912.4
西　藏	190.9						1529.2	54.9
陕　西	7404.6	11925.8	12035.4	9619.3	1967.5	5130.4	7757.9	-76.7
甘　肃	2679.9	699.1	433.2	362.2	64.8	70.1	24958.3	
青　海	575.3	709.0	248.0	13.1	35.8	47.9	1450.8	
宁　夏	743.7						2613.2	401.1
新　疆	8892.1	4819.3	5259.1	2697.8	292.2	2609.8	17182.4	2026.2

单位：万元

政事业会计制度单位财务指标				执行民间非营利组织会计制度单位财务指标				
收入合计	支出合计	收支结余	行政事业单位增加值	固定资产原价	上年结余	收入合计	费用合计	民间组织单位增加值
896153.6	**823073.1**	**43627.1**	**402260.2**	**16356.7**	**548.9**	**6544.1**	**6671.3**	**634.1**
64000.0	63139.0	-32.2	18964.2					
30576.4	28350.9	1983.5	8615.9					
23936.9	22420.9	425.1	9182.8					
13743.9	10965.7	134.1	2728.2	31.4		37.8	37.8	
13595.5	12282.8	719.8	5965.2	16.0		3.2	3.2	1.5
54638.6	50590.4	2840.2	21574.2	135.7		314.0	314.0	
14163.4	12031.3	231.9	5899.2					
28879.1	27614.0	353.4	18341.1					
2964.5	2774.8	998.9	1516.8					
63779.6	60057.0	5905.1	27742.0	5489.6		3475.0	2923.0	590.9
59172.1	53211.9	5037.2	23195.6			62.8	3.0	3.0
29818.4	25586.1	1842.3	11436.6					
18918.1	16420.0	1343.5	5261.3					
15534.0	15321.5	1540.8	5720.5					
40384.4	41401.2	756.1	17276.2					
20761.2	20438.7	505.6	8868.7	36.0		20.0	20.0	
36887.4	34055.2	1511.8	14540.5	300.0		60.0	60.0	42.0
15677.1	15492.6	240.3	5149.2	232.0		26.2	26.2	13.0
134058.9	102428.1	8285.1	52730.1	684.6	4.6	15.0		
14839.9	14433.3	1820.6	8072.0					
1212.0	1051.8	292.1	1227.5					
16156.2	15770.1	949.2	6960.5	926.0	409.0	284.0	684.7	136.0
141168.0	138924.9	1765.3	105127.5	3956.0	130.0	1786.3	2135.5	-332.8
5676.9	4826.5	225.8	2630.0	4234.1	1.0	286.6	323.1	117.8
8189.4	7675.6	774.0	3849.6	113.0	4.3	14.0	7.0	3.0
251.5	280.9	25.5	187.9					3.0
5086.5	5023.0	130.8	2239.2	115.0		91.0	89.0	35.0
4839.4	4456.5	-50.2	2608.7	72.0		15.1	5.1	1.1
701.5	516.6		527.4	0.3				
2813.7	2884.4	-13.6	743.7			10.0	10.0	
13729.1	12647.4	3085.1	6261.7	15.0		43.1	29.7	20.6

C-78 在工商部门登

地区	单位数	年末职工人数	#女性	火化炉数	全年处理遗体数	国际运尸数
全国	**422**	**11565**	**3730**	**262**	**240115**	**22**
北京	1	36	7			
天津	2	71	36			
河北	3	47	10	3	597	
山西	1	25	8			
内蒙古	5	55	22	5	3205	
辽宁	19	870	298	25	18630	
吉林	1	56	21			
黑龙江	2	33	12			
上海	57	2617	1093	37	66000	7
江苏	25	349	98	29	21180	
浙江	49	772	200	14	13958	
安徽	10	116	34			
福建	25	912	181	45	47007	15
江西						
山东	10	204	78	3	2407	
河南	24	613	139	10	8469	
湖北	4	46	15	1	180	
湖南	7	86	20	3	717	
广东	23	591	179	2	2446	
广西	15	277	74	3	905	
海南	4	110	22			
重庆	9	152	70	2	1050	
四川	27	933	284	21	24712	
贵州	41	1707	566	31	20008	
云南	3	96	36			
西藏						
陕西	14	602	167	5	3791	
甘肃	33	62	24	16		
青海	3	66	21	4	1950	
宁夏	2	32	5			
新疆	3	29	10	3	2903	

记的殡葬类单位

单位：具、台、个、人

外国人	港澳台	侨　民	穴位数	# 本年销售穴位数	安葬数	# 本年安葬数
16	**3**	**3**	**3147198**	**95986**	**2079295**	**180627**
			700		206	74
			42218	3222	44278	3689
			3804	366	4812	878
			600	20	400	332
			69022	10852	51013	9143
			2700	150	3870	1483
			485	95	394	80
7			1489384	25362	981533	75416
			114722	3942	98413	7343
			421890	17081	358479	20463
			13683	1707	11533	1905
9	3	3	138965	2393	14766	3416
			19409	1256	9054	1451
			59591	2444	29288	2468
			1608		1612	630
			39725	860	2710	548
			164074	7568	101744	8458
			50963	5290	36990	3617
			30945	523	15772	501
			41743	781	10289	794
			202931	35	142556	17521
			107886	4225	40673	9962
			1984	412	1542	175
			84931	6012	81658	8356
			6626	591	4311	741
			1609	120	1324	80
			33300	179	975	143
			1700	500	29100	960

C-78 续表

地　区	增加值合计	执行企业会计制度单位财务指标					执行行	
		固定资产原价	营业收入	费用合计	营业利润	企业单位增加值	固定资产原价	上年结余
全　国	**79143.6**	**293717.5**	**194529.4**	**99178.7**	**49364.7**	**76127.1**	**34116.8**	**243.6**
北　京		1.0						
天　津	3074.9	4805.0	6238.0	2096.0	2813.0	3074.9		
河　北	67.9	971.0	279.8	253.6	12.0	50.9	35.0	
山　西	11.5	600.0	47.6	83.6	-37.0	11.5		
内蒙古	83.4	435.0	126.0	107.0	19.0	20.1	294.0	
辽　宁	3851.2	22787.5	15592.4	5047.3	1556.6	3580.6	1568.0	
吉　林			100.0					
黑龙江	6.8	626.0	154.2	149.2		6.8		
上　海	40724.2	80060.2	85990.3	40338.2	34469.4	40724.2		
江　苏	3296.3	8447.4	7664.7	4806.7	1867.6	2815.3	1181.2	
浙　江	3722.7	40008.8	17631.8	10662.3	1736.1	3462.9	58.4	
安　徽	610.2	3671.8	1320.5	927.4	127.5	591.1	60.0	
福　建	4078.3	23546.4	11044.1	7230.2	898.1	4040.9	3.0	6.0
江　西								
山　东	504.3	3642.2	1714.1	1392.4	83.9	504.3		
河　南	1069.8	5233.9	1448.3	962.7	164.8	448.2	1045.0	
湖　北	222.7	908.0				180.0	68.0	
湖　南	437.9	6175.2	423.0	331.9	181.0	405.2	818.6	
广　东	3650.7	34970.5	14880.1	5452.0	1890.5	3483.9	2884.8	3.6
广　西	914.8	5457.1	3439.4	1455.3	443.8	878.1	233.5	
海　南	560.3	830.7	1350.5	821.9	493.0	560.3		
重　庆	247.9	5572.0	454.8	365.8	7.5	215.9	520.0	
四　川	2867.8	15816.0	3562.7	2566.1	204.3	3071.3	1908.0	
贵　州	4266.1	17281.3	12594.7	6981.1	1972.9	4140.9	1839.0	
云　南	61.2	4999.2	654.7	243.3	-125.5	61.2		
西　藏								
陕　西	2757.9	4018.9	6194.9	5954.7	466.1	2641.0	982.3	-122.0
甘　肃	870.1	649.1	433.2	362.2	64.8	70.1	20000.0	
青　海	66.3	631.0	195.0		31.2	31.2	128.0	
宁　夏	219.6						490.0	356.0
新　疆	1056.4	1572.3	994.6	587.8	24.1	1056.4		

单位：万元

政事业会计制度单位财务指标				执行民间非营利组织会计制度单位财务指标				
收入合计	支出合计	收支结余	行政事业单位增加值	固定资产原价	上年结余	收入合计	费用合计	民间组织单位增加值
11208.0	**10416.3**	**321.5**	**3075.4**	**6030.0**		**2565.7**	**2937.5**	**-58.9**
29.0	29.0		17.0					
135.5	135.5		63.3					
5558.9	4546.8		270.6					
890.6	842.6	24.0	237.1	1639.0		777.0	777.0	243.9
1092.5	938.2	154.3	259.8					
307.3	297.3	10.0	19.1					
65.0	69.0		37.4					
946.6	899.7	15.9	621.6					
35.0	35.0		17.7	150.0		30.0	30.0	25.0
			32.7					
137.8	106.1	35.3	166.8					
143.1	1366.9	25.0	36.7					
50.5	17.0		32.0					
61.0	61.0		132.3	3861.0		1736.0	2119.5	-335.8
575.4	265.4		117.2	380.0		22.7	11.0	8.0
23.0	23.0							
470.8	413.8	57.0	116.9					
300.0			800.0					
30.0	30.0		35.1					
356.0	340.0		219.6					

C-79 在编制部门登

地 区	单位数	年末职工人数	#女 性	火化炉数	全年处理遗体数	国际运尸数
全 国	**2732**	**54309**	**14742**	**4302**	**4000135**	**382**
北 京	40	2177	629	77	77891	154
天 津	23	884	268	60	57389	6
河 北	167	3065	645	320	292833	
山 西	38	541	156	50	19348	2
内蒙古	88	1570	440	107	51449	
辽 宁	147	3290	944	228	216272	2
吉 林	77	1492	391	109	102366	
黑龙江	136	3085	1038	215	166189	
上 海	20	733	200	48	40679	
江 苏	169	3052	736	398	376658	3
浙 江	155	2385	514	278	274956	19
安 徽	137	2558	821	183	252285	
福 建	101	1610	393	113	94729	
江 西	102	1864	435	170	99249	
山 东	152	3222	696	419	538234	
河 南	192	4768	1391	258	308989	
湖 北	114	3207	1050	248	215699	
湖 南	92	1583	450	92	48529	
广 东	166	5526	1237	316	379097	152
广 西	49	1101	287	63	50872	10
海 南	6	119	29	4	1904	4
重 庆	51	688	190	79	52187	3
四 川	170	2178	682	185	156176	
贵 州	38	629	222	29	18654	
云 南	80	633	169	70	25388	15
西 藏	2	21	5	5	713	
陕 西	65	1184	370	68	40931	
甘 肃	31	402	115	26	12814	
青 海	4	21	4	6	2059	
宁 夏	18	107	31	3	3084	
新 疆	102	614	204	75	22512	12

记的殡葬类单位

单位：具、台、个、人

外国人	港澳台	侨　民	穴位数	#本年销售穴位数	安葬数	#本年安葬数
237	**78**	**19**	**4594167**	**269466**	**3279302**	**294908**
133	3	18	494640	23732	362107	24352
6			131397	5268	126639	6250
			254206	4353	49338	7515
2			26166	1535	14795	2198
			90304	7024	68980	18399
2			235730	15689	185916	14255
			31870	5847	20753	5880
			138017	13682	122212	22015
3			503453	33296	323385	33269
19			357022	17481	298077	14977
			126032	12471	111853	11515
			41513	3880	46808	5618
			78661	22488	64413	23955
			133665	7103	92593	7185
			94275	8089	62231	7873
			682665	18090	477315	19065
			101106	7087	49470	7517
33	71		217813	13112	171092	13569
7	3		75475	6837	55804	6674
3		1	6272	213	171	171
3			53643	2503	45888	2424
			401896	12744	160782	13052
			31458	1403	14106	1923
15			90725	2497	30860	2855
			69269	3598	65724	3666
			10012	1151	5988	1192
			101	87	171	84
			14680	2009	42251	1498
11	1		102101	16197	209580	15962

C–79 续表

地　区	增加值合计	执行企业会计制度单位财务指标					执行行	
		固定资产原价	营业收入	费用合计	营业利润	企业单位增加值	固定资产原价	上年结余
全　国	**410914.7**	**110049.9**	**78547.7**	**39559.7**	**11912.9**	**26355.8**	**1104015.1**	**29204.4**
北　京	22094.0	7414.7	15404.8	5805.7	1563.7	3129.8	71030.4	1806.2
天　津	8474.4						19025.5	253.7
河　北	8603.0	503.0	244.0	158.0	-28.0	25.1	47782.3	1060.4
山　西	2726.7	2.4					11009.9	217.9
内蒙古	5820.6	554.6	359.8	364.7	4.0	184.2	14813.3	361.7
辽　宁	21642.5	11376.2	2535.8	2059.6	149.0	606.5	58115.6	701.7
吉　林	6103.3	681.0	466.0	284.0		229.6	19838.4	12.0
黑龙江	20205.6	10839.0	4599.3	2889.1	900.1	1996.2	89890.2	59.5
上　海	12800.8	36972.1	27013.7	9302.0	6097.1	11284.1	962.4	282.1
江　苏	28459.8	6261.0	5372.7	3325.1	945.6	1870.3	81877.5	3911.1
浙　江	23642.2	901.1	1270.9	897.0	289.3	789.4	79551.2	668.8
安　徽	10693.6	999.8	997.7	573.2	71.5	310.9	29225.8	1065.2
福　建	5521.2	4675.9	2941.5	1788.1	54.6	615.7	21913.5	647.7
江　西	5720.5						27794.7	1591.2
山　东	17251.8						63480.3	2382.5
河　南	8225.1	3316.7	2387.2	1625.7	102.0	469.8	38761.8	1587.1
湖　北	14409.2	640.2	267.0	279.0	-12.0	11.5	55829.5	132.1
湖　南	5635.8	6549.2	1615.6	1673.2	76.6	638.3	24380.8	164.4
广　东	51476.4	4589.4	3165.5	1268.0	150.0	492.0	199180.6	4955.5
广　西	9048.1	1142.0	2247.0	1578.0	355.0	1012.8	20739.4	578.5
海　南	1196.8						3913.8	131.0
重　庆	5100.3						21591.7	395.5
四　川	100190.2	3513.5	1990.7	2034.7	-64.0	338.6	45578.4	3051.1
贵　州	2553.5	359.0	30.0	4.8	20.0	91.0	15300.9	154.3
云　南	3494.3	1328.9	379.0	237.0	-39.0	41.7	12227.6	873.7
西　藏	188.2						1461.4	54.9
陕　西	4148.6	7358.2	5186.5	3377.0	1277.4	2182.3	5640.5	33.3
甘　肃	1701.8	30.0					3820.9	
青　海	448.5						669.9	
宁　夏	501.5						2079.2	45.1
新　疆	6104.1	42.0	73.0	35.8		36.3	16522.7	2026.2

单位：万元

政事业会计制度单位财务指标				执行民间非营利组织会计制度单位财务指标				
收入合计	支出合计	收支结余	行政事业单位增加值	固定资产原价	上年结余	收入合计	费用合计	民间组织单位增加值
853212.2	**783986.7**	**40149.1**	**384555.7**	**302.7**	**8.9**	**439.1**	**376.1**	**3.0**
64000.0	63139.0	-32.2	18964.2					
28445.4	27907.4	363.8	8474.4					
21301.9	20040.1	373.3	8577.9					
13717.9	10939.7	134.1	2726.7	31.4		37.8	37.8	
12448.1	11162.9	692.3	5636.4					
48588.6	45569.6	2840.2	21036.0	135.7		314.0	314.0	
14143.4	12011.3	231.9	5873.7					
28452.1	27214.0	353.4	18209.3					
2964.5	2774.8	998.9	1516.8					
60196.9	56514.3	5808.1	26589.5					
57547.8	51791.9	4852.9	22852.8			48.0		
27849.7	24161.7	1345.2	10382.7					
16397.1	13897.4	1339.0	4905.6					
15534.0	15321.5	1540.8	5720.5					
40329.9	41346.7	756.1	17251.8					
18434.3	18225.0	418.4	7755.2	36.0		20.0	20.0	
36707.4	33875.2	1511.8	14397.7					
15213.0	15028.5	240.3	4997.5	45.0		3.2	3.2	
130480.4	99125.3	8237.8	50984.4	34.6	4.6	15.0		
14696.8	13066.4	1795.6	8035.3					
1179.0	1022.8	289.1	1196.8					
11834.7	11470.9	259.6	5100.3					
135889.4	133701.3	1765.3	99851.6					
5068.2	4520.3	225.8	2462.5					
7644.0	7267.2	629.0	3452.6	20.0	4.3			
251.5	280.9	25.5	185.2					3.0
3835.7	3824.6	61.8	1966.3					
3574.4	3481.5	19.8	1701.8					
647.6	464.6		448.5					
2371.8	2459.5	-13.6	501.5					
13466.7	12380.4	3085.1	6067.8			1.1	1.1	

C-80 在民政部门登

地 区	单位数	年末职工人数	#女 性	火化炉数
全 国	**451**	**6687**	**2100**	**254**
北 京				
天 津				
河 北	17	294	111	11
山 西				
内蒙古	24	287	61	8
辽 宁	8	150	53	10
吉 林	2	27	9	2
黑龙江	4	28	7	2
上 海				
江 苏	79	1745	550	54
浙 江	3	17	2	
安 徽	27	291	94	7
福 建	12	249	37	37
江 西				
山 东	3	24	13	
河 南	20	454	117	31
湖 北	7	58	17	2
湖 南	13	227	66	1
广 东	40	466	103	18
广 西	1	20	6	
海 南	5	119	18	2
重 庆	38	750	307	19
四 川	24	98	28	3
贵 州	23	316	126	12
云 南	15	120	27	11
西 藏	1	1	1	
陕 西	19	216	62	
甘 肃	16	100	28	
青 海	12	33	13	24
宁 夏	8	26	7	
新 疆	30	571	237	

记的殡葬类单位

单位：具、台、个、人

全年处理遗体数	穴位数	# 本年销售穴位数	安葬数	# 本年安葬数
173280	**1399407**	**62503**	**793881**	**48759**
9627	11800	1216	7402	2553
330	97080	2549	69741	2976
10800	13142	763	12206	756
2806				
1266	940	90	720	75
52419	647057	23564	456389	15044
	9705	261	3761	293
7541	25253	2484	16903	2325
8212	14374	851	2569	788
	6299	514	5252	456
40137	13119	649	9066	1478
517	21810	705	27832	633
925	28006	380	3627	393
18691	119324	4388	8426	3078
1549	35869	470	15603	464
12609	116517	7856	70321	7502
431	22462	1223	8661	1099
2488	34615	1499	7960	1355
1845	135038	7575	35585	3843
			12	2
28	26683	1402	25292	1232
	5558	658	2381	297
909	1593	91	86	29
150	13163	3315	4086	2088

C-80 续表

地　区	增加值合计	执行企业会计制度单位财务指标					执行行	
		固定资产原价	营业收入	费用合计	营业利润	企业单位增加值	固定资产原价	上年结余
全　国	**19513.8**	**45759.5**	**23337.0**	**14808.5**	**1802.9**	**6544.0**	**46304.3**	**1254.5**
北　京								
天　津								
河　北	514.2	1.0					2436.9	2.2
山　西								
内蒙古	457.7	1152.6	1507.0	1536.1	158.9	190.7	930.1	
辽　宁	607.7	1239.0	832.0	619.5	105.0	340.1	1205.0	
吉　林	4.8	502.0	154.0	88.0		0.8		
黑龙江	53.0	10.0					150.0	
上　海								
江　苏	1971.7	9655.5	4373.5	1441.7	382.5	709.3	4780.2	8.9
浙　江	75.1						630.9	
安　徽	1425.1	2446.9	809.4	172.0	6.6	390.3	3125.7	541.0
福　建	475.7	2455.2	947.1	599.7	60.2	157.4	4796.5	32.2
江　西								
山　东	81.7	164.7	121.0	60.0	13.0	57.3	320.0	
河　南	503.6	300.0	270.0	190.0		11.7	4980.5	
湖　北	395.7	1030.0	250.3	178.5	181.5	253.6	291.1	
湖　南	118.1	256.9	160.0	160.0		1.4	2341.0	
广　东	1755.5	2139.9	1194.2	1158.6	88.9	255.9	7391.3	59.0
广　西	74.1	1490.0	78.2	122.8		74.1		
海　南	454.3	5502.0	986.0	676.0	98.0	423.6	40.0	1.0
重　庆	1360.2	10524.5	4806.2	4256.8	-85.0	486.0	5719.0	559.5
四　川	5185.6	339.0	110.2	68.0	42.2	42.8	1494.5	
贵　州	1407.9	2470.6	1744.0	1067.0	260.9	1247.8	327.7	
云　南	435.3	228.0	95.4	38.9	-6.5	60.0	1916.7	38.7
西　藏	2.7						67.8	
陕　西	498.0	548.7	654.0	287.6	224.0	307.1	1133.0	12.0
甘　肃	97.9	20.0					884.8	
青　海	60.5	78.0	53.0	13.1	4.6	16.7	652.9	
宁　夏	22.6						44.0	
新　疆	1706.4	3205.0	4191.5	2074.2	268.1	1517.1	644.7	

单位：万元

政事业会计制度单位财务指标				执行民间非营利组织会计制度单位财务指标				
收入合计	支出合计	收支结余	行政事业单位增加值	固定资产原价	上年结余	收入合计	费用合计	民间组织单位增加值
25754.7	**24850.8**	**1071.9**	**12355.4**	**9330.9**	**22.0**	**3481.3**	**2925.4**	**614.4**
1073.2	1002.0	51.8	514.2					
1011.9	984.4	27.5	265.5	16.0		3.2	3.2	1.5
491.1	474.0		267.6					
10.0	10.0		4.0					
100.0	98.0		53.0					
2692.1	2700.1	73.0	915.4	3850.6		2698.0	2146.0	347.0
203.8	153.8	30.0	72.1			14.8	3.0	3.0
1661.4	1127.1	487.1	1034.8					
2430.5	2428.1	4.5	318.3					
54.5	54.5		24.4					
1380.3	1314.0	71.3	491.9					
145.0	145.0		125.1	150.0		30.0	30.0	17.0
456.0	456.0		103.7	187.0		23.0	23.0	13.0
3340.7	3126.7	12.0	1499.6	50.0				
33.0	29.0	3.0	30.7					
2788.9	3039.0	224.7	790.2	926.0	21.0	284.0	290.0	84.0
5213.4	5158.4		5139.8	95.0		48.3	14.0	3.0
33.3	40.8		50.3	3854.1	1.0	263.9	312.1	109.8
522.4	385.4	145.0	375.3					
			2.7					
780.0	779.6	12.0	155.9	115.0		91.0	89.0	35.0
965.0	975.0	-70.0	96.8	72.0		15.1	5.1	1.1
23.9	22.0		43.8	0.2				
85.9	84.9		22.6			10.0	10.0	
258.4	263.0		189.3	15.0				

C-81 未登记的

地 区	单位数	年末职工人数	#女 性	火化炉数
全 国	**64**	**666**	**198**	**20**
北 京				
天 津	1	11	1	
河 北	2	33	10	2
山 西	1	5		
内蒙古	1	3	1	
辽 宁				
吉 林	1	1	1	
黑龙江	2	25	6	2
上 海				
江 苏	1	4	1	
浙 江	1	4		
安 徽				
福 建	6	84	14	4
江 西				
山 东				
河 南	1	30	16	3
湖 北				
湖 南	2	5	1	
广 东	4	75	15	2
广 西	2	71	38	
海 南				
重 庆	10	197	59	
四 川	6	24	10	
贵 州				
云 南	3	13	1	3
西 藏				
陕 西	1	5	2	
甘 肃	6	51	7	
青 海	1	3	1	4
宁 夏				
新 疆	12	22	14	

殡葬类单位

单位：具、台、个、人

全年处理遗体数	穴位数	# 本年销售穴位数	安葬数	# 本年安葬数
7582	**135218**	**10458**	**79830**	**8502**
	11801	2306	5817	2014
2049	8172	1478	6247	1229
	25	25	25	25
	412	95	306	95
	2400	10	101	8
1626	400	35		
	1052	111	1052	111
	9871	662	9335	528
1562	5107	801	3998	839
396				
	98			
1342	6098	148	3098	148
	37978	826	20413	894
	35410	3548	28440	2243
	8630	186	636	100
586	254	219	328	262
	7000	8	14	6
	510		20	
21				

C-81 续表

地　区	增加值合计	执行企业会计制度单位财务指标					执行行	
		固定资产原价	营业收入	费用合计	营业利润	企业单位增加值	固定资产原价	上年结余
全　国	**3261.6**	**1842.9**	**1720.6**	**1079.0**	**464.6**	**912.3**	**9465.9**	**229.0**
北　京								
天　津	141.5						1663.0	
河　北	73.7						403.0	3.0
山　西	1.5						37.0	
内蒙古		5.0	1.0	1.0				
辽　宁								
吉　林	21.5						363.0	
黑龙江	78.8						397.0	
上　海								
江　苏	50.4		79.9	33.7	46.2	50.4		
浙　江	10.9						273.0	
安　徽								
福　建	0.5	488.0	120.0	50.0		0.5		
江　西								
山　东								
河　南	7.1	250.0	20.0	13.0		7.1		
湖　北								
湖　南	15.3	4.0					180.0	
广　东	79.3						684.2	
广　西	834.8	1003.0	1399.0	880.0	419.0	834.8		
海　南								
重　庆	1090.0						4558.0	226.0
四　川	23.3	80.9	100.7	101.3	-0.6	19.5	95.0	
贵　州								
云　南	24.7	12.0					543.0	
西　藏								
陕　西	0.1						2.1	
甘　肃	10.1						252.6	
青　海								
宁　夏								
新　疆	25.2						15.0	

单位：万元

政事业会计制度单位财务指标				执行民间非营利组织会计制度单位财务指标				
收入合计	支出合计	收支结余	行政事业单位增加值	固定资产原价	上年结余	收入合计	费用合计	民间组织单位增加值
5978.7	**3819.3**	**2084.6**	**2273.7**	**693.1**	**388.0**	**58.0**	**432.3**	**75.6**
2131.0	443.5	1619.7	141.5					
1532.8	1349.8		73.7					
26.0	26.0		1.5					
10.0	10.0		21.5					
327.0	302.0		78.8					
328.0	328.0		10.9					
25.5	25.5							
8.1	8.1		15.3					
100.0	70.0		79.3	600.0				
1482.1	1243.2	464.9	1038.0		388.0		394.7	52.0
4.2	4.2		3.8			2.0	2.0	
			21.7	93.0		14.0	7.0	3.0
	5.0		0.1					
			10.1					
				0.1				
4.0	4.0		4.6			42.0	28.6	20.6

C-82 殡仪

地　区	单位数	年末职工人数	#女　性	火化炉数	全年处理遗体数	国际运尸数
全　国	**1708**	**44795**	**11647**	**4838**	**4421112**	**404**
北　京	12	748	179	77	77891	154
天　津	11	581	166	60	57389	6
河　北	155	2798	563	336	305106	
山　西	23	455	120	50	19348	2
内蒙古	58	1167	311	120	54984	
辽　宁	76	2775	850	263	245702	2
吉　林	43	1240	311	111	105172	
黑龙江	96	2396	795	219	169081	
上　海	15	1260	327	85	106679	7
江　苏	98	2677	586	481	450257	3
浙　江	74	2004	423	292	288914	19
安　徽	72	1971	622	190	259826	
福　建	61	1786	382	199	151510	15
江　西	82	1519	354	170	99249	
山　东	126	2928	601	422	540641	
河　南	115	3846	1107	302	357991	
湖　北	81	2771	905	251	216396	
湖　南	51	1232	324	96	50171	
广　东	93	4351	944	338	401576	152
广　西	30	808	190	66	51777	10
海　南	3	60	15	6	3453	4
重　庆	33	735	199	100	65846	3
四　川	78	1625	389	209	181319	
贵　州	32	857	316	72	41150	
云　南	42	504	128	84	27819	15
西　藏	2	21	5	5	713	
陕　西	39	852	251	73	44750	
甘　肃	50	330	100	42	12814	
青　海	13	65	22	38	4939	
宁　夏	6	42	14	3	3084	
新　疆	38	391	148	78	25565	12

馆

单位：具、台、个、人

外国人	港澳台	侨 民	穴位数	# 本年销售穴位数	安葬数	# 本年安葬数
253	**81**	**22**	**1001059**	**88315**	**654076**	**112885**
133	3	18	5300	634	5119	634
6			35931	1298	13836	1090
			37912	1701	20576	6413
2						
			50218	5246	36577	10997
2			18190	1271	13456	1456
			12409	3505	11333	4749
			61021	4694	58383	12627
7			245	245	240	240
3			71612	4806	45854	2677
19			52805	6989	36204	6363
			10070	995	7290	1243
9	3	3	33346	2425	35613	5666
			72965	21505	60670	22920
			22395	1867	20676	1839
			29297	4917	21390	5755
			63942	5039	50092	4980
			117291	5220	37335	5494
33	71		67571	2194	23514	2285
7	3		4044	2483	2944	2221
3		1				
3			43019	1508	34287	1537
			77214	945	12085	1310
			13597	260	3123	801
15			38305	1835	24336	1842
			46723	1748	39757	1824
			5112	718	2588	712
			140	4	87	87
11	1		10385	4263	36711	5123

C-82 续表

地　区	增加值合计	执行企业会计制度单位财务指标					执行行	
		固定资产原价	营业收入	费用合计	营业利润	企业单位增加值	固定资产原价	上年结余
全　国	**343867.4**	**160836.5**	**70524.8**	**39063.1**	**10305.1**	**29681.4**	**912086.4**	**18820.4**
北　京	7796.2						34936.4	758.1
天　津	5915.4						14534.2	266.9
河　北	7503.2	503.0	244.0	158.0	-28.0	25.1	41200.0	50.3
山　西	2147.8	600.0	47.6	83.6	-37.0	11.5	9303.8	95.4
内蒙古	4447.1	1259.6	505.8	471.7	23.0	222.3	12525.8	347.2
辽　宁	16747.1	20829.1	4687.2	3563.6	-29.0	1001.7	50316.6	652.6
吉　林	5197.4	950.0	720.0	372.0		230.4	18490.4	12.0
黑龙江	16045.5	6114.0	1114.3	669.3		504.4	82681.0	54.7
上　海	14744.6	46118.4	34052.2	12568.9	8022.4	14744.7		
江　苏	23526.0	5617.0	1638.0	668.6	431.1	655.9	78342.4	2235.9
浙　江	19161.6	2991.1	1845.1	1225.9	28.1	857.9	64189.0	299.2
安　徽	7846.1	1705.0	673.7	335.2		215.5	23162.6	890.6
福　建	6846.6	21482.5	9564.9	7344.4	-45.5	3249.3	21102.5	525.6
江　西	4787.3						23416.2	1481.3
山　东	15315.2	620.0	131.4	134.4		90.2	54469.8	2191.1
河　南	6783.3	3489.7	1419.8	1017.6	101.6	224.2	40173.6	265.5
湖　北	8062.9	873.2	127.0	55.9	83.3	100.8	45025.0	69.6
湖　南	4542.4	7287.1	1380.6	1309.3	30.6	569.9	19795.4	156.6
广　东	37523.4	5100.4	1389.5	616.1	162.0	313.1	136376.7	3912.2
广　西	6505.3	3158.0	216.6	228.2	1.3	156.3	17593.5	456.8
海　南	140.2						347.0	2.0
重　庆	4492.6	4364.7	690.5	666.2	-138.4	30.6	20226.4	395.5
四　川	103223.7	8267.6	2477.2	1375.0	238.2	1773.0	35950.8	2920.6
贵　州	2343.4	11296.9	2673.8	2335.8	122.1	585.4	12877.4	64.5
云　南	3306.9	105.9					12183.5	631.9
西　藏	188.2						1461.4	54.9
陕　西	4535.1	5818.0	3663.0	3240.0	1284.0	3000.4	4290.2	4.3
甘　肃	2225.4						23338.5	
青　海	499.9	631.0	195.0		31.2	31.2	1268.4	
宁　夏	223.6						576.7	0.1
新　疆	2994.0	1654.3	1067.6	623.4	24.1	1087.7	11931.2	25.0

单位：万元

政事业会计制度单位财务指标				执行民间非营利组织会计制度单位财务指标				
收入合计	支出合计	收支结余	行政事业单位增加值	固定资产原价	上年结余	收入合计	费用合计	民间组织单位增加值
629634.2	**575648.6**	**23904.4**	**313798.8**	**4455.8**	**5.3**	**1234.2**	**1170.6**	**387.0**
19619.4	19315.5	398.9	7796.2					
12526.2	11875.2	473.0	5915.4					
17459.8	16486.6	141.3	7478.1					
9866.9	8114.4	117.7	2136.3	31.4		37.8	37.8	
10124.3	9136.6	349.5	4224.8					
33066.1	30951.3	2153.3	15745.4					
8568.1	8473.0	159.7	4967.0					
20316.1	20071.3	-28.6	15541.0					
44447.6	40427.4	4766.0	22656.6	1510.0		574.0	574.0	213.5
45931.3	41461.0	3559.4	18303.7			48.0		
17921.8	15737.0	824.5	7630.6					
12642.9	10767.6	1021.0	3597.4					
12752.8	12587.6	1544.8	4787.3					
33766.6	35010.7	379.9	15225.0					
15898.9	15282.0	451.4	6559.0					
23112.1	21416.2	466.1	7937.1	150.0		30.0	30.0	25.0
12684.3	12662.4	192.3	3972.5	20.0		5.0	5.0	
103050.1	74671.8	2932.0	37210.3					
10284.6	8844.3	1614.8	6349.0					
245.0	242.0	7.0	140.2					
9821.3	9662.7	31.7	4378.0	926.0		263.0	266.0	84.0
131411.4	129873.2	1303.1	101450.7			28.0	3.0	
3737.9	3249.7	97.6	1708.0	1674.1	1.0	214.9	237.3	50.0
6850.9	6431.6	752.2	3303.9	113.0	4.3	14.0	7.0	3.0
251.5	280.9	25.5	185.2					3.0
2926.1	2924.0	35.9	1534.7					
3472.5	3066.6	14.8	2224.9	31.0		2.5	2.5	0.5
642.6	457.7		468.7	0.3				
431.4	449.1	18.1	223.6					
5803.7	5719.2	101.5	1898.3			17.0	8.0	8.0

C−83 公

地 区	单位数	年末职工人数	# 女 性	穴位数	# 本年销售穴位数	安葬数	# 本年安葬数
全 国	**1162**	**20807**	**7026**	**8274931**	**350098**	**5578232**	**419911**
北 京	24	1301	390	490040	23098	357194	23792
天 津	7	253	99	149485	9498	162898	10863
河 北	16	340	138	240070	5712	47223	5762
山 西	6	33	11	26191	1560	14820	2223
内蒙古	33	454	131	138178	4442	102850	10805
辽 宁	48	1155	347	299704	26033	235679	22698
吉 林	9	105	46	24561	2502	13391	2622
黑龙江	34	470	123	78821	9208	64943	9543
上 海	51	2044	953	1489139	25117	981293	75176
江 苏	138	2254	739	1194672	56107	833385	53090
浙 江	83	885	235	745683	28496	633448	29898
安 徽	72	754	266	154898	15667	132999	14502
福 建	24	416	86	166613	5500	32528	4995
江 西	9	205	46	5696	983	3743	1035
山 东	33	486	178	136978	7006	86223	7253
河 南	45	939	249	137688	6265	79195	6064
湖 北	36	455	145	642141	13756	456667	15348
湖 南	28	396	143	51644	3107	18472	2964
广 东	70	1283	390	439738	23022	260846	22968
广 西	21	478	176	160372	10470	110263	8964
海 南	8	237	42	73086	1206	31546	1136
重 庆	54	897	366	204294	13180	120651	11426
四 川	99	1202	479	558705	13243	300550	30462
贵 州	46	1618	556	160362	6867	59616	12439
云 南	27	226	71	189696	8868	43979	5293
西 藏	1	1	1			12	2
陕 西	37	927	282	141160	9272	132931	11436
甘 肃	27	214	55	17594	1682	10112	1518
青 海	6	54	16	3163	294	1494	106
宁 夏	12	86	18	47980	2188	43226	1641
新 疆	58	639	249	106579	15749	206055	13887

墓

单位：个、人、万元

增加值合计	执行企业会计制度单位财务指标				
	固定资产原价	营业收入	费用合计	营业利润	企业单位增加值
134552.7	**281597.8**	**225267.6**	**111762.7**	**52330.6**	**78901.2**
9905.2	7415.7	15404.8	5805.7	1563.7	3129.8
4739.3	4805.0	6238.0	2092.0	2813.0	3074.9
683.6	972.0	279.8	253.6	12.0	50.9
354.4	2.4				
1314.5	887.6	1488.0	1537.1	158.9	172.7
8467.2	14571.6	14273.0	4106.8	1839.6	3525.5
373.7	7.0				
2595.0	4941.0	3519.2	2239.0	900.1	1497.5
37263.6	70913.9	78951.8	36325.2	32544.1	37263.6
9759.0	18746.9	15852.8	8892.5	2810.8	4789.4
6433.5	37918.8	17057.6	9849.9	1997.3	3394.4
4128.8	4763.5	2453.9	1331.4	205.6	1076.8
1276.7	9341.4	4497.8	1580.6	640.4	1108.1
294.1					
2303.7	3186.9	1703.7	1310.9	96.9	471.4
1910.8	5610.9	2705.7	1727.8	165.2	712.6
6454.0	1705.0	390.3	401.6	86.2	344.3
871.8	564.2	518.0	540.9	46.0	168.2
9166.1	36589.4	17850.3	6867.8	1967.4	3918.7
3745.7	5934.1	6947.0	3767.8	1216.5	2643.5
1124.4	6332.7	2336.5	1451.3	591.0	983.9
2784.1	11227.9	4301.3	3735.3	10.2	530.6
4287.4	11481.8	3287.1	3344.7	-56.3	1699.2
5400.3	8814.0	11694.9	5457.7	2131.7	4894.3
509.1	6462.2	1129.1	470.1	-171.0	162.9
2.7					
2027.9	4489.8	7709.3	6223.3	423.8	1684.0
349.0	669.1	433.2	362.2	64.8	70.1
66.1	78.0	53.0	13.1	4.6	16.7
426.9					
5230.2	3165.0	4191.5	2074.4	268.1	1517.1

C-83续表

地区	执行行政事业会计制度单位财务指标				
	固定资产原价	上年结余	收入合计	支出合计	收支结余
全国	**160841.8**	**9491.5**	**195378.9**	**178187.3**	**15271.9**
北京	18004.0	1048.1	36912.0	35607.4	316.4
天津	4706.0	-22.0	8307.0	6535.5	1704.7
河北	3194.9	11.3	2948.2	2751.3	12.7
山西	1388.3	120.5	3541.1	2517.4	14.4
内蒙古	1775.9	11.8	2661.6	2365.7	340.8
辽宁	9276.3	49.1	20263.3	18345.6	659.2
吉林	1500.0		4217.0	2217.0	
黑龙江	4669.2	4.0	5357.1	4524.0	185.4
上海					
江苏	7711.7	1812.3	16985.1	15980.3	2236.7
浙江	12736.5	239.1	9670.3	8430.1	1251.5
安徽	8256.3	709.4	10085.5	8028.0	979.2
福建	155.1	26.9	1920.0	1475.9	115.1
江西	2777.7	102.2	1793.3	1795.3	-2.0
山东	8354.8	191.4	6318.3	6176.2	291.0
河南	3669.2	1293.9	2697.1	2946.6	44.3
湖北	9910.1	62.5	13095.3	11959.0	1045.7
湖南	5105.6	7.8	2103.6	1961.8	48.0
广东	21104.0	493.6	16182.4	15463.4	1368.7
广西	1803.5		3468.4	4526.1	191.2
海南	37.0		247.0	153.0	94.0
重庆	11626.5	785.5	5304.4	5111.8	905.6
四川	11453.0	124.5	8528.3	7853.5	441.4
贵州	2800.2	28.4	1113.4	753.3	69.7
云南	1605.7	114.6	821.5	834.3	21.8
西藏	67.8				
陕西	2148.7	-81.0	1519.4	1500.4	62.9
甘肃	1468.6		1149.0	1179.0	-72.0
青海	167.5		49.0	49.0	
宁夏	1706.8	357.3	2262.8	2283.6	-36.5
新疆	1660.9	2000.3	5857.5	4862.8	2982.0

单位：万元

行政事业单位增加值	执行民间非营利组织会计制度单位财务指标				
	固定资产原价	上年结余	收入合计	费用合计	民间组织单位增加值
55417.0	**11785.3**	**539.0**	**5241.7**	**5451.9**	**234.5**
6775.4					
1664.4					
632.7					
354.4					
1140.3	16.0		3.2	3.2	1.5
4941.7	135.7		314.0	314.0	
373.7					
1097.5					
4592.2	3979.6		2901.0	2349.0	377.4
3036.1			14.8	3.0	3.0
3052.0					
168.6					
294.1					
1832.3					
1198.2					
6092.7	150.0		30.0	30.0	17.0
690.6	167.0		18.0	18.0	13.0
5247.4	650.0				
1102.2					
140.5					
2201.5		409.0	21.0	418.7	52.0
2921.0	3956.0	130.0	1753.3	2127.5	-332.8
438.2	2560.0		71.7	85.8	67.8
346.2					
2.7					
308.9	115.0		91.0	89.0	35.0
278.3	41.0		12.6	2.6	0.6
49.4					
426.9			10.0	10.0	
3713.1	15.0		1.1	1.1	

C-84 殡葬管

地　区	单位数	年末职工人数	#女　性	增加值合计
全　国	**799**	**7625**	**2097**	**34414**
北　京	5	164	67	4393
天　津	8	132	40	1036
河　北	18	301	75	1072
山　西	11	83	33	238
内蒙古	27	294	82	600
辽　宁	50	380	98	887
吉　林	29	231	65	559
黑龙江	14	305	145	1704
上　海	11	46	13	1517
江　苏	38	219	60	493
浙　江	51	289	58	1856
安　徽	30	240	61	754
福　建	59	653	157	1952
江　西	11	140	35	639
山　东	6	36	8	219
河　南	77	1080	307	1112
湖　北	8	85	32	511
湖　南	35	273	70	793
广　东	70	1024	200	10272
广　西	16	183	39	621
海　南	4	51	12	947
重　庆	21	155	61	522
四　川	50	406	136	756
贵　州	24	177	42	484
云　南	32	132	34	200
西　藏				
陕　西	23	228	68	842
甘　肃	9	71	19	106
青　海	1	4	1	9
宁　夏	10	37	11	93
新　疆	51	206	68	668

理单位

单位：人、个、万元

执行企业会计制度单位财务指标				
固定资产原价	营业收入	费用合计	营业利润	企业单位增加值
8936	**2342**	**1092**	**909**	**1357**
2				
226				
420	120			1
650				
342	990	574	418	457
5134	300	242	181	307
10				
504	269	165	51	141
1618	663	112	260	446
30				
				5

C-84 续表

地　区	执行行政事业会计制度单位财务指标				
	固定资产原价	上年结余	收入合计	支出合计	收支结余
全　国	**120973.9**	**2619.6**	**71140.5**	**69237.2**	**4450.8**
北　京	18090.0		7468.6	8216.1	-747.5
天　津	1448.3	8.8	9743.2	9940.2	-194.2
河　北	6262.3	1004.0	3528.9	3183.0	271.1
山　西	354.8	2.0	335.9	333.9	2.0
内蒙古	1740.7	2.7	809.6	780.5	29.5
辽　宁	1295.7		1309.2	1293.5	27.7
吉　林	211.0		1378.3	1341.3	72.2
黑龙江	3087.0	0.8	3205.9	3018.7	196.6
上　海	962.4	282.1	2964.5	2774.8	998.9
江　苏	1784.8	-128.2	2346.9	3649.3	-1097.6
浙　江	3588.0	130.5	3570.5	3320.8	226.3
安　徽	992.6	6.2	1811.1	1821.1	38.6
福　建	5455.4	133.4	4355.2	4176.5	207.4
江　西	1600.8	7.7	987.9	938.6	-2.0
山　东	975.7		299.5	214.3	85.2
河　南	944.5	27.7	2165.2	2210.1	9.9
湖　北	1253.5		680.0	680.0	
湖　南	2819.4		889.2	868.4	
广　东	52660.2	612.3	14826.4	12292.9	3984.4
广　西	1575.9	121.7	1086.9	1062.9	14.6
海　南	3569.8	130.0	720.0	656.8	191.1
重　庆	535.8		1030.5	995.6	11.9
四　川	1672.1	6.0	1228.3	1198.2	20.8
贵　州	1790.0	61.4	825.6	823.5	58.5
云　南	898.1	165.9	517.0	409.7	
西　藏					
陕　西	1319.0		641.0	598.6	32.0
甘　肃	151.2		217.9	210.9	7.0
青　海	14.9		9.9	9.9	
宁　夏	329.7	43.7	119.5	151.7	4.8
新　疆	3590.3	0.9	2067.9	2065.4	1.6

单位：万元

行政事业单位增加值	执行民间非营利组织会计制度单位财务指标				
	固定资产原价	上年结余	收入合计	费用合计	民间组织单位增加值
33044.4	**115.6**	**4.6**	**68.2**	**48.8**	**12.6**
4392.6					
1036.1					
1072.0					
237.5					
600.1					
887.1					
558.5					
1702.6					
1516.8					
493.2					
1855.8					
754.0					
1495.3					
639.1					
218.9					
1111.5	36.0		20.0	20.0	
510.7					
486.1	45.0		3.2	3.2	
10272.4	34.6	4.6	15.0		
620.8					
946.8					
381.0					
755.8			5.0	5.0	
483.8					
199.5					
395.6					
105.5					
9.3					
93.2					
650.3			25.0	20.6	12.6

C–85 福利彩票

地　区	单位数	年末职工人数	#女　性	增加值合计
全　国	**985**	**7159**	**2887**	**121909.1**
中央级	1	113	31	8088.1
北　京	19	143	51	5681.1
天　津	9	67	24	2599.9
河　北	17	189	66	12541.4
山　西	23	223	96	1802.0
内蒙古	16	173	69	1334.7
辽　宁	22	310	104	4152.4
吉　林	58	302	128	2649.3
黑龙江	23	160	65	4650.6
上　海	18	73	29	1075.4
江　苏	81	508	209	3963.1
浙　江	70	321	139	5780.6
安　徽	41	414	196	4296.5
福　建	17	156	69	1754.8
江　西	54	211	83	1777.5
山　东	19	621	234	11080.1
河　南	79	557	216	13347.9
湖　北	49	224	82	4507.8
湖　南	103	514	229	3257.7
广　东	72	567	244	10664.8
广　西	57	358	162	1417.9
海　南	3	41	18	140.7
重　庆	1	109	23	2680.0
四　川	12	104	44	4433.9
贵　州	10	101	45	756.3
云　南	20	79	30	4227.6
西　藏	1	19	7	172.3
陕　西	43	178	71	925.5
甘　肃	15	88	33	1140.3
青　海	1	15	8	234.8
宁　夏	4	47	17	1881.5
新　疆	27	174	65	3554.8

发行单位

单位：个、人、万元

执行行政事业会计制度单位财务指标					
固定资产原价	上年结余	收入合计	支出合计	收支结余	行政事业单位增加值
324452.1	**34398.9**	**661148.7**	**603935.6**	**65080.1**	**121909.1**
38647.4	-7721.0	33656.0	33342.9	4779.2	8088.1
21992.0	3377.0	31943.4	31083.9	3824.4	5681.1
3604.8	33.5	7493.9	5504.0	2023.4	2599.9
8604.4	9425.3	26119.6	24583.5	10944.3	12541.4
7690.8	275.8	13985.9	13286.2	354.7	1802.0
5602.2	115.5	3044.4	3051.6	600.6	1334.7
12586.9	518.1	15025.7	13954.9	1181.0	4152.4
11791.1	4199.8	22495.1	21208.8	423.6	2649.3
4480.2	834.1	5724.6	2404.2	3585.1	4650.6
23160.1	46.8	30070.9	29695.3	100.6	1075.4
16548.4	-270.0	17047.2	15232.2	1586.9	3963.1
7294.7	1643.5	40468.0	36673.4	3928.1	5780.6
6440.5	1105.7	20759.1	17770.2	2727.8	4296.5
8133.4	467.9	12033.4	11416.6	625.2	1754.8
10416.4	1617.6	7415.1	6380.2	1031.1	1777.5
23853.8	2172.7	79255.5	77113.5	4400.3	11080.1
5599.2	5295.7	23635.9	19505.2	4330.7	13347.9
12321.7	148.1	38800.8	37265.5	1579.1	4507.8
10499.6	803.9	29534.9	25955.6	1288.9	3257.7
22208.5	4414.3	54994.6	46540.7	3419.1	10664.8
19779.0	-82.7	21157.8	20150.0	834.7	1417.9
246.1	57.3	2326.1	2254.8	3.3	140.7
8896.4	2238.0	17471.5	16670.5	801.0	2680.0
7588.7	2963.7	26654.7	23378.4	3276.1	4433.9
6662.2		11102.3	8751.7		756.3
4323.6	15.8	23518.0	20662.2	2864.8	4227.6
474.7	6.7	1085.1	1026.7	57.2	172.3
1264.6	149.9	4747.9	4358.2	379.2	925.5
3917.9	1.0	9956.3	9279.4	676.8	1140.3
755.8		3866.4	3120.6		234.8
1992.2	249.6	5393.9	4071.1	1322.7	1881.5
7074.8	295.3	20364.7	18243.6	2130.2	3554.8

C-86 老龄事业

地　区	单位数	年末职工人数	#女　性	增加值合计
全　国	**2303**	**8354**	**3418**	**22975.4**
北　京	19	148	63	828.0
天　津	15	62	30	347.8
河　北	81	212	80	215.9
山　西	139	713	216	483.0
内蒙古	29	85	37	619.2
辽　宁	53	178	74	352.8
吉　林	32	147	66	286.0
黑龙江	123	421	203	1991.9
上　海	15	115	59	1038.6
江　苏	94	318	116	1723.0
浙　江	50	197	77	1342.1
安　徽	86	197	71	297.5
福　建	47	139	52	489.7
江　西	110	367	156	292.0
山　东	101	688	220	2672.8
河　南	83	277	132	153.0
湖　北	72	318	120	695.8
湖　南	119	354	146	616.4
广　东	101	267	98	986.6
广　西	91	257	111	522.2
海　南				
重　庆	41	139	70	608.8
四　川	139	414	196	773.3
贵　州	95	313	145	1359.0
云　南	67	247	86	612.9
西　藏				
陕　西	99	524	223	1219.9
甘　肃	126	495	173	777.4
青　海	28	49	32	54.4
宁　夏	22	87	42	205.0
新　疆	226	626	324	1720.3

情况总表

单位：个、人、万元

执行行政事业会计制度单位财务指标					
固定资产原价	上年结余	收入合计	支出合计	收支结余	行政事业单位增加值
63237.9	**2159.5**	**98445.0**	**75437.6**	**2251.4**	**22975.4**
631.5	228.6	1864.1	1903.1	120.5	828.0
148.7	31.3	720.0	716.0	33.5	347.8
357.4		551.3	557.8	-6.7	215.9
594.5	54.0	1039.4	1010.4	22.6	483.0
126.1	19.0	882.9	840.8	7.4	619.2
177.8		963.5	964.6	1.9	352.8
617.3	3.0	488.9	529.7	2.0	286.0
2915.1	120.2	5665.2	5761.3		1991.9
2977.6	347.7	4186.1	3236.1	592.4	1038.6
2711.4	11.2	2784.5	2826.2	21.0	1723.0
3801.4	151.2	3655.6	3498.9	395.3	1342.1
387.2	17.5	976.2	966.5	23.2	297.5
381.2	150.0	891.0	880.3	315.7	489.7
620.4	14.6	766.3	784.6	2.1	292.0
3515.2	50.6	3177.3	3588.8	50.6	2672.8
180.6	3.9	475.2	466.9	5.8	153.0
1301.3	3.5	1520.7	1497.2	20.5	695.8
785.2	0.5	1355.7	1364.8	6.4	616.4
956.0	49.2	2142.3	2044.3	210.2	986.6
439.5	31.0	1189.3	1220.0	11.7	522.2
788.1	147.1	1217.8	1219.4	85.3	608.8
1268.0	0.1	2508.4	2299.0	114.1	773.3
20888.6	93.9	29083.8	29154.4	5.9	1359.0
2891.4	58.8	23486.4	1223.8	49.5	612.9
1389.0	46.8	2427.0	2476.5	24.2	1219.9
1340.6	19.2	1194.4	1200.2	3.0	777.4
308.2	1.0	81.8	79.8	3.0	54.4
163.9	28.2	537.0	537.1	36.2	205.0
10574.7	477.4	2612.9	2589.1	94.1	1720.3

C-86 续表 1

地　区	老龄事业			
	老年维权			
	老龄系统接待来信来访次数	老年法律援助中心	涉老案件数	维权协调组织数
全　国	**448826**	**16493**	**68793**	**95734**
北　京	41273	31	463	4108
天　津	1929	192	6952	2012
河　北	4696	807	1920	2746
山　西	5814	382	1373	2161
内蒙古	1025	95	420	334
辽　宁	10039	509	1645	3087
吉　林	928	489	2922	419
黑龙江	7734	819	2835	1225
上　海	40195	64	5962	2658
江　苏	26122	1229	3490	6060
浙　江	25986	411	1892	4233
安　徽	13163	533	2712	2818
福　建	10448	449	3768	1990
江　西	5702	584	989	16697
山　东	9251	828	3723	7580
河　南	17393	788	2235	1971
湖　北	13763	669	1632	5017
湖　南	40133	709	3759	5694
广　东	42029	849	1287	1373
广　西	13953	364	2098	1317
海　南	1457	16	331	186
重　庆	16409	658	2324	2042
四　川	24014	1276	3561	7844
贵　州	10362	670	954	1337
云　南	18146	1658	4578	4195
西　藏	2	1	2	1
陕　西	6159	399	970	1865
甘　肃	5480	304	976	1774
青　海	68	54	88	163
宁　夏	5484	65	640	605
新　疆	29669	591	2292	2222

单位：个、人、张

发展情况

老年活动设施		享受高龄补贴的老年人数	老年医疗护理机构		
老年活动站／中心／室数	老年人参与人数		老年医院数	床位数	老年临终关怀医院数
376768	**63186618**	**2470809**	**9543**	**98732**	**981**
5986	793259	16354	20	3171	3
2543	402700	10232	31	1666	1
9505	732644	54208	226	5343	39
11821	942423	116969	266	5790	68
1616	264563	38214	4	210	11
5769	832253	24783	92	4507	10
4023	184159	702	109	1886	11
5720	406797	6121	336	2458	145
5336	286582	61527	14	940	1
14630	2070562	120045	128	5600	41
29564	31556935	541188	32	1924	4
5216	619987	18604	105	2935	7
14184	1844391	141367	38	827	4
13369	1491145	16904	61	4026	23
57610	2851532	819029	163	6205	59
21340	1874594	36396	256	6835	52
15100	1350585	3047	3267	8221	41
17729	1560778	48522	185	8716	73
11242	2266330	79976	113	4304	30
6996	1065824	4213	8	216	1
708	159277	2305			
5063	1005809	31120	76	1561	58
79825	2545809	66284	3553	13943	157
4305	1244043	55413	80	905	7
10657	1689783	78444	44	755	56
11	2295	5668			
3749	494768	32627	162	1652	27
5536	1041239	25048	74	1097	28
676	75783	9912			
749	225912	1177	12	782	2
6190	1303857	4410	88	2257	22

C-86 续表 2

地　区	老龄事业						
	老年医疗护理机构		老年人协会个数	参加人数	村、居老年人协会	参加人数	乡、街道老年人协会
	床位数	年底在院人数					
全　国	**25823**	**14152**	**519094**	**38661977**	**427070**	**27295716**	**30837**
北　京	310	210	6147	432948	6103	419120	42
天　津	30	16	4061	545436	3709	299112	242
河　北	366	124	36435	830792	9819	340342	1152
山　西	2966	955	12166	749657	11216	612914	722
内蒙古	127	43	1252	146380	945	31870	229
辽　宁	268	174	8689	825679	6986	567615	1021
吉　林	186	90	4568	194563	3368	117340	574
黑龙江	3059	1363	6526	456638	4478	275433	936
上　海	120	139	1793	162702	1609	132279	167
江　苏	2111	1310	21016	3332428	18949	2449857	1289
浙　江	305	302	30604	4865445	27066	4160004	774
安　徽	175	140	9281	802522	7772	569788	519
福　建	328	110	40937	2437183	39675	2017832	582
江　西	423	165	11729	1207404	9870	852664	1245
山　东	1021	818	81939	1958116	76801	1560235	1915
河　南	1931	1208	27582	2022250	20837	1187450	1679
湖　北	838	153	12546	1082283	9664	602752	1209
湖　南	1945	2111	37231	2704972	28423	1898189	2175
广　东	2016	957	15877	2727869	14040	2243326	1102
广　西	2	33	10787	1464365	8688	984132	1280
海　南			564	46657	405	30794	123
重　庆	818	679	7208	1314242	5510	835709	928
四　川	803	555	45799	2612857	41785	1389832	3401
贵　州	2285	582	13424	689850	11460	527377	977
云　南	715	920	15970	1748267	10941	1191290	1168
西　藏			2	1529			
陕　西	1219	781	14134	913039	11710	505853	1472
甘　肃	311	101	29906	1297056	25721	726559	2993
青　海			4222	421828	4180	408673	31
宁　夏	48	31	2107	334122	1785	236377	235
新　疆	1097	82	4592	332898	3555	120998	655

单位：个、人

发展情况								
参加人数	县、市老年人协会	参加人数	老年基金会	事业投入经费	其他老年社团组织	参加人数	老年学校：老年学校个数	老年学校：在校人数
5926955	**7694**	**1959586**	**991**	**192487**	**52860**	**4575958**	**50811**	**4422159**
8322	2	5506			5753	231305	3119	316962
88414	8	29615	3	997	1086	109695	371	145314
226943	204	119291	6	10035	303	88637	605	60906
84611	185	26244	502	312	561	125884	1312	108216
92736	44	20493			34	5095	40	4090
144515	112	55757	6	29	1628	121821	324	56981
49504	124	11105	16	98	137	24647	779	55179
142750	74	32284	3	362	169	59173	679	42660
27773	6	550	7	863	11	255720	1159	249002
497335	120	105274	20	638	6083	885554	3925	490250
202477	74	94974	19	3610	563	155243	10032	397151
51873	114	18509	1	197	336	47895	5652	78763
149932	80	16237	48	41040	3158	391217	7998	639863
195272	385	135756	38	105	1455	102561	1002	73495
182056	513	80969	79	1526	2934	185480	3159	388754
518155	383	35131	20	26	1754	70028	2276	168377
149428	516	128169	8	101	1540	146076	623	148828
371505	743	138147	27	324	994	161574	586	102155
241450	248	59300	2		794	60561	756	107123
321343	228	58873	2	1	1069	116811	695	60481
6735	31	4101			193	16624	3	565
363085	453	101098	3	208	983	237375	479	102243
832996	506	239851	28	100726	614	375588	1471	278276
71373	887	59098	1		1376	24292	515	48335
184334	727	152972	75	30800	16752	153159	2155	101759
	2	1529						
186682	149	34994	5	80	1422	43777	280	47314
372280	485	130507	2	312	577	346478	158	82149
11928	9	1040			115	9200	6	1500
31396	60	8369	1	92	69	1656	153	11461
119752	222	53843	69	6	397	22832	499	54007

C-87 在编制部门登

地　区	单位数	年末职工人数	#女　性	增加值合计
全　国	**2068**	**7834**	**3214**	**22525.2**
北　京	19	148	63	828.0
天　津	15	62	30	347.8
河　北	53	162	60	205.6
山　西	136	704	212	481.9
内蒙古	29	85	37	619.2
辽　宁	45	162	73	351.3
吉　林	32	147	66	286.0
黑龙江	103	395	183	1982.5
上　海	15	115	59	1038.6
江　苏	88	303	113	1687.3
浙　江	49	196	76	1342.1
安　徽	83	192	69	296.5
福　建	44	128	51	366.2
江　西	110	367	156	292.0
山　东	101	688	220	2672.8
河　南	70	216	101	142.6
湖　北	70	303	113	652.2
湖　南	106	315	132	593.8
广　东	97	259	96	986.2
广　西	66	221	94	504.3
海　南				
重　庆	41	139	70	608.8
四　川	135	406	193	765.5
贵　州	95	313	145	1359.0
云　南	45	187	72	582.7
西　藏				
陕　西	95	499	217	1047.7
甘　肃	101	449	164	766.6
青　海	6	14	8	44.4
宁　夏	20	81	40	205.0
新　疆	199	578	301	1681.4

记的老龄单位

单位：个、人、万元

执行行政事业会计制度单位财务指标					
固定资产原价	上年结余	收入合计	支出合计	收支结余	行政事业单位增加值
62207.7	**2051.6**	**97595.9**	**74494.9**	**2130.3**	**22525.2**
631.5	228.6	1864.1	1903.1	120.5	828.0
148.7	31.3	720.0	716.0	33.5	347.8
311.4		522.3	528.8	-6.7	205.6
591.5	54.0	1036.9	1007.9	22.6	481.9
126.1	19.0	882.9	840.8	7.4	619.2
177.8		936.6	937.7	1.9	351.3
617.3	3.0	488.9	529.7	2.0	286.0
2907.3	120.2	5636.2	5730.7		1982.5
2977.6	347.7	4186.1	3236.1	592.4	1038.6
2701.4	11.2	2675.5	2727.2	21.0	1687.3
3801.4	151.2	3654.8	3498.1	395.3	1342.1
387.2	17.5	973.1	964.0	23.2	296.5
358.0	53.4	869.2	858.2	196.2	366.2
620.4	14.6	766.3	784.6	2.1	292.0
3515.2	50.6	3177.3	3588.8	50.6	2672.8
125.1	3.9	450.0	442.7	5.8	142.6
1236.3	3.5	1457.7	1434.2	20.5	652.2
774.9	0.5	1304.8	1313.9	6.4	593.8
945.0	49.2	2140.3	2042.3	210.2	986.2
420.7	20.7	1145.2	1166.4	10.1	504.3
788.1	147.1	1217.8	1219.4	85.3	608.8
1220.9	0.1	2492.4	2283.0	114.1	765.5
20888.6	93.9	29083.8	29154.4	5.9	1359.0
2846.9	58.8	23442.8	1156.8	49.5	582.7
1255.0	46.8	2066.0	2086.5	24.2	1047.7
1071.6	19.2	1194.4	1200.2	3.0	766.6
58.2		71.8	68.8	3.0	44.4
163.9	28.2	528.8	528.9	36.2	205.0
10539.7	477.4	2609.9	2545.7	94.1	1681.4

C-88 在民政部门

地区	单位数	年末职工人数	#女性	增加值合计
全国	**153**	**366**	**146**	**361.1**
北京				
天津				
河北	5	9	4	2.1
山西	1	2	1	0.1
内蒙古				
辽宁	2	2		1.5
吉林				
黑龙江	19	24	19	9.4
上海				
江苏	4	10	2	35.7
浙江				
安徽	3	5	2	1.0
福建	2	3	1	1.0
江西				
山东				
河南	5	49	24	3.8
湖北	2	15	7	43.6
湖南	10	30	10	2.6
广东	4	8	2	0.4
广西				
海南				
重庆				
四川	3	7	2	7.8
贵州				
云南	21	58	14	27.4
西藏				
陕西	2	22	5	167.5
甘肃	25	46	9	10.8
青海	17	23	19	9.6
宁夏	2	6	2	
新疆	26	47	23	36.9

登记的老龄单位

单位：个、人、万元

执行行政事业会计制度单位财务指标					
固定资产原价	上年结余	收入合计	支出合计	收支结余	行政事业单位增加值
912.1	**1.0**	**663.6**	**744.1**		**361.1**
3.0		5.0	5.0		2.1
2.0					0.1
		6.0	6.0		1.5
7.8		9.0	10.6		9.4
10.0		99.8	89.8		35.7
		3.1	2.5		1.0
		12.3	12.3		1.0
45.5		10.2	10.2		3.8
65.0		63.0	63.0		43.6
10.3		27.9	27.9		2.6
11.0		2.0	2.0		0.4
46.0		16.0	16.0		7.8
44.5		43.6	62.7		27.4
124.0		347.5	376.5		167.5
269.0					10.8
239.0	1.0	10.0	11.0		9.6
		8.2	8.2		
35.0			40.4		36.9

C-89 未登记的

地 区	单位数	年末职工人数	#女 性	增加值合计
全 国	**82**	**154**	**58**	**89.1**
北 京				
天 津				
河 北	23	41	16	8.2
山 西	2	7	3	1.0
内蒙古				
辽 宁	6	14	1	
吉 林				
黑龙江	1	2	1	
上 海				
江 苏	2	5	1	
浙 江	1	1	1	
安 徽				
福 建	1	8		122.5
江 西				
山 东				
河 南	8	12	7	6.6
湖 北				
湖 南	3	9	4	20.0
广 东				
广 西	25	36	17	17.9
海 南				
重 庆				
四 川	1	1	1	
贵 州				
云 南	1	2		2.8
西 藏				
陕 西	2	3	1	4.7
甘 肃				
青 海	5	12	5	0.4
宁 夏				
新 疆	1	1		2.0

老龄单位

单位：个、人、万元

执行行政事业会计制度单位财务指标					
固定资产原价	上年结余	收入合计	支出合计	收支结余	行政事业单位增加值
118.1	**106.9**	**185.5**	**198.6**	**121.1**	**89.1**
43.0		24.0	24.0		8.2
1.0		2.5	2.5		1.0
		20.9	20.9		
		20.0	20.0		
		9.2	9.2		
		0.8	0.8		
23.2	96.6	9.5	9.8	119.5	122.5
10.0		15.0	14.0		6.6
		23.0	23.0		20.0
18.8	10.3	44.1	53.6	1.6	17.9
1.1					
			4.3		2.8
10.0		13.5	13.5		4.7
11.0					0.4
		3.0	3.0		2.0

C-90 其他事业

地　区	单位数	年末职工人数		增加值合计	执行企业会计制度		
			#女　性		固定资产原价	营业收入	费用合计
全　国	**2957**	**26191**	**11169**	**121875.5**	**40666.5**	**17149.6**	**10336.0**
中央级	32	1138	482	22090.1	38250.9	16279.6	9650.1
北　京	100	1086	436	10497.0	676.4	424.5	173.2
天　津	26	258	108	1199.3	644.0	109.0	70.0
河　北	54	381	181	804.7			
山　西	139	1038	500	1783.3		12.0	
内蒙古	29	375	196	1122.6			
辽　宁	103	824	381	1127.0	361.0	25.0	49.0
吉　林	178	1146	408	1499.7			
黑龙江	137	2261	660	9668.6			
上　海	41	778	422	7346.2			
江　苏	77	483	197	3209.0			
浙　江	238	1031	481	8175.9	17.6		48.9
安　徽	91	381	128	1127.1			
福　建	89	442	206	1314.9			
江　西	228	2291	940	3442.4			
山　东	71	514	214	1784.3			
河　南	246	3385	1461	6884.8	554.7	297.5	342.8
湖　北	122	1119	537	6224.7	102.0	2.0	2.0
湖　南	237	1576	747	7900.7			
广　东	109	1761	819	9032.2			
广　西	73	390	194	1405.3	54.0		
海　南	21	93	49	236.0			
重　庆	33	197	91	498.7			
四　川	169	701	264	7521.9	1.9		
贵　州	87	879	331	3356.4			
云　南	27	166	65	847.9	1.0		
西　藏							
陕　西	99	791	368	842.2	3.0		
甘　肃	33	213	50	361.8			
青　海	9	99	51	685.0			
宁　夏	25	163	52	290.6			
新　疆	34	231	150	1619.6			

单位总表

单位：个、人、万元

单位财务指标		执行行政事业会计制度单位财务指标					
营业利润	企业单位增加值	固定资产原价	上年结余	收入合计	支出合计	收支结余	行政事业单位增加值
-955.6	**3757.8**	**300470.3**	**13895.4**	**290651.1**	**282988.0**	**31648.7**	**118117.7**
-1034.2	3146.9	87181.0	-1017.6	53319.8	51500.4	10929.7	18943.2
64.2	332.1	19315.3	2820.1	55037.0	50358.6	8362.0	10164.9
	46.6	1367.1	12.5	1554.7	1572.7	-28.3	1152.7
		284.2	964.0	1035.2	1104.2	867.0	804.7
	12.0	2120.5	211.6	5954.0	6007.3	29.6	1771.3
		1304.7		1338.8	1360.3	3.2	1122.6
-24.0	-22.4	1706.4	72.3	4078.8	4129.2	18.4	1149.4
		3842.1	110.2	7379.8	7131.0	323.3	1499.7
		17460.7	127.2	12455.3	12022.0	470.6	9668.6
		27293.0	275.3	27780.2	26434.5	2044.0	7346.2
		1438.7	1538.1	6383.7	6575.1	911.5	3209.0
	44.4	15631.3	1031.4	17294.5	16373.2	1690.0	8131.5
		1776.5	182.3	2305.5	2262.6	78.4	1127.1
		3612.3	107.6	2510.8	2382.2	216.4	1314.9
		5804.7	1227.4	7718.3	8239.8	235.0	3442.4
		1563.0	43.7	2342.1	2427.4	-24.7	1784.3
38.4	198.1	19313.3	408.1	13351.9	13364.6	260.9	6686.7
		10610.8	161.6	10494.9	10455.5	31.1	6224.7
		7071.5	17.2	12119.6	12654.1	2035.8	7900.7
		35879.0	327.0	19013.6	19355.2	421.8	9032.2
		7175.0	360.0	2359.7	1899.5	581.9	1405.3
		78.3	93.3	629.6	628.6	78.5	236.0
		969.0	31.1	921.8	1323.0	33.8	498.7
		12262.3	624.1	12360.9	12098.9	662.6	7521.9
		4292.8	45.4	3958.2	4071.7	72.4	3356.4
		4790.0	3270.0	1395.6	1316.8	25.2	847.9
		2036.8	-38.7	1831.6	1842.9	41.0	842.2
		137.3		465.6	460.6		361.8
		425.4	31.7	803.4	701.1	879.8	685.0
		638.7		456.2	519.7	4.0	290.6
		3088.6	858.5	2000.0	2415.3	393.8	1619.6

C−91 在编制部门登

地 区	单位数	年末职工人数	#女 性	增加值合计	执行企业会计制度		
					固定资产原价	营业收入	费用合计
全 国	**2898**	**25610**	**10952**	**121592.0**	**40663.6**	**17149.6**	**10336.0**
中央级	32	1138	482	22090.1	38250.9	16279.6	9650.1
北 京	100	1086	436	10497.0	676.4	424.5	173.2
天 津	26	258	108	1199.3	644.0	109.0	70.0
河 北	48	351	165	804.3			
山 西	139	1038	500	1783.3		12.0	
内蒙古	29	375	196	1122.6			
辽 宁	103	824	381	1127.0	361.0	25.0	49.0
吉 林	170	984	391	1371.9			
黑龙江	135	2230	650	9668.4			
上 海	41	778	422	7346.2			
江 苏	76	482	197	3206.9			
浙 江	238	1031	481	8175.9	17.6		48.9
安 徽	88	369	126	1127.1			
福 建	88	441	206	1312.8			
江 西	228	2291	940	3442.4			
山 东	71	514	214	1784.3			
河 南	245	3362	1451	6851.2	554.7	297.5	342.8
湖 北	122	1119	537	6224.7	102.0	2.0	2.0
湖 南	232	1557	741	7888.8			
广 东	100	1552	711	9005.4			
广 西	73	390	194	1405.3	54.0		
海 南	21	93	49	236.0			
重 庆	33	197	91	498.7			
四 川	166	696	261	7519.3			
贵 州	79	845	308	3304.6			
云 南	24	149	60	847.9			
西 藏							
陕 西	95	772	360	818.0	3.0		
甘 肃	33	213	50	361.8			
青 海	8	97	50	684.8			
宁 夏	24	160	50	290.6			
新 疆	31	218	144	1617.6			

记的其他单位

单位：个、人、万元

单位财务指标		执行行政事业会计制度单位财务指标					
营业利润	企业单位增加值	固定资产原价	上年结余	收入合计	支出合计	收支结余	行政事业单位增加值
-955.6	**3757.8**	**296513.6**	**13895.3**	**284536.0**	**277236.4**	**31671.7**	**117834.2**
-1034.2	3146.9	87181.0	-1017.6	53319.8	51500.4	10929.7	18943.2
64.2	332.1	19315.3	2820.1	55037.0	50358.6	8362.0	10164.9
	46.6	1367.1	12.5	1554.7	1572.7	-28.3	1152.7
		274.2	964.0	1010.4	1079.4	867.0	804.3
	12.0	2120.5	211.6	5954.0	6007.3	29.6	1771.3
		1304.7		1338.8	1360.3	3.2	1122.6
-24.0	-22.4	1706.4	72.3	4078.8	4129.2	18.4	1149.4
		721.1	110.2	2386.8	2140.0	323.3	1371.9
		17455.6	127.2	12455.3	12022.0	470.6	9668.4
		27293.0	275.3	27780.2	26434.5	2044.0	7346.2
		1436.7	1538.1	5953.7	6570.1	911.5	3206.9
	44.4	15631.3	1031.4	17294.5	16373.2	1690.0	8131.5
		1776.5	182.3	2287.0	2262.6	78.4	1127.1
		3612.3	107.6	2510.8	2380.1	216.4	1312.8
		5804.7	1227.4	7718.3	8239.8	235.0	3442.4
		1563.0	43.7	2342.1	2427.4	-24.7	1784.3
38.4	198.1	19248.3	408.1	13271.9	13284.6	260.9	6653.1
		10610.8	161.6	10494.9	10455.5	31.1	6224.7
		7069.5	17.2	12104.8	12639.3	2035.8	7888.8
		35208.0	327.0	18535.6	18852.2	444.8	9005.4
		7175.0	360.0	2359.7	1899.5	581.9	1405.3
		78.3	93.3	629.6	628.6	78.5	236.0
		969.0	31.1	921.8	1323.0	33.8	498.7
		12234.0	624.0	12359.1	12097.0	662.6	7519.3
		4276.8	45.4	3941.2	4001.9	72.4	3304.6
		4789.0	3270.0	1391.6	1312.8	25.2	847.9
		2006.8	-38.7	1808.6	1819.9	41.0	818.0
		137.3		465.6	460.6		361.8
		420.1	31.7	803.4	701.1	879.8	684.8
		638.7		454.4	517.9	4.0	290.6
		3088.6	858.5	1971.6	2384.9	393.8	1617.6

C-92 在民政部门

地区	单位数	年末职工人数		增加值合计	执行企业会计制度		
			#女性		固定资产原价	营业收入	费用合计
全国	**59**	**581**	**217**	**283.5**	**2.9**		
北京							
天津							
河北	6	30	16	0.4			
山西							
内蒙古							
辽宁							
吉林	8	162	17	127.8			
黑龙江	2	31	10	0.2			
上海							
江苏	1	1		2.1			
浙江							
安徽	3	12	2				
福建	1	1		2.1			
江西							
山东							
河南	1	23	10	33.6			
湖北							
湖南	5	19	6	11.9			
广东	9	209	108	26.8			
广西							
海南							
重庆							
四川	3	5	3	2.6	1.9		
贵州	8	34	23	51.8			
云南	3	17	5		1.0		
西藏							
陕西	4	19	8	24.2			
甘肃							
青海	1	2	1	0.2			
宁夏	1	3	2				
新疆	3	13	6	2.0			

登记的其他单位

单位：个、人、万元

单位财务指标		执行行政事业会计制度单位财务指标					
营业利润	企业单位增加值	固定资产原价	上年结余	收入合计	支出合计	收支结余	行政事业单位增加值
		3956.7	**0.1**	**6115.1**	**5751.6**	**-23.0**	**283.5**
		10.0		24.8	24.8		0.4
		3121.0		4993.0	4991.0		127.8
		5.1					0.2
		2.0		430.0	5.0		2.1
				18.5			
					2.1		2.1
		65.0		80.0	80.0		33.6
		2.0		14.8	14.8		11.9
		671.0		478.0	503.0	-23.0	26.8
		28.3	0.1	1.8	1.9		2.6
		16.0		17.0	69.8		51.8
		1.0		4.0	4.0		
		30.0		23.0	23.0		24.2
		5.3					0.2
				1.8	1.8		
				28.4	30.4		2.0

06

分地区基本建设统计资料

D-1 民政事业基

地区	计划总投资	本年计划投资	自开始建设至本年底累计完成投资	本年完成投资	国家预算内投资	国内贷款	利用外资
全 国	**1510190.1**	**476096.0**	**940040.8**	**477496.7**	**145106.6**	**29709.4**	**4509.0**
中央级	66461.8	15355.0	8992.8	7515.0	7515.0		
北 京	251686.6	20433.3	88022.8	21327.7	6935.3		497.0
天 津	11131.0	11081.0	12930.0	10497.0	5824.0		
河 北	36158.6	11571.3	23310.9	11047.4	5202.5		
山 西	3000.0	1000.0	2000.0	1000.0			
内蒙古	19930.4	10124.0	12733.6	9185.4	2094.0	774.0	
辽 宁	71644.7	21804.9	56015.9	21257.9	14224.7		
吉 林	19221.9	7364.5	10100.1	7698.1	300.0	300.0	
黑龙江	708.0	248.0	290.0	140.0			
上 海	40169.0	4335.3	27519.3	8693.6	5701.6		
江 苏	79036.3	38081.0	53015.0	42493.2	18281.3	2900.0	
浙 江	115763.0	25298.4	62004.0	22199.9	6114.4	490.0	500.0
安 徽	12255.9	2702.5	6666.2	5587.9	1073.4	1000.0	
福 建	22899.9	6311.0	9949.0	5477.7	1613.0	1030.0	
江 西	19575.5	9837.6	17737.8	9132.2	3254.1		
山 东	137213.5	72631.6	105564.6	70916.8	11147.1		109.0
河 南	62134.6	25345.4	42497.8	21775.1	6593.4	8222.6	
湖 北	44192.2	16925.0	22452.9	14321.7	3090.0	500.0	150.0
湖 南	99211.0	21046.8	69382.9	41963.7	8549.0	5000.0	100.0
广 东	114582.8	24733.9	72770.1	20192.2	10178.6	1600.0	800.0
广 西	43035.0	14307.7	60945.9	13079.1	1787.8		750.0
海 南	2953.6	1510.0	1803.6	1803.6			
重 庆	19472.3	10487.6	16281.6	9720.6	1955.0		350.0
四 川	64250.8	43985.8	42786.2	38741.1	14980.7	20.0	
贵 州	9185.2	4072.1	5052.7	2800.5	833.3	398.8	303.0
云 南	54184.5	13009.0	43322.5	13196.7	1228.7	7284.0	
西 藏							
陕 西	16116.3	5452.0	12576.5	5473.5	400.0		
甘 肃	4524.0	1949.0	6298.0	3750.5	1895.9	190.0	
青 海	17574.3	10839.5	11415.3	10999.7	1082.8		
宁 夏	15800.0	4481.0	10214.0	4773.0	1441.0		
新 疆	36117.4	19771.8	25388.8	20735.9	1810.0		950.0

本建设投资情况总表

单位：万元、个、平方米

自筹	福利彩票公益金	其他自筹资金	其他	本年施工项目个数	#使用彩票公益金施工项目个数	本年施工房屋建筑面积	本年新增固定资产
269372.8	**130358.0**	**139014.8**	**28798.9**	**2446**	**1352**	**3695826.8**	**203455.2**
				6		18777.0	37.8
12675.4	5781.3	6894.1	1220.0	30	11	194328.9	278.6
4673.0	4500.0	173.0		4	1	21010.0	550.0
5719.9	3113.4	2606.5	125.0	29	11	112333.9	7759.1
1000.0		1000.0		1			
5188.5	3782.0	1406.5	1128.9	52	20	87573.9	955.0
7033.2	6593.2	440.0		61	6	148182.4	15514.0
7098.1	7023.8	74.3		8	7	74500.0	648.4
140.0	140.0			9	1	500.0	180.0
2992.0	992.0	2000.0		5	1	41326.0	7987.5
20805.4	8780.0	12025.4	506.5	94	10	186417.0	9629.0
14715.5	6584.2	8131.3	380.0	56	33	175403.0	16788.0
3225.5	792.5	2433.0	289.0	38	19	48386.0	867.2
2643.7	513.6	2130.1	191.0	24	6	51246.0	869.0
5533.0	1315.0	4218.0	345.1	78	46	203124.5	4451.3
51633.4	20271.7	31361.7	8027.3	444	382	783943.6	66024.7
6364.1	3101.4	3262.7	595.0	165	59	188923.2	7172.6
10481.7	7686.2	2795.5	100.0	73	29	122286.1	4173.4
23929.8	7414.1	16515.7	4384.9	176	110	198619.8	8945.0
6385.2	3438.0	2947.2	1228.4	82	33	102600.0	8664.4
9278.6	7130.9	2147.7	1262.7	457	315	148223.4	6599.8
1803.6	1803.6			2		11783.8	
7283.0	1060.2	6222.8	132.6	127	37	69137.3	3114.6
18822.4	7715.4	11107.0	4918.0	93	33	316987.5	12534.6
1196.4	956.2	240.2	69.0	80	29	92067.5	2717.5
4624.0	1759.1	2864.9	60.0	37	15	29141.0	3642.0
2005.0	1646.0	359.0	3068.5	28	19	53181.0	2486.5
1584.6	114.6	1470.0	80.0	16	2	11546.0	486.0
9816.9	9208.4	608.5	100.0	18	7	27251.5	898.7
2832.0	278.0	2554.0	500.0	16	4	41231.4	150.0
17888.9	6863.2	11025.7	87.0	137	106	135795.1	9330.5

D-2 优抚安置单位

地　区	计划总投资	本年计划投资	自开始建设至本年底累计完成投资	本年完成投资		
					国家预算内投资	国内贷款
全　国	**262955.5**	**50432.6**	**103296.6**	**50677.7**	**25044.5**	**704.0**
北　京	139070.0		20416.4	4504.5	4504.5	
天　津	11038.0	10988.0	10404.0	10404.0	5824.0	
河　北	8845.2	856.5	8073.0	1942.0	867.5	
山　西						
内蒙古	400.0	70.0	230.0	230.0		
辽　宁	1745.0	1595.0	1465.0	1365.0	600.0	
吉　林	63.0	63.0	63.0	63.0		
黑龙江						
上　海	97.0	96.1	97.0	96.1	96.1	
江　苏	3526.0	1114.8	2483.2	1114.8	1114.8	
浙　江	3772.8	91.3	91.3	91.3	48.3	
安　徽	13.0	13.0	13.0	13.0		
福　建	1728.0	1228.0	1246.0	1246.0	10.0	500.0
江　西	2307.0	499.0	1649.9	499.0	445.0	
山　东	11754.5	8010.8	11375.9	7965.4	2401.1	
河　南	15695.0	4022.8	4596.8	2405.8	2150.0	
湖　北	7426.0	4126.0	4981.0	3990.0	1705.0	100.0
湖　南	12589.0	2840.0	6805.0	2033.0	100.0	
广　东	25625.8	4164.6	15543.5	3232.5	3028.5	
广　西	783.3	273.8	513.0	257.8	97.0	
海　南						
重　庆	6793.6	4712.6	6793.6	4712.6	1228.0	
四　川	4210.0	2930.0	3751.2	2702.0	217.0	20.0
贵　州	190.0	180.0	171.2	161.2	153.0	
云　南	2455.7	1246.7	1589.6	998.7	224.7	84.0
西　藏						
陕　西						
甘　肃	1165.0	230.0	230.0	230.0	230.0	
青　海						
宁　夏	527.0	405.0	221.0	97.0		
新　疆	1135.6	675.6	493.0	323.0		

基本建设投资情况

单位：万元、个、平方米

自　筹	福利彩票公益金	其他自筹资金	其　他	本年施工项目个数	# 使用彩票公益金施工项目个数	本年施工房屋建筑面积	本年新增固定资产
23727.2	**12444.9**	**11282.3**	**1202.0**	**117**	**32**	**339521.3**	**13424.2**
				6		7077.1	
4580.0	4500.0	80.0		4	1	21010.0	430.0
1074.5	1074.5			5	4	29884.0	1950.3
230.0	230.0			1	1	3380.0	
765.0	635.0	130.0		3	1	5832.0	
63.0		63.0		1		2700.0	63.0
				1			33.5
				1		3913.0	916.2
43.0	43.0			1	1		
13.0		13.0		1			13.0
608.0		608.0	128.0	3		17720.0	278.0
54.0	10.0	44.0		7	1	5180.0	30.0
4934.3	660.0	4274.3	630.0	12	3	92800.8	7439.3
215.8	75.0	140.8	40.0	9	2	9602.0	213.8
2185.0	1720.0	465.0		14	2	36228.0	200.0
1587.0	433.0	1154.0	346.0	17	4	38077.0	330.0
204.0	101.9	102.1		6		18442.0	9.6
160.8	140.5	20.3		7	5	1300.0	123.8
3444.6		3444.6	40.0	2		9145.0	293.6
2465.0	2465.0			1	1	4733.0	203.2
8.2		8.2		4			48.2
690.0		690.0		3	1	9646.0	848.7
				1		3500.0	
97.0	92.0	5.0		3	1	14171.4	
305.0	265.0	40.0	18.0	4	4	5180.0	

D-3 社区服务单位

地 区	计划总投资	本年计划投资	自开始建设至本年底累计完成投资	本年完成投资	国家预算内投资	国内贷款
全 国	**105410.7**	**33286.1**	**80308.3**	**33825.6**	**9063.6**	**110.0**
北 京	2832.1	2164.1	1438.0	1208.0		
天 津						
河 北	1300.0	260.0	260.0	260.0	260.0	
山 西	3000.0	1000.0	2000.0	1000.0		
内蒙古						
辽 宁	43800.0	5868.2	33318.2	5148.2	4280.0	
吉 林						
黑龙江						
上 海						
江 苏	620.0	620.0	620.0	620.0		
浙 江	224.0	224.0	284.0	204.0	180.0	
安 徽	30.0	30.0	40.0	40.0	10.0	
福 建						
江 西	400.0	190.0	235.0	190.0		
山 东	7323.6	4133.0	6268.0	4108.0	770.0	
河 南	700.0	394.0	700.0	394.0		
湖 北	1078.0	258.0	755.0	257.2	45.0	
湖 南	3860.0	2246.0	2172.7	1328.0	741.0	
广 东	3858.0	1028.0	3527.6	1010.5	277.5	
广 西	1616.0	442.0	1125.2	476.2	90.0	
海 南						
重 庆	572.4	387.4	557.4	387.4	112.0	
四 川	1346.0	835.2	1048.7	835.2	171.2	
贵 州	2028.0	423.0	28.0	28.0	23.0	
云 南						
西 藏						
陕 西	9301.8	1417.0	7882.0	1523.0	260.0	
甘 肃	619.0	579.0	3850.0	1940.9	1630.9	110.0
青 海	13704.0	8583.0	8583.0	8583.0	53.0	
宁 夏	1280.0	160.0	1280.0	160.0	160.0	
新 疆	5917.8	2044.2	4335.5	4124.0		

基本建设投资情况

单位：万元、个、平方米

自筹			其他	本年施工项目个数	# 使用彩票公益金施工项目个数	本年施工房屋建筑面积	本年新增固定资产
	福利彩票公益金	其他自筹资金					
21423.8	**14608.8**	**6815.0**	**3228.2**	**317**	**160**	**187484.9**	**17795.0**
			1208.0	6		2718.7	
				1		8787.0	
1000.0		1000.0		1			
868.2	868.2			26	1	20154.4	4560.0
620.0		620.0		7		600.0	620.0
24.0	5.7	18.3		4		924.5	180.0
30.0		30.0		6		300.0	30.0
190.0		190.0		1		3160.0	
2021.0	1255.0	766.0	1317.0	63	56	48500.0	5782.0
394.0	180.0	214.0		2	1	4400.0	700.0
212.2	156.2	56.0		7	6	3320.0	10.0
570.0	466.0	104.0	17.0	25	17	21446.0	944.0
733.0	613.0	120.0		16	7	6760.0	53.0
280.0	230.0	50.0	106.2	19	2	5270.0	70.0
273.4	128.0	145.4	2.0	20	15	9455.0	245.4
110.0	110.0		554.0	16	3	12100.0	664.0
5.0		5.0		14		450.0	28.0
1263.0	1263.0			18	11	10380.0	1497.0
200.0		200.0		9		3200.0	110.0
8530.0	8084.0	446.0		3	2	1803.0	128.0
				1			
4100.0	1249.7	2850.3	24.0	52	39	23756.3	2173.6

D-4 收养性单位

地 区	计划总投资	本年计划投资	自开始建设至本年底累计完成投资	本年完成投资	国家预算内投资	国内贷款	利用外资
全 国	**545482.2**	**232038.4**	**403594.5**	**227201.7**	**65010.0**	**2189.0**	**997.0**
北 京	39631.3	8677.0	25544.9	7199.6	842.6		497.0
天 津							
河 北	21265.5	8887.4	10501.0	7298.0	3085.0		
山 西							
内蒙古	15525.4	8182.0	8289.6	6882.4	1696.0	774.0	
辽 宁	20481.7	10431.7	16661.7	11081.7	6291.7		
吉 林	19073.9	7218.5	9952.1	7552.1	300.0	300.0	
黑龙江	600.0	140.0	250.0	140.0			
上 海	8404.0	846.0	8256.0	3080.0	2088.0		
江 苏	50983.8	22449.8	33950.4	26355.0	10223.0	400.0	
浙 江	68021.2	18490.1	46798.2	18424.3	4936.5	490.0	
安 徽	2602.1	1523.4	2610.9	2260.9	559.4		
福 建	12295.9	2413.0	2422.6	1918.0	1079.0		
江 西	14473.7	7519.8	13213.6	6966.1	2709.1		
山 东	76722.2	40199.3	57847.2	39301.9	5511.0		
河 南	11989.0	6510.8	9704.3	7110.1	2260.4		
湖 北	20240.0	7017.0	9590.5	5996.5	1040.0	200.0	
湖 南	43604.0	13161.0	30965.6	17447.6	2521.0		
广 东	11415.2	2849.5	9285.5	2055.2	704.2		
广 西	18041.7	9722.6	46729.3	7988.8	1316.1		150.0
海 南							
重 庆	10617.6	4857.6	7327.6	3767.6	415.0		350.0
四 川	47850.9	35847.7	31849.9	29519.9	14314.5		
贵 州	3396.4	1973.3	2163.7	1739.5	556.3		
云 南	1134.0	800.0	777.9	777.9	125.4		
西 藏							
陕 西	2063.0	1083.0	1506.0	792.0	90.0		
甘 肃	620.0	350.0	440.0	394.6	35.0	25.0	
青 海	3534.3	2006.5	2632.3	2416.7	1029.8		
宁 夏	8903.0	2766.0	4430.0	2866.0	581.0		
新 疆	11992.4	6115.4	9893.7	5869.3	700.0		

基本建设投资情况

单位：万元、个、平方米

自　筹	福利彩票公益金	其他自筹资金	其　他	本年施工项目个数	#使用彩票公益金施工项目个数	本年施工房屋建筑面积	本年新增固定资产
145242.2	**85025.0**	**60217.2**	**13763.5**	**1607**	**989**	**2362523.4**	**114671.2**
5848.0	5535.0	313.0	12.0	14	9	71281.1	228.6
4088.0	1686.0	2402.0	125.0	17	6	71462.9	4618.8
3344.5	2909.0	435.5	1067.9	34	14	65212.8	441.0
4790.0	4780.0	10.0		30	4	110627.0	9844.0
6952.1	6940.8	11.3		6	6	71800.0	585.4
140.0	140.0			1	1	500.0	140.0
992.0	992.0			2	1	18433.0	7954.0
15232.5	8585.0	6647.5	499.5	65	8	143988.0	5523.1
12957.8	6365.5	6592.3	40.0	39	30	151009.5	12289.0
1412.5	660.5	752.0	289.0	27	17	33528.0	553.4
776.0	347.6	428.4	63.0	14	6	11543.0	477.0
3911.9	780.3	3131.6	345.1	64	40	172718.0	3844.5
30110.6	16091.2	14019.4	3680.3	337	304	516607.3	33948.9
4334.7	1725.4	2609.3	515.0	138	50	122414.2	3024.2
4656.5	3969.0	687.5	100.0	40	12	62923.1	995.0
11460.6	5902.9	5557.7	3466.0	98	70	124514.8	6726.0
1293.4	831.1	462.3	57.6	28	13	32221.7	1490.2
5873.2	4882.1	991.1	649.5	360	270	115163.8	5282.9
2912.0	679.2	2232.8	90.6	102	21	45101.9	1622.6
12702.4	3365.4	9337.0	2503.0	55	17	244028.8	6740.5
1173.2	956.2	217.0	10.0	53	29	34913.5	1085.3
612.5	300.0	312.5	40.0	4	3	5977.7	777.9
702.0	343.0	359.0		6	6	8138.0	693.0
254.6	114.6	140.0	80.0	4	2	2850.0	145.0
1286.9	1124.4	162.5	100.0	13	5	23705.5	770.7
2285.0	186.0	2099.0		10	2	21360.0	
5139.3	4832.8	306.5	30.0	46	43	80499.8	4870.2

D-5 殡仪服务单位

地　区	计划总投资	本年计划投资	自开始建设至本年底累计完成投资	本年完成投资	国家预算内投资	国内贷款	利用外资
全　国	**323561.1**	**75148.8**	**210567.9**	**94338.0**	**23935.4**	**21613.4**	**3512.0**
北　京	32100.0	1267.0	15824.8	836.1	693.9		
天　津							
河　北	2547.0	1351.0	2300.0	1331.0	990.0		
山　西							
内蒙古	610.0	265.0	2652.0	746.0			
辽　宁	1000.0	300.0	300.0	300.0			
吉　林	50.0	50.0	50.0	50.0			
黑龙江	108.0	108.0	40.0				
上　海	28843.0	3000.0	16941.0	5124.3	3124.3		
江　苏	20650.0	10950.0	12830.0	11450.0	5000.0	2500.0	
浙　江	27919.0	3887.7	10644.9	1936.0	350.6		500.0
安　徽	6854.8	984.9	3377.1	3236.0	500.0	1000.0	
福　建	6495.0	1210.0	4850.4	883.7	524.0	30.0	
江　西	1200.0	550.0	730.5	450.3			
山　东	10974.0	6824.0	8909.0	6877.0			109.0
河　南	15534.0	7394.6	10692.6	7235.2	2083.0	5084.6	
湖　北	11180.0	3564.0	5411.4	2414.0		200.0	150.0
湖　南	21998.0	895.0	22559.0	18995.0	5007.0	5000.0	100.0
广　东	49068.0	8795.0	31902.2	7512.8	3710.0	200.0	800.0
广　西	13232.0	1998.3	4860.1	1882.3	100.0		600.0
海　南							
重　庆	1250.0	400.0	1250.0	500.0	200.0		
四　川	2770.0	110.0	355.5	105.0	20.0		
贵　州	1486.8	1108.8	851.8	794.8	34.0	398.8	303.0
云　南	47209.0	9276.0	38983.3	10228.2	833.6	7200.0	
西　藏							
陕　西							
甘　肃	2035.0	735.0	1693.0	1130.0			
青　海	136.0	50.0					
宁　夏	3892.0	1000.0	3533.0	1500.0	700.0		
新　疆	14419.5	9074.5	9026.3	8820.3	65.0		950.0

基本建设投资情况

单位：万元、个、平方米

自　筹	福利彩票公益金	其他自筹资金	其　他	本年施工项目个数	# 使用彩票公益金施工项目个数	本年施工房屋建筑面积	本年新增固定资产
43394.6	**3782.8**	**39611.8**	**1882.6**	**152**	**37**	**165059.1**	**19871.5**
142.2	92.2	50.0		1	1	1479.0	
341.0	136.6	204.4		4		2200.0	1190.0
685.0		685.0	61.0	9		3775.3	481.0
300.0		300.0		1		3800.0	
50.0	50.0						
				8			40.0
2000.0		2000.0		1		22893.0	
3950.0		3950.0		3		14275.0	180.0
745.4		745.4	340.0	5		6911.0	1819.0
1736.0	100.0	1636.0		3	1	14558.0	153.6
329.7	166.0	163.7		4		2100.0	62.0
450.3	156.3	294.0		2	1	7000.5	350.0
6568.0	78.0	6490.0	200.0	8	2	27087.0	7134.0
67.6	6.0	61.6		7	1	13398.0	313.6
2064.0	567.0	1497.0		6	3	6791.0	2908.4
8687.4	57.4	8630.0	200.6	10	7	3124.0	95.0
2802.8	1215.0	1587.8		17	8	3519.0	1335.8
675.3	150.0	525.3	507.0	18	2	4217.0	315.2
300.0		300.0		2		3380.0	600.0
85.0	75.0	10.0		3	1	650.0	105.0
			59.0	5		3800.0	82.0
2194.6	803.5	1391.1		21	6	6381.3	802.9
1130.0		1130.0		1		1896.0	176.0
				1		440.0	
300.0		300.0	500.0			750.0	
7790.3	129.8	7660.5	15.0	12	4	10634.0	1728.0

D-6 救助类基本

地区	计划总投资	本年计划投资	自开始建设至本年底累计完成投资	本年完成投资	国家预算内投资	国内贷款
全国	**50200.3**	**15030.4**	**17571.1**	**12669.3**	**3776.3**	**55.0**
北京	7893.0		33.5	13.9	13.9	
天津						
河北	285.0		261.0			
山西						
内蒙古	2220.0	1029.0	984.0	749.0	40.0	
辽宁	1110.0	1110.0	1110.0	1110.0	800.0	
吉林	35.0	33.0	35.0	33.0		
黑龙江						
上海						
江苏	1070.0	1002.9	1002.9	1002.9	780.0	
浙江	5650.0	1200.0	516.0	234.0	234.0	
安徽	2056.0	34.0	108.0	38.0	4.0	
福建						
江西						
山东	2763.7	1037.0	1337.0	1037.0	750.0	
河南	109.0	59.0	100.0	50.0		
湖北	4268.2	1960.0	1715.0	1664.0	300.0	
湖南	5978.0	1027.8	1611.8	927.8	63.0	
广东	7177.8	1228.8	2986.5	747.2	98.4	
广西	46.0	20.0	15.0			
海南						
重庆	238.7	130.0	353.0	353.0		
四川	6145.9	3734.9	3842.9	3641.0	258.0	
贵州	360.0	320.0	110.0	60.0	50.0	
云南	600.0	300.0	300.0	250.0		
西藏						
陕西	150.0		30.0			
甘肃	85.0	55.0	85.0	55.0		55.0
青海						
宁夏	490.0	70.0	360.0	70.0		
新疆	1469.0	679.0	674.5	633.5	385.0	

建设投资情况

单位：万元、个、平方米

自筹	福利彩票公益金	其他自筹资金	其他	本年施工项目个数	#使用彩票公益金施工项目个数	本年施工房屋建筑面积	本年新增固定资产
6577.2	**5022.7**	**1554.5**	**2260.8**	**66**	**41**	**132606.4**	**7292.5**
709.0	573.0	136.0		5	4	14420.0	33.0
310.0	310.0			1		7769.0	1110.0
33.0	33.0			1	1		
222.9	195.0	27.9		2	2	4641.0	322.9
				2	2	9058.0	
34.0	32.0	2.0		1	1		
287.0	50.0	237.0		2	2	800.0	587.0
50.0	20.0	30.0		2	1	1622.0	80.0
1364.0	1274.0	90.0		6	6	13024.0	60.0
864.8	334.8	530.0		9	2	7788.0	593.0
121.0	121.0		527.8	8	3	4332.0	11.8
353.0	253.0	100.0		1	1	2055.4	353.0
1650.0	1650.0		1733.0	15	11	51093.0	3493.9
10.0		10.0		1		554.0	50.0
250.0		250.0		1		3702.0	
				1		100.0	55.0
70.0		70.0		2	1	4538.0	70.0
248.5	176.9	71.6		6	4	7110.0	472.9

D-7 其他基本

地区	计划总投资	本年计划投资	自开始建设至本年底累计完成投资	本年完成投资	国家预算内投资	国内贷款
全国	**222580.3**	**70159.7**	**124702.4**	**58784.4**	**18276.8**	**5038.0**
中央级	66461.8	15355.0	8992.8	7515.0	7515.0	
北京	30160.2	8325.2	24765.2	7565.6	880.4	
天津	93.0	93.0	2526.0	93.0		
河北	1915.9	216.4	1915.9	216.4		
山西						
内蒙古	1175.0	578.0	578.0	578.0	358.0	
辽宁	3508.0	2500.0	3161.0	2253.0	2253.0	
吉林						
黑龙江						
上海	2825.0	393.2	2225.3	393.2	393.2	
江苏	2186.5	1943.5	2128.5	1950.5	1163.5	
浙江	10176.0	1405.3	3669.6	1310.3	365.0	
安徽	700.0	117.2	517.2			
福建	2381.0	1460.0	1430.0	1430.0		500.0
江西	1194.8	1078.8	1908.8	1026.8	100.0	
山东	27675.5	12427.5	19827.5	11627.5	1715.0	
河南	18107.6	6964.2	16704.1	4580.0	100.0	3138.0
湖北						
湖南	11182.0	877.0	5268.8	1232.3	117.0	
广东	17438.0	6668.0	9524.8	5634.0	2360.0	1400.0
广西	9316.0	1851.0	7703.3	2474.0	184.7	
海南	2953.6	1510.0	1803.6	1803.6		
重庆						
四川	1928.0	528.0	1938.0	1938.0		
贵州	1724.0	67.0	1728.0	17.0	17.0	
云南	2785.8	1386.3	1671.7	941.9	45.0	
西藏						
陕西	4601.5	2952.0	3158.5	3158.5	50.0	
甘肃						
青海	200.0	200.0	200.0			
宁夏	708.0	80.0	390.0	80.0		
新疆	1183.1	1183.1	965.8	965.8	660.0	

建设投资情况

单位：万元、个、平方米

自筹			其他	本年施工项目个数	#使用彩票公益金施工项目个数	本年施工房屋建筑面积	本年新增固定资产
	福利彩票公益金	其他自筹资金					
29007.8	**9473.8**	**19534.0**	**6461.8**	**187**	**93**	**508631.7**	**30400.8**
				6		18777.0	37.8
6685.2	154.1	6531.1		3	1	111773.0	50.0
93.0		93.0					120.0
216.4	216.3	0.1		2	1		
220.0	70.0	150.0		3	1	785.8	
				1			
780.0		780.0	7.0	16		19000.0	2066.8
945.3	170.0	775.3		5		7500.0	2500.0
							117.2
930.0		930.0		3		19883.0	52.0
926.8	368.4	558.4		4	4	15066.0	226.8
7712.5	2137.5	5575.0	2200.0	22	15	98148.5	11133.5
1302.0	1095.0	207.0	40.0	7	4	37487.0	2841.0
760.0	220.0	540.0	355.3	17	10	3670.0	257.0
1231.0	556.0	675.0	643.0	7	2	37325.3	5764.0
2289.3	1728.3	561.0		53	36	22272.6	807.9
1803.6	1803.6			2		11783.8	
1810.0	50.0	1760.0	128.0	3		4382.7	1328.0
				3		52350.0	1424.0
876.9	655.6	221.3	20.0	8	5	3434.0	1212.5
40.0	40.0		3068.5	4	2	34663.0	296.5
				1		1303.0	
80.0		80.0				412.0	80.0
305.8	209.0	96.8		17	12	8615.0	85.8

07

分地区财务统计资料

E-1 历年民政事业费支出情况

单位:亿元、%

年　份	民政事业费支出	占财政支出比重	年　份	民政事业费支出	占财政支出比重
1950	1.32	1.94	1979	18.33	1.48
			1980	17.48	1.44
1951	1.37	1.12	"六五"时期	**113.85**	**1.65**
1952	2.83	1.61	1981	19.23	1.72
1953	3.55	1.61	1982	19.19	1.70
1954	6.04	2.15	1983	21.61	1.69
1955	4.98	1.05	1984	24.24	1.59
"一五"时期	**25.99**	**1.90**	1985	29.58	1.64
1956	5.69	1.06	"七五"时期	**208.49**	**1.52**
1957	5.31	1.75	1986	34.41	1.51
1958	3.27	0.80	1987	35.93	1.49
1959	4.48	0.81	1988	39.56	1.50
1960	7.24	1.11	1989	46.65	1.57
"二五"时期	**53.03**	**1.41**	1990	51.94	1.54
1961	9.89	2.69	"八五"时期	**386.59**	**1.50**
1962	7.45	2.44	1991	62.54	1.67
1963	8.75	2.58	1992	63.71	1.42
1964	16.15	4.05	1993	69.87	1.40
1965	10.79	2.31	1994	87.02	1.50
"三五"时期	**35.83**	**1.42**	1995	103.45	1.52
1966	8.81	1.63	"九五"时期	**840.90**	**1.52**
1967	8.21	1.86	1996	121.15	1.53
1968	5.61	1.56	1997	133.52	1.44
1969	6.67	1.27	1998	161.84	1.50
1970	6.53	1.01	1999	194.70	1.49
"四五"时期	**46.70**	**1.19**	2000	229.69	1.50
1971	6.83	0.93	"十五"时期	**2471.74**	**1.90**
1972	8.15	1.06	2001	284.75	1.53
1973	9.97	1.23	2002	392.27	1.78
1974	9.04	1.14	2003	498.92	2.03
1975	12.71	1.55	2004	577.39	2.04
"五五"时期	**84.22**	**1.62**	2005	718.41	2.13
1976	16.17	2.01	"十一五"时期	**2130.85**	**2.37**
1977	18.53	2.20	2006	915.35	2.28
1978	13.71	1.25	2007	1215.5	2.45
1950-2007	**6418.28**	**1.65**	**1978-2007**	**6201.94**	**1.64**
1950-2007 平均增长(%)	**12.70**		**1978-2007 平均增长(%)**	**16.70**	

E-2 历年各省、自治区、直辖市民政事业费支出情况

单位：万元

地区	1952年	1953年	1954年	1955年	1956年	1957年	1958年	1959年	1960年	1961年
全国	**28265**	**35484**	**60390**	**49842**	**56906**	**53119**	**32693**	**44786**	**72444**	**98912**
中央级	6	443	20619	8736	270	85	82	192	262	39
北京	198	237	276	247	584	302	376	751	824	658
天津	208	315	131	157	217	240	194			
河北	2849	4558	4764	4526	9681	6640	2494	4148	5070	10807
山西	1253	1398	1531	1373	2096	1953	2279	1656	2659	2896
内蒙古	912	370	306	364	625	417	505	873	525	785
辽宁	611	1434	1392	1298	1638	1339	1098	1249	4475	4392
吉林	346	595	880	856	1331	1610	1126	764	1055	1271
黑龙江	640	831	912	952	1442	1336	948	782	991	1485
上海	550	306	411	729	1121	1073	464	475	471	422
江苏	1980	1993	2051	3003	4052	5051	2617	2956	4843	4107
浙江	398	426	505	757	1430	988	672	874	857	1414
安徽	2051	4061	3382	3453	4748	4306	1642	3169	3161	4704
福建	828	732	789	933	1473	866	823	4141	2823	2798
江西	1519	1040	1368	2253	1889	1802	1717	1691	2179	3224
山东	2624	3993	5082	3975	3664	5261	3795	4494	8141	11332
河南	1440	2745	2307	2494	4360	5539	2990	2672	10271	11417
湖北	2719	1058	2765	2664	1306	1505	1210	2466	4428	4569
湖南	1255	1089	3381	2205	2259	2177	1344	967	1690	4299
广东	1762	1454	1270	1407	2725	2729	1223	2982	4608	3475
广西	516	645	735	700	1414	1589	582	903	997	2687
海南										
四川	1583	2035	2052	2646	3570	2606	1982	2583	6315	9758
贵州	368	686	633	567	618	494	331	613	750	2390
云南	630	695	875	740	908	599	514	675	880	1692
西藏			43	207	91		2	1	25	48
陕西	519	1023	984	1135	1794	1250	588	1109	1113	1530
甘肃	390	1074	675	1171	1083	871	539	681	1778	4522
青海	52	134	140	154	281	237	164	447	576	1028
宁夏							92	239	428	303
新疆	58	114	131	140	236	254	300	233	249	860

E-2续表1

单位：万元

地区	1962年	1963年	1964年	1965年	1966年	1967年	1968年	1969年	1970年
全国	**74475**	**87533**	**161510**	**107869**	**88112**	**81887**	**56154**	**66683**	**65349**
中央级			31	2325	454	534	308	11	
北京	542	638	816	1047	914	939	868	820	895
天津						473	439	572	405
河北	5780	15681	31433	18545	12395	6983	4443	5333	2054
山西	2556	2640	2361	2899	4447	2692	2478	2579	4777
内蒙古	1468	1124	1360	1440	2182	2401	1194	842	891
辽宁	3933	3467	3382	2942	2572	2781	2473	3542	2867
吉林	1660	2138	2235	1798	1704	1745	1579	1890	1837
黑龙江	2151	2362	2796	2611	2548	2169	1775	2355	2247
上海	539	874	1074	1220	1472	1654	1410	1359	1442
江苏	4873	7282	11070	5506	7298	5400	3756	3839	4191
浙江	1597	1166	1152	1351	1142	1366	1486	1481	1496
安徽	3530	5431	10567	3347	4119	6861	4025	4246	5547
福建	1493	1687	1394	1463	1673	1738	1727	1922	1463
江西	3168	2273	3081	1989	2145	2318	1637	1924	2047
山东	6963	7201	11079	15807	9458	9844	5878	7622	6442
河南	8107	10099	48554	17841	9303	8611	4105	6983	4947
湖北	3767	3468	3319	2790	2579	3177	2651	3509	4197
湖南	2697	2834	4522	2482	2141	2562	1848	2019	1668
广东	2830	3146	3056	2664	2454	2644	2046	2639	2734
广西	1505	2125	4006	1983	1997	2541	1641	1607	1555
海南									
四川	5918	4227	4495	5179	4774	4067	3374	3439	3678
贵州	1429	1792	1808	1726	1730	1926	1224	1314	1646
云南	773	1250	1494	1596	1772	1412	807	1018	2460
西藏	117		133	192	374			96	100
陕西	1422	1640	1918	3137	3623	1874	1477	1733	1778
甘肃	2464	2988	2310	1611	1161	1963	671	989	952
青海	1005		465	695	409	185	190	246	207
宁夏	365		378	284	272	287	200	238	242
新疆	1823		1212	1399	1000	740	444	516	584

E-2 续表 2

单位：万元

地　区	1971 年	1972 年	1973 年	1974 年	1975 年	1976 年	1977 年	1978 年	1979 年
全　国	**68269**	**81549**	**99675**	**90406**	**127082**	**161690**	**185288**	**137135**	**183279**
中央级		8	10					11	44
北　京	974	1192	1506	1284	1461	1742	3068	1990	2238
天　津	407	546	762	937	881	933	13670	1061	1482
河　北	3591	5482	8727	5925	5960	7041	36568	11605	9140
山　西	4563	4025	4696	3587	3420	4111	4813	5437	8154
内蒙古	649	1020	1914	1575	1559	2502	1873	2040	5922
辽　宁	3922	4574	5590	3902	18731	14705	7427	6103	5607
吉　林	1968	1753	2174	2500	2448	2834	3677	3869	3477
黑龙江	2317	2768	3701	3884	3701	4176	5463	5545	5149
上　海	1554	1676	1885	2088	2263	2469	2581	2777	3290
江　苏	4969	7368	6988	7258	8001	7719	8031	9208	10019
浙　江	1517	2399	2103	1973	1984	2424	2641	2853	3475
安　徽	3365	4639	4625	3981	5828	15690	6300	6756	13263
福　建	1481	1721	2142	2150	1991	2432	2826	2730	3272
江　西	2357	2357	4039	3220	2964	3606	3981	3953	8610
山　东	9034	8801	8110	8601	10417	9746	10599	12292	15169
河　南	4699	4799	5474	4190	24152	40056	21437	14140	19495
湖　北	3116	3462	4747	3487	4471	5463	5160	6149	9597
湖　南	1602	2272	3321	2580	2942	3442	3550	4380	6747
广　东	2410	2800	4041	5051	3836	4884	5546	5435	8146
广　西	1827	1713	1597	1669	1653	1963	2355	2073	4019
海　南									
四　川	4518	5615	6780	5936	6061	9037	12602	8511	12722
贵　州	1535	2116	3574	1955	2352	2748	3296	2740	4767
云　南	1454	1746	1509	2245	2242	3428	3783	2948	3478
西　藏	104	173	228	195	206	289	270	379	1366
陕　西	2099	2415	3435	2986	2579	3174	4575	4834	5780
甘　肃	968	2206	3421	4183	2603	2240	5485	4030	5204
青　海	291	366	311	342	521	407	514	696	853
宁　夏	354	810	1369	1813	600	1150	1780	1090	1040
新　疆	651	727	896	909	1255	1279	1417	1500	1754

E–2 续表 3

单位：万元

地区	1980年	1981年	1982年	1983年	1984年	1985年	1986年	1987年	1988年
全国	**174769**	**192267**	**191874**	**216116**	**242371**	**295841**	**344064**	**359278**	**395646**
中央级	103	138	78	163	286	443	2526	2742	1297
北京	2802	3167	3416	4063	4904	5719	7287	8906	11355
天津	1474	1670	1669	2194	3101	3583	4113	4531	5209
河北	11165	13597	10179	9692	12427	16654	16581	20578	24272
山西	6749	7893	7854	7015	7924	10683	10193	11833	13977
内蒙古	5714	6218	5135	7379	7909	9030	11684	10867	11254
辽宁	6671	8073	10591	11727	11741	18341	22112	18104	19595
吉林	4482	4970	4951	6300	5952	8391	13570	14016	10692
黑龙江	5370	6562	8005	9546	8782	10119	13791	13686	14205
上海	3375	3381	3215	3170	3540	4467	5503	5603	3965
江苏	11269	12914	11991	14750	16403	16254	20586	21208	23816
浙江	3703	3897	4070	4808	6480	8174	10211	12353	16113
安徽	9385	9550	7521	12093	14059	14340	13524	12942	14854
福建	3625	4268	4773	5506	5601	8298	7657	9238	10332
江西	6289	5309	6183	7093	8360	8364	9768	11546	13240
山东	16327	14126	18998	17811	17413	22757	22496	29017	31890
河南	12007	10921	12862	15216	13710	18456	20939	2260	21784
湖北	9265	12458	7956	10798	10760	11860	14581	14846	17804
湖南	7026	8924	7546	10428	10373	12357	15013	15167	19110
广东	8337	7767	9550	9035	12337	14516	15526	17076	16675
广西	3213	3674	3897	4779	6382	9438	9634	9054	9757
海南									2338
四川	12063	15429	14542	13943	17823	20667	24973	25524	28123
贵州	4123	4718	4354	5211	5833	9182	8657	9092	9408
云南	4172	4599	4231	5251	7025	10137	13752	12712	14934
西藏	1704	1208	1151	1357	1821	1391	1789	1828	1795
陕西	5390	8198	6271	5820	6313	7545	8586	9299	10602
甘肃	4801	4338	5778	4902	8983	6541	7655	7238	8346
青海	862	915	1068	1270	1674	1918	2134	1837	1750
宁夏	1385	1118	1819	2329	1497	1826	1990	1780	2609
新疆	1918	2267	2220	2467	2958	4395	4768	4896	4549

E-2 续表 4

单位：万元

地　区	1989 年	1990 年	1991 年	1992 年	1993 年	1994 年	1995 年	1996 年	1997 年
全　国	**466492**	**519383**	**625359**	**637097**	**698708**	**870194**	**1034502**	**1211500**	**1335202**
中央级	1185	1517	1792	3217	3108	4077	3703	6371	5954
北　京	12805	14738	16249	19073	26105	36146	44073	54012	61184
天　津	5861	6585	7176	8173	9218	11970	15023	17254	19738
河　北	26484	32162	30785	33344	38161	48303	58804	74364	71151
山　西	15845	15976	17378	19264	19515	22995	31008	37882	37150
内蒙古	10975	13510	13449	14250	15314	18378	20470	26012	26773
辽　宁	22233	26318	26380	29561	32903	44239	60067	59580	65370
吉　林	11439	14155	14619	16553	18461	24648	30876	31416	33928
黑龙江	15127	15982	18411	19734	19377	26195	28798	30459	33020
上　海	4741	5364	6270	7742	10368	15557	19773	23984	30860
江　苏	27647	33150	50604	48290	47590	59349	69907	80163	93383
浙　江	18710	21111	22094	22124	26924	40044	43610	50852	60657
安　徽	16444	19755	80611	39002	26982	26883	37348	43979	50559
福　建	11213	13935	15070	18423	20141	25502	31904	34498	46134
江　西	15076	15791	16915	21249	21410	23815	30354	33883	35962
山　东	39382	44965	46744	52525	62616	71995	76826	88009	101613
河　南	26566	24275	27675	31304	34498	44163	52458	59353	64155
湖　北	20704	21092	23318	23677	28918	39148	40291	50385	58511
湖　南	22384	24981	23436	24712	29096	35093	42680	53778	48234
广　东	20206	21863	25022	29602	43983	53653	64806	75354	88748
广　西	11955	11313	12728	14317	16760	30480	28730	36280	28944
海　南	3659	3366	3843	4270	4630	6163	7210	8828	8274
重　庆									25048
四　川	32186	36228	39004	42563	49037	59629	70257	77059	63016
贵　州	11568	12079	11043	11761	15154	15641	20528	26419	27866
云　南	31640	33901	38725	41026	30502	31529	36916	46048	52043
西　藏	2116	2909	3499	2647	2598	5304	4466	5228	6987
陕　西	12277	13688	13412	16805	20107	20404	26336	32108	31702
甘　肃	7681	8813	9124	11256	12186	13897	17748	21484	20366
青　海	1802	2086	2036	2387	2965	3454	4342	6473	8088
宁　夏	1805	2000	2206	2456	2464	3244	3458	4279	4397
新　疆	4776	5775	5741	5790	7617	8297	11732	15706	25387

E-2 续表 5

单位：万元

地 区	1998 年	1999 年	2000 年	2001 年	2002 年	2003 年	2004 年	2005 年	2006 年	2007 年
全 国	**1618445**	**1946843**	**2296954**	**2847548**	**3922695**	**4989172**	**5773907**	**7184146**	**9153527**	**12154874**
中央级	50783	11856	29338	13965	18467	18027	39290	37423	27907	32841
北 京	74406	97748	150746	196540	233429	303795	327957	370918	450229	575756
天 津	20952	20611	30547	41580	58202	62682	71091	92462	121917	149046
河 北	79064	88202	113381	125698	153525	185641	216770	283480	356510	488387
山 西	39519	45466	56815	71776	105897	124003	147570	192257	236469	339210
内蒙古	35484	35659	44674	55328	70606	99368	126237	141727	187147	283105
辽 宁	74946	85394	131675	180547	227704	279737	304551	368476	437608	575209
吉 林	52337	53311	51153	76026	118392	166702	182133	218688	284676	341920
黑龙江	55977	60566	61753	80658	177852	167487	193823	222865	376619	478896
上 海	37336	54151	87021	121538	167719	222540	228764	282196	316864	406118
江 苏	108862	121349	159691	170800	205763	256063	309196	419996	502744	632560
浙 江	65733	88269	97755	124023	159432	189645	294720	354320	415110	508925
安 徽	56473	72895	72568	89476	138918	208606	195412	250782	312519	490974
福 建	49421	50996	67797	68897	85353	94061	139539	157015	226313	247500
江 西	47177	45334	49521	57966	92013	149217	176372	225667	340990	434664
山 东	112960	131746	159315	180470	233918	283989	311522	408419	526836	715079
河 南	68311	80338	102698	117574	159157	221713	251439	337872	425038	598726
湖 北	85285	75622	113381	122382	167653	229234	270653	345556	440298	514067
湖 南	54533	73272	80343	104818	158443	210815	252892	326694	422998	521304
广 东	96993	112133	144461	198362	278022	341821	386221	483430	635940	720130
广 西	30995	31950	35135	49819	82929	109901	113723	156841	175928	247212
海 南	9472	10818	13568	15372	18032	24304	27950	38103	49003	65929
重 庆	35054	51123	55934	70571	117114	125112	145713	174682	216847	307697
四 川	72283	89492	105249	139493	194774	244374	302566	376043	500440	734868
贵 州	27126	30834	36085	51264	67973	82094	102697	151257	181266	264299
云 南	53384	63169	78944	98782	115945	150814	183855	202346	228950	420914
西 藏	11749	6824	9920	14979	15358	17913	23200	22574	30224	38363
陕 西	25791	43230	54365	72136	103474	147039	149120	186935	244342	365358
甘 肃	20554	26371	35251	42851	58315	75346	91876	111530	149598	226791
青 海	8669	23784	16159	19790	24812	36616	39139	47402	51844	81455
宁 夏	5442	8651	13775	21289	28724	30448	34071	35346	57593	79705
新 疆	22690	55676	56940	52768	104762	130065	133844	160847	222762	267867

E-3 民政事业费按用向性质分类情况

单位：万元、%

项　目	2006年	2007年			
		数　值	构　成	比2006年增加额	比2006年增长速度
总　计	**9153527**	**12154874**	**100.00**	**3001347**	**32.79**
一、优抚支出	2091100	2091100	17.20		
（一）抚恤支出	856522	988998	8.14	132476	15.47
1.一次抚恤费	36273	50709	0.42	14436	39.80
2.定期抚恤费	167355	202514	1.67	35159	21.01
3.伤残抚恤费	435118	498703	4.10	63585	14.61
4.义务兵优待金	217776	237072	1.95	19296	8.86
（二）优抚对象补助支出	1035628	1401121	11.53	365493	35.29
1.复员退伍军人补助费	719121	1109158	9.13	390037	54.24
2.退伍军人安置费	316507	291963	2.40	-24544	-7.75
（三）优抚事业单位经费	136650	131022	1.08	-5628	-4.12
1.民政部门主办	134235	130472	1.07	-3763	-2.80
2.集体举办经费补助	2415	550		-1865	-77.23
（四）烈士纪念建筑物管理、维修费	62300	70769	0.58	8469	13.59
二、离休、退休、退职费	853685	1035833	8.52	182148	21.34
三、社会救济支出	4297413	5656077	46.53	1358664	31.62
（一）生活救济支出	3853068	5261699	43.29	1408631	36.56
1.农村救济支出	570080	1161672	9.56	591592	103.77
2.城镇救济支出	61789	137193	1.13	75404	122.03
3.最低生活保障支出	2241440	2773639	22.82	532199	23.74
4.精减退职老职工救济支出	49572	55870	0.46	6298	12.70
5.其他人员救济支出	76271	82557	0.68	6286	8.24
6.灾民生活救济支出	432829	452952	3.73	20123	4.65
7.五保户	421087	597816	4.92	176729	41.97
（二）流浪乞讨人员救助支出	87087	96546	0.79	9459	10.86
（三）紧急抢救转移安置灾民	330073	280691	2.31	-49382	-14.96
（四）救灾储备	27185	17141	0.14	-10044	-36.95
四、福利事业支出	501086	527787	4.34	26701	5.33
（一）福利事业单位经费	496276	523670	4.31	27394	5.52
1.民政部门举办	292427	347366	2.86	54939	18.79
2.集体举办经费补助	203849	176304	1.45	-27545	-13.51
（二）假肢事业支出	4810	4117	0.03	-693	-14.41
五、殡葬事业支出	152072	114689	0.94	-37383	-24.58
六、其他民政事业支出	702043	1101285	9.06	399242	56.87
七、地方离退休经费	139893	247977	2.04	108084	77.26
八、其他款项用于民政支出	416235	1380126	11.35	963891	231.57

E-4 民政事业费按支出形式分类支出情况

单位：万元、%

项　目	2006年	2007年			
		数　值	构　成	比2006年增加额	比2006年增长速度
总　计	**9153527**	**12154874**	**100.00**	**3001347**	**32.79**
一、直接发放	6483251	8371678	68.88	1888427	29.13
（一）按标准发放和报销	5359383	7243467	59.59	1884084	35.15
1.发放数	5188085	7050913	58.01	1862828	35.91
（1）定期发放	5122008	6970556	57.35	1848548	36.09
a 军队干部离休金	136199	192089	1.58	55890	41.04
b 军队干部退休金	306633	572805	4.71	266172	86.80
c 军队无军籍退休金	102907	143097	1.18	40190	39.05
d 地方干部、人员退休金、退职金	114817	103059	0.85	-11758	-10.24
离休、退休、退职金小计	660556	1011050	8.32	350494	53.06
e 烈属和牺牲病故定期抚恤金	167355	186497	1.53	19142	11.44
f 伤残抚恤金	395738	461681	3.80	65943	16.66
g 在乡退伍红军老战士生活费	34002	28872	0.24	-5130	-15.09
h 复员退伍军人定期定量补助费	598561	703239	5.79	104678	17.49
抚恤、补助费小计	1195656	1380289	11.36	184633	15.44
i 军队离休干部遗属、退休人员遗属定期定量补助费	4375	4678	0.04	303	6.93
j 农村五保户贫困户定期定量救济费	421087	597816	4.92	176729	41.97
k 农村最低生活保障救济费	434860	1090764	8.97	655904	150.83
l 城镇孤老残幼贫定期定量救济费	4824	4655	0.04	-169	-3.50
n 城镇最低生活保障救济费	2241440	2773639	22.82	532199	23.74
m 精减退职老弱病残职工原工资40%救济费	21976	23942	0.20	1966	8.95
o 精减退职老职工定期定量救济费	23402	26967	0.22	3565	15.23
p 其他由民政部门发放生活费	83442	26193	0.22	-57249	-68.61
定期定量救济费小计	3235406	4548654	37.42	1313248	40.59
q 在乡特、一等伤残军人护理费	7612	9081	0.07	1469	19.30
r 军队离休、退休人员护理费	22778	21482	0.18	-1296	-5.69

E-4续表1

单位：万元、%

项　目	2006年	2007年			
		数　值	构　成	比2006年增加额	比2006年增长速度
（2）非定期发放	66077	80357	0.66	14280	21.61
a烈士和牺牲病故人员	36273	50709	0.42	14436	39.80
b企事业退休人员一次性抚恤金	4356	5345	0.04	989	22.70
c离休、退休干部死亡丧葬补助费	25448	24303	0.20	-1145	-4.50
2.报销数	171298	192554	1.58	21256	12.41
（1）伤残补助费	31768	27942	0.23	-3826	-12.04
（2）离休、退休干部其他费用	139530	164612	1.35	25082	17.98
（二）临时性发放	1123868	1128211	9.28	4343	0.39
（1）烈军属复员退伍军人临时补助费	284899	265447	2.18	-19452	-6.83
（2）退伍军人建房补助费	4664	4410	0.04	-254	-5.45
（3）义务兵优待金	217776	237072	1.95	19296	8.86
优抚对象临时补助费小计	507339	506929	4.17	-410	-0.08
（4）农村其他人员临时救济费	96960	41862	0.34	-55098	-56.83
（5）城镇孤老残幼贫临时救济费	51456	73975	0.61	22519	43.76
（6）其他人员临时救济费	31090	47531	0.39	16441	52.88
（7）精减退职老职工临时救济费	4194	4962	0.04	768	18.31
临时社会救济费小计	183700	168330	1.38	-15370	-8.37
(8)灾民生活救济费	432829	452952	3.73	20123	4.65
二、单位拨款	1390760	1319762	10.86	-70998	-5.10
（一）民政部门举办事业单位经费	802800	891968	7.34	89168	11.11
1.优抚事业单位	156550	167256	1.38	10706	6.84
（1）伤残军人修养院	24663	18661	0.15	-6002	-24.34
（2）复员军人慢性病疗养院	15967	18025	0.15	2058	12.89
（3）复员退伍军人精神病院	37927	39340	0.32	1413	3.73
（4）光荣院	41928	47062	0.39	5134	12.24
（5）烈士纪念建筑物管理机构	36065	44168	0.36	8103	22.47

E-4续表2

单位：万元、%

项　目	2006年	2007年			
		数　值	构　成	比2006年增加额	比2006年增长速度
2.社会福利事业单位	372686	385763	3.17	13077	3.51
（1）社会福利院	169870	168814	1.39	-1056	-0.62
（2）儿童福利院	46576	50124	0.41	3548	7.62
（3）精神病人福利院	69153	70279	0.58	1126	1.63
（4）流浪乞讨人员救助站	87087	96546	0.79	9459	10.86
3.军队离退休干部管理机构	121491	224260	1.85	102769	84.59
4.殡葬事业单位	152073	114689	0.94	-37384	-24.58
（1）火葬场	55090	53281	0.44	-1809	-3.28
（2）其他殡葬事业单位	96983	61409	0.51	-35574	-36.68
（二）集体办事业单位补贴	220015	119224	0.98	-100791	-45.81
1.优抚事业单位	16166	7933	0.07	-8233	-50.93
2.社会福利事业单位	203849	111291	0.92	-92558	-45.41
（三）生产单位拨款	10687	10738	0.09	51	0.48
1.假肢厂、站	3859	3109	0.03	-750	-19.44
2.安置农场	6828	7629	0.06	801	11.73
（四）灾民紧急抢救、转移、安置费	330073	280691	2.31	-49382	-14.96
（五）救灾储备	27185	17141	0.14	-10044	-36.95
三、其他支出	1279516	2463434	20.27	1183918	92.53

E-5 民政事业费支出效果

单位：人、户、个、%

项　目	2006年	2007年		
		数　值	比2006年增加额	比2006年增长速度
一、固定对象人数	49479527	69339364	19859837	40.14
（一）供养人数	49154998	69021637	19866639	40.42
1.离退休人员	269411	280244	10833	4.02
a 军队离休干部	30908	30703	-205	-0.66
b 军队退休干部、职工	97408	116343	18935	19.44
c 军队无军籍职工	64271	72549	8278	12.88
d 地方离休人员	4610	3328	-1282	-27.81
f 地方退休、退职人员	72214	57321	-14893	-20.62
2.在乡伤残人员	568534	578947	10413	1.83
3.在乡退伍红军老战士	3326	2944	-382	-11.49
4.定期抚恤烈属牺牲病故人员家属	469862	469032	-830	-0.18
5.定期定量补助人数	3074720	3121109	46389	1.51
6.定期定量救济人数	44769145	64569361	19800216	44.23
a 农村五保户、贫困户	4928151	5056862	128711	2.61
b 农村最低生活保障	15426593	34595531	19168938	124.26
c 城镇孤老残幼贫	99393	39342	-60051	-60.42
d 城镇最低生活保障	22305776	22519577	213801	0.96
e 享受原工资40%救济精减老弱残	186957	170043	-16914	-9.05
f 精减退职老职工	219750	222851	3101	1.41
g 其他发生活救济费人员	1602525	1965155	362630	22.63
（二）非供养人员	324529	317727	-6802	-2.10
1.在职革命伤残人员	281621	276078	-5543	-1.97

E–5 续表

单位：人、户、个、%

项　目	2006年	2007年		
		数　值	比2006年增加额	比2006年增长速度
2.发护理费人员	42908	41649	-1259	-2.93
a 特一等伤残人员	15381	15860	479	3.11
b 离休、退休人员护理	27527	25789	-1738	-6.31
二、非固定对象	50819737	44822456	-5997281	-11.80
（一）退伍军人建房补助人数	9074	6769	-2305	-25.40
（二）义务兵优待金	993462	988733	-4729	-0.48
（三）灾民救济人数	49817201	43826954	-5990247	-12.02
三、民政部门办事业单位收养人数	222456	223869	1413	0.64
（一）优抚事业单位	45153	58494	13341	29.55
1.伤残军人休养院	2722	2103	-619	-22.74
2.复员军人慢性病疗养院	3600	4183	583	16.19
3.复退军人精神病院	11429	11319	-110	-0.96
4.光荣院	27402	40889	13487	49.22
（二）社会福利事业单位	177303	165375	-11928	-6.73
1.社会福利院	136063	118669	-17394	-12.78
2.儿童福利院	27772	31109	3337	12.02
3.精神病人福利院	13468	15597	2129	15.81
四、其　他				
1.离退休干部管理机构数	1889	1944	55	2.91
住所离退休干部人数	108982	84997	-23985	-22.01
2.补贴假肢厂、站数	36	32	-4	-11.11
3.补贴火葬场火化尸体数	2083119	1855140	-227979	-10.94
4.流浪乞讨人员救助单位数	1103	1095	-8	-0.73
5.转移灾民人数	6592431	5828679	-763752	-11.59

E-6 民政事业费预算指标地方安排情况

单位：万元、%

地区	预算指标			地方预算安排预算指标		
	2006年	2007年	增长率	2006年	2007年	增长率
合 计	**9272641**	**12037532**	**29.82**	**4926163**	**6936421**	**40.81**
中央级	45470	56025	23.21			
北 京	357607	530098	48.23	353681	357484	1.08
天 津	113449	146491	29.12	64298	94203	46.51
河 北	371806	489746	31.72	164312	236743	44.08
山 西	258618	347588	34.40	112380	174758	55.51
内蒙古	197416	291745	47.78	91380	162852	78.21
辽 宁	460720	577865	25.43	200087	283532	41.70
吉 林	284599	351397	23.47	127751	157292	23.12
黑龙江	385669	460175	19.32	186904	250788	34.18
上 海	258860	353509	36.56	221962	316366	42.53
江 苏	517984	622782	20.23	388145	490225	26.30
浙 江	429454	518466	20.73	355131	451025	27.00
安 徽	341828	481721	40.92	155066	270262	74.29
福 建	245818	248537	1.11	148896	183725	23.39
江 西	354581	425486	20.00	151662	234334	54.51
山 东	552249	721034	30.56	308049	432816	40.50
河 南	443994	580607	30.77	199817	286242	43.25
湖 北	443966	512507	15.44	201578	219175	8.73
湖 南	422647	512562	21.27	177551	231434	30.35
广 东	480099	638460	32.99	371250	537299	44.73
广 西	220079	262609	19.32	77615	129306	66.60
海 南	66634	73365	10.10	25465	35068	37.71
重 庆	234500	308945	31.75	107807	151918	40.92
四 川	524286	732161	39.65	232630	378104	62.53
贵 州	195202	276907	41.86	101451	133705	31.79
云 南	252543	445268	76.31	122675	270479	120.48
西 藏	30224	45227	49.64	12806	19653	53.47
陕 西	276111	383226	38.79	98033	169834	73.24
甘 肃	163045	221333	35.75	53784	87052	61.85
青 海	60286	85087	41.14	20012	33886	69.33
宁 夏	62660	77867	24.27	23201	36672	58.06
新 疆	220239	258737	17.48	70784	120190	69.80

E-7 中央专项

地　区	合　计	财社129号	财社118号	抚恤合计	财社2号	财社194号
合　计	**5044464**	**500**	**908**	**1109050**	**454800**	**8600**
北　京	172614	84	908	7292	3016	100
天　津	52288	47		5347	2188	100
河　北	253003			86099	34340	450
山　西	172830			40155	17106	310
内蒙古	128893			16917	7125	400
辽　宁	294333			33759	14371	270
#大连	40802			2855		
吉　林	194105			30104	13042	340
黑龙江	209387			28917	12493	300
上　海	37143	164		4276	1875	
江　苏	132557	30		54809	22841	290
浙　江	67441	60		21227	8429	180
#宁波	8867	20		2417	954	
安　徽	211459			49224	20880	360
福　建	64812			17976	7170	260
#厦门	4230			478	190	
江　西	191152			44799	19161	480
山　东	288218	55		137334	57270	800
#青岛	40248	55		9225	3847	200
河　南	294365			81555	34030	410
湖　北	293332			65477	28048	470
湖　南	281128			70709	28844	300
广　东	101161	60		30350	11810	340
#深圳	3834	35		479	202	
广　西	133303			25806	9397	310
海　南	38297			6420	2713	140
重　庆	157027			30170	11386	210
四　川	354057			93375	40253	350
贵　州	143202			26711	9906	200
云　南	174789			29421	9711	240
西　藏	25574			1538	707	
陕　西	213392			40996	15898	210
甘　肃	134281			14657	5778	290
青　海	51201			3155	1315	140
宁　夏	41195			2575	1031	180
新　疆	110299			6645	2666	130

注：上述中不含兵团622万元。

拨款对账单

单位：万元

					退役安置合计		
财社55号	财社56号	财社83号	财社9号	财社185号		财社1号	财社113号
200	**200**	**6461**	**6461**	**632328**	**1173864**	**286497**	**15000**
		50	50	4076	162917	39606	1239
		37	37	2985	25223	6582	273
		1857	1857	47595	57850	13850	798
		570	571	21598	27007	6533	466
		87	87	9218	18046	3956	382
		133	133	18852	107710	29369	1401
				2855	36515	10371	320
		70	70	16582	30513	7294	450
		111	111	15902	25559	5605	400
			1	2400	31583	8280	
		516	516	30646	58941	14812	457
		86	87	12445	26051	6420	433
				1463	5382	1618	
		80	80	27824	22270	4232	552
		8	8	10530	23298	5707	
				288	3512	1055	
		6	5	25147	14974	3118	237
		2213	2213	74838	103687	26331	2679
				5178	29229	7717	392
		356	355	46404	44050	9842	1005
		31	30	36898	49617	12502	560
		21	21	41523	30428	7136	510
		11	11	18178	52532	14839	547
				277	3189	759	
200		5	5	15889	15362	3558	241
		16	16	3535	7444	1883	
		8	8	18558	22540	3994	138
		22	21	52729	57712	13206	454
		5	4	16596	10417	2382	
	200	23	22	19225	40992	10762	95
				831	7298	1678	
		109	108	24671	47902	11366	941
		22	22	8545	17963	4200	431
			1	1699	5921	1332	
			3	1361	4122	668	160
		8	8	3833	23172	5454	151

E-7续表

地 区	退役安置						中央自然灾害生活补助金
	财社120号	财社121号	财社140号	财社184号	财社195号	财社102号	
合 计	**716804**	**49881**	**980**	**98857**	**5845**	**300000**	**498562**
北 京	114407	7601	4		60		100
天 津	16152	1187	4	980	45		244
河 北	34996	2057	52	5641	456	11395	16900
山 西	15763	1079	44	2904	218	8906	22300
内蒙古	10663	964	36	1919	126	11555	13800
辽 宁	67003	4840	80	4741	276	7367	14105
#大连	24155	1669					500
吉 林	17183	1253	20	4084	229	4698	14400
黑龙江	13274	1203	60	4727	290	8821	16579
上 海	21511	1722			70		
江 苏	35503	2251	44	5501	373	3327	7400
浙 江	13698	1335	24	3996	145	2041	14400
#宁波	3471	293					500
安 徽	10223	653	40	6263	307	15734	27761
福 建	13642	1178	28	2647	96	2436	14100
#厦门	2272	185					
江 西	6856	537	36	3978	212	13518	25200
山 东	61670	4314	96	8094	503	4533	17600
#青岛	19787	1333					300
河 南	23400	1970	80	7313	440	19933	21056
湖 北	29455	1980	52	4823	245	12714	24541
湖 南	17336	827	64	4221	334	11973	36306
广 东	34779	2131	36		200	3053	9800
#深圳	2309	121					
广 西	8312	750	4	2412	85	14971	17195
海 南	4264	276		986	35	2345	5100
重 庆	14184	809	36	3222	157	6660	21800
四 川	34437	2337	56	6903	319	18023	43623
贵 州	5964	509	16	1486	60	31040	21400
云 南	26032	1814	16	2181	92	25715	13400
西 藏	5525	81			14	3581	3100
陕 西	30233	2249	16	2894	203	22293	26252
甘 肃	10513	812	8	1888	111	18022	17300
青 海	3397	167	4	989	32	5882	8100
宁 夏	2082	170	20	995	27	3327	7900
新 疆	14347	825	4	2312	79	6137	13200

单位:万元

医疗保障合计	财社114号	财社187号	财社220号			财社242号	城市最低生活保障补助资金
				农村医疗救助	城市医疗救助		
492991	**132000**	**153000**	**130000**	**80000**	**50000**	**77991**	**1598589**
1473		1083	160		160	230	0
1783		1253	220		220	310	19864
22328	5000	9674	4550	2800	1750	3104	62981
17335	4980	5119	4460	2630	1830	2776	61587
13161	4100	2587	3970	2380	1590	2504	59384
8743		4348	1780		1780	2615	124429
932		932					
19763	4760	4570	5810	2860	2950	4623	100437
18124	5270	3667	5210	2800	2410	3977	116597
1390		740	270		270	380	
8420		7492	370		370	558	
3912		3297	250		250	365	
548		548					
22364	6400	7125	5780	3820	1960	3059	79886
4692		2985	690		690	1017	3000
240		240					
25572	8400	5079	7790	5090	2700	4303	74879
19149		16316	1140		1140	1693	7000
1439		1386				53	
30955	8980	10590	7800	5440	2360	3585	104616
24437	6890	7724	6160	3760	2400	3663	122706
30053	8950	9439	7340	4820	2520	4324	108999
5716		4853	350		350	513	
131		131					
18402	6600	3848	5710	4200	1510	2244	47277
8945	3160	1519	2780	1780	1000	1486	10823
18506	4660	4690	5670	3510	2160	3486	63021
35591	10370	11026	9610	6550	3060	4585	115343
18354	5840	4262	5990	4480	1510	2262	41270
19431	6250	4800	5540	4000	1540	2841	51370
9919	3430	1349	3320	2060	1260	1820	3458
20416	5710	5254	6460	4430	2030	2992	61993
18295	6670	2620	6050	4140	1910	2955	54094
12315	4290	1424	4360	2890	1470	2241	20188
11133	3920	1283	3760	2390	1370	2170	15898
17328	7370	1578	5180	3170	2010	3200	48997

E-8 民政事业费

地　区	本年预算指标合计	上年结转预算指标	本级财政安排预算指标	本年上级下达预算指标
全　国	**12556756.5**	**557334.1**	**12037532.2**	**16134539.9**
中央级	56025.1		5101111.1	
北　京	533269.7	3171.8	357483.9	360380.0
天　津	157098.8	10608.1	94202.9	102557.4
河　北	516308.7	26562.3	236743.4	795029.5
山　西	367841.8	20253.7	174758.1	628466.3
内蒙古	300318.1	8987.5	162851.5	470123.6
辽　宁	604676.6	25733.3	283532.2	930790.4
吉　林	344711.1	10721.3	157291.5	612024.1
黑龙江	489811.4	26159.8	250788.3	888603.0
上　海	326528.6	9919.0	316365.6	37143.0
江　苏	650607.1	27824.4	490224.8	568554.9
浙　江	534654.1	16187.8	451025.3	179840.0
安　徽	520382.2	38661.5	270251.7	504555.7
福　建	273904.4	25367.8	183724.6	308305.2
江　西	441412.0	15925.6	234334.4	762109.3
山　东	745444.3	24410.2	432816.1	936586.8
河　南	597591.0	16984.3	286241.7	935577.0
湖　北	521585.0	9787.4	219175.2	634182.0
湖　南	522089.5	9527.6	231433.9	891573.2
广　东	660254.8	21794.9	537299.1	493768.6
广　西	308635.5	46027.0	129305.5	429380.7
海　南	93203.8	19839.1	35067.7	79731.9
重　庆	323322.8	14438.5	151918.3	336798.0
四　川	756583.3	24422.6	378103.7	1185723.0
贵　州	284538.7	7631.3	133705.4	510293.8
云　南	475440.2	23558.1	270478.8	800634.0
西　藏	45195.3		19653.1	52133.2
陕　西	427270.9	37802.2	169833.7	739561.3
甘　肃	234570.6	13237.2	87052.4	294394.2
青　海	91380.8	6293.4	33886.4	133386.4
宁　夏	84557.6	6690.7	36671.9	91601.9
新　疆	267542.7	8805.7	120190.0	440731.5

预算执行情况

单位：万元

本年下达所属地方预算指标	本年抚恤预算指标				
		上年结转预算指标	本级财政安排预算指标	本年上级下达预算指标	本年下达所属地方预算指标
16172649.7	**2253379.0**	**125015.3**	**2231081.2**	**3497749.2**	**3600466.7**
5045086.0	10326.9		1272509.9		1262183.0
187766.0	43180.9	107.6	35781.3	11984.0	4692.0
50269.6	18193.5	372.9	12473.6	10351.3	5004.3
542026.5	147175.8	5299.3	55777.5	281137.9	195038.9
455636.3	75344.3	7677.7	22392.6	132978.1	87704.1
341644.5	34229.9	1704.3	10748.6	57624.1	35847.1
635379.3	77603.6	5230.0	38575.8	108906.1	75108.3
435325.8	49558.2	2981.8	15340.6	96775.7	65539.9
675739.7	55984.2	5395.3	18590.2	123635.0	91636.3
36899.0	44228.8	876.0	43488.8	5016.0	5152.0
435997.0	145836.7	9700.1	79777.4	188358.2	131999.0
112399.0	107704.2	3317.0	83160.2	50793.5	29566.5
293096.7	103640.4	15452.4	38964.0	106276.1	57052.1
243493.2	50432.7	5413.7	27043.0	71867.3	53891.3
570957.3	83029.2	1595.1	31556.1	160151.4	110273.4
648368.8	254184.6	6265.7	110584.9	424745.3	287411.3
641212.0	134948.2	1695.1	44584.1	271703.1	183034.1
341559.6	100850.1	1717.7	32193.6	139930.0	72991.2
610445.2	107970.2	2561.9	33788.9	230596.1	158976.7
392607.8	116388.3	5781.8	75403.7	139865.3	104662.5
296077.7	52130.5	7375.8	15100.7	87745.3	58091.3
41434.9	18774.6	7847.3	4507.1	13113.4	6693.2
179832.0	59386.9	4470.8	20072.1	75142.0	40298.0
831666.0	139580.6	4171.1	42034.5	294810.0	201435.0
367091.8	43675.5	867.8	16096.7	83108.1	56397.1
619230.7	50691.3	7645.3	13446.3	95333.2	65733.5
26591.0	3666.2		779.2	5744.0	2857.0
519926.3	72567.5	4986.6	21547.8	152495.4	106462.3
160113.2	22976.3	1565.5	6753.8	30300.3	15643.3
82185.4	6836.6	670.5	1587.1	10146.0	5567.0
50406.9	5491.3	1402.7	1513.6	4557.0	1982.0
302184.5	16791.0	866.5	4907.5	32560.0	21543.0

E−8 续表 1

地　区	本年预算				
	本年退役安置预算指标	上年结转预算指标	本级财政安排预算指标	本年上级下达预算指标	本年下达所属地方预算指标
全　国	**1734839.0**	**113472.5**	**1654912.2**	**2707460.9**	**2741006.6**
中央级			1173864.0		1173864.0
北　京	278371.1	1718.7	113735.4	338714.1	175797.1
天　津	116378.8	6249.9	51333.7	171457.8	112662.6
河　北	58622.2	9043.0	49579.2	31583.0	31583.0
山　西	93509.3	1942.3	39035.0	154397.2	101865.2
内蒙古	82992.8	3334.7	21946.1	157123.4	99411.4
辽　宁	49341.7	5533.7	21538.0	49483.3	27213.3
吉　林	50040.1	2899.9	21089.2	54001.6	27950.6
黑龙江	131895.1	7878.3	20329.8	261478.8	157791.8
上　海	85205.8	7860.1	19495.7	131239.6	73389.6
江　苏	43018.1	170.6	12569.2	74162.4	43884.1
浙　江	62450.9	840.4	12424.3	99107.0	49920.8
安　徽	57315.7	4173.4	9049.5	102290.5	58197.7
福　建	56895.8	4612.5	8224.6	110490.4	66431.7
江　西	74676.2	18939.1	7835.1	124209.8	76307.8
山　东	34446.8	3327.0	7821.8	56816.8	33518.8
河　南	120663.5	6167.6	7423.4	233704.8	126632.3
湖　北	22660.0	275.8	7410.2	35658.2	20684.2
湖　南	36107.0	1361.9	6716.6	69314.7	41286.2
广　东	24936.5	3185.0	6389.5	34208.2	18846.2
广　西	30715.9	2022.0	6198.9	45082.0	22587.0
海　南	15813.5	382.9	5013.6	28928.7	18511.7
重　庆	24700.2	1672.7	4981.9	40535.3	22489.7
四　川	37915.0	8277.2	4414.8	52691.0	27468.0
贵　州	29766.8	1590.5	3700.8	61257.6	36782.1
云　南	32290.3	1623.3	3660.0	63117.9	36110.9
西　藏	12226.5	1165.5	3617.0	13403.8	5959.8
陕　西	30705.4	3886.0	2884.4	46211.5	22276.5
甘　肃	22088.0	2555.0	1570.0	33110.0	15147.0
青　海	4740.7		618.7	7010.0	2888.0
宁　夏	6991.3	783.5	286.8	12170.5	6249.5
新　疆	7358.0		155.0	14501.0	7298.0

单位：万元

指标合计				
本年城市居民最低生活保障预算指标	上年结转预算指标	本级财政安排预算指标	本年上级下达预算指标	本年下达所属地方预算指标
2842364.1	**76546.8**	**2767076.8**	**5083498.7**	**5084758.2**
		1598589.0		1598589.0
47256.9	500.0	46756.9		
63941.7	85.2	63719.6	31596.9	31460.0
82587.1		82587.1		
56599.7	787.8	55811.9	21135.3	21135.3
180195.0	2793.0	62059.0	379491.7	264148.7
125888.4	5558.5	40443.9	175630.5	95744.5
19874.3	521.4	19352.9	828.1	828.1
77597.0	503.1	70093.9	51272.6	44272.6
97912.6	4475.2	30456.4	209427.2	146446.2
154386.3	82.1	45315.8	355830.5	246842.1
169128.3	496.6	45995.8	256996.9	134361.0
141112.5	5398.1	31098.4	343907.6	239291.6
94009.2	2747.4	39593.6	208005.1	156336.9
106895.8	5692.9	39209.9	215899.9	153906.9
23384.0	512.1	19871.9	26321.2	23321.2
185405.9	4780.9	57346.2	417681.8	294403.0
111103.8	1502.0	34722.8	248482.7	173603.7
157325.8	1150.4	57023.4	339630.8	240478.8
71766.9	10979.5	13510.4	148062.0	100785.0
107866.5	3193.9	41651.6	128199.0	65178.0
62513.2	1159.3	20083.9	145278.7	104008.7
116145.6	34.8	56741.8	231726.1	172357.1
40544.2	170.8	20509.6	36382.1	16518.3
174705.6	12035.8	44240.9	388794.7	270365.8
106328.5	4070.8	40670.7	238691.2	177104.2
16202.8	1658.7	3721.1	22658.0	11835.0
92297.0	1464.5	23343.5	228045.8	160556.8
90655.0	2637.0	33924.0	126858.9	72764.9
31298.1	1497.5	13902.6	38115.2	22217.2
31594.7	57.5	11349.2	59830.6	39642.6
5841.7		3379.1	8717.6	6255.0

E-8续表2

地　区	本年预算				
	本年农村社会救济预算指标	上年结转预算指标	本级财政安排预算指标	本年上级下达预算指标	本年下达所属地方预算指标
全　国	**1916651.4**	**24549.3**	**1885363.0**	**1749514.6**	**1742775.5**
中央级			300047.0		300047.0
北　京	11491.1	689.0	10802.1	669.7	669.7
天　津	7889.9	75.3	7814.6		
河　北	66865.4	1385.1	54085.3	55874.8	44479.8
山　西	52611.3	619.3	43086.0	78254.6	69348.6
内蒙古	50602.2	68.1	38909.5	62886.9	51262.3
辽　宁	62254.0	913.5	52484.2	53559.0	44702.7
吉　林	37456.0	613.8	32089.6	47595.4	42842.8
黑龙江	57818.5	87.8	45626.2	80037.5	67933.0
上　海	20144.8		20144.8		
江　苏	121679.6	999.5	117747.9	74793.5	71861.3
浙　江	113644.9	1563.1	110040.8	24733.0	22692.0
安　徽	102953.9	1369.9	85850.0	57995.8	42261.8
福　建	62500.2	143.1	59921.1	84899.0	82463.0
江　西	92989.2	1668.0	77803.2	136706.7	123188.7
山　东	107774.0	355.7	102885.3	59737.6	55204.6
河　南	131375.8	1453.1	108960.4	75034.3	54072.0
湖　北	68188.4	151.4	55316.9	51584.1	38864.0
湖　南	72208.5	1174.8	58980.6	47066.2	35013.1
广　东	114518.8	1336.1	110129.7	59837.9	56784.9
广　西	53852.2	1570.1	37311.1	63817.7	48846.7
海　南	11455.7	878.6	8240.1	7878.5	5541.5
重　庆	42850.7	369.2	35821.5	20191.0	13531.0
四　川	118972.7	1796.8	99152.9	88762.1	70739.1
贵　州	73218.5	104.0	42074.5	142036.5	110996.5
云　南	103175.9	1584.3	75306.2	161569.2	135283.8
西　藏	7729.7		3589.7	7721.0	3581.0
陕　西	63461.4	1738.7	39429.7	97165.2	74872.2
甘　肃	40210.2	1583.2	20605.0	44359.0	26337.0
青　海	13123.6		7241.6	17633.0	11751.0
宁　夏	8548.8	257.8	4964.0	9444.0	6117.0
新　疆	25085.5		18901.5	37671.4	31487.4

单位：万元

指标合计				
本年其他城镇社会救济预算指标	上年结转预算指标	本级财政安排预算指标	本年上级下达预算指标	本年下达所属地方预算指标
228274.8	**5496.2**	**223604.9**	**73799.4**	**74625.7**
		73.0		73.0
12080.1		12080.1	348.7	348.7
2708.6	48.0	2660.6		
3794.6	12.3	3782.3	90.0	90.0
2346.5	6.0	2340.5	50.0	50.0
4498.0	150.0	4415.4	1231.8	1299.2
28632.4	2189.7	26844.8	22958.7	23360.8
6374.3	300.0	5580.7	1534.2	1040.6
23671.3		23672.4	35071.3	35072.4
27423.3		27423.3		
18137.0	465.8	17525.7	1933.8	1788.3
17454.8	393.4	17061.4	2405.6	2405.6
3796.3	205.2	3711.1		120.0
2929.7	9.0	2920.7	440.4	440.4
4285.0	23.8	4261.2		
4408.9		4408.9	304.5	304.5
3902.7	55.9	4688.5	702.8	1544.5
5307.1		5287.3	126.8	107.0
6504.8	3.0	6498.7	1319.2	1316.1
21208.2	480.0	20728.2	2125.1	2125.1
2943.9	309.4	2634.5	176.6	176.6
669.2	45.0	622.2	2.0	
3670.5		3670.5	175.0	175.0
8252.9	100.2	8152.7	1040.1	1040.1
1750.1	115.0	1635.1	625.3	625.3
1966.2	60.0	1964.2	239.3	297.3
116.0		116.0		
3089.6	61.7	3027.9	376.0	376.0
1539.2	248.4	1290.8	200.0	200.0
509.7		509.7		
1175.5	214.4	961.1		
3128.4		3055.4	322.2	249.2

E–8 续表 3

地　区	本年社会福利预算指标					本年预算
		上年结转预算指标	本级财政安排预算指标	本年上级下达预算指标	本年下达所属地方预算指标	本年民政管理事务预算指标
全　国	**548523.3**	**13247.4**	**531895.3**	**97213.0**	**93832.4**	**1009375.6**
中央级			369.0		369.0	29940.5
北　京	19241.9		19241.9			63979.5
天　津	11245.2		11245.2			24611.9
河　北	14931.6	222.9	14708.7	160.2	160.2	30212.1
山　西	7695.6	72.0	7623.6	103.0	103.0	18598.7
内蒙古	8498.0	74.0	8413.1	906.4	895.5	18196.8
辽　宁	23709.4	230.0	23470.0	8018.9	8009.5	38649.1
吉　林	15299.0	418.9	13721.6	2218.0	1059.5	15380.1
黑龙江	18703.8	60.0	18643.8	4050.0	4050.0	15654.6
上　海	31916.4		31916.4			44887.6
江　苏	60889.9	4575.0	56339.9	34812.6	34837.6	64717.3
浙　江	64775.4	660.5	64114.9	682.0	682.0	77822.8
安　徽	11335.3	649.7	10565.6	774.8	654.8	25331.0
福　建	12232.4	64.1	12168.3	1144.9	1144.9	24372.5
江　西	12518.3	322.3	12196.0	252.0	252.0	15665.7
山　东	27406.4	307.0	27099.4	7893.9	7893.9	62518.3
河　南	15233.6	183.5	14920.0	834.9	704.8	35816.1
湖　北	16645.2	319.3	16325.9	48.0	48.0	24416.0
湖　南	15864.7	62.7	14453.3	4379.4	3030.7	30651.6
广　东	58478.7	1634.1	56844.6	7945.0	7945.0	105807.8
广　西	8718.1	383.7	8334.4	1845.6	1845.6	27184.1
海　南	1672.0	190.0	1473.0	9.0		7500.7
重　庆	7178.0	20.1	7157.9	315.0	315.0	20337.8
四　川	32776.4	1046.6	31729.8	12073.5	12073.5	58432.4
贵　州	10890.0		10890.0	226.4	226.4	22630.3
云　南	9386.2	318.1	8449.1	4938.2	4319.2	33800.9
西　藏	1598.5		1598.5			5633.5
陕　西	9542.0	486.8	9055.2	1789.3	1789.3	21971.3
甘　肃	4445.5	175.3	4270.2			8256.5
青　海	867.7		867.7			7946.2
宁　夏	3077.4	706.0	2371.4			5164.5
新　疆	11750.7	64.8	11316.9	1792.0	1423.0	23287.4

单位：万元

指标合计				本年自然灾害生活救助预算指标		
上年结转预算指标	本级财政安排预算指标	本年上级下达预算指标	本年下达所属地方预算指标		上年结转预算指标	本级财政安排预算指标
16795.4	**990728.6**	**106007.3**	**104155.7**	**900553.6**	**94080.0**	**810447.8**
	30440.5		500.0	5378.7		503940.7
	63895.5	1336.8	1252.8	1352.8	70.0	1182.8
2.3	24562.6	47.0		830.7	307.0	279.7
800.1	29412.0	556.0	556.0	28192.3	2714.8	8577.5
265.7	18333.0	1746.6	1746.6	31835.1	3846.5	5688.6
206.6	18147.8	1864.2	2021.8	23198.3	3209.0	6120.3
161.5	38232.6	6470.6	6215.6	27500.8	2709.5	10673.6
287.9	13866.7	2432.2	1206.7	19278.0	3355.4	6980.1
77.9	15571.7	91.8	86.8	23191.1	1003.0	5671.5
	44887.6	164.0	164.0			
1025.3	63456.0	5002.5	4766.5	19912.2	3223.8	9288.4
964.3	76798.5	4355.2	4295.2	24139.5	4442.2	5297.3
1072.1	24258.9	3145.0	3145.0	58452.5	3364.7	27326.8
232.4	24140.1	2158.1	2158.1	28662.4	10409.4	4153.0
137.1	15528.6	4.1	4.1	33114.9	3474.9	4440.0
257.4	62205.9	12813.1	12758.1	29270.0	2070.4	9599.6
577.5	35190.3	978.2	929.9	43767.4	864.8	21846.8
339.9	24348.7	80.0	352.6	33594.7	1913.5	7140.2
465.3	29779.9	3432.7	3026.3	44808.0	1903.0	6709.8
2835.3	102912.4	35924.2	35864.1	31932.9	3347.3	18785.6
1934.1	25250.0	3218.7	3218.7	38660.1	14783.2	6681.9
31.0	7463.7	6.0		10537.4	4004.3	1433.1
322.9	20014.9	2018.0	2018.0	30866.5	2165.0	6901.5
755.3	57677.1	3203.8	3203.8	69881.9	4486.4	21772.5
89.7	22540.6	1713.3	1713.3	32709.6	1622.9	9686.7
946.0	32561.4	4966.3	4672.8	85106.3	3226.5	67404.4
	5633.5			4912.1		1312.5
386.2	21585.1	8127.9	8127.9	41100.0	5270.2	9577.8
166.2	8090.3	40.0	40.0	24241.6	1643.4	5298.2
2226.1	5720.1			9448.7	22.0	1326.7
154.4	5010.1			12644.5	2250.9	2493.6
74.9	23212.5	111.0	111.0	32032.6	2376.0	12856.6

E-8 续表4

地　区	本年预算				
	本年上级下达预算指标	本年下达所属地方预算指标	本年行政事业单位离退休预算指标	上年结转预算指标	本级财政安排预算指标
全　国	**1724969.0**	**1728943.2**	**245081.2**	**727.2**	**244124.8**
中央级		498562.0	1590.7		2498.7
北　京	1100.0	1000.0	39704.8	46.5	38750.3
天　津	244.0		4587.3		4587.3
河　北	61488.4	44588.4	12210.0		12210.0
山　西	73282.0	50982.0	11368.5	38.9	11329.6
内蒙古	48489.8	34620.8	5060.6	-18.0	5078.6
辽　宁	51978.0	37860.3	12090.0		12081.5
吉　林	40103.5	31161.0	2981.1		2781.1
黑龙江	59887.5	43370.9	3201.2		3201.2
上　海			2939.1		2939.1
江　苏	34183.0	26783.0	15437.9	20.0	15417.9
浙　江	31680.0	17280.0	10109.5	159.7	9949.8
安　徽	78346.4	50585.4	8973.1		8973.1
福　建	44081.1	29981.1	13730.1		13730.1
江　西	83336.7	58136.7	5316.1	12.1	5304.0
山　东	62002.9	44402.9	9307.2		9307.2
河　南	92055.3	70999.5	9989.9	153.6	9825.6
湖　北	53054.0	28513.0	9966.7		9956.7
湖　南	115416.2	79221.0	6553.8		6553.8
广　东	51713.1	41913.1	17695.4	227.9	17467.5
广　西	58237.6	41042.6	5484.3	20.5	5463.8
海　南	10840.0	5740.0	1109.5		1109.5
重　庆	49000.0	27200.0	4827.4		4827.4
四　川	159944.6	116321.6	10267.7	18.2	10249.5
贵　州	73235.3	51835.3	3019.9		3019.9
云　南	162055.3	147579.9	6870.4	120.0	6750.4
西　藏	7699.6	4100.0	209.1		209.1
陕　西	89962.9	63710.9	3877.3		3877.3
甘　肃	37400.0	20100.0	2108.4	-72.2	2180.6
青　海	16380.5	8280.5	1267.5		1267.5
宁　夏	15570.0	7670.0	830.9		830.9
新　疆	62201.3	45401.3	2395.8		2395.8

单位：万元

指标合计						
本年上级下达预算指标	本年下达所属地方预算指标	本年其他款项用于民政支出预算指标	上年结转预算指标	本级财政安排预算指标	本年上级下达预算指标	本年下达所属地方预算指标
2484.4	**2255.2**	**877714.5**	**87404.0**	**698297.6**	**1091843.4**	**999830.5**
	908.0	8788.3		218779.3		209991.0
1815.9	907.9	16610.6	40.0	15257.6	4410.8	3097.8
		8572.5	1354.6	5654.9	2842.0	1279.0
9.4	9.4	29808.5	3792.5	8238.0	55046.0	37268.0
		29423.0	2033.5	19633.5	40242.9	32486.9
		15188.5	1886.0	9294.5	24859.0	20851.0
8.5		28167.9	3350.6	16400.1	27504.0	19086.8
400.0	200.0	4951.6	251.2	3191.1	12019.6	10510.3
2.5	2.5	87114.3	5909.5	71869.6	135775.1	126439.9
		13779.3		13399.3	380.0	
		23676.0	1479.8	15618.3	26416.6	19838.7
		49088.6	1266.3	44160.3	10361.0	6699.0
		30669.6	5455.3	8630.3	32903.8	16319.8
		21213.6	5257.0	11954.6	20576.4	16574.4
		60729.8	6914.5	41112.3	97517.5	84814.5
		41082.8	6772.6	16301.2	56338.1	38329.1
10.7		24129.1	2429.3	6078.1	48059.6	32437.9
10.0		31037.6	4008.6	10185.8	33245.2	16402.0
198.9	198.9	40123.5	3104.2	16783.9	59171.6	38936.2
		44115.7	3422.3	40180.5	20825.5	20312.6
		22958.9	5485.7	8629.2	32069.0	23225.0
		13055.4	4018.7	2880.9	11821.2	5665.4
		15622.6	1874.6	5602.0	16676.0	8530.0
		55230.9	5920.3	23329.6	89273.8	63292.8
		18318.1	3289.7	2664.4	35141.5	22777.5
8.5	8.5	33538.0	2298.0	16778.6	53028.5	38567.1
		8130.5		2880.5	7750.0	2500.0
20.0	20.0	30089.8	240.0	14687.9	49514.9	34353.0
		18049.9	2735.4	3069.5	22126.0	9881.0
		12794.8	2533.8	3730.0	17225.8	10694.8
		11585.9	207.0	4005.9	16905.7	9532.7
		30068.9	73.0	17315.9	31816.3	19136.3

E–8 续表 5

地　区	年末结余预算指标	抚恤	退役安置	城市居民最低生活保障	农村社会救济
全　国	**670675.0**	**141106.9**	**134102.8**	**80744.6**	**45500.0**
北　京	12076.4	495.7	10924.8		
天　津	9600.7	875.1	5473.7	529.1	273.0
河　北	33405.7	9273.1	8028.4	3461.8	2636.6
山　西	25276.4	5132.1	2174.6	2869.3	695.5
内蒙古	15808.7	6275.8	2712.3	67.0	442.5
辽　宁	30569.3	5274.9	6055.2	5004.1	856.4
吉　林	8860.2	3273.0	1508.5	571.7	445.1
黑龙江	23439.8	458.7	53.5	11878.4	5892.4
上　海	10163.0	740.0	9043.0		
江　苏	29855.9	9117.9	10078.9	306.1	1640.1
浙　江	26878.1	7766.0	3135.0	160.1	2558.1
安　徽	33634.4	12453.7	5549.2	4354.4	355.1
福　建	33624.0	8426.2	4470.8	1421.9	1358.4
江　西	6280.3	439.5	96.3	67.9	121.2
山　东	29830.4	3978.9	10107.0	425.4	542.7
河　南	13135.1	1489.0	5103.6	3364.0	658.2
湖　北	13698.1	1285.7	306.1	2741.0	34.0
湖　南	11116.1	2205.1	1161.9	1827.6	596.4
广　东	21300.8	7597.7	1075.5	1898.3	4299.1
广　西	61858.2	16277.5	4107.1	12083.7	4572.7
海　南	23591.1	9570.2	1773.4	1068.5	1099.1
重　庆	13557.7	2074.1	2272.5	2907.0	357.0
四　川	28868.9	4006.2	3426.6	2743.3	1627.0
贵　州	15091.7	3811.8	797.8	2359.0	1554.7
云　南	34189.5	7896.4	7511.9	2496.0	2989.7
西　藏					
陕　西	68571.9	6052.0	23922.3	9005.3	8502.7
甘　肃	7847.2	306.4	1216.5	1393.2	150.9
青　海	4338.6	1525.5	57.8		
宁　夏	12797.2	1691.7	1584.6	2796.6	1127.4
新　疆	11409.6	1337.0	374.0	2943.9	114.0

单位：万元

其他城镇社会救济	社会福利	民政管理事务	自然灾害生活救助	行政事业单位离退休	其他款项用于民政支出
4879.3	**12680.3**	**15941.0**	**80402.0**	**805.7**	**154512.4**
		183.1	55.0		417.8
70.1		49.2	118.7		2211.8
6.2	64.5	328.0	3440.4		6166.7
27.0		41.5	4366.8		9969.6
58.6	6.4	236.7	3599.1	0.1	2410.2
2289.5	46.0	411.6	2668.8		7962.8
10.5		105.6	2945.8		
	100.0	14.4	493.0		4549.4
					380.0
447.8	1694.8	1193.0	2265.1	80.7	3031.5
487.3	1234.5	1837.8	4628.6	217.0	4853.7
78.5	333.0	1377.6	3015.9	50.0	6067.0
78.8	375.3	346.2	7685.0	119.3	9342.1
	50.0	4.8	669.3		4831.3
4.4	611.8	143.7	1378.0		12638.5
36.8	14.0	115.2	843.2	18.8	1492.3
	2500.0	260.7	542.5	0.1	6028.0
259.0	1.0	1774.5	1525.1	-50.0	1815.5
86.9	816.3	1667.9	809.1	243.4	2806.6
460.1	566.4	2302.3	10523.7	14.5	10950.2
-22.7	251.0	-169.1	4307.6		5713.1
40.0	25.0	180.0	1496.0		4206.1
123.6	3829.4	768.6	5228.3	17.0	7098.9
148.9	15.5	68.8	1285.9		5049.3
81.9	61.2	1606.3	4193.2	94.8	7258.1
92.7	35.0	951.4	7321.1		12689.4
6.0	-6.0	66.4	1089.9		3623.9
			343.0		2412.3
	55.2		2595.3		2946.4
7.4		74.8	968.6		5589.9

E-8 续表6

地　区	本年财政拨款	抚恤	退役安置	城市居民最低生活保障	农村社会救济
全　国	**11886081.5**	**2112272.1**	**1600736.2**	**2761619.5**	**1871151.4**
中央级	56025.1	10326.9			
北　京	521193.3	42685.2	267446.3	47256.9	11491.1
天　津	147498.1	17318.4	32441.3	40015.1	7616.9
河　北	482903.0	137902.7	77177.4	94450.8	64228.8
山　西	342565.4	70212.2	30115.7	103459.2	51915.8
内蒙古	284509.4	27954.1	21987.9	116078.6	50159.7
辽　宁	574107.3	72328.7	114608.3	180401.8	61397.6
吉　林	335850.9	46285.2	34598.5	156754.1	37010.9
黑龙江	466371.6	55525.5	29713.3	162827.2	51926.1
上　海	316365.6	43488.8	49579.2	82587.1	20144.8
江　苏	620751.2	136718.8	106299.9	63635.6	120039.5
浙　江	507776.0	99938.2	46905.1	19714.2	111086.8
安　徽	486747.8	91186.7	43792.5	121534.0	102598.8
福　建	240280.4	42006.5	29976.0	21962.1	61141.8
江　西	435131.7	82589.7	22563.7	111035.9	92868.0
山　东	715613.9	250205.7	121788.1	77171.6	107231.3
河　南	584455.9	133459.2	52212.1	137748.5	130717.6
湖　北	507886.9	99564.4	62144.8	166387.3	68154.4
湖　南	510973.4	105765.1	41856.2	152558.7	71612.1
广　东	638954.0	108790.6	92433.8	54701.4	110219.7
广　西	246777.3	35853.0	20829.4	59683.2	49279.5
海　南	69612.7	9204.4	10453.1	15134.3	10356.6
重　庆	309765.1	57312.8	28443.4	104959.5	42493.7
四　川	727714.4	135574.4	79566.2	177451.7	117345.7
贵　州	269447.0	39863.7	15015.7	60154.2	71663.8
云　南	441250.7	42794.9	49383.9	91513.2	100186.2
西　藏	45195.3	3666.2	7358.0	5841.7	7729.7
陕　西	358699.0	66515.5	50753.9	97890.5	54958.7
甘　肃	226723.4	22669.9	20871.5	89261.8	40059.3
青　海	87042.2	5311.1	6933.5	31594.7	13123.6
宁　夏	71760.4	3799.6	3156.1	28501.5	7421.4
新　疆	256133.1	15454.0	30331.4	89353.1	24971.5

单位：万元

其他城镇社会救济	社会福利	民政管理事务	自然灾害生活救助	行政事业单位离退休	其他款项用于民政支出
223395.5	**535843.0**	**993434.6**	**820151.6**	**244275.5**	**723202.1**
		29940.5	5378.7	1590.7	8788.3
12080.1	19241.9	63796.4	1297.8	39704.8	16192.8
2638.5	11245.2	24562.7	712.0	4587.3	6360.7
3788.4	14867.1	29884.1	24751.9	12210.0	23641.8
2319.5	7695.6	18557.2	27468.3	11368.5	19453.4
4439.4	8491.6	17960.1	19599.2	5060.5	12778.3
26342.9	23663.4	38237.5	24832.0	12090.0	20205.1
6363.8	15299.0	15274.5	16332.2	2981.1	4951.6
23671.3	18603.8	15640.2	22698.1	3201.2	82564.9
27423.3	31916.4	44887.6		2939.1	13399.3
17689.2	59195.1	63524.3	17647.1	15357.2	20644.5
16967.5	63540.9	75985.0	19510.9	9892.5	44234.9
3717.8	11002.3	23953.4	55436.6	8923.1	24602.6
2850.9	11857.1	24026.3	20977.4	13610.8	11871.5
4285.0	12468.3	15660.9	32445.6	5316.1	55898.5
4404.5	26794.6	62374.6	27892.0	9307.2	28444.3
3865.9	15219.6	35700.9	42924.2	9971.1	22636.8
5307.1	14145.2	24155.3	33052.2	9966.6	25009.6
6245.8	15863.7	28877.1	43282.9	6603.8	38308.0
21121.3	57662.4	104139.9	31123.8	17452.0	41309.1
2483.8	8151.7	24881.8	28136.4	5469.8	12008.7
691.9	1421.0	7669.8	6229.8	1109.5	7342.3
3630.5	7153.0	20157.8	29370.5	4827.4	11416.5
8129.3	28947.0	57663.8	64653.6	10250.7	48132.0
1601.2	10874.5	22561.5	31423.7	3019.9	13268.8
1884.3	9325.0	32194.6	80913.1	6775.6	26279.9
116.0	1598.5	5633.5	4912.1	209.1	8130.5
2996.9	9507.0	21019.9	33778.9	3877.3	17400.4
1533.2	4451.5	8190.1	23151.7	2108.4	14426.0
509.7	867.7	7946.2	9105.7	1267.5	10382.5
1175.5	3022.2	5164.5	10049.2	830.9	8639.5
3121.0	11750.7	23212.6	31064.0	2395.8	24479.0

E-9 民政事业费当

地区	全国预算安排合计	中央安排	地方安排	省级	市级	县级
全国	**12037532.2**	**5101111.1**	**6936421.1**	**1779970.0**	**1186595.7**	**3747137.9**
中央级	56025.1	56025.1				
北京	530097.9	172614.0	357483.9	135667.4		200898.0
天津	146490.9	52288.0	94202.9	29774.5		64401.0
河北	489746.4	253003.0	236743.4	42544.2	59047.0	135152.2
山西	347588.1	172830.0	174758.1	71057.9	38718.7	64981.5
内蒙古	291744.5	128893.0	162851.5	48586.7	36707.8	77557.0
辽宁	577865.2	294333.0	283532.2	62682.3	81392.2	139105.1
吉林	351396.5	194105.0	157291.5	65439.3	16034.5	75817.7
黑龙江	460175.3	209387.0	250788.3	123974.9	25185.6	101494.2
上海	353508.6	37143.0	316365.6	41481.3		254147.7
江苏	622781.8	132557.0	490224.8	101927.5	78908.8	255383.7
浙江	518466.3	67441.0	451025.3	49217.8	59525.0	288186.5
安徽	481720.7	211459.0	270261.7	72022.5	36472.7	159507.6
福建	248536.6	64812.0	183724.6	73527.4	32586.5	77522.1
江西	425486.4	191152.0	234334.4	98031.4	32212.3	104090.7
山东	721034.1	288218.0	432816.1	63832.9	97006.7	260171.3
河南	580606.7	294365.0	286241.7	40388.1	55692.7	190160.9
湖北	512507.2	293332.0	219175.2	60088.0	29228.2	129859.0
湖南	512561.9	281128.0	231433.9	27279.0	58643.0	145511.9
广东	638460.1	101161.0	537299.1	111782.6	146121.3	247970.3
广西	262608.5	133303.0	129305.5	29246.2	29080.8	70978.5
海南	73364.7	38297.0	35067.7	9393.6	17156.7	8517.4
重庆	308945.3	157027.0	151918.3	29367.7		105726.6
四川	732160.7	354057.0	378103.7	69174.5	63530.1	244398.7
贵州	276907.4	143202.0	133705.4	40951.3	30789.4	61964.7
云南	445267.8	174789.0	270478.8	130354.8	60810.0	79314.0
西藏	45227.1	25574.0	19653.1	7465.1	7062.3	5125.7
陕西	383225.7	213392.0	169833.7	60488.2	51738.7	57546.8
甘肃	221333.4	134281.0	87052.4	32891.3	17179.2	36981.9
青海	85087.4	51201.0	33886.4	2879.6	3487.8	27519.0
宁夏	77866.9	41195.0	36671.9	14459.5	3227.2	18985.2
新疆	258737.0	138547.0	120190.0	33992.5	19050.5	58161.0

年预算安排情况

单位：万元

镇级	抚恤	中央安排	地方安排	省级	市级	县级	镇级
222717.5	**2231081.2**	**1272509.9**	**958571.3**	**183144.3**	**97310.7**	**627036.9**	**51079.4**
	10326.9	10326.9					
20918.5	44156.3	8375.0	35781.3	180.1		34356.9	1244.3
27.4	19073.6	6600.0	12473.6	3860.5		8613.1	
	151550.5	95773.0	55777.5	16829.9	8895.6	30052.0	
	67666.6	45274.0	22392.6	2284.6	7301.5	12806.5	
	30252.6	19504.0	10748.6	1603.1	1779.0	7366.5	
352.6	76682.8	38107.0	38575.8	6211.8	5978.1	26299.1	86.8
	50014.6	34674.0	15340.6	5417.4	491.3	9431.9	
133.6	51174.2	32584.0	18590.2	6257.7	409.2	11918.3	5.0
20736.6	48504.8	5016.0	43488.8	4280.3		35501.3	3707.2
54004.8	142078.4	62301.0	79777.4	15497.2	4870.9	44858.6	14550.7
54096.0	107684.2	24524.0	83160.2	12881.5	2580.9	54924.3	12773.5
2258.9	95313.0	56349.0	38964.0	3649.7	1844.5	32707.9	761.9
88.6	48004.0	20961.0	27043.0	8299.9	4032.0	14711.1	
	81434.1	49878.0	31556.1	11306.4	1065.3	19184.4	
11805.2	264234.9	153650.0	110584.9	12335.5	18618.2	73168.1	6463.1
	136729.1	92145.0	44584.1	6073.8	3198.3	35312.0	
	105394.6	73201.0	32193.6	8928.0	3572.0	19693.6	
	113936.9	80148.0	33788.9	3914.3	6402.3	23472.3	
31424.9	110606.7	35203.0	75403.7	20148.0	12113.8	37194.9	5947.0
	44754.7	29654.0	15100.7	1928.3	920.9	12251.5	
	12446.1	7939.0	4507.1	709.9	2173.1	1624.1	
16824.0	54932.1	34860.0	20072.1	3564.5		12305.8	4201.8
1000.4	146435.5	104401.0	42034.5	9612.2	1557.0	30309.5	555.8
	47069.7	30973.0	16096.7	2742.9	2053.0	11300.8	
	47667.3	34221.0	13446.3	2360.8	2067.3	9018.2	
	3666.2	2887.0	779.2	194.7	584.5		
60.0	67797.8	46250.0	21547.8	9090.9	2989.1	9407.8	60.0
	24030.8	17277.0	6753.8	1126.1	849.9	4777.8	
	6166.1	4579.0	1587.1	8.0	201.6	1377.5	
	5371.6	3858.0	1513.6		391.7	1121.9	
8986.0	15924.5	11017.0	4907.5	1846.3	369.7	1969.2	722.3

E–9 续表 1

地　区	安　置	中央安排	地方安排	省　级	市　级	县　级
全　国	**1654912.2**	**1173864.0**	**481048.2**	**130319.5**	**84538.4**	**257687.3**
中央级						
北　京	276652.4	162917.0	113735.4	87830.9		25025.4
天　津	29637.8	25223.0	4414.8	1779.0		2635.8
河　北	77345.7	57850.0	19495.7	495.0	9418.6	9582.1
山　西	30667.0	27007.0	3660.0	286.0	692.4	2681.6
内蒙古	23027.9	18046.0	4981.9	1628.0	2157.6	1196.3
辽　宁	115133.4	107710.0	7423.4	67.4	1258.8	6095.7
吉　林	37229.6	30513.0	6716.6	3874.7	1377.6	1464.3
黑龙江	29259.8	25559.0	3700.8	2050.3	455.9	1194.6
上　海	81162.2	31583.0	49579.2	2378.1		46811.6
江　苏	110274.7	58941.0	51333.7	6802.4	10715.6	30108.4
浙　江	47140.2	26051.0	21089.2	44.9	3783.0	15771.6
安　徽	43808.0	22270.0	21538.0	2718.3	6860.5	11959.2
福　建	31119.8	23298.0	7821.8	624.7	3570.6	3626.5
江　西	22384.2	14974.0	7410.2	174.4	3936.5	3299.3
山　东	124016.8	103687.0	20329.8	105.0	6060.7	14164.1
河　南	53099.5	44050.0	9049.5	215.8	4689.5	4144.2
湖　北	62041.3	49617.0	12424.3	1091.0	2128.0	9205.3
湖　南	42997.2	30428.0	12569.2	1695.9	3932.1	6941.2
广　东	91567.0	52532.0	39035.0	4756.8	9864.7	22717.2
广　西	21751.5	15362.0	6389.5	599.3	3102.3	2687.9
海　南	11061.0	7444.0	3617.0	240.2	2566.3	810.5
重　庆	28738.9	22540.0	6198.9	104.5		5870.8
四　川	79658.1	57712.0	21946.1	2156.5	3188.6	16515.0
贵　州	15430.6	10417.0	5013.6	1224.0	1156.1	2633.5
云　南	49216.6	40992.0	8224.6	459.6	1507.4	6257.6
西　藏	7453.0	7298.0	155.0	155.0		
陕　西	55737.1	47902.0	7835.1	5666.6	304.1	1864.4
甘　肃	19533.0	17963.0	1570.0	442.0	424.9	703.1
青　海	6207.8	5921.0	286.8	100.0	77.1	109.7
宁　夏	4740.7	4122.0	618.7	153.0	186.5	279.2
新　疆	26819.4	23935.0	2884.4	400.2	1123.0	1331.2

单位：万元

	城市居民最低生活保障	中央安排	地方安排				
镇　级				省　级	市　级	县　级	镇　级
8503.0	**2767076.8**	**1598589.0**	**1168487.8**	**295346.0**	**161208.5**	**689840.0**	**22093.3**
879.1	46756.9		46756.9			38654.8	8102.1
	40373.6	19864.0	20509.6	7728.4		12781.2	
	93437.4	62981.0	30456.4	8500.0	5068.0	16888.4	
	102257.7	61587.0	40670.7	23526.7	7125.3	10018.7	
	116125.8	59384.0	56741.8	21130.0	11390.1	24221.7	
1.5	181775.2	124429.0	57346.2	15000.0	16820.2	25478.4	47.6
	157460.4	100437.0	57023.4	24275.0		32748.4	
	160837.9	116597.0	44240.9	7922.0	7249.6	28969.7	99.6
389.5	82587.1		82587.1			76683.5	5903.6
3707.3	63719.6		63719.6	13411.0	4709.3	41708.9	3890.4
1489.7	19352.9		19352.9		1828.2	16042.0	1482.7
	120329.9	79886.0	40443.9	5856.0	7327.2	27260.7	
	22871.9	3000.0	19871.9	8109.6	2053.8	9708.5	
	109601.8	74879.0	34722.8	10500.0	3359.1	20863.7	
	77093.9	7000.0	70093.9	10613.7	13395.5	46084.7	
	135714.4	104616.0	31098.4	11000.0	6505.3	13593.1	
	168701.8	122706.0	45995.8	11655.0	3045.3	31295.5	
	154314.8	108999.0	45315.8	11020.0	9119.9	25175.9	
1696.3	55811.9		55811.9	8764.2	9641.2	35666.7	1739.8
	60787.4	47277.0	13510.4	3300.0	2123.0	8087.4	
	14544.1	10823.0	3721.1	1063.5	2154.1	503.5	
223.6	104672.6	63021.0	41651.6	2157.0		38701.9	792.7
86.0	177402.0	115343.0	62059.0	13000.0	7408.0	41651.0	
	61353.9	41270.0	20083.9	8000.0	5468.8	6615.1	
	90963.6	51370.0	39593.6	21362.0	10409.8	7821.8	
	6837.1	3458.0	3379.1	2807.0	170.4	401.7	
	101202.9	61993.0	39209.9	7153.0	19239.9	12817.0	
	88018.0	54094.0	33924.0	18296.1	4067.9	11560.0	
	31537.2	20188.0	11349.2		847.6	10501.6	
	29800.6	15898.0	13902.6	6195.8		7706.8	
30.0	90832.5	67489.0	23343.5	13000.0	681.0	9627.7	34.8

E-9 续表 2

地区	农村社会救济	中央安排	地方安排	省级	市级	县级	镇级	其他城镇社会救济
全国	**1885363.0**	**300047.0**	**1585316.0**	**443037.6**	**153769.9**	**906754.9**	**81753.6**	**223604.9**
北京	10802.1		10802.1	669.7		10000.7	131.7	12080.1
天津	7814.6		7814.6	528.4		7258.8	27.4	2660.6
河北	65480.3	11395.0	54085.3	5810.0	11205.0	37070.3		3782.3
山西	51992.0	8906.0	43086.0	22635.7	6363.2	14087.1		2340.5
内蒙古	50464.5	11555.0	38909.5	10886.0	6524.2	21499.3		4415.4
辽宁	59851.2	7367.0	52484.2	9829.0	10045.7	32502.9	106.6	26844.8
吉林	36787.6	4698.0	32089.6	18102.0		13987.6		5580.7
黑龙江	54447.2	8821.0	45626.2	20000.0	559.0	25040.2	27.0	23672.4
上海	20144.8		20144.8	131.6		14676.7	5336.5	27423.3
江苏	121074.9	3327.0	117747.9	31729.0	2934.5	60649.2	22435.2	17525.7
浙江	112081.8	2041.0	110040.8	20566.2	1148.2	61268.6	27057.8	17061.4
安徽	101584.0	15734.0	85850.0	24184.5	2706.9	57588.0	1370.6	3711.1
福建	62357.1	2436.0	59921.1	41667.0	2447.8	15790.1	16.2	2920.7
江西	91321.2	13518.0	77803.2	46841.0	2518.8	28443.4		4261.2
山东	107418.3	4533.0	102885.3	15363.0	16233.0	67387.0	3902.3	4408.9
河南	128893.4	19933.0	108960.4		14775.9	94184.5		4688.5
湖北	68030.9	12714.0	55316.9	26200.0	242.3	28874.6		5287.3
湖南	70953.6	11973.0	58980.6	1480.4	9457.4	48042.8		6498.7
广东	113182.7	3053.0	110129.7	27945.0	9228.8	59695.6	13260.3	20728.2
广西	52282.1	14971.0	37311.1	8239.4	3856.9	25214.8		2634.5
海南	10585.1	2345.0	8240.1	3706.6	2496.7	2036.8		622.2
重庆	42481.5	6660.0	35821.5	6871.0		21994.5	6956.0	3670.5
四川	117175.9	18023.0	99152.9	12435.1	12436.9	74057.4	223.5	8152.7
贵州	73114.5	31040.0	42074.5	21997.0	5730.1	14347.4		1635.1
云南	101021.2	25715.0	75306.2	33232.6	17641.3	24432.3		1964.2
西藏	7170.7	3581.0	3589.7	10.0	980.6	2599.1		116.0
陕西	61722.7	22293.0	39429.7	12387.6	11926.3	15115.8		3027.9
甘肃	38627.0	18022.0	20605.0	7253.8	2123.1	11228.1		1290.8
青海	13123.6	5882.0	7241.6	20.0	92.1	7129.5		509.7
宁夏	8291.0	3327.0	4964.0	2790.0	15.9	2158.1		961.1
新疆	25085.5	6184.0	18901.5	9526.0	79.3	8393.7	902.5	3128.4

单位：万元

中央安排	地方安排	省级	市级	县级	镇级	社会福利	中央安排
73.0	**223531.9**	**50273.4**	**67365.6**	**98263.7**	**7629.2**	**531895.3**	**369.0**
	12080.1	4848.5		7019.9	211.7	19241.9	
	2660.6	1064.9		1595.7		11245.2	
	3782.3	90.0	2572.2	1120.1		14708.7	
	2340.5	50.0	1715.2	575.3		7623.6	
	4415.4	612.0	1383.7	2419.7		8413.1	
	26844.8	12302.0	6661.3	7792.9	88.6	23470.0	
	5580.7	355.0	1606.1	3619.6		13721.6	
	23672.4	15558.4	3324.1	4787.9	2.0	18643.8	
	27423.3	4947.3		19925.5	2550.5	31916.4	
	17525.7	700.0	7636.4	7764.4	1424.9	56339.9	
	17061.4	1000.0	6966.7	8497.4	597.3	64114.9	
	3711.1	130.0	1248.8	2294.9	37.4	10565.6	
	2920.7	150.0	1857.4	913.3		12168.3	
	4261.2	398.0	1000.8	2862.4		12196.0	
	4408.9		2992.8	1416.1		27099.4	
	4688.5	976.5	2607.0	1105.0		14920.0	
	5287.3	115.7	1859.1	3312.5		16325.9	
	6498.7	250.0	3362.8	2885.9		14453.3	
	20728.2	3560.0	9413.7	6445.2	1309.3	56844.6	
	2634.5	451.2	1711.1	472.2		8334.4	
	622.2	139.4	434.7	48.1		1473.0	
	3670.5	404.5		2463.1	802.9	7157.9	
	8152.7	710.0	3825.3	3617.4		31729.8	
	1635.1	313.0	823.9	498.2		10890.0	
	1964.2	165.0	726.4	1072.8		8449.1	
	116.0	65.0	46.0	5.0		1598.5	
	3027.9	295.0	1136.5	1596.4		9055.2	
	1290.8		913.1	377.7		4270.2	
	509.7		388.0	121.7		867.7	
	961.1		479.0	482.1		2371.4	
73.0	3055.4	622.0	673.5	1155.3	604.6	11685.9	369.0

E-9续表3

地　区	地方安排	省　级	市　级	县　级	镇　级	民政管理事务	中央安排	地方安排
全　国	**531526.3**	**106455.4**	**209488.0**	**202326.2**	**13256.7**	**990728.6**	**30440.5**	**960288.1**
中央级						29940.5	29940.5	
北　京	19241.9	13188.0		6053.9		63979.5	84.0	63895.5
天　津	11245.2	7852.2		3393.0		24609.6	47.0	24562.6
河　北	14708.7	387.7	6303.3	8017.7		29412.0		29412.0
山　西	7623.6	256.6	5482.0	1885.0		18333.0		18333.0
内蒙古	8413.1	411.2	5038.4	2963.5		18147.8		18147.8
辽　宁	23470.0	4565.9	13048.0	5856.1		38232.6		38232.6
吉　林	13721.6	1640.1	9036.2	3045.3		13866.7		13866.7
黑龙江	18643.8	9755.0	6784.5	2104.3		15571.7		15571.7
上　海	31916.4	16706.5		14629.0	580.9	45051.6	164.0	44887.6
江　苏	56339.9	17110.0	23699.7	12672.6	2857.6	63486.0	30.0	63456.0
浙　江	64114.9	1460.4	19187.1	38131.7	5335.7	76858.5	60.0	76798.5
安　徽	10565.6	771.1	6195.2	3599.3		24258.9		24258.9
福　建	12168.3	786.4	6319.1	4990.4	72.4	24140.1		24140.1
江　西	12196.0	201.0	4555.5	7439.5		15528.6		15528.6
山　东	27099.4	3696.0	10433.1	11869.2	1101.1	62260.9	55.0	62205.9
河　南	14920.0	614.4	5905.6	8400.0		35190.3		35190.3
湖　北	16325.9	2941.4	6124.5	7260.0		24348.7		24348.7
湖　南	14453.3	149.5	9422.2	4881.6		29779.9		29779.9
广　东	56844.6	4523.0	26556.5	23081.2	2683.9	102972.4	60.0	102912.4
广　西	8334.4	1328.3	5273.9	1732.2		25250.0		25250.0
海　南	1473.0		1403.4	69.6		7463.7		7463.7
重　庆	7157.9	3053.4		3743.5	361.0	20014.9		20014.9
四　川	31729.8	7536.7	11730.3	12434.8	28.0	57677.1		57677.1
贵　州	10890.0	319.6	6824.4	3746.0		22540.6		22540.6
云　南	8449.1	2075.4	4297.4	2076.3		32561.4		32561.4
西　藏	1598.5	619.5	834.0	145.0		5633.5		5633.5
陕　西	9055.2	1655.3	5181.0	2218.9		21585.1		21585.1
甘　肃	4270.2	112.4	3271.6	886.2		8090.3		8090.3
青　海	867.7	131.4	374.0	362.3		5720.1		5720.1
宁　夏	2371.4	1397.0	733.6	240.8		5010.1		5010.1
新　疆	11316.9	1210.0	5473.5	4397.3	236.1	23212.5		23212.5

单位：万元

省　级	市　级	县　级	镇　级	自然灾害生活救助	中央安排	地方安排	省　级
160810.0	**236143.4**	**545297.5**	**18037.2**	**810447.8**	**503940.7**	**306507.1**	**190572.9**
				5378.7	5378.7		
21389.3		37780.9	4725.3	1282.8	100.0	1182.8	900.0
4429.4		20133.2		523.7	244.0	279.7	140.0
2047.3	8225.8	19138.9		25477.5	16900.0	8577.5	5000.0
1963.5	6687.4	9682.1		27988.6	22300.0	5688.6	3300.0
2716.6	4220.6	11210.6		19920.3	13800.0	6120.3	4544.0
2998.7	13461.8	21751.1	21.0	24778.6	14105.0	10673.6	3450.0
6030.1	2727.5	5109.1		21380.1	14400.0	6980.1	5745.0
3401.0	5624.4	6546.3		22250.5	16579.0	5671.5	3995.5
11746.6		32442.4	698.6				
7745.7	17221.9	36624.2	1864.2	16688.4	7400.0	9288.4	5705.0
7891.9	15378.9	49959.6	3568.1	19697.3	14400.0	5297.3	620.0
6262.8	5100.3	12822.2	73.6	55087.8	27761.0	27326.8	22371.0
5800.5	6680.9	11658.7		18253.0	14100.0	4153.0	1203.8
2605.0	3006.2	9917.4		29640.0	25200.0	4440.0	2970.0
9941.7	19475.3	32593.4	195.5	27199.6	17600.0	9599.6	3650.0
5119.8	10645.9	19424.6		42902.8	21056.0	21846.8	13680.0
3134.7	7027.1	14186.9		31681.2	24541.0	7140.2	3593.0
2985.0	7693.6	19101.3		43015.8	36306.0	6709.8	4090.0
17328.2	45191.8	37762.0	2630.4	28585.6	9800.0	18785.6	7678.3
5431.5	7655.5	12163.0		23876.9	17195.0	6681.9	2735.0
1530.9	3238.7	2694.1		6533.1	5100.0	1433.1	700.0
5082.8		12190.1	2742.0	28701.5	21800.0	6901.5	4600.0
2808.8	12059.4	42790.9	18.0	65395.5	43623.0	21772.5	13930.0
2741.8	5454.7	14344.1		31086.7	21400.0	9686.7	3063.0
2245.9	11271.1	19044.4		80804.4	13400.0	67404.4	60244.5
1784.8	2006.8	1841.9		4412.5	3100.0	1312.5	1215.5
6094.9	6272.9	9217.3		35829.8	26252.0	9577.8	4539.3
2100.8	2841.3	3148.2		22598.2	17300.0	5298.2	2800.0
1100.0	1026.9	3593.2		9426.7	8100.0	1326.7	980.0
1714.0	584.3	2711.8		10393.6	7900.0	2493.6	30.0
2636.0	5362.4	13713.6	1500.5	29656.6	16800.0	12856.6	3100.0

E–9 续表 4

地　区	市　级	县　级	镇　级	行政事业离退休人员经费	中央安排	地方安排	省　级	市　级
全　国	**42849.8**	**67009.1**	**6075.3**	**244124.8**	**2498.7**	**241626.1**	**25381.9**	**38945.7**
中央级				1590.7	1590.7			
北　京		282.8		39658.3	908.0	38750.3	1065.7	
天　津		139.7		4587.3		4587.3	31.6	
河　北	2113.9	1463.6		12210.0		12210.0	1584.3	2615.8
山　西	707.0	1681.6		11329.6		11329.6	1048.4	827.9
内蒙古	239.8	1336.5		5078.6		5078.6	398.8	1486.3
辽　宁	5684.3	1539.3		12081.5		12081.5	1301.9	2581.9
吉　林		1235.1		2781.1		2781.1		795.8
黑龙江	57.0	1619.0		3201.2		3201.2	2775.0	59.7
上　海				2939.1		2939.1	826.1	
江　苏	602.2	2314.4	666.8	15417.9		15417.9		1763.4
浙　江	1023.6	3391.8	261.9	9949.8		9949.8		2010.1
安　徽	1082.5	3857.9	15.4	8973.1		8973.1	1037.5	2580.0
福　建	700.7	2248.5		13730.1		13730.1	810.5	1129.8
江　西	309.4	1160.6		5304.0		5304.0	795.0	910.4
山　东	4145.2	1668.4	136.0	9307.2		9307.2	2165.7	1917.9
河　南	3436.6	4730.2		9825.6		9825.6	1229.1	3113.3
湖　北	612.0	2935.2		9956.7		9956.7	1178.6	1511.1
湖　南	398.0	2221.8		6553.8		6553.8	574.0	1941.9
广　东	3907.8	6894.4	305.1	17467.5		17467.5	2313.7	6329.2
广　西	707.4	3239.5		5463.8		5463.8	445.8	1117.1
海　南	718.1	15.0		1109.5		1109.5	514.9	302.8
重　庆		1942.8	358.7	4827.4		4827.4	1030.0	
四　川	2686.2	5156.3		10249.5		10249.5	1085.2	1950.5
贵　州	1870.3	4753.4		3019.9		3019.9		820.2
云　南	5018.6	2141.3		6750.4		6750.4	837.0	1222.4
西　藏		97.0		209.1		209.1	209.1	
陕　西	2658.4	2380.1		3877.3		3877.3	1257.7	341.5
甘　肃	762.0	1736.2		2180.6		2180.6	382.1	721.0
青　海	117.5	229.2		1267.5		1267.5	464.2	167.4
宁　夏	76.1	2387.5		830.9		830.9		318.3
新　疆	3215.2	2210.0	4331.4	2395.8		2395.8	20.0	410.0

单位：万元

县 级	镇 级	其他款项用于民政支出	中央安排	地方安排	省 级	市 级	县 级	镇 级
170073.2	**7225.3**	**698297.6**	**218779.3**	**479518.3**	**194629.0**	**94975.7**	**182849.1**	**7064.5**
		8788.3	8788.3					
32468.2	5216.4	15487.6	230.0	15257.6	5595.2		9254.5	407.9
4555.7		5964.9	310.0	5654.9	2360.1		3294.8	
8009.9		16342.0	8104.0	8238.0	1800.0	2628.8	3809.2	
9453.3		27389.5	7756.0	19633.5	15706.4	1816.8	2110.3	
3193.5		15898.5	6604.0	9294.5	4657.0	2488.1	2149.4	
8197.7		19015.1	2615.0	16400.1	6955.6	5852.1	3591.9	0.5
1985.3		12574.1	9383.0	3191.1			3191.1	
366.5		81116.6	9247.0	71869.6	52260.0	662.2	18947.4	
2084.0	29.0	13779.3	380.0	13399.3	464.8		11393.7	1540.8
12227.0	1427.5	16176.3	558.0	15618.3	3227.2	4754.9	6456.0	1180.2
7578.1	361.6	44525.3	365.0	44160.3	4752.9	5618.3	32621.4	1167.7
5355.6		18089.3	9459.0	8630.3	5041.6	1526.8	2061.9	
11789.8		12971.6	1017.0	11954.6	6075.0	3794.4	2085.2	
3598.6		53815.3	12703.0	41112.3	22240.6	11550.3	7321.4	
5223.6		17994.2	1693.0	16301.2	5962.3	3735.0	6596.7	7.2
5483.2		18643.1	12565.0	6078.1	1478.7	815.3	3784.1	
7267.0		20738.8	10553.0	10185.8	1250.6	3106.8	5828.4	
4037.9		30057.9	13274.0	16783.9	1119.9	6912.8	8751.2	
8759.0	65.6	40693.5	513.0	40180.5	14765.4	13873.8	9754.1	1787.2
3900.9		17473.2	8844.0	8629.2	4787.4	2612.7	1229.1	
291.8		7526.9	4646.0	2880.9	788.2	1668.8	423.9	
3697.9	99.5	13748.0	8146.0	5602.0	2500.0		2816.2	285.8
7190.1	23.7	38284.6	14955.0	23329.6	5900.0	6687.9	10676.3	65.4
2199.7		10766.4	8102.0	2664.4	550.0	587.9	1526.5	
4691.0		25869.6	9091.0	16778.6	7372.0	6648.3	2758.3	
		8130.5	5250.0	2880.5	404.5	2440.0	36.0	
2278.1		23389.9	8702.0	14687.9	12347.9	1689.0	651.0	
1077.5		12694.5	9625.0	3069.5	378.0	1204.4	1487.1	
635.9		10261.0	6531.0	3730.0	76.0	195.6	3458.4	
512.6		10095.9	6090.0	4005.9	2179.7	441.8	1384.4	
1963.8	2.0	29995.9	12680.0	17315.9	1632.0	1662.9	13399.2	621.8

E-10 民政事业资

地 区	收入合计	上年结余	经营亏损	专项资金结余	抚恤
全 国	**13818865.9**	**561020.3**	**6935.3**	**566010.5**	**75205.7**
中央级	161875.4	28276.4		26686.7	
北 京	771516.2	107362.5	2054.0	109416.5	693.5
天 津	182835.8	9955.5		9955.5	1160.5
河 北	507173.9	6869.9	16.5	6886.4	1634.1
山 西	372215.4	15640.0		15640.0	2534.9
内蒙古	302003.3	9545.0	161.5	9706.5	1773.9
辽 宁	638229.0	3846.8	87.6	3934.4	903.8
吉 林	358664.3	9267.6		9267.6	4323.7
黑龙江	484262.2	4413.5		4413.5	944.6
上 海	472163.4	39478.7	2066.4	41455.0	1520.5
江 苏	714865.7	10400.2		10400.2	2233.5
浙 江	620717.2	23344.4	862.7	24207.1	3846.6
安 徽	503550.2	4524.5		4524.5	1236.1
福 建	266531.8	14331.1		14331.1	4824.0
江 西	446721.1	6513.1	133.8	6646.9	1179.1
山 东	814800.6	9655.1	73.6	9728.7	1452.4
河 南	623713.0	8191.2		8191.2	773.2
湖 北	577051.6	2073.7	13.8	2087.5	378.2
湖 南	583427.7	22238.1	368.6	22606.7	882.8
广 东	826776.9	50230.7	643.0	50873.7	9965.2
广 西	372509.6	43259.2	212.2	43471.4	8225.0
海 南	82291.2	9918.8		9918.8	4201.4
重 庆	327376.6	1815.0		1815.0	253.7
四 川	840818.6	25257.5		25257.5	3415.8
贵 州	324021.6	31897.6		31881.0	6887.8
云 南	495123.6	33370.8	31.7	33176.1	3867.8
西 藏	45195.3				
陕 西	380658.2	4265.1	148.3	4413.4	2730.5
甘 肃	240893.9	6139.7	61.6	6201.3	792.5
青 海	90970.1	3788.0		3765.7	1444.5
宁 夏	85765.9	3321.5		3321.5	172.4
新 疆	304146.6	11829.1		11829.1	953.7

金支出情况

单位：万元

				收入合计	
				上年结余	
				专项资金结余	
退役安置	城市居民 最低生活保障	农村社会救济	其他城镇社会救济	社会福利	民政管理事务
134212.3	**44547.5**	**19540.9**	**13166.1**	**29191.4**	**104183.8**
					22764.6
81377.0	707.3	660.4	877.4	1913.5	9763.7
2074.4	1630.3	69.7	40.0	2982.2	1540.4
1353.2	1381.2	140.2	19.9	21.9	1649.0
1159.9	3577.1	936.5	168.3	132.9	483.9
1093.9	224.1	395.2	210.6	117.1	2264.3
40.8		63.9	266.4	1219.8	802.8
434.0	1086.4	296.9	415.4	357.5	316.6
554.9	1424.1	513.8	10.0	30.0	104.4
4346.0	2583.2	265.0	2268.5	4891.3	22199.0
638.1	3.5	18.0	0.3	194.2	5393.1
2385.1	956.9	2547.1	983.4	1434.3	4990.0
109.3	15.5	316.9	29.7	21.6	72.8
991.5	401.3	776.1	181.0	376.4	1114.8
1569.7	96.0	105.0	32.0	88.0	2794.1
196.5				521.7	1313.9
1556.8	1577.6	978.3	105.3	268.7	973.5
858.1	531.0			28.0	292.2
807.6	3975.3	293.6		451.0	252.0
12874.8	1513.4	874.0	1946.4	6073.7	9286.0
2032.9	6730.6	3693.5	276.3	1701.9	5401.8
796.4	1241.9	695.3	120.5	15.7	91.0
179.8	376.0		101.7	58.5	466.2
3771.3	1947.0	517.5	4210.6	1112.5	725.3
2390.2	5680.6	2133.1	129.7	748.6	2321.0
3683.4	4549.5	2438.9	400.8	246.1	4269.0
387.6	438.9			-39.2	148.7
1406.0	332.1	322.7	113.0	19.6	680.2
18.2	481.1	352.7	8.0	352.9	395.2
544.3	463.7			382.6	244.3
4580.6	621.9	136.6	250.9	3468.4	1070.0

E-10续表1

地区	收入				
	上年结余				本年收入合计
	专项资金结余			其他	
	自然灾害生活救助	行政事业单位离退休	其他款项用于民政支出		
全国	**47055.3**	**2663.9**	**44187.3**	**1945.1**	**13257845.6**
中央级	0.5			1589.7	133599.0
北京	64.6	137.4	13083.7		664153.7
天津	75.4		378.3		172880.3
河北	383.0	1.3	144.1		500304.0
山西	906.2	87.1	1046.6		356575.4
内蒙古	2292.1	30.2	730.5		292458.3
辽宁	601.0	17.6	18.3		634382.2
吉林	1233.4	322.5	95.8		349396.7
黑龙江	153.0	2.9	647.2		479848.7
上海		45.4	1610.4	90.1	432684.7
江苏	243.2		569.5		704465.5
浙江	1786.8	259.6	4344.2		597372.8
安徽	89.7		2632.9		499025.7
福建	4774.1	124.2	763.1		252200.7
江西	367.7		415.1		440208.0
山东	320.8	153.3	881.9		805145.5
河南	342.6	90.7	767.4		615521.8
湖北					574977.9
湖南	322.5		266.2		561189.6
广东	2299.2	1112.5	2249.9		776546.2
广西	9069.1	84.5	3436.8		329250.4
海南	2310.2		267.4		72372.4
重庆	161.7	0.6	216.8		325561.6
四川	1854.7	38.4	1275.1		815561.1
贵州	6729.3	9.0	2140.4	16.6	292124.0
云南	7585.0	146.7	3668.9	226.4	461752.8
西藏					45195.3
陕西	142.4		551.3		376393.1
甘肃	1034.6		923.7		234754.2
青海	345.8		367.3	22.3	87182.1
宁夏	1188.8		325.4		82444.4
新疆	377.9		369.1		292317.5

单位：万元

合计						
财政拨款	上级补助收入	事业收入	预算外资金收入	附属单位缴款	经营收入	其他收入
11886081.5	**127087.4**	**839324.7**	**503425.3**	**1647.8**	**95882.7**	**307821.5**
56025.1		72540.1	70713.6		300.0	4733.8
521193.3	236.7	103237.2	85385.9		14023.2	25463.3
147498.1	1254.4	9854.8	7547.4		10883.4	3389.6
482903.0	763.3	11434.4	8310.9		335.8	4867.5
342565.4	335.7	9378.6	8363.0		11.2	4284.5
284509.4	1807.5	4813.6	2505.2		768.5	559.3
574107.3	20.0	42569.6	23476.3	16.0	16861.2	808.1
335850.9	5776.0	1118.9	642.6		295.0	6355.9
466371.6	33.8	11558.4	9692.4			1884.9
316365.6	2815.2	37634.7	3444.0	455.5	3547.2	71866.5
620751.2	4015.1	66565.0	33027.4	281.5	2982.6	9870.1
507776.0	4781.2	41104.6	20764.0	378.5	10455.0	32877.5
486747.8	1126.1	7693.4	6001.7		537.3	2921.1
240280.4	4565.6	6033.8	3294.3	8.0	341.1	971.8
435131.7	234.7	4460.8	4152.0		359.0	21.8
715613.9	1423.7	61361.3	29512.1		5006.4	21740.2
584455.9	22047.0	6361.6	5291.8	4.5	267.2	2385.6
507886.9	6197.3	51758.7	36242.9	503.8	3390.7	5240.5
510973.4	12467.0	22818.9	4388.7		6224.4	8705.9
638954.0	16467.1	90144.3	41247.5		7305.7	23675.1
246777.3	3677.3	53994.3	20093.4		1602.1	23199.4
69612.7	374.7	556.6	215.4			1828.4
309765.1	203.3	12164.0	3185.9		1740.7	1688.5
727714.4	20391.4	49942.0	35762.6		2256.5	15256.8
269447.0	1046.8	14476.2	10767.5		4075.9	3078.1
441250.7	5382.4	5026.4	2181.9		1824.1	8269.2
45195.3						
358699.0	2413.5	8594.3	966.9		435.0	6251.3
226723.4	262.4	7143.8	7143.8		48.2	576.4
87042.2						139.9
71760.4	3223.4	6727.6	1942.1		5.3	727.7
256133.1	3744.8	18256.8	17162.1			14182.8

E-10续表2

地区	本年实际支出	事业支出	抚恤	退役安置	城市居民最低生活保障	农村社会救济	其他城镇社会救济	社会福利
全国	**13060904.4**	**12841850.6**	**2108030.9**	**1649856.0**	**2773639.4**	**1897915.3**	**233738.9**	**642471.5**
中央级	108733.3	108433.3						
北京	694836.7	678758.6	41214.1	314251.3	47718.0	11465.1	11636.2	26463.0
天津	167153.9	149379.0	17691.9	31969.0	37731.6	7661.4	2550.0	14920.0
河北	496259.0	495589.0	142279.3	76138.1	94707.2	64014.2	3859.6	16974.6
山西	352750.5	352437.4	70196.2	29568.5	102496.1	51511.4	2444.7	7817.7
内蒙古	290212.0	287381.0	28356.8	20011.4	116243.8	49517.1	4427.9	9050.5
辽宁	630530.4	603556.8	72264.7	114221.5	180311.5	60889.8	26210.4	24139.3
吉林	345440.7	345177.6	47233.9	33678.3	155426.7	38791.8	6821.8	17556.9
黑龙江	480418.1	480418.1	54632.1	29193.6	166019.9	57706.0	24674.2	19561.6
上海	415280.7	406601.0	43860.5	53519.0	82007.1	20190.5	33717.2	35920.6
江苏	697516.2	690016.2	137176.9	113393.0	64514.2	122663.8	17559.0	59142.2
浙江	578893.6	568840.9	99564.9	45663.1	19720.8	112411.7	17163.8	61165.2
安徽	497235.6	496391.5	87641.0	44421.1	120326.4	104994.1	4330.2	12915.3
福建	250733.4	248674.8	44243.0	29512.3	22049.4	62174.3	2956.3	14165.3
江西	438369.1	437929.8	82452.3	22237.9	109573.1	95326.7	3196.7	13442.2
山东	802779.1	762645.8	249360.7	121631.2	77171.6	107218.2	4404.5	27297.8
河南	615749.5	605672.0	133272.9	51291.3	137453.8	139293.1	4264.9	20033.7
湖北	575342.1	561623.4	99505.7	62594.2	169164.7	68527.9	5656.3	14630.6
湖南	562842.5	554991.6	105761.9	42308.0	154047.2	73620.9	6089.2	17995.8
广东	767596.0	756340.3	113286.9	101291.0	53833.8	114319.2	20297.6	104802.9
广西	317151.0	310843.1	36263.0	19233.1	60272.6	44283.8	2355.0	11603.7
海南	65928.7	65928.7	9615.8	8150.8	15153.1	10401.0	865.0	1499.8
重庆	322562.8	320089.7	56147.3	28228.4	104813.8	42242.7	3687.7	7092.4
四川	798837.7	781208.3	135040.5	75372.1	179036.0	118475.7	11840.1	34630.1
贵州	277388.6	273865.1	39157.4	14347.5	63749.8	69833.4	1585.4	11690.3
云南	425531.3	423953.2	42032.3	50745.4	93538.5	101171.2	1822.5	14794.5
西藏	38362.5	38362.5	3666.2	7358.0	5841.7	7729.7	116.0	1598.5
陕西	371533.9	370811.2	69645.5	52123.5	97975.6	54605.5	3198.3	9789.6
甘肃	234446.0	226790.9	22885.4	20138.3	89382.4	40542.1	1482.7	4507.2
青海	82676.2	82672.4	3961.8	5908.8	31960.4	13282.3	517.7	1167.4
宁夏	80258.3	80242.4	3313.7	3633.1	32457.5	7765.8	860.8	5970.9
新疆	277555.0	276225.0	16306.3	27723.2	88941.1	25284.9	3147.2	20131.9

单位：万元

民政管理事务	自然灾害生活救助	行政事业单位离退休	其他款项用于民政支出	上缴上级支出	对附属单位补助支出	经营支出	结转自筹基建	其他
1101285.1	**798401.1**	**247977.1**	**701558.8**	**1565.9**	**10834.5**	**90122.8**	**29376.6**	**87154.0**
18831.7	5378.7	1464.9	7165.3			300.0		
67922.0	1294.8	39386.9	14404.8		524.5	14026.2		1527.4
24324.3	739.8	4384.1	7073.8		316.8	10597.9		6860.2
31650.7	24656.9	12297.0	21809.3			334.0		336.0
18285.2	27279.2	11445.3	18166.1		15.0	11.2		286.9
18213.6	19733.2	4745.9	12804.8			792.0		2039.0
39157.0	24495.9	12771.3	20747.8		18.4	14896.3		12058.9
16730.3	17191.8	2815.3	5673.5			226.0		37.1
24508.6	22566.5	3230.8	76802.9					
114205.9	3800.0	3558.7	15338.2	315.7	465.1	3487.2		4411.7
66024.1	17800.7	15551.1	18735.3	250.1	815.4	2909.3	514.0	3011.2
79702.8	19664.4	9644.1	44224.3	13.9	66.0	9678.1	221.0	73.7
26934.4	55228.8	9364.6	24817.9			350.9		493.2
24807.1	23729.8	13722.5	10139.6	33.1		250.0		1775.5
16810.3	31697.1	5541.9	54385.6			391.0		48.3
62089.9	28161.4	9440.5	28303.4	223.0	2622.3	4761.1	23221.4	9305.5
35965.8	43436.2	10288.8	23425.1		20.0	267.2		9790.3
24777.6	33170.2	10120.4	25919.2	47.1	601.2	3202.0	569.0	9299.4
31263.6	43149.9	6712.4	40355.4	14.0		6401.5	401.9	1033.5
113731.3	33487.9	18659.6	46420.1			6411.2	1264.2	3580.3
27318.5	29560.0	5551.0	10771.5		3733.6	1593.8	26.5	954.0
7662.4	5757.0	1376.1	5447.7					
20067.1	29247.3	4847.4	11322.6	669.0		1638.7		165.4
57521.5	64624.5	10464.0	47863.9		1444.0	2252.1	2508.6	11424.7
22426.9	28143.7	3022.2	10342.2			3411.7		111.8
34351.8	52236.9	6891.0	23329.7			1555.1		23.0
5633.5	4912.1	209.1	1297.7					
22387.3	33796.9	3885.0	17950.6		192.2	348.3		182.2
8858.8	22974.5	2108.4	13911.1			24.7		7630.4
8129.5	8569.2	1267.5	6690.6					3.8
5464.3	10914.0	831.2	8493.4			5.3		10.6
25527.3	31001.8	2378.1	27425.4				650.0	680.0

E-10续表3

地　区	收支结余	事业结余	抚恤	退役安置	城市居民最低生活保障	农村社会救济
全　国	**757961.5**	**759136.9**	**86793.1**	**109108.2**	**46483.2**	**27983.4**
中央级	53142.1	53142.1	10326.9			
北　京	76679.5	78736.5	2177.1	39483.3	683.7	804.0
天　津	15681.9	15396.4	1253.8	3010.1	4032.4	53.9
河　北	10914.9	10929.6	2638.7	4241.4	290.6	385.8
山　西	19464.9	19464.9	2550.9	1707.1	4540.2	1340.9
内蒙古	11791.3	11976.3	1522.0	2835.3	57.8	350.4
辽　宁	7698.6	5821.3	361.3	372.3	69.0	526.2
吉　林	13223.6	13154.6	3245.8	2100.3	362.7	26.9
黑龙江	3844.1	3844.1	369.9	1902.0	9.7	802.3
上　海	56882.7	58889.1	2561.9	4171.1	3163.2	696.7
江　苏	17349.5	17276.2	3349.5	766.7		40.6
浙　江	41823.6	41909.4	4709.0	3902.6	525.2	2930.5
安　徽	6314.6	6128.2	975.6	135.6	987.2	-230.5
福　建	15798.4	15707.3	3221.9	2091.4	689.5	753.9
江　西	8352.0	8517.8	1842.0	2640.4	402.7	111.5
山　东	12021.5	11849.8	2297.4	353.4		13.1
河　南	7963.5	7963.5	1918.6	1534.0	1643.0	322.5
湖　北	1709.5	1534.6	145.4	780.1	431.2	11.7
湖　南	20585.2	21130.9	495.7	249.5	5356.8	448.9
广　东	59180.9	58929.4	7936.6	6382.9	2595.5	1812.6
广　西	55358.6	55562.5	7615.5	2036.0	6864.7	5965.6
海　南	16362.5	16362.5	4057.1	2493.9	1975.5	1917.5
重　庆	4813.8	4711.8	1335.5	469.3	561.4	541.4
四　川	41980.9	41976.5	3285.5	6027.0	2005.0	1171.3
贵　州	46633.0	45968.8	7821.1	3191.0	2739.6	4168.7
云　南	69592.3	69355.0	4144.9	5205.4	4424.3	2015.7
西　藏	6832.8	6832.8				
陕　西	9124.3	9185.9	390.8	-176.8	321.4	218.5
甘　肃	6447.9	6486.0	752.4	2029.7	365.5	57.4
青　海	8293.9	8293.9	1793.2	976.2	115.4	213.3
宁　夏	5507.6	5507.6	299.4	637.7	508.5	373.5
新　疆	26591.6	26591.6	1397.7	7559.3	761.5	138.6

单位：万元

其他城镇社会救济	社会福利	民政管理事务	自然灾害生活救助	行政事业单位离退休	其他款项用于民政支出	经营结余
17814.4	**74718.4**	**127814.2**	**74720.7**	**2378.5**	**85614.1**	**-1175.4**
		34841.4			4390.9	
1484.8	2575.1	7945.1	67.6	469.9	16993.8	-2057.0
258.5	5354.8	1092.2	47.8	-10.6	301.8	285.5
359.2	817.0	806.5	457.5	8.6	860.4	-14.7
43.1	10.8	755.9	1095.3	10.3	2333.9	
291.1	427.9	2277.1	2098.0	26.9	1024.1	-185.0
16.9	208.5	335.9	947.8	100.6	764.9	1877.3
201.3	306.0	377.4	250.1			69.0
54.9	57.6	5.9	73.6		568.2	
9228.0	5754.0	27788.1		55.4	2955.9	-2006.4
-0.9	1823.5	5110.7	103.2		1358.1	73.3
1071.6	11498.4	6268.1	2060.9	472.9	6107.2	-85.8
8.4	64.7	2718.7	257.2	-28.5	475.9	186.4
98.6	2125.5	1017.5	2422.9	154.5	2781.4	91.1
46.1	14.6	2993.9	475.6	-20.0	4.0	-165.8
	18.5	1595.6	51.4	20.0	1022.8	171.7
64.8	94.9	782.5	416.4	-3.4	754.7	
		165.9		0.3		174.9
59.3	28.1	115.6	397.4	-3.9	676.6	-545.7
1823.6	14742.9	12259.5	1375.8	803.3	2322.6	251.5
415.7	3214.0	7229.2	7326.1	25.7	4466.8	-203.9
99.5	114.4	289.8	2758.9		2464.4	
41.7	324.7	382.3	337.8	0.5	317.2	102.0
630.8	5018.3	1401.1	1696.5	3.4	3019.8	4.4
359.6	1104.9	4041.4	10042.9	78.3	4956.5	664.2
534.7	4019.4	2719.6	35863.3	205.3	6871.9	237.3
					6832.8	
146.0	2005.2	495.0	342.4	9.0	1932.8	-61.6
133.6	77.1	558.9	1194.8		1017.5	-38.1
	178.5	534.5	882.3		3286.5	
64.7	132.4	163.4	1536.4		1791.6	
278.8	12606.7	745.5	140.8		2959.1	

E-10续表4

地　区	用事业基金弥补收支差额	结余分配	转入事业基金			
				抚恤	退役安置	城市居民最低生活保障
全　国	**22206.2**	**76475.6**	**65862.1**	**7402.2**	**4265.7**	**5138.7**
中央级	61.6	1015.5	921.3			
北　京	5218.9	8014.1	7566.1	25.9	476.9	
天　津	729.1	3668.3	2759.5	375.6	13.0	
河　北	277.3	1875.1	1738.2	738.4	283.7	11.1
山　西		239.9	239.9	0.9		17.9
内蒙古	74.0	946.4	912.8	277.3	431.0	
辽　宁	35.4	1034.1	906.8	86.8		69.0
吉　林	188.9	1152.0	1152.0		175.0	
黑龙江		122.5	122.5		82.0	
上　海	2417.8	2832.8	2531.1	210.7	-136.7	100.0
江　苏	178.8	6193.2	5566.6	74.7	91.5	
浙　江	1656.7	9023.0	6595.5	320.6	304.4	22.3
安　徽	246.3	2911.4	2837.9	423.2	57.4	900.6
福　建	1476.5	2053.3	1731.7	97.9	586.4	11.8
江　西	46.8	781.0	781.0	139.1	14.4	394.5
山　东	251.8	1147.9	680.0	102.4	10.0	
河　南	1122.2	2809.6	2809.6	1087.8	489.8	624.2
湖　北	5.2	275.0	275.0			
湖　南	935.8	2141.1	2128.3	1.0	53.8	1706.9
广　东	475.9	10093.6	7749.4	1136.7	399.0	91.4
广　西	1741.4	4664.2	4641.7	953.3	311.4	812.7
海　南						
重　庆	134.8	1743.4	1402.8	358.9	19.0	115.8
四　川	266.5	1493.6	1468.2	184.1	95.8	
贵　州	277.0	3430.3	3392.9	26.0	167.8	76.4
云　南	849.1	3234.0	3191.3	644.4	416.1	184.1
西　藏						
陕　西	1518.7	3087.8	1428.1	136.5	-76.0	
甘　肃	100.0	158.0	155.3			
青　海						
宁　夏						
新　疆	1919.7	334.5	176.6			

单位：万元

农村社会救济	其他城镇社会救济	社会福利	民政管理事务	自然灾害生活救助	行政事业单位离退休	其他款项用于民政支出	其他
2740.8	**1031.0**	**16122.3**	**4830.6**	**1650.5**	**46.0**	**6866.1**	**10613.5**
			422.2			499.1	94.2
5.1	8.7	1600.4	617.7		1.2	205.6	448.0
	231.4	1349.8	574.1			213.9	908.8
134.8		108.7	163.2	136.7		125.0	136.9
			56.0				
	16.6	11.3	23.6			139.6	33.6
		751.0					127.3
	85.0	306.0	517.0				
36.6							
80.8		175.0	527.5			964.5	301.7
		2138.7	59.5			414.9	626.6
257.4	112.1	2502.6	1168.7	292.0	9.1	1327.6	2427.5
-21.0	6.3	212.7	192.5	45.0		275.1	73.5
59.2	3.0	469.4	67.5	62.3	32.8	6.7	321.6
111.5	23.0	14.6	27.3	52.6		4.0	
							467.9
112.2		55.3		80.8	0.2	249.8	
40.5	4.7	18.8		50.2		41.3	12.8
659.1	333.6	3775.2	228.2			433.7	2344.2
521.5	114.0	80.4	208.2	327.6	2.7	312.4	22.5
227.7	5.3	225.3	0.2	83.2		153.9	340.6
96.2		261.3	44.0			147.6	25.4
12.0		743.9	17.5	57.0		17.0	37.4
411.4	6.7	335.4	5.9	463.1		614.6	42.7
-4.2	64.1	771.1	-83.2			619.8	1659.7
	16.5	38.8	-7.0			100.0	2.7
		176.6					157.9

E-10续表5

地　区	年末净结余					
		经营亏损	专项资金结余			
				抚恤	退役安置	城市居民最低生活保障
全　国	**703692.1**	**6272.3**	**692029.1**	**81653.9**	**109787.0**	**44818.4**
中央级	52188.2		49559.2	10326.9		
北　京	73884.3	2188.9	76013.2	2195.0	40673.6	683.7
天　津	12742.7		12622.7	1103.7	3102.1	4158.2
河　北	9317.1		9306.3	1936.5	3953.2	279.5
山　西	19225.0		19225.0	2550.0	1707.1	4540.1
内蒙古	10918.9	185.0	10385.7	1355.7	2404.3	58.9
辽　宁	6699.9	3.0	5690.8	361.3	372.3	
吉　林	12260.5		12260.5	3025.8	2145.3	362.7
黑龙江	3721.6		3717.0	369.9	1819.9	9.7
上　海	56467.7	2055.7	57755.6	2368.2	4092.1	3063.2
江　苏	11335.1		9798.2	3279.5	682.7	
浙　江	34457.3	742.0	34099.0	4425.0	2841.0	514.6
安　徽	3649.5		1825.2	444.3	99.4	90.5
福　建	15221.6		15181.6	3734.3	1582.7	603.0
江　西	7617.8	166.0	7783.8	1705.1	2626.0	8.0
山　东	11125.4	73.6	11199.0	2330.3	343.4	
河　南	6276.1		6115.0	628.6	1282.4	1369.6
湖　北	1439.7		1439.7	145.4	685.2	431.2
湖　南	19379.9	388.9	16795.1	585.4	503.3	4156.1
广　东	49563.2	92.4	49167.6	6373.4	7458.0	2883.3
广　西	52435.8	242.1	52003.7	8172.1	2163.0	6319.2
海　南	16362.5		16362.5	4057.1	2493.9	1975.5
重　庆	3205.2		3205.2	1068.6	358.3	445.6
四　川	40753.8		37483.2	3300.6	5993.1	2076.0
贵　州	43479.7		43082.8	7807.3	3040.8	2736.2
云　南	67207.4	35.0	67142.1	3626.2	4718.2	4680.8
西　藏	6832.8		6832.8			
陕　西	7555.2	61.6	7616.8	140.1	1418.0	321.4
甘　肃	6389.9	38.1	6428.0	752.3	2029.7	365.5
青　海	8293.9		8293.9	1793.2	976.2	115.4
宁　夏	5507.6		5507.6	299.4	637.7	508.5
新　疆	28176.8		28130.3	1392.7	7584.1	2062.0

单位：万元

农村社会救济	其他城镇社会救济	社会福利	民政管理事务	自然灾害生活救助	行政事业单位离退休	其他款项用于民政支出	其他
26581.4	**16990.3**	**57429.1**	**126314.9**	**75719.9**	**2342.5**	**86154.8**	**17935.3**
			34841.4			4390.9	2629.0
798.9	1482.2	2042.2	9599.3	67.6	466.4	16601.2	60.0
53.9	27.1	3333.9	708.1	47.8		87.9	120.0
251.0	376.4	759.3	638.3	315.8	4.6	722.8	10.8
1340.9	43.1	10.9	752.1	1095.3	10.3	2334.0	
351.8	284.7	133.4	2273.5	2090.8	26.9	771.1	718.2
526.2	16.9	198.5	335.9	947.8	100.6	764.9	1012.1
26.9	143.0		22.6	250.1			
765.7	54.9	55.0		73.6		568.2	4.6
598.3	9253.5	5425.2	29761.2		55.4	2838.9	767.8
40.6	7.0	260.4	3986.5	103.2		896.9	1536.9
2834.3	850.6	8485.2	4726.3	1992.8	422.3	4737.0	1100.3
5.0		0.3	742.9	224.2		200.8	1824.3
969.7	132.3	1364.3	1130.4	2225.6	135.8	3250.5	40.0
	23.1		2991.6	430.0			
13.1		18.5	1595.6	51.4	20.0	1082.8	
160.3	53.7	39.6	769.5	351.3	0.4	1080.8	161.1
11.7			165.9		0.3		
422.5	54.6	9.3	140.2	328.0		176.9	2973.7
1206.0	1566.8	9235.8	12670.4	1338.3	740.8	2299.1	488.0
5974.6	431.0	3141.2	7354.7	8212.9	66.1	4431.2	674.2
1917.5	99.5	114.4	289.8	2758.9		2464.4	
313.7	34.0	184.7	381.9	254.6	0.5	163.3	
1075.6	630.3	5012.0	1364.0	1696.7	3.4	2963.9	3270.6
4167.7	358.5	944.7	3781.6	10042.7	78.3	4904.8	396.9
1716.8	536.2	3952.9	2715.8	36286.7	201.4	7770.3	100.3
						6832.8	
222.7	62.9	8.0	578.1	336.7	9.0	4458.2	
57.4	117.0	115.7	563.1	1111.3		1017.5	
213.3		178.5	534.5	882.3		3600.5	
373.5	64.7	132.4	163.4	1536.4		1791.6	
171.8	286.3	12272.8	736.3	667.1		2951.6	46.5

E–11 民政事业费支

地区	民政事业费实际支出	抚恤	死亡抚恤	一次性抚恤金	定期定量抚恤费	其他	伤残抚恤
全国	**12154874.1**	**2108030.9**	**253222.3**	**50708.6**	**186497.1**	**16016.6**	**498703.2**
中央级	32840.6						
北京	575756.2	41214.1	10937.2	8657.1	2208.4	71.7	6573.6
天津	149045.9	17691.9	1818.6	918.5	843.6	56.5	4283.6
河北	488386.9	142279.3	17158.3	2795.0	14344.3	19.0	39770.1
山西	339210.4	70196.2	6408.6	1131.4	5231.5	45.7	19136.6
内蒙古	283105.0	28356.8	2257.1	425.0	1581.2	250.9	7782.9
辽宁	575209.2	72264.7	7940.3	3315.4	3512.9	1112.0	20119.4
吉林	341920.3	47233.9	5402.1	552.2	4778.9	71.0	16378.5
黑龙江	478896.2	54632.1	5973.4	861.4	3914.0	1198.0	13386.6
上海	406117.7	43860.5	4254.2	1991.4	1611.7	651.1	9465.2
江苏	632560.3	137176.9	20428.2	3910.6	16321.6	196.0	34445.1
浙江	508925.1	99564.9	6147.0	1552.2	4412.9	181.9	16557.1
安徽	490973.8	87641.0	7079.3	1120.8	5641.4	317.1	21423.6
福建	247499.6	44243.0	7853.7	1246.9	6506.1	100.7	6361.7
江西	434663.8	82452.3	13194.2	924.3	11911.7	358.2	12653.3
山东	715079.2	249360.7	28184.0	4050.8	23395.0	738.2	74013.6
河南	598725.6	133272.9	14650.8	2964.4	11418.2	268.2	39372.8
湖北	514066.8	99505.7	18643.9	1717.5	16825.7	100.7	18841.7
湖南	521304.3	105761.9	13168.5	2128.7	10933.4	106.4	24093.9
广东	720130.3	113286.9	12047.3	416.6	7920.3	3710.4	17316.9
广西	247212.2	36263.0	3151.3	686.5	2441.4	23.4	5148.6
海南	65928.7	9615.8	2186.8	726.9	1363.7	96.2	1492.8
重庆	307696.7	56147.3	4292.8	890.3	3008.7	393.8	12377.2
四川	734868.4	135040.5	13553.4	2136.9	11207.3	209.2	33620.0
贵州	264298.8	39157.4	3068.7	923.1	2048.9	96.7	7581.5
云南	420913.8	42032.3	9262.3	1652.9	3265.6	4343.8	8728.3
西藏	38362.5	3666.2	1296.0	10.5	1183.7	101.8	371.5
陕西	365357.8	69645.5	7809.1	1379.7	6080.5	348.9	13620.4
甘肃	226790.9	22885.4	2250.8	817.5	1354.2	79.1	6511.6
青海	81455.2	3961.8	1306.0	227.9	480.4	597.7	872.9
宁夏	79704.7	3313.7	549.1	282.1	267.0		1116.2
新疆	267867.2	16306.3	949.3	294.1	482.9	172.3	5286.0

出明细和基本数字

单位：万元

伤残抚恤金	在乡伤残抚恤金	在职保健金	伤残补助费	回乡安置特一等护理费	在乡复员、退伍军人生活补助	在乡复退军人定期定量补助费	在乡红军老战士定期定量补助费
461680.7	**319503.7**	**142177.0**	**37022.5**	**9080.5**	**811572.9**	**703239.1**	**4023.9**
5289.9	1592.2	3697.7	1283.7	221.5	9719.2	7464.6	4.7
4006.7	1589.8	2416.9	276.9	159.2	3948.5	3809.4	2.4
37428.0	37428.0		2342.1	406.7	45690.1	43397.0	26.3
17927.5	10710.5	7217.0	1209.1	386.7	20256.3	18658.1	99.0
7279.6	3062.0	4217.6	503.3	41.5	11651.9	10900.2	31.0
18674.5	7058.3	11616.2	1444.9	153.8	25304.4	19832.5	1.8
15542.9	10136.8	5406.1	835.6	356.3	15647.5	14759.3	7.6
12657.7	8250.8	4406.9	728.9	237.1	25220.3	21760.7	32.5
8860.7		8860.7	604.5	120.0	7241.8	3969.2	
31760.4	22415.2	9345.2	2684.7	1084.7	49877.7	46049.9	5.4
15229.5	9445.5	5784.0	1327.6	342.8	36988.5	32348.3	
20047.2	12194.7	7852.5	1376.4	388.9	36442.1	32333.3	9.0
6060.4	4355.6	1704.8	301.3	84.3	16445.4	13028.3	8.5
12015.5	7937.2	4078.3	637.8	168.9	32814.0	23438.2	127.0
67733.8	47399.1	20334.7	6279.8	1733.4	86102.0	76939.7	31.7
36218.3	23793.3	12425.0	3154.5	736.6	51908.6	45679.6	73.5
18095.2	18095.2		746.5	299.8	45034.4	40086.8	48.4
23013.2	18843.0	4170.2	1080.7	330.8	48971.8	43614.9	32.3
14829.6	9946.4	4883.2	2487.3	257.3	40971.1	34902.1	
4929.5	3481.7	1447.8	219.1	63.1	17518.9	16008.3	
1443.0	940.6	502.4	49.8	13.6	4049.1	2897.9	
11763.3	11763.3		613.9	299.8	25243.7	23793.9	14.4
30795.1	22835.5	7959.6	2824.9	616.4	70282.2	58287.5	1132.5
7009.0	6629.9	379.1	572.5	136.1	18674.8	17330.1	6.2
7996.1	4196.7	3799.4	732.2	127.1	16300.2	14449.5	
371.5	371.5				123.1	69.6	1.4
12970.4	10170.4	2800.0	650.0	183.4	33987.8	25080.2	1929.1
5997.4	3320.0	2677.4	514.2	95.4	7923.9	6368.2	345.7
861.9	351.7	510.2	11.0	3.0	1006.3	944.3	18.9
1083.1	452.6	630.5	33.1	10.5	1105.4	975.3	19.1
3789.8	736.2	3053.6	1496.2	21.8	5121.9	4062.2	15.5

E-11 续表 1

地 区	红军失散人员定期定量补助费	义务兵优待金	优抚事业单位	烈士纪念建筑物管理维修经费	烈士纪念建筑物管理单位经费	伤残军人休养院经费
全 国	**24847.6**	**237071.9**	**201790.5**	**70769.2**	**44167.5**	**18661.2**
中央级						
北 京		5978.5	2107.4	467.3	142.2	
天 津		1892.2	5131.7	1379.5	1130.0	
河 北		9834.4	22962.6	4769.1	3786.1	1150.4
山 西	12.7	4409.6	16618.2	3347.5	1946.6	2102.8
内蒙古	7.2	2144.7	3491.4	755.1	422.2	345.1
辽 宁	1.0	9549.1	7207.2	1626.0	994.4	925.5
吉 林	18.7	2973.9	5957.7	1263.6	708.3	
黑龙江	25.8	3802.8	2824.1	1491.6	378.5	490.0
上 海		14273.4	6691.4	5113.1	1276.0	617.9
江 苏	1.9	17655.2	10958.4	6041.3	3858.0	
浙 江	194.9	28767.9	7696.2	5528.2	4962.1	863.8
安 徽	1867.4	14768.9	5899.0	1974.6	935.7	1165.6
福 建	1580.1	9242.6	2857.1	1320.3	727.0	
江 西	7778.9	7057.9	6945.4	2129.4	907.9	
山 东	36.2	24351.0	23507.0	6826.3	5649.1	4351.0
河 南	1872.7	11292.1	10062.3	3385.1	2621.0	426.8
湖 北	2640.0	6387.1	9175.5	1947.0	830.0	
湖 南	2144.6	6017.3	10275.5	826.4	622.8	1479.1
广 东	1190.3	21226.5	15031.5	8252.7	6652.6	110.5
广 西	459.4	5540.4	3919.7	1477.7	454.4	447.8
海 南	122.7	568.0	657.1	277.9	4.6	
重 庆	11.9	3450.3	1133.2	348.4	250.0	256.3
四 川	3210.1	8073.4	6795.2	3282.7	1175.2	1966.6
贵 州	80.2	6431.0	2052.9	1057.7	484.9	183.7
云 南	5.9	2574.6	1863.8	1018.1	343.1	713.3
西 藏		60.7	85.0	85.0	35.0	
陕 西	1478.1	3901.1	6178.7	2234.7	947.9	820.0
甘 肃	101.0	3165.0	1437.2	951.4	734.1	22.0
青 海		449.2	124.0	124.0	59.1	
宁 夏	4.4	238.2	268.7	258.2	28.4	
新 疆	1.5	994.9	1875.4	1209.3	1100.3	223.0

单位：万元

复员退伍军人慢性病疗养院经费	复员退伍军人精神病院经费	光荣院经费	其他优抚事业单位经费	集体办优抚事业单位补助费	其他优抚支出	退役安置	退伍军人安置
18025.0	**39340.3**	**47062.1**	**7383.0**	**549.7**	**105670.1**	**1649856.0**	**291963.1**
		1640.1			5898.2	314251.3	4846.9
	1325.4	1675.7	751.1		617.3	31969.0	2069.3
5453.3	3059.7	8529.6	0.5		6863.8	76138.1	11036.3
513.4	4976.8	4426.4	1197.9	53.4	3366.9	29568.5	4505.3
40.2	462.1	1841.9	47.0		1028.8	20011.4	3140.7
	1675.6	2766.8	213.3		2144.3	114221.5	8136.2
1247.1	49.0	3280.0	118.0		874.2	33678.3	4898.3
	419.0	346.8	76.7		3424.9	29193.6	9874.4
	65.6		894.8		1934.5	53519.0	10327.5
592.3	2244.0	1325.5	755.3		3812.3	113393.0	34985.9
	342.8	933.9	7.5	20.0	3408.2	45663.1	17848.1
	1538.6	1170.1	50.1		2028.1	44421.1	22913.9
1.3		1236.4	299.1		1482.5	29512.3	6831.0
104.3	1869.0	1998.6	517.3	326.8	9787.5	22237.9	7101.3
4266.3	7150.7	912.7			13203.1	121631.2	19672.2
2606.9	2057.7	1261.2	298.9	25.7	5986.3	51291.3	14784.2
721.0	3787.0	2612.3	78.2	30.0	1423.1	62594.2	16005.7
338.7	1995.7	4697.8	894.0	43.8	3234.9	42308.0	7501.2
1316.6	2840.9	2259.3	201.5	50.0	6693.6	101291.0	26268.4
	1219.7	742.0	32.5		984.1	19233.1	5209.8
		262.2	117.0		662.0	8150.8	1878.2
		528.5			9650.1	28228.4	6840.8
37.8	378.8	922.6	206.7		2716.3	75372.1	22577.3
	194.0	617.5			1348.5	14347.5	3804.4
8.4	30.0	20.0	74.0		3303.1	50745.4	6618.9
					1729.9	7358.0	
775.4	1413.1	451.5	484.0		4148.4	52123.5	3908.8
	189.1	274.7			1596.9	20138.3	2029.1
					203.4	5908.8	646.0
2.0	1.0	7.5			36.1	3633.1	519.2
	55.0	320.5	67.6		2078.8	27723.2	5183.8

E-11 续表 2

地　区	一次性建房补助费	退役士兵自谋职业金	军队移交政府的离退休人员安置	军队离休干部离休金	军队退休干部退休金	军队无军籍职工退休金
全　国	**4409.5**	**263339.6**	**1109158.3**	**192088.9**	**572804.8**	**143097.0**
中央级						
北　京	9.0	4049.1	203755.4	13666.8	105942.9	28087.4
天　津	13.0	2003.2	25550.8	3430.2	13226.1	2841.3
河　北	32.3	9986.4	57074.7	15692.0	29468.1	6448.9
山　西	68.8	3941.2	22328.8	5197.3	10349.3	4117.0
内蒙古	52.9	2854.2	13570.6	3418.6	7219.9	1635.5
辽　宁	421.8	6370.8	95147.5	18103.3	57382.0	8371.3
吉　林	106.5	4507.3	23335.1	3344.2	15871.4	2912.6
黑龙江	347.8	8996.3	15075.3	3002.9	7927.5	2400.4
上　海	59.0	9589.6	37367.6	3279.9	15661.9	3295.3
江　苏	295.4	31801.2	66219.4	15742.2	30004.7	8128.4
浙　江	153.7	17295.1	22404.9	4631.6	7763.6	2765.4
安　徽	209.6	22240.1	17667.4	4339.8	8227.0	2392.4
福　建	69.3	6166.6	19369.2	4356.9	11659.7	1276.1
江　西	124.8	5569.5	13730.8	2856.6	5034.6	2026.0
山　东	168.2	17904.4	91214.4	33625.8	37340.8	7498.6
河　南	153.1	13407.5	30400.0	7239.9	15451.8	3576.9
湖　北	192.0	14576.4	37749.1	7109.8	23132.7	4322.0
湖　南	364.7	5676.4	27723.2	4172.2	16449.3	4682.3
广　东	391.3	23424.8	64775.4	6483.0	39623.3	5938.1
广　西	1.3	4647.8	11789.3	1860.0	5879.3	2006.7
海　南	64.7	1248.9	5397.8	547.3	1910.0	1401.7
重　庆	70.2	6533.7	18906.1	1284.8	10011.0	1957.8
四　川	562.7	21402.3	45640.0	6389.0	28616.8	4782.2
贵　州	190.6	3326.8	9117.1	1749.0	4623.5	1118.0
云　南	21.2	5261.7	40331.6	6990.9	19468.2	7769.8
西　藏			7358.0		647.0	4234.7
陕　西	72.3	3298.7	42456.2	7835.6	23835.8	4944.6
甘　肃	13.5	1872.9	15021.2	2651.5	7031.5	3710.4
青　海	10.0	495.4	4895.0	422.4	1156.2	2610.0
宁　夏		519.2	2798.3	711.4	1529.3	479.0
新　疆	169.8	4372.1	20988.1	1954.0	10359.6	5366.2

单位：万元

军队离退休人员其他费用	死亡丧葬费	护理费	遗属生活困难补助费	定期定量补助费	其他费用	军队移交政府离退休干部管理机构	其他退役安置支出
201167.6	**8289.1**	**21481.7**	**6785.2**	**4678.1**	**164611.6**	**224260.0**	**24474.6**
56058.3	1531.1	2427.3	170.1	135.6	51929.8	105089.2	559.8
6053.2	178.7	558.6	110.6	83.4	5205.3	4244.6	104.3
5465.7	392.8	1420.6	855.2	646.4	2797.1	7193.6	833.5
2665.2	70.6	417.6	297.6	234.3	1879.4	2328.8	405.6
1296.6	95.6	70.6	112.0	63.5	1018.4	2333.3	966.8
11290.9	908.1	2922.3	673.5	453.6	6787.0	7792.5	3145.3
1206.9	42.5	47.6	167.9	95.6	948.9	4803.3	641.6
1744.5	104.4	298.7	126.1	58.1	1215.3	3943.0	300.9
15130.5	397.5	679.9	108.9	90.1	13944.2	5071.1	752.8
12344.1	578.4	1324.5	468.4	316.5	9972.8	10956.7	1231.0
7244.3	149.3	731.3	100.9	86.1	6262.8	4426.3	983.8
2708.2	183.5	237.6	195.5	115.8	2091.6	2719.4	1120.4
2076.5	221.8	306.9	134.7	110.4	1413.1	2790.9	521.2
3813.6	61.2	148.3	57.6	27.2	3546.5	972.0	433.8
12749.2	455.0	4408.6	686.9	489.5	7198.7	8585.7	2158.9
4131.4	257.0	1031.1	456.1	339.5	2387.2	5579.8	527.3
3184.6	398.2	873.7	191.5	156.8	1721.2	7220.3	1619.1
2419.4	192.0	350.8	305.0	194.9	1571.6	5457.0	1626.6
12731.0	282.4	313.9	124.5	48.7	12010.2	7477.1	2770.1
2043.3	129.0	230.5	126.2	51.6	1557.6	2019.6	214.4
1538.8	114.8	41.9	92.8	27.7	1289.3	503.3	371.5
5652.5	68.5	198.4	78.1	61.4	5307.5	2078.1	403.4
5852.0	534.2	396.3	340.1	242.3	4581.4	6353.1	801.7
1626.6	103.1	149.6	49.6	38.4	1324.3	1299.5	126.5
6102.7	158.9	419.1	165.2	100.8	5359.5	3021.2	773.7
2476.3					2476.3		
5840.2	354.6	989.1	277.4	184.7	4219.1	5334.1	424.4
1627.8	113.6	247.7	148.5	117.5	1118.0	2598.6	489.4
706.4	13.0		4.9	4.0	688.5	289.1	78.7
78.6	8.0	20.0	26.6	6.8	24.0	315.6	
3308.3	191.3	219.2	132.8	96.9	2765.0	1463.2	88.1

E-11 续表 3

地　区	城镇居民最低生活保障	农村社会救济	特困生活救济	农村定期定量救济费	临时救济费
全　国	**2773639.4**	**1897915.3**	**1161671.8**	**26192.5**	**41862.1**
中央级					
北　京	47718.0	11465.1	7993.0		701.2
天　津	37731.6	7661.4	3864.2		363.7
河　北	94707.2	64014.2	32920.3	139.3	1588.3
山　西	102496.1	51511.4	31848.3	325.9	887.7
内蒙古	116243.8	49517.1	39939.2	1328.9	768.9
辽　宁	180311.5	60889.8	40734.7	33.9	2113.5
吉　林	155426.7	38791.8	25593.5	79.4	204.9
黑龙江	166019.9	57706.0	33707.4	13.2	813.8
上　海	82007.1	20190.5	13383.0	147.1	2388.6
江　苏	64514.2	122663.8	71912.7	3350.5	5101.9
浙　江	19720.8	112411.7	65467.1	2095.3	9611.1
安　徽	120326.4	104994.1	54021.5	1275.9	708.5
福　建	22049.4	62174.3	43594.3	1004.4	1218.6
江　西	109573.1	95326.7	53953.1	722.6	1109.7
山　东	77171.6	107218.2	53636.9		390.5
河　南	137453.8	139293.1	81311.4	553.6	606.8
湖　北	169164.7	68527.9	40473.5	1286.9	598.3
湖　南	154047.2	73620.9	35096.8	1350.1	1930.8
广　东	53833.8	114319.2	76047.6	765.4	2633.3
广　西	60272.6	44283.8	24494.6	380.3	617.9
海　南	15153.1	10401.0	7050.5	72.8	358.4
重　庆	104813.8	42242.7	19911.9	575.6	847.2
四　川	179036.0	118475.7	54285.6	1497.3	2279.2
贵　州	63749.8	69833.4	58168.5	5721.8	600.7
云　南	93538.5	101171.2	85553.9	2911.1	2227.5
西　藏	5841.7	7729.7	5228.4		97.6
陕　西	97975.6	54605.5	40044.1	44.9	244.9
甘　肃	89382.4	40542.1	26691.8	113.1	201.5
青　海	31960.4	13282.3	9686.4	9.3	95.8
宁　夏	32457.5	7765.8	5670.4	170.1	110.0
新　疆	88941.1	25284.9	19387.2	223.8	441.3

单位：万元

农村最低生活保障线救济费	麻风病人救济费	精简退职老弱残职工救济	享受原工资 40% 救济费	其他精简退职老职工救济费	定期定量救济费
1090763.6	**2853.6**	**55870.4**	**23941.7**	**31928.7**	**26966.5**
7291.8		1114.5	475.4	639.1	405.2
3499.7	0.8	498.3	317.9	180.4	91.8
31182.7	10.0	1350.5	1188.0	162.5	63.1
30634.6	0.1	1342.5	1283.4	59.1	45.9
37841.4		699.5	341.2	358.3	158.7
38552.2	35.1	1249.3	770.9	478.4	327.0
25293.7	15.5	481.2	295.5	185.7	99.0
32877.8	2.6	626.4	446.6	179.8	116.4
10847.3		550.9	71.3	479.6	455.7
63082.2	378.1	10084.2	3077.8	7006.4	6561.4
53531.8	228.9	7001.9	1493.5	5508.4	5110.8
51849.2	187.9	3689.3	1185.7	2503.6	1898.1
41300.8	70.5	1701.3	1495.7	205.6	155.5
51768.2	352.6	4543.0	952.3	3590.7	3091.9
53246.4		2167.7	2161.7	6.0	
80151.0		1445.0	925.2	519.8	380.5
38404.8	183.5	1907.7	1392.5	515.2	377.6
31696.2	119.7	3284.2	1121.6	2162.6	1783.8
72069.2	579.7	748.5	443.3	305.2	229.1
23444.9	51.5	475.0	343.9	131.1	78.7
6515.2	104.1	75.0	50.2	24.8	18.2
18391.7	97.4	2261.1	824.6	1436.5	1277.8
50290.5	218.6	3956.6	1492.0	2464.6	2006.5
51743.9	102.1	722.3	300.2	422.1	333.8
80344.1	71.2	2416.6	568.4	1848.2	1546.2
5130.8					
39713.7	40.6	314.2	245.7	68.5	27.5
26374.1	3.1	471.0	302.1	168.9	94.5
9581.3		302.3	152.2	150.1	141.9
5390.3		92.6	52.8	39.8	19.5
18722.1		297.8	170.1	127.7	70.4

E-11 续表 4

地　区	五保供养	其他农村社会救济支出	其他城镇社会救济	其他城镇社会救济支出	城镇定期定量救济费
全　国	**597816.1**	**82557.0**	**233738.9**	**137192.9**	**15686.7**
中央级					
北　京	820.8	1536.8	11636.2	5108.0	169.2
天　津	3066.0	232.9	2550.0	1095.4	82.6
河　北	26835.1	2908.3	3859.6	1702.4	2.9
山　西	16562.5	1758.1	2444.7	369.7	71.1
内蒙古	6990.4	1888.0	4427.9	2864.7	
辽　宁	17892.0	1013.8	26210.4	21316.9	180.0
吉　林	12453.8	263.3	6821.8	3846.7	158.3
黑龙江	22122.2	1250.0	24674.2	21249.5	5888.3
上　海	2528.8	3727.8	33717.2	26146.9	734.7
江　苏	36787.7	3879.2	17559.0	9939.3	895.9
浙　江	14848.4	25094.3	17163.8	11561.9	593.3
安　徽	46374.8	908.5	4330.2	2560.0	1397.5
福　建	12088.1	4790.6	2956.3	1150.3	404.4
江　西	35652.0	1178.6	3196.7	1589.8	437.5
山　东	47820.7	3592.9	4404.5	1892.9	
河　南	54389.1	2147.6	4264.9	691.2	93.2
湖　北	25344.3	802.4	5656.3	3063.2	1932.2
湖　南	32825.3	2414.6	6089.2	1731.2	531.4
广　东	34004.9	3518.2	20297.6	6853.1	763.8
广　西	18214.5	1099.7	2355.0	356.9	62.6
海　南	2301.8	973.7	865.0	150.7	33.2
重　庆	19007.1	1062.6	3687.7	1850.2	318.3
四　川	52710.7	7522.8	11840.1	5887.7	365.2
贵　州	8661.4	2281.2	1585.4	453.9	99.8
云　南	9784.8	3415.9	1822.5	423.6	38.1
西　藏	2018.8	482.5	116.0	5.8	
陕　西	13620.0	627.2	3198.3	751.4	26.4
甘　肃	11847.2	1532.1	1482.7	223.3	29.5
青　海	3129.3	164.3	517.7	197.0	12.8
宁　夏	1787.1	215.7	860.8	613.6	21.0
新　疆	5326.5	273.4	3147.2	1545.7	343.5

单位：万元

孤老残幼	城镇临时救济费	城镇其他救济费	宽释人员	流浪乞讨人员救助	流浪乞讨人员救助单位经费
4654.5	**73975.2**	**47531.0**	**843.2**	**96546.0**	**60284.8**
56.4	3355.1	1583.7	9.3	6528.2	1259.6
40.8	958.1	54.7	7.1	1454.6	1248.9
1.3	1647.8	51.7	1.6	2157.2	1565.2
61.9	175.4	123.2	16.9	2075.0	1010.6
	1252.6	1612.1		1563.2	1245.4
54.0	18837.0	2299.9	7.2	4893.5	2942.4
40.9	2868.7	819.7		2975.1	2288.2
6.8	2176.9	13184.3		3424.7	2525.4
454.1	10818.1	14594.1	68.6	7570.3	6609.5
392.6	5411.2	3632.2	82.9	7619.7	5001.0
228.2	8605.9	2362.7	31.7	5601.9	3675.7
776.6	592.0	570.5	69.5	1770.2	859.4
60.7	522.8	223.1	6.9	1806.0	1256.6
113.8	975.5	176.8	62.2	1606.9	970.0
	1444.7	448.2	2.4	2511.6	1858.9
58.5	505.6	92.4	7.0	3573.7	1781.5
902.1	556.1	574.9	95.9	2593.1	1341.1
283.3	730.5	469.3	153.2	4358.0	2362.0
252.8	4140.9	1948.4	3.4	13444.5	8457.5
19.2	249.6	44.7		1998.1	1313.4
13.7	54.2	63.3		714.3	138.0
286.9	957.1	574.8	58.3	1837.5	1546.0
155.1	4801.1	721.4	109.4	5952.4	3727.2
70.0	244.1	110.0	36.5	1131.5	828.5
29.0	285.6	99.9	12.9	1398.9	645.3
	5.8			110.2	69.0
14.8	593.8	131.2		2446.9	1322.4
17.6	42.9	150.9	0.3	1259.4	889.7
12.6	145.4	38.8		320.7	271.0
2.0	74.8	517.8		247.2	184.0
248.8	945.9	256.3		1601.5	1091.4

E-11 续表 4

地　区	社会福利	殡葬	补贴火化场经费	补贴殡葬类单位经费	假肢矫形	假肢厂(站)专项拨款	其他经费
全　国	**642471.5**	**114689.2**	**53280.5**	**61408.7**	**4117.4**	**3109.1**	**1008.3**
中央级							
北　京	26463.0	2936.9	2167.9	769.0	50.0	50.0	
天　津	14920.0	1287.3	327.6	959.7	588.3		588.3
河　北	16974.6	7266.6	5833.6	1433.0	268.4	268.4	
山　西	7817.7	1035.0	600.2	434.8	256.6	256.6	
内蒙古	9050.5	1073.9	427.0	646.9	40.0	40.0	
辽　宁	24139.3	2614.7	1346.8	1267.9	72.7	43.0	29.7
吉　林	17556.9	1535.3	1033.7	501.6	318.3	318.3	
黑龙江	19561.6	602.3	435.7	166.6	159.6	80.6	79.0
上　海	35920.6	798.0		798.0			
江　苏	59142.2	2700.0	2141.2	558.8	211.2	45.7	165.5
浙　江	61165.2	21566.2	12465.1	9101.1	179.0	173.0	6.0
安　徽	12915.3	3893.5	3108.5	785.0	82.0	80.0	2.0
福　建	14165.3	2764.8	521.7	2243.1	30.0	30.0	
江　西	13442.2	2788.6	1756.5	1032.1	41.0	41.0	
山　东	27297.8	627.4	364.1	263.3			
河　南	20033.7	4248.9	2766.0	1482.9	527.5	526.5	1.0
湖　北	14630.6	2201.7	971.5	1230.2	233.9	233.9	
湖　南	17995.8	3235.4	1554.4	1681.0	149.5	149.5	
广　东	104802.9	29327.3	7951.5	21375.8	34.9		34.9
广　西	11603.7	1599.4	834.8	764.6	85.0	85.0	
海　南	1499.8	234.0	222.4	11.6			
重　庆	7092.4	1492.6	663.2	829.4	160.4	156.0	4.4
四　川	34630.1	4603.1	2675.4	1927.7	6.2		6.2
贵　州	11690.3	1234.4	514.3	720.1	324.6	319.6	5.0
云　南	14794.5	2023.4	639.6	1383.8			
西　藏	1598.5	137.3		137.3			
陕　西	9789.6	846.8	279.6	567.2	20.7	20.7	
甘　肃	4507.2	721.9	535.3	186.6	158.7	112.4	46.3
青　海	1167.4	37.9	10.9	27.0	63.9	63.9	
宁　夏	5970.9	3138.3	1128.6	2009.7			
新　疆	20131.9	6116.3	3.4	6112.9	55.0	15.0	40.0

单位：万元

社会福利事业单位	社会福利院经费	儿童福利院经费	精神病人福利院经费	补贴安置农场经费	其他	儿童福利	老年人福利	其他社会福利支出
408135.3	**168813.5**	**50123.8**	**70278.5**	**7628.6**	**111290.9**	**10794.7**	**39727.3**	**65007.6**
10455.4	409.9	1021.1	1220.1		7804.3	4910.8	2222.0	5887.9
9279.1	1693.4	2130.1	2501.8	43.7	2910.1	265.9	3227.7	271.7
6415.4	4344.5	114.4		30.8	1925.7	4.5	2071.0	948.7
5437.7	3006.8	148.3	484.3		1798.3		470.8	617.6
6366.5	3371.2	889.9	1022.9		1082.5	103.2	572.6	894.3
15853.3	9480.7	2272.0			4100.6	103.7	1735.5	3759.4
13563.3	5061.1	1280.0	5726.0	209.8	1286.4		722.6	1417.4
16915.9	4288.5	3969.4	5676.4	1413.0	1568.6	12.9	1528.6	342.3
31965.6	12804.1	6113.0	7776.3		5272.2		1045.6	2111.4
41264.4	15278.7	4964.3	10470.1	635.0	9916.3	278.0	4532.7	10155.9
24922.4	14859.5	3869.3	1103.2	145.0	4945.4	35.3	7768.1	6694.2
6377.9	2677.6	2885.8	2.2	196.1	616.2	544.5	331.6	1685.8
9049.4	4061.4	758.4	3541.7	5.0	682.9	188.9	895.3	1236.9
7878.2	5624.5	142.3	924.2		1187.2	44.2	1243.8	1446.4
24620.8	6871.4	961.0	2287.3		14501.1	3.0	462.3	1584.3
8017.9	3660.4	307.9	630.7	68.1	3350.8	113.1	95.2	7031.1
10316.4	7160.2	1691.9	623.5		840.8	143.8	237.9	1496.9
11586.5	6430.6	832.9	1532.7	45.1	2745.2	118.3	1293.7	1612.4
63302.6	26863.3	3633.6	6675.5	408.0	25722.2	2846.4	2423.4	6868.3
8767.0	4871.8	1046.8	1658.7	330.9	858.8	52.7	250.2	849.4
1166.0	1057.4	26.7			81.9	67.8	10.0	22.0
4607.2	2192.0	617.1	1177.1		621.0	84.7	218.7	528.8
23636.6	7575.7	813.2	6674.3	537.2	8036.2	76.3	3864.3	2443.6
9758.2	2117.6	848.4	1814.5	2524.4	2453.3	27.7	146.9	198.5
7666.8	1823.2	1337.2	1916.8	703.4	1886.2	27.3	903.9	4173.1
1376.4	495.0	881.4					49.0	35.8
8070.1	4139.6	1456.6	1036.2	19.5	1418.2	409.6	318.9	123.5
3388.2	1476.9	620.3	491.0	216.0	584.0	24.3	177.2	36.9
872.3	569.7	200.0		97.6	5.0		95.8	97.5
2330.9	1728.3	560.0			42.6	55.7	308.1	137.9
12906.9	2818.5	3730.5	3311.0		3046.9	252.1	503.9	297.7

E-11 续表 5

地　区	民政管理事务	行政运行	一般行政管理事务	机关服务	拥军优属
全　国	**1101285.1**	**340188.2**	**61730.0**	**15939.3**	**103713.4**
中央级	18831.7	2269.8	5524.7	211.9	224.1
北　京	67922.0	13446.3	3028.0	2231.4	5728.1
天　津	24324.3	5121.7	332.6	83.5	1865.3
河　北	31650.7	15676.4	1692.5	423.6	2110.9
山　西	18285.2	7383.3	467.9	195.9	1499.9
内蒙古	18213.6	5617.7	1024.5	613.8	1378.5
辽　宁	39157.0	12059.0	1757.9	244.5	2889.3
吉　林	16730.3	5182.7	881.8	306.9	994.6
黑龙江	24508.6	7612.6	738.6	121.7	1685.5
上　海	114205.9	11089.9	2042.6	405.9	5374.5
江　苏	66024.1	23161.6	2852.8	536.5	10156.2
浙　江	79702.8	25048.5	6294.3	369.7	8069.7
安　徽	26934.4	10558.5	2034.9	904.7	3366.1
福　建	24807.1	7910.6	908.2	307.2	4142.2
江　西	16810.3	7399.3	1103.5	484.3	790.4
山　东	62089.9	17922.8	4061.4	1041.9	7851.0
河　南	35965.8	13418.0	1994.7	1332.8	3505.0
湖　北	24777.6	10900.1	2067.1	893.8	2215.8
湖　南	31263.6	12827.3	3398.4	709.1	2125.2
广　东	113731.3	30016.0	5756.3	1862.2	18750.2
广　西	27318.5	9624.3	912.5	118.5	3499.0
海　南	7662.4	2108.4	597.0	10.2	1300.4
重　庆	20067.1	6433.4	492.6	78.2	1507.5
四　川	57521.5	21891.4	3650.8	865.8	3874.5
贵　州	22426.9	10541.0	1525.5	236.5	2090.1
云　南	34351.8	13403.6	1702.5	253.6	2314.4
西　藏	5633.5	4124.3	72.5	11.0	233.4
陕　西	22387.3	6638.8	1619.1	177.8	863.0
甘　肃	8858.8	4439.3	370.5	383.6	464.8
青　海	8129.5	2694.9	719.5	201.0	305.3
宁　夏	5464.3	2282.4	423.7	20.3	409.9
新　疆	25527.3	11384.3	1681.1	301.5	2128.6

单位：万元

老龄事务	民间组织管理	行政区划和地名管理	基层政权和社区建设	部队供应	其他民政管理事务支出
43488.7	**9432.9**	**27122.1**	**136881.8**	**21723.7**	**341065.0**
1079.3	729.2	632.8	423.2		7736.7
2068.8	724.3	374.1	16309.1	355.7	23656.2
1180.8	474.2	1.6	7425.7	88.3	7750.6
690.5	150.2	1386.0	1910.1	800.3	6810.2
443.4	71.8	384.8	1973.3	568.7	5296.2
1596.3	46.5	416.9	1640.6	294.3	5584.5
573.9	196.5	843.6	10852.6	835.5	8904.2
304.6	112.3	394.8	1394.8	320.1	6837.7
517.0	139.1	506.5	1063.2	808.3	11316.1
4699.4	775.9	228.2	1563.4	1099.1	86927.0
3931.5	430.0	1593.8	9599.8	714.5	13047.4
5613.6	1219.1	3134.6	8261.2	813.7	20878.4
874.5	167.4	719.2	1597.5	616.4	6095.2
881.6	139.9	997.4	1039.8	518.2	7962.0
486.5	98.3	297.1	1525.4	551.1	4074.4
1522.6	644.5	2160.6	12780.8	1154.1	12950.2
740.9	507.7	1559.7	2285.7	1837.3	8784.0
556.6	251.4	414.7	1572.5	791.1	5114.5
1378.5	354.1	672.8	3856.7	743.1	5198.4
2618.8	1037.1	2730.9	17651.0	2709.0	30599.8
466.7	85.8	566.1	2562.5	1129.7	8353.4
153.1	71.6	376.6	764.4	101.8	2178.9
959.3	96.5	507.9	4672.3	418.3	4901.1
2841.0	384.9	1971.5	9363.6	897.4	11780.6
903.0	42.5	251.7	1989.8	654.3	4192.5
1782.9	70.7	1466.3	6683.4	1180.3	5494.1
40.0	51.0	140.0	110.3		851.0
2355.3	165.0	568.7	3903.9	362.4	5733.3
728.0	23.7	240.8	265.4	139.8	1802.9
113.1	46.0	295.0	647.3	213.0	2894.4
273.1	15.0	54.3	330.9	137.5	1517.2
1114.1	110.7	1233.1	861.6	870.4	5841.9

E-11 续表 5

地　区	自然灾害生活救助	生活救济费	紧急抢救、安置、转移灾民支出	救灾储备	灾民倒房重建
全　国	**798401.1**	**452951.6**	**43135.4**	**17140.9**	**237556.3**
中央级	5378.7			5378.7	
北　京	1294.8	1294.8			
天　津	739.8	402.5		24.5	
河　北	24656.9	22882.6	531.0	384.6	526.7
山　西	27279.2	19993.3	763.0	1156.1	4634.0
内蒙古	19733.2	16446.5	505.8	572.6	1674.6
辽　宁	24495.9	11453.6	101.3	68.9	6203.9
吉　林	17191.8	14591.1	133.6	158.9	1452.5
黑龙江	22566.5	18606.2	135.5	67.1	3427.8
上　海	3800.0				
江　苏	17800.7	13072.1	763.0		3121.8
浙　江	19664.4	16855.3	748.0	364.6	1132.5
安　徽	55228.8	16361.9	2217.9	74.7	34734.7
福　建	23729.8	10947.2	2871.5	758.4	7320.6
江　西	31697.1	20156.3	2736.2	317.6	4732.8
山　东	28161.4	22261.8	907.8		3115.1
河　南	43436.2	18814.2	2745.7	557.8	20997.5
湖　北	33170.2	17540.5	2111.5	921.4	11032.0
湖　南	43149.9	30549.3	2205.6	242.6	7753.9
广　东	33487.9	12644.6	2009.4	843.2	16693.5
广　西	29560.0	14784.3	2254.2	603.4	8963.3
海　南	5757.0	4720.9	125.7	44.1	637.1
重　庆	29247.3	13872.1	1925.7	336.9	12556.5
四　川	64624.5	34954.4	5034.4	502.0	21754.8
贵　州	28143.7	17064.9	1528.7	777.2	7715.2
云　南	52236.9	16368.9	5175.6	1362.2	24018.6
西　藏	4912.1	689.0		460.5	2939.5
陕　西	33796.9	17318.9	3450.5	690.5	10747.7
甘　肃	22974.5	20236.0	366.2	117.7	1834.4
青　海	8569.2	5689.4	70.4	98.0	2274.9
宁　夏	10914.0	5657.4	47.0	98.7	4509.1
新　疆	31001.8	16721.6	1670.2	158.0	11051.3

单位：万元

其他救助	行政事业单位离退休	地方离退休人员经费	离休人员离休金	退休人员退休金	退职人员退职金
47616.9	**247977.1**	**124417.7**	**9269.7**	**92340.5**	**1448.3**
	1464.9				
	39386.9	29244.3	421.5	20022.0	167.4
312.8	4384.1	4294.8	149.6	2518.0	52.3
332.0	12297.0	5609.6	678.5	4404.8	148.0
732.8	11445.3	2420.9	355.8	1923.5	10.9
533.7	4745.9	1425.9	212.5	1064.6	2.6
6668.2	12771.3	6159.5	761.3	4362.2	69.1
855.7	2815.3	1692.9	126.0	1403.8	140.0
329.9	3230.8	201.1	29.5	139.0	
3800.0	3558.7	1114.7		788.9	1.3
843.8	15551.1	11714.9	1529.4	8282.9	69.8
564.0	9644.1	7216.7	156.7	5129.7	57.8
1839.6	9364.6	3335.0	962.3	1909.2	16.1
1832.1	13722.5	9425.9	374.0	8134.2	165.1
3754.2	5541.9	3423.7	286.0	2838.7	44.9
1876.7	9440.5	3040.4	66.9	1664.9	
321.0	10288.8	3309.8	676.4	2296.5	31.3
1564.8	10120.4	6531.5	587.3	5428.4	24.5
2398.5	6712.4	4007.1	238.1	3365.1	45.5
1297.2	18659.6	5789.3	167.3	4841.6	67.9
2954.8	5551.0	563.0	38.0	477.9	6.4
229.2	1376.1	157.2	48.3	99.6	
556.1	4847.4	870.6	25.7	782.9	3.9
2378.9	10464.0	4016.3	286.0	3338.4	30.0
1057.7	3022.2	1255.0	73.1	1118.2	8.7
5311.6	6891.0	2733.9	263.1	2308.9	67.8
823.1	209.1				
1589.3	3885.0	1720.8	349.0	1180.1	130.6
420.2	2108.4	795.2	104.6	649.9	4.4
436.5	1267.5	822.2	158.6	633.7	
601.8	831.2	292.0	29.3	220.5	36.7
1400.7	2378.1	1233.5	114.9	1012.4	45.3

E-11 续表 5

地　区	离退休人员其他费用	一次性抚恤金	行政单位离退休	事业单位离退休	行政事业单位离退休人员管理机构
全　国	**21359.2**	**5345.0**	**64700.3**	**50760.0**	**964.4**
中央级			895.0	343.5	226.4
北　京	8633.4	1834.1	6792.4	1099.3	15.0
天　津	1574.9	265.8	84.5	4.8	
河　北	378.3	153.8	3188.7	3229.0	
山　西	130.7	78.5	3027.4	5644.2	8.3
内蒙古	146.2	19.4	1748.1	1518.8	12.8
辽　宁	966.9	316.4	2686.0	3038.2	8.5
吉　林	23.1	22.9	723.0	399.4	
黑龙江	32.6	9.1	440.7	2532.8	2.1
上　海	324.5	99.9	1375.6	1068.4	
江　苏	1832.8	666.0	2049.3	1435.9	
浙　江	1872.5	174.6	1211.7	729.6	31.7
安　徽	447.4	122.3	3708.6	2033.5	222.5
福　建	752.6	222.4	1987.1	2002.4	2.0
江　西	254.1	139.7	1024.3	965.8	109.6
山　东	1308.6	62.4	2158.6	3099.6	
河　南	305.6	151.9	3934.5	2778.8	43.0
湖　北	491.3	235.2	2212.7	1245.2	99.0
湖　南	358.4	82.6	1846.1	780.9	30.7
广　东	712.5	219.6	6749.1	6043.8	1.5
广　西	40.7	14.6	2854.0	1946.1	61.2
海　南	9.3		901.8	309.7	
重　庆	58.1	28.2	2381.4	1584.8	
四　川	361.9	204.0	3637.3	2463.1	21.6
贵　州	55.0	21.7	758.6	955.2	
云　南	94.1	65.6	3015.9	1097.0	7.0
西　藏			209.1		
陕　西	61.1	37.3	778.7	1308.0	41.5
甘　肃	36.3	27.9	738.9	574.3	
青　海	29.9	26.3	371.5	73.8	
宁　夏	5.5	5.5	270.9	268.3	
新　疆	60.9	37.3	938.8	185.8	20.0

单位：万元

退休 其他行政事业单位离退休支出	其他款项用于民政支出	农村医疗救助	资助参加合作医疗	大病医疗救助	城市医疗救助
7134.7	**701558.8**	**280508.0**	**47971.5**	**204770.1**	**144379.2**
	7165.3				
2235.9	14404.8	634.7	374.3	78.7	2487.9
	7073.8	651.3	128.2	480.0	2539.6
269.7	21809.3	10226.6	951.4	8654.9	3773.7
344.5	18166.1	9969.4	758.3	7882.8	3923.1
40.3	12804.8	6639.7	469.2	5500.9	1868.8
879.1	20747.8	2922.8	1168.1	1447.5	7230.4
	5673.5	2848.5	330.4	2351.8	1930.2
54.1	76802.9	14723.4	951.9	12617.9	11419.2
	15338.2	3648.4		3648.4	7800.2
351.0	18735.3	7023.0	2782.2	3277.9	3214.7
454.4	44224.3	17961.4	1691.1	13150.2	4698.3
65.0	24817.9	12417.4	2777.9	9015.8	5314.6
305.1	10139.6	2984.1	1297.2	1403.8	403.2
18.5	54385.6	28348.4	2051.6	25337.8	23040.0
1141.9	28303.4	9063.0	1384.4	4933.9	4046.7
222.7	23425.1	12506.6	2659.0	9039.8	5193.1
32.0	25919.2	9920.0	2607.0	6591.8	6059.1
47.6	40355.4	17898.8	2742.6	14460.1	8361.0
75.9	46420.1	9587.9	2757.2	4635.0	5192.8
126.7	10771.5	5547.4	1435.5	3704.2	1127.3
7.4	5447.7	1290.8	375.6	838.0	443.3
10.6	11322.6	7980.0	1065.5	6714.6	2925.7
325.7	47863.9	25374.1	5899.4	17030.3	9783.7
53.4	10342.2	6441.2	1820.4	3060.2	679.0
37.2	23329.7	8253.5	2122.2	3908.5	2771.6
	1297.7	684.6	191.5	493.1	208.6
36.0	17950.6	11936.8	1205.5	9259.4	3255.7
	13911.1	9596.2	1366.1	7907.9	1847.0
	6690.6	3952.9	399.1	3377.5	1626.8
	8493.4	3961.7	515.2	2442.1	1555.5
	27425.4	15513.4	3693.5	11525.3	9658.4

E-11 续表 8

地　区	发放一次性抚恤金累计人数	发放定期定量抚恤金平均人数	发在乡伤残抚恤金平均人数	发在职伤残保健金平均人数	发回乡特一等伤残军人护理费人数
全　国	**13965**	**469032**	**578947**	**276078**	**15860**
中央级					
北　京	1464	2223	2087	7768	157
天　津	155	1165	2164	4823	148
河　北	953	39902	73980		803
山　西	323	15023	20034	14535	661
内蒙古	191	4186	5666	9608	52
辽　宁	665	8940	12446	21714	287
吉　林	190	11514	16413	10346	508
黑龙江	384	9252	15507	9805	127
上　海	262	1266		7227	121
江　苏	880	28174	36227	18014	1586
浙　江	332	5630	9832	12816	343
安　徽	519	14968	21018	15276	781
福　建	306	13575	7586	3281	127
江　西	442	33480	16518	8050	211
山　东	694	63178	90146	38935	4200
河　南	1687	30340	41955	24224	1624
湖　北	313	43210	36252		576
湖　南	732	36649	34772	8760	574
广　东	98	14221	14096	9660	315
广　西	178	7176	8262	3101	146
海　南	135	5312	1300	1192	24
重　庆	292	6432	20757		417
四　川	808	30901	42102	16687	965
贵　州	338	5514	13901	1132	242
云　南	712	7975	8667	9940	360
西　藏	16	3236	707		
陕　西	368	18319	17896	5093	255
甘　肃	227	3998	5393	5558	155
青　海	50	1071	702	920	4
宁　夏	94	872	1041	1320	22
新　疆	157	1330	1520	6293	69

单位：人、个

发在乡复退军人定期定量补助费平均人数	发在乡红军老战士定期定量补助费平均人数	发红军失散人员定期定量补助费平均人数	发义务兵优待金平均人数	烈士纪念建筑物管理单位数	住休养院伤残军人平均人数	住疗养院复退军人平均人数
3121109	**2944**	**59780**	**988733**	**1169**	**2103**	**4183**
8850	2		6108	5		
11819	1		8088	11		
171603	11		63320	90	126	1013
87907	57	8	22291	50	438	148
50913	21	12	8641	7	26	18
59756	1	2	27037	24	78	
60795	4	20	11469	119		1018
79451	21	34	14361	21	71	
4844			7933	12	17	
157790	2	2	49401	77		291
72217		324	44529	37	28	
229628	5	5043	78823	44	60	
42024	4	2777	24747	35	5	4
82968	72	17956	41617	36		10
316806	23	95	102073	69	451	669
217578	49	4397	66479	90	61	257
224317	36	6838	55186	49		116
305760	11	6110	46066	44	34	15
78901		2355	58506	71	46	99
62660		1150	34462	26	213	
13146		344	2715	5		
108395	11	22	28663	15	50	
347620	878	8331	80391	89	152	34
87453	3	227	25656	21	4	
79862		16	21713	36	66	203
497	1		498	2		
94099	1403	3512	33750	34	140	268
38188	276	198	16901	34	22	
4754	13		1373	3		
4844	25	5	1111	4		20
15664	14	2	4825	9	15	

E-11 续表 9

地　区	住精神病院复退军人平均人数	住光荣院优抚对象平均人数	其他优抚事业单位住院平均人数	集体办优抚事业单位得补助院数	集体办优抚事业单位得补助院平均收养人数
全　国	**11319**	**40889**	**9979**	**198**	**117398**
中央级					
北　京		340			
天　津	117	420	276		
河　北	636	5120	2	1	324
山　西	636	1573	1688	1	10208
内蒙古	66	964	23		117
辽　宁	275	1164	319		
吉　林	38	2775	165		1677
黑龙江	79	2028	845		864
上　海	58		1		
江　苏	587	5721	1047	20	3587
浙　江	67	234	13	22	50
安　徽	400	930	83		612
福　建		815	1880		6213
江　西	468	4598	286	142	4745
山　东	1475	1235	22		4360
河　南	856	1133	864	5	56261
湖　北	1737	3271	111	1	31
湖　南	530	4125	817	5	8207
广　东	1189	2081	367	1	4752
广　西	499	649	8		2435
海　南		149	76		
重　庆		193			
四　川	722	556	727		7069
贵　州	15	60			
云　南	137	6	66		2317
西　藏					
陕　西	612	462	248		3455
甘　肃	67	28			56
青　海					
宁　夏	10	68			58
新　疆	43	191	45		

单位：人、个

发退转军人建房费累计人数	发退役士兵自谋职业金累计人数	发军队离休干部离休金平均人数	发军队退休干部退休金平均人数	发军队无军籍职工退休金平均人数	发军队离退休人员丧葬费累计人数	发军队离退休人员护理费平均人数
6769	**136012**	**30703**	**116343**	**72549**	**2007**	**25789**
16	1636	2597	19944	14105	370	3694
2	1405	602	2763	1560	29	592
6	4172	2229	6284	3051	82	1583
54	2019	780	2058	1872	15	428
98	1444	488	1483	858	21	83
276	3839	2978	12509	5095	252	3598
120	4715	525	2372	1896	15	86
158	8495	496	1752	1580	19	382
100	2751	809	3718	1747	108	758
721	13699	2602	6136	3246	124	1472
148	8223	943	2004	1468	48	856
292	9151	696	1940	1135	39	347
86	3555	658	2228	621	36	391
270	4941	448	1140	974	15	163
178	8227	4652	7900	3045	112	4671
108	7022	1339	3452	1976	91	1189
213	7871	1304	4500	2510	83	942
868	3185	694	3216	2683	33	483
767	10273	967	6667	2776	82	321
3	2969	260	1444	890	36	300
208	891	69	599	810	13	56
196	3637	247	2504	1317	21	271
1140	12419	967	5818	3042	82	533
474	1583	245	902	562	15	163
12	2140	1088	4723	3928	44	583
			45	1008		
109	1420	1203	4837	2698	98	1236
61	1268	442	1595	2242	56	324
4	225	59	181	947	12	
	154	90	266	206	5	17
81	2683	226	1363	2701	51	267

E-11 续表 10

地　区	得军队遗属生活困难定期定量补助平均人数	离退休干部管理机构数	住干休所平均人数	得城镇居民最低保障费平均人数	发农村定期定量救济平均人数
全　国	**9462**	**1944**	**84997**	**22519577**	**1249225**
中央级					
北　京	213	88	21811	149415	
天　津	130	20	921	146055	
河　北	985	146	5400	884173	5518
山　西	322	76	1575	896572	13502
内蒙古	103	20	1829	800665	21379
辽　宁	1158	75	7601	1412018	736
吉　林	169	36	942	1254361	1647
黑龙江	182	68	432	1459490	31876
上　海	203	28		269622	416
江　苏	698	128	3456	441887	28708
浙　江	147	78	2043	86567	9472
安　徽	314	55	2352	1004826	76939
福　建	210	69	2083	199497	6283
江　西	92	14	517	1016102	32131
山　东	806	163	10656	610958	2547
河　南	647	113	3877	1406868	4938
湖　北	224	103	3678	1445360	72388
湖　南	506	111	1525	1376208	63479
广　东	114	97	2315	378905	9862
广　西	147	44	1157	530659	7118
海　南	67	10	97	169867	1982
重　庆	179	43	2386	838169	43274
四　川	568	117	2037	1690603	33125
贵　州	80	13	665	531883	640374
云　南	315	86	946	774111	99348
西　藏				39551	
陕　西	406	82	3317	812793	4054
甘　肃	281	29	252	719184	26858
青　海	17	8	119	219809	190
宁　夏	14	6	88	208397	5222
新　疆	165	18	920	745002	5859

单位：人、个

农村得最低保障费平均人数	麻风病人得救济平均人数	享受原工资40%平均救济人数	精简退职老职工定期定量平均救济人数	五保户得救济平均人数	发城镇定期定量救济平均人数	发城镇定期定量孤、老、残、幼救济平均人数
34595531	**21727**	**170043**	**222851**	**5056862**	**119701**	**39342**
75664		2487	2718	3674	409	89
41166	4	1455	631	11816	311	150
1548114	58	13728	1908	238569	69	7
845696	10	7382	604	138705	322	427
908101		5189	6200	78585		
881334	100	4936	3372	110402	1350	236
758528	21	3370	1879	118217	1319	557
884702	4	6211	3366	132468	37468	654
114472		127	1110	4398	1727	1042
1126695	1373	8808	20546	209886	3638	2468
529821	592	2237	10655	45460	2461	921
1402309	616	10788	23305	433917	16888	6507
674521	408	5893	783	92416	2058	641
1500000	4808	4368	25341	226706	4050	1266
1722001		8116	12	250391		
2562094		14829	11051	474099	884	646
1234251	1280	11084	5473	221265	16812	7165
1269824	1465	17485	36643	472742	6208	4969
1382011	2760	4011	5187	243414	4016	1153
1527381	501	2418	1159	279641	408	129
176484	507	635	664	29626	2753	123
708312	268	4871	9899	143967	2440	2149
2124790	2172	12437	20639	426028	2724	1054
2514733	2336	6362	11023	131939	1562	934
2411289	750	4632	14181	171935	790	502
230000				14275		
1899166	1273	1839	968	105650	342	199
1691872	421	2863	1877	113384	252	298
345000		630	988	21547	46	43
215317		92	95	14470	1124	188
1289883		760	574	97270	7270	4825

E-11 续表 11

地　区	城镇其他人员救济平均人数	宽释人员得救济平均人数	救助流浪乞讨人员平均人数	流浪乞讨人员救助单位数	补贴火化尸体累计数
全　国	**596229**	**3902**	**1025273**	**1095**	**1855140**
中央级					
北　京	17660	18	13202	21	7869
天　津	432	21	5830	8	19689
河　北	1414	15	11283	22	238434
山　西	4736	130	27669	21	13024
内蒙古	19149		19663	32	10629
辽　宁	129834	11	31725	46	54032
吉　林	22368		31239	46	59209
黑龙江	120829		28606	63	55423
上　海	87533	138	23516	21	
江　苏	19601	286	56432	44	155190
浙　江	10070	72	35376	54	191214
安　徽	23655	361	6165	32	108774
福　建	4196	65	29607	21	26808
江　西	7065	119	49432	39	49072
山　东	15486	18	4650	29	134029
河　南	9830	38	11819	37	206047
湖　北	8942	878	125065	48	93496
湖　南	15505	961	95714	76	30800
广　东	31009	30	108454	61	206988
广　西	4667		25226	21	27612
海　南	1555		13602	6	559
重　庆	2683	133	30326	37	34544
四　川	6411	230	97751	96	78586
贵　州	4266	320	37488	35	16322
云　南	908	47	36597	46	6628
西　藏			1044	2	
陕　西	867		34692	63	12851
甘　肃	2107	11	14954	29	11810
青　海	491		3029	4	2268
宁　夏	6234		2856	4	2776
新　疆	16726		12261	31	457

单位：人、个

补贴殡葬类单位数	得补贴假肢厂(站)数	住社会福利院“三无”对象平均人数	住儿童福利院“三无”对象平均人数	住精神病人福利院“三无”对象平均人数	补贴安置农场数
1155	**32**	**118669**	**31109**	**15597**	**32**
8	1	746	1701	242	
15		581	686	306	1
37	2	2608	222		1
16	1	3195	273	54	
27	1	2442	492	380	
48	2	5640	1193		
24	2	5526	683	3628	1
15	3	3223	1428	1869	1
60		697	2110	145	
40	3	6239	1591	1800	1
143	1	6470	1127	173	1
38	1	4521	2324	3	2
55	1	2518	433	1243	1
47	1	10150	347	217	
17		2799	645	213	
84	2	3421	1042	42	2
50	2	6898	1165	68	
59	1	5341	1030	169	4
111		12036	2475	1446	2
20	1	3771	564	300	2
1		310	25		
27	2	2282	641	362	
67		15301	1326	897	3
23	1	1724	864	477	5
42		1322	910	282	1
1		293	729		
26	1	4106	1380	538	1
13	1	997	610	117	2
3	1	362	100		1
10		368	380		
28	1	2782	2613	626	

E-11 续表 12

地区	老龄机构数	机构数	发自然灾害生活救济费累计人数	紧急抢救、安置、转移灾民累计人数	救灾物资储备中心数	灾民倒房重建建房累计数
全国	**2440**	**426**	**43826954**	**5828679**	**459**	**1261779**
中央级	1					
北京	23	1	109948			
天津	18	2	54530		1	
河北	78	9	2302676	40606	6	4380
山西	47	5	1732545	35209	40	41027
内蒙古	29	3	1340214	22566	5	7055
辽宁	66	18	621784	3733	3	14744
吉林	26	8	711370	8856	21	4172
黑龙江	100	20	1594587	5628	9	11829
上海	24	1				
江苏	111	12	824958	16974		14700
浙江	107	10	580138	437694	10	3440
安徽	100	20	2055682	360486	7	120908
福建	62	18	741935	495330	35	30369
江西	80	12	1785361	110578	19	36182
山东	74	20	1537166	22671		20709
河南	126	19	2495717	235288	7	72879
湖北	74	33	1026300	201914	44	45625
湖南	126	25	2278456	1042237	19	68276
广东	215	98	1497018	438442	39	49937
广西	64	16	2941782	402536	24	51270
海南	23	1	812608	22010	3	2013
重庆	41	5	1480292	232231	5	91875
四川	168	18	3362573	627636	30	164911
贵州	86	6	2324406	198884	13	49692
云南	143	17	2749939	356230	48	130372
西藏	1		54777		3	20916
陕西	97	8	1391227	345505	24	81596
甘肃	68	10	3441028	17337	12	16171
青海	16	3	311539	6378	11	13880
宁夏	22	2	337624	14426	8	23710
新疆	224	6	1328774	127294	13	69141

单位：人、个

发地方离休金平均人数	发地方退休金平均人数	发地方退职金平均人数	发离退休人员一次性抚恤金累计人数	发农村医疗救助平均人数	资助参加合作医疗人数	大病医疗救助人数	发城市医疗救助人数
3328	**57321**	**1218**	**3157**	**28736206**	**25247241**	**3601811**	**4193240**
82	11118	127	674	50406	42657	211	11497
28	1671	39	140	40430	37690	2965	22711
231	3225	98	149	962470	860958	102893	55730
126	1124	10	59	616788	597694	35924	54365
65	650	2	12	441162	420938	40511	44410
385	3366	74	245	415871	390575	25682	273296
43	1010	99	15	273688	245806	19432	50573
22	189		119	819300	664998	200188	280402
	508	1	42	9120		9120	94077
466	4351	136	330	701460	675871	27763	71643
47	2699	37	116	426945	376995	39158	29408
312	993	36	87	1414215	1327058	106483	42986
218	4918	164	159	575048	565291	16170	13435
111	2619	45	84	1491376	1086699	383838	567708
61	1789		51	650753	594304	62614	48458
292	1635	28	121	2560819	2422772	137340	72796
190	3287	26	187	1420357	1362367	54410	34745
85	2652	25	38	1648351	1486498	201250	127091
68	2622	72	149	1378319	1230894	152504	392626
11	241	9	11	1315169	1198018	93278	11757
6	36			220611	191023	28088	14056
9	510	5	18	1384495	1009434	375061	124252
113	2371	29	104	2836537	2289122	566745	620060
32	585	10	25	1835464	1795674	29086	7781
78	1186	28	127	1464150	1418093	54556	72795
				6051	2254	3797	882
135	658	80	38	941266	846052	95281	46741
30	378	4	26	668713	592877	73968	218996
39	236		13	443747	398966	62420	68157
8	87	14	3	309297	261341	47956	79703
35	607	20	15	1413828	854322	553119	640103

E-12 民政事业费

地　区	一次性抚恤金	定期定量抚恤费	在乡伤残抚恤金	在职保健金	回乡安置特一等护理费	在乡复退军人定期定量补助费	在乡红军老战士定期定量补助费
全　国	**36311.2**	**3976.2**	**5518.7**	**5149.9**	**5725.4**	**2253.2**	**13668.1**
北　京	59133.2	9934.3	7629.1	4760.2	14108.3	8434.6	23500.0
天　津	59258.1	7241.2	7346.6	5011.2	10756.8	3223.1	24000.0
河　北	29328.4	3594.9	5059.2		5064.8	2528.9	23909.1
山　西	35027.9	3482.3	5346.2	4965.3	5850.2	2122.5	17368.4
内蒙古	22251.3	3777.4	5404.2	4389.7	7980.8	2140.9	14761.9
辽　宁	49855.6	3929.4	5671.1	5349.6	5358.9	3318.9	18000.0
吉　林	29063.2	4150.5	6176.1	5225.3	7013.8	2427.7	19000.0
黑龙江	22432.3	4230.4	5320.7	4494.5	18669.3	2738.9	15476.2
上　海	76007.6	12730.6		12260.6	9917.4	8194.1	
江　苏	44438.6	5793.1	6187.4	5187.7	6839.2	2918.4	27000.0
浙　江	46753.0	7838.2	9606.9	4513.1	9994.2	4479.3	
安　徽	21595.4	3769.0	5802.0	5140.4	4979.5	1408.1	18000.0
福　建	40748.4	4792.7	5741.6	5196.0	6637.8	3100.2	21250.0
江　西	20911.8	3557.9	4805.2	5066.2	8004.7	2825.0	17638.9
山　东	58368.9	3703.0	5258.0	5222.7	4127.1	2428.6	13782.6
河　南	17572.0	3763.4	5671.1	5129.2	4535.7	2099.5	15000.0
湖　北	54872.2	3893.9	4991.5		5204.9	1787.1	13444.4
湖　南	29080.6	2983.3	5419.0	4760.5	5763.1	1426.4	29363.6
广　东	42510.2	5569.4	7056.2	5055.1	8168.3	4423.5	
广　西	38567.4	3402.2	4214.1	4668.8	4321.9	2554.8	
海　南	53844.4	2567.2	7235.4	4214.8	5666.7	2204.4	
重　庆	30489.7	4677.7	5667.1		7189.4	2195.1	13090.9
四　川	26446.8	3626.8	5423.9	4769.9	6387.6	1676.8	12898.6
贵　州	27310.7	3715.8	4769.4	3348.9	5624.0	1981.6	20666.7
云　南	23214.9	4094.8	4842.2	3822.3	3530.6	1809.3	
西　藏	6562.5	3657.9	5254.6			1400.4	14000.0
陕　西	37491.8	3319.2	5683.1	5497.7	7192.2	2665.3	13749.8
甘　肃	36013.2	3387.2	6156.1	4817.2	6154.8	1667.6	12525.4
青　海	45580.0	4485.5	5010.0	5545.7	7500.0	1986.3	14538.5
宁　夏	30010.6	3061.9	4347.7	4776.5	4772.7	2013.4	7640.0
新　疆	18732.5	3630.8	4843.4	4852.4	3159.4	2593.3	11071.4

平均支出水平

单位：元

红军失散人员定期定量补助费	义务兵优待金	烈士纪念建筑物管理单位经费	伤残军人休养院经费	复员退伍军人慢性病疗养院经费	复员退伍军人精神病院经费	光荣院经费	其他优抚事业单位经费
4156.5	**2397.7**	**377822.9**	**88736.1**	**43091.1**	**34756.0**	**11509.7**	**7398.5**
	9788.0	284400.0				48238.2	
	2339.5	1027272.7			113282.1	39897.6	27213.8
	1553.1	420677.8	91301.6	53833.2	48108.5	16659.4	2500.0
15875.0	1978.2	389320.0	48009.1	34689.2	78251.6	28139.9	7096.6
6000.0	2482.0	603142.9	132730.8	22333.3	70015.2	19106.8	20434.8
5000.0	3531.9	414333.3	118653.8		60930.9	23769.8	6686.5
9350.0	2593.0	59521.0		12250.5	12894.7	11819.8	7151.5
7588.2	2648.0	180238.1	69014.1		53038.0	1710.1	907.7
	17992.4	1063333.3	363470.6		11310.3		8948000.0
9500.0	3573.9	501039.0		20354.0	38228.3	2316.9	7213.9
6015.4	6460.5	1341108.1	308500.0		51164.2	39910.3	5769.2
3703.0	1873.7	212659.1	194266.7		38465.0	12581.7	6036.1
5690.0	3734.8	207714.3		3250.0		15170.6	1591.0
4332.2	1695.9	252194.4		104300.0	39935.9	4346.7	18087.4
3810.5	2385.6	818710.1	96474.5	63771.3	48479.3	7390.3	
4259.0	1698.6	291222.2	69967.2	101435.8	24038.6	11131.5	3459.5
3860.8	1157.4	169387.8		62155.2	21802.0	7986.2	7045.0
3510.0	1306.2	141545.5	435029.4	225800.0	37654.7	11388.6	10942.5
5054.4	3628.1	936985.9	24021.7	132989.9	23893.2	10856.8	5490.5
3994.8	1607.7	174769.2	21023.5		24442.9	11433.0	40625.0
3566.9	2092.1	9200.0				17597.3	15394.7
5409.1	1203.7	166666.7	51260.0			27383.4	
3853.2	1004.3	132044.9	129381.6	11117.6	5246.5	16593.5	2843.2
3533.0	2506.6	230904.8	459250.0		129333.3	102916.7	
3687.5	1185.7	95305.6	108075.8	413.8	2189.8	33333.3	11212.1
	1218.9	175000.0					
4208.7	1155.9	278794.1	58571.4	28932.8	23089.9	9772.7	19516.1
5101.0	1872.7	215911.8	10000.0		28223.9	98107.1	
	3271.7	197000.0					
8800.0	2144.0	71000.0		1000.0	1000.0	1102.9	
7500.0	2062.0	1222555.6	148666.7		12790.7	16780.1	15022.2

E-12 续表 1

地　区	集体办优抚事业单位补助费	其他优抚支出	一次性建房补助费	退役士兵自谋职业金	军队离休干部离休金	军队退休干部退休金	军队无军籍职工退休金	死亡丧葬费
全　国	**27762.6**	**9001.0**	**6514.3**	**19361.5**	**62563.6**	**49234.1**	**19724.2**	**41300.9**
北　京			5625.0	24750.0	52625.3	53120.2	19913.1	41381.1
天　津			65000.0	14257.7	56980.1	47868.6	18213.5	61620.7
河　北		211845.7	53833.3	23936.7	70399.3	46893.9	21137.0	47902.4
山　西	534000.0	3298.3	12740.7	19520.6	66632.1	50288.1	21992.5	47066.7
内蒙古		87931.6	5398.0	19765.9	70053.3	48684.4	19061.8	45523.8
辽　宁			15282.6	16594.9	60790.1	45872.6	16430.4	36035.7
吉　林		5212.9	8875.0	9559.5	63699.0	66911.5	15361.8	28333.3
黑龙江		39640.0	22012.7	10590.1	60542.3	45248.3	15192.4	54947.4
上　海			5900.0	34858.6	40542.6	42124.5	18862.6	36805.6
江　苏		10628.1	4097.1	23214.2	60500.4	48899.4	25041.3	46645.2
浙　江	9090.9	681640.0	10385.1	21032.6	49115.6	38740.5	18837.9	31104.2
安　徽		33138.9	7178.1	24303.5	62353.4	42407.2	21078.4	47051.3
福　建		2386.1	8058.1	17346.3	66214.3	52332.6	20549.1	61611.1
江　西	23014.1	20627.0	4622.2	11272.0	63763.4	44163.2	20800.8	40800.0
山　东		30282.3	9449.4	21763.0	72282.5	47266.8	24625.9	40625.0
河　南	51400.0	1064.0	14175.9	19093.6	54069.5	44761.9	18101.7	28241.8
湖　北	300000.0	459064.5	9014.1	18519.1	54523.0	51406.0	17219.1	47975.9
湖　南	87600.0	3941.6	4201.6	17822.3	60118.2	51148.3	17451.7	58181.8
广　东	500000.0	14085.9	5101.7	22802.3	67042.4	59432.0	21390.9	34439.0
广　西		4041.5	4333.3	15654.4	71538.5	40715.4	22547.2	35833.3
海　南			3110.6	14016.8	79318.8	31886.5	17304.9	88307.7
重　庆			3581.6	17964.5	52016.2	39980.0	14865.6	32619.0
四　川		3842.6	4936.0	17233.5	66070.3	49186.7	15720.6	65146.3
贵　州			4021.1	21015.8	71387.8	51258.3	19893.2	68733.3
云　南		14255.9	17666.7	24587.4	64254.6	41220.0	19780.5	36113.6
西　藏						143777.8	42010.9	
陕　西		12006.9	6633.0	23230.3	65133.8	49278.1	18326.9	36183.7
甘　肃		285160.7	2213.1	14770.5	59988.7	44084.6	16549.5	20285.7
青　海			25000.0	22017.8	71593.2	63878.5	27560.7	10833.3
宁　夏		6224.1		33714.3	79044.4	57492.5	23252.4	16000.0
新　疆			20963.0	16295.6	86460.2	76005.9	19867.5	37509.8

单位：元

护理费	定期定量补助费	离退休干部管理机构经费	其他退役安置支出	城镇居民最低生活保障	农村定期定量救济费	农村最低生活保障线救济费	麻风病人	五保供养
8329.8	**4944.1**	**1153600.8**	**2879.5**	**1231.7**	**209.7**	**315.3**	**1313.4**	**1182.2**
6570.9	6366.2	11941954.5	256.7	3193.7		963.7		2234.1
9435.8	6415.4	2122300.0	1132.5	2583.4		850.1	2000.0	2594.8
8974.1	6562.4	492712.3	1543.5	1071.1	252.4	201.4	1724.1	1124.8
9757.0	7276.4	306421.1	2575.2	1143.2	241.4	362.2	100.0	1194.1
8506.0	6165.0	1166650.0	5285.9	1451.8	621.6	416.7		889.5
8122.0	3917.1	1039000.0	4138.0	1277.0	460.6	437.4	3510.0	1620.6
5534.9	5656.8	1334250.0	6811.0	1239.1	482.1	333.5	7381.0	1053.5
7819.4	3192.3	579852.9	6965.3	1137.5	4.1	371.6	6500.0	1670.0
8969.7	4438.4	1811107.1		3041.6	3536.1	947.6		5749.9
8998.0	4534.4	855992.2	3561.9	1460.0	1167.1	559.9	2753.8	1752.7
8543.2	5857.1	567474.4	4815.5	2278.1	2212.1	1010.4	3866.6	3266.3
6847.3	3687.9	494436.4	4763.6	1197.5	165.8	369.7	3050.3	1068.7
7849.1	5257.1	404478.3	2502.2	1105.2	1598.6	612.3	1727.9	1308.0
9098.2	2956.5	694285.7	8390.7	1078.4	224.9	345.1	733.4	1572.6
9438.2	6073.2	526730.1	2026.0	1263.1		309.2		1909.8
8672.0	5247.3	493787.6	1360.1	977.0	1121.1	312.8		1147.2
9274.9	7000.0	701000.0	4402.1	1170.4	177.8	311.2	1433.6	1145.4
7262.9	3851.8	491621.6	10666.2	1119.4	212.7	249.6	817.1	694.4
9778.8	4271.9	770835.1	11965.9	1420.8	776.1	521.5	2100.4	1397.0
7683.3	3510.2	459000.0	1853.1	1135.8	534.3	153.5	1027.9	651.4
7482.1	4134.3	503300.0	38299.0	892.1	367.3	369.2	2053.3	777.0
7321.0	3430.2	483279.1	1690.7	1250.5	133.0	259.7	3634.3	1320.2
7435.3	4265.8	543000.0	3935.7	1059.0	452.0	236.7	1006.4	1237.3
9177.9	4800.0	999615.4	1902.3	1198.6	89.4	205.8	437.1	656.5
7188.7	3200.0	351302.3	8178.6	1208.3	293.0	333.2	949.3	569.1
				1477.0		223.1		1414.2
8002.4	4549.3	650500.0	1279.5	1205.4	110.8	209.1	318.9	1289.2
7645.1	4181.5	896069.0	19420.6	1242.8	42.1	155.9	73.6	1044.9
	2352.9	361375.0	6613.4	1454.0	489.5	277.7		1452.3
11764.7	4857.1	526000.0		1557.5	325.7	250.3		1235.0
8209.7	5872.7	812888.9	957.6	1193.8	382.0	145.1		547.6

E−12 续表 2

地　区	享受原工资40%救济费	定期定量救济费	城镇定期定量救济费	孤老残幼	城镇其他人员救济费	宽释人员	流浪乞讨人员救助
全　国	**1408.0**	**1210.1**	**1310.5**	**1183.1**	**797.2**	**2160.9**	**941.7**
北　京	1911.5	1490.8	4136.9	6337.1	896.8	5166.7	4944.9
天　津	2184.9	1454.8	2655.9	2720.0	1266.2	3381.0	2495.0
河　北	865.4	330.7	420.3	1857.1	365.6	1066.7	1911.9
山　西	1738.6	759.9	2208.1	1449.6	260.1	1300.0	749.9
内蒙古	657.5	256.0			841.9		795.0
辽　宁	1561.8	969.8	1333.3	2288.1	177.1	6545.5	1542.5
吉　林	876.9	526.9	1200.2	734.3	366.5		952.4
黑龙江	719.0	345.8	1571.6	104.0	1091.2		1197.2
上　海	5614.2	4105.4	4254.2	4358.0	1667.3	4971.0	3219.2
江　苏	3494.3	3193.5	2462.6	1590.8	1853.1	2898.6	1350.2
浙　江	6676.4	4796.6	2410.8	2477.7	2346.3	4402.8	1583.5
安　徽	1099.1	814.5	827.5	1193.5	241.2	1925.2	2871.4
福　建	2538.1	1986.0	1965.0	947.0	531.7	1061.5	610.0
江　西	2180.2	1220.1	1080.2	898.9	250.2	5226.9	325.1
山　东	2663.5				289.4	1333.3	5401.3
河　南	623.9	344.3	1054.3	905.6	94.0	1842.1	3023.7
湖　北	1256.3	689.9	1149.3	1259.0	642.9	1092.3	207.3
湖　南	641.5	486.8	856.0	570.1	302.7	1594.2	455.3
广　东	1105.2	441.7	1901.9	2192.5	628.3	1133.3	1239.6
广　西	1422.2	679.0	1534.3	1488.4	95.8		792.1
海　南	790.6	274.1	120.6	1113.8	407.1		525.1
重　庆	1692.9	1290.8	1304.5	1335.0	2142.4	4383.5	605.9
四　川	1199.6	972.2	1340.7	1471.5	1125.3	4756.5	608.9
贵　州	471.9	302.8	638.9	749.5	257.9	1140.6	301.8
云　南	1227.1	1090.3	482.3	577.7	1100.2	2744.7	382.2
西　藏							1055.6
陕　西	1336.1	284.1	771.9	743.7	1513.3		705.3
甘　肃	1055.2	503.5	1170.6	590.6	716.2	272.7	842.2
青　海	2415.9	1436.2	2782.6	2930.2	790.2		1058.8
宁　夏	5739.1	2052.6	186.8	106.4	830.6		865.5
新　疆	2238.2	1226.5	472.5	515.6	153.2		1306.2

单位：元

流浪乞讨人员救助单位经费	补贴火化场经费	补贴殡葬类事业单位经费	假肢厂(站)专项拨款	社会福利院经费	儿童福利院经费	精神病人福利院经费	补贴安置农场经费
550546.1	**287.2**	**531677.1**	**971593.8**	**14225.6**	**16112.3**	**45059.0**	**2383937.5**
599809.5	2755.0	961250.0	500000.0	5494.6	6002.9	50417.4	
1561125.0	166.4	639800.0		29146.3	31051.0	81758.2	437000.0
711454.5	244.7	387297.3	1342000.0	16658.4	5153.2		308000.0
481238.1	460.8	271750.0	2566000.0	9411.0	5432.2	89685.2	
389187.5	401.7	239592.6	400000.0	13805.1	18087.4	26918.4	
639652.2	249.3	264145.8	215000.0	16809.8	19044.4		
497434.8	174.6	209000.0	1591500.0	9158.7	18740.8	15782.8	2098000.0
400857.1	78.6	111066.7	268666.7	13305.9	27796.9	30371.3	14130000.0
3147381.0		133000.0		183703.0	28971.6	536296.6	
1136590.9	138.0	139700.0	152333.3	24489.0	31202.4	58167.2	6350000.0
680685.2	651.9	636440.6	1730000.0	22966.8	34332.7	63768.8	1450000.0
268562.5	285.8	206578.9	800000.0	5922.6	12417.4	7333.3	980500.0
598381.0	194.6	407836.4	300000.0	16129.5	17515.0	28493.2	50000.0
248717.9	357.9	219595.7	410000.0	5541.4	4100.9	42589.9	
641000.0	27.2	154882.4		24549.5	14899.2	107385.0	
481486.5	134.2	176535.7	2632500.0	10699.8	2954.9	150166.7	340500.0
279395.8	103.9	246040.0	1169500.0	10380.1	14522.7	91691.2	
310789.5	504.7	284915.3	1495000.0	12040.1	8086.4	90692.3	112750.0
1386475.4	384.2	1925747.7		22319.1	14681.2	46165.3	2040000.0
625428.6	302.3	382300.0	850000.0	12919.1	18560.3	55290.0	1654500.0
230000.0	3978.5	116000.0		34109.7	10680.0		
417837.8	192.0	307185.2	780000.0	9605.6	9627.1	32516.6	
388250.0	340.4	287716.4		4951.1	6132.7	74406.9	1790666.7
236714.3	315.1	313087.0	3196000.0	12283.1	9819.4	38039.8	5048800.0
140282.6	965.0	329476.2		13791.2	14694.5	67971.6	7034000.0
345000.0		1373000.0		16894.2	12090.5		
209904.8	217.6	218153.8	207000.0	10081.8	10555.1	19260.2	195000.0
306793.1	453.3	143538.5	1124000.0	14813.4	10168.9	41965.8	1080000.0
677500.0	48.1	90000.0	639000.0	15737.6	20000.0		976000.0
460000.0	4065.6	2009700.0		46964.7	14736.8		
352064.5	74.4	2183178.6	150000.0	10131.2	14276.7	52891.4	

E-12 续表 3

地　区	老龄机构	部队供应	生活救济费	紧急抢救、安置、转移灾民支出	救灾储备	灾民倒房重建	离休人员离休金
全　国	**178232.4**	**509946.0**	**103.4**	**74.0**	**373440.1**	**1882.7**	**27853.7**
中央级	10793000.0						
北　京	899478.3	3557000.0	117.8				51402.4
天　津	656000.0	441500.0	73.8		245000.0		53428.6
河　北	88525.6	889222.2	99.4	130.8	641000.0	1202.5	29372.3
山　西	94340.4	1137400.0	115.4	216.7	289025.0	1129.5	28238.1
内蒙古	550448.3	981000.0	122.7	224.1	1145200.0	2373.6	32692.3
辽　宁	86954.5	464166.7	184.2	271.4	229666.7	4207.7	19774.0
吉　林	117153.8	400125.0	205.1	150.9	75666.7	3481.5	29302.3
黑龙江	51700.0	404150.0	116.7	240.8	74555.6	2897.8	13409.1
上　海	1958083.3	10991000.0					
江　苏	354189.2	595416.7	158.5	449.5		2123.7	32819.7
浙　江	524635.5	813700.0	290.5	17.1	364600.0	3292.2	33340.4
安　徽	87450.0	308200.0	79.6	61.5	106714.3	2872.8	30842.9
福　建	142193.5	287888.9	147.5	58.0	216685.7	2410.6	17156.0
江　西	60812.5	459250.0	112.9	247.4	167157.9	1308.1	25765.8
山　东	205756.8	577050.0	144.8	400.4		1504.2	10967.2
河　南	58801.6	967000.0	75.4	116.7	796857.1	2881.1	23164.4
湖　北	75216.2	239727.3	170.9	104.6	209409.1	2418.0	30910.5
湖　南	109404.8	297240.0	134.1	21.2	127684.2	1135.7	28011.8
广　东	121804.7	276428.6	84.5	45.8	216205.1	3342.9	24602.9
广　西	72921.9	706062.5	50.3	56.0	251416.7	1748.3	34545.5
海　南	66565.2	1018000.0	58.1	57.1	147000.0	3164.9	80500.0
重　庆	233975.6	836600.0	93.7	82.9	673800.0	1366.7	28555.6
四　川	169107.1	498555.6	104.0	80.2	167333.3	1319.2	25309.7
贵　州	105000.0	1090500.0	73.4	76.9	597846.2	1552.6	22843.8
云　南	124678.3	694294.1	59.5	145.3	283791.7	1842.3	33730.8
西　藏	400000.0		125.8		1535000.0	1405.4	
陕　西	242814.4	453000.0	124.5	99.9	287708.3	1317.2	25851.9
甘　肃	107058.8	139800.0	58.8	211.2	98083.3	1134.4	34866.7
青　海	70687.5	710000.0	182.6	110.4	89090.9	1639.0	40666.7
宁　夏	124136.4	687500.0	167.6	32.6	123375.0	1901.8	36625.0
新　疆	49736.6	1450666.7	125.8	131.2	121538.5	1598.4	32828.6

单位：元

退休人员退休金	退职人员退职金	一次性抚恤金	农村医疗救助	资助参加合作医疗	大病医疗救助	城市医疗救助
16109.4	**11890.8**	**16930.6**	**97.6**	**19.0**	**568.5**	**344.3**
18008.6	13181.1	27212.2	125.9	87.7	3729.9	2164.0
15068.8	13410.3	18985.7	161.1	34.0	1618.9	1118.2
13658.3	15102.0	10322.1	106.3	11.1	841.2	677.1
17113.0	10900.0	13305.1	161.6	12.7	2194.3	721.6
16378.5	13000.0	16166.7	150.5	11.1	1357.9	420.8
12959.6	9337.8	12914.3	70.3	29.9	563.6	264.6
13899.0	14141.4	15266.7	104.1	13.4	1210.3	381.7
7354.5		764.7	179.7	14.3	630.3	407.2
15529.5	13000.0	23785.7	4000.4		4000.4	829.1
19036.8	5132.4	20181.8	100.1	41.2	1180.7	448.7
19005.9	15621.6	15051.7	420.7	44.9	3358.2	1597.6
19226.6	4472.2	14057.5	87.8	20.9	846.7	1236.4
16539.7	10067.1	13987.4	51.9	22.9	868.2	300.1
10838.9	9977.8	16631.0	190.1	18.9	660.1	405.8
9306.3		12235.3	139.3	23.3	788.0	835.1
14045.9	11178.6	12553.7	48.8	11.0	658.2	713.4
16514.8	9423.1	12577.5	69.8	19.1	1211.5	1743.9
12688.9	18200.0	21736.8	108.6	18.5	718.5	657.9
18465.3	9430.6	14738.3	69.6	22.4	303.9	132.3
19829.9	7111.1	13272.7	42.2	12.0	397.1	958.8
27666.7			58.5	19.7	298.3	315.4
15351.0	7800.0	15666.7	57.6	10.6	179.0	235.5
14080.1	10344.8	19615.4	89.5	25.8	300.5	157.8
19114.5	8700.0	8680.0	35.1	10.1	1052.1	872.6
19468.0	24214.3	5165.4	56.4	15.0	716.4	380.7
			1131.4	849.6	1298.7	2365.1
17934.7	16325.0	9815.8	126.8	14.2	971.8	696.5
17193.1	11000.0	10730.8	143.5	23.0	1069.1	84.3
26851.7		20230.8	89.1	10.0	541.1	238.7
25344.8	26214.3	18333.3	128.1	19.7	509.2	195.2
16678.7	22650.0	24866.7	109.7	43.2	208.4	150.9

E-13 民政部门其他

地区	公益金情况					
	上年结余	本年本级提取公益金	上级下拨公益金	本年支出公益金	下拨上级公益金	下拨本级公益金
全 国	**601405.6**	**927172.1**	**516388.6**	**1261105.8**	**156512.4**	**328424.5**
中央级	7263.2	66564.0		63862.6		63862.6
北 京	12912.3	35715.4	236.7	37312.1	188.1	
天 津	13613.2	12850.2	666.1	3807.7	14.4	
河 北	10081.6	27972.2	26469.9	46581.2	8757.4	9994.2
山 西	15205.0	24813.1	3582.7	13315.2	82.9	2749.7
内蒙古	14789.0	19253.3	10071.7	13491.2	1096.6	3088.2
辽 宁	55151.4	65429.1	13540.6	70712.5	66.0	332.9
吉 林	58817.8	18338.8	4769.8	23629.1	1137.0	6541.9
黑龙江	12586.9	23002.4	17738.4	46384.4	8156.4	6336.7
上 海	9928.4	36616.3	4074.2	22549.2		
江 苏	43330.3	33774.6	10399.7	33847.3	1700.4	1775.3
浙 江	14225.9	46575.3	32936.9	67311.8	3139.6	19309.1
安 徽	10748.2	23393.0	9675.9	27821.6	2731.0	7547.6
福 建	18422.0	10480.0	6290.8	12350.7	637.8	
江 西	-29.6	22560.0	10802.9	28629.5	1901.0	14930.4
山 东	75627.6	101404.0	57122.2	147577.0	19622.3	44876.3
河 南	19642.3	14890.2	19048.8	41154.4	13484.5	7704.0
湖 北	6143.0	33745.0	24660.0	52844.5	254.0	16000.0
湖 南	9564.3	22673.1	29892.4	43904.9	17228.2	2348.4
广 东	72881.6	91353.2	28965.8	114152.7	6177.8	17648.0
广 西	13589.3	23919.7	40290.2	48140.0	14453.5	15378.6
海 南	1641.5	2021.0	1899.4	2926.4		
重 庆	10483.9	19529.6	9933.4	23932.2	1776.1	6692.0
四 川	26958.7	47404.5	33492.0	88773.8	12332.9	35625.4
贵 州	20244.1	13326.1	27627.5	29038.4	10203.1	8783.4
云 南	1530.2	21763.5	28051.3	48125.4	11959.0	17889.1
西 藏	0.1	1500.0	1440.0	2940.0		
陕 西	19899.8	23498.3	3041.5	22561.7	592.4	5574.8
甘 肃	11860.6	18783.1	10576.0	17033.0	1277.5	2947.9
青 海	2654.9	7020.0	9208.3	13085.9	4003.9	442.0
宁 夏	5880.5	7146.1	6458.0	11124.9		2698.0
新 疆	5757.6	9857.0	33425.5	42184.5	13538.6	7348.0

资金收支情况

单位：万元

	发行费情况					
年末结余	上年结余	本年本级提取	本年本级 支出发行费	年末结余	本年销售奖券数	# 电脑彩票
783860.5	**125713.3**	**593439.9**	**534823.3**	**184329.9**	**12516252.8**	**9249071.8**
9964.6	-7721.0	33655.9	33342.9	-7408.0	6315957.0	4638800.0
11552.3	3716.1	33537.7	30944.9	6308.9	238198.9	238198.9
23321.8	974.8	8345.7	1398.8	7921.7	15525.7	15090.0
17942.5	9657.5	27031.2	25389.9	11298.8	272316.1	204116.2
30285.6	3675.1	9521.0	6070.8	7125.3	157469.2	108280.9
30622.8	624.2	8022.1	2526.5	6119.8	110442.2	96799.7
63408.6	20230.7	30033.8	16147.6	34116.9	493266.4	340181.7
58297.3	3798.8	9694.5	18341.5	-4848.2	202097.1	133590.7
6943.3	971.1	8000.9	1907.9	7064.1	224301.9	209057.2
28069.7	305.1	30243.1	30110.0	438.2	221108.8	175449.0
53657.3	7734.8	17230.7	14245.5	10720.0	320308.2	218854.9
26426.3	1437.1	36606.5	35369.9	2673.7	444633.7	275960.5
15995.5	3034.6	20487.8	17935.0	5587.4	188382.9	122928.9
22842.1	699.1	6445.4	3264.8	3879.7	146417.8	64723.1
4703.8	1547.4	3856.4	4373.7	1030.1	65072.5	53282.1
86576.8	30470.3	71036.2	71469.7	30036.8	592654.5	361482.3
12426.9	57.6	12434.4	12188.8	303.2	327253.0	229218.8
11703.5	16348.2	15423.5	10403.1	21368.6	79803.1	65315.9
18224.9	1408.6	24943.1	23629.9	2721.8	189918.3	134015.6
79047.9	9592.3	43127.4	42848.1	9871.6	572078.3	443861.6
29659.2	2709.6	19006.7	19772.1	1944.2	150103.4	107351.0
2635.5	8.4	2299.3	2259.7	48.0	25264.2	18402.0
16014.7	2238.0	17471.5	16670.5	3039.0	125123.4	118588.3
19081.4	2951.4	26049.9	22756.6	6244.7	233221.8	211393.4
32159.3	2487.5	10687.9	8441.8	4733.6	79966.2	70477.1
3219.6	2169.4	23096.9	22485.8	2780.5	187900.0	171038.5
0.1	6.7	1600.0	1606.7			
23877.9	3520.8	22295.9	18302.0	7514.7	224369.7	156126.3
24186.7	2.6	3762.8	3647.1	118.3	107355.3	74271.5
5797.3		3699.1	3159.2	539.9	28817.8	28210.9
8359.7	349.7	4578.3	4270.8	657.2	42442.1	29543.5
6855.6	706.8	9214.3	9541.7	379.4	134483.3	134461.3

E-13续表

地区	国内外捐赠情况	上年结余	本年本级捐赠收入	本年本级支出	救灾支出	儿童支出	残疾人支出
全国	**21920.8**	**234239.2**	**363990.1**	**299955.6**	**109296.8**	**8821.2**	**7865.4**
中央级			4037.6	4037.6	4037.6		
北京		19262.2	4127.9	5262.7	1576.7	98.8	10.7
天津	119.6	1578.1	1401.4	980.9	71.4	45.5	55.0
河北	140.0	1416.1	7708.3	7042.3	1795.7	228.1	248.1
山西	153.9	3874.1	3074.9	4733.2	1328.7	158.7	34.6
内蒙古	84.9	942.1	1069.9	1359.8	451.3	31.5	1.2
辽宁	223.9	3830.4	23986.8	20282.3	1092.2	209.0	148.1
吉林	80.1	1227.7	6508.1	6027.8	887.4	330.1	507.5
黑龙江	499.7	580.9	2007.0	1260.0	980.9	25.6	6.7
上海		8549.4	11135.6	11281.1	6638.8	327.3	
江苏		49020.9	65054.6	31929.8	2462.5	1236.3	3204.9
浙江		30757.0	32454.1	18671.8	1369.8	805.0	398.1
安徽	82.0	1400.6	9377.8	7904.4	4883.6	79.7	42.3
福建		14844.4	3781.7	6262.3	5661.4		
江西	32.2	1031.9	3241.8	3395.2	952.0	76.3	19.3
山东		33772.9	64681.3	58393.6	19371.8	2799.0	2259.2
河南	119.9	925.8	14079.5	12766.4	10856.0	346.7	78.1
湖北		4548.4	6367.8	5816.1	3031.5	107.1	144.2
湖南	440.4	5829.5	6503.1	10453.0	4146.3	115.5	86.4
广东	14056.1	28286.9	38081.9	24730.0	7627.5	663.9	223.0
广西	189.1	2644.6	982.0	2229.2	1812.4	74.1	2.8
海南	1328.7	717.1	1328.7	1594.1	487.4	1.0	19.1
重庆		1750.5	9261.7	10313.7	9218.9	26.4	13.2
四川	120.4	5461.3	11170.4	11809.9	1897.7	620.9	54.3
贵州	1680.0	3321.5	5830.5	4536.1	3100.5	229.2	40.9
云南	993.2	897.1	13302.9	13092.9	3803.4	42.4	15.5
西藏		13.9	589.0	602.9	602.9		
陕西	759.3	5801.8	3641.3	3316.5	2403.8	2.0	24.9
甘肃	253.6	984.4	1420.3	2366.0	1684.6	21.6	37.7
青海	34.2	190.8	1609.8	1612.6	205.4	60.7	111.2
宁夏	189.5	574.8	978.8	787.4	458.2	19.5	14.0
新疆	340.1	202.1	5193.6	5104.0	4398.5	39.3	64.4

单位：万元

老年人支出	年末结余	民政系统行政事业性收费情况	社会团体登记收费	婚姻登记收费	收养登记费	殡葬收费	民办非企业登记收费
14444.9	**298273.7**	**397767.9**	**1836.9**	**48893.2**	**4068.6**	**342395.3**	**573.9**
		2419.0	6.0		2413.0		
302.7	18127.4	36372.8		146.2	6.9	36219.7	
51.0	1998.6	7809.4		79.7	2.0	7727.7	
893.0	2082.1	15620.2	17.1	579.2	39.6	14968.6	15.7
2098.2	2215.8	9025.1	19.0	324.6	14.9	8660.5	6.1
7.9	652.2	8216.7	32.4	236.6	13.0	7914.9	19.8
238.8	7534.9	30426.9	21.8	589.9	63.8	29726.7	24.7
533.6	1708.0	12161.9	11.7	275.9	6.2	11861.5	6.6
43.1	1327.9	11664.5	21.8	311.0	26.5	11284.2	21.0
	8403.9	3792.9	5.3	133.6	15.9	3633.1	5.0
1381.9	82145.7	35599.4	49.2	606.4	103.9	34806.8	33.1
1411.5	44539.3	23719.1	31.6	555.6	146.0	22969.0	16.9
191.5	2874.0	18462.6	23.6	538.5	88.9	17794.0	17.6
0.7	12363.8	8106.1	17.9	343.9	32.5	7682.3	29.5
65.2	878.5	6550.5	39.7	461.3	95.1	5911.4	43.0
4714.6	40060.6	21549.6	17.8	738.8	106.7	20666.5	19.8
72.7	2238.9	10501.3	199.0	651.0	335.0	9255.5	60.8
214.2	5100.1	21315.7	40.9	457.3	51.1	20729.1	37.3
71.5	1879.6	4486.9	114.9	1072.9	95.8	3150.7	52.6
720.2	41638.8	33411.9	57.4	636.3	135.9	32549.3	33.0
141.6	1397.4	8771.1	891.3	994.5	50.8	6814.7	19.8
	451.7	384.9	5.2	66.3	1.8	309.0	2.6
111.5	698.5	2367.3	0.4	439.0	33.0	1894.7	0.2
273.6	4821.8	6000.9	39.8	747.6	51.4	5138.2	23.9
19.8	4615.9	1304.1	17.5	294.2	25.4	951.9	15.1
53.7	1107.1	2649.9	24.8	414.7	41.6	2151.2	17.6
		65.1	0.8	9.6		54.6	0.1
14.9	6126.6	38411.8	12.5	36265.0	11.7	2107.8	14.8
334.0	38.7	3570.4	31.2	214.2	18.8	3294.7	11.5
137.3	188.0	72.6	4.1	44.5	3.9	16.8	3.3
243.6	766.2	2032.5	62.2	47.2	14.6	1899.2	9.3
102.6	291.7	10924.8	20.0	617.7	22.9	10251.0	13.2

E-14 彩票公益金

地　区	福利类收养性单位	中　央	省　级	地　级
全　国	**355214.8**		**84159.8**	**144437.0**
北　京	18277.5		16318.7	
天　津	103.9			
河　北	13497.3		242.0	5092.4
山　西	5028.7			3565.7
内蒙古	6503.0		110.0	2927.3
辽　宁	13753.3		2890.0	10626.3
吉　林	14245.9		8000.0	3798.7
黑龙江	15406.0		5398.0	7517.6
上　海	6446.1		4490.0	422.3
江　苏	17516.5		6000.0	6756.1
浙　江	26560.7		300.0	15944.0
安　徽	10561.9			6947.4
福　建	7315.7		5086.2	1334.9
江　西	9747.8		9041.4	
山　东	48346.2			21872.8
河　南	8448.0		80.0	4505.2
湖　北	10318.8		486.9	3516.9
湖　南	16152.0		3631.9	5399.6
广　东	28823.4		310.0	19146.5
广　西	12520.9		943.4	1274.1
海　南	600.8		228.8	110.0
重　庆	4867.7		628.0	
四　川	12454.6		369.0	8028.6
贵　州	3844.0		40.0	1600.5
云　南	5171.1		829.5	2844.1
西　藏	2880.0		1440.0	1440.0
陕　西	7010.2		2762.6	3437.2
甘　肃	7145.1		3613.4	2289.7
青　海	8640.0		8020.0	620.0
宁　夏	1665.1		1370.0	77.9
新　疆	11362.6		1530.0	3341.2

资助项目情况

单位：万元

县级	优抚类收养性单位	中央	省级	地级	县级
126618.0	**30286.5**		**18465.5**	**6329.2**	**5491.8**
1958.8	98.4				98.4
103.9					
8162.9	3931.1		2429.4	364.8	1136.9
1463.0	570.0			560.0	10.0
3465.7	1441.8			1047.8	394.0
237.0	1920.3		821.0	1099.3	
2447.2	403.9			50.0	353.9
2490.4	275.0		210.0	65.0	
1533.8					
4760.4	3058.5		2850.0		208.5
10316.7	6262.3		6090.0	10.0	162.3
3614.5	366.0			95.0	271.0
894.6	963.8		643.0	176.0	144.8
706.4	911.6		896.6		15.0
26473.4	1690.8		610.0	776.0	304.8
3862.8	2721.8		2478.0	105.0	138.8
6315.0	1639.7		211.5	745.7	682.5
7120.5	722.5		60.0	53.6	608.9
9366.9	1143.4		525.0	368.0	250.4
10303.4	314.9		150.0		164.9
262.0	235.0			235.0	
4239.7	267.9				267.9
4057.0	116.0				116.0
2203.5	30.0		30.0		
1497.5	361.0		101.0	250.0	10.0
810.4	208.8		110.0	71.0	27.8
1242.0	60.0		50.0	5.0	5.0
217.2					
6491.4	572.0		200.0	252.0	120.0

E-14续表1

地　区	优抚安置单位			
		中　央	省　级	地　级
全　国	**8955.3**		**2653.7**	**3516.2**
北　京	1418.5		794.7	
天　津				
河　北	406.8			98.0
山　西	338.0			338.0
内蒙古	10.0			
辽　宁	996.1		240.0	706.1
吉　林	156.1			154.0
黑龙江	373.9		95.0	278.9
上　海	1000.0		1000.0	
江　苏	16.2			5.0
浙　江	367.9			97.7
安　徽	231.9			12.4
福　建	296.9		242.0	30.4
江　西				
山　东	995.0			500.0
河　南	578.8		250.0	145.0
湖　北	240.0			
湖　南	91.0			16.0
广　东	571.9			430.7
广　西	125.0			75.0
海　南	489.0			489.0
重　庆	52.5			
四　川	65.0			60.0
贵　州				
云　南				
西　藏				
陕　西	22.8			
甘　肃	32.0		32.0	
青　海				
宁　夏	80.0			80.0
新　疆				

单位：万元

县 级	救助类单位	中 央	省 级	地 级	县 级
2785.4	**42840.5**		**10830.7**	**15512.3**	**16497.5**
623.8	3704.8		1404.7		2300.1
308.8	1230.9			991.5	239.4
	403.0			382.0	21.0
10.0	663.0			583.0	80.0
50.0	440.5			368.5	72.0
2.1	451.1			143.0	308.1
	1810.1		345.0	910.2	554.9
	5912.7		5698.0		214.7
11.2	617.6			488.0	129.6
270.2	2779.4			1610.6	1168.8
219.5	1626.4			808.4	818.0
24.5	595.5		185.0	325.0	85.5
	225.7		54.7		171.0
495.0	4462.4			3945.4	517.0
183.8	382.8		150.0	112.5	120.3
240.0	2695.0		300.0	1273.7	1121.3
75.0	1932.1		570.5	246.0	1115.6
141.2	2854.5		280.0	711.0	1863.5
50.0	298.5			125.5	173.0
	129.0		32.0	97.0	
52.5	974.0		120.0		854.0
5.0	1989.2		89.5	413.0	1486.7
	1142.2			273.0	869.2
	2029.9		605.3	987.4	437.2
22.8	383.8			219.0	164.8
	378.9		130.0	57.0	191.9
	531.0		500.0	31.0	
	2196.5		366.0	410.6	1419.9

E-14续表2

地 区	社区服务单位	中 央	省 级	地 级
全 国	**48640.3**		**10505.3**	**16243.5**
北 京	3653.8		362.2	
天 津	100.0			
河 北	1152.1			451.0
山 西	716.0			694.0
内蒙古	310.0		10.0	155.0
辽 宁	3266.0		1500.0	1729.0
吉 林	48.1			10.0
黑龙江	954.5		20.0	847.7
上 海	5612.1		4882.0	67.5
江 苏	1718.0			882.8
浙 江	2922.6		270.5	365.3
安 徽	941.7			485.4
福 建	605.5		200.0	20.0
江 西	10.5			
山 东	3784.4			1678.7
河 南	567.0		180.0	302.0
湖 北	1664.5		196.0	644.8
湖 南	2666.5		952.0	364.7
广 东	8164.9		10.0	5182.8
广 西	541.4			86.6
海 南	48.0		48.0	
重 庆	1701.6		44.7	
四 川	352.2			218.2
贵 州	284.2		8.0	226.0
云 南	434.3		174.5	72.0
西 藏				
陕 西	2544.5		192.0	618.1
甘 肃	481.7		173.4	135.7
青 海				
宁 夏	1358.4		1282.0	76.4
新 疆	2035.8			929.8

单位：万元

县级	殡葬类单位	中央	省级	地级	县级
21891.5	**18425.2**		**2105.0**	**7370.3**	**8949.9**
3291.6	400.0				400.0
100.0					
701.1	1277.8			275.0	1002.8
22.0	446.9			400.0	46.9
145.0	56.0			40.0	16.0
37.0	830.0		600.0	225.0	5.0
38.1	245.1				245.1
86.8	871.0			371.0	500.0
662.6	5.0				5.0
835.2	1110.0			36.0	1074.0
2286.8	1119.3			600.0	519.3
456.3	166.8			41.5	125.3
385.5	117.6			100.0	17.6
10.5	5.8				5.8
2105.7	860.8			449.8	411.0
85.0	168.8			96.8	72.0
823.7	1741.0		45.0	598.6	1097.4
1349.8	339.2			12.0	327.2
2972.1	2980.3		20.0	1951.0	1009.3
454.8	648.8			209.8	439.0
1656.9	144.6				144.6
134.0	758.9			755.9	3.0
50.2	54.0			40.0	14.0
187.8	2759.4		605.0	928.9	1225.5
1734.4	223.7		60.0	100.0	63.7
172.6	251.4		160.0	62.0	29.4
	633.0		615.0	18.0	
1106.0	210.0			59.0	151.0

E-14续表3

地区	专项资助	中央	省级	地级
全国	**112154.9**		**50657.8**	**38536.1**
北京	5206.0		2294.1	
天津	3535.8		3315.8	
河北	2654.8		50.2	1710.9
山西	2119.1		110.0	1967.1
内蒙古	163.7			163.7
辽宁	33319.6		27425.0	5754.8
吉林	88.6			57.5
黑龙江	3110.0		136.0	51.0
上海	2276.4		1200.0	
江苏	2806.3		1330.0	547.1
浙江	1460.5		390.1	67.0
安徽	2058.9		1308.0	501.9
福建	194.5			40.0
江西	389.0		350.0	
山东	16337.5		1654.9	11721.4
河南	1324.3			768.9
湖北	8910.1		2336.0	2654.5
湖南	1338.9		541.4	362.6
广东	11699.6		301.0	9226.5
广西	936.7		222.5	302.0
海南	226.0			226.0
重庆	1419.8		750.0	
四川	412.6			50.0
贵州	266.0		97.0	137.0
云南	1213.4		395.2	448.2
西藏				
陕西	2704.1		2000.0	505.9
甘肃	2973.1		2265.0	708.1
青海				
宁夏	1525.6		1510.6	15.0
新疆	1484.0		675.0	549.0

单位：万元

县级	其他	中央	省级	地级	县级
22961.0	**159651.4**		**45613.4**	**73185.0**	**40853.0**
2911.9	4365.0		3931.4		433.6
220.0	53.6				53.6
893.7	3678.8		24.0	1421.0	2233.8
42.0	860.9			700.9	160.0
	158.9			96.9	62.0
139.8	15787.8		596.0	14395.8	796.0
31.1	311.4			105.0	206.4
2923.0	9090.8		6809.0	979.2	1302.6
1076.4	1296.9			29.0	1267.9
929.2	3528.5			1539.7	1988.8
1003.4	3390.4		255.4	703.1	2431.9
249.0	1589.4			721.1	868.3
154.5	1623.4		1241.8	133.0	248.6
39.0	507.7		500.0		7.7
2961.2	6601.3			4614.4	1986.9
555.4	5774.4		3597.5	1376.0	800.9
3919.6	9381.4		1939.6	1225.5	6216.3
434.9	1086.1		79.0	235.6	771.5
2172.1	34088.9		14516.2	18176.3	1396.4
412.2	2921.7		72.4	671.3	2178.0
	1198.6		505.7	653.6	39.3
669.8	6036.0		600.0		5436.0
362.6	24667.0		1702.4	18049.5	4915.1
32.0	4431.5		1849.4	634.3	1947.8
370.0	6308.2		736.2	3680.4	1891.6
	60.0		60.0		
198.2	3296.6		1713.7	962.9	620.0
	1485.4		6.8	1468.6	10.0
	2633.8		2606.7	27.1	
260.0	3437.0		2270.2	584.8	582.0

财务统计资料简要说明及主要指标解释

简要说明

财务统计报表系根据各级民政部门报送同级民政事业费决算逐级汇总而成，是2007年民政部门使用的民政事业预算执行情况及其使用效果。不包括例入抚恤和社会福利救济类预算科目支出其他部门使用的各项事业费，故与财政部门汇总的同类预算科目的数字有差异。其中民政事业费支出明细系根据《民政事业费使用管理办法》的使用范围分类设计的，以区分属于社会保障和其他性质的支出。

2007年预算指标合计1255.7亿元，比上年增长35.4%，实际支出数1215.5亿元，比上年增长32.8%。

指标解释

地方安排　根据现行财政体制，属于地方包干支出范围的列入地方预算的支出专项控制数。

中央下达　指中央预算拨款的民政事业费。包括1985年至2006年的拨款在2007年重拨的中央专项拨款。

定补　指定期定量补助费。

定救　指定期定量救济费。

生活救济费　指发给灾民的吃、穿、住、治救济费。

事业编制　指各级民政机关中由民政事业费列支的工作人员经费和车辆（包括购置油料、维修等）费用。

民政事业费支出基本数字表　住院平均人数仅指由国家集中供养的优抚、救济对象。

离退休管理机构经费　其他民政事业费中离退休管理机构经费系指军队离退休干部管理机构的开办费、车辆购置和工作人员经费等。

平均支出水平　指按人或单位平均的民政事业费各项经费支出数。

08

附　录

2007年县级及以上行政区划变更情况

福建省

晋江市人民政府驻地由晋江市青阳街道南山路迁至晋江市罗山街道世纪大道。

重庆市

江北区人民政府驻地由江北区华新街街道迁移至江北区寸滩街道金港新区。

四川省

广元市市中区更名为利州区。

云南省

思茅市更名为普洱市，普洱哈尼族彝族自治县更名为宁洱哈尼族彝族自治县，思茅市翠云区更名为普洱市思茅区。

陕西省

宝鸡市人民政府驻地由宝鸡市渭滨区经二路迁至宝鸡市金台区行政大道。

新疆维吾尔自治区

撤销米泉市和乌鲁木齐市东山区，设立乌鲁木齐市米东区，以原米泉市和乌鲁木齐市东山区的行政区域为米东区的行政区域。米东区人民政府驻府前中路。

2007年县级以下行政区划变更情况

北京市

2007年北京市顺义区新批准成立了空港街道、双丰街道、旺泉街道三个街道办事处，其他与上年无变化，截至2007年底，北京共有134个街道办事处，142个镇，41个乡。

天津市

一、河西区

下瓦房街撤销松盛里、宝和里、同善里、棉二大院、盈海公寓、海华里6个社区居委会；桃园街撤销金达园、三元公寓、圣德园3个社区居委会；挂甲寺街撤销北洋新里、海景公寓2个社区居委会；马场街撤销建国楼社区居委会；梅江街新建景观花园、华夏津典2个社区居委会。

二、南开区

长虹街撤销西王家台社区居委会，新建盛达园社区居委会；兴南街撤销凤仪里、红和里2个社区居委会；嘉陵道街新建桂荷园社区居委会；华苑街新建华苑新城社区居委会。

三、红桥区

西于街庄街恢复子牙里第二社区居委会。

四、东丽区

大毕庄镇改为金钟街道办事处。万新街新建昆仑里第二、东城家园、欣园、万新公寓、万昆、临月里、月牙河东里、万隆第一、万隆第二、蓝天10个社区居委会；丰年村街撤销东明路社区居委会；华明街新建华明第一、第二、第三、第四、第五5个社区居委会；军粮城镇新建农场社区居委会。

五、西青区

西营门街撤销电机楼、红星里2个社区居委会；新建利海家园社区居委会；杨柳青镇撤销前线指挥部，文昌阁2个社区居委会；新建时代华亭社区居委会。

六、津南区

双港镇新建朝阳、海天馨苑2个社区居委会。

七、北辰区

普东街新建普东新苑社区居委会；瑞景街新建瑞康瑞宁联合、宝翠花都2个社区居委会；天穆镇新建大通绿岛家园、佳宁里联合、普天东里3个社区居委会；北仓镇新建盛仓、长瀛御龙湾、阳光卡蒂尔、天阳4个社区居委会；宜兴埠镇新建翠金园社区居委会；小淀镇新建秀河园社区居委会。

八、静海县

唐官屯镇新建物探小区社区居委会。

九、蓟县

城关镇改为渔阳镇。

河北省

一、石家庄市

裕华区留村乡改街道办事处。

建立长江太行办事处。

撤销高邑县西富村乡设立西富村镇。

撤销高邑县大营乡设立大营镇。

撤销晋州市东里庄乡设立东里庄镇。

二、唐山市

撤销乐亭县毛庄乡中堡乡设立毛庄镇中堡镇。

撤销唐山市开平区郑庄子乡越河乡设立郑庄子镇越河镇。

撤销唐山市开平区双桥乡洼里乡设立双桥镇洼里镇。

三、秦皇岛市

撤销昌黎县荒佃庄乡设置荒佃庄镇。

海港区增设黄河街道办事处。

抚宁县设立骊城、南戴河街道办事处。

四、邢台市

临西县老官寨乡撤乡设镇。

柏乡西汪乡撤乡设镇。

桥东增设火炬街道办事处。

五、保定市

撤销雄县朱各庄乡设置雄县朱各庄镇。

撤销涿州市百尺竿乡设立百尺竿镇。

六、承德市

承德县双峰寺镇和上板城镇的东营子村、西营村划归承德市双桥区管辖。

滦平陈栅子乡划归承德市双滦区管辖。

滦县设立古城、滦河街道办事处。

七、廊坊市

三河市设置4介街道办事处。

八、衡水市

饶阳县武强县设立大官亭镇周窝。

山西省

一、太原市

万柏林区撤销2个乡、3个街道，即：小井峪乡、西铭乡、大虎沟街道、官地街道、开城里街道。重新成立4个街道：小井峪街道、西铭街道、长风西街街道、神堂沟街道。全区由3乡13个街道调整为1乡14街道。

二、运城市

临猗县猗氏镇划分为猗氏镇和牛杜镇，全县由8镇5乡调整为9镇5乡。

新绛县古交镇划分为古交镇和泉掌镇，全县由7镇1乡调整为8镇1乡。

三、忻州市

原平市设立轩煤矿区街道，全市由7镇11乡2街办调整为7镇11乡3街道。

四、晋中市

平遥县古陶镇增设古城、城东和城西3个街道。全市由5镇9乡调整为5镇9乡3街道。

五、大同市

矿区增设和顺、和瑞2个街道。

辽宁省

一、沈阳市

撤销沈北新区财落镇、道义镇建制，保留财落、道义街道办事处建制；撤销沈北新区虎石台镇、蒲河镇，设立虎石台、蒲河街道办事处；撤销于洪区翟家镇、大青中朝友谊乡，设立翟家、大青中朝友谊街道办事处。

撤销于洪区马三家镇、平罗镇、大潘镇、大兴朝鲜族乡建制，保留马三家、平罗、大潘、大兴街道办事处建制；撤销于洪区造化镇，设立造化街道办事处。

撤销东陵区白塔堡镇、桃仙镇、深井子镇，分别设立白塔、桃仙、深井子街道办事处。

撤销东陵区祝家屯镇、李相镇，设立祝家街道办事处和李相街道办事处。

设立沈北新区望滨街道办事处。

二、大连市

撤销大连市甘井子区营城子镇、革镇堡镇，设立营城子街道、革镇堡街道。

撤销瓦房店市李店镇，设立九龙街道办事处。

撤销金州区大魏家镇、七顶山满族乡、杏树屯镇，设立大魏家街道办事处、七顶山街道办事处、杏树街道办事处；撤销瓦房店市交流岛乡，设立交流岛街道办事处。

三、丹东市

将东港市前阳镇的海龙村(整建制)、胜利村(部分)、新安村(部分)、平安村(部分)、友好村(部分)、安康村(部分)及大东港区域总计31.8平方公里划入丹东市振兴区安民镇。

撤销凤城市大堡镇，设立大堡蒙古族乡。

四、营口市

将原属于营口市老边区边城镇孙家村0.201平方公里的行政区域划归大石桥市金桥街道办事处李屯村管辖。

五、铁岭市

增设银州区辽海街道办事处。

六、朝阳市

撤销凌源市城关镇，设立城关街道办事处；红山街道办事处更名为凌北街道办事处；撤销凌北镇，设立红山街道办事处；组建兴源街道办事处。

七、葫芦岛市

将兴城市双树乡划归龙港区管辖。

吉林省

一、撤销江源区孙家堡子镇，设立江源街道办事处、孙家堡子街道办事处；撤销三岔子镇，设立城墙街道办事处、正岔街道办事处。

二、将扶余县社里乡所辖行政区域划归宁江区管辖。

三、将宽城区奋进乡的邱家、马家、蔡家和小城子4个村划归宽城区兰家镇管辖。

黑龙江省

齐齐哈尔市撤销讷河市讷河镇，设立通江、雨亭两个街道办事处。

上海市

上海市2006年底辖乡镇109个、街道104个，至2007年底辖乡镇110个，增加1个；街道101个，减少3个。

一、黄浦区

撤销南京东路街道、人民广场街道、金陵东路街道、董家渡街道。

新建南京东路街道。

二、松江区

新建小昆山镇。

三、徐汇区

撤销徐家汇街道办事处从原驻地南丹路78号迁入斜土路2431号新址办公。

撤销枫林路街道办事处从原驻地中山南二路777弄2号迁入中山南二路857号新址办公。

撤销龙华街道办事处从原驻地龙华西路31弄59号迁入天钥桥南路399号新址办公。

江苏省

南京市建邺区兴隆街道办事处江东村委会划归鼓楼区江东街道办事处管理；东海县浦南镇划归连云港市新浦区管辖，江苏省国营岗埠农场由东海县划入新浦区行政区域；盐城市亭湖区张庄街道办事处划归盐都区管辖；射阳县盐东镇、黄尖镇划归盐城市亭湖区管辖。

全省共撤并乡镇48个。其中：撤销南京市浦口区桥林镇，设立桥林街道办事处；撤销浦口区汤泉镇，设立汤泉街道办事处；撤销浦口区盘城镇，设立盘城街道办事处；撤销江宁区湖熟镇，设立湖熟街道办事处；撤销江宁区横溪镇，设立横溪街道办事处；撤销六合区雄州镇、新集镇，以原雄州镇所辖荷花、凤凰、方州、天一、泰山、观滁、龙津、古棠、灵岩、紫霞、冶浦11个居委会及龙虎营、山西、山北、西陈、红星、钱仓、桥西、骁营、高余9个村委会区域设立雄州街道办事处，以原新集镇所辖新集居委会和头桥、三汊湾、路呙、刘林、白酒、朱营6个村委会以及原雄州镇所辖龙池、蒋湾、毛许、七里桥4个居委会和沿河、李姚、四柳、张营、槽坊、风雷6个村委会区域设立龙池街道办事处，原新集镇所辖接待寺居委会和长城、前程、官塘河3个村委会划归葛塘街道办事处管理；撤销无锡市惠山区钱桥镇，设立钱桥街道办事处；撤销江阴市澄江镇，设立澄江街道办事处；江阴市霞客镇更名为徐霞客镇；宜兴市鲸塘镇、芳庄镇与徐舍镇合并设立新的徐舍镇，镇政府驻徐舍；撤销宜兴市大浦镇，原大浦镇所辖张泽、大浦2个居委会和双庙、施荡、北塘、张泽、毛旗、方钱、大浦、浦南、汤庄、渭渎、洋渚、洋岸12个村委会划归丁蜀镇管辖，原大浦镇所辖山林、南园2个村委会划归宜城街道办事处管理，宜城街道办事处的花圩、东梅、杏里、文庄、轸村、东郊、边庄7个村委会划归屺亭街道办事处管理，宜城街道办事处的红塔、肖张墅、宋渎、徐家桥、桂庄5个村委会划归高塍镇管辖；撤销宜兴市新街镇，以其原辖区域及宜城街道办事处的岳堤南苑、绿园、文昌3个居委会和南河、铜峰、南岳、梅园、谢桥5个村委会区域设立新街街道办事处；撤销宜兴市新庄镇，设立新庄街道办事处；新沂市新安镇的田吴、新东2个村委会划归北沟镇管辖，北沟镇的嶂仓、官庄、孔圩3个村委会划归新安镇管辖，北沟镇的八户、徐李、尚营、东岭4个村委会划归唐店镇管辖，北沟镇的白石、郝湖2个村委会划归时集镇管辖，北沟镇的官王、石涧、老范3个村委会划归高流镇管辖，北沟镇的佃户、段宅2个村委会划归双塘镇管辖；撤销常州市钟楼区新闸镇，设立新闸街道办事处；撤销戚墅堰区丁堰镇，设立丁堰街道办事处；撤销戚墅堰区潞城镇，设立潞城街道办事处；武进区横山桥镇与芙蓉镇合并设立新的横山桥镇，镇政府驻横山桥镇华喜路；武进区湟里镇与东安镇合并设立新的湟里镇，镇政府驻湟里镇埠新中路；武进区邹区镇与卜弋镇合并设立新的邹区镇，镇政府驻邹区镇会灵东路9号；撤销武进区礼嘉镇、前黄镇，以原礼嘉镇所辖区域及原前黄镇的政平居委会及前桥、政平、大路、禹城、华渡、十车垛、庞家、西杨8个村委会区域设立新的礼嘉镇，镇政府驻礼嘉镇礼坂路；撤销武进区寨桥镇、漕桥镇，以原寨桥镇所辖区域、原漕桥镇的运村居委会及运村、农场、祝庄、谭庄、杨桥5个村委会、原前黄镇的前黄居委会及大成、奋壮、南垟、丁舍、红旗、胜西、前进、前黄、漳湟、小漕10个村委会区域设立新的前黄镇，镇政府驻前黄镇景德西路45号；撤销武进区雪堰镇、潘家镇，以原两镇所辖区域、原漕桥镇的漕桥居委会及漕桥、楼村、凤沟、夏庄、浒庄、黄墅、善塘、新康8个村委会区域设立新的雪堰镇，镇政府驻雪堰镇雪湖路1号；武进区嘉泽镇与夏溪镇合并设立新的嘉泽镇，镇政府驻嘉泽镇人民路46号；武进区郑陆镇与焦溪镇合并设立新的郑陆镇，镇政府驻郑陆镇迎宾路12号；撤销武进区南夏墅镇，设立南夏墅街道办事处；撤销溧阳市溧城镇、新昌镇，以原溧城镇所辖区域及原新昌镇的新昌、新东、胡桥、大山下、陶家、马塘、蒋店、勤丰、合心9个村委会区域设立新的溧城镇，镇政府驻溧城镇东大街188号；撤销溧阳市南渡镇，以原南渡镇的南渡镇、联盟、力强工业园区3个居委会及联盟、平城、塘北、新河、大圩、何家、西圩、贺新、庆丰、汤上、永丰、丁村、南垠、埂口、星光、强埠、西管、梅庄、中桥、福新、蒋家庄、旧县、东湖、西湖、黄山、增福、胜笪、朱於、观山、埝前30个村委会、原新昌镇的钱家圩、石街、大渚、淦西4个村委会区域设立新的南渡镇，镇政府驻南渡镇正安路28号；撤销溧阳市天目湖镇、周城镇，以原天目湖镇所辖区域、原新昌镇的山南、毛尖2个村委会、南渡镇观山村委会的观山自然村、埝前村委会的埝前自然村及原周城镇的洙漕村委会、汤山村委会的鲁村自然村、欣丁村委会的东顶自然村区域设立新的天目湖镇，镇政府驻天目湖镇镇前街；撤销溧阳市社渚镇，以原社渚镇所辖区域、原周城镇的周城镇居委会及周城、梅山、欣丁、汤山、濮家、金山、金峰、金庄8个村委会区域设立新的社渚镇，镇政府驻社渚集镇；溧阳市竹箦镇与前马镇合并设立新的竹箦镇，镇政府驻竹箦镇鑫源路；溧阳市别桥镇、绸缪镇与后周镇合并设立新的别桥镇，镇政府驻别桥集镇；溧阳市戴埠镇与横涧镇合并设立新的戴埠镇，镇政府驻戴埠镇镇善西路；溧阳市上兴镇与上沛镇合并设立新的上兴镇，镇政府驻上兴集镇；金坛市金城镇、白塔镇、河头镇与洮西镇合并设立新的金城镇，镇政府驻金城镇北环西路155号；金坛市直溪镇与建昌镇合并设立新的直溪镇，镇政府驻直溪镇工业集中区；金坛市尧塘镇与水北镇合并设立新的尧塘镇，镇政府驻尧塘镇镇东南路；金坛市朱林镇与西岗镇合并设立新的朱林镇，镇政府驻朱林镇东大街2号；金坛市指前镇与社头镇合并设立新的指前镇，镇政府驻指前集镇；金坛市薛埠镇与茅麓镇合并设立新的薛埠镇，镇政府驻薛埠镇百花东路118号；苏州市吴中区胥口镇的善人桥居委会及藏东、藏中、藏北、藏西4个村委会划归木渎镇管辖，临湖镇的马舍村委会划归胥口镇管辖；吴中区光福镇的舟山村委会划归香山街道办事处管理；吴中区西山镇更名为金庭镇；通州市刘桥镇与新联镇合并设立新的刘桥镇，镇政府驻刘桥镇通刘路；通州市三余镇、海晏镇与北兴桥镇合并设立新的三余镇，镇政府驻三余镇人民北路，原三余镇管辖的五甲苴居委会及河东、新桥、苴西、苴北、苴东、新福、东平7个村委会划归东社镇管辖；镇江市丹徒区上党镇的槐荫、金河、莱村3个村委会及辛丰镇的华村、庄泉、湖马3个村委会划归谷阳镇管辖；撤销靖江市靖城镇，设立靖城街道办事处；靖江市马桥镇的靖西居委会及进步、龙王、友仁、靖西、正西5个村委会划归靖城街道办事处管理；靖江市生祠镇与红光镇合并设立新的生祠镇，镇政府驻思岳路18号；撤销泰兴市过船镇、大生镇，以原过船镇所辖区域、原大生镇的天星桥居委会及洋思、蒋榨、红旗、五杨、芦碾、翻身、天星、新星8个村委会区域设立滨江镇，镇政府驻五杨，原大生镇的大生、三联、三阳、蔡巷、蔡桥5个村委会划归泰兴镇管辖；泰兴市南沙镇与溪桥镇合并设立新的溪桥镇，镇政府驻溪桥东。

浙江省

一、杭州市

西湖区

撤销袁浦镇、周浦乡建制，合并设立双浦镇，将转塘镇何家埠、回龙2个行政村划归双浦镇管辖。调整后，双浦镇辖2个社区、30个行政村，镇政府暂驻袁浦街99号。

撤销转塘镇、龙坞镇、留下镇、蒋村乡建制，其行政区域改由西湖区直辖。

撤销转塘镇、龙坞镇建制，合并设立转塘街道办事处，并将西湖街道珊瑚沙、五云2个社区划归转塘街道办事处管辖。调整后，转塘街道办事处辖25个社区、16个行政村，街道办事处驻地转塘直街7号。

西湖街道办事处划出珊瑚沙、五云2个社区。调整后，西湖街道办事处辖4个社区、9个行政村，街道办事处驻地不变(灵隐路18-3号)。

蒋村乡登云圩社区划归文新街道办事处管辖。调整后，文新街道办事处辖12个社区，街道办事处驻地不变(文三西路428号)。

设立蒋村街道办事处，辖12个社区、1个行政村，办事处驻地不变(文一西路788号)。

设立留下街道办事处，辖9个社区、2个行政村，街道办事处驻地不变(留下街128号)。

调整后，西湖区辖2个镇、10个街道办事处。

萧山区

调整新湾镇行政区划。将萧山区第一农垦场、萧山区第二农垦场区域划归新湾镇，其四至范围为：东临省水利围垦综合开发一场，南接益农、党湾两镇，西倚义蓬镇，北靠河庄镇，调整合，新湾镇辖17个行政村，1个社区，镇政府驻地不变(新宏路38号)。

调整宁围镇行政区划。将萧山区钱江农场区域划归宁围镇，其四至范围为：东临新街镇，南接北干街道，西倚滨江区西兴街道，北靠军垦农场。调整后，宁围镇辖15个行政村，7个社区，镇政府驻地不变(振宁路228号)。

调整新街镇行政区划。将萧山区红垦农场区域划归新街镇，其四至范围为：东临坎山镇，南接衙前镇、新塘街道，西倚宁围镇，北靠钱塘江，东北与红山农场相连。调整后，新街镇辖15个行政村、4个社区，镇政府驻地不变(府前路1号)。

调整闻堰镇行政区划。将萧山区湘湖农场区域划归闻堰镇，其四至范围为：东临蜀山街道，南接义桥镇，西倚钱塘江，北靠滨江区浦沿、长河街道。调整后，闻堰镇辖6个行政村，1个社区，镇政府驻地不变(风情大道3368号)。

余杭区

闲林镇的沿山河、横板桥、顾家桥等3个社区和荆山、友谊、荆丰、五常、文一等5个行政村以及余杭镇的永福村改由余杭区直辖。调整后，闲林镇辖 2个社区、10个行政村，镇政府驻地不变(闲富中路2号)；仓前镇辖1个社区、 9个行政村，镇政府驻地不变(仓前塘路90号)。

设立五常街道办事处，下辖3个社区、6个行政村，区域面积22.71平方公里，街道办事处驻河西南27号。调整后，余杭区下设14个镇，1个乡，5个街道办事处。

富阳市

调整富阳市新登镇、胥口镇行政区划，将新登镇七板桥村划归胥口镇。调整后，新登镇辖70个行政村、4个社区，镇政府驻地不变(共和街55号)；胥口镇辖25个行政村，镇政府驻地不变(胥口村)。

建德市

将乾潭镇羊毛坞村划归钦堂乡管辖。

将梅城镇十里埠村划归杨村桥镇管辖。

将莲花镇桑园村划归洋溪街道管辖。

将大慈岩镇乌石村、乌石源村划归寿昌镇管辖。

将李家镇管村桥村划归大同镇管辖。

调整后，乾潭镇辖6个居民区，70个行政村；钦堂乡辖1个居民区，13个行政村；梅城镇辖5个社区，1 个居民区，25个行政村；杨村桥镇辖1个居民区，23个行政村；莲花镇辖1个居民区，12个行政村；洋溪街道辖1个社区，1个居民区，13个行政村；大慈岩镇辖1个居民区，31个行政村；寿昌镇辖4个社区，51个行政村；李家镇辖1个居民区，21个行政村；大同镇辖3个居民区，59个行政村。调整后，上述乡、镇政府驻地和街道办事处驻地不变。

淳安县

淳安县左口乡政府驻地由显后村迁至下山村。

二、宁波市

慈溪市

横河镇的天香桥村划归浒山街道管理，坎墩街道新潮塘村划归浒山街道管理。调整后，浒山街道管理

38 个社区、1 个居民区、23 个行政村，街道办事处驻地不变(三北大街 518 号)；坎墩街道管理 1 个居民区、11 个行政村，街道办事处驻地不变(坎墩西路 116 号)；横河镇辖 1 个社区、1 个居民区、23 个行政村，镇政府驻地不变(龙泉东路 39 号)。

三、嘉兴市

桐乡市

撤销同福乡建制，其行政区域并入凤鸣街道。调整后，凤鸣街道辖 1 个社区、14 个行政村，街道办事处驻同福路 118 号。

将屠甸镇桃园村划归梧桐街道管辖。调整后，梧桐街道辖 13 个社区、17 个行政村，街道办事处驻地不变(逾桥路 800 号)；屠甸镇辖 1 个社区、8 个行政村，镇政府驻地不变(东大街 1 号)。

将乌镇镇西浜村划归濮院镇管辖。调整后，濮院镇辖 5 个社区、14 个行政村，镇政府驻地不变(广场路 1 号)；乌镇镇辖 3 个社区、17 个行政村，镇政府驻地不变(昭明路 1 号)。

南湖区

将余新镇东洋浜村和新丰镇由桥村划归大桥镇管辖。调整后，大桥镇辖 3 个社区、14 个行政村，镇政府驻地不变(十八里街 1 号)；余新镇辖 4 个社区、15 个行政村，镇政府驻地不变(余北大街 70 号)；新丰镇辖 2 个社区、10 个行政村、镇政府驻地不变(双龙路 1428 号)。

四、湖州市

吴兴区

道场乡的道场村、双塘村、陆家兜村、黄墅村、石泉桥村、福山村、长西村等 7 个行政村和粮贸社区以及妙西镇的东山村、沙家浜村、基山村等 3 个行政村由吴兴区直辖。调整后，道场乡辖 8 个行政村，乡政府驻地不变(杭长桥南路 122 号)；妙西镇辖 15 个行政村，镇政府驻地不变(妙西村)。

五、金华市

婺城区

将白龙桥镇吕塘下村、黄园村、下新村，长山乡蟠龙村，苏孟乡塘上村、清江塘村、合山头村、木杓塘村等 8 个行政村划归秋滨街道管辖。

将竹马乡方下店村划归乾西乡管辖。

将郭店村、金店村划归罗店镇管辖。

将蒋堂镇董村划归白龙桥镇管辖。

将罗埠镇山下周村、后朱山村划归汤溪镇管辖。

调整后，秋滨街道辖 8 个行政、17 个社区；白龙桥镇辖 49 个行政村、3 个社区；罗店镇辖 35 个行政村；蒋堂镇辖 35 个行政村；罗埠镇辖 59 个行政村；汤溪镇辖 72 个行政村、1 个社区；长山乡辖 21 个行政村；苏孟乡辖 30 个行政村；竹马乡辖 13 个行政村；乾西乡辖 12 个行政村、5 个社区。调整后的乡、镇政府驻地不变。

磐安县

撤销墨林乡建制，其行政区域并入安文镇。

将玉山镇妙塘村划归尖山镇管辖。

将深泽乡马讨山村和冷水镇水坑弄村划归新渥镇管辖。

调整后，安文镇辖 8 个社区，29 个行政村；尖山镇辖 23 个行政村；玉山镇辖 21 个行政村；新渥镇辖 21 个行政村；深泽乡辖 20 个行政村；冷水镇辖 16 个行政村。调整后，上述乡、镇政府驻地不变。

兰溪市

设立横溪镇建制，将梅江镇国庆、新胜、施宅、渔塘下、陈派宅、虞街、桐坞岭、前胡、上甲山、双溪、沈宅、梅坑、城头、立平头、上横塘、宋宅、里董金、金村、通津桥、下溪前、大斯、店丘、何坞、胡宅、西塘下、田畈周等 26 个行政村划归横溪镇管辖，镇政府驻国庆村。调整后，梅江镇辖 52 个行政村，镇政府驻墩头村。

将兰江街道的舒村村划归女埠街道管辖。调整后，兰江街道辖 8 个社区、67 个行政村，街道办事处驻地不变(三江路 140 号)；女埠街道辖 1 个社区、37 个行政村，街道办事处驻地不变(上街村)。

将云山街道费垄口村划归灵洞乡管辖。调整后，云山街道辖 10 个社区、24 个行政村，街道办事处驻地不变(人民北路 52 号)；灵洞乡辖 16 个行政村，乡政府驻地不变(杨青桥村)。

将永昌街道厚伦胡村划归诸葛镇管辖。调整后，永昌街道辖 1 个居民区、63 个行政村，街道办事处驻地不变(永昌村)；诸葛镇辖 1 个居民区、28 个行政村，镇政府驻地不变(诸葛村)。

将水亭畲族乡生塘徐村划归游埠镇管辖。调整后，游埠镇辖2个社区、48个行政村，镇政府驻地不变(游埠村)；水亭畲族乡辖36个行政村，乡政府驻地不变(水亭街村)。

六、衢州市

柯城区

将花园街道陈家、东周、上草铺等3个行政村划归黄家乡管辖。调整后，黄家乡辖19个行政村，乡政府驻地不变(黄家村)；花园街道辖4个社区，9个居委会，17个行政村，街道办事处驻地不变(衢化路横街1号)。

江山市

将碗窑乡前村村划归清湖镇管辖。调整后，清湖镇辖32个行政村，镇政府驻地不变(航山路1号)；碗窑乡辖31个行政村，乡政府驻地不变(淤头基村)。

将凤林镇乌鹰垄村划归淤头镇管辖。调整后，淤头镇辖31个行政村，镇政府驻地不变(淤达路101号)；凤林镇辖46个行政村，镇政府驻地不变(大悲山村)。

龙游县

将塔石镇下章村划归小南海镇管辖。调整后，小南海镇辖43个行政村，镇政府驻地不变(光明路29号)；塔石镇辖48个行政村，镇政府驻地不变(塔兴路42号)。

将湖镇镇项家、槐王、童家、张王等4个行政村改由东华街道管理；将詹家镇后厅村改由龙洲街道管理。调整后，湖镇镇辖67个行政村、2个居民区，镇政府驻地不变(解放路42号)；詹家镇辖21个行政村，镇政府驻地不变(浦山村)。

七、舟山市

普陀区

撤销朱家尖镇、展茅镇建制，其行政区域改由普陀区人民政府直辖。

撤销佛渡乡建制，其行政区域划归六横镇管辖。调整后，六横镇辖2个居民区、45个行政村，镇政府驻地不变(六横北路1号)。

调整后，普陀区辖5个镇、3 个乡、5个街道办事处。

以原朱家尖行政区域设立朱家尖街道办事处，以原展茅镇所属行政区域设立展茅街道办事处。

定海区

将舟山市定海区白泉镇毛竹山村划归临城街道管辖。调整后，临城街道辖2个居民区、26个行政村，街道办事处驻地不变(临城街168号)；白泉镇辖8个行政村，镇政府驻地不变(万金湖路77号)。

八、丽水市

景宁畲族自治县

撤销外舍乡、金钟乡建制，其行政区域并入鹤溪镇。调整后，鹤溪镇辖4个社区，37个行政村，镇政府驻地不变(鹤溪村)。

调整渤海镇行政区划，其行政区域不变，所辖1个居委会、16个行政村调整为14个行政村，镇政府驻地迁至鲍山头村。

撤销大顺乡、陈村乡建制，合并设立九龙乡。九龙乡辖21个行政村，乡政府驻新长汀村。

遂昌县

同意将云峰镇洋浩村划归妙高镇管辖。调整后，妙高镇辖7个社区、51个行政村，镇政府驻地不变(北街262号)；云峰镇辖30个行政村，镇政府驻地不变(社后村)。

安徽省

一、寿县刘岗镇的红塘、柳塘、四冲3个村划归肥西县高刘镇管辖。

二、池州市：东至县乡镇由29个调整为15个；石台县乡镇由13个调整为8个；贵池区乡镇由21个调整为9个(其中有7个乡镇改设4个办事处)；滁州市：明光市乡镇由26个调整为13个(其中有2个乡镇改设办事处)；天长市乡镇由24个调整为14个，另撤销3个街道办事处(其中有2个街道办事处合并设立1个乡镇)；来安县乡镇由18个调整为12个；凤阳县乡镇由26个调整为15个；全椒县乡镇由17个调整为10个，撤销7个；定远县乡镇由37个调整为22个；南谯区：乡镇由16个调整为8个(其中有1个乡镇改设办事处)；亳州市：利辛县乡镇由26个调整为23个；淮南市：凤台县乡镇由20个调整为19个；宿州市：砀山县乡镇由18个调整为13个。以上共撤并乡镇111个(其中有10个乡镇改设7个街道办事处、2个街道办事处合并设1个乡镇)。

三、滁州市南谯区撤销大王镇设立大王街道办事处；明光市撤销明东乡、横山乡分别设立明东街道办事处、明南街道办事处。池州市贵池区撤销梅龙镇、马衙镇、观前镇、墩上镇、茅坦镇、阮桥乡、高脊岭乡分别设立梅龙街道办事处、马衙街道办事处、墩上街道办事处、球江街道办事处；宁国市撤销天湖镇、汪溪镇、竹峰乡分别设立天湖街道办事处、汪溪街道办事处、竹峰街道办事处。

四、合肥市义兴镇更名为淝河镇，将颍上县城关镇更名为慎城镇、汤店镇更名为迪沟镇。

五、黄山市黟县美溪乡人民政府驻地由美坑村迁至苗林村。

福建省

三明市清流县撤销邓家乡建宁县濉城镇和金溪乡合并为濉溪镇。

江西省

一、景德镇市俘梁县三龙乡该设成三龙镇。

二、九江市修水县三都镇更名为太阳升镇。

三、宜春市上高县撤消敖山华侨农场，设立敖山镇。

四、上饶市婺源县设立蚺城街道办事处。

山东省

一、济南市

市中区

撤销市中区十六里河镇，以原十六里河镇的行政区域设立十六里河街道办事处和兴隆街道办事处。将原十六里河镇的兴济河社区居委会和东河、西河、柏石峪、分水岭、花山峪、南康、北康、石青崖、大东、大西、吴家、西仙、石匣、石崮、复兴、瓦峪等16个行政村，共17个村(居)划归十六里河街道办事处管辖，街道办事处机关驻东河村。将原十六里镇的兴隆一村、兴隆二村、兴隆三村、白土岗、大岭、小岭、搬倒井、涝坡、义和、王家、郭家、郑家、候家、青桐山、斗母泉等16个行政村，划归兴隆街道办事处管辖，街道办事处机关驻兴隆一村。撤销市中区党家庄镇，以原党家庄镇的行政区域设立党家街道办事处和陡沟街道办事处。将原党家庄镇的丘山社区居委会和党东、党西、罗而、小屯、枣林、魏家庄、刘家林、邵东、邵西、展东、展西、小白、蛮子庄、催马庄、西渴马西村、西渴马东村、张家庄、土屋、东渴马、相家庄、寨而头、宅科等22个行政村，共23个村(居)，划归党家街道办事处，街道办事处机关驻党西村。将原党家庄镇的陡沟、岳而、小庄、黄山店、北桥、殷家林、丰齐、杜家庙、袁庄、新平、双庙屯、赵庄、杨台、仁里、红卫、郑庄、董庄、红星、吉而屯、东风、立新、马家庄、大庙屯等23个行政村，划归陡沟街道办事处管辖，街道办事处机关驻陡沟村。

历下区

撤销济南市历下区姚家镇，以原姚家镇的行政区域设立姚家街道办事处、智远街道办事处和龙洞街道办事处。将原姚家镇的姚家庄、东十里河、丁家庄、浆水泉庄、荆山庄等5个自然村划归姚家街道办事处管辖，街道办事处机关驻姚家庄。将原姚家镇的刘智远、八涧堡、盛福庄、姜家庄、邓家庄、义和庄、林家庄等7个自然村划归智远街道办事处管辖，街道办事处机关驻刘智远村。将原姚家镇的龙洞庄、孟家庄、老石沟、西蒋峪、石河岭、中井庄、下井庄等7个自然村划归龙洞街道办事处管辖，街道办事处机关驻龙洞庄。

济阳县济阳镇的部分行政区域设立济阳街道办事处、济北街道办事处，济阳镇更名为回河镇，镇政府驻地迁至回河街村。

二、青岛市

莱西市

撤销梅花山街道办事处，设立产芝街道办事处，将原梅花山街道办事处所辖南七格庄、北七格庄、敬格庄、寨庄、刘家、胡家、姜家、战家、圈子、大疃、产芝、姜家泊、斜岚、于家岭、中庄扶、北庄扶、小夼17个村，河头店镇所辖西钟芝、东钟芝、小淳于、小店东、南岚、东岚桑、大淳于、大店东、水台、瑞岭、北岚11个村，日庄镇所辖大埠阴、小埠阴、河头、倪家庄、芽儿场、十甲夼、傅庄、王家都、刘家都、河北夼、沟东、沟西、车格庄、南埠、西埠、青峰岭、鱼池、后李格庄、前郭格庄、后郭格庄、西郭格庄、前山珍、后山珍、徐家寨24个村，马连庄镇所辖岚桑、鲁格庄2个村，共54个村，划归产芝街道办事处管辖，办事处机关驻屏湖路西端；将原梅花山街道办事处所辖东爻子埠、西爻子埠、后车兰泊、前车兰泊、封家泊、凤台埠、上马庄、下马庄、茂芝场、谭家庄10个村，划归水集街道办事处管辖，办事处机关驻地不变；将望城街道办事处所辖珠江路社区居民委员会、滨河路社区居民委员会、龙口中路社区居民委员会、龙口东路社区居民委员会、苏州路社区居民委员会5个社区居民委员会和南龙湾庄、北马家庄、谭家院西、臧家院西、刘家院西、黄花观、院庄、焦格庄、新安、平林院、东沙格庄、中沙格庄、西沙格庄13个村，划归龙水街道办事处管辖，办事处机关驻滨河路6号。

三、烟台市

栖霞市将西城镇邹家、南交毛寨、北交毛寨3个村划归松山街道办事处管辖。

四、潍坊市

诸城市

撤销诸城市朱解镇，将其行政区域划归密州街道办事处管辖，合并后的密州街道办事处机关驻原朱解镇人民政府驻地；撤销诸城市吕标镇，将其行政区域划归龙都街道办事处管辖，合并后的龙都街道办事处机关驻原吕标镇人民政府驻地；撤销诸城市九台镇，将其行政区域划归舜王街道办事处管辖，合并后的舜王街道办事处机关驻原九台镇人民政府驻地。

撤销郝戈庄镇，将其行政区域并入皇华镇；撤销郭家屯镇，将其行政区域并入相州镇。

撤销诸城市孟疃镇、马庄镇，将原孟疃镇、马庄镇的行政区域并入贾悦镇，镇政府驻地不变；撤销程戈庄镇，将原程戈庄镇的行政区域分别划归舜王街道办事处和石桥子镇。将原程戈庄镇的26个村(西小庄子、程戈庄一村、程戈庄二村、程戈庄三村、程戈庄四村、张家屯、夏家官庄、仲家庄、崔家营、西涝戈庄、东涝戈庄、仇家庄、苗戈庄、宋戈庄、小焦家庄、大焦家庄、周庄子、后卜落林子、前卜落林子、毛家庄、呈子泊、方家庄、草营子、双湾子、魏家岭、马厂沟)划归舜王街道办事处管辖，办事处机关驻地不变。将原程戈庄镇的27个村(龙石头河、荆山后、黄吉埠、后家疃、黄家庙子、荆山前、西臧家庄、前疃、南曹家庄子、徐家洼、潘家岭、冯家屯、仇家洼、西郭家庄、西楼子、东楼子、后岳戈庄、前岳戈庄、王家洼、任家庄子、西张家庄、范家岭、友谊村、刘家官庄、后浩仉、前浩仉、娄家庄)划归石桥子镇，镇政府驻地不变；撤销瓦店镇、桃园乡，将原瓦店镇、桃园乡的行政区域并入林家村镇，镇政府机关驻地不变。

青州市

撤销青州市东坝街道办事处，将原东坝街道办事处所辖的东坝、东建德、杨姑桥、尚家、西建德、小贯店、小陈、大吴、孤山庙、小吴、任家、李河、纪河、大贯店、高彭、西阳河、东阳河、大陈、大刘、潘庙、小刘、杨家庄、马家庄等23个行政村划归黄楼镇管辖，将西牟、东牟、玉皇阁、新冯、东十里、西十里、坡子、夏新、东圣水、坝沟、魏河、玉竹、朱兴等13个行政村划归云门山街道办事处管辖。撤销青州市昭德街道办事处，将其所辖的25个社区居委会划归云门山街道办事处管辖。

撤销青州市五里镇，将原五里镇的行政区域划归王府街道办事处管辖，办事处机关驻原五里镇政府驻地；撤销东高镇，将原东高镇的行政区域划归益都街道办事处管辖，办事处机关驻原东高镇政府驻地；撤销朱良镇，将原朱良镇的行政区域并入高柳镇，镇政府驻原朱良镇政府驻地；撤销普通镇，将原普通镇的行政区域并入邵庄镇，镇政府驻地不变；撤销口埠镇，将原口埠镇的行政区域并入何官镇，镇政府驻地不变；撤销郑母镇，将原郑母镇的行政区域并入谭坊镇，镇政府驻地不变；撤销王母宫街道办事处，将原王母宫街道办事处的8个村(大崔家、小崔家、孙家庄、大王庄、孟家炉、小田、冷门、董家)，东夏镇的15个村(东侯庙、西侯庙、麻湾、西坡、东坡、张家楼、彭家湾、王岗、沙店、南于、大尹、李家庄、大赵务、巨弥、寨里)并入黄楼镇，镇政府驻地不变；将王母宫街道办事处的34个村(徐七里、王七联、裴桥、柳沟、东郎、西郎、姜家、王母宫、十八里、寺古、双庙、张孟口、南四、辛庄、侯古、房古、于古、义和、孟古、李官庄、范王、赵家、东李、张裴、胡桥、姜庙、韩家、蔡家、牛家、胡集、懒柳树、凌马、马氏村、朱刘马)并入东夏镇，镇政府驻原王母宫街道办事处机关驻地。

安丘市

撤销安丘市刘家尧镇、关王镇、贾戈街道办事处，设立新安街道办事处，将原刘家尧镇的行政区域，原关王镇42个村(丘西、徐家庄、曹家楼子、东刘家庄、尧洼、陈家庄、南韩家庄、河洽、南谢家庄、北辛庄子、北谢家庄、上埠、北韩家庄、张家屯、于家官庄、高家官庄、朱家官庄、椿树岭、姚家庄子、葛达官庄、任家菜园、三台新村、孙下埠河西、李下埠、孙下埠河东、陈家埠、关王庙、孙十里、东辛庄子、黄十里、小河崖、张家庄、陈家楼、东周家庄子、黑牛冢、大洼、小洼、李家峪、桥北头、周家楼、丘东、王家楼)，原贾戈街道办事处35个村(东北村、东南村、西北村、西南村、大沙埠、邵家埠、杏杭、高家沟、刘沙埠、周沙埠、韩王封、董王封、刘王封、曹王封、贾王封、大埠后、高埠、小杨戈、大杨戈、夹埠、西友戈、东友戈、西许戈、东许戈、王家庄、小洼、何家屯、柳杭、十里泉、新村、为善、常家庄、李家埠、曹五里、李五里)，赵戈镇40个村(王家庄、夏家庄、东韩吉、中韩吉、西韩吉、庵顶、东仓、西仓、中仓、东张排、西张排、小埠后、贺戈庄、前担山、后担山、马家庄、周家庄、孙家庄、凌家庄、东朱戈、西朱戈、蔺官庄、蒯场、围子、北院庄、周院庄、东院庄、麻院庄、河洼、赵家埠、石灰埠、大朱了、小朱了、山口、下洼、马小庄、南屯、埠下、前友兰、后友兰)，划归新安街道办事处管辖，新安街道办事处机关驻原刘家尧镇政府驻地；撤销白芬子镇，将原白芬子镇的行政区域，原贾戈街道办事处23个村(张田戈、周田戈、三合、朱田戈、韩家村、赵家村、逯家村、魏家村、马家坟、十里铺、沈十里、陈十里、孙十里、王家楼、马五里、孟五里、郝家庄、马家楼、务稼庄、小城埠、小东场、张五里、王五里)，划归兴安街道办事处管辖，办事处机关驻地不变；撤销临浯镇，将原临浯镇的行政区域并入景芝镇，镇政府驻地不变；撤销红沙沟镇，将原红沙沟镇36个村(红沙沟、小北吾、刘家斗沟、曹家斗沟、小河口、沈家庄、刘家西吾、李家西吾、东纪庄、西纪庄、西石庙、东石庙、王家赤埠、李家赤埠、簸箕掌、姚家庄、董家庄、赵家赤埠、战家沟、陈家沟、东涝山、禅杖、郑家庄、赵家沟、南吾、西涝山、小庄、山东头、黑石头沟、张家庄子、石榴沟、张家斗沟、东南疃、东浒崖、坝洼、后沟)，原关王镇41个村(井戈、店子、栾家庄、慈埠、宗家庄、李家水西、光甫、前光甫、孟家庄、王家庄子、山后屯、后李戈、凤凰官庄、王家董孟、田家庄、吴家庄、白石官庄、前李戈、东惠家庄、西周家庄、西惠家庄、阳旭、西刘家庄、任家庄、儒林、柿子园、龙泉、申家庄、龙湾崖、于家水西、圈子村、冢子坡、牛家埠、南官庄、大芷坊、小赵家埠、大赵家埠、西辛庄子、申明亭、红河崖、马姚)，并入凌河镇，镇政府驻地不变；撤销雹泉镇，将原雹泉镇行政区域和原红沙沟镇27个村(温泉、北后河、南后河、下涝坡、上涝坡、东旺、小桃园、徐家沟、西浒崖、田家岭、王家庄子、花石涧、吴家沟、前崮山沟、大桃园、石门、西沟、范家庄子、石山子、东崔巴峪、窝洛、西崔巴峪、上头、常家岭、大安、刘家埠子、河洛)，并入辉渠镇，镇政府驻地不变；撤销庵上镇，将原庵上镇行政区域并入石埠子镇，镇政府驻地不变；撤销管公镇，将原管公镇行政区域并入官庄镇，镇政府驻地不变；撤销王家庄镇，将原王家庄镇行政区域并入赵戈镇，镇政府驻地不变。

临朐县

撤销临朐县纸坊镇，将原纸坊镇的行政区域划归城关街道办事处管辖，办事处机关驻地不变；撤销杨善镇，将原杨善镇的行政区域并入冶源镇，镇政府驻地不变；撤销石家河乡，将原石家河乡的行政区域并入寺头镇，镇政府驻地不变；撤销大关镇、蒋峪镇，以原大关镇、蒋峪镇的行政区域设立沂山镇，镇政府驻原大关镇政府驻地；撤销卧龙镇，将原卧龙镇的行政区域并入辛寨镇，镇政府驻地不变；撤销七贤镇、营子镇，将原七贤镇和营子镇的行政区域划归东城街道办事处管辖，办事处机关驻地不变；撤销上林镇，将原上林镇的行政区域并入龙岗镇，镇政府驻原上林镇政府驻地。

昌邑市

撤销昌邑市双台乡，将原双台乡的行政区域划归都昌街道办事处管辖，办事处机关驻地不变；撤销宋庄镇，将原宋庄镇的行政区域并入围子镇，镇政府驻地不变；撤销夏店镇，将原夏店镇的行政区域并入卜庄镇，镇政府驻地不变；撤销石埠镇、岞山镇，将原石埠镇、岞山镇的行政区域并入饮马镇，镇政府驻地不变；将丈岭镇的45个村(田戈庄、高家屯、凰瑞埠、凤凰屯、万和屯、老髭沟东、老髭沟西、薛家庄、朱阳前、朱阳后、上河头、石牛庙、塔尔堡、孙家上疃、郭家上疃、初家上疃、马家上疃、苗家上疃、山西村、前陈家庄、朱甫村、东麻湾、北麻湾、南麻湾、金李埠、岳家官庄、毛家屯、李家井、东齐家屯、岳家屯、大石门、东石门、大陈村、横路屯、韩家高阳、周家庄、高阳东、高阳西、大庄、麻姑庄、范家邱、平正屯、许家屯、黑埠头、山东村)并入北孟镇，北孟镇政府驻地不变；撤销太保庄乡，将原太保庄乡的行政区域并入丈岭镇，丈岭镇更名为太保庄镇，镇政府驻原太保庄乡政府驻地。

昌乐县

撤销昌乐县尧沟镇，将原尧沟镇行政区域划归宝城街道办事处管辖，办事处机关驻地不变；撤销五图镇，以原五图镇的行政区域设立五图街道办事处，办事处机关驻原五图镇政府驻地；撤销北岩镇，将原北岩镇行政区域并入乔官镇，镇政府驻地不变；撤销崔家庄镇、阿陀镇、马宋镇，以原崔家庄镇、阿陀镇、马宋镇的行政区域设立营邱镇，镇政府驻原马宋镇政府驻地；撤销朱汉镇，将原朱汉镇行政区域并入红河镇，镇政府驻地不变； 撤销白塔镇、高崖镇，将原白塔镇、高崖镇的行政区域并入鄌郚镇，镇政府驻地不变。

高密市

撤销高密市姚哥庄镇，将原姚哥庄镇的行政区域划归朝阳街道办事处管辖，办事处机关驻地不变；撤销拒城河镇，将原拒城河镇的行政区域划归密水街道办事处管辖，办事处机关驻地不变；撤销康庄镇，将原康庄镇的行政区域划归醴泉街道办事处管辖，办事处机关驻地不变；撤销河崖镇，将原河崖镇的行政区域并入夏庄镇，镇政府驻地不变；撤销仁和镇，将原仁和镇的行政区域并入姜庄镇，镇政府驻地不变；撤销周戈庄镇，将原周戈庄镇的行政区域并入大牟家镇，镇政府驻地不变；撤销双羊镇，将原双羊镇的行政区域并入阚家镇，镇政府驻地不变； 撤销呼家庄镇，将原呼家庄镇的行政区域并入井沟镇，镇政府驻地不变；撤销注沟镇，将原注沟镇的行政区域并入柴沟镇，镇政府驻地不变；撤销李家营镇，将原李家营镇的行政区域并入柏城镇，镇政府驻地不变。

寒亭区

撤销寒亭区央子镇，以原央子镇的行政区域设立央子街道办事处，办事处机关驻原央子镇政府驻地；撤销固堤镇、泊子乡，以原固堤镇和泊子乡的行政区域设立固堤街道办事处，办事处机关驻原固堤镇政府驻地； 撤销双杨店镇、南孙乡，将原双杨店镇、南孙乡的行政区域并入高里镇，镇政府驻地不变；撤销河滩镇，将原河滩镇的行政区域并入朱里镇，镇政府驻地不变。

寿光市

撤销寿光市田马镇，将原田马镇的行政区域并入稻田镇，镇政府驻地不变；撤销留吕镇，将原留吕镇的行政区域划归洛城街道办事处管辖，办事处机关驻地不变。

坊子区

撤销坊子区恒安街道办事处、长宁街道办事处、荆山洼镇，以原恒安街道办事处、长宁街道办事处的管辖范围和荆山洼镇的行政区域设立坊城街道办事处，办事处机关驻原恒安街道办事处驻地；撤销南流镇，将原南流镇的行政区域划归坊安街道办事处管辖，办事处机关驻原南流镇政府驻地；撤销穆村镇、眉村镇，以原穆村镇和眉村镇的行政区域设立九龙街道办事处，办事处机关驻原穆村镇政府驻地。

奎文区

撤销奎文区南苑街道办事处、钢城街道办事处，将原南苑街道办事处、钢城街道办事处的管辖范围并入廿里堡街道办事处，办事处机关驻地不变。

潍城区

撤销潍城区军埠口镇、望留镇、符山镇，以原军埠口镇、望留镇的行政区域和原符山镇的28个村(楼子、新邓、宋家、项家、杨成、付家、油房、尹家、庙子、上二甲、新二甲、柳东、柳西、柳南、柳北、十亩田、潘家、老邓家、刘家庄、平寿、许家、鞠家、庞家庄、李家庄、尹家庄、乔铁、柴家河、三甲)设立望留街道办事处，办事处机关驻原望留镇政府驻地；撤销于河镇，以原于河镇的行政区域和符山镇的15个村(北乐埠、南乐埠、向阳、范家、李家、栾家、道口、山下于、下八甲、成东、成西、郭成、北大于河、南大于河、官路庄），设立于河街道办事处，办事处机关驻原于河镇政府驻地；将原望留镇的2个村(马家黄土埠子、高家黄土埠子)，划归南关街道办事处管辖，办事处机关驻地不变；将西关街道办事处的友爱社区划归北关街道办事处管辖，办事处机关驻地不变。

寿光市大家洼街道办事处划归潍坊市寒亭区管辖；昌邑市太保庄镇划归坊子区管辖；安丘市黄旗堡镇、赵戈镇划归坊子区管辖。

五、滨州市

博兴县

撤销博兴县博兴镇，以原博兴镇的行政区域和陈户镇、湖滨镇的部分行政区域，设立城东街道办事处、锦秋街道办事处和博昌街道办事处。将原博兴镇的相公堂、北八里、顾家、刘家、陈家、贤城、鲍庄、董杨、董初、董高、董王、北辛安、中辛安、西辛安、东河东、河西、东上滩、西上滩、椒元、小营、大营、辛庄等22个行政村，陈户镇的崇德、赵楼、王集、辛阎、霍家、李家、城头、堤上、张管、冯吴等10个行政村，共32个行政村划归城东街道办事处管辖，街道办事处机关驻博城五路173号。将原博兴镇的北关、城张、西关、西隅、南隅、菜园、东关、疃子、苗集、西河东、新贾、西三里、马王、赵家、马庙等15个行政村，湖滨镇的东风、周陈、湾头、南陈家、孟桥、逯桥、傅桥、毛园、王家桥、王圈、段家、三官庙、傅家、魏家、西闸、安柴、园庄、南河东等18个行政村，共33个行政村划归锦秋街道办事处管辖，街道办事处机关驻胜利三路295号。将原博兴镇的东谷王、西谷王、伏路、伏李、伏田、永合、王木、许营、王楼、伏栾、西八里、皂户、伏郑、伏邵、东伏、西伏等16个行政村划归博昌街道办事处管辖，街道办事处机关驻原博兴镇人民政府驻地(博城三路5号)。

滨州市滨城区尚集乡勺头韩前、勺头韩后、邓家3个村划归杜店街道办事处。

六、菏泽市

单县

撤销单城镇，以原单城镇的行政区域和孙溜镇、谢集乡的部分行政区域以及单县沙河林场、单县国营园艺场，设立北城、南城、园艺三个街道办事处。原单城镇北关、西关2个社区居委会，东关、西关、北关、北郊、郭庄、吴溜、单溜、三官庙、孙草庙、赵土楼、广圣店、四里埠12个行政村划归北城街道办事处管辖。街道办事处机关驻原单城镇人民政府驻地(胜利路中段路北)。原单城镇西郊、南店子、老山顶、南关4个社区居委会，郭黄庄、马溜、鹿湾、权楼、董庄、西郊、单楼、七里庄、刘海、魏溜、东郊、南旧关12个行政村及单县沙河林场划归南城街道办事处管辖。街道办事处机关驻健康路中段路北。原单城镇单庄、黄楼、张知楼3个行政村，谢集乡武圣庙、南王庄2个行政村，孙溜镇樊楼、五里井2个行政村，单县国营园艺场划归园艺街道办事处管辖。街道办事处机关驻舜师路东端路北。

河南省

一、洛阳市

嵩县

撤销闫庄乡设立闫庄镇。

二、平顶山市

舞钢市

垭口街道原居委会合并为：朝阳、育才、振兴、鑫源、平安5个居委会；朱兰街道原居委会合并为：光源、矿业、滨河、银龙、夕阳红、园林6个居委会；寺坡街道原居委会合并为：龙泉、奋飞、中兴、九九山、祥和、玄翠园、羊角山、湖滨8个居委会；院岭街道原居委会合并为：白云、兴钢、龙山、工业园4个居委会；矿建街道的矿建居委会更名为矿源居委会。

汝州市

将王寨乡的下陈村划归为汝南办事处管辖；将尚庄乡的吴洼、张鲁庄、党屯3个自然村划归风穴办事处管辖； 将骑岭乡的葛庄、城北赵庄、下程、城北、七里、十里、许寨、司西7个自然村划归煤山办事处管辖。

三、安阳市

开发区

三里屯、前张、小吴、郭吴、后营5个村委会变更为社区(居委会)。

滑县

撤销老店乡设立老店镇。

殷都区

孝民屯村委会变更为居委会。

汤阴县

汤河村委会变更为居委会。

四、许昌市

原许昌县邓庄乡、长村张乡区划调整到东城区。

五、三门峡市

新增工业园管理委员会，正县级，辖13个行政村，由原属灵宝市大王镇的东南朝、五原崤、北朝、新店、偏沟、小北、冯佐、李家寨、马谢9个村和原属陕县大营镇的黄村、五原、南曲沃、官庄4个村组成。

六、周口市

川汇区

纺织路办街道更改为荷花路街道，下辖：纺北社区、荷花社区、永光社区、中州社区、电厂社区、和平社区、文化社区、西杨庄行政村、前王营行政村、闫庄行政村、前王庄行政村。

城东街道更改为文昌街道，下辖：康店行政村、万庄行政村、赵寨行政村、陈滩行政村、李庄行政村、郭埠口行政村。

新增金海路街道，下辖：朱庄行政村、新村行政村、周套楼行政村、彭新庄行政村、孙咀行政村、张埠口行政村、下口行政村、党庄行政村、郭庄行政村、前进社区。

新增太昊路街道，下辖：韩营居委会、陈营居委会、杨脑居委会、杨井沿居委会、单庄居委会、许寨居委会、康庄居委会、毛楼居委会、冯庄居委会、艾营居委会、柴堂居委会。

新增淮河路街道，下辖：孟营居委会、黄滩居委会、郑洼居委会、赵寨居委会、麦仁店居委会、康楼居委会、牛滩居委会、刘新庄居委会、姚滩居委会、南徐居委会、徐庄居委会、路庄居委会。

调整人和街道，下辖：三义社区、复兴社区、德化社区、文昌社区、太平社区、韩庄行政村、史滩行政村。

调整陈州回族街道，下辖：北永兴社区、陈州社区、六一社区、新华社区、周商社区、车站社区、牛营行政村。

调整七一路街道，下辖：八一社区、文明社区、七一社区、周滨社区、颍河社区、车站社区、康湾行政村、张庄行政村、东杨庄行政村、李庄行政村。

调整小桥街道，下辖：建西社区、复兴社区、建中社区、周淮社区、彭埠口行政村、李多楼行政村、高庄行政村。

调整城北街道，下辖：黄庄行政村、朱楼行政村、徐营行政村、西张楼行政村、前石店行政村、后石店行政村、马庄行政村、夏炉行政村、李营行政村、李楼行政村、邵火庙行政村、张夏庄行政村、邵寨行政村。

调整城南街道，下辖：刘方平行政村、王响午行政村、后村行政村、中村行政村、西李庄行政村、官坡行政村、小王营行政村、后王营行政村、纺南社区。

调整搬口街道，下辖：搬口行政村、曾楼行政村、杨寨行政村、沈楼行政村、贾寨行政村、梁寨行政村、毛寨行政村、朱庄行政村、李楼行政村、西赵行政村、郭庄行政村、文庄行政村、张寨行政村、门庄行政村、王祖庙行政村、葛湾行政村。

七、驻马店市

平舆县

撤销古槐镇设立古槐、清河办事处。

古槐街道办事处，下辖：解放街居委会、永乐居委会、城北居委会、西塔寺居委会、月旦平居委会、城东居委会、铁塔路居委会、健康路居委会、城南居委会、小刘居委会、小徐居委会、钟楼居委会、南陈居委会、冯楼居委会。

清河街道办事处，下辖：陈蕃居委会、王栋桥居委会、大冯居委会、孟庄居委会、南刘居委会、冯寨居委会、王堂居委会、张楼居委会。

汝南县

马乡镇更名为梁祝镇。

平舆县

撤销后刘乡、郭楼乡设立后刘镇、郭楼镇。

正阳县

撤销大林乡设立大林镇。

八、南阳市

西峡县

撤销五里桥乡设立五里桥镇，下辖22个村委会：老军店、稻田沟、五家沟、封湾、白河、前营、曹岗、黄狮、孔沟、土槽、杨岗、封店、北堂、五里桥、葛营、大桥沟、郝岗、宋沟、燕岗、走马岗、慈梅寺、天宝。

社旗县

撤销朱集乡设立朱集镇，下辖24个村委会：朱集、王毛、齐庄、王老庄、袁老庄、苟庄、前张、李黄庄、端公、薛庄、茨园、雷庄、刘坟堂、许庄、田庄、葛庄、后李、杨庄、段洼、耿庄、李庵、殷河、牛庄、邓岗。

桐柏县

撤销安棚乡设立安棚镇，下辖16个村委会：中王湾、泰山庙、李湾、陶庄、岭东、胡岗、安岭、尹庄、大倪岗、雷沟、万岗、周岗、张楼、吕庄、朱洼、安棚。

九、信阳市

平桥区

撤销洋河乡设立洋河镇。

固始县

撤销三河尖乡设立三河尖镇。

十、济源市

撤销亚桥乡设立玉泉街道办事处，下辖：原亚桥乡的亚桥、西水屯、北水屯、南水屯、堽头、西马头、中马头、东马头、苗店、旧河庄、东郭路、西郭路、王庄、北堰头、白沟新村、竹峪新村、刘庄新村、陆家岭新村、石牛新村19个建制村和原北海街道办事处的南堰头、段庄2个居委会。

双桥街道办事处更名为沁园街道办事处。

撤销思礼乡、下冶乡、王屋乡，设立思礼镇、下冶镇、王屋镇。

将轵城镇的大驿村、承留镇的甘河村、克井镇的小庄村和原双桥街道办事处的西马蓬河东、西马蓬河西、小韩村3个居委会划归天坛街道办事处管辖。

将原亚桥乡的铁岸、碑子、庙后、药园4个建制村划归北海街道办事处管辖。

将轵城镇的赵礼庄、中礼庄、邱礼庄、宗庄4个建制村划归沁园街道办事处管辖。

湖北省

一、武汉市江夏区撤销五里界镇，设立五里界街道办事处。

二、大冶市设立金山街道办事处。

三、鄂州市梁子湖区设立梁子镇。

四、随州市曾都区设立万福镇。

五、赤壁市设立黄盖湖镇。

湖南省

凤凰县竿子坪乡的部分区域划入吉首市乾州街道办事处管辖。

一、长沙市

岳麓区

设立1个街道办事处，调整1个乡的部分行政区划。具体调整如下：从天顶乡析出联络、学湖、中塘、天顶、骑龙5个建制村及阳明山庄社区居委会，设立梅溪湖街道办事处， 办事处机关驻虎形山。

宁乡县

调整1个镇1个乡的部分行政区划，2个乡撤乡设镇，1个乡更名。具体调整如下：将宁乡县双江口镇的茶亭寺、石头坑2个建制村成建制划归城郊乡管辖；撤销青山桥乡设立青山桥镇，镇人民政府驻青山桥(原青山桥乡人民政府驻地)；撤销大成桥乡设立大成桥镇，镇人民政府驻大成桥(原大成桥乡人民政府驻地)；将全民乡更名为金洲乡。

浏阳市

1个乡撤乡设镇。具体调整如下：撤销高坪乡设立高坪镇，镇人民政府驻高坪集镇德政路1号(原高坪乡人民政府驻地)。

二、株洲市

攸县

将市上坪镇、高枧镇与皇图岭镇合并设立新的皇图岭镇，镇人民政府驻皇图岭(原皇图岭镇人民政府驻地)；银坑乡与莲塘坳乡合并设立新的莲塘坳乡，乡人民政府驻同联(原莲塘坳乡人民政府驻地)；钟佳桥镇与新市镇合并设立新的新市镇，镇人民政府驻颜家岭(原新市镇人民政府驻地)；高和乡与菜花坪镇合并设立新的菜花坪镇，镇人民政府驻江公铺(原菜花坪镇人民政府驻地）。

茶陵县

将七地乡、腰陂镇以及尧水乡的横屋建制村合并设立新的腰陂镇，镇人民政府驻腰陂；将尧水乡(除横屋建制村外)与严塘镇合并设立新的严塘镇，镇人民政府驻樟市。

三、湘潭市

湘潭县

撤销白石乡设立白石镇，镇人民政府驻白石铺(原白石乡人民政府驻地)。

湘乡市

撤销毛田乡设立毛田镇，镇人民政府驻永嘉桥(原毛田乡人民政府驻地)。

四、衡阳市

珠晖区

从酃湖乡划出王江、茅坪2个建制村及白渔潭园艺场与水电站管辖区域，设立衡州路街道办事处，办事处机关驻苗圃。

雁峰区

设立金龙坪街道办事处，办事处机关驻茅叶路1号。

衡南县

撤销松江乡设立松江镇，镇人民政府驻金盆村。

常宁市

撤销宜阳镇，设立宜阳、泉峰、培元三个街道办事处，办事处机关分别驻龙家小区40号、群英东路82号、泉峰西路203号。

五、邵阳市

邵东县

将水东江镇人民政府驻地由水东江迁移至尤旱堂。

六、岳阳市

汨罗市

从营田镇划出青山寺、槐花、余家坪、虎形山、推山咀、桔园、凤凰等7个居委会，设立天问街道办事处，办事处机关驻小边山。

临湘市

将文白乡、龙源乡与羊楼司镇合并设立新的羊楼司镇，镇人民政府驻羊楼司(原羊楼司镇人民政府驻地)。

七、常德市

澧县

撤销澧南乡设立澧南镇，镇人民政府驻地由刘家河迁移至乔家河。

津市市

撤销灵泉乡设立灵泉镇，镇人民政府驻五泉铺。

八、湘西土家族苗族自治州

永顺县

将永顺县王村镇更名为芙蓉镇。

广东省

茂名市

茂府办函18号批准茂名市茂南区站前街道分设城南街道。

茂府函25号批准化州市从东山街道办事处分设鉴江街道办事处。

广西省

一、贺州市

增设平桂管理区，将钟山县的望高镇、羊头镇、八步区的黄田镇、沙田镇、鹅塘镇、公会镇、水口镇、大平瑶族乡、西湾街道办事处划入平桂管理区。

二、梧州市

苍梧县龙圩镇新增“佛子冲铅锌矿社区居委会”。

三、柳州市

柳南区新增“嘉和居委会”，柳北区取消“柳长街道”。

四、贵港市

港南区江南办事处改为“江南街道办事处”，桂平市厚禄乡的厚禄村改为“厚禄社区”。

海南省

文昌市新增公坡镇。澄迈县新增大丰镇。

重庆市

一、渝北区

撤销大竹林镇，设立大竹林街道。撤销悦来镇、石坪镇、王家镇、华蓥山镇、高嘴镇、明月镇、麻柳沱镇、张关镇、御临镇；设立悦来街道；调整玉峰山镇、古路镇、茨竹镇、大湾镇、大盛镇、龙兴镇、石船镇、洛碛镇等8个镇的辖区范围；保留木耳镇、兴隆镇、统景镇、双龙湖街道、双凤桥街道、回兴街道、龙溪街道、龙山街道、龙塔街道的行政区域和政府（办事处）驻地不变。

二、黔江区

两河镇更名为阿蓬江镇。

三、荣昌县

撤销昌元镇、广顺镇、设立昌元街道、昌州街道、广顺街道。

四、彭水县

撤销万足乡，设立万足镇。

五、綦江县

撤销古南镇、三江镇，设立古南街道、文龙街道、三江街道。

六、垫江县

撤销白家乡、杠家乡、曹回乡、裴兴乡、三溪乡、包家乡、永平乡；设立白家镇、杠家镇、曹回镇、裴兴镇、三溪镇、包家镇、永平镇。

四川省

一、广元市

苍溪县将白山乡呈元村所属行政区域划归黄猫乡管辖。

二、绵阳市

平武县

将原水田乡改建为水田羌族乡，辖原水田乡所属行政区域，乡人民政府驻水田。将原旧堡乡改建为旧堡羌族乡，辖原旧堡乡所属行政区域，乡人民政府驻旧堡。将原阔达乡改建为阔达藏族乡，辖原阔达乡所属行政区域，乡人民政府驻阔达。将原土城乡改建为土城藏族乡，辖原土城乡所属行政区域，乡人民政府驻土城。

三、南充市

仪陇县撤销阳通、茶房2个乡。

扩大立山镇的行政区域。将原阳通、茶房2个乡所属行政区域并入立山镇。立山镇人民政府驻立山场。

四、广安市

邻水县幺滩镇更名为御临镇。安岳县长河土扁乡更名为长河源乡。大竹县余华乡更名为月华乡。

贵州省

铜仁地区

铜仁市

2007年铜仁市由原150个村委会合并为95个。

思南县

思唐镇，原24个村合并为6个村。大岩关、石院坝、山星3村合为大岩关村。小岩关、高家洞、云山、饶家坝、但家寨5村合并为小岩关村。新华、大唐、千丘、映山4村合并为德胜关村。白沙井、田家坝、远东3村合并为太平村。长江、山塘、扑龟塘、红石梁4村合并为龙江村。凤凰、五峰、堰塘、江星4村合并为大同村。万胜村并入江东社区。

鹦鹉溪镇，原32个村合并为10个村。鹦鹉溪、代家沟、月斜溪、黎子台4村合并为鹦鹉溪村。阴家山、石阶水、大头坡、蜘蛛坝4村并为石阶水村。石槽水、高庄、罗家坝、覃家坝4村并为双龙村。湘子溪、映山红2村并为渐鸿村。马河坝、山羊椏、城落坨3村并为马河坝村。双荣、温塘、白盐井3村并为温泉村。青中、红光、训家坝3村并为青龙村。宋家坪、苏家沟、黄家山3村并为狮子村。大溪口、团山、皂角溪3村并为沿江村。黄家湾、何家寨、龙家坝3村并为黄河村。

东华乡，原16个村合并为5个村。东瓜溪、踏溪2村并为东瓜溪村。联江、大麦塘、紫黄沟、老林4村并为华丰村。洞口、沙溪坝、大水溪、翟家坝4村并为沙沟村。大城坨、燕子青、炉岩3村并为大燕山村。汪家寨、紫槽、核桃坝3村并为汪家寨村。

张家寨镇，原24个村并为7个村。林家寨、大湾、冉家坝、双联、竹园5村并为林家寨村。长江、塘坝、李家寨3村并为李家寨村。邓家寨、街联、双安、檬子树、关山5村并为张家寨村。河江、溪底、尖山3村并为溪底村。钟山、关锋2村并为八宝关村。桥岩、井岗2村并为桥岩村。龙岗、三联、双龙、青山4村并为罗卜椏村。

宽坪乡，原15个村并为5个村。迎风、天井、张湾3村并为张湾村。良田坝、和坪、长沙3村并为高桥村。江山、五一2村并为庐山村。飘扬、胜利、八一、先锋、龙江5村并为街联村。前进、保卫2村并为香家湾村。

胡家湾乡，原15个村并为4个村。沙子坎、关联、南盆3村并为南盆村。光明、江峰、皇祖山、白岩塘4村并为竹园村。周家椏、岩底、灯塔、黄龙泉4村并为龙泉村。胡家湾、铺椏、黄坝、先锋4村并为胡家湾村。

亭子坝乡，原11个村并为4个村。幸福、青龙2村并为龙溪村。红丰、亭子坝、龙门椏、香联4村并为龙亭村。冉家堰、冉司都、大河边3村并为沙坨村。盆丰、新江2村并为新峰村。

杨家坳乡，原19个村合并为5个村。桅杆坝、忠诚、观音山3村并为观音山村。水口寺、青年台、小丰溪3村并为水口寺村。楠杆、王大坪、帅家沟、干家山4村并为王大坪村。邵家渡、关田坝、堰塘、城头盖4村并为城头盖村。土井、大盆水、坪上、川塘、安家沟5村并为大盆水村。

许家坝镇，原22个村并为8个村。潘家宅1村并为潘家宅村。杨家山、舟水、龙塘、万塘4村并为双坝村。兴隆场、三雷坝、代家山、枫香坝4村并为丰坝村。坝竹、毕架2村并为坝竹村。水车坝、堆上、三汇、坑水4村并为马畔塘村。蒲家、通树堡2村并为蒲家坝村。许家坝、街联、客店3村并为许家坝村。黎家坝、胡家寨2村并为和谐村。

枫芸乡，原16个村并为4个村。枫芸、红旗、河坡、青山4村并为枫芸村。龙坪、木芸、金星、红星3村并为木芸村。白岩、樱桃、龙塘、长岭4村并为樱桃村。尖山、环岩、高原、齐心4村并为望山村。

青杠坡镇，原25个村并为5个村。蒙家坡、喻家咀、高庄寺、老根茶、元之溪5村并为楠木王村。田庄、茶溪、茶元、陇水、铺子上、周家沟6村并为陇水村。袁家坝、合同坝、大井坝、沙坝、石丛椏5村并为沙坝场村。水田坝、岩头河、养马坨、李家沟、龙家寨5村并为水田坝村。关田坝、侯家坡、东风、蒿枝坝4村并为四野屯村。

合朋溪镇，原14个村并为6个村。院子、合溪、群河3村并为合溪村。凉水清、秦家寨2村并为秦家寨村。塘池、乔子溪2村并为乔子溪村。井坝、王家沟2村并为井坝村。鱼塘、抗家山2村并为抗家山村。盐井、大石窖、凉桥3村并为盐湖村。

长坝乡，原15个村并为4个村。三合场、张家湾2村并为三合场村。谢窝沟、丁家山、佘溪、碑记坳4村并为碑记坳村。长坝、龙门、周坝、枫香坨、刘场坪5村并为长坝村。长青、太坪、尖山、万古4村并为尖山村。

香坝乡，原26个村并为7个村。尖峰、白滩、尚家寨3村并为沿江村。栋青坳、瓦窑、凡湾3村并为瓦窑村。统口、长河、沈家坝3村并为三江村。董家山、老君山、麻匡坝、碗水、双龙5村并为碗水村。金星、群星、楼房、南坝4村并为流水村。岗寨、桃坪、场坪、冷溪4村为场坪村。背流坝、香坝、汤家山、简家店4村并为香坝村。

大河坝乡，原23个村并为7个村。河坝、孙岩、砻岩、花园4村并为河坝村。马鞍、马河坝、马家山、马尖山4村并为驷马村。四联、桃子椏、转角、白家坳4村并为继勋村。泥溪、柏岩、鹅溪3村并为泥溪村。勤俭、盐丰2村并为前锋村。天坝、桃山、猿山3村并为天山村。农林、联山、大园子3村并为联山村。

思林乡，原14个村并为4个村。温家坎、大棺坨、四角3村并为四角村。赶场坝、中岭、丰联3村并为群星村。平安、金龙、乐元、田坝4村并为坝竹村。思林、杨家坳、合联、安全4村并为黑河峡村。

凉水井镇，原30个村并为9个村。岳家寨、张家山、关口场、简家坳、桃子湾5村并为关口村。水昌、安山、联合、南盆坡4村并为水晶村。同心、大岩、丰云、毛家坡4村并为磨溪村。冉家坳、王家山、张家坳、大坪4村并为张家坳村。息乐溪、华溪沟、青杠林3村并为息乐溪村。蒿枝坝、谢家寨2村并为谢家寨村。红岩底、凉山、茶山3村并为凉水井村。胡家庄、方家坪2村并为胡家庄村。泡木寨、田家寨、磨石溪3村并为磨石溪村。

邵家桥镇，原34个村并为9个村。全江、大面山、石板滩、向家湾、石家寨、堆上6村并为石家寨村。官坡、洋蕉溪、渔溪沟、邵家桥、江寨5村并为邵家桥村。上头坝、先锋、杜家寨、珠池坝4村并为先锋村。乌江、石灰溪、龚家林、沙坪4村并为赵家坝村。大龙头、沙沟、沙槽3村并为毛坝村。关上、王家寨、陈家湾3村并为关上村。大河沟、坪丰2村并为双峰村。边江、坪原、凤鸣场3村并为凤鸣村。东风、三角坝、洪江、镇江阁4村并为三角坝村。

孙家坝镇，原21个村并为4个村。石门坎、牌坊、半坡、双红、大山、高锋6村并为石门坎村。张家山、庙坝、迎春、大兴、龙泉5村并为笔架山村。王家坝、刘家寨、罗家坝、扎溪、黄林、龙王山6村并为王家坝村。街上、茅坡头、双山、光明4村并为街上村。

大坝场镇，原29个村合并为10个村。桂花、场坝、坪山、和平、迎丰5村并为大坝村。筑山、德丰、花坪3村并为筑山村。邱家寨、龙坪2村并为龙江村。高峰、杉木湾、桐梓园3村并为桐梓园村。官塘坝、洞龙2村并为官寨村。尧上、天堂、齐星、星火4村并为尧上村。青杠园、三角庄、野毛溪3村并为青杠园村。枣树坪、坪星2村并为光明村。杨家寨、猴子圈2村并为红联村。小德浩、明星、永红3村并为明星村。

天桥乡，原17个村并为4个村。梧桐、老木林、甘溪、张家寨、长田、弯里6村并为梧桐村。祝家坳、黎明、牛毛坝、黄河、国庆5村并为牛毛坝村。楼房、小溪口、鞍山、耙都4村并为河田村。南山、梅子堡2村并为南山村。

兴隆乡，原14个村并为4个村。合心、红岩、涟江、天山4村并为涟江村。兴隆、跃进、马中岭3村并为兴隆村。木根坡、关坪、长岗3村并为群英村。陈家坪、飞跃、马家桥、山羊岩4村并为清江村。

塘头镇，原34个村并为11个村。芭蕉、江口、上寨、青杠坝4村并为芭蕉村。坚强、一街、二街、三街4村并为唐乔村。沙都、白鱼2村并为沙都村。蜂桶槽、街子、下寨3村并为尧民村。穿硐、铜古坨2村并为穿硐村。桃山、太坪、坪先3村并为太坪村。清江、卢山、红沙3村并为清江村。尖峰、场兴、坪坝、红山、新坪5村并为岩门村。泗河坝、长深沟、龙江3村并为泗河村。仁和场、仡佬坝2村并为仡佬坝村。花盆、沙坝、官渡河3村并为花盆村。

瓮溪镇，原24个村并为10个村。长征、瓮溪、民山3村并为瓮溪村。安塘、河坝、桅杆3村并为桅杆村。司都坝、余林2村并为司都坝村。上坝田、大林2村并为上坝田村。山峰、大寨2村并为大寨村。竹山、联盟2村并为竹山村。汤家坝、三星、杉树坡3村并为三星村。草坝、付家寨、大塘3村并为大塘村。场井、胜利2村并为胜利村。黄坪、老店子2村并为荆竹园村。

文家店镇，原14个村并为6个村。沿沙、五星、安家坨3村并为五星村。红旗、龙山、六井3村并为红旗村。安江、群山2村并为临江村。青龙、屯山2村并为青龙村。三七、堰塘2村并为三七村。大坪、尖峰2村并为尖峰村。

三道水乡，原18个村并为6个村。三河、林山、周寨、洋恩坝4村并为三河村。岗岭、天山、川坪3村并为川坪村。永兴、新塘2村并为永兴村。柏杨、红溪、新明3村并为柏杨村。河兴、邓家坡、双河3村并为河兴村。高坡、过天、徐家坳3村并为过天村。

云南省

一、思茅市更名为普洱市，普洱哈尼族彝族自治县更名为宁洱哈尼族彝族自治县，思茅市翠云区更名为普洱市思茅区。

二、撤销麻栗坡县天保乡，设立天保镇。天保镇人民政府驻原天保乡人民政府驻地，其管辖的行政区域范围和隶属关系不变。

三、宾川县钟英傈僳族彝族乡人民政府驻地从钟英村整体搬迁至皮厂村。

四、官渡区撤销六甲、矣六乡，设立六甲、矣六2个街道办事处。六甲、矣六2个街道办事处的管辖范围分别为原六甲、矣六乡的行政区域范围。安宁市撤销连然镇，设立连然、金方2个街道办事处。连然、金方2个街道办事处的管辖范围为原连然镇行政区域范围。呈贡县撤销龙城镇、洛羊镇、斗南镇、吴家营乡，设立龙城、洛羊、斗南、吴家营4个街道办事处。龙城、洛羊、斗南、吴家营4个街道办事处的管辖范围分别为原龙城镇、洛羊镇、斗南镇、吴家营乡的行政区域范围。

五、沧源佤族自治县岩帅镇人民政府驻地由岩帅大寨迁移至原团结乡人民政府驻地团结村。

六、潞西市芒市镇进行区划调整，设立勐焕街道办事处。街道办事处的管辖范围为芒市镇管辖的东北里、西南里、新村、团结、锦华、建国、丙午、三棵树等8个社区和将要建立的5的社区。行政区划调整涉及的机构编制问题，请按照《地方各级人民政府机构设置和编制管理条例》(国务院令第486号)的有关规定，报省机构编制委员会办公室研究办理。

七、将禄劝彝族苗族自治县大松树乡更名为乌东德乡，管辖的行政区域、隶属关系不变。

八、将禄劝彝族苗族自治县皎西乡更名为皎平渡乡，管辖的行政区域、隶属关系不变。

陕西省

一、汉中市

撤销佛坪县大河坝乡设立大河坝镇，其行政区域不变。

二、宝鸡市

凤县平木镇蜈蚣岭村委会更名为西山村委会。

三、商洛市

丹凤县的龙驹寨镇桑树坪村委会变更为南沟村委会；庚家河镇吊蓬村委会变更为吊蓬沟村委会，花椒沟村委会变更为花椒沟口村委会；土门镇七星村委会变更为七星沟村委会；商镇镇张村村委会变更为张家村村委会，黑沟村委会变更为黑沟河村委会，商镇敬老院变更为商山敬老院；棣花镇新增棣花镇敬老院；月日乡甘沟村委会变更为甘江村委会；花瓶子乡油坊村委会变更为油坊坪村委会。

甘肃省

一、酒泉市瓜州县腰站子乡改设为腰站子东乡族乡。

二、敦煌市南湖乡撤乡设镇并更名为阳关镇。

三、酒泉市瓜州县设立广至藏族乡。

四、白银市白银区王岘路街道办事处变更为王岘镇。

青　海

一、海东地区

循化县撤销白庄乡、建立白庄镇，设立了白庄镇社区居委会；撤消街子乡，建立街子镇，设立了街子镇社区居委会。由于城市低保工作的广泛开展，在保存原来的城东社区居委会和城西社区居委会的前提下，增加了城中社区居委会和城北社区居委会。

二、海南州

共和县增加江西沟居委会和唐格木镇居委会。贵德县增加河西镇居委会。

三、德令哈市

火车站办事处新增社区居委会：城南新区社区居委会。河西办事处新增社区居委会：柴达木路社区居委会。尕海镇新增社区居委会：海街社区居委会。怀头他拉镇新增社区居委会：小康街社区居委会。柯鲁柯镇新增社区居委会：德兴路社区居委会。蓄集乡新增社区居委会：野马滩社区居委会。茫崖社区居委会改名为“昆仑路东社区居委会”，新增昆仑路西社区居委会。花土沟社区居委会改名为“昆仑路社区居委会”，新增“团结路居社区委会、油龙路社区居委会、平安巷社区居委会”。

宁夏回族自治区

吴忠市

撤销利通区古城、上桥、金星街、胜利街4个街道办事处，同时设立古城、上桥、金星、胜利4个建制镇，行政区域不变，以原来各街道办事处办公驻地为镇政府驻地。

新疆维吾尔自治区

将东山区芦草沟乡葛家狗村、石仁子沟村、涝坝沟村(共186平方公里)区域划归水磨沟区管辖。

乌鲁木齐市行政区域面积从原来的10900.77平方公里增至14216.3平方公里，昌吉回族自治州的区域面积从76975.94平方公里减至73660.41平方公里。米东区的行政区域为原米泉市和乌鲁木齐市东山区的行政区域，区域面积3407.42平方公里。

调整哈密市雅满苏镇和南湖乡乡(镇)界区划，其调整范围为从高程点(226.4)、东经93°10′42″、北纬41°27′20′处向西南方到东经92°43′40″、北纬41°07′13′至白云山划归哈密市雅满苏镇管理，调整区域面积为8.25平方公里。

哈密市双井子乡政府迁移至白山泉矿区。